杜威晚期著作
1925—1953

复旦大学杜威与美国哲学研究中心　组译

# 杜威全集

## 《认知与所知》
## 1949至1952年间的论文和书评

### 第十六卷

1949—1952

[美] 约翰·杜威　著

汪洪章　吴猛　任远　马荣　谢静　译

华东师范大学出版社

The Later Works of John Dewey, 1925 - 1953
Volume Two: 1925 - 1927, Essays, Reviews, Miscellany, and *The Public and Its Problems* By John Dewey
Edited by Jo Ann Boydston


上海市版权局著作权合同登记　图字:09 - 2004 - 377 号

《杜威全集·晚期著作》(1925—1953)

第十六卷(1949—1952)

主　　　编　乔·安·博伊兹顿
文 本 编 辑　哈丽雅特·弗斯特·西蒙
助理文本编辑　理查德·W·菲尔德

# 《杜威全集》中文版编辑委员会

# 目　录

# 中文版序

《杜威全集》中文版终于由华东师范大学出版社出版了。作为这一项目的发起人，我当然为此高兴，但更关心它能否得到我国学界和广大读者的认可，并在相关的学术研究中起到预期作用。后者直接关涉到对杜威思想及其重要性的合理认识，这有赖专家们的研究。我愿借此机会，对杜威其人、其思想的基本倾向和影响，以及研究杜威哲学的意义等问题谈些看法，以期抛砖引玉。考虑到中国学界以往对杜威思想的消极方面谈论得很多，大家已非常熟悉，我在此就主要谈其积极方面，但这并非认为可以忽视其消极方面。

## 一、杜威其人

约翰·杜威(John Dewey, 1859—1952)是美国哲学发展中最有代表性的人物。他不仅进一步阐释并发展了由皮尔士创立、由詹姆斯系统化的实用主义哲学的基本理论，而且将其运用于社会、政治、文化、教育、伦理、心理、逻辑、科学技术、艺术、宗教等众多人文和社会科学领域的研究，并在这些领域提出了重要创见。他在这些领域的不少论著，被西方各该领域的专家视为经典之作。这些论著不仅对促进这些领域的理论研究起到过重要的作用，在这些领域的实践中也产生过深刻的影响。杜威由此被认为是美国思想史上最具影响的学者，甚至被认为是美国的精神象征；在整个西方世界，他也被公认是20世纪少数几个最伟大的思想家之一。

杜威出生于佛蒙特州伯灵顿市一个杂货店商人家庭。他于1875年进佛蒙特大学，开始受到进化论的影响。1879年，他毕业后先后在一所中学和一所乡村学校教书。在这期间，他阅读了大量的哲学著作，深受当时美国圣路易黑格尔学派刊物《思辨哲学杂志》的影响。1882年，他在该刊发表了《唯物主义的形而上学假定》和《斯宾诺莎的泛神论》两文，很受鼓舞，从此决定以哲学为业。同年，他成了约翰·霍普金斯大学的哲学研究生，在此听了皮尔士的逻辑讲座，不过当时对他影响最大的是黑格尔派哲学家莫里斯(George Sylvester Morris)和实验心理学家霍尔(G. Stanley Hall)。两年后，他以《康德的心理学》论文取得哲学博士学位。

1884年，杜威到密歇根大学教哲学，在该校任职10年(其间，1888年在明尼苏达大学)。初期，他的哲学观点大体上接近黑格尔主义。他对心理学研究很感兴趣，并使之融化于其哲学研究中。这种研究，促使他由黑格尔主义转向实用主义。在这方面，当时已出版并享有盛誉的詹姆斯的《心理学原理》对他产生了强烈的影响。杜威对心理学的研究，又促使他进一步去研究教育学。他主张用心理学观点去进行教学，并认为应当把教育实验当作哲学在实际生活中的运用的重要内容。

1894年，杜威应聘到芝加哥大学，后曾任该校哲学系主任。他在此任教也是10年。1896年，他在此创办了有名的实验学校。这个学校抛弃传统的教学法，不片面注重书本，而更为强调接触实际生活；不片面注重理论知识的传授，而更为强调实际技能的训练。杜威后来所一再倡导的“教育就是生活，而不是生活的准备”、“从做中学”等口号，就是对这种教学法的概括。杜威在芝加哥时期，已是美国思想界一位引人注目的人物。他团聚了一批志同道合者(包括在密歇根大学就与他共事的塔夫茨、米德)，形成了美国实用主义运动中著名的芝加哥学派。杜威称他们共同撰写的《逻辑理论研究》(1903年)一书是工具主义学派的“第一个宣言”。此书标志着杜威已从整体上由黑格尔主义转向了实用主义。

从1905年起，杜威转到纽约哥伦比亚大学任教，直到1930年以荣誉教授退休。他以后的活动也仍以该校为中心。这一时期不仅是他的学术活动的鼎盛期(他的大部分有代表性的论著都是在这一时期问世的)，也是他参与各种社会和政治活动最频繁且声望最卓著的时期。他把两者有机地结合在一起。他对各种社会现实问题的评论和讲演，往往成为他的学术活动的重要组成部分。从1919年起，杜威开始了一系列国外讲学旅行，到过日本、墨西哥、俄罗斯、土耳其等国。“五四”前夕，他到了中国，在北京、南京、上海、广州等十多个城市作过系列讲演，于1921年7月返美。

杜威一生出版了40种著作，发表了700多篇论文，内容涉及哲学、社会、政治、教育、伦理、心理、逻辑、文化、艺术、宗教等多个方面。其主要论著有：《学校与社会》(1899年)、《伦理学》(1908年与塔夫茨合著，1932年修订)、《达尔文主义对哲学的影响》(1910年)、《我们如何思维》(1910年)、《实验逻辑论文集》(1910年)、《哲学的改造》(1920年)、《人性与行为》(1922年)、《经验与自然》(1925年)、《公众及其问题》(1927年)、《确定性的寻求》(1929年)、《新旧个人主义》(1930年)、《作为经验的艺术》(1934年)、《共同的信仰》(1934年)、《逻辑：探究的理论》(1938年)、《经验与教育》(1938年)、《自由与文化》(1939年)、《评价理论》(1939年)、《人的问题》(1946年)、《认知与所知》(1949年与本特雷合著)等等。

## 二、杜威哲学的基本倾向

杜威在各个领域的思想都与他的哲学密切相关，这不只是他的哲学的具体运用，有时甚至就是他的哲学的直接体现。我们在此不拟具体介绍他的思想的各个方面和他的哲学的各个部分，仅概略地揭示他的哲学的基本倾向。杜威哲学的各个部分，以及他的思想的各个方面，大体上都可从他的哲学的基本倾向中得到解释。这种基本倾向从其积极意义上说，主要表现为如下三点。

第一，杜威把对现实生活和实践的关注当作哲学的根本意义所在。

在现代西方各派哲学中，杜威哲学最为反对以抽象、独断、脱离实际等为特征的传统形而上学，最为肯定哲学应当面向人的现实生活和实践。如何通过人本身的行为、行动、实践(即他所谓的以生活和历史为双重内容的经验)来妥善处理人与其所面对的现实世界(自然和社会环境)，以及人与人之间的关系，是杜威哲学最为关注的根本问题。杜威哲学从不同的角度来说有着不同的名称，例如，当他强调实验和探究的方法在其哲学中的重要意义时，称其哲学为实验主义(experimentalism)；当他谈到思想、观念的真理性在于它们能充当引起人们的行动的工具时，称其哲学为工具主义(Instrumentalism)；当他谈到经验的存在论意义，而经验就是作为有机体的人与其自然环境的相互作用时，称其哲学为经验自然主义(empirical naturalism)。贯彻于所有这些称呼的概念是行动、行为、实践。杜威哲学的各个方面，都在于从实践出发并引向实践。这并不意味着实践就是一切。实践的目的是改善经验，即改善人与其自然和社会环境的关系，一句话，改善人的生活和生存条件。

杜威对实践的解释当然有片面性。例如，他没有看到人类的物质生产活动在人的实践中的基础作用，更没有科学地说明实践的社会性；但他把实践看作是全部哲学研究的核心，认为存在论、认识论、方法论等问题的研究都不能脱离实践，都具有实践的意义，且在一定意义上是合理的。

值得一提的是：与胡塞尔、海德格尔等人通过曲折的道路返回生活世界不同，与只关注逻辑和语言意义分析的分析哲学家也不同，杜威的哲学直接面向现实生活和实践。杜威一生在哲学上所关注的，不是去建构庞大的体系，而是满腔热情地从哲学上探究人在现实生活和实践各个领域所面临的各种问题及其解决办法。在杜威的全部论著中，关于政治、社会、文化、教育、心理、道德、价值、科学技术、审美和宗教等多个领域的具体问题的论述占了绝大部分。他的哲学的精粹和生命力，大多是在这些论述中表现出来的。

第二，杜威的哲学改造适应和引领了西方哲学由近代到现代转向的潮流。

19 世纪中期以来，西方哲学发展出现了根本性的变更，以建构无所不包的体系为特征的近代哲学受到了广泛的批判，以超越传统的实体性形而上学和二元论为特征的现代哲学开始出现，并越来越占主导地位。多数哲学流派各以特有的方式，力图使哲学研究在不同程度上从抽象化的自在的自然界或绝对化的观念世界返回到人的现实生活世界，企图以此摆脱近代哲学所陷入的种种困境，为哲学的发展开辟新道路。西方哲学由近代到现代的这种转折，不能简单归结为由唯物主义转向唯心主义、由进步转向反动，而是包含了哲学思维方式上一次具有划时代意义的转型。它标志着西方哲学发展到了一个新的、更高的阶段。杜威在哲学上的改造，不仅适应了而且在一定意义上引领了这一转型的潮流。

杜威曾像康德那样，把他在哲学上的改造称为“哥白尼革命”（Copernican revolution）。但他认为康德对人的理智的能动性过分强调，以致使它脱离了作为其存在背景的自然。而在他看来，人只有在其与自然的相互作用中才有能动作用，甚至才能存在。哲学上的真正的哥白尼革命，正在于肯定这种交互作用。如果说康德的中心是心灵，那么杜威的新的中心是自然进程中所发生的人与自然的交互作用。正如地球或太阳并不是绝对的中心一样，自我或世界、心灵或自然都不是这样的中心。一切中心都存在于交互作用之中，都只具有相对的意义。可见，杜威所谓哲学中的哥白尼革命，就是以他所主张的心物、主客、经验自然等的交互作用，或者说人的现实生活和实践来既取代客体中心论，也取代主体中心论。他也是在这种意义上，既反对忽视主体的能动性的旧的唯物主义，又反对忽视自然作为存在的根据和作用的旧的唯心主义。

不是把先验的主体或自在的客体，而是把主客的相互作用当作哲学的出发点；不是局限于建构实体性的、无所不包的体系，而是通过行动、实践来超越这样的体系；不是转向纯粹的意识世界或脱离了人的纯粹的自然界，而是转向与人和自然界、精神和物质、理性和非理性等等都有着无限牵涉的生活世界，这大体上就是杜威哲学改造的主要意义；而这在一定程度上，也正是多数西方哲学由近代到现代转向的主要意义。杜威由此体现和引领了这种转向。

第三，杜威的哲学改造与马克思在哲学上的革命变更存在某些相通之处。

西方哲学从近代到现代的转向与马克思在哲学上的革命变更的政治背景大不相同，二者必然存在原则性区别；但二者发生于大致相同的历史时代，具有共同的历史和文化背景，因而又必然存在相通之处。如果我们能够肯定杜威的哲学改造适应并引领了西方哲学从近代到现代转向的潮流，那就必须肯定杜威的哲学改造与马克思在哲学上的革命变更必然同样既有原则区别，又有相通之处。后者突出地表现在，二者都把实践当作哲学的根本意义而加以强调。马克思正是通过这种强调而得以超越旧唯物主义和唯心主义辩证法的界限，把唯物主义和辩证法有机地统一起来，建立了唯物辩证法。杜威在这些方面与马克思相距甚远。但是，他毕竟用实践来解释经验而使他的经验自然主义超越了纯粹自然主义和思辨唯心主义的界限，并由此提出了一系列超越近代哲学范围的思想。

杜威的经验自然主义并不否定自然界在人类经验以外自在地存在，不否定在人类出现以前地球和宇宙早已存在，而只是认为人的对象世界只能是人所遭遇到（经验到）的世界，这在一定程度上类似于马克思所指的与纯粹自然主义的自在世界不同的人化世界，即现实生活世界。杜威否定唯物主义，但他只是在把唯物主义归结为纯粹自然主义的唯物主义的意义上去否定唯物主义。杜威强调经验的能动性，但他不把经验看作可以离开自然（环境）而独立存在的精神实体或精神力量，而强调经验总是处于与自然、环境的统一之中，并与自然、环境发生相互作用。这与传统的唯心主义经验论也是不同的，倒是与马克思关于主客观的统一和相互作用的观点虽有原则区别，却又有相通之处。

杜威是在黑格尔影响下开始哲学活动的。他在转向实用主义以后，虽然抛弃了黑格尔的绝对唯心主义，甚至也拒绝了黑格尔的辩证法，但是在他的理论中又保留着某些辩证法的要素。例如，他把经验、自然和社会等都看作是统一整体，其间都存在着多种多样的联系；他在达尔文进化论的影响下，明确肯定世界（人类社会和自然界）处于不断进化和发展的过程之中。他所强调的连续性（如经验与自然的连续、人与世界的连续、身心的连续、个人与社会的连续等等）概念，在一定程度上就是统一整体的概念、进化和发展的概念。这种概念虽与马克思的辩证法不能相提并论，但毕竟也有相通之处。

## 三、杜威哲学的积极影响

杜威实用主义哲学对现实生活和实践的强调，对西方哲学从近代到现代转向的潮流的适应和引领，特别是它在一些重要方面与马克思哲学的相通，说明它在一定程度上体现了时代精神发展的要求。正因为如此，它必然是一种在一定范围内能发生积极影响的哲学。

实用主义在美国的积极影响，可以用美国人民在不长的历史时期里几乎从空地上把美国建设成为世界的超级大国来说明。实用主义当然不是美国唯一的哲学，但它却是美国最有代表性的哲学。实用主义产生以前的许多美国思想家（特别是富兰克林、杰斐逊等启蒙思想家），大多已具有实用主义的某些特征，这在一定意义上为实用主义的正式形成作了思想准备。实用主义产生以后，传入美国的欧洲各国哲学虽然能在美国哲学中占有一席之地，其中分析哲学在较长时期甚至能在哲学讲坛上占有支配地位；但是，它们几乎都毫无例外地迟早被实用主义同化，成为整个实用主义运动的组成部分。当代美国实用主义者莫利斯说：逻辑经验主义、英国语言分析哲学、现象学、存在主义同实用主义“在性质上是协同一致的”，它们“每一种所强调的，实际上是实用主义运动作为一个整体范围之内的中心问题之一”。[①] 就实际影响来说，实用主义在美国哲学中始终占有优势地位。桑塔亚那等一些美国思想家也承认，美国人不管其口头上拥护的是什么样的哲学，但是从他们的内心和生活来说都是实用主义者。只有实用主义，才是美国建国以来长期形成的一种民族精神的象征。而实用主义的最大特色，就是把哲学从玄虚的抽象王国转向人所面对的现实生活世界。实用主义的主旨

---

① Morris, Charles W. *The Pragmatic Movement in American Philosophy*. New York: George Braziller, 1970, p. 148.

就在指引人们如何去面对现实生活世界，解决他们所面临的各种疑虑和困扰。实用主义当然具有各种局限性，人们也可以而且应当从各种角度去批判它，马克思主义者更应当划清与实用主义的界限；但从思想理论根源上说，正是实用主义促使美国能够在许多方面取得成功，这大概是一个不争的事实。

在美国以外，实用主义同样能发生重要的影响。与杜威等人的哲学同时代的欧洲哲学尽管不称为实用主义，但正如莫利斯说的那样，它们同实用主义“在性质上是协同一致的”。如果说它们各自在某些特定方面、在一定程度上体现了现代西方社会的时代特征，实用主义则较为综合地体现了这些特征。换言之，就体现时代特征来说，被欧洲各个哲学流派特殊地体现的，为实用主义所一般地体现了。正因为如此，实用主义能较其他现代西方哲学流派发生更为广泛的影响。

杜威的实用主义在中国也发生过重要的影响。早在“五四”时期，杜威就成了在中国最具影响的西方思想家。从外在原因上说，这是由于胡适、蒋梦麟、陶行知等他在中国的著名弟子对他作了广泛的宣扬；杜威本人在“五四”时期也来华讲学，遍访了中国东西南北十多个城市。这使他的思想为中国广大知识界所熟知。然而，更重要的原因是：他在理论中所包含的科学和民主精神，正好与“五四”时期中国先进知识分子倡导科学和民主的潮流相一致。另外，他的讲演不局限于纯哲学的思辨而尤其关注现实问题，这也与中国先进分子的社会改革的现实要求相一致。正是这种一致，使杜威的理论受到了投入“五四”新文化运动和社会改革的各阶层人士的普遍欢迎，从而使他在中国各地的讲演往往引起某种程度的轰动效应。杜威本人也由此受到很大鼓舞，原本只是一次短期的顺道访华也因此被延长到两年多。胡适在杜威起程回国时写的《杜威先生与中国》一文中曾谈到：“我们可以说，自从中国与西方文化接触以来，没有一个外国学者在中国思想界的影响有杜威先生这样大的。我们还可以说，在最近的将来几十年中，也未必有别个西洋学者在中国的影响可以比杜威先生还大的。”[①]作为杜威的信徒，胡适所作的评价可能偏高。但就其对中国社会的现实层面的影响来说，除了马克思主义者以外，也许的确没有其他现代西方思想家可以与杜威相比。

尽管杜威的实用主义与马克思主义有原则区别，但“五四”时期中国马克思主义者对杜威及其实用主义并未简单否定。陈独秀那时就肯定了实用主义的某

---

① 引自《胡适哲学思想资料选》(上)，上海：华东师范大学出版社，1981年，第181页。

些观点，甚至还成为杜威在广州讲学活动的主持人。1919年，李大钊和胡适关于"问题与主义"的著名论战，固然表现了马克思主义与实用主义的原则分歧，但李大钊既批评了胡适的片面性，又指出自己的观点有的和胡适"完全相同"，有的"稍有差异"。他们当时的争论并未越出新文化运动统一战线这个总的范围，在倡导科学和民主精神上毋宁说大体一致。毛泽东在其青年时代也推崇胡适和杜威。

"五四"以后，随着国内形势的重大变化，上述统一战线趋向分裂。20世纪30年代后期，由于受到苏联对杜威态度骤变的影响，中国马克思主义者对杜威也近乎于全盘否定了。20世纪50年代中期，为了确立马克思主义在思想文化领域的主导地位，从上而下发动了一场对实用主义全盘否定的大规模批判运动。它在一定程度上达到了预期的政治目的，但在理论上却存在着很大的片面性。当时多数批判论著脱离了杜威等人的理论实际，形成了一种对西方思潮"左"的批判模式，并在中国学术界起着支配作用。从此以后，人们在对杜威等现代西方思想家、对实用主义等现代西方思潮的评判中，往往是政治标准取代了学术标准，简单否定取代了具体分析。杜威等西方学者及其理论的真实面貌就因此而被扭曲了。

对杜威等西方思想家及其理论的简单否定，势必造成多方面的消极后果。其中最突出的有两点：一是使马克思主义及其指导下的思想理论领域在一定程度上与当代世界及其思想文化的发展脱节，使前者处于封闭状态，从而妨碍其得到更大的丰富和发展；二是由于扭曲了马克思主义哲学和现代西方哲学的关系，忽视了二者在某些方面存在的共通之处，在批判杜威哲学等现代西方哲学的名义下扭曲了马克思主义哲学一些最重要的学说，例如关于真理的实践检验、关于主客观统一、关于个人与社会的关系等学说都存在这种情况。这种理论上的混乱导致实践方向上的混乱，甚至在一定程度上导致实践上的挫折。

需要说明的是：肯定杜威实用主义的积极作用并不意味着否定其消极作用，也不意味着简单否定中国学界以往对实用主义的批判。以往被作为市侩哲学、庸人哲学、极端个人主义哲学的实用主义不仅是存在的，而且在一些人群中一直发生着重要的影响。资产阶级庸人、投机商、政客以及各种形式的机会主义者所奉行的哲学，正是这样的实用主义。对这样的实用主义进行坚定的批判，是完全正当的。但是，如果对杜威的哲学作具体研究，就会发觉他的理论与这样的实用主义毕竟有着重大的区别。杜威自己就一再批判了这类庸俗习气和极端个人主义。如果简单地把杜威哲学归结为这样的实用主义，那在很大程度上就是把杜威所批判的哲学当作是他自己的哲学。

## 四、杜威哲学研究在当代中国的积极意义

改革开放以来，中国政治和思想文化上的“左”的路线得到纠正，哲学研究出现了求真务实的新气象，包括杜威实用主义在内的现代西方哲学研究得到了恢复和发展。以 1988 年全国实用主义学术讨论会为转折点，对杜威等人的实用主义的全盘否定倾向得到了克服，如何重新评价其在中国思想文化建设中的作用的问题也越来越受到学界的关注，对杜威等人的实用主义的研究由此进入了一个新阶段。“五四”时期，由于杜威的学说正好与当时中国的新文化运动相契合，起过重要的积极作用；今天的中国学界，由于对马克思主义哲学和现代西方哲学都已有了更为全面和深刻的理解，对杜威的思想的研究也会更加深入和具体，更能区别其中的精华和糟粕，这对促进中国的思想文化建设会产生更为积极的作用。

对杜威哲学的重新研究在当代中国的积极意义，至少包括如下三个方面：

第一，有利于对马克思主义哲学有更为全面和深刻的理解。

这是因为，杜威哲学和马克思的哲学虽有原则性区别，但二者在一些重要方面有相通之处。这主要表现在二者都批判和超越了以抽象、思辨、脱离实际等为特征的传统形而上学；都强调对现实生活和实践的关注在哲学中的决定性作用；都肯定任何观念和理论的真理性的标准是它们是否经得起实践的检验；都认为科学真理的获得是一个不断提出假设、又不断进行实验的发展过程；都认为社会历史同样是一个不断发展的过程，社会应当不断地进行改造，使之越来越能符合满足人的需要和人的全面发展的目标；都认为每一个人的自由是一切人取得自由的条件，同时个人又应当对社会负责，私利应当服从公益；都提出了使所有人共同幸福的社会理想，等等。在这些方面将马克思主义与杜威的实用主义作比较研究，既能更好地揭示它们作为不同阶级的哲学的差异，又能更好地发现二者作为同时代的哲学的共性，从而使人们既能更好地划清马克思主义和实用主义的界限，又能通过批判地借鉴后者可能包含的积极成果来丰富和发展马克思主义。

第二，有利于对中国传统文化的批判继承。

杜威哲学和中国传统文化有着两种不同的联系。以儒家为代表的中国传统文化是一种前资本主义文化，没有西方资本主义文化的理性主义特质，不会具有因把理性绝对化而导致的绝对理性主义和思辨形而上学等弊端；但未充分经理性思维的熏陶又是中国传统文化的缺陷，不利于自然科学的发展，更不利于人的个性的发展和自由民主等意识的形成。正因为如此，以儒家为代表的中国传统文化往往被历代封建统治阶级神圣化和神秘化，成为他们的意识形态，后者阻碍了中国科学技术的发展、人民的觉醒和社会历史的进步。"五四"新文化运动的主要矛头就是针对儒家文化作为封建意识形态的方面，以此来为以民主和科学精神为特征的新文化开辟道路。杜威哲学正是以倡导民主和科学为重要特征的。杜威来到中国时，正好碰上"五四"新文化运动，他成了这一运动的支持者。他的学说对于批判作为封建意识形态的儒学，自然也起了促进作用。

但是，儒家文化并不等于封建文化；孔子提出的以"仁"为核心的儒学本身并不是统治阶级的意识形态。直到汉武帝实行"罢黜百家，独尊儒术"的政策以后，儒学才取得了独特的官方地位，由此被历代封建帝王当作维护其统治的精神工具。即使如此，也不能否定儒学在学理上的意义。它既可以被封建统治阶级所利用，又能为广大民众所接受，成为他们的生活信念和道德准则。历代学者对儒学的发挥，也都具有这种二重性。正因为如此，儒学除了被封建统治阶级利用外，还能不断发扬光大，成为中华民族宝贵的思想文化遗产。儒学所强调的"以人为本"、"经世致用"、"公而忘私"、"以和为贵"、"己所不欲，勿施于人"等观念，具有超越时代和阶级的普世意义。新文化运动的代表人物并不反对这些观念，而这些观念与杜威哲学的某些观念在一定程度上是相通的。杜威哲学在"五四"时期之所以能为中国广大知识分子接受，在一定程度上正是因为中国文化传统中已有与杜威哲学相通的成分。正因为如此，研究杜威的实用主义思想，对于更清晰地理解儒家思想，特别是分清其中具有普世价值的成分与被神圣化和神秘化的成分，发扬前者，拒斥后者，能起到促进作用。

第三，有利于促进对各门社会人文学科的研究。

杜威的哲学活动的一个突出特点，是他非常自觉地超越纯粹哲学思辨的范围而扩及各门社会人文学科。我们上面曾谈到，在杜威的全部论著中，关于政治、社会、文化、教育、道德、心理、逻辑、科学技术、审美和宗教等各个领域的具体问题的论述占了绝大部分。他不只是把他的哲学观点运用于这些学科的研究，而且是通过对这些学科的研究更明确和更透彻地把他的哲学观点阐释出来。反过来说，他对这些学科的研究都不是孤立地进行的，而是通过其基本哲学观点的具体运用而与其他相关学科联系起来，从而把对这些学科的研究形成为一个有机整体，并由此使他对这些学科的研究可能具有某些独创意义。

例如，杜威极其关注教育问题并在这方面作了大量论述，除了贯彻他对现实生活和实践的重视这个基本哲学倾向、由此强调在实践中学习在整个教学过程中的决定作用以外，他还把教育与心理、道德、社会、政治等因素紧密地结合在一起，从而使教育的内容更加丰富、全面。他的教育思想也由此得到了更为广泛的认同，被公认为是当代西方最具影响的教育学家。值得一提的是：无论在中国还是在苏联，杜威在教育上的影响几乎经久不衰。即使是在政治和意识形态影响极为深刻的年代，杜威提出的许多教育思想依然能不同程度地被人肯定。陶行知的教育思想在中国就一直得到肯定，而陶行知的教育思想被公认为主要来源于杜威。

我们这样说，并不是全盘肯定杜威。无论是在哲学和教育或其他方面，杜威都有很大的局限性，需要我们通过具体研究加以识别。但与其他现代西方哲学家相比，杜威是最善于把哲学的一般理论与其他人文社会学科密切结合起来、使之相互渗透和相互促进的哲学家，这大概是不可否认的事实。在这方面，很是值得我们借鉴。

## 五、关于《杜威全集》中文版的翻译和出版

要在中国开展对杜威思想的研究，一个重要的条件是有完备的和翻译准确的杜威论著。中国学者早在“五四”时期就开始从事这方面的工作。当时杜威在华的讲演，为许多报刊广泛译载并汇集成册出版。“五四”以后，杜威的新著的翻译出版仍在继续。即使是杜威在中国受到严厉批判的年代，他的一些主要论著也作为供批判的材料公开或内部出版。杜威部分重要著作的英文原版，在中国一些大的图书馆里也可以找到。从对杜威哲学的一般性研究来说，材料问题不是主要障碍。但是，如果想要对杜威作全面研究或某些专题研究，特别是对他所涉及的人文和社会广泛领域的研究，这些材料就显得不足了。加上杜威论著的原有中译本出现于不同的历史年代，标准不一，有的译本存在不准确或疏漏之

处，难以为据。更为重要的是，在杜威的论著中，论文（包括书评、杂录、教学大纲等）占大部分，它们极少译成中文，原文也很难找到。为了进一步开展对杜威的研究，就需要进一步解决材料问题。

2003 年，在复旦大学举行的一次大型实用主义国际学术讨论会上，我建议在复旦大学建立杜威研究中心并由该中心来主持翻译《杜威全集》，得到与会专家的赞许，复旦大学的有关领导也明确表示支持。2004 年初，复旦大学正式批准以哲学学院外国哲学学科为基础，建立杜威与美国哲学研究中心，挂靠哲学学院。研究中心立即策划《杜威全集》的翻译。华东师范大学出版社朱杰人社长对出版《杜威全集》中文版表示了极大的兴趣，希望由该社出版。经过多次协商，我们与华东师范大学出版社达成了翻译出版协议，由此开始了我们后来的合作。

《杜威全集》(*Collected works of John Dewey*)由美国杜威研究中心（设在南伊利诺伊大学）组织全美研究杜威最著名的专家，经 30 年(1961—1991)的努力，集体编辑而成，乔·安·博伊兹顿(Jo Ann Boydston)任主编。全集分早、中、晚三期，共 37 卷。早期 5 卷，为 1882—1898 年的论著；中期 15 卷，为 1899—1924 年的论著；晚期 17 卷，为 1925—1953 年的论著。各卷前面都有一篇导言，分别由在这方面最有声望的美国学者撰写。另外，还出了一卷索引。这样共为 38 卷。尽管杜威的思想清晰明确，但文字表达相当晦涩古奥，又涉及人文、社会等众多学科；要将其准确流畅地翻译出来，是一项极其庞大和困难的任务，必须争取国内同行专家来共同完成。我们旋即与中国社会科学院哲学研究所、北京大学、清华大学、中国人民大学、北京师范大学、南京大学、浙江大学、武汉大学、北京外国语大学，以及华东师范大学和上海社会科学院哲学研究所等兄弟单位的专家联系，得到了他们参与翻译的承诺，这给了我们很大的鼓舞。

《杜威全集》英文版分精装和平装两种版本，两者的正文（包括页码）完全相同。平装本略去了精装本中的“文本的校勘原则和程序”等部分编辑技术性内容。为了力求全面，我们按照精装本翻译。由于《杜威全集》篇幅浩繁，有一千多万字，参加翻译的专家有几十人。尽管我们向大家提出在译名等各方面尽可能统一，但各人见解不一，很难做到完全统一。为了便于读者查阅，我们在索引卷中把同一词不同的译名都列出，读者通过查阅边码即原文页码不难找到原词。为了确保译文质量，特别是不出明显的差错，我们一般要求每一卷都由两人以上参与，互校译文。译者译完以后，由复旦大学杜威与美国哲学研究中心初审。如无明显的差错，交由出版社聘请译校人员逐字逐句校对，并请较有经验的专家抽查，提出意见，退回译者复核。经出版社按照编辑流程加工处理后，再由研究中心终审定稿。尽管采取了一系列较为严密的措施，但很难完全避免缺点和错误，我们衷心地希望专家和读者提出意见。

复旦大学杜威与美国哲学研究中心的工作是在哲学学院和国外马克思主义与国外思潮创新基地的支持下进行的，学院和基地的不少成员参与了《杜威全集》的翻译。为了使研究中心更好地开展工作，校领导还确定研究中心与美国研究创新基地挂钩，由该基地给予必要的支持。《杜威全集》中文版编委会由参与翻译的复旦大学和各个兄弟单位的专家共同组成，他们都一直关心着研究中心的工作。俞吾金教授和童世骏教授作为编委会副主编，对《杜威全集》的翻译工作作出了重要的贡献。汪堂家教授作为常务副主编，更是为《杜威全集》的翻译工作尽心尽力，承担了大量具体的组织和审校工作。华东师范大学出版社与我们有着良好的合作，编辑们怀着高度的责任心，兢兢业业地在组织与审校等方面做了大量的工作，在此一并表示衷心的感谢。

刘放桐

2010 年 6 月 11 日

# 导　言

T·Z·拉文

在世纪之交,尽管新型的社会科学仍沉迷于技术的观念,但也已慢慢向科层的观念转变了。亚瑟·本特利(Arthur Bentley)在一本名为《治理的过程》(*The Process of Government*)的机智而自负的著作中,以一种科层的分析方式体现了在对于流动性群体的相互作用的研究中剔除所有哲学观念论残留的全部训练……作为一种以自己的方式对观念论进行的反抗,实用主义和科学管理一样,所承载的传统包袱相对较少……除却对于各种观念论目标的某种持久追问之外,或许杜威正是科层思想所迫切需要的伟大的发言人……贯彻其全部著作的,是对于能使一切时代的人们获得自由从而使其能通过探究以及通过社会经验的方式求知的科学方法的无限忠诚。 *ix*

——罗伯特·H·威伯(Robert H. Wiebe)

《追寻秩序:1877 至 1920 年》①

对于任何一个拒绝被抛入这样一种不稳定的宇宙论之中的人,我都会抱以深切的同情……“质料”的、甚至“意义”的或“自我”的稳固领域是令人愉悦的——只要这一领域是稳固地建立起来的。对于任何能将自己的任务建于这样的基础之上的人,我一点也不想去找麻烦。但我们中许多人的任务是急迫的,在完成任务的过程中,我们的那些最稳固的、习惯性的出发点本身都在功

① 罗伯特·H·威伯:《追寻秩序:1877 至 1920 年》(*The Search for Order, 1877—1920*),纽约:希尔与王出版公司,1967 年,第 150—152 页。

x

能上被消解了。当它们被这样消解、被这样卷入其中时,如果某个“事实”的幸运之岛不出现的话,就没有希望寻找到避难所。大陆在漂移,岛屿也在漂移。

——亚瑟·本特利

《行为、知识与事实》①

并不仅仅是社会现象彼此互相缠绕。所有存在的事件,由于其存在,都处于相似的状态。但实验方法及其指导观念目前在物理现象的研究中被如此牢固地确立起来,以至于各种事实的庞大身躯好像在它们的意义被确定之后就将意义写在脸上似的……对于社会科学和事实,则并不存在这种事……由于科学方法展现的仅仅是自由的、在某一给定时间方能以最好的方式加以运作的理智,在与所有问题相关的所有领域,由失败地应用这些方法所带来的文化上的浪费、混乱和扭曲不计其数。

——约翰·杜威

《逻辑:探究的理论》②

这封重要的信,邮戳是“印第安纳,保利(Paoli),1932 年 11 月 15 日”③,随同它一起寄来的是一本书。两年半之后,杜威回信了:

---

① 亚瑟·本特利:《行为、知识与事实》(*Behavior, Knowledge, Fact*),印第安纳布鲁明顿:普林西比亚出版社,1935 年,第 183 页。

② 约翰·杜威:《逻辑:探究的理论》(*Logic: The Theory of Inquiry*),纽约:亨利·霍尔特出版公司,1938 年,第 511、512、535 页。收录于乔·安·博伊兹顿(Jo Ann Boydston)主编:《杜威晚期著作》(*The Later Works of John Dewey, 1925—1953*),卡本代尔和爱德华兹威尔:南伊利诺伊大学出版社,1986 年,第 12 卷,第 504—505 页,第 527 页。

③ 杜威与本特利之间的通信已被出色地编辑、索引和介绍。见西德尼·拉特纳(Sidney Ratner)和朱尔斯·奥尔特曼(Jules Altman)主编:《约翰·杜威与亚瑟·F·本特利:哲学通信集(1932—1951 年)》(*John Dewey and Arthur F. Bentley: A Philosophical Correspondence, 1932 -1951*),新泽西,新伯朗士威:罗格斯大学出版社,1964 年,第 51 页。拉特纳撰写“引言”。下面将把该书称为《通信集》;对于杜威与本特利之间的全部通信的引用,皆本于《通信集》一书所编辑的内容。

关于《通信集》在杜威研究中所起的作用,马克斯·菲什(Max Fisch)指出:

“在他们十九年的通信中,杜威和本特利经常就他们——不仅是关于对方的而且也是关于自己的——各自的工作方法、他们的批判方式、他们关于哲学史的相关性和重要性的看法以及他们的某些特定的批判性和历史性的文章进行交流。这是洞悉杜威那些批判性和历史性研究的主要而独特的资源……它几乎还没有得到考察。”[《杜威的批判研究与历史研究》(“Dewey's Critical and Historical Studies”),载于乔·安·博伊兹顿主编:《约翰·杜威作品指南》(*Guide to the Works of John Dewey*),卡本代尔和爱德华兹威尔:南伊利诺伊大学出版社,1970 年,第 333 页]

纽约，1935年5月22日

亲爱的本特利先生：

一些日子之前，我收到一本您的《对于数学的语言学分析》(*Linguistic Analysis of Mathematics*)，恐怕我还尚未向您致谢……最近我读了这本书，现在正在重读。它比很长时间以来我读过的其他任何书对我的启发和智识上的帮助都要大。在这一年里，我一直在尝试着将自己关于逻辑理论的思想系统化以供出版①，在这一过程中您的著作对于我的意义是难以用言语表达的。它除了对我处理自己曾可悲地忽视过的数理过程的特殊主题有着特别重要的帮助之外，还极大地鼓舞和强化了我的一般立场……您对于该主题的处理，使得我能够澄清自己已经划定的、来自内部的和来自外部的对于探究的控制之间的界限，并使之更加确切；而且，我将已经写好的部分内容也重写了，这部分大意是说，最近的"数理逻辑"，以及传统的亚里士多德逻辑学，都是通过固定于探究的操作过程之外的意义而获得控制力的……②

*xi*

随后从保利寄来了本特利的充满活力的回复：

印第安纳，保利，1935年5月28日

亲爱的杜威先生：

得知您发现我的书(《对于数学的语言学分析》)尚有些用处，我极为开心。夸我的人不多，所以您的评论连同莱维伦(Karl N. Llewellyn)对我较早的著作(《治理的过程》)的可说是鲜明的支持[在《哥伦比亚法律评论》(*Columbia Law Review*)上的《作为制度的宪法》(The Constitution as an

*xii*

---

① 杜威所指的，自然是他正在进行中的著作《逻辑：探究的理论》，该著在1938年出版时将包含一个对于"A·F·本特利的作品"所给予的教益的致谢。("序言"，《逻辑》第iv—v页；《杜威晚期著作》第12卷，第5页)

② 《通信集》，第51页。杜威最终阅读本特利的《对于数学的语言学分析》一书，是受到恩斯特·内格尔(Ernest Nagel)的推动，正如杜威在他与本特利的友谊发展到稍后的阶段时所承认的："……关于内格尔，我之所以(和你一样，在他应该做却没有做的事情上)对他抱有好感，原因在于他将我的注意力引向了我拿到已有一段时间但还没有看的您那本关于数学语言的著作上……"(同上，1942年6月12日，第108页)

Institution)]一道，令这个星期变得如此特别。

这个时候收到您的信尤其令我感到高兴，因为我正准备将一本六个月之前完成的书《行为、知识与事实》交付出版，其中有两个章节与您的著作有关，我希望获得您的认可或修正已经很久了……（《通信集》，第52页）

这时亚瑟·本特利就进入了约翰·杜威的"生-涯"[①]，在其中他将保持一段富有意义的个体性的和智识性的展现，这一展现将持续至他们的通信结束，即十九年之后的1951年12月6日从保利发出最后一封信[②]。当二人的关系开始时，约翰·杜威由于其在密歇根、芝加哥和哥伦比亚的长期教学中所写作的一系列哲学著作，以及在教育、伦理、逻辑、心理学、认识论、形而上学、哲学史和艺术等领域的研究，在美国知识界声誉正隆。

而与此形成对比的是，本特利的学术生涯表现出间断性和不连续性的特点。他的童年世界是国家重建时期的伊利诺伊州弗里堡的草原小镇，以及内布拉斯加州的格兰德岛[③]。1885至1886年间，他在距离格兰德岛的家不远的约克学院开始接受大学教育，一年后去了丹佛大学，过了几个月再次退学。他曾经历过一

*xiii*

---

① "生-涯"(life-career)是杜威用来指称个体的人的行为和历史的术语，这是他和本特利持续争论的一个话题。见《通信集》，1935年7月26日至11月18日，第53至58页，以及其他多处。

② 杜威于六个月之后的1952年6月1日去世，享年93岁。

③ 位于内布拉斯加州格兰德岛的斯图尔草原先驱博物馆保存着查尔斯·F·本特利的银行以及本特利家族的记录和通信；亚瑟·F·本特利文献保存于印第安纳大学布鲁明顿校区里利(Lilly)图书馆手稿部，本特利的另外一些材料保存在南伊利诺伊大学卡本代尔校区莫里斯图书馆特藏部"约翰·杜威文献"。

关于本特利的传记材料及解释性的材料，我使用了西德尼·拉特纳的文章《亚瑟·F·本特利：行为科学家》("Arthur F. Bentley: Behavioral Scientist")，载于《通信集》第24—36页，和《A·F·本特利对于行为科学和科学探究理论的探究》("A. F. Bentley's Inquiries into the Behavioral Sciences and the Theory of Scientific Inquiry")，载于理查德·W·泰勒(Richard W. Taylor)主编：《生活、语言与法律：向亚瑟·F·本特利致敬文集》(*Life, Language, Law: Essays in Honor of Arthur F. Bentley*)，俄亥俄，耶洛斯普林斯：安提奥世出版社，1957年，第26—57页；詹姆士·F·瓦德(James F. Ward)的《语言、形式和探究：亚瑟·F·本特利的社会科学哲学》(*Language, Form, and Inquiry: Arthur F. Bentley's Philosophy of Social Science*)，爱姆赫斯特：马萨诸塞大学出版社，1984年，第二章"本特利的社会科学的智识基础"(第15—44页)；鲍尔·F·克莱斯(Paul F. Kress)的《社会科学与过程的观念：亚瑟·F·本特利的模棱两可的遗产》(*Social Science and the Idea of Process: The Ambiguous Legacy of Arthur F. Bentley*)，乌尔巴纳：伊利诺伊大学出版社，1970年，第一章"作为过程的历史"(第13—42页)，同时也参考了由斯图尔草原先驱博物馆和印第安纳大学里利图书馆提供的材料。

次身体病患和精神抑郁的打击，而这将在他的一生中反复出现，不时中断他的事业。其后三年间，亚瑟在他父亲开设于格兰德岛的银行工作；随后他进入约翰·霍普金斯大学，1892 年在那里毕业。他毕业时获得了一项殊荣：发表其本科毕业论文（1892—1893 年）《通过一个内布拉斯加小镇的经济史看西部农民的状况》（*The Condition of the Western Farmer as Illustrated by the Economic History of a Nebraska Township*）[①]。亚瑟根据自己和父亲一起搜集的资料，按照一种一丝不苟的方法，对由《公地法案》许诺的廉价土地所刺激的农业地区的繁荣景象的消失以及随之而来的内布拉斯加当地农民所面临的灾难性后果进行了探讨。本特利在其根源条件中看到的是各种社会力量的相互作用：农民们在银行和其他债主的问题上所体现出的野心和稚气，土地投机者，国际谷物商，市场波动，以及草原上不可预测的自然条件。在他的第一次社会科学探究中，就体现出日后本特利的标志性的既非视角主义也非改良主义的倾向：将社会世界视为各种变动力量的交汇[②]。

1892 至 1893 年间，本特利在约翰·霍普金斯大学经济学和社会学专业开始了其研究生学习。接下来的一年他去了德国，在那里参加了阿道尔夫·瓦格纳（Adolf Wagner）、古斯塔夫·施莫勒（Gustav Schmoller）、格奥尔格·西美尔（Georg Simmel）、威廉·狄尔泰（Wilhelm Dilthey）的讲座。从狄尔泰那里，他了解了一些当时"反抗实证主义"的情况，以及与人文科学和自然科学的区别有关的问题。对于本特利来说，最重要的是西美尔的社会学讲座以及关于群体理论的课程。回到霍普金斯之后，本特利撰写了博士学位论文《社会科学中的各种研究单元》（"The Units of Investigation in the Social Sciences"）。在这篇论文中，他反驳了机械的或因果性的解释方式（这一看法将是他和杜威共同持有的），而表达了一种狄尔泰式的"观念论"观点，即把"心灵"视为社会科学分析的核心（这一看法在以后会被他和杜威拒绝）。

*xiv*

在本特利的一生中，他唯一的教职[③]是 1895 至 1896 年在芝加哥大学为期一

① 载《约翰·霍普金斯大学历史学与政治学研究》（*Johns Hopkins University Studies in Historical and Political Science*），第 11 卷 7—8 号，巴尔迪莫：约翰·霍普金斯大学出版社，1893 年。

② 见瓦德：《语言、形式和探究：亚瑟·F·本特利的社会科学哲学》，第 25—26 页；也见理查德·霍夫斯塔德特（Richard Hofstadter）：《改革时代》（*The Age of Reform*），纽约：汶塔日图书出版公司，1955 年，第 55—58 页。

③ 不包括 1941 至 1942 年在哥伦比亚大学哲学系担任访问讲师。

年的社会学讲师职位，这是在持续性的经济萧条中的一年期补缺工作。本特利教了一阵子之后，由于他的讲座太难，法国和德国社会学方面的阅读任务又过重，学生们和老师一致同意放弃这个讨论班。在芝加哥，本特利似乎在一大批哲学家和社会科学家同事中陷入孤立，他们包括：乔治·希尔伯特·米德(George Herbert Mead)、索斯坦·威布伦(Thorstein Veblen)、雅克·勒布(Jacques Loeb)、詹姆士·H·塔夫茨(James H. Tufts)、爱迪逊·W·摩尔(Addison W. Moore)、詹姆士·R·安盖尔(James R. Angell)、W·I·托马斯(W. I. Thomas)以及阿尔伯特·米歇尔森(Albert Michelson)。[①]

从这个群体中，将产生哲学的芝加哥学派[②]，其领袖正是杜威。杜威1894至1895年间(比本特利来做讲师的时间早一年)离开密歇根来到芝大执掌哲学、心理学和教育学系。正如瓦德所观察到的那样，在此背景下，本特利"本来的家应在芝加哥大学"。[③] 由于本特利遇到了实用主义、遇到了作为教师的杜威——他旁听了杜威关于逻辑理论的讨论班(杜威并不知道)——他在芝大的孤立状态被打破了。他发现，和他曾研究过的德国哲学家和社会理论家们一样，杜威也位居实证主义和经验主义的反叛者之列，在当时以一种黑格尔观念论的方式反击实证主义和经验主义——与实证主义不同，这一方式能为含义和价值提供哲学意义。在那个讨论班上，杜威拒绝黑格尔的绝对精神，但他也拒绝个体心灵的优先性，并反对社会科学中的心理学解释。[④]

xvi

杜威的这些实用主义教导和对于实证主义的反叛将成为本特利思想武库的组成部分。五十年之后，不再是陌生人的杜威和本特利，将联合起他们的力量对抗逻辑实证主义并捍卫实用主义的探究理论。但在萧条的1896年，结束了芝大的工作之后，本特利无法找到学术职位了。最后他被《芝加哥时代先驱报》聘为

---

① 据说本特利认识W·I·托马斯。

② 见达奈尔·拉克(Darnell Rucker)：《芝加哥实用主义者》(*The Chicago Pragmatists*)，明尼阿珀里斯：明尼苏达大学出版社，1969年。

③ 瓦德，同上，第44页。瓦德又说："在杜威的同事和学生中，很少有人像本特利那样对欧洲社会理论的潮流有一手了解。他的自我孤立使这些视角无法对芝加哥实用主义者们的工作有所助益。"(同上)

④ 西德尼·拉特纳抄了一些本特利在这个逻辑学讨论班上的笔记："杜威要求学生们忽视所有主体和客体的问题，代之以下述问题，即'认识行为本身是什么？'这出于两个理由：第一，主体和客体是原初的认识行为的建构物；第二，逻辑判断是一种行为形式、一种行动形式。"(《通信集》，第27—28页)

记者；到了1903年，他成为《时代先驱报》及其后继者《芝加哥记录先驱报》的社论撰稿人。1896至1908年间本特利写作《治理的过程》一书时，其身份正是一名“感受到大量正在发生的社会行为”①并感觉到“所有所谓国家政治，正飘过我的书桌”②的芝加哥记者和编辑。

《治理的过程》现在已被视为一部政治学经典，而事实上它出版后一直受到忽视，直到二战后美国政治学家们才发现，本特利是一位当代利益群体理论、压力政治现实主义的先驱，他轻蔑地反对传统政治学虔诚的理想主义以及它对政治的“合法主义”和“制度主义”的看法。在方法论上，本特利被视为“行为革命”的早期拥护者，要求在社会科学中运用自然科学方法；并且他为提出政治学的群体理论奠定了实质性的基础。③

这种从行为主义革命的角度来理解本特利的观点现在被认为是一种误读。 *xvi* 那么该如何理解它呢？《治理的过程》的简短序言以一种大胆而言辞激烈的“科学”腔调说道：“本书试图塑造一种工具。”本特利的行为主义色彩，似乎通过他对“精神性”解释、“观念和理想”的因果有效性要求以及心理学解释的概念的批评和抨击体现出来，也通过他联系利益、价值、经济、治理和法律对群体理论所进行的细致分析体现出来。本特利之所以受到误解，是由于他那具有行为政治学风格的写作（带有一种他已开始逐步抛弃的进步主义色彩）。西德尼·拉特纳把握到本特利的修辞的效果，宣称：“治理的原材料……不能在法律书里、制宪会议的过程中、讨论专制或民主的演讲与文章中、‘人民的特点’和他们的特殊‘感受’或‘思想’以及他们的‘心’或‘心灵’中去寻找。”

> 这种原材料只有在国家实际进行的立法-行政-司法行动中，以及在人

---

① 克莱斯：《社会科学与过程的观念：亚瑟·F·本特利的模棱两可的遗产》，第18页。

② 本特利：“跋”，载泰勒：《生活、语言与法律》，第211页。

③ 见瓦德：《语言、形式和探究：亚瑟·F·本特利的社会科学哲学》，第45页及以下；克莱斯，同上，第22页及以下。关于本特利在政治学复兴中的主要形象，参见大卫·B·特鲁曼（David B. Truman）：《治理过程：政治利益与公共意见》（*The Governmental Process: Political Interests and Public Opinion*），纽约：阿尔弗雷德·A·科瑙普夫出版公司，1951年；波特拉姆·M·格罗斯（Bertram M. Gross）：《合法斗争：社会冲突研究》（*The Legislative Struggle: A Study in Social Combat*），纽约：麦克格劳-希尔出版公司，1953年；厄尔·拉塞姆（Earl Latham）：《政治的群体基础：基准法规研究》（*The Group Basis of Politics: A Study in Basing-Point Legislation*），新泽西，伊萨卡：康奈尔大学出版社，1952年。

民中聚集起来并涌向这些领域的各种潮流和各种行动才能找到。[1]

行为政治学家们没有注意到的是,《治理的过程》的第一部分在拒斥了心理学解释之后,接下来又拒斥了因果性解释的全部范畴,并因而摧毁了行为主义者自身的科学因果性立场以及对人类行为的常识性解释。在《治理的过程》中本特利对于因果性解释的拒斥,结果显然是他的反实证主义和解释主义,这体现出狄尔泰和西美尔、现在是杜威的影响。进一步说,在晚期黑格尔、达尔文和杜威的影响下,本特利在多个社会科学领域作为一个整体主义过程理论家进行写作:这些科学的原材料是进行有意义、有目的的行动的群体;每一个群体都处于过程中,每一个都被自身也处于过程中的分类体系所归类。各种"精神特性"或特定的原因类型摧毁了从群体行动过程获得的各种抽象。精神的和生理的、内部的和外部的、个体的和社会的、主体的和客体的,都不再是将群体分裂开的分离性因素;它们融入了群体行动过程的各个相互作用的阶段[2]。

*xvii*

> 这些行动彼此交织。不过,这是一个糟糕的表述方式。因为彼此交织自身就是一种行动。**我们要研究的是一个宏大的变动过程,关于这个宏大的变动过程,如果不根据其他部分来评价的话,它的每个部分都不可能得到阐明。**[3][4]

本特利通过这一隐喻[5]表达了他的过程宇宙论的框架,在其中各种实体、抽象、分割、区分都将融入它们每一个之中,并与不间断的变化中的其他变动部分

---

① 《通信集》,"导言",第30页,引自本特利《治理的过程》。

② 本特利没有使用"交互作用的"(transactional)一词,该词在这里更适合。

③ 《治理的过程:社会压力研究》(*The Process of Government: A Study of Social Pressures*),芝加哥:芝加哥大学出版社,1908年,第178页(斜体字系原文所标)。这里显然体现了浪漫主义和黑格尔主义关于内部关系的信条。

④ 英文原版书中的斜体在中文版中均处理为楷体加重,下同。——译者

⑤ 就像杜威那样,本特利诉诸揭示性的隐喻的表现力。不过杜威的隐喻是宗教的、统摄性的和救赎性的,而本特利的隐喻则是宇宙论的、破坏性的,但却是勇敢的和解放性的。见T·Z·拉文:《实用主义与现代主义文化的建构》("Pragmatism and the Constitution in the Culture of Modernism"),载《查尔斯·S·皮尔士协会学报》(*Transactions of the Charles S. Peirce Society*),第20卷第1期(1984年冬),第11—12页。

"相互交织"在一起。

1908年，本特利在父亲去世之后，陷入了严重的抑郁之中，并一直持续到1911年；[①]那一年，他母亲去世，随后本特利和妻子搬到了印第安纳州的保利。在他以后的生命中，除了几个月之外，他没有再离开过保利。[②] 直到1920年代他才重新拾起自己的主要写作计划。在他与杜威合作并获得《认知与所知》(1949年)这一成果之前，本特利发表了两部重要著作：《对于数学的语言学分析》(1932年)和《行为、知识与事实》(1935年)。[③] 这些都是将他和杜威直接联系在一起的工作。

1920年代末之前，本特利的著作基本都是对于相对论所带来的理论物理学的革命以及由非欧几何学的发展和《数学原理》关于从逻辑中获得所有数学分支的成就所带来的数学基础的革命的积极回应。按照本特利的理解，这两种进步对于科学探究来说具有重要意义。由相对论所代表的物理学的成功清楚地表明，科学的发展要求与日常或常识信念以及对物理世界各种现象的直观理解清楚地区分开来。社会科学的探究应以这一原则为指导，而不是试图通过将社会科学表达为第二秩序或更精确的常识而显示出与日常经验的连续性。 *xviii*

关于理论数学中的革命，本特利的《对于数学的语言学分析》一书反驳了弗雷格和罗素有关数学可还原为逻辑、逻辑为数学提供基础的主张。本特利质疑了外在于数学本身而为数学提供各种"基础"这一观念。本特利对数学基础主义的抨击采取了三种形式：他探讨了基础主义文献中所体现的直觉判断、主观性和不确定性，从而削弱了基础主义的看法。他表达了一种反基础主义的数学观念，将数学本身理解为一个经验性和历史性的探究领域，其特征是不断改变与内在于其主题的观念有关的思考方式。最后，他认为，随着假设方法（在任何探究领域中"我们所能建立的最一般的语言控制形式"）[④]的发展，数学中的各种矛盾和争论是能够被克服的。这些假设将建构起一个形式结构，并指明这个结构由以

① 见本特利1948年9月7日致约瑟夫·拉特纳(Joseph Ratner)的信，收于"本特利档案"。瓦德引述了这封信，见《语言、形式和探究：亚瑟·F·本特利的社会科学哲学》，第240页，注10。

② 本特利和马克斯·韦伯有着某种有趣的相似，即二者的抑郁症都与父亲的去世以及随后的工作过程联系在一起。见瓦德，同上，第18—20页。

③ 本特利的已发表和未发表的著作清单，包括读书笔记，见瓦德，同上，"附录"。

④《对于数学的语言学分析》，印第安纳，布鲁明顿：普林西皮亚出版社，1932年，第20—22页。

建构的过程，同时还将从数学本身内部提供它由以展开的“逻辑”。这样，数学的各种“逻辑基础”（广而言之，对于任何主题的探讨）就是借助假设、通过弄清楚内在于数学或其他研究领域的隐含的实践而得到建构的。[1]

xix

杜威在最终阅读本特利的《对于数学的语言学分析》时感受到智识上的快乐[2]是可以理解的：这是对于数学中的基础主义的一个有力的、富有知识含量的打击，它发展和确证了《逻辑：探究的理论》的主要观点：探究的逻辑“基础”并不外在于探究，而是内在于其各种实践之中。在迅速认定了本特利在数学领域中对于反基础主义的支持之后，杜威似乎并没有（起码在他们交往的早期阶段）发现任何能引导他去探讨他们的观点的相似程度的线索。他似乎尚未读过《治理的过程》[3]，也尚未注意到它对于一个宏大的变动不居的人类行动过程的令人惊讶的描写——这一过程可以在多个不分伯仲的视角的交织下得到理解，这些视角本身也处于过程之中。同样，杜威似乎也未曾注意到本特利在《对于数学的语言学分析》中的一个以他对于物理学革命的理解为基础的观点：数学的发展，就像所有其他科学的发展一样，要求打破常识和学科观念之间的联系。杜威也没有觉察到，本特利将科学视为只是描述性的，而非实验性的，不是实现文化目的的工具。这些本特利从未抛弃的观点，削弱了杜威以生物学为基础的自然主义、他的常识与科学之间的连续性原则以及他关于科学在社会中的作用的观念。

1935年7月底，当杜威在新斯科舍（Nova Scotia）的哈巴兹（Hubbards）开始阅读《行为、知识与事实》的清样时，他的看法已为本特利1935年5月28日的信所修正，从而能够在这本书中找到某种对于他自己的批判性评价。在《行为、知识与事实》中，本特利表达了他的行为科学哲学；他关注的焦点首先是心理学体系，对行为主义进行了严厉的批判。杜威的心理学尽管不是心理主义的，却由于它对于“心灵-语言”（mind-language）的非科学的运用而受到轻视，不过由于它看到“有机体和环境……在我们面前并非彼此决然分裂……‘相互作用是首要的事

xx

---

[1] 见《逻辑：探究的理论》，第16页及以下；第404页及以下。（《杜威晚期著作》第12卷，第23页及以下，第401页及以下）

[2] “在（和西德尼·拉特纳的）私人谈话中，杜威说，本特利……给了他在《逻辑：探究的理论》中与形式逻辑相决裂所需要的决定性的鼓励和推动。”拉特纳：《本特利的探究》（“Bentley's Inquiries”），载泰勒：《生活、语言与法律》，第41页。

[3] 在他们通信的那些年中，杜威只在两处非常简短地提及《治理的过程》。

实，它构成了一种交互-作用（*trans-action*）'"[①]而受到称赞。另外，杜威也由于将心理学定义为"在与一个（细节上有变化的）连续性的环境中的变化有关的前后相继的、连续性的行动中的……以变化为特征的……有机体的行为"[②]而受到称赞。

"现在，"本特利追问道，"[心理学]在他手里到底变成了什么？'心理学'，他[杜威]说，'与个体化行动的生-涯有关。'那么我们可以问，这能得出什么结论呢？"本特利的问题是，为什么这么狭隘的心理学观点在杜威自己对于心理学的建构中被视为"就其含义而言宽广得多、就其问题而言有意义得多"？为什么杜威以牛顿式的语言求助于"作用"？本特利说："我们必须得出结论，正是在将这个世界中或许目之所及的一切都扩展为一种更广的形式这一点上，杜威的心理学建构被他在伦理学和逻辑学方面的主要兴趣所抑制……"[③]

到了11月14日，杜威回应了本特利的批评。他承认，他在讨论"作用"以取代"作用的模态样式"时，是从"更广的时空和社会背景"中进行了抽象。但杜威认为，将"一个个体性的有机体自我或个人"看作经验模式的"一个被选择的方面"是正当的，而"这恰好对我来说尤其有趣，因为在我自己的'生-涯'过程中，我对于我们对个体行为认识如此之少并因而将我们与其他人的关系搞得如此混乱深有感触"。这封信以杜威的反思性评论为结尾："我如此[深切地]感到，这个特别的问题对于所有改善人类关系的努力来说都是基础性的。"[④]

*xxi*

本特利在回信中为他的尖刻批判表达了歉意[⑤]，并指出了他们各自理论立场发展中的相似之处。"不过，"他又说道，"你有一系列我所没有的实践兴趣和行动。"杜威实用主义中的道德维度以及对人类个体和社会的"生-涯"的"改善主

---

① 《行为、知识与事实》，第76页。

② 同上，第78页。

③ 同上，第78页、81页。杜威未能获得的这种"更广的形式"，大概就是本特利在宇宙论上所扩展的形式。"如果我们想比较彻底地研究这点[这一段文字中的]'正在发生的事'，就必须在一个跨越数千年、纵横数千里的包含更多事情的框架内认真对待它，这是一个比'生-涯'框架能拯救更多意义的框架，尽管现在可能已不那么有趣了。"（同上，第81页）

④ 《通信集》，第57页。

⑤ "我在一个糟糕的时刻为您的行动拍了张快照，我需要这种快照。在必要的地方，我是无情的、不负责任的，甘于看上去荒谬：我可能连最好的朋友都不会放过，如果对他的批评对我试图做的事来说似乎是重要的话。就您这件事而言，我不能就这么放任不顾而不指出一个更宽广的立场……"（同上，1935年11月18日，第57—58页）

义”(melioristic)关切在本特利的宇宙中没有反响。

本特利认为，他的“地球-恒星宇宙”有着“很大的优点”，这是我们所拥有的唯一在空间上“‘向内’和‘向外’扩展、在时间上‘向后’和‘向前’扩展从而涵盖知识的所有分支的世界观”。本特利又说：“任何与此相对立、根据某种细小的‘某时刻的心灵’而建立起来的结构无论如何都无法做到这一点。”[①]“地球-恒星”宇宙是一种科学的建构，并像每一种科学一样，是宇宙进程的一个部分，是“自我审视的宇宙的一部分”。[②] 对于这个宇宙的解释的循环以及它所解释的宇宙过程，是与“牛顿式”的传统认识论相决裂的认识方式的典型特征。所有科学都被视为在结构上是环状的[③]，因此没有基础性的前提；它们的假设是充分的，不涉及语言之外的现实。

*xxii*

地球-恒星宇宙不能被当作“硬的事实中最硬者”，它只是从以这种方式在历史过程中“认识”它的人们所拥有的“局部”眼光所看到的事实。[④] 进一步说，所有局部性的知识都处于变化过程之中；未来物理学的形式是无法预测的。这种世界观要求我们在对科学进行描述时回溯“近千年的社会历史”，并进至我们的时代，将所有事件都当作其他事件的阶段，将所有知识都当作局部性的知识，以跨越各个部分的形式运用“各种事实、经验、知识和语言”——直至实现一种扩展性的对于宇宙过程的时空描述。

这就是本特利所描述的他的“浮动的世界观……在此过程中我们的最稳固的地方都消解于功能之中……大陆在漂移，岛屿也在漂移”。与此相对，本特利看到了“街头的人”，他反对事物、人物和原因的消失；他反对放弃分别作为“全部

---

① 《行为、知识与事实》，第 180 页。

② 本特利残篇，“措辞”，1951—1952 年，本特利档案。为瓦德所引用，同上，第 232 页，注 22。也参见《认知与所知》(波士顿：灯塔出版社，1949 年)，第 63 页：“我们对这个被居于其中的人所认识的世界进行观察；我们对这一观察进行记录；我们继续对它进行探究——或者以循环的方式，或者不以循环的方式，这就是对它来说的全部。循环不是只沿着圆圈的一个方向；在完全的相互作用下，所形成的是圆的两边的轨迹。”[本卷第 62 页(书中提到的本卷页码均指边码，即英文原版书页码。——译者)。下文中出现的《认知与所知》的页码皆指该书页码。]

③ “循环：它的出现被旨在将‘独立之物’组织为‘现实’的非交互作用的认识论研究视为一个根本性的弱点。但它在对于认知与所知的系统探讨中是正常的。”(“《一组试验性的名称》，《认知与所知》，第 260—261 页)

④ 《行为、知识与事实》，第 169 页。人类学家克利福德·格尔茨(Clifford Geertz)在《局部知识》(*Local Knowledge*，纽约：基础书籍出版社，1983 年)一书中对随后这些类似的问题表达了类似的观点。

知识的开端和结束”的他的感觉和思维的首要地位;他“反对以任何假设取代他的‘真实’世界”;他反对将任何可辨识的对象都作为不同科学探究的一个阶段的看法。在本特利看来,“这种观点正是体现在我们的实际的日常语言之中的细小、刻板、自信而顽固的观点……”①

但是,对于浮动的世界观的反对并不限于街头的人。本特利所提出的主要问题与对象、人类个体、科学以及哲学本身的认识地位有关。② 这些问题及其解答不仅在杜威和本特利的关系中处于核心地位,而且在对于杜威和实用主义的当代再解释以及在很大范围内的当代哲学与方法论语境中都处于核心地位。③

*xxiii*

在《行为、知识与事实》中,本特利的社会科学哲学将“行为”表达为分析的单位,并将行为定义为在物理学或生物学的框架内“无法把握的一大类行动”,“但它要求一种直接的心理学形式或社会形式的研究”以及它自身的“行为时空”(behavioral space-time)。④ 但社会行为如何能被科学地观察?不是通过经验主

---

① 《行为、知识与事实》,第 172 页注。

② 杜威关于个体性“生-涯”的观念在认识上的正当性所作的断言在上文已有说明。鲍尔·克莱斯对本特利的思想作了一个颇有见地的诠释,认为它给出了一个社会科学的过程哲学。克莱斯对于不仅将“特殊之物”而且将个别之物都消融在宇宙变化之中提出异议,认为本特利由于拒绝将个体作为政治学中的分析单元,从而无法“把握我们所意谓的政治事态到底指的是什么”。克莱斯总结道:“当然,《行为、知识与事实》和《认知与所知》可被读作一个失踪水手的日志,他在如此超载时,却将理性的罗盘丢在一旁。”克莱斯,同上,第 248 页,第 178 页(粗体为原文所标)。

③ 部分可参见的著作是:卡尔-奥托·阿佩尔(Karl-Otto Apel):《走向一种哲学变革》(*Towards a Transformation of Philosophy*),戈林·阿代和大卫·弗里斯贝译,伦敦:路透和克甘·鲍尔出版社,1980 年;理查德·J·伯恩斯坦(Richard J. Bernstein):《超越客观主义和相对主义》(*Beyond Objectivism and Relativism*),菲拉戴尔菲亚:宾夕法尼亚大学出版社,1983 年;约瑟夫·马格里斯(Joseph Margolis):《没有基础的实用主义:实在论与相对主义的统一》(*Pragmatism without Foundations: Reconciling Realism and Relativism*),牛津:巴希尔·布莱克威尔出版公司,1986 年;约翰·J·麦克德谟特(John J. McDermott):《经验之流:对于美国文化的历史和哲学的反思》(*Streams of Experience: Reflections on the History and Philosophy of American Culture*),阿姆赫斯特:马萨诸塞大学出版社,1986 年;理查德·罗蒂(Richard Rorty):《实用主义的后果》(*Consequences of Pragmatism*),明尼珀里斯:明尼苏达大学出版社,1982 年;桑德拉·B·罗森塔尔(Sandra B. Rosenthal):《思辨的实用主义》(*Speculative Pragmatism*),阿姆赫斯特:马萨诸塞大学出版社,1986 年;R·W·斯里珀(R. W. Sleeper):《实用主义的必然性:约翰·杜威的哲学概念》(*The Necessity of Pragmatism: John Dewey's Conception of Philosophy*),纽黑文:耶鲁大学出版社,1986 年;约翰·E·史密斯(John E. Smith):《目的与思维:实用主义的意义》(*Purpose and Thought: The Meaning of Pragmatism*),芝加哥:芝加哥大学出版社,1984 年;H·S·泰耶(H. S. Thayer):《意义与行动:一个实用主义的批判历史》(*Meaning and Action: A Critical History of Pragmatism*),印第安纳珀利斯:鲍勃斯-迈瑞尔出版公司,1968 年。

④ 《行为、知识与事实》,第 262 页。

义的感觉回应刺激的方式，而是通过“我们以各种固定的或扩展的形式所拥有的观察能力的框架”。[①] 在这里本特利展示了他与晚期库恩之拒绝对观察和理论进行区分的类似之处，或者与晚期舒茨的社会类型化概念的相似之处。这样他对于“行为”的理解在某些方面就与分析的行动理论所使用的“行动”概念或韦伯的解释的社会学中所使用的“社会行动”概念有了关系。不过他对于“社会事实”的分析，是借助一套笨重的新词语来进行的，它用来表达过程和交互作用，使行为科学的语言摆脱形而上学的、精神的或抽象的因素，或摆脱关于彼此分离的个体和对象这一现实的常识观念。这些新语词具有“命名”（naming）的功能，“命名”对“我们给出的名称的应用范围”作出了具体说明。本特利将他的“命名”与“具体化”等概念带到了《认知与所知》中。[②]

xxiv

在1935年两人之间的第一批信件交流之后，他们的联系中断了三年；在《逻辑：探究的理论》出版以后，他们于1938年恢复了通信。随着讨论的深入，他们达到了交流的高峰，每周甚至每天都会进行交流；随着《认知与所知》的出版，在1949年以后他们的通信逐渐减少。[③]

在他们的关系中，每个人都对对方充满某种敬意。杜威发现了一个比自己

---

① 《行为、知识与事实》，第204页。

② 参见同上，第231页、265页；《认知与所知》，第5章和第11章。

③ 下列文章被收入《认知与所知》：《探寻稳固的名称》（“A Search for Firm Names”），载《哲学杂志》（*Journal of Philosophy*），第42卷（1945年1月4日），第5—6页；《逻辑学中的一种含混性》（“On a Certain Vagueness in Logic”），同上，第42卷（1945年1月4日和8日），第6—27页，第39—51页；《一个为认知和所知之物而进行的术语建构》（“A Terminology for Knowings and Knowns”），同上，第42卷（1945年4月26日），第225—247页；《假设》（“Postulations”），同上，第42卷（1945年11月22日），第645—662页；《相互作用与交互作用》（“Interaction and Transaction”），同上，第43卷（1946年9月12日），第505页—517页；《作为被认知与被命名者的交互作用》（“Transactions as Known and Named”），同上，第43卷（1946年9月26日），第533—551页，第560页；《详述》（“Specification”），同上，第43卷（1946年11月21日），第645—663页；《定义》（“Definition”），同上，第44卷（1947年5月22日），第281—306页；《逻辑学家们的根本假设》（“Logicians's Underlying Postulations”），载《科学哲学》（*Philosophy of Science*）第13卷（1946年1月），第3—19页；《新“符号学”》（“The New ‘Semiotic’”），载《哲学与现象学研究》（*Philosophy and Phenomenological Research*），第8卷（1947年9月），第107—131页；《常识与科学：它们各自的指称框架》（“Common Sense and Science: Their Respective Frames of Reference”），《哲学杂志》（*Journal of Philosophy*），第45卷（1948年5月8日），第197—208页；《一个对认知进行探究的术语表》（“Concerning a Vocabulary for Inquiry into Knowledge”），同上，第44卷（1947年7月31日），第421—434页；以及对“给杜威先生的一封信”的回复，同上，第46卷（1949年5月26日），第329—342页。

更精通逻辑与数学的人，一个曾反对数学基础主义、捍卫杜威的立场的人，这个人认真对待杜威的《逻辑》、希望捍卫它并反对针对它的批评，他拥有沿着进一步深化的方向去澄清和加强它的论证的智识能力和活力。不仅如此，这位芝大时期的仰慕者兼学生似乎具有一种生气勃勃、富有远见且推动力十足的智识力量，这种力量激励了杜威，并使他着迷：

> ……我不觉得你的许多立场与我相异。我想我们的不同研究方式是彼此互补的。我没想到在我这个年龄(到 10 月份我就 85 岁了)还上了一门"进修课程"，它的确让我神清气爽。我觉得这是通过和你的这种联系而获得的……①

xxv

对于本特利来说，他找到了一个著名的公众人物、一位在国际上受到尊敬的哲学家就一个具体问题开展工作，他可以运用自己的逻辑和数学技巧来捍卫和改进《逻辑》的论点，并与杜威一起实施一个更大的智识方案，即反击逻辑实证主义的威胁。不仅如此，对于本特利来说，越出政治学、数学和心理学这些他此前曾致力的领域、进入他与杜威的关系使之得以可能的实用主义哲学框架，是有智识上的吸引力的。

当二人开始他们的通信时，他们都具有 19 世纪末、20 世纪初的美国文化革命的精神；二者就像那个时代许多美国知识分子那样，在思想中有一种黑格尔主义的积淀；二者都信奉一种整体性的过程哲学，因而都反对二元论，反对基础主义，反对形式主义；并且，与实证主义和经验主义相反，他们都倾向于解释主义。同样，杜威和本特利都拥有一个宽广的自然主义的有机体-环境框架；他们都拒绝传统的形而上学和认识论；他们都反对在研究中赋予数学和逻辑某种立法功能；二者都在社会科学研究中采用行为主义的方法，而反对心理主义。

正如上文所提到的那样，从一开始就存在着二人对彼此的友好和敬重所无法消除的差异。与全部杜威作品中的道德维度相对，本特利特意将所有伦理的或政治的成分当作不科学的东西从他自己的著作中清除了出去；与此相关的是，

① 《通信集》，1944 年 6 月 6 日，第 264 页。杜威一生始终保持着一种能力：富有成果地接受那些表现出创造性活力的人的激励。

本特利拒绝杜威对个体生-涯所作的哲学思考,将其理解为从社会的交互作用过程中获得的一种抽象;本特利的过程宇宙论使对象和人面临消失的危险,而杜威则通过复杂而精致的论证对此进行着抵抗。最后,本特利的科学概念所要求的是普通经验和科学之间的非连续性,而对于杜威来说,在产生问题的情景中寻找解决方案的智识探究体现于整个人类经验之中。这些差异,以及他们所反映出的哲学观念的冲突,在他们十九年的通信中始终存在。直到1950年,他们还就"对象"展开讨论。[1]《认知与所知》的第十章"常识与科学"是该书唯一由杜威独自署名的文章,而题为"社会探究中的'如何'、'什么'与'为何'"(How, What, and What For in Social Inquiry)[2]一文延续了杜威就这一问题已充分展开过的论证。

*xxvi*

关于这一重要的智识合作,提出谁在其中占主导地位这一问题是可以理解的,特别是因为,这一合作不仅表现为完整的作品,而且还通过大量通信体现于这部作品的形成过程之中。鲍尔·克莱斯发现:

> 那个时代最著名的哲学家与晦涩的保利果园主所进行的这样一种交流[是不同寻常的]……他们都已步入暮年;而之所以是不同寻常的,还由于这位晦涩的中西部人主导了这一交流——确定问题,对解决方案提出建议或予以拒绝,不倦地进行批判、评价和推动。而哥伦比亚大学教授则为他的朋友的洞见表达感谢与仰慕之情,并且乐意为他一生所坚持的立场引入挑战。[3]

詹姆士·瓦德则引述了约翰·麦克德谟特"更具平衡性"的评价:

> 本特利在抨击他们的哲学界同行时,在形式上经常是尖刻的;而杜威虽直截了当地表达意见,但方式是温和的,他总能穿过本特利的言辞、机敏而

---

① 见《通信集》,本特利1950年1月22日给杜威的信,第620页。

② 见本书,第333—340页。杜威较早版本的《方法与结果——"如何"、"什么"与"为何"》("Means and Consequences—— How, what and what for"),载于《通信集》第三部分,第647—654页。

③ 克莱斯:《社会科学与过程的观念:亚瑟·F·本特利的模棱两可的遗产》,第19—20页。

得体地陈述他们的共同立场。①

尽管瓦德提出“没有人主导通信”，但他实际上还是支持克莱斯的立场。瓦德承认，“大多数情况下是本特利首先提出问题”；“本特利注意到他在早期阶段做了大部分工作……并且这个正在形成的成果是我自己这种类型的操作过程的具体化，而不是……具有杜威风格的哲学”；而且，杜威署名为共同作者是很勉强的，因为大部分作品是本特利的。② *xxvii*

最后，关于谁居主导地位的问题，西德尼·拉特纳将讨论向前推进了：他敏锐地观察到③，即便我们承认是本特利提出了大部分问题、完成了大部分写作、最后的成果是本特利风格的，也不能说本特利将自己的观点强加给了杜威，因为他所表达的观点在杜威的作品中都能找到。

不过，要回答拉特纳的看法，我们必须说，《认知与所知》中所表达的观点并非全部是杜威的，因为正如上文所指出的，二人之间存在着一些重要的差异。不仅如此，本特利的计划远不限于对他和杜威的共同观点进行反思性确认。本特利所探究的，是他自己的过程宇宙论论题，并且他将杜威与他共同持有的过程逻辑观点引至其极端运用，对杜威与他不同的观点提出了挑战。正如《通信集》和《认知与所知》所揭示的那样，杜威的实用主义作为一种过程哲学，无法独免于它自己的消解技术。因此，在面对本特利的刺激力量时，杜威是脆弱的，他由于自己的实用主义的消解性操作反过来矛头指向了它自己而跌跌撞撞。最终的成果是极端的自然主义的，是杜威自己的长期论题——通过弥合科学与道德之间的鸿沟来重建哲学、改善社会问题——所要求的各种结构的解体。不过，本特利曾对这一结果提出过警告： *xxviii*

> ……[我们]那些最牢固的传统出发点本身在功能上消解了。当它们这

---

① 约翰·J·麦克德谟特：《约翰·杜威的哲学》（*The Philosophy of John Dewey*）第一卷，《经验的结构》（*The Structure of Experience*），“导言”，纽约：G·P·普特南之子出版公司，1973年，第xxii页。麦克德谟特为这一关系及其成果作了敏锐的概述，并表达了对这一合作中的两种不同风格及其个人意义的洞见。

② 瓦德：《语言、形式和探究：亚瑟·F·本特利的社会科学哲学》，第196页、206页。见《通信集》，1944年8月19—29日，第293—296页。

③ 西德尼·拉特纳于1988年6月给这位作者的评论。

般消解时……在某个可能出现的“事实”的偶然之岛上找到避难所是没有指望的。(《行为、知识与事实》,第183页)

实用主义对本特利来说成为一个潜在的哲学框架,这在从《治理的过程》到《对于数学的语言学分析》再到《行为、知识与事实》这一思想发展线索中是明显的,因为他的兴趣越来越少地集中在个别社会科学和数学的具体问题上,而越来越多地集中在社会科学哲学所提出的问题上。本特利在1930年代阅读了米德(Mead)、查尔斯·S·皮尔士(Charles S. Peirce)和威廉·詹姆斯(William James)的著作,并且在他和杜威的关系开始密切之后,他似乎已将自己视作实用主义进一步发展的主要人物和皮尔士对所有知识领域的哲学要求的继承者了。[①] 本特利所理解的实用主义,是一种表达由达尔文所揭示并由皮尔士、詹姆斯和杜威所推进的地球-恒星宇宙过程的哲学运动。

杜威与1890年代的皮尔士和詹姆斯相接续,彻底地而不是部分地引入了一种刺激-反应心理学程式,并发展出一种被詹姆斯视为提供了一种比自己的实用主义具有“更宽广视野”的实用主义。没有一个人比皮尔士……或比詹姆斯在他关于“自我”的分析中……更了解我们的认知具有怎样的社会性……而正是杜威将对于认知的研究扩展为一种完全的文化形式。对杜威来说,“交互作用”为“行动”奠基,而“不确定性”为“确定性”奠基,其方式类似于在詹姆斯那里实际材料(the factual datum)[②]为在目标上彼此独立的各种主体与客体奠定基础。在上述每一种情况中,都有一个整体系统的视野,它比任何二元分裂的视野所产生的知识成果更丰

*xxix*

---

① 见瓦德:《语言、形式和探究:亚瑟·F·本特利的社会科学哲学》,第201—202页,这里使用了本特利1939年的备忘录。

② 参见本特利的文章《詹姆斯的材料》(“The Jamesian Datum”)(本段正是从这篇文章中抽取出来的),载于《心理学杂志》(*Journal of Psychology*),第16卷(1943年7月),第35—79页,重印于本特利:《探究之探究:论社会理论》(*Inquiry into Inquiries: Essays in Social Theory*),西德尼·拉特纳主编并作导言,波士顿:灯塔出版社,1954年,第230—267页(本段引文见第260—261页)。在这里本特利为詹姆斯辩护,而反对对于詹姆斯《心理学原理》第九章“思维之流”的批评者们的肢解性误读。本特利指出,詹姆斯的思想接下来将“流”(stream)视为行为性活动,“一个有机体-环境的自然世界之内的中性材料的流动”。从消极的意义上说,詹姆斯的这一成果之得以可能,是由“先前所宣称的‘意识’之最终消除”所保证的(同上,第248页)。

富……(正如)达尔文将自然置于有机体和环境之下以便将后二者纳入系统,皮尔士通过一种宏大的视野在认知的整体领域中推导出这一成果……对于全部四者而言,有着共同的公分母——这一点即便没有在使用中得到发展,也已被指出了。

在这一伟大运动的潮流中,无论皮尔士还是杜威都不能达到的下一个演进阶段,是适合于实用主义的言语行为理论的发展以及行为科学的各种自洽体系的发展。实用主义的这下一个阶段乃是本特利希望通过与杜威的合作而达到的。

事实上,这场产生了构成《认知与所知》的十二篇文章的智识合作,承担着三个不同但彼此相关的计划:捍卫杜威的《逻辑》并对形式逻辑学家们进行批判;对试图夺取实用主义的统治地位的逻辑实证主义进行批判;为行为探究建构一种新的语言。

在杜威为《逻辑》所撰的导言的前几页中,他认真地谈论了与逻辑有关的问题。现代逻辑在"切近主题"上具有一致性,而在"最终主题"上又争论不休,这显示出其自相矛盾性。他说,没人怀疑"各命题间的关系"以及"由'是'、'否'、'如果……那么……'、'只有(除……之外)'、'和'、'或'、'某些/全部'这样的语词所表达的关系"规定了作为一个明确领域的逻辑之切近主题。[①] 另一方面,作为最终主题的逻辑被置于哲学理论之内,而在表达不同的最终哲学的不同最终逻辑主题方面,则出现了争论。

但杜威接着陈述了《逻辑》将论证的最终哲学,宣称他的探究理论能在它自身的前进过程中发展出"进一步探究将服从于之的各种逻辑标准与形式"[②]。 *xxx*

杜威所提出的,实际上并不是一个大胆的对于符号逻辑的自然主义替代方案,而是一套自然主义的最终哲学,在这一哲学中,逻辑被视为与有机体和环境在其中进行交互作用的背景具有连续性。自然主义论证的抱负在于,对逻辑应被理解为与自然相分离者或在某种意义上为探究理论提供一个先天基

---

① 参见《逻辑:探究的理论》,第1页。(《杜威晚期著作》第12卷,第9页)
② 同上,第5页。(《杜威晚期著作》第12卷,第13页)

础的纯粹的或理性的结构这种观点进行否定(与将逻辑作为最终主题的哲学相对立)。

这样,问题就在于进行"区分"。在"逻辑学中的含混性"一章①中,本特利所承担的任务是为《逻辑》辩护,并反驳那些将逻辑与探究分开的形式逻辑学家们。本特利回顾了在鲁道夫·卡尔纳普(Rudolf Carnap)、莫里斯·R·科恩(Morris R. Cohen)、恩内斯特·内格尔、C·J·杜卡斯(C. J. Ducasse)、C·I·刘易斯(C. I. Lewis)、查尔斯·W·莫里斯(Charles W. Morris)以及阿尔弗里德·塔斯基(Alfred Tarski)等人的著作中对命题、真理、意义、语言与事实等问题的处理,抨击了他们所有人(对塔斯基有点例外),针对科恩、内格尔和卡尔纳普的批评尤为猛烈②。本特利在《对于数学的语言学分析》中所提出的对于数学基础主义的批评在这里很好地发挥了重要作用:他再次发现了含糊其辞、模棱两可、直觉判断和术语混淆。他总结道:

*xxxi*

> 科恩、内格尔、杜卡斯和卡尔纳普的"命题"、刘易斯的"意义"、莫里斯的"记号载体"和"解释者"以及塔斯基的"真"告诉我们的都是同一件事,尽管是在不同层面上谈的。所谓"行动的人"受到控制而被扭曲,却好似独立的;"不同于人者"得到的是一大堆粗糙的假设,而没有获得实际上合理的

---

① 第一章"逻辑学中的含混性"、第八章"科学时代的逻辑学"和第九章"一种混乱的'符号学'"三章是由本特利单独署名的;只有第十章"常识与科学"由杜威单独署名。其他各章都是共同署名。正如《通信集》充分显示出的那样,虽有许多讨论和重写,但除了第十章之外,材料之组织和实际的写作完全是由本特利完成的。

② 比如,关于卡尔纳普:"很难确切地说,在卡尔纳普的讨论中,术语上所存在的问题的最糟糕的核心究竟在哪里。不过,这个污名或许可以送给'概念'这个可以用于所用语句中的所有东西的语词。"(本卷第 27 页)关于科恩和内格尔:"在他们的文本中,科恩和内格尔严肃地要求我们关注命题,这些命题不是物理性的、精神性的或语言性的,甚至不是处于表达或传统过程中的某物……在这里,命题的真与假只与它自身有关,而与所有的人类参与和人类认知的痕迹都没有关系。这一切在公元 1944 年是难以理解的。而事实上会有更多麻烦,因为我们以符合逻辑的方式对于'事实'的认识,……必须通过这种'命题'来加以接受。"(第 14 页)至于本特利对内格尔的尖锐评论,参见瓦德,同上,第 255 页,注 10。内格尔之摒弃他关于逻辑的本体论立场(《没有本体论的逻辑学》,载于克里柯里安(Y. H. Krikorian)主编:《自然主义与人类精神》(*Naturalism and the Human Spirit*),纽约:哥伦比亚大学出版社,1944 年),在第一章注 10(即本书第 17 页注①。——译者)中得到确认。内格尔被描绘为正走向杜威的"1920 年代的工具逻辑,而这是他[内格尔]那时所抨击的……"(本卷第 16 页)

对待。[1]

当 1945 年杜威和本特利的合作文章开始在《哲学杂志》上发表并被阿隆佐·邱奇(Alonzo Church)[2]和亚瑟·F·斯穆尔扬(Arthur F. Smullyan)[3]所评论之后,本特利就试图对他和杜威关于逻辑的观点进行一场彻底的辩护。两个评论者都指责杜威和本特利的心理主义及其将逻辑学还原为心理学。本特利回应说他们不想还原什么;他和杜威

> 将甚至最抽象的认知、推理以及数学和科学的历险都视为内在于行为探究的一般领域……这里没有任何东西涉及诸如逻辑与心理学这样的探究之间的实际差异的问题……基于方法和在方法论上有差异的主题的分类仍一如既往地有效并有用。[4]

在对《符号逻辑杂志》的评论者们的这一回应中,本特利澄清了他自己关于逻辑的观点,即逻辑是一种具有连贯性和一致性的形式系统,它既不是探究的基础,也不是从不断变动的探究中"发展"出来的;正如他在《对于数学的语言学分析》中所讨论的那样,逻辑是从它自身的探究模式内部出发运用自己的前提的。[5]

*xxxii*

杜威和本特利对逻辑实证主义的令人不安的抨击,出现于 1930 年代末和

---

① 《认知与所知》,第 45 页。杜威与本特利担心逻辑实证主义会被视为在处理与实用主义相同的问题时更具严格性。参见杜威 1939 年 4 月 7 日的信:"……我关于莫里斯的理论是……他受到了符号形式主义的影响,断定实用主义的弱点在于它无法合理地处理形式的和数学的内容……"(《通信集》,第 69 页)

② 《符号逻辑杂志》(*Journal of Symbolic Logic*),第 10 期(1945 年 12 月),第 132—133 页。

③ 同上,第 12 期(1947 年 9 月),第 99 页。

④ 《认知与所知》,第 12 章"对所取得的进展的总结",第 276—277 页。

⑤ 参见斯里珀:《实用主义的必然性》(*The Necessity of Pragmatism*),第 99 页:"……杜威的逻辑概念并非传统意义上的逻辑的一部分,而毋宁是一种智性行为的概念,在其中那些传统逻辑概念起着某种作用但并不是全部。罗素的判断是,杜威的经验逻辑从属于心理学;而杜威的判断则是,心理学从属于经验逻辑。一旦逻辑学被视为一种探究理论,心理学就是逻辑学的一部分。而随后物理学和化学、伦理学和美学都将如此。"在《认知与所知》的附录[杜威给鲍茨(Albert G. A. Balz)的信]中,杜威写道:"很可能,'逻辑'这个词所具有的力量遮蔽了我在'探究理论'中想要表达的重要东西的意义。"(本卷,第 293 页)

1940年代初他们的私人通信以及发表于那些构成《认知与所知》的文章里的对于卡尔纳普和莫里斯的批评中，这时正值已逃离纳粹的维也纳学派的成员们开始在美国的杂志上发表他们的评论并重建科学运动统一体之际。1944年夏，为了回应逻辑实证主义不断增长的影响，杜威开始撰写一系列关于记号的论文的初稿——最后一篇是《何谓语言符号？何谓名称？》（"What Is It to Be a Linguistic Sign or Name?"），他于1945年5月25日将这篇文章寄给了本特利。杜威为自己从他与本特利的计划中转移了一些精力而感到抱歉（"我觉得惭愧……我甚至已有两天放松下来没有做事了……"）。但他承认有一种强烈的"内心压力"去写一篇反对实证主义导向的记号理论的文章，这种理论以查尔斯·莫里斯的《记号理论的基础》（*Foundations of the Theory of Signs*，1938）的形式而成为当时备受关注的哲学理论。与"卡尔纳普-莫里斯"相对，杜威坚持认为，语言记号和指称并不像奥格登（Ogden）和理查兹（Richards）（以及卡尔纳普和莫里斯）所主张的那样彼此外在和独立，相反，它们是"一个具有包容性的、不可分割的活动集合的构成部分"（本卷第304页）①。

*xxxiii* 美国逻辑实证主义的吸引力似乎在于其大胆的经验主义及其逻辑严格性，而实用主义之对于逻辑实证主义的反对，则在于其经验部分与逻辑部分的彻底二元论。杜威与本特利拒绝像重视主观主义感觉材料的可疑的经验主义那样，把观察到的原子事实当作基础；并且他们拒绝将科学的结构当作建基于这个基础之上的逻辑结构，因为这与科学结构并非由形式逻辑确定而是从科学实践中产生出来这一观点不相容；他们拒绝将观察陈述从理论陈述中分出来，也拒绝将

---

① 未刊手稿，1945年5月25日致本特利（本特利档案，第18页；收录于本卷第297—309页）。引文摘自杜威同一天写给本特利的信（见本特利文献）。"卡尔纳普-莫里斯"这一称谓来自1944年7月12日杜威致本特利的信，见《通信集》第285页。杜威在他的手稿中总是漏掉对卡尔纳普和莫里斯的直接称谓。杜威没有及时完成一篇本打算收录在《认知与所知》中的关于记号的文章，该手稿一直未发表。他在《认知与所知》序言中承认了这一遗漏，表示希望"将来会有……关于'记号'一词的意义的……完整论文作为我们现下工作的延续"（第4—5页）。

杜威在1945年春天又被迫从他们的共同努力中分出精力来回应贝努瓦-斯穆尔扬（Emile Benoit-Smullyan）的一篇文章《价值判断与社会科学》（"Value Judgements and the Social Sciences"，《哲学杂志》，第42期（1945年4月13日），第197—210页）。杜威的回应《价值、评估与社会事实》（"Values, Valuations and Social Facts"，见本特利档案；收录于本卷第310—317页）并未发表，而是1945年6月20日寄给了本特利。杜威再次确认了他已分辨得很清楚的评价（valuing）和评估（valuation）之间的区别，以及他的探究的连续性原则；他认为判断与价值有关，正如那些与社会科学的主题相关的判断，它们都是所有其他认识主题中同样的探究模式的产物。

意义的可证实性检验当作对于构成逻辑实证主义科学哲学的基础的分析与综合的严格区分的进一步证据。不过,也有一些一致之处得到了承认:对于形而上学的拒绝,对于构建一种适合于科学探究的语言的需要。[①]

但逻辑实证主义的阴影落在了《认知与所知》及其第三个关键性计划,即发展一种对实用主义和各行为科学都充分的言语行为理论上。自然被理解为探究的终极领域;探究中的某种交互作用性的成果被认为是科学的当前发展阶段所要求的。在这里,《认知与所知》展示了它对于科学哲学的最著名的贡献,即具有连续性和发展性的三个看待世界的模式:自一作用、相互作用和交互作用。自一作用是看待那些由其自身的本质自主决定的事物的经典模式;相互作用是以机械物理学为开端的解释模式,在与其他单元的因果性相互作用中观察可独立的单元;而交互模式在看待人类行为时"不将……行动归结为独立的自主性要素或独立地相互作用的因素或关系"。在当下,认识论、逻辑学与诸社会科学"仍然主要建基于某种自一作用之上",而它们正清晰可见地走向某种相互作用的过程。[②] 物理学是模范科学,它从牛顿的相互作用主义转向了爱因斯坦相对论和量子力学的交互作用主义。交互作用是这样一种"层次"的探究:"在此,各种描述与命名系统被用来处理行动的各个方面和各个阶段,它们不被归结为诸'要素'或其他据说可分的或独立的各种'实体'、'本质'或'实在',而这些据说可分离的'关系'也并不独立于那样的可分'要素'。"[③]

*xxxiv*

本特利在《认知与所知》中关于交互作用的描述所展现的关于逻辑知识体系与时空相联系的宇宙论视野,随着语言学革新成为中心任务而消退了。根据科

---

① 本特利在其对于卡尔纳普和别的实证主义者的激烈批判结束时指出:"对于逻辑实证主义者们的宏大目标——驱逐形而上学、发展一种旨在评价和组织的语言框架——我是完全同情的。"(《实证的东西和逻辑的东西》("The Positive and the Logical"),《探究之探究》,第112页)

② 《认知与所知》,第112页、67页、98页。

③ 同上,第101—102页。《认知与所知》的持续影响主要有赖于交互作用的概念。例如,在文学理论中的直接影响,参见罗森布莱特(Louise M. Rosenblatt)著:《读者、文本与诗歌》(*The Reader, the Text, the Poem*),卡本代尔和爱德华兹威尔:南伊利诺伊大学出版社,1978年。在心理学领域,有坎垂尔(Hadley Cantril)的《心理学、人道主义和科学探究文选》(*Psychology, Humanism, and Scientific Inquiry: Selected Essays*),阿尔特·H·坎垂尔(Albert H. Cantril)主编,新泽西,新布伦斯维克:交往图书公司,1988年。在文化人类学领域,有克利福德·格尔茨的《对各种文化的阐-释》(*The Inter-pretation of Cultures*),纽约:基础图书公司。1973年。在诠释学领域,汉斯-格奥尔格·伽达默尔(Hans-Georg Gadamer)在《真理与方法》(*Truth and Method*,纽约:西伯里出版社,1975年)中也表达了一种交互作用的观点。

学，接下来的步骤是假设性的，其结果是暂时性的。“基本假设”是：“认知同样也是被认知的主题，在此意义上，认知是可观察的事实。”[①]作为自然事件，认知与所知应“通过在自然科学中别处曾成功过的方法来加以考察”，它们应当被“一起当作”在交互作用中被观察到的“一个事件的各个方面”。[②]

xxxv 直接性的探究限定在通过命名而获得的认知，这一探讨在《认知与所知》中一直持续，以达至一个“固定的名称列表”。命名与认知一样，被认为是应“在交互作用中加以研究”的“直接存在的认知”。[③] 稳固的名称（firm names）中的模糊性、抽象性、各种哲学传统的剩余物、自一作用或相互作用在交互作用的视野下得到了彻底审视和考察，这些专名被进一步置于详述（specification）之下。详述是“指称（designation）的最有效力的形式”，它通过与命名相关的“对于各种扩大了的[科学]描述的独特运用”，将命名从语言学藩篱中解救出来。“就‘科学’一词被用来报道所指者而言，详述……*就是*科学。”[④]而“事实”则是指称“包括我们自己和我们的认知在内的认知宇宙（自然是作为所知者和处于被更好地认知的过程之中者而存在的）”的“事实性和宇宙性”[⑤]的名称。

现在可以看出，《认知与所知》试图为实用主义构建一种语言理论和行为科学的努力所使用的全部概念工具都来自本特利的《行为、知识和事实》一书。假设、行为、观察、命名、详述、事实、自一作用（self-action）/相互作用（interaction）/交互作用（transaction）、循环、认知宇宙——对于所有这些概念的使用，本特利都利用了他自己的文本。至少，就《认知与所知》一书的创作而言，本特利延续了他通过与杜威的合作而将实用主义的发展推到一个新阶段的志向。

对于各种“确定的”、“最重要的”名称及其详述的探寻不可避免地导致那些出现在杜威实用主义话语中而在交互作用分析的框架面前颇为脆弱的名称和关系的丧失。被抛弃的名称包括：现实、经验、自然主义、个体、主-客体、问题情境、

① 《认知与所知》，第48页。

② 同上，第84页、85页。

③ 同上，第258页、273页。

④ 同上，第131页、149页、150页。“……我们选择了‘详述’这一名称用以指称那种建基于较早时期全部探究的基础之上的、一个时代的持续探究所能达到的最复杂和最准确的描述……”（同上，第150页）

⑤ 同上，第58页。

概念、意义和知识。[1] 杜威表达了一些意见；接下来发生了争论；杜威又如往常般作了让步。关于现实(reality)——本特利："'现实的'。在这里您的陈述出现根本性的麻烦已有三十年或更长时间了……您……对此回避。回避带不来任何结果。我反对再这样下去。"[2]关于命名(naming)——本特利："您提议删去……关于命名是一种认知形式的内容。而这正是我们的计划的核心……将此抽走，我们就什么都不剩了。"杜威："我不想将'认知'和'知识'限制在对于事例的命名上。"本特利："……我们……已尽可能好地建立起命名……在您的兴趣转向丰富的生活之后……我的兴趣却仍停留于研究这边。"[3]关于科学认识——杜威："……在我看来您有时似乎让认识吞没了一切。而我无法如此。""我的兴趣总是在于我现在要称之为增长点的那些内容上……如果没有或除去这些增长点，全部……事物将一片死寂。"[4]关于经验——杜威："……我同意您关于将'经验'作为不需要的概念加以去除的观点。我会喜欢稍多一些同情的处理方式——或许是由于我自己过去付出了一些努力的缘故吧。"[5]关于主-客体——本特利："……每当要对积极创造的主体进行指称时，你都会指出你不需要它(……在《逻辑》中有十个或十二个这样的段落)。然而，当有必要对客体进行指称时，你就会指出客体是需要的……你不能允许客体也一起消失。"杜威："无疑我是在一种前有机体(pre-organism)的意义上使用'客体'一词的。"[6] *xxxvi*

具有讽刺意味的是，《认知与所知》所提出的任务，即纯化《逻辑》的语言，为实用主义与诸行为科学提供一个语言理论，打击形式逻辑学家们以及正在逼近的逻辑实证主义的基础主义等，没有一个达到了目标。相反，《认知与所知》所呈 *xxxvii*

---

① 西德尼·拉特纳给出了一个"在《逻辑》中形成、在《认知与所知》中未作改变而继续使用"的术语清单：探究、对象、联系、假设、指称、关系、条件以及真理。(《通信集》,"导言",第45页)

② 《通信集》,1944年1月29日,第205页。

③ 同上,1944年5月31日至6月5日,第260—263页。

④ 同上,1945年1月22日、2月2日,第381页、385页。

⑤ 同上,1944年5月12日,第246页。

⑥ 同上,1944年3月2—9日,第92—94页。承蒙西德尼·拉特纳惠允,我得以看到一份关于《通信集》的未刊评论,在其中,赫尔伯特·施耐德(Herbert Schneider)写道:"本特利连嘲弄带诱惑,引领他的朋友修正其思想中的基本术语,他给予后者的激励,是许诺即将得到的这个理论……会在有力而快捷、清楚而确切的语言中被表述……本特利这一策略的天才之处就在于,每当本特利一遍又一遍地问杜威所写的某某内容是什么意思以及告诉后者他们可以怎样一起解决明显的矛盾时,杜威总是回答说,确实有矛盾,他本该如此这般说的。"

现出来的严格的科学的交互作用主义,正反映了(尽管有些区别)它所反对的逻辑实证主义:它给出了自己的形式语言,坚持科学作为认知模式和指称框架的唯一合法化,否定形而上学和伦理学的认知意义,并否定科学与常识之间的联系。《认知与所知》的科学的交互作用使得杜威的哲学建构被严重地削弱了,包括在其不稳定性之中被富有美学意味地经验到的宏大的、具有统一性的达尔文主义的自然框架;科学与道德之间的联系以及个人生涯与社会、伦理、政治、美学和科学之间的联系;还有对于解决困难具有关键作用的问题情境(problematic situation)。受到严重削弱的,还有本特利那十分壮阔的、横跨千年时空、朝向未来而不断变动的地球-恒星宇宙论。在这一工作结束之后,尽管二人的关系热度依旧,但都显得对该成果及其收到的反响有些失望。杜威又写了关于手段和结果的交互作用关系的文章(《社会探究中的"如何"、"什么"与"为何"》,见第333页—340页)以及关于行为技巧与环境产物之间的交互作用关系的文章(《重要性、意义与含义》,见第318—332页);本特利或许有些沮丧,他出版了一本四十年文集,包括《认知探究》("Kennetic Inquiry")一文,该文是对他智识生涯以及他在交互作用研究方面的贡献的概括[1]。

不过,存留下来的是实用主义,而不是逻辑实证主义。实用主义成为当代关于基础主义的各种争论的中心,这些争论包括实在论、相对主义、先验主义、观念论以及"哲学终结"等问题。并且,不妨说"在美国人眼里,现代西方哲学的全部进程中的各种趋同的主题"——现象学、马克思主义、诠释学、解构主义等——"无疑都具有实用主义的特点"[2]。在美国实用主义的发展历程中,杜威和本特利的非常复杂的过程哲学发挥了重要作用……那些岛屿在移动,而大陆仍在那儿。

*xxxviii*

① 杜威这两篇文章的较早版本此前都没有发表,见《通信集》第647—668页:《重要性、意义与含义》("Importance, Significance and Meaning",本特利收于1950年3月31日),以及《方法与结论——如何、什么与为何》(本特利收于1951年1月5日)。《认知探究》一文刊于《科学》,第112卷第2922期(1950年12月29日),第775—783页,该文是作为本特利的《探究之探究》的最后一篇文章而刊出的。

② 马格里斯(Margolis):《没有基础的实用主义》(*Pragmatism without Foundations*),第201页。

# 认知与所知

# 序言

众所周知,与知识问题联系在一起的交流的可靠性以及相互可理解性问题,其难度是很大的。困难是如此之多,又是如此尖锐,以至于在这里出现争执、矛盾和误解几乎被视为理所当然。在本书中所记录下来的研究成果,乃是出自一个信念,即更高程度的可靠性、因而更高程度的相互理解以及更高程度地将差异性转化为互利,不仅是必要的,而且是可行的。在我们前行时,这种信念愈益增强。我们认为,在认知和知识问题的研究中,运用目前在科学发展出来的主题研究中被普遍使用的假设方法,是可行的。这种科学方法既不设定也不运用任何固定的、僵化的理论立场。我们也注意到,通过强加的方式是无法达到更好的交流的可靠性以及随后的相互理解的。在深入各研究领域的过程中,探究者们的进展,是通过尽可能向自己和他人澄清他们的工作由以展开的观点和假说来实现的。当那些彼此不赞同对方结论的人们都提出这种澄清的要求时,他们所面临的困难通常导致的结果是对这一主题不断增加的要求。 3

因此我们强调,我们的尝试是一种合作研究。我们的信心在于这种方法,在于这种被认为体现这一方法的结果的特定结论。

我们的这一信念,即关于认知的知识的未来进展要求交流的可靠性,完全与我们所运用的交互作用的观点与指称框架联系在一起。对于交互作用问题的强调随着我们的研究的进展而逐渐增强。我们相信,只要心中系统地具有了关于交互作用与相互作用和自-作用之间的区别的观点,就能最方便地把握我们所获得的主要进展。交互作用实际上是一种在认知领域中系统展开的观点:认知是与合作有关的,并且就其本身而言是离不开交流的。通过其自身的过程,它与假 4

设的东西联系在一起。它要求将各种陈述做成根据时间跨度和空间区域而对于事件的描述。它排除了对于固定性的断言以及将这些断言强加给人们的企图。它正是在认知的过程中建立起开放性和灵活性的。它将知识视为本身就是探究——视为一种内在于探究之中而不是作为终点外在于或超越探究的目标。我们希望对于开放性和灵活性的检验能运用于我们的工作中;一切强加固定性的企图对于我们所运用的方法都是一种否定(一种断裂)。不过,我们在我们自己的工作中要求开放性,并不意味着我们无视或拒绝来自绝对观点的批评。但它的确给这些批评提出了要求:这种特定的绝对观点本身应是坦诚而清楚的,应在那些被表达的观点的联系中得到陈述。

我们相信,如果这些研究能开启这样一种合作运动,其结果将是增进交流的确定性和可靠性,而这是增进关于事实的知识所必需的。

这一探究为期整整四年,这些材料最初都在这本或那本哲学期刊上发表过。我们没有着手去除我们的文字中那些由于探究时间较长以及表达方式发生变化而造成的重叠之处。这是由于,随着对于这些问题的把握的进展,新的研究观点被包括了进来,于是甚至那些重复之处(这是我们所希望的)有时也会是有益的。我们利用这次机会做了一些小小的改动,大部分与措辞有关,有的也与各章之间关联的形式和范围有关。另外,我们还引用了最近的一些讨论。我们相信,只有一个地方对已作出的表达进行了根本性的修改,而这一点在一个注脚中有所标明(见本卷第 61 页)。

我们希望将来能继续当前的工作,完成关于心理学的交互作用构建的文章、5 关于将人类行为表达为语言的文章、关于将数学符号主义运用于语言命名和理解之中的文章,以及关于最近几代思想家在哲学领域和实际生活中对"记号"一词的广泛运用的意义的文章。

请读者们注意附录,那里有一封约翰·杜威写给他的一位哲学家朋友的信。谁要是不能把握其中所表达的观点,就会发现自己对我们所说的其他东西都还没有理解。

约瑟夫·拉特纳和朱勒斯·奥尔特曼(Jules Altman)在本研究过程中提出许多建议,我们向他们表示感谢,我们还要特别对奥尔特曼为准备附录而做的细致工作表示感谢。

1948 年 6 月

# 导言：探寻稳固的名称

大约一年以前，我们认定，时间已经到了着手去做一件被延宕了的工作的时候：试着将一系列能运用于在那个被称为知识理论的专门研究领域关于“诸种认知”(knowings)与“诸存在之物”(existings)的讨论之中的主要语词固定下来。这已成为一件不断增加的工作。我们自己所使用的确定词语必须以具有牢固基础的观察为基础。这种观察必须足够完整，必须很好地做出标记，必须不仅在我们自己彼此之间、而且在我们与其他研究者甚至那些或许与我们的解释和构建方式极为不同的研究者的交往中得到确切的运用。我们认为，如果在比较简单的事实名称问题上不能获得一些这样的一致性的话，就没有现代世界所理解的那种科学进步；并且，进一步说，只要作为有机体的人在宇宙中被自然主义地审视，对其“认知”进行科学形式的研究就是一个值得达到的目标。我们的探究成果将在一系列论文中公布。根据所提出的问题的不同以及所开展的研究在进行中变得专门化，还是需要加以整合，一些论文会单独署名，一些论文我们会联合署名[1]。我们会研究这样一些词语：事实(fact)、存在(existence)、事件；指称(designation)、经验、行动者(agency)；情境(situation)、对象、主题(subjectmatter)；相互作用、交互作用；定义(definition)、描述(description)、详述、刻画(characterization)；指号(signal)、记号(sign)、符号(symbol)，等等——当然，

6

① 收入本书的文章中，构成第一章、第八章和第九章的文章是本特利写的。构成第十章的文章是杜威写的。其余为共同署名。为本书之用，有几篇文章的原标题有所改动。最初发表的地方在一个附加说明(见本卷第279页)中被标注出来。

核心是具有“主体”和“客体”的含混的意指形式(allusive form)的各种措辞通常在其中出现的那些应用领域。

7 开篇的这一章源自对于许多例证的搜集，我们起初将它们放在一边，但后来我们的立场发展为对它们进行介绍，因为我们发现它们不仅在一般的认识论领域(这一点每个人都能预见到)，而且在专门的逻辑领域(照理说这里本应不受影响的)产生了一种对于语言疾病的令人吃惊的诊断。这种诊断最显著地表明，我们正在进行的这种对于术语的探究是需要的，不论这一探究是由我们按照我们的研究方式来进行的，还是由其他人按照不同的方式来进行的。关于篇章的大致安排，对于逻辑学的弊病、它的根源以及消除它所应采取的步骤的论证，我们完全一致。

有一点需要马上着重指出。在探寻稳固的名称时，我们不能假设任何名称是完全正确的或完全错误的。我们没有在语言中引入完全是反派角色的情景，也没有引入完全是正面的角色。我们始终将名称当作命名：当作人与物在不断演进的世界的活生生的行为。这样一来，最贫瘠、最薄弱的名称在生活中也有其位置、也有它要承担的工作，不论我们今天是否能将它的能力追溯至既往或预测其未来；而最好的和最有力的名称在我们这里也无法取得完全的统治地位。①

在第一章以及接下来的各章里的讨论，主要不是设计用来批评个别逻辑学家的，这一点显而易见。鉴于讨论到的那些作者的能力，这里所发现的多种多样的混淆都只能被归结于对这些作者的研究造成影响的基本假设中的某些有问题的东西。我们相信，这些根本缺陷的本质将随着我们的进展而变得明显；我们希望，我们为了将困难展示出来而被迫作出的那些具体批评，将只与探究的情境有关，而与人无关。②

1944 年 10 月

---

① 在后文中我们将把最贫瘠的名称归入“提示”(cues)和“刻画”，而将稍好的和最好的名称归入“详述”。

② 作为进行深入评估的初步准备，我们不妨先研读一下马克斯·韦特海默(Max Wertheimer)关于在传统演绎逻辑和归纳逻辑中由于零敲碎打地对待“词”与“物”，而对结构视而不见所构成的那些主要术语的含混运用的讨论，这或许是有益的。见《生产性思维》(*Productive Thinking*，纽约，1945 年)，第 204—205 页。

# 1. 逻辑学中的含混性[①]

I

大部分逻辑学家都回避认识论。他们通过这种方式为自己保留了许多不合逻辑之处。不过他们并不回避那些被普遍接受的认识论在其中发挥作用的被设定的宇宙论模式。他们实际上接受那个模式并在其中开展工作。事实上,他们是抱着非常简单的信念接受它的,以至于他们忽略了将他们的专业技术运用于其上。这样他们就在自己的著作中容忍了一种根本的含混性。有时他们在他们的逻辑学家同道那里感觉到这一缺陷,但他们很少仔细审视之或尝试为在他人那里发现的那些缺陷寻找根源。或许,一种由采用某种不同研究路径的探究者们所进行的考察,会指明这一问题由以出现的根源并提出一种不同的、更具连贯性的构建。 8

我们将特别予以关注的逻辑文本是卡尔纳普、科恩与内格尔、杜卡斯、刘易斯、莫里斯以及塔斯基的著作。为节省空间,我们行文中的引文将分别用这些作者的第一个字母标注,如 C、CN、D、L、M 和 T。[②]

---

① 本章由本特利撰写。

② 被特别加以研究的著作和论文是:

C:鲁道夫・卡尔纳普(Rudolf Carnap),《符号学导论》(*Introduction to Semantics*),剑桥,1942 年。

CN:莫里斯・R・科恩(Morris R. Cohen)和恩斯特・内格尔(Ernest Nagel),《逻辑与科学方法导论》(*An Introduction to Logic and Scientific Method*),纽约,1934 年(也参考了 1937 年的第四版)。

D:C・J・杜卡斯(C. J. Ducasse),《一个事实是一个真命题吗? ——一个回答》("Is Fact a True Proposition? ——A Reply"),《哲学杂志》,第 39 期(1942 年),第 132—136 页。 (转下页)

我们所指出的，是一种皮尔士曾在他的许多探究中作为辅助手段使用、通常被当作他的典型观点加以接受的宇宙论模式，尽管这一模式其实并不代表他的基本立场。这一模式出于逻辑的目的而引入了三种质料：(1)人，(2)物，(3)一种中介性和解释性的行动、产物或介质——无论是语言的、符号的、精神的、理性的、逻辑的还是其他的——如语言、记号、句子、命题、含义、真理或思想。它的如此多的表现形式本身似乎就表明其对于根本问题的把握具有某种含混性。它有一种比较有名的粗糙形式，这就是奥格登和理查兹所提出的"思想或指称"、"符号"以及"所指"三角形[见《意义之意义》(*The Meaning of Meaning*)，第14页]。与此类似，我们发现科恩和内格尔曾说过："在一个物理现象、我们关于它的'观念'或形象以及表达它的语词之间有任何混淆是不可能的……"刘易斯援引皮尔士作为权威，认为："只要有某种东西对某些心灵来说作为记号代表别的东西，就能在其中发现含义-情境(meaning-situation)的要素。"(L，第236页)卡尔纳普所提出的是"说话者、被陈述的表达以及表达的诸所指(designatum)"，他随即将之改为"说话者(the speaker)、表达(the expression)和所指称者(what is referred to)"(C，第8—9页)，这一改变并非旨在澄清什么，尤其是，"所指称者"还是指说话者"意欲"指称的东西。莫里斯正式引入一种"指号过程的三元关系"，将记号载体、所指称的对象和解释者联系起来(M，第6页)，有时用解释倾向(interpretant)取代解释者(interpreter)(M，第3页)，有时将解释者与解释倾向并用，从而用表面上的"四元"形式取代"三元"形式，不过始终一贯的，是容忍其主要语汇具有零碎的含义。

我们将上述所有处理方式视为某种单一的宇宙论模式的变形，这种模式是一种古老的百衲被，不时拼凑出古怪的结果。其组成部分变化很大，关于这一

---

(接上页)L：C·I·刘易斯(C. I. Lewis)，《意义的诸模式》("The Modes of Meaning")，《哲学与现象学研究》，第4期(1943年)，第236—249页。

M：查尔斯·W·莫里斯(Charles W. Morris)，《记号理论基础》(*Foundations of the Theory of Signs*)，芝加哥，1938年。载《统一科学国际百科全书》(*International Encyclopedia of Unified Science*)，第一卷，第2期。

T：阿尔弗雷德·塔斯基(Alfred Tarski)，《真理的语义学概念与语义学诸基础》(The Semantic Conception of Truth and the Foundations of Semantics)，载《哲学与现象学研究》，第4期(1944年)，第341—376页。

这些逻辑学家的其他作品将在脚注中被引用。为了展现这些材料之作为判断基础的范围，可以再补充一点：这里所研究的七位逻辑学家分别代表芝加哥大学、纽约市立学院、哥伦比亚大学、布朗大学、哈佛大学和加利福尼亚大学。

点，任何试图使其稳定足够长时间以便对之进行归类的人都很快会发现。

我们不会花时间详细展示所有这些观点是如何与皮尔士的基本思路全然相左的——我们将在另一个时间将注意力放在这个问题上面①——但由于皮尔士被上述各方持续引用或者说错误地引用，我们将暂停一下，稍稍阐明一下这个问题。刘易斯从皮尔士那里拿来的话并不意味着在心灵、记号与物之间具有比在杠杆、支点和重力之间更明显的区别；皮尔士不断对语言中的紊乱进行探查，并在五十年前不断学习如何避免刘易斯的理论所体现出的那种混乱。与此类似，科恩和内格尔似乎是按照自己的想法引述皮尔士的某一句话的，而实际上他们不仅远离了皮尔士的本意，而且远离了他们所引述的语句本身。 10

皮尔士在其《关于某些逻辑学主题的纲要》(*Syllabus of Certain Topics of Logic*)(1903)中写道：

> "全部思想和全部研究的纬线和经线是符号，而思想和科学的生命乃是内在于符号的生命；因而仅仅说一种好的语言对于好的思想而言是重要的是不对的，因为前者是后者的本质。"②

---

① 皮尔士尝试过许多表达形式。每个人都可以按照自己的意愿选择这些形式中的一种。我们认为，适当的理解应与其生命历程相一致：从其1868—1869年的文章，经过他的亲缘逻辑(Logic of relatives)，到1878年的实用主义表述，再到他的记号理论，以及他获得一种基础逻辑的努力。最近的研究文章有：约翰·杜威，《伦理学主题与语言》("Ethical Subject-Matter and Language")，载《哲学杂志》第42期(1945年)，以及《皮尔士关于语言记号、思想与意义的理论》("Peirce's Theory of Linguistic Signs, Thought, and Meaning")，同上，第43期(1946年)，第85页；贾斯特斯·巴什勒(Justus Buchler)，《詹姆斯·费布勒曼〈被解释为一个体系的皮尔士哲学引论〉评论》("Review of James Feiblelman's *An Introduction to Peirce's Philosophy Interpreted as a System*")，同上，第44期(1947年)，第306页；托马斯·A·古日(Thomas A. Goudge)，《皮尔士思想中的自然主义与先验主义的冲突》("The Conflict of Naturalism and Transcendentalism in Peirce")，同上，第44期(1947年)，第365页。也参见本卷第二章注5及第九章注61、注62。

关于这一问题，提到一件事是很有趣的：在刚发表的(1944年10月)一本著作中，《统一科学国际百科全书》(卡尔纳普和莫里斯是该刊物的联合编委)的主编奥托·瑙拉特(Otto Neurath)明确拒绝了其他人所持的三元立场，并因而公开向某种不同的理论迈近了一步。他写道："在看待'说话者'、'语句'和'对象'时，总是有一种将它们视作可以彼此分开的……三个因素的危险，……我将它们作为同一个集合中的元素……这种差别是根本性的。"(《社会科学的诸基础》(*Foundations of the Social Sciences*)，载《统一科学国际百科全书》，第二卷，第1期，第11页)。

② 《查尔斯·桑德斯·皮尔士文集》(*Collected Papers of Charles Sanders Peirce*)，查尔斯·哈特绍恩(Charles Hartshorne)与鲍尔·魏斯(Paul Weiss)编，剑桥，1931年，第二卷，第220页。也参见本章第四部分脚注31(即第34页注①。——译者)。

11 皮尔士在这里直截了当地否定了科恩和内格尔所表述出来并认为其“不可能”发生混淆的语词、观念和对象之间的彼此分离。这两种世界观根本上说是对立的。

再看皮尔士在谈及记号“锂”在科学中的运用时所更加深刻地谈到的：

> “这种定义——或毋宁说比一个定义更有用的这种限定——的特性在于，它通过对你应当如何去‘做’以便以感知的方式获得对于语词对象的了解进行规定，告诉你‘锂’这个词意指什么。”①

注意“感知的”；注意“词”的“对象”。这里没有暗示任何一个由某第三方中介性的物或记号联接两种秩序或领域的模式。这才是真实的皮尔士：不断进展——而不是抱残守缺——的皮尔士。

我们将要运用、赖其之助我们将展开我们的考察的宇宙论模式，与当下人们所习以为常的那种模式全然不同，而与皮尔士所不懈追求者相一致。它将把人的言说(talking)和言说结果或效果(如命名、思维、论证、推理等等)当作活动中的人本身，而不是当作什么被插入人和他们所处理的对象的物之间的第三种实体。就此意义而言，不再有三个领域，而是两个领域：人与物。对于语言的处理在根本上是不同的。不过，这种处理方式既不是所谓“理论的”，也没有将人从有机体变形为被假定的“心灵”。它在于最简单、最直接、就事论事地进行一般意义上的观察。言说着的有机体和物：这就是人存在的方式。如果是那样的话，我们就照他们出现的方式——言说着的人——对他们进行研究。进行这种观察，并在我们的进展中将之保持在记忆中，这是我们对这一章的读者们所提出的唯一要求。不过，今后在着手进行这种不同形式的建构时，我们必须加强在这种观察之下的塑造，并获得一种视野更开阔的观察。但不论这种更进一步的建构是否得到尝试，我们当前的讨论都依然有其启发性的价值。

在当前的诸种逻辑学中，被插入人与物之间的第三领域的最普遍形式，就是“命题”(proposition)——尽管“含义”(meaning)和“思想”(thought)经常是对这一立场的最积极的反叛形式之一。在我们所考察的前两种逻辑学，即科恩-内格

12

① 《查尔斯·桑德斯·皮尔士文集》，查尔斯·哈特绍恩与鲍尔·魏斯编，剑桥，1931年，第二卷，第330页。

尔的逻辑学以及卡尔纳普的逻辑学中，我们将主要关注“命题”。我们的目标是，在逻辑学中——特别是在这些逻辑学中——命题是什么。我们通过“是”所欲达到的乃是某些清楚明白且就事论事的描述，比如说，每个人都能被合理地期望，在他对他讨论的主题进行命名时，他知道自己所讲的是什么。换句话说，我们将追问，一个命题被当作了何种事实。

我们将在这些逻辑学中发现的，不是一种对那些命题是否事实进行探讨的努力，而是一种明显与此相反的趋势，即宣称事实乃是命题。有时这一点是被公开地和光明正大地宣布的，而在其他时候则是隐蔽的或含蓄的。科恩和内格尔直截了当地告诉我们，事实就是命题——就是说，是“真”命题。他们的著作(CN)分为形式逻辑和科学方法。在此背景下，我们将自由地将这部著作两部分的一些段落放在一起，并将不会(不论是否在形式逻辑中)为把事实和命题同等对待而道歉。我们也将按照这种方式考察卡尔纳普(C)获得他的最重要的、或许也是他(关于句子和命题)最不自恰的结论的方式，并将着眼点放在他隐瞒于各种意义和各种指称后面的“事实”之上——尽管我们似乎总是借着他自己的手把“事实”推至他的身后。

命题与事实之间的关系并不是一个小问题，虽然它只是作为逻辑系统化中的一个细节问题出现的，它似乎是与过去这一代逻辑学家为数学提供“基础”的坚定努力——他们试图通过这一努力掌控数学并进一步作出能控制科学以及事实的样子来——相伴随而来的。(这整个趋势或许来自古代，不过在这个时代我们不会追溯那么久远。)在这里，我们只是强调，如果事实对于现实世界而言是重要的，如果逻辑学已到了宣称事实就是命题的地步，那么现在就正是做一个相反的工作的时候：考察逻辑学家们所描述的命题本身是否就是事实——如果是的话，是何种事实。

## II

13

不论就其教学上的清晰性而言，还是就它的两位作者以其多种才能而超出了一本大学教科书的直接要求来说，科恩和内格尔的《逻辑学》(CN)都是出色的。他们的著作的术语索引并未将“事实”一词表达为“fact”，而是表达为“facts”。这一索引连同其他内容将我们引导至整整六页关于事实和假设的讨论。我们常被告知，“事实”就是“真”的“命题”。因此(CN，第392页)：“每个探究所试图达到的‘事实’就是命题，而其真理性是显而易见的。”要注意的是，正是他们自己直接选择的表达，而不是由此出发的推论或对它的解释，引出了我们的问题。尽管他们过去曾像某些逻辑学家那样说过“事实”就是真理或命题性的真理(propositional truth)，而这或许会将我们引入不同的讨论进程，不过他们现在将“真的”用作形容词而将“命题”用作名词，因而这就令我们有了当前这种形式的探究。

事实上，在他们的著作中，弄明白一个“命题”不是什么，要比弄明白它是什么容易得多。命题：

不是句子(CN，第 27 页，No. 1)

不是精神活动(CN，第 28 页，No. 4)

不是具体的对象、物或事件(CN，第 28 页，No. 5)。①

现在，如果命题既不是物理的，又不是精神的，也不是语言的，那么它是什么呢？解决这一问题要比我们所确信的需要更多技巧；即便尝试一下都是一种压力。实际上，有一种定义是这样给出的：“一个命题可被定义为任何能被称之为真或假的东西。”(CN，第 27 页)首先，这是一种十分松散的语言；并且，如果既不包括精神性的东西也不包括语言的东西，这一定义如何能够成立，实在难以看出。一种不相同也不等价的表述是，一个命题就是“这样的某物，与之相关的真或假的问题是有意义的”(CN，第 28 页，No. 3)。不幸的是，这些引文中的“某物”、“任何”、“被称为”以及“有意义的”这些词——在这里只是词典语汇而不是别的什么——在所有这些否定面前很难运用。我们只能使用一些偶然性的表述，比如，一个命题是“由句子所传达的信息”(CN，第 27 页)，或它是“客观意义”(CN，第 28 页，No. 4)，或一个句子所“意指”的东西(CN，第 27 页)。如果句子确实如他们所告诉我们的那样，只是在表面上或在空气波中具有“物理存在”的记号或声音，那么这样的记号是如何“传达”或“意指”某物，是需要解释的；至于“客观意义”，则是不清晰地处于认识论的最深处的语词。当我们逐字逐句而非仅凭印象对待他们的语言时，我们还可以指出其他的困难。命题“必须不能与对它进行陈述的符号相混淆”(CN，第 27 页)，但它“离开记号就不能被表达或传达”(CN，第 27 页)；它不是“对象、物或事件”，但它却可以是“关系”，尽管关系是“我们的思想对象”和“现实的、具体的情境的诸要素或诸方面”(CN，第 28—29 页)；

14

① 在这里科恩-内格尔的引文形式与文本中有所不同。它将命题与句子、判断、决定、要求和物区分开来。可与旧的“思维规则”作一个比较，后者(CN，第 182 页)穿上了现代外衣，成了命题规则。

一个命题是"真或假"的，但无须哪个人(不论是活着的还是死去的人)"知道这些选项中的哪一个是对的"(CN，第29页，No.6)。①

在他们的文本中，科恩和内格尔严肃地要求我们关注命题，这些命题不是物理性的、精神性的或语言性的，甚至不是处于表达或传统过程中的某物，而是具有一种极强的现实性；在这里，命题的真与假只与它自身有关，而与所有的人类参与和人类认知的痕迹都没有关系。这一切在公元1944年是难以理解的。而事实上甚至会有更多麻烦，因为我们以符合逻辑的方式对于"事实"的认识(排除了某些"感觉"以及那些处于逻辑学道路尽头的可疑之物)，必须通过这种"命题"来加以接受。两位作者告诉我们，我们的"知识"，甚至"就是关于命题的"知识(CN，第29页)；而命题之能如此，唯当上述被奇怪地选择的那个"关于"作为"通过"的同义词方能成立②。

15

他们的另一个立场是：事实即命题——而与此同时，命题又失去了自伽利略以来的研究者们都会接受的事实性特征——科恩和内格尔在这里任意解释"事实"(CN，第217—218页)。而这没有弄清楚任何问题。他们指出了"事实"的"不同含义"，接着又马上将它们当作这个词所"意指"的"不同事物"。他们想得到的似乎既不是如"意义"(sense)一词所蕴含的四个不同的词典意思，也不是"意指"(denote)一词所要求的四"种"不同"对象"(CN，第31页)，而是不确定地介于二者之间的某物。与此有关的那一段是这么说的：

"我们显然必须在'事实'的不同含义之间作出区分。它至少意指四种不同的物。

1. ……某些在感知中被加以区分的要素……

2. ……对于在感觉经验中所给予我们的东西进行解释的命题……

3. ……对某种字符顺序或联结作出真实断言的命题……

4. ……那些存在于空间和时间中的东西以及它们之间的关系，命题借由它

---

① 要注意的是，命题首先"不是一个对象"，其次它是一个"思想对象"，最后它是"具体之物"的一个方面，而第一个断言与后两个否定它的判断全部出现于同一个段落中。从逻辑上看，两位作者"真正想说的意思"并没有他们所说的(在他们的研究方式下他们所能说的)重要，因为他们显然正在全力说着他们想说的意思。

② 顺便说一下，"知识"一词并未在术语表中列出，但我们所知道的是：它"包含抽象"(CN，第371页)；它不只包括事实的集合(CN，第215页)；真知识不能限于实际存在的对象(CN，第21页)；许多开放的问题仍有待认识(CN，第5页)——没有一个问题被有意义地加以对待。

们而成为真的……”

上述四条中的两条不作为命题呈现。另两条使用了“命题”一词，但其中包含的解释和技术性断言却明显进入了要从“命题”中排除出去的“精神”领域。不管我们在这里是否能得到某些“含义”或某些种类的“对象”，如果上面这段话要具有任何逻辑相关性的话，就应给出“物”的某种组织形式。不过显然并没有这样的组织形式[①]，而这段话的整个效果就是利用了那种应该被完全清除出去的混乱。

16 即便我们回到“含义”(meaning)一词，也毫无帮助，因为含义和“命题”一样不靠谱。有些逻辑学家极多地运用这个词——我们稍后将关注他们其中一位——但在当前我们讨论的这部著作中，如其索引所示，该词仅仅带来一种词语的变化而已。“命题的含义”是我们在判定命题是否“真”之前必须知道的东西(CN，第 9 页)；不论我们所指涉的东西多么具有形式性，都一定不能忽视“整个含义”(CN，第 12 页)；普遍性的命题具有的含义要求“至少是可能的事实之物”(CN，第 43 页)。

我们若尝试使用“真”与“假”这些词，也不会有任何帮助。我们在该书中还没有看到任何关于“真”的直接讨论。它是作为命题的“是性”(is-ness)而出现的：“如果一个命题是真的，它就一定总是真的。”(CN，第 29 页)显然，无论真还是命题，离开对方都无法自存，但要找重点的话，那就是“事实中的真”(CN，第 7 页，第 76 页)。因此即便是公理，也必须有其在经验中建立起来的真理(CN，第 132 页)。这是我们所看到的唯一一种“真”——即便我们被告知，“真”可被证明为出自其他的“真”。这样，我们就处于一种奇怪的情景之中：(1)事实就是命题；(2)命题是关于真(或假)的判断；(3)“真”不得不表现为“事实中的真”——就是这样，不多不少——以及“假”(无疑也是一样)。

我们已展示了该书一半左右的内容，不过我们将忽略余下的部分。全都是这样的内容。一个词被正式引入来承担一项任务，可它马上就发生转向，当你回头去看时，它正在做别的事情。你甚至都不需要转身；你直接盯着它看，这个词

---

① 随随便便的评论不能承担起组织的任务。关于这一条，我们读到：“所有这些观察最终都要求感觉经验中的某些*独立*的要素。我们之所以探寻这些要素，是由于，关于它们，*在所有人之间可以形成普遍的一致*。”(“独立”一词的着重是他们加的，其他的着重是我们加的)还有，第二种或第三种含义中的事实“陈述”了第四种含义中的事实。而第四种含义中的事实，不是“真实的”，而只是“存在”着(CN，第 218 页)。个别地看，这些评论貌似有理，而放在一起看，它们就像霰弹一样分散。

都会消失在角落里。科恩和内格尔相信，他们的逻辑学与无限性相一致——这在逻辑学家中间是一个普遍的习惯。他们说："它的那些原则都具有内在的适当性，因为它们都与具有最终普遍性的本体论[1]有关。"（CN，第 v 页）相反，我们相信，他们的"原则"是有内在缺陷的，因为这些原则只关乎最琐屑之物的言语特征。他们在自己的著作中所作的讨论证据和证明的实际工作是令人钦佩的，但与此同时这些工作欠缺理论建构。不过——如果我们仅关注这些问题的话——在我们当前的探讨方式之下，这些缺陷作为对于最切近的未来而言最重要的那种研究的线索是有价值的。

17

### III

要是内格尔教授审视卡尔纳普的《语义学导论》（C）并遇到后者的"命题"概念，他定会为这种"本质性的柏拉图式的实体"[2]而难过地摇头。卡尔纳普的"命题"要比科恩-内格尔的这一概念更具"精神性"——后者带着一股泥土味而又充满希望，尽管那里不允许物理性的、心理性的、语言性的或交往性的东西存在——但二者之间的那一点不同与其说是哲学特点的不同，不如说是哲学习惯的不同。内格尔为卡尔纳普感到难过，而当我们发现卡尔纳普以附加证明的方式将科恩-内格尔置于他的同行者的前列时没有感到十分吃惊，这也是合乎逻辑的。（C，第 236 页）

在卡尔纳普的著作中，"事实"这一概念远较在科恩-内格尔的著作中边缘化。它被设想为根本无法达到、只能掠过其周边并且在途中还会发生一些思想变化的逻辑之物。它在"绝对概念"中有自己的替代物。"绝对概念"被认为在所有语词相一致时就会出现，并因而——这有些令人吃惊——据说完全不受语言影响

---

① 不过，最近内格尔教授写了一篇文章，题为《没有本体论的逻辑学》（"Logic without Ontology"），这篇文章可以在克里柯里安主编的《自然主义与人类精神》中找到。在那里，他提出一种与 19 世纪的工具逻辑学相近的操作性立场，而关于这一立场，他曾在一篇题为《逻辑学能与本体论分离吗？》（"Can Logic Be Divorced from Ontology?"）的文章（载《哲学杂志》，第 26 卷（1929 年），第 705—710 页）中予以抨击。他自信地说，"自然一定包含了逻辑学的原形"，还有，"关系被发现为自然中的一个不可或缺的因素"。另外，和他的文章《真与关于真的知识》（"Truth and Knowledge of the Truth"）（载《哲学与现象学研究》第 5 卷（1944 年），第 50—68 页）作一个比较也是十分有趣的，特别是后者所作的截然区分（第 68 页）。

② 《哲学杂志》，第 39 期（1942 年），第 471 页。

(C,第41—42页,第89页,"习俗"17-1)。然而,当卡尔普纳对命题和语句作出区分时,他关于某种特定组织方式的统一性的观点并不清楚,而要解决这个问题,必须以这种或那种方式、于此时或彼时在形式之物和事实之物之间寻找出路。

*18* 他的十三页术语表号称"平实、平实"但却并不平实。卡尔纳普为"命题"一词找出了两种主要用法——他称之为两种"不同概念"(C,第235页)。他将这些与他发现在伯特兰·罗素的著作中已被详细阐明的逻辑混乱分开。这两种突出的用法,首先是"用于某些表达",随后是"用于它们的所指"。他的表述(我们全部原样照录,因为这是清楚呈现的唯一方式)是这样的:

> '命题'。① 这一术语用于两种不同的概念,即用于某些表达(I)以及用于它们的所指(II)。
>
> I:作为'陈述语句'。其他术语:'语句'*,'陈述'[蒯因(Quine)],'公式'[伯奈斯(Bernays)]。
>
> II*:作为"由一个(陈述)语句能表达(意谓、表达、指称)者"(第6节和第18节)。其他术语:'词语本身'(Satz an sich)[波尔查诺(Bolzano)],'客体'(Objectiv)[迈农(Meinong)],'事态'(维特根斯坦),'情景'(condition)。

上文中的星号被卡尔纳普用来标示他自己采用的术语。在"I"中,他说他将使用"语句"一词表示其他人会称为陈述句、陈述或公式的东西。在"II*"中,他用"命题"一词表示他在那里所提出的所有东西。"语句"(I)和"命题"(II)一起构成了普通人所说的"句子":大致是指语词中的含义之表达。一个读者,如果他想要的只是关于语义学进展的一点描述的话,那么他会对我们上面所引的那段话感到满意的。但对一个想在走得更远之前对他所遇到的东西有所把握的人来说,这里有严重的困难。我们建议将上面这段话分解一下,看看里面有些什么内容,因为如果这里有缺陷的话,这一语义学建构中就没有什么可靠的了。鉴于卡尔纳普给我们提供的是"纯粹"的语义学——就是摆脱了所有外在的实践的或其他方面的影响——我们将对它进行"纯粹"的语言学分析,即只停留于它的语句之中,不从外面拉进来任何东西。他认真对待他的定义、定理和约定;而我们将

---

① 关于单引号的使用方式,参见边码第19页第二段第一句(即下页第二段第一句)的说明。——译者

认真对待他由以建立起这些内容的言语材料。这将花费许多笔墨，不过舍此别无他法。一个最大的麻烦是他从一个词移向另一个词的方式：这两个词似乎可同义互换，但所指示之物的变动幅度又是如此之大，以至于二者的传递乃是不可能的事。这种不断变动的语词沙丘令前进的步伐缓慢。就当下的目的来说，在 *19* 我们进行剖析时，我们将用*斜体*表示我们所引用的语词。

“命题”一词在使用时如没有引号，就是一个“表达”（记号、词）；而如果带单引号，即‘*命题*’，就成了该表达在“*那种语言的元语言中的……一个名称*”（C，第237页）。在写下‘*命题*’之后，他接着写道：“*这个术语被用作……*”在这里，“术语”是一个模棱两可的词，没有编入索引，在文中也没有详细说明和讨论。（这个词，连同其他一些闪烁其词的词，将在稍后受到额外的关注）在上述这段话中，它或表示“命题”或表示‘*命题*’，或兼而有之。你看它，它应该表示后者；你读它，你又觉得它表示前者。我们提出任何观点都是有风险的——特别是由于接下来出现的含混性[①]。不过，谈到“*用作*”时，我们可以冒险作一个猜测：在这里我们有了一个“名称”（就如“名称”这个词在C，第237页中的用法）一词的替代者。它可以指涉不同的命名过程：一方面，它模棱两可地与“当下”的用法相关；另一方面，又与“应当”被使用的名称相关。我们的批评看上去是在挑剔，实际上并非如此。如果“术语”一词在一门逻辑学中是作为一个关键性的环节而使用的，我们就有权利确切地知道它正被如何使用。

如果我们再加上下面三个词，就可以得到一个迄今似乎一直有效的结论：表达的名称，或表达自身，对于不同的人来说，以不同方式命名着*两个不同概念*。 *20*

“概念”一词在这句话中居主导地位，并基于简单性和它的扭曲性而产生它

---

① 有一位与卡尔纳普十分熟识的能干的批评家对我们的讨论相当不以为然，他对上述解释的抨击如下：由于卡尔纳普（在C，第230页第16行）写的是“概念。这个词是……”因此对于卡尔纳普来说，‘*概念*’在这里显然是一个词，而不是词的名称；进一步说，即使在讨论中只是部分配合，读者也应能够根据这一点理解后面五页直到‘*命题*’部分的内容，并毫无疑惑地将后者直接理解为“语词”而非“*术语*”。不幸的是，对于我们的批评家来说，他们的分析过程只会使卡尔纳普在那两个地方的讨论与其论断相冲突，并因而加强我们的结论。我们所做的事情，就是展示一个含混性的例子，我们在这里不作推论，而是将进一步的讨论放在后面。要讨论和整理的有：（1）作为事实的命题；（2）作为一个当前的逻辑词汇的“命题”；（3）元语言中的‘命题’；（I）卡尔纳普关于‘语句’的论断；（II）卡尔纳普关于‘命题’的论断；（a）关于‘语句’的事实充足性；（b）关于‘命题’的事实充足性；（c）在全部语法-语义-实践的建构中的文本进展的一致性。现在与我们有关的是这最后一方面。这里无关乎带有偏见的和仅凭印象而作出的武断分析。

的作用。接下来更加糟糕。我们所面对的是一些难解而毫无线索的东西。在某些未知的组织形式中，与“概念”相对立，我们发现“某些表达(I)以及……它们的所指(II)”。在这里，概念引入(表达？表示？应用？命名？指称？包含？涵盖？)了某些表达以及它们的(某些)所指。如果说他用简单的言语说明“命题”在当下有两种用法，其中一种他建议称为‘语句’、另一种称为‘命题’的话，那么读者的注意力就会被引向他的表述的某些特征，而他的表述中的某些事实上有缺陷的东西理应被注意到[①]。不过我们所关注的并非这种缺陷，而是他那造成术语上的麻烦的复杂体系，我们将把自己限定在这里。我们目前要讨论的是“概念”、“表达”和“所指”三个词，而这里涉及的“某些”所指都不是“命题”，于是我们转到他的“导引表”(C，第18页)，在那里他给出了他的“所指术语表”。如果我们对之稍加留意，就会看到，对于卡尔纳普来说：

1. 概念是所指的一种，其他种类是个体与命题；

2. 所指是作为实体而出现的，对我们而言，二者的外延是一致的；

3. 表达(记号、术语)，就其在**语义学**中所起的作用而言，不是实体，而是在理论上与实体相对举者；它们出现在另一张独立表格里，语法学和语义学的全部差别就在于这种列表上的区分；

21

4. 尽管命题是实体，但从根本上说并不是一种概念；命题附属于整个概念群；

5. 尽管(3)和(4)，我们面前(选自C，第235页)这个重要的介绍术语的段落还是告诉我们：对于……概念来说，即对于某些表达……以及[②]它们的所指来说……；

---

① 在卡尔纳普的叙述中，“I”和“II”的区分实际上是与多种混合情况一同出现的(C，第235页)。他对于他所说的“II”以及混合情况的描述相当一致。不过，他为“I”而引述的鲍德温(Baldwin)、拉朗德(Lalande)、艾斯勒(Eisler)、鲍桑奎(Bosanquet)等人的语句，尽管表面上看言语有些相似，但如果扩展到他们的表达背景，即美国、法国、德国和英国的背景的话，这些实际上并不是“一回事”。当然，他们谁也无法超出卡尔纳普那完全没有意义、但却表达了人们用它想表达的所有东西的“表达”。

② 如果我记得不错的话，卡尔纳普曾展示过五种“以及”的用法，布勒(Bühler)又增加了另外两种。我们想知道这里的“以及”是否是其中的一种。他以随意的方式处理小连词的另一个让人忘不了的例子，是他在确立“形式”定义的地位时，引人瞩目地从“不”进展到“尤其不”(见《统一科学的国际百科全书》，第一卷，第3期，第16页)。

6. 在我们所引述的(C,第 235 页)那些段落(在其中“术语”是每句话的明确表达的或潜在的主语)中,有一个奇怪的措辞上的变化:在介绍性的陈述中,它被“用于”概念,而在“I”中则是“作为”表达,在“II”中是“作为”所指;在松散的口语中,这样的变化是我们所熟悉的,但在一个强调逻辑技巧的地方,这些变化就让人疑惑到底发生了什么。[①]

在上面的讨论中,“实体”和“所指”所意指的东西和言语上给人的“感觉”都有明显不同。因此,对这两个词的外延和内涵进行探讨将是有益的。不过这一探讨又要求对这个在卡尔纳普的作品中最含混的词之一的“对象”一词进行调整,而我们相信,这种调整按照他目前的方式是完全无法实现的。正如我们将看到的,如果我们能够将概念作为“实体”出现的情况与它作为记号或表达的情况区分开,将是有用的。在目前的例子中,我们很有理由怀疑,它部分地是“作为”记号被使用的,而不是“用于”所指。[②] 对于他来说,似乎从来没有出现过这种情况:轻松地贯穿整个文本的“概念”要与体现为他的探究的内容、对象或目标的“概念”建立起稳定的术语关系。

22

---

① 这里又有一个不同情我们的分析过程的批评家的颇受欢迎的评论。关于(3),他断言,由于表达包括“记号-事件”和“记号-图案”,而前者是个体,后者是性质,又由于个体与性质都是实体,因而表达自身就是实体。对于这种处理方式,我们简直无话可说;如果这是语言学观点的话,为什么它会和第 18 页的分类相抵触?或者换句话说,如果将表达和实体分开是一个重要的技术上的进步的话,我们又被告知要对一个最简单的问题(即表达当然是实体)作出回应,这是什么意思呢?至于(4)和(5),我们的批评家以类似的方式断言,对于卡尔纳普来说,命题是表达的性质,而性质又是概念,因此命题就是概念。在这里我们可以问:如果是这样的话,卡尔纳普为什么会在表格中将它们归为不同的类呢?若对我们的批评家的论述作一剖析的话,会发现这里包含着下列论断:

1. 成为命题是实体的一个性质。
2. 因而成为命题就是概念。
3. 这个性质(成为命题)被称为‘命题’。
4. 这个性质(成为命题)不是命题。

从这里我们不可避免地得出结论:

5. 被称为“命题”的并不是命题。

我们还是把这些留给读者自己去考察吧。我们的注意力放在一个核心问题上,这就是:模棱两可而不是清楚明白的话,在逻辑学中是否有益。

② 我们在上文中使用的措辞对我们来说是糟糕的,但由于我们在这里是对卡尔纳普进行反思,因此也只好如此了。我们将作出的改变,是抛弃在记号使用者和与对象有关的记号之间的决然分裂。我们将在后面的讨论中做这一工作。

如果是这样的话，我们关于构成上述引文第一段的那个由十九个英文单词组成的句子的看法就是，它告诉我们，某个表达或它的名称要用于对某些概念进行命名，而这些概念要么就是某些表达以及它们的所指，要么是对它的命名，尽管无论这些表达还是它们的所指都不是正式的概念。

他就这样以一种典型的混淆意指之物的方式对“命题”进行了探讨。随后他转向他自己想呈现的区分。在稍早些时候(C，第14页)，他以一种合理的省力方式，在其著作中用“语句”一词代表“陈述句”。他的愿望和目标是，在这种陈述句中，但又是在与陈述的内容相分离的前提(语义学)下，研究某些形式的连接符号的一致性(演算)。为了实现这一目标，他将普通人的一般的或含混的“句子”分为两种彼此独立的“物”。这种“物之生产”当然就是他整个逻辑态度的突出特征。一致性的方面现在将自身表现为第一种“物”(I)，尽管(正如我们已经看到的那样)在他最初的表格中它并未被列入“实体”之中。而“含义”部分或陈述的内容(II)无论在任何情况下都不再被称为“语句”[①]，而是被称为“命题”。可以理解，这些名称在被运用于对象语言时，它们自身属于元语言。像前面一样，我们不会去谈论他所持的这一立场的优势，而只限于探讨这一问题：他是如何成功而前后一致地完成这一工作的？

23

由于要讨论的语句是陈述句，我们可以合理地期望，所有由此而得到的“命题”将被描述为“被陈述者”。但它却并不是这么被描述的。卡尔纳普从“陈述”一词转向“表达”一词，并将‘命题’描述为“被表达者”。不过，虽然“含义”被认为与“命题”非常接近，此前“表达”(包括“语句”)被与“具有含义”区分开来。(后面我们将与“语言”和“含义”联系起来展示这一点。)尽管如此，现在动词“被表达”还是用来建立那种名词“表达”已被否定这一权限的“具有含义”。就这样，“表达”一词显然在它的名词和动词形式之间陷入了模棱两可。[②] 对于任何逻辑学来说，这种讨论都应算作不连贯。不过，不管我们对此是强烈反对还是原谅，在

---

① 不过，在完成他的术语分析之前，他引入了(C，第236页)某些语句，他称之为“语义学而非语法学的术语性语句”中的语句。这并不是一种矛盾的用法——这是对那种随意对待语词的方式的一个例证。

② 我们已经弄明白了，存在这些矛盾的根源正在于“含义”对于幕后的精神因素的援引。不过这远离了本阶段讨论的直接目标。请考虑作为意向的“充分性”(C，第53页)，以及包含意图的“记号”(《统一科学国际百科全书》第一卷，第3期，第4页；与此类似的内容，见C，第8页)。

离开这里之前，我们发现我们面临着更糟糕的情况。因为我们马上要面对可以代替“被表达”(expressed)的四个同义词(它们真的是同义词吗?)，即被显示(signified)、被表示(formulated)、被表现(represented)、被指称(designated)。但这些词适用的情境是各个不同的，“被显示”内在地具有一种精神性的感受，就是说，从“记号”(sign)中获得意义(signnificance)；“被表示”在语言体现和理性权威之间摇摆；被指称至少在物理事物中有其根源——不管它如何变化，而“被表现”，则似乎是这样一种语词之花，它为任何不满足于这个花束中的其他语词之花的过路蜜蜂抬起自己的脸，等着被亲一下。[①]

我们这里或许应当稍停一下，对“指称”作一讨论。“指称”可不是一个偶尔的访客，而是这个体系中重要的常住户。如果是这样的话，它当然就不应该像其他许多具有偶然性的词语那样被抛在一边。然而，不论是它还是它的任何衍生物，在卡尔纳普的术语表中都没有位置。进行全面的讨论要花不少时间和篇幅。在这里我们只指出一些线索。在最初的讨论(C，第9页)中，所指的位置并不高，它只是“所指之物”，或许是逻辑之外的东西的总和。我们已经看到，它取代了“所陈述之物”，而获得了“所表达者”的地位，并与“含义”紧密相连，而这里的“含

24

① 阿隆佐·邱奇(Alonzo Church)根据本文最初在杂志上发表时这一段的内容，认为对于卡尔纳普从“指称”到“表达”的变化具有*不融贯性*的指责是不成立的，因为卡尔纳普为表达所提出的各种替代形式至少部分地援引了他人的观点。不管怎样，这是我们理解他的方式。邱奇是这么说的:“那种由于卡尔纳普‘正式地’说过一个语句*指称*一个命题、但在第235页又将语句作为对于命题的*表述*(连同一系列可以替换动词‘表达’的词)从而对其*不融贯性*所作的指责是不成立的。因为在后面这段话中，卡尔纳普显然不仅在描述自己的观点，而且也在描述其他人的各种观点。”(《符号逻辑杂志》第10期(1945年)，第132页)关于这里的情况，似乎可表述如下:(1)卡尔纳普的“指称”和“表达”并未分裂为较早时候的正式用法和晚些时候的随意的或描述性的用法，而是同时出现在一段总计八行的话中(C，第235页)，这段话和他的著作中所有的话一样“正式”，它已被我们完整引述。(2)“表达”的那些假同义词不能被归于其他作者，而显然是未经分析就以时下的用法被给出的。(3)在接下来的一页半的讨论中，他给予其他作者的，只是这些词中的一个，即“表现”，而这个词是另外一个作者鲍桑奎使用的(试与上述注13做一对比)。(4)“表达”的那些替代词并未出现在关于“语句”的那部分段落中，而是奇怪地出现在关于“命题”、也就是说关于“由一个语句所表达者”的部分。(5)即便邱奇在这里将“他人的不同观点”辩认出来是正确的，这一点也不能被用作对于证据不足的指控的基石；我们所分析的那段话或许可被称为无关或轻率，但这决不是决定性因素。(6)我们在文中所指控的，是卡尔纳普的语言学基础中的诸多混乱的一种，而不是一种特殊的不一致性。我们强烈建议，要仔细研究卡尔纳普和邱奇的文本与我们的文本在这一点上的不一致之处，同样还要在与我们在研究中事实上持有的立场的比较中仔细研究邱奇归之于我们的其他立场。只有经过在这一领域中的艰苦而切近的工作，这里所包含的全部的语言混乱才能变得明显。

义”则远远超出了通常的正式用法中将含义等同于所指的范围。指称有时是一种能运用于表达的“关系”(C,第49页);另外“有一种特定的所指”或许是“表达的语义学特征”[①];并且,它讲述了说话者所“意欲”指出的东西(C,第8页);有时候卡尔纳普也考察关于语句的所指可以不是“可能的事实……甚至思想”这种开放性的问题(C,第53页)。他正式地断言,语句(I)的所指是命题(II*),尽管“对象-名称”的所指是对象(C,第45页,第50页,第54页,第99页)。假设命题是语句的所指;假设命题(就像我们后面将指出的那样)以及语句(后者是正式的“真”和“假”的东西)可被称为“真”的(C,第26页,第90页,第240页);再假设“真”是围绕指称而建立起来的——那么,“是”其自身语句之所指的命题似乎就一定要在超出它的某个地方拥有某个特定的“次-所指”(sub-designative),命题直接而不是通过其主句(抑或从属句?)指称这一“次-所指”。对于这里所探讨的问题来说,这太过复杂了。尽管它看起来挺合理,但是不是有意义我们就不得而知了。

卡尔纳普所使用的三领域组织模式包括说话者(I)、表达(II)和所指(III)。它目前处于不妙的境地。这里,我们不是在谈论其错误性——我们将在另一个地方处理这一问题,——而只是展示一下它本身所带来的不一致性。表达(II)是有意义的或没有意义的,但无论如何表达都被假定为要由说话者(I)来操控它。表达(II)的含义是所指(III),但很快它就在一个特殊的场合下变成一种并未离开领域II的“表达-含义”。这种领域II中的(作为对象的)指称被假定为通过与领域III中的对象进行比较而获得合理性——尽管领域III中的对象在逻辑中并没有自己的地位(不是指“直觉上”的名义性的地位),因而它本可以通过与领域II中的“命题-对象”的对比而更好地获得它的合法性的。

产生这种结果的土壤,乃是卡尔纳普所追寻的“语言”。在这里,他这些年似乎变得越来越含糊了[②]。我们发现,科恩-内格尔直接断言“语言”是由被称为“记号”的物理之物构成的。卡尔纳普有时沿着类似的想法前行,而在其他时候又与此不同,但总是没有坦率的陈述。我们来看一下他第一章的第一句话(C,第3页):

---

① 鲁道夫·卡尔纳普:《逻辑的形式化》,剑桥,1943年,第3—4页。

② 不过值得赞扬的是,他似乎在很大程度上已经放弃或弱化了物理语言、物理性的物-语言(physical thing-language)以及可观察的物-谓述(observable thing-predicates)这样的比较陈旧的术语。(正如《统一科学国际百科全书》第一卷第1期第52页所示)

“语言，就通常理解而言，是一种以与其他人进行沟通也即影响其行动、决定、思想等为目标的声音系统，或毋宁说是通过言语器官生成这些声音的习惯。” 26

这里的“通常”理解是否就是他的理解？如果声音是物理性的，这种声音在何种意义上处于系统之中？物理学是否可以建立和讨论这种“系统”？生成的“习惯”①与“生成”有何区别——特别是当“言语器官”被当作生成者时？“也即”是否意味着“沟通”总是一种“影响”？“目标”“行动”“决定”“思想”这些词的范围是什么？声音可能是物理性的，习惯可能是生理性的，沟通和影响是广义的行为性的，而其他术语则是狭义的“精神性”的。这些语词中的任何一个——或者实际上更加危险的，在其使用者所给予它的某些特别的强调之下而使用的“人”这个词——难道不会摧毁许多其他语词的被假设的重要性吗？

即便我们接受上述引文为可以允许的开端，当然也该有更好的论述随之而来。但相反，我们除了不断变动的语词之外什么都没有发现。我们被告知（C，第4—5页），言说可以被分解为“越来越小的部分”，表达的“最终单元”被称为“记号”，表达是记号的有限序列，而表达可以是“有意义的或没有意义的”。我们并未被告知，记号是否在严格的意义上是物理性的声音或标记，或者说，记号是产物、习惯还是目标。稍后我们发现记号、术语和表达被等价地加以使用。随着该书的进展，我们猜“记号”一词大多数时候用于被意欲的物理性意指（physical implications），“术语”一词大多数时候用于逻辑性意指，而“表达”一词则是一直在变动的居间者——这更多的是一种辩论中的而不是审慎的探究中的位置。当法语字母“é”的重音记号被视为与没有重音的“e”相独立的记号时（C，第5页），“记号”看起来显然是物理性的。当表达是“某个有限的记号序列”时，“记号”当然是物理性的——如果“物理性的”一词的确意味着什么的话。还有，一个表达可以是一个名称、一个复合物或一个语句（C，第25页，第50页）。另外，当我们说一个表达表达一个命题时，我们究竟在说什么？这个问题也被回避了。我们没得到 27

① 在一篇较早的文章（见《统一科学国际百科全书》，第一卷，第3期，第3页）中，这种“习惯”被称为“倾向”。我们被告知，语言是一个倾向的系统，其要素是声音或书写记号。卡尔纳普是将倾向视为声音还是将声音视为倾向，他并未作出澄清。

答案，而在我们继续前行之前希望发现这一答案，也是合乎情理的，既不知道，也不能发现——这就是为什么我们在这里如此痛苦地钻研这个文本的原因。

总而言之，我们能对卡尔纳普的思路所作的最好的描述就是：'命题'或命题作为实体显现或对实体进行命名，这种实体是由非指称且无含义的——尽管是陈述性的——语句所意指或指称的特定的意义或所指；而且，这种实体表现了——无论是内在地还是外在地——它自身之外某种特定的所指，并通过某种"概念"术语得到把握，而在这种"概念"术语之下，它自身有时是概念，有时不是概念。

很难确切地说，在卡尔纳普的讨论中，术语上所存在的问题的最糟糕的核心究竟在哪里。不过，这个污名或许可以送给"概念"这个可以用于所用语句中的所有东西的语词。我们将对他处理该词的一些例子进行展示，随后引述他在不思考这个问题时所曾说过的话——这不是在手头这本书里。他所使用的这个词当然是出自"Begriff"（术语）一词，后者在其母语环境中可以不停地在任何篇幅中的任一页多次出现。在这本书（C）中，在引言和附录之间的三十个建设性的小节标题中，有十三个含有"概念"一词，但没有一处具有决定性的意义。在附录（C，第230页）中，卡尔纳普罗列了"概念"一词的三种当下的用法：（1）精神性的用法；（2）逻辑性的用法；（3）"作为术语或表达"。他拒绝第一种和最后一种用法。在各种逻辑性的用法中，他所接受的是"最宽"的用法，通过使用星号（见C，第229页注释）使"概念"一词涵盖特性、关系、功能全部三个方面。

我们可以毫不困难地指出，卡尔纳普自己对于"概念"的实际使用，是带有精神性的特征的——尽管他否认这种使用方式；同样，我们也可以指出，他经常使用这个词表示"术语"或"表达"，也可能同样经常地使用这个词表示"实体"的某个形式。我们发现他（C，第41页）通过与另一段话（C，第88页）中对待"应用"[①]这一术语几乎完全相同的方式来对待概念，将之视为"可应用于"某些性质。在第88页和第89页，所用语义学概念都是以关系为基础的；某些概念是关系，另

28

① 一个同样很有趣（不过是肤浅的而非致命性的）的混淆出现在对于位列（C，第18页）各种"实体"之中的"功能"一词的讨论中——尽管"表达功能"和"说教功能"（都是非实体性的）分别出现在相邻的文本中。关于术语的讨论（C，第232—233页）极有利于其作为实体的使用，但仍旧无法打上星号成为卡尔纳普自己的术语。打星号支持了上面所引述的表达性用法。为便于比较，我们用无机体和有机体来代替表达和实体。然后可以用有机体中的公鸡来代替实体中的功能。现在卡尔纳普的"表达性功能"就堪与"无机的公鸡"这样的东西相提并论了。

外某些概念被归于表达而非所指。我们将对直观概念(C,第119页)这样的东西进行审视,并将对大量使用的"绝对概念"进行审视(后面我们将对此略作讨论)。我们可以有无数例子说明这种不一致的运用,而他却从未试图从语言、物或思想等方面理解这种"所有工作的语词"。

在他的一篇比现在这本书早几年发表的论文《科学统一性的逻辑基础》(Logical Foundations of the Unity of Science)①中,他曾短暂停留以对这个语词进行思考。他写道:

> 我们将采用经常为逻辑学家们所使用的'概念',而非'术语"。但'术语'一词更加清晰,因为它显示出,我们在记号(如语词、由语词构成的表达、人工系统等)中当然是通过它们在被探讨的语言中所具有的意义来进行意指的。

他的立场的含混性再没有比这里表现得更明显了。就像一个使用显微镜的人,无法区分升与降的部分,只好用一大堆关于"元降落"(metaslides)的咒语来掩饰它的混淆。只有"概念"和"术语"这些语词得到澄清,一种元语言才能产生清晰的结果。

"术语"紧随"概念"之后。我们发现一个有趣的例子(C,第89页),在那里卡尔纳普觉得用同一个术语表示某个特定的"语义学概念"以及与它相对应的"绝对概念"十分方便。可他接下来又说——尽管他并未修改他的文本——他真正想说的是"同一个词",而非"同一个术语",但在"约定17-1"中,他又回到了"术语"。就这样,在探究的一个关键性阶段上,一个"术语"按照习惯被允许指称两种含义(如果"含义"是一个合适的词的话)。卡尔纳普认为这种模糊性没有害处。事实上,他说的是"没有模糊性"。他之习惯于使用一个确实错误的语词,似乎是他所面对的两个问题中较轻微的一个,因为如果我们费力地用他在习惯中称为正确的词(也就是"词")代替他所谓错误的词(也就是"术语")并随后对这一做法进行概括的话,我们将有点诧异地发现,我们被告知,"一个词的运用……将

29

① 《统一科学国际百科全书》,第一卷,第1期(1938年),第49页。

不借助一个语言系统"[①]。类似地，一个术语既可运用于性质，又可运用于指称属性的谓词，也就是说，它既可以运用于所指，又可运用于表达(C，第42页)。

鉴于术语和概念都混在了一起，他关于术语的"多重用法"(C，第238页)的辩护就值得研究。一个"彻底的术语"可以"指称"命题之间的关系或性质之间的关系(这两种情况都与绝对概念有关)，也可以"指称"语词之间的关系或谓词之间的关系(这两种情况与语义学有关)。换句话说，每一种可能的开端都带有模棱两可的操作。

与"术语"和"概念"一起遇到麻烦的，是"定义"。定义并非通过肯定性的断言，而是通过建议而作为一种缩写、一种等价物或一种等式(C，第17页)。不过，我们发现概念是一些实体，它们就像作为表达的术语一样被自由地加以界定(C，第33页)。通过这种方式，绝对概念受到极大的偏爱(C，第41页，第90页)。我们甚至能发现，定义与直觉概念是一致的，而对于后者，只有一些含混的解释(C，第119页)。如此多包含有定义的经验都处于变动之中，因而当某个分析完成时，卡尔纳普为那里可以使用定义所作的保证(C，第157页)，看起来几乎也是在进行道歉。[②]

30

关于我们所指出的许多混淆——也包括逻辑中的"对象"之谜——的地位，可以在对"功能"(C，第232—233页)的讨论中找到一个突出的例证，这在第43页的注23中有一个简短的说明。在这里，一个特定的所指指的是"严格来说，被表述所决定的实体"。"决定"一词令我们感兴趣，但却难以达其要旨。"实体"是被决定者。当然，"在物理上"被当作记号的"表达"不会是决定者；而作为一个记录、标签或标记的语词"表达"，也不会具有被强加给它的决断能力。指称经常表现为一种介于实体和表达之间的"关系"，但我们并未被告知，表达是这种"关系"

---

① 众所周知，卡尔纳普在所有这样的情况中，有个一贯的立场，那就是，他并不是在谈论一种实际的语言，而是在谈论一种具有意义的抽象记号系统。在目前的情况下，似乎并没有多少理由在语词和术语之间摇摆。如果讨论是有效的并希望具有一致性，确切的陈述就不应这么困难。当然，可以理解的是，我们在这里并未提到关于"语词"和"术语"的使用的一般问题；也没有提到关于"事实"——无论是否通过"约定"——进入逻辑学的一般问题。为了进一步进行比较并避免误解，约定17-1的文本接着写道："一个用于表达某种彻底的语义学性质的术语将以一种绝对的方式(就是说不参照某种语言系统)被应用于一个实体 $\mu$，当且仅当每个在语义系统S中指称 $\mu$ 的表达U都在S中具有那种语义学性质。在两种或更多的表达之间的语义学关系也与此类似。"

② 我们在这里也不是批评卡尔纳普对语言学关联的实际研究。关键在于前后一致地讨论这些问题的重要性。

中的积极一方，而实体是这种关系中的消极一方。“决定者”无疑就像灵魂、智识、心灵或意志那样隐藏于自己的所在——就其能用于完成某种任务而言，它们并无分别。现在我们的目标不是这样一种灵魂本身——这件事已经超出了我们当下的工作范围——而是它所起到的坏作用；因为如果表达（不论有没有这种代表之物）决定了实体的话，它就使得对于表达、语句、命题和所指进行关系建构的整个三领域（third-realm）框架成为一个谎言。

我们已经较详细地讨论了表达和概念，并简要地讨论了术语、指称、定义和对象。与“概念”和其他词类似，“关系”（被假定为“实体性的”）一词在一个可疑的环境中被给出。这样（C，第 49 页），你可以将一种关系“应用于”一个系统。“含义”一词应得到进一步的讨论，因为它与其他语词都有关联。“含义”最常见的情况是用来代替所指（C，第 245 页）；不管在什么地方，比如演算中，只要一个“语句”表现为没有含义，那就是由于没有考虑到（作为“含义”的）指称。不过，如果我们考虑那些漫不经心地谈论含义的段落（C，第 10 页，第 22 页，第 232 页），那么情况就不那么简单了。在《逻辑的形式化》（*Formalization of Logic*）一书中，卡尔纳普似乎可以从“描述性记号的含义”中抽象出纯粹语义学，随后从“所有记号，包括逻辑记号”中抽象出句法学。这种考察方式可以适用于大得多的范围并且是有用处的，因为我们通过对他的著作所作的一个最初的实际考察，发现可以从他的材料中剥离出六层或八层“含义”，而他又是如此随意地建立起两种或三种明确的关系。

31

我们还没有对卡尔纳普思想中的“真”进行过讨论。因为几乎没有任何其他的话可说。他为“语句”（以及“语句的类”）引入这个词语，不过主要还是在谈论“命题”的真时运用该词——尽管他在我们已详细研究过的那些方面已对二者作出明确区分（C，第 26 页，第 90 页；并比较第 240 页关于“有意的模棱两可”的内容）。他将“真”与“C-真”（C-ture）、“L-真”（L-true）、“F-真”（F-true）区别开来（如果能在组织和表现方面具有一致性的话，这是合理的）；他本应作出更多区分的。

如果和“解释”这个在该书中具有重要意义的语词联系起来，这种情况能得到公正的评估。卡尔纳普将语用学留给其他人，将句法学和语义学视为彼此独立的，并在后者内部对事实真理和逻辑真理另外作了一个“独立的”区分（C，第 vii 页）。一个语义学系统是一个规则系统；它是一个被解释的系统（“被规则所解释”,第22页);它可以是关于一个演算的解释(第202页)。尽管它也表明,解释并非一个语义学系统,而是语义学系统和演算之间的“关系”,这种关系“既不属于语义学,也不属于句法学”(C,第202页,第240页)。

“事实”在这本书完成一多半以后才出现(C,第140页),此前只是稍微提了一下“事实性认识”(C,第33页,第81页),更少提及的可能还有我们已指出的“对象”的被假定为肯定性的用法等情况(C,第54页)。不过,它在绝对概念中有一个喧闹的替代者。这些“绝对概念”“不依赖于语言”,而只要求“某些与真值相关的条件”(C,第35页)——“各种方便”(C,第90页)——这些条件可以比“L-概念”和“C-概念”(L-and-C-concepts)次要得多,并与此同时主要为后者提供一个基础(C,第35页)。

我们再次重申,我们所强调的我们探究的意义,完全在于当前的逻辑学陈述所展现出来的内在的不一致性。(正如我们已经表明过的那样)我们相信,这种不一致性的根源可以在这些烟幕背后看到,而我们的讨论的重要性,则并不在于我们这方面的意见。

32

进一步我们发现,对于卡尔纳普,公正地说,现在他在许多方面与过去相比不那么自信了,而对观察所带来的影响也更多地持开放态度。比如(C,第18页),现在他承认在对他的所指的命名中有一些“不太令人满意”的东西。他注意到,他关于逻辑记号(logical signs)和描述记号(description signs)的基本区别(C,第vii页,第56页,第59页,第87页)需要进一步探究。他看到一个关于外延性语言系统和内涵性语言系统的开放问题(C,第101页,第118页)。他注意到了他的L-术语(L-terms)的“显然十分含混”的表现(C,第62页)。在某个地方他说,他的整个框架(连同他的术语体系)都应当改变(C,第229页)。更具有意义的是,在一个时候他注意到“甚至命题的本质”也是有争议的(C,第101页)。

如果他也能对自己给予与实体有关的问题的关注进行类似的质疑的话,他会拥有一个更好的视野。但在他最近发表的作品中,他仍然肯定地认为,某些批判性的语义学术语可以“在满足某项语义学功能的各种实体的概念基础之上得到确切定义”,而“拥有一个特定的所指是一个表达的语义学性质”[1],尽管我们不知道他如何能够将这两种说法整合为一个具有连贯性的整体。因而他的下述

① 《哲学的形式化》,第xi页、第3页。

信念——即他自己的语义学是“对于某种含义逻辑(a logic of meaning)的旧的探寻的完成，而这种探寻此前并未以任何准确的和令人满意的方式得到完成”(C，第 249 页)——在我们已考察过的那些情况之下，似乎应被修正。

## IV

接下来让我们看一下对于命题、含义和指称的三种特定的处理方式，它们分属莫里斯、杜卡斯和刘易斯。[1]

33

莫里斯将自己与卡尔纳普捆在一起，他的贡献(且不谈他的符号学中的用语混乱)在于他将“语用学”加诸早期的“语义学”和“句法学”(M，第 6 页，第 8 页)，从而产生构成其臃肿的三位一体的三种“不可还原之物”或“同等合法之物”。卡尔纳普有条件地感谢并接受了这一馈赠(C，第 9 页)。这使得他能够将诸如“获得和交流知识”这样的事情扔进语用学的垃圾盒，而他自己则在句法学的象牙塔中和散布于其基础四周的语义学的泥屋中无碍地追寻他的“逻辑分析”(C，第 250 页)。不论卡尔纳普还是莫里斯似乎都没有注意到——或者，如果注意到的话，他们都不关心下述事实——从皮尔士以来[2]，在主流思想界往前走的每一步中，语用学都聚焦于“含义”问题(换句话说，聚焦于卡尔纳普和莫里斯现在所排除出去的语义学领域)。因此，将语义学和语用学割裂开来，就是从皮尔士退回到中世纪。[3]

---

① 考察的过程应该像昆虫学家收集成千上万缺陷标本以证实他们的结论那样，也应像工程师们从机器中找出各种“缺陷”(当然是另外一种)那样。空间考察只能展示一些标本，不过我们相信这些标本是有意义的。我们相信它们能激发其他“自然主义者”从事他们自己领域的工作。试比较一下卡尔・门格(Karl Menger)在对数学中的“直觉主义”的主张进行讨论的过程中遇到类似困难时所作的评论。他写道：“自然，一个清醒的批判者所能做的只是坚持其外部沟通而已。”(《新逻辑》(“The New Logic”)，载《科学哲学》第 4 期，1937 年，第 320 页)也可以比较一下在第 3 章注 48(即本卷第 88 页注②。——译者)中我们关于本阶段探究的进一步评论。

② 在《如何使我们的观念清晰》(“How to Make Our Ideas Clear”，1878)一文中，“实际的”影响和效果被引入进来，并且该文断言：“我们关于这些效果的观念，就是我们关于对象的全部观点。”(《全集》，第 5 卷，第 402 页)

③ 甚至莫里斯本人也陷入苦恼，这一点在稍后的讨论中体现出来，在这一讨论中，(在被应用于“跨越情境的、主体性的”“语言记号”的极有意味的音节的综合的刺激下)他赞成今后“较宽泛地使用‘语义学’、较窄地使用‘语用学’”(《科学哲学》，第 10 卷，1943 年，第 248—249 页)。事实上，在这篇新论文中，莫里斯的语气总体上是带有歉意的，尽管并没有进行一场十分必要的彻底反省的迹象。不过，这种被提议的观点变化并未体现在他接下来的著作《记号、语言与行为》(*Sign, Language, and Behavior*)中，也没有体现在他在该书的参考文献中所列出的 1943 年的论文中。

至于他所提出的作为"科学的科学"(M,第2页),作为句法学、语义学和语用学的基础,作为被设计出来"为推动科学语言……而提供一种语言"(M,第3页)的符号学,我们只要给出一些例证,说明其本身的语言在一致性方面还达不到日常语言最一般的标准。他用一种"三元关系"来把握"三种相关物":记号载体、所指和解释者(M,第6页)。不过,在三页之前,这些已经作为"三个(或四个)要素"而出现了,在那里,解释倾向(interpretant)被列入补充性的评论中,而解释者(interpreter)成了第四个因素。关于他的"三元关系"中的三个(或四个)要素中的每一个,他都写下了许多不同的话,可以说,所有这些话都彼此抵消,什么也没有剩下。

34

来看一下解释倾向的诞生这样的戏剧性场面。① 可将某个特定的"其"(that which)用作一个记号,并使之在一个解释者之上产生一种*效果*(被称为解释倾向),*通过这种方式*,"其"成为——或"是"——一个记号(M,第3页,第23—25行)。在四页之后,这种记号可以*表述*它的解释者。这些语词,如果互相参校一下的话,都是不一致的。至于这些记号本身,它们"只是对象"(M,第2页);它们是"起着各自的作用的……物或性质"(M,第2页);它们是"意指对象"(M,第2页)的东西;它们是在特定的场合下要由"语义学规则"所决定的东西(M,第23—24页);它们是这样一些东西,(在另一些场合)关于它们人们可以说:"这种记号载体只是指号过程(semiosis)由以发生的表面的记号载体的那个方面"(M,第49页)等等。一些记号指称(designate)而不意指(denote)(M,第5页)②;其他的指示(indicate)而不指称(M,第29页)。一些对象存在而没有指号过程(M,第5页),而有时一个记号所指的不需要是一个"实际存在的对象"(M,第5页)。同样,人们可以"指涉(point)但不指向任何东西"(M,第5页),而这纯粹是我们能

① 当莫里斯将四种可能的内容分配给他的"三元关系"时,他使用了模棱两可的语句表达:"通常被认作"(commonly regarded as)。这个表达本身在逻辑学内部和逻辑学以外都是同样的(参照卡尔纳普所说的"作为通常所理解的语言",这一点我们前面曾讨论过)。若从字面上而非含义上来说,"解释倾向"(interpretant)一词当然是从皮尔士那里拿来的,后者将该词运用于一系列有序记号的可操控的结果(《全集》,第2卷第92—94页,也参照第2卷第646页)。皮尔士所谈论的效果(结果或结论)显然不是体现在一个解释者之上的效果。将皮尔士著作中的"解释倾向"等同于"解释者"是没有根据的。

② 在莫里斯的这篇文章发表后,乔治·V·甄特里(George V. Gentry)在其文章中证明了莫里斯对于指示(denotation)和指称——以及对象、分类和实体——的处理是没有意义的。(《哲学杂志》第41期,1944年,第376—384页)

在这个时代看到的思想上的中世纪残余。①

在莫里斯的讨论中，语言是一回事，“使用它”是另一回事。他会在一两个段落中以行为主义的方式谈论这个问题，但他在这个方向上最大胆的进展，就是发展出语言和使用它的“解释者”（无论是“狗”还是“人”）。有时对他来说，科学是一种语言；而在其他时候，科学有一种语言——尽管符号学有一种更好的语言。要建立一种“对语言结构的双重控制”，需要的是事件与行动者，不过那些并不具现实性的独立的物理记号和对象也挤了进来。类似地，在更广的一般性上说，在某个时候我们发现（如 M，第 29 页），句法学或语义学规则只是符号学内的言语建构；而在其他时候（如 M，第 33 页），我们了解到，句法学的建立，必须先于我们之能将记号或解释者或物联系起来。当莫里斯在一篇较早的文章中提出这样一个危险的结论，即“构成科学专著的记号——至少在某种程度上——与对象有一种关联”②的时候，我们所得到的，就纯粹是一个完全空洞的结果了。 35

## V

杜卡斯的辛勤工作旨在揭示：一个命题事实上“是”什么——如果它是他和科恩-内格尔所认为的那种东西的话。我们不需要追踪其长期的工作，因为很幸运的是，他最近已经提供了一篇全面的陈述。我们把他的主要观点（D，第 134 页）重新整理如下，并竭力保持其原意：

> 取一个判断（比如，“这条狗是红色的”）。注意它是“一个意见的言辞符号”。把它牢牢钉在操作板上。
>
> 剥去所有“与言辞有关的东西”并将之扔掉。剥去所有与“认识有关的东西”，也将之扔掉。
>
> 剩下的就将是一个命题。
>
> 仔细剖析。我们将发现命题有两个内容，二者都是“物理性的实体”：第一个是“物理对象”；第二个是“物理性质”。
>
> 从这些内容中蒸馏掉意识过程的全部踪迹；即从“对象”中去掉感知性 36

① 至于莫里斯后来关于“记号”的观点（1946 年），见第 9 章。

② 《统一科学国际百科全书》，第一卷，第 1 期（1938 年），第 69 页。

的东西，从“性质”中去掉概念性的东西。

当这一点被老练地完成之后，你将获得纯粹命题的纯粹内容，所有与言辞有关的东西和与心理有关的东西都将被移除。

对于纯粹命题的进一步考察将揭示，它具有以下特点：(a)如果它的两个内容紧密统一在一个整体中，第一个“拥有”第二个，那么命题就是“真的”，而“真命题”就是“事实”；(b)如果第二个内容消失了，那么所留下的东西(尽管缺少两个主要内容中的一个)仍是一个命题，不过这一次是一个“错误的命题”，而错误的命题“不是一个事实”，或更准确地说，由于它仍是一个重要的东西，它可被称为一个“非事实”。

这不是一个让人舒服的结果。就我们所能看到的而言，如果它要“具有”意义，唯一的办法是通过一个连续性的潜在的方向直指一个隐蔽的心灵操作者，如果这个操控者能站到前面并以他自己的名字来行事的话，他会赢得更多尊重的。[①]

## VI

刘易斯说明了，当作为物理事实的语词与作为心理事实的含义被决然分开、37 前者被一个上级的行动者——一个“心灵”——运用来“传达”后者时，到底发生了什么(L，第236页)。他将墨迹和含义作了决然的区分，以至于他马上要面对“鸡生蛋还是蛋生鸡”这样的困惑——他倾向于含义比语词具有优先性。

他告诉我们(L，第237页)，“一个语言表达是由一个言辞符号和一个固定意

---

① 杜卡斯稍后的尝试可在《命题、真理和真理的最终标准》(“Propositons, Truth, and the Ultimate Criterion of Truth”)(载《哲学与现象学研究》，第4期(1944年)，第317—340页)中找到，这篇文章在上面的内容写出以后就变得可以理解了。在这里混淆增加了。现在对于杜卡斯来说，命题既没有主语也没有谓语(第321页)。许多种“物”或“某物”被引入，而至于我们通过“物”或“某物”能理解什么，则全然无从知晓。因而：“可能为真也可能为假的那种物、那种唯一的物，就是命题”(第318页)；它应与“其他分别被称为陈述、意见和判断……的那些种类的东西”决然区分开来”(第318页)；“一个命题的最终……构成成分是某些‘位置’(ubi)和某些‘媒介物’(quid)——也即某些地点(locus)和某些性质(quale)(第323页)”；“一个事实并非真命题在某些意义上所‘对应’的某物……一个事实就是一个真命题(第320页)。”另外，一个命题也是一个意见的内容(第320页)，从这一点我们能推知，作为一个真命题的事实同样也是一个意见的内容。这是十分令人沮丧的。

义的结合所构成的”。在这里，原初的“墨点-言辞”被赋予符号性的品质（它当然必须是“精神性”的），而含义据说是“固定的”（这听起来非常具有“物理性”）。就这样，这位重婚者对两边都不忠诚。在被引述的那句话的最后，他说：“但是语言表达不能仅仅等同于符号，也不能仅仅等同于含义。”首先，我们有物理性的语词和心理性的含义；随后我们有言辞符号与固定含义；而现在我们有孤立的记号和孤立的含义，二者都不具有表达性。的确，他使用了一个据说具有活力的词——或毋宁说一个如果有活力在其中留存下来，就能赋予活力的词，这个词就是“联想”。这是哲学和心理学共同的弃儿，一个从不干好事的家伙，它最多是用一只肮脏的手指着一个需要研究的领域。

上面的表述是如此狡猾，以至于我们无论怎样试图紧紧地追寻它，都无法很快把握它。这些记号是物理性的，但它们变成了言辞符号。一个言辞符号是一个记号模式；它是一种“可辨识”的模式；即便离开它的“实例”，它仍成为一种模式；它作为一种“抽象实体”而得以完成（所有这些都在：L，第236—237页）。表达走的同样是那条从墨点往上（或往下）的路，因而最后，当符号变成一个抽象实体时，表达（原本是一个物理“事物”）变成了一个“相关的抽象”（L，第237页）。

术语是对“某个种类的一个或多个、现实的或想象的事物”（这里有太多需要澄清的空间）“进行命名或应用于其上”（这里的差异与相同之处也需要清理）的表达；它变成一个“能够”进行命名的某物，在这里“命名”（naming）有时被用作“谈论”（speaking of）的同义词（L，第237页）；不过，在“抽象术语”的情况下，这个术语“对它所表示的东西进行命名”（L，第239页）。我们可以将命题的地位理解为“可宣布的内容”（L，第242）；“感觉-含义”的地位是“心灵中某一标准的模式下的意向”（L，第247页）；“含义”的地位则是“综合的本质特性”（L，第239页）。我们甚至还得耐着性子接受一点信息，在其中，动词“指示”（denote）被坚持认为与名词“揭示”（denotaton）不同，而我们可以采用指称（designation）（该词显然来自卡尔纳普和莫里斯，同时显然是在有别于后二者的含义上使用的）来避免这种不同所带来的“尴尬后果”——不过刘易斯本人也并未觉得这是一件值得花时间去做的事（L，第237页）。最后，如果“含义”和“物理记号”并不能像刘易斯所做的那样被截然分开的话，我们就想知道他为什么要这么努力地去做这

38

件事。[①]

**VII**

我们将在第八章讨论伯兰特·罗素(Bertrand Russell)的逻辑学背景。正如前面所指出的那样,他的术语体系甚至对于卡尔纳普来说都是令人困惑的——卡尔纳普发现罗素关于自己对"命题"一词的各种使用的解释非常"难以理解"(C,第235—236页)。罗素与他人的大量交流又导致了他对于自己没有被恰当理解的更多抱怨。尽管他在逻辑学和数学的交界地带的符号形式方面的工作非常具有原创性,尽管他所进行的研究十分专业,他的作品还是无法在基本结构上产生进步。这似乎是从迄今为止所开展的一般逻辑探究中得到的主要教训。我们可以引用一些其他逻辑学家对他们同行的作品的评论,以说明这种令人极不满意的状况。

卡尔纳普在他最近的著作[②]中,对于大多数逻辑学家"仍在常识和直觉的层面理解和使用术语"感到遗憾,并且感到,"如果表达及其所指之间的区别能被更加严格地观察到的话",希尔伯特和伯奈斯的作品会更加清晰——尽管他自己在这方面也陷入了混乱。

39 科恩和内格尔在他们的序言中这样恭维他们的同行:

> "弗洛伦斯·南丁格尔(Florence Nightingale)用下面这句格言改变了现代医院实践:不论医院做什么,都不应当传播疾病。类似地,逻辑学不应当在有效性或科学推理的根本性质问题上用谬误和混乱来影响学生们。"

塔斯基(接下来,也是最后,我们将研究他的探讨)写道(T,第345页):

> "或许值得指出的是,在本论文(以及作者先前的论文)中所构想的语义学是一门严肃而谦逊的学科,它并不标榜自己是一切人类困难和疾病(不论

① 贝里斯教授在刘易斯的讨论中发现了同样的以及更多的几个困难,并认为这一讨论的一些部分有点"狡猾"(《哲学与现象学研究》,第5期(1944年),第80—88页)。不过,他并未得出我们关于其整个术语框架中的根本缺陷的结论。刘易斯教授在对贝里斯教授的回应中(同上,第94—96页),就像后者在他的著作中发现许多不确定性那样,在后者的著作中发现了许多不确定性。

②《逻辑的形式化》,第xii—xiii页。

是想象的还是真实的)灵丹妙药。你无法在语义学中发现治疗蛀牙、幻视或阶级冲突的药方。语义学不是一种使得除了说话者和他的朋友之外的每个人都说胡话的装置。”

## VIII

塔斯基的工作让我们似乎在离开浑浊的空气之后呼吸到了新鲜空气。这并非由于他曾积极探讨过并将注意力聚焦于术语的陈旧和滥用,而是由于他正在走向自由的途中——可以说,这令他自己也感到震惊。他的探讨是简单而低调的,并避免了许多过去的言辞上的不清晰之处。他并未正式放弃三领域的思想背景,他仍会(尽管并不经常)使用它——比如将“术语”说成“传达人类思想的不可缺少的途径”[①]——不过他似乎并没有沿着那个持久而糟糕的方向走向一种心灵操作者,而后者正是本章前面所探讨的那些逻辑学家们或隐或显所倚赖的。他以一种就事论事的方式,用“语句”(作为表达)来对抗“被意指的对象”(T,第345页),以此为前提展开工作。他运用一种元语言(metalanguage)来控制对象语言(object-languages),这种方式并非一个深奥的、需要特别能力的神秘之物,而是一种单纯的技术方式,这种技术方式就像任何优秀的研究人员都会以某种适合自己领域的方式所追求的那样将材料置于其探讨之下。[②] 40

最近他在“真理的语义学概念”的标题下对“真”进行了探讨。塔斯基的结论是:对于一种被给予的对象语言以及目前已知的其他形式化语言来说(T,第371页,注14)——他相信他能概括出一种综合性的对象-语言(T,第355页)——“如果一个句子能被所有对象满足,它就是真的,反之就是假的”(T,第353页)。按照我们的考察,这一进展告诉我们,如果设定了(a)孤立的物(在这里我们把他关于“物”的隐晦的设定明晰化了)以及(b)人们关于它们的断言,那么这种使用就

---

① 阿尔弗雷·德塔斯基:《逻辑学与演绎科学方法论导论》,纽约,1941年,第18页。也可以比较一下他关于“天生或既得的能力”的评论,同上,第134页。

② 在他的《逻辑学》的最初的(波兰)版本的序言中,在考察特定的数学概念“特例”时,他认为“逻辑概念充斥在整个数学中”,他甚至断言“逻辑规律总是被运用于——不论是有意识的还是无意识的——数学推理。”(同上,第xvii—xviii页)。在他的新序言中(同上,第xi页,第xiii页)中,他将此归结于如下保证,即逻辑学“试图创造……工具”,而且它“分析意义”并“建立一般规则”。甚至更有意义的是,他评论道(同上,第140页),“元逻辑和元数学”与“逻辑学和数学”意指相同(也可以比较:同上,第134页)。

能始终得以维持。在他的说明中,塔斯基抛弃了科恩-内格尔、卡尔纳普和杜卡斯所钟爱的"命题";他说,"命题"经常是"其意义……似乎从未被弄得十分清楚明白的""观念实体"(T,第342页)。他建立起具有"断言"特征的"语句";随后,他一方面在积极的断言中考察这种语句,另一方面语句被当作被指称或被命名、因而被确定的东西,这样它能被探究者更准确地加以处理和对待。在建立起某些能确保我们的句子得到适当命名的"(T)形式的等值形式"(x是真的当且仅当p)(T,第344页)之后,他修正了他早期所提出的"充分性"的形式,而这就要求"(T)形式的所有等价形式都能得到表达"(T,第344页)。(当然,对于所有这些内容的表述,我们所使用的都是我们自己的语言,而我们之所以能这么做,是由于他的作品与别人的作品不同,具有相当的包容性。)"如果所有这些等价形式都是由一个关于'真'的定义产生出来的,那么这个定义就是充分的。"有了这样的充分性,我们就有了一个关于"真"的"语义学"概念,尽管表达(T)本身还不是一个定义。

41

为了说明他的结论,塔斯基界定了基本的语义学概念:(1)指称(指示),(2)满足(对于条件而言),(3)定义(单独确定);他把它们称为"语句"和"对象"之间的"关系"。不过他说,"真"并非这样一种"关系",相反,它表达的是语句的一种特性(或指示的是句子的一个种类)(T,第345页);而它之能被称为"语义学的",乃是由于界定它的最好方式是借助语义学关系实现的(T,第345页)。他认为,他的成果是"形式上正确"和"实质上充分"的,而实质上充分的条件,就是能独自决定"真"这一术语的外延的条件(T,第353页)。*他所做的工作,是在开始时弄清楚他所认为的"真"的日常用法,随后通过一个漫长的研究从其较贫乏和不太可靠的形式进展到较丰富和比较可靠的形式。*我们并不反对这种方式,相反,若站在他的立场上看,我们还应高度赞扬这一进步的幅度。我们可以引述他的说法:他的目标是"把握旧概念的现实意义"(T,第341页;也可比较第360页最后一段)。在这里,如果我们去掉"现实"一词仍保留的感情因素并严格地对待它,其含义就与我们所表达的非常接近了。

不过,为了澄清他的位置,我们必须列出他的工作的一些缺点。他并未清楚地告诉我们,他用"概念"、"语词"、"术语"、"意义"和"对象"这些词意指什么。他对这些词的运用经常是混在一起的。[①] "语词"逐渐变成"术语","术语"逐渐变

---

① 《逻辑学》,第18页、第139页。关于"对象",参见T,第374页,注35。他认识到了"概念"一词的含混性(T,第370页,注4),但仍继续使用它。它在《逻辑学》第108页中对该词的使用,以及他关于"与概念有关的……法则"的说法都十分有趣。不过与我们前面曾探讨过的那些幼稚的例子相比,他对于这个词的滥用算是十分轻微的。

成“概念”，“概念”仍保留了它的许多既往的含混性。作为“关系”的指称和满足，运用于表达和物之间，但同样作为一种关系的定义，却主要运用于各种表达之间（这可是一件非常不同的事情）。[①] 然而并不作为一种“关系”而被给出的“真”，在某个阶段却被认为要进行“意指”，尽管意指已体现为建立某种关系。“含义”一词仍然彻头彻尾是两面性的：有时运用于词（表达）与词之间，有时运用于词与物之间。[②] 这里仍然缺少将人类的言说与人类在他们不断演进的文化世界所进行的感知和操作组织在一起的努力。过去的那些非文化的语词内涵阻挡了这条道路。 42

## IX

与命题、真、意义和语言一样，“事实”在我们已考察过的所有那些逻辑学中都遇到了困难。我在第 II 部分曾通过对“事实是命题”还是“命题是事实”的问题进行一种奇怪的比较来展示这一点。上述两个问题的答案似乎都是“否”。在那些逻辑学的多个角落，这一难题以各种方式体现出来。

现在，“事实”问题不仅对逻辑学造成困扰，哲学和认识论同样得小心正视这一问题。由于稍后将就该问题进行直接讨论，在这里我们将通过哲学词典和最近的期刊文章中的一些简单例子展示一下这种哲学上的混淆的特点。[③] 先来看一下词典是怎么说的。

最近出版的《哲学词典》[④]用如下几行文字作出限定：

“事实（Fact，拉丁文 factus）：实际中个别发生的事情。现实中的某种不容置疑的真相。一个赤裸裸的事件。与现实事件同义。” 43

---

① 关于“定义”，注意其制定规则（《逻辑学》，第 33 页）及其等价形式（第 150 页），并将它们与“关系”的使用（T，第 345 页）及对其进行的评论（T，第 374 页，注 35）进行比较。这里令人不能接受的，并非“定义”这一单个词之用于不同的讨论过程，而是这些运用中的混淆。

②《逻辑学》，第 133 页；我们可以首先抛弃全部“独立的意义”，然后抛弃“逻辑概念”的习惯性意义，最后显然要“毫无例外地”抛弃“在某个特定的学科中所遇到的全部表达的含义”。当然，“含义”一词是词典中最不可靠的词之一，但这可不是在逻辑学中轻浮对待它的理由。

③ 我们所注意到的唯一有分量的关于“事实”的讨论，是《关于事实本质的研究》（*Studies in the Nature of Facts*，加利福尼亚大学哲学出版物，第 14 期（1932 年））。该书包括来自不同专业的学者的八篇系列讲演。在那里所表达的观点，值得所有有兴趣在这个领域作进一步探讨的人进行研究。

④ 鲁内斯（D. D. Runes）主编（纽约，1942 年）。

任何一部中学生简明词典都比这要好。不过，另一个篇幅较此大三倍的条目可以作为补充，该条目的标题为“胡塞尔著作中的事实”（不论这个标题实际上意味着什么）。在这里不变的是像“范畴-句法结构”、“仅仅是”、“不论价值是什么”这样的说法。

鲍德温在一代人之前所下的定义是非常著名的：事实是“经验的客观材料”，借此可以理解为“被认为是从经验中抽象出来的、以经验为对象的经验材料”。当然，这个定义在那个时代的专家中已经足够好了，但它所使用的语词在我们这个时代已经很难传达什么信息了。

艾斯勒在他的《词典》（1930 年版）中将“事实”（Tatsache）理解为我们确信为具有客观的或真实的存在的任何东西——任何通过思维而被牢固树立为经验内容以及任何作为处于事物和事件的法则之下的秩序的组成部分的东西。这些说法也都没有什么帮助。

拉朗德的《词典》（1928 年版）做得更好一些。他花了两页篇幅来讨论事实问题，并根据塞涅伯（Seignobos）和朗格卢瓦（Langlois）的说法认为：“‘事实’概念，确切说来，可被归结为一种对关于外部现实的肯定所进行的判断。”这最起码听起来还清晰一点，会让任何接受它的纯粹的心理学色彩并忽视“判断”一词所包含的困难（我们刚刚考察过这些困难）的人满意。

让我们转向最近在杂志上的那些讨论，以对此问题作出进一步说明。我们选择三个例子，它们都发表于去年（1944 年）。我们在这里只是举出例证，它们的背景说明照例隐去，因为没必要惹人不快；我们略去了作者姓名和所引述的作品名称，以便最好地面对那些我们被告知的东西。

1. “事实：一种独立于认识并具有自身本有的现实性的情境。”这里的“情境”一词显然很突兀，因为它没有定义；“自身本有的现实性”这种说法也有着进行定义的最大可能空间；而“独立于认识”，如果的确有所意指的话，意味着“关于它，我们根本什么都不知道”。整个表述体现出，事实是一个非常含混的东西，却又是最确定的东西，而我们对此却一无所知。

44

2. “在事实中有一种最终不可证明的东西。”这里有一种自我陶醉的狂热的唯理智论在起作用，它所忘记的是，关于迄今人们所发现的“真理”，总会有一种最终不确定的东西，这种东西在我们试图确定事实之前，就会对后者造成损害。

3. “事实之所以可以是认识的一个要件，只是由于‘事实性’是现实的一个特征……具有事实性的认识意味着注意到独立于自觉的自我的被感觉、被相信或被认知的事件的发生……对事实的知觉就是对于遇到非我的自我的知觉。"这一系列彼此冲突的论断所产生的结果是一个四重世界,包括:(a)现实;(b)真理;(c)一种不那么现实的事实性;(d)另一种不那么真的事实性。可怜的"事实"马上被它们一分为四了。

上面之所以给出这些引文,并不是由于它们有多出色,而是由于它们是些通行的说法。不论你在哪儿都能发现这种东西。在这个科学时代,对于研究工作来说,再没有比让这一事态持续下去更大的挑战了。

## X

本文已展示了足够多语言混乱的例子,为的是表明,当前逻辑建构的全部基础需要改造。这种混乱的原因是,逻辑学家们接受了过去某些关于生活和行动的流行说法,好像这些说法都是有效的似的,而没有对它们在现代认识中的事实上的地位进行探究。其结果不仅是从事实的角度看逻辑学形象不佳,而且在逻辑学中"事实"也居于不幸的地位。语言中既包含逻辑也包含事实,这一点是显然的。但就像任何人都能很快发现的那样,某些逻辑学考察语言只是为了否定它;还有一些逻辑学只是附带性地关注语言;即使在语言以最形式化的方式引入的地方,语言也只是附着于比较陈旧的逻辑学材料之上,而没有在其中完全展示自己的功能。

迄今为止我们所获得的理解,都是通过拒绝接受人们当作独立的存在者而加以谈论的那些语词——逻辑学家们的这些玩物与魔法师的蟒蛇或孩子们的仙女类似——并坚持认为语言是行动中的、因而是可观察的真正的人自身获得的。科恩和内格尔以及杜卡斯、卡尔纳普的"命题",刘易斯的"含义",莫里斯的"记号载体"和"阐释者",以及塔斯基的"真",讲的都是同一件事,尽管分别是在不同层次上讲的。"行动中的人"被当作似乎是可分开处理的对象因而扭曲了。而"有别于人者"获得了一大堆粗糙的假设,而没有获得公正的、符合事实的对待。

45

我们在开头曾说过,我们将在结束时展现一个更加开阔的视野——如果要进行更好的探讨的话,这一视野是必须具备的。这种开阔的视野的核心地带,就是"对象"、"实体"、"物"或"所指"这些概念被引入的地方。"物"显现并被命名,或者物作为被命名者而显现,或者物通过命名而显现。我们所分析过的那些类型的逻辑学摇摇摆摆、躲躲闪闪，但从来无法触及为了它们的研究需要而挑选或组织对应于物的语词以及对应于语词的物这样的问题。它们的工作似乎是在发布马上能解决所有难题的神谕，而逻辑学家们自己就像是掌握谜底的神父。

我们认为，这个问题应当以一种自然主义的态度加以面对。应当从过去那种懵懵懂懂的状态过渡到现代科学所实现的较为清晰的状态。在这种较为清晰的状态中，进行言说、进行思考、进行认知的人在他的全部言说、思考和认知中属于他所居于其中的世界。即便不是在最晚近的和最复杂的活动中，也能清楚地看出这种魔法般“出现于”某种新奇事物之中的自然的人。我们认为，如果要开启未来所要求的进步的话，逻辑学必须学会简单而自然地接受这种自然的人。

# 2.

# 术语建构问题

46

科学高效地运用其技术性名称。这些名称被用来区分某些被暂时接受为科学主题的内容，借此研究者可将注意力转向其他仍有待研究的内容并进行较为切近的考察。其效率体现在，研究者可以获得首先是在他自己的研究过程的不同阶段、然后是在和他的同事们的交流中保持这种名称的稳定性的能力——即知道他用这些名称能对什么恰当地进行命名。

而各种认识理论则无法为它们的考察者们提供这种可靠的帮助。他们能运用的那些传统的命名方式具有原初的文化根源，而他们所发展出来的补充性的“术语”常常根本不像名称那样可被确定地加以运用。

我们已经断言，现在已经到了能建立并使用一些关于认知与所知的主要名称的时候了。我们进一步认为，这一行动应建立在一种科学的基础之上。这里我们用“科学的”一词所表达的，仅仅是对于一种“事实性”探究的形式的理解，在这种探究形式中，就像在现代研究的其他领域中一样，进行认知的人被接受为事实性宇宙(the factual cosmos)的一个事实性的组成部分。我们不知道还能期望在别的什么基础上获得可靠的结果——特别是由于“认识论”过去的历史充满了危险的记号。

我们所主张的，是通过非常简单的陈述，实现从松散的命名向稳固的命名的过渡。某些据说是名称的东西只是指出了探究的领域而已——还有某些甚至连这一点也无法做到。而其他一些名称则表明了对一种高层次的稳固性的要求。作为名称的“认识”是一个松散的名称。我们没有把它用在我们各章的标题中，并且在我们后面的讨论中，也不会以任何有意义的方式使用这个词。它经常是一种方便用法，并且，在不强调它的准确运用以及读者不大会想到这一点的地方，它可能并不讨厌——至少不会有什么危险。因而无论如何我们总是会偶尔用到它。我们将把它列为"含混语词"[①]榜单上的第一位。我们将关注它，并时不时将它放到脚注中。只有经过长期的事实性的探究(这件事还没怎么做)，"认识"一词才能在关于诸如(1)人类或动物行为的应用范围，(2)它在认识者、所知者和假设的中介之间的各种分布类型，以及(3)像在空间和时间中所体现的那样应用于认识的可能定位这些问题上具有确定的地位。我们不去探讨"认识"一词所提供的含混的一般性这样的问题，而是将直接讨论和关注认知与所知的问题——进一步说，关注在每一种情况下认知与所知的特定形式，关于这些形式，我们期待能获得合理而明确的界定。

47

## I

我们所追寻的那种命名必须满足的(不论是积极的还是消极的)条件包括：

1. 这些名称应基于那些能被所有人理解和获得的观察之上。这种条件将任何据称为观察而实际上记录者承认其完全为私人性的记录的那些东西作为可在认识中被忽略者而加以排除。

2. 观察的地位以及对其记录的使用具有尝试性、假说性和假设性。[②] 这一条件排除了所有似是而非的材料以及那些被作为原初的和必要的基础提供给认知或所知并被宣布为固定不变的原则。

48

3. 被接受的观察和命题，其目标在于进一步推进接下去能前进和发展的观察和命名。这一条件排除了所有被认为或宣称完成了关于"事实"的记录的命名。

上面这些条件加在一起就是说，我们所需要的名称必须在连续性的操作与测试之中并通过这种方式处理认知与所知的问题，在这里任何认知与所知只通

---

① 甚至连我们在这个阶段上能使用的"含混"、"稳固"和"松散"这样的词，对于它们的使用都是松散的。我们在一种含混语言的氛围(或许更应称之为泥沼)中明确而审慎地对此加以改进。我们拒绝直接替换的方式——即首先依靠置入语词来进行系统建构——而打算通过稍后引入一些区分特别是详述和定义的区分来摧毁那种以置入语词的方式提出的专制断言。

② 关于我们所使用的假设及其根源和地位，将在后面的一章进行讨论。另见杜威：《逻辑：探究的理论》(纽约，1938 年)第一章和本特利：《行为探究的假设》("Postulation for Behavioral Inquiry")(《哲学杂志》，第 36 卷(1939 年)，第 405—413 页)。

过连续性的探索和研究建立自身或不能建立自身，其基础不在任何被宣称为外在的“基础”、“前提”、“公理”或“断言”之上。按照这种态度，我们不将上面陈述的条件称为“真的”；我们甚至在讨论中不站在这些立场上。我们将这些条件作为应当被我们此时此地所需要的那种名称（如果我们要推进对于认识的认识的话）所满足的条件而加以改进。这样，我们的研究所采取的方式，不像其他研究那样要么以某些已被建立起来的信条或原则为基础，要么以其他假设为基础；我们所表述的，只是我们自己像在其上工作的地基，我们相信其他人已经准备好了与我们合作。我们相信，我们想使用的假设和方法与其他领域中那些拥有先进知识的科学十分接近。

我们的道路上有严重的困难，但我们相信，这些困难的主要根源在于传统语词对人进行的统治，而这种统治之所以产生，乃是由于观察比较原始并缺少许多现在已非常容易获得的重要材料。在早先的岁月中，当时的文化条件（就像人种学所揭示的那样）易于引入一些现在已被证明与探究操作无关并对形成一种明了的认知理论产生阻碍的因素——这里所说的“明了”，意为通过对认知本身进行研究而得出结论。

考察的基本前提是，认知和被认知的内容在同样的意义上是可观察的事实。随便扫一眼某套丛书或某本期刊，就能找到许多已被研究的内容以及所获得的多种层次的成果。无需太多论证就能知道，这种广阔的认识领域（它的不同部分在不同深度上得到掌握）不仅可以作为被认知之物[①]而得到研究，而且可以作为认知而得到研究。 49

在前一章中，我们在那些当代主要的逻辑学家们的著作中指出了一些极为混乱的情况的例子，这些混乱源自对于作为认识理论和原初观察形式的逻辑学的非批判运用。在这些例子中，逻辑学家们有时彻底忽视了更完整和更敏锐而现在已可以实现的观察，有时则是将两种不兼容的观察方式混在一起，而这样一来混乱就不可避免了。在那一章中，我们断言，要彻底抛弃那种将语词和说话的人分开以及将语词与被言说或被命名的物分开的习惯，还需要作进一步的研究。

① “物”(thing)是另一个含混的词。不过，若进行一般性指称的话，这个词还是好用的；并且，在这样的情况下，它比“实体”这样的词更安全，因为后者承载了太多各种各样的哲学的和认识论的含义。我们将按这种方式自由地使用这个词，但为了获得更具确定性的使用，我们将代之以“对象”，关于后者，我们将在后面给出充分的定义。

事实上，有时非常明显的是，语词在那些逻辑学中被当做居于作为说话者的人和被言说的物之间的第三种事实。最后的结果是，在所涉及的各种物和进行操作的有机体之间，为人类行为设置了新的障碍。上述被讨论的逻辑学家们曾宣称已离开先前那些以作为主体的心灵基础和作为客体的外部世界为基本框架的认识论理论，但深入的分析表明，他们的作品仍然展现出的那种分离正是17世纪认识论中认识主体与被认识的客体之间的分离的幽灵再现——而后面这种分离正是中世纪的“精神性”的本质与“质料性”的自然和身体之间的分离的幽灵再现——经常还有一个混合了或选择了某些活动的“灵魂”居于其间。

这种居于作为说话者的人和作为被言说者的物之间的新的、第三种事实的中间领域，有时表现得十分奇特，它不仅否定语言在逻辑中的本质意义，而且否定专名在语言中的本质意义。因此，在最近关于作为“实体”的“普遍之物”的讨论中，蒯因告诉我们，“一般而言，专名……对于语言来说不具有本质意义”，而他“对专名的贬抑是一种对语言的表面修正”。这样，他在其中活动的那个世界似乎就类似于怀特海的世界，在其中“语言”（显然也包括他自己正在使用的语言）总是“含混不清的”，而“说出的话只是一连串的响声”。[①] 对于蒯因之使用它的抽象方法来保证符号逻辑作为一个领域（在这个领域中，“所有专名都是抽象的”，而且量上可变的范围成为“直接而客观的所指的唯一载体”）有其统一性的技术，我们会抱有敬意，但仍会感到，他越是将他的符号建构与他通过自己正使用的语言中介所指称的那种语言分离开来，他越是将自己的建构等同于语言的“居间性”的另一个例证——尽管后面这一点表现得比较隐蔽。

50

我们所引入的稳固的名称的重要性，在我们开始将认知作为一种正在进行的行为活动的事实来观察之后，将很快被感觉到。观察不仅进行区分，而且还将在其他时候被当作彼此孤立的东西加以对待、因而被要求通过某种外部媒介组织在一起（“综合”是其传统表达）的一系列事物结合在一起。借助语言的言说与书写，将语言视为“正在处理事物的行动着的人本身”（man-himself-in-action-dealing-with-things），是一种结合性的观察。这里自然也包括有意义的改变，这

---

① 阿尔弗雷德·诺斯·怀特海（Alfred North Whitehead）：《过程与实在》（*Process and Reality*），纽约，1929年，第403页；W·V·蒯因（W. V. Quine）：《论普遍之物》（*On Universals*），《符号逻辑杂志》（*Journal of Symbolic Logic*）第12期（1947年），第74页。也可比较蒯因：《数学逻辑》（Mathematical Logic），第二次印刷本，剑桥，1947年，第149—152页以及其他地方。

一点本身也是语言的性质。因而我们面前的这整个事情是有时间跨度的。这种观察不再借助于要求被“综合”的“孤立之物”而展开。这种过程对于所有科学来说亦是如此。在我们的讨论中,观察的范围涉及说话者或认识者以及同样作为有时间跨度的事件的被言说者或被认识者。在这里,原初的言说就像一只飞翔的鸟那样可以被观察。将所讨论的书籍与期刊视为可被观察的“行动着的人”,与那种对于联结矿石的开采与冶炼和某个钢铁厂或随后用其产品进行的桥梁建造的某座大桥铁梁的观察没什么不同。对这件事而言,它与那种范围不仅包括飞行中的鸟也包括筑巢的鸟、产卵的鸟和孵卵的鸟的观察没有什么区别。这一类观察不是将行动中的人视为完全与环境相对立的某物,也不是将之视为只是“在”一个世界“之中”活动的某物,而是视为世界(人是其不可或缺的一部分)“的”行动以及在这种世界“之中”的行动。

51

将一个充斥于某个特定时段的事件视为一种对于该时段整体的描述,而不是视为经由某种叠加或由某些独立的、瞬时的或短期的事件所构成的,这是这种观察的另外一面。皮尔士一直进行这种探讨——尽管他没有太好的机会来阐发它——从他在一篇最早期的作品中强调所有思想都处于记号中并需要一段时间[①]开始,这对他来说就是一个基本点。威廉·詹姆斯(William James)的“直接

① “我们所能找到的思想的唯一例子,就是记号中的思想”(《文集》,第5卷,第251页);“说思想无法在某个瞬间发生,而是需要一段时间,只是以另一种方式说,每一种思想都必须在其他思想中得到解释,或者说,所有思想都处于记号中”(同上,第5卷,第253页)。另见我们在前面一章中的评论(第8—11页)。要考察皮尔士的思想发展(下面所引皆来自《文集》),请见:《关于人所要求的某些能力的问题》(“Questions Concerning Certain Faculties Claimed for Man”)(1868年),第5卷,第213—263页;《如何令我们的观念清晰》(“How to Make Our Ideas Clear”)(1878年),第5卷,第388—410页;《对于逻辑主体的一个实用主义的解释》(“A Pragmatic Interpretation of the Logical Subject”)(1902年),第2卷,第328—331页以及《术语建构的伦理学》(“The Ethics of Terminology”)(1903年),第2卷,第219—226页。

关于他自己的主要原则的运用,请见第3卷,第154—171页,以及第5卷,第365—369页;关于探究的开放领域,请见第5卷,第376页注释;关于真理,见第5卷,第407页、第565页;关于逻辑与知识的社会地位,见第2卷,第220页、第654页,以及第5卷,第311页、第316页、第331页、第354页、第421页、第444页,以及第6卷,第610页;关于“经验”的双重本质,见第1卷,第321页,以及第5卷,第51页、第284页、第613页。关于威廉·詹姆斯的思想发展,请见他在18世纪80年代发表于《心灵:心理学与哲学评论季刊》(*Mind, a Quarterly Review of Psychology and Philosophy*)的文章、《心理学原理》(*The Principles of Psychology*),纽约,1890年。关于“自我”问题的第十章、《短期课程》(*Briefer Course*)(纽约,1893年)的尾声,以及《彻底经验主义》(*Essays in Radical Empiricism*)(纽约,1912年)。关于杜威,请参见《逻辑理论研究》(*Studies in Logical Theory*)(芝加哥,1903年),《我们如何思维》(*How We Think*)(波士顿,1910年, (转下页)

52 的”或“中立的”经验正是在认知领域进行这种形式的直接观察的努力。杜威关于相互作用和交互作用的阐发，以及将经验表达为既非主观也非客观、而是一种组织的方式和系统，恰恰就是这一形式的运用；他的心理学研究也在这方面作出了特别的贡献；而从 1903 年到 1916 年的逻辑学论文再到 1938 年的《逻辑：探究的理论》，他不断发展着情境设定的探究过程。本特利发表于 1908 年的《治理的过程》以一种接近于我们在此将称为“交互作用”的方式对政治进行了描述，而他后来对数学之为语言进行的分析、他对行为的情境化处理以及在行为时-空方面的实际进展都属于这种研究。

如果说“观察”一词的这种用法会给理解带来困难的话，这种困难所表明的正是早先从不充分的来源引入的材料所造成的影响。当前作为哲学概念的“观察”来自一个心理学概念“意识”(或某种意义上的孤立的“心理之物”)，它竭力将被观察的对象还原为某些单独的感官性质，或还原为这种彼此无关的短时段的某些其他内容——除了可以通过作为一种外在于观察的操作的推论获得的东西以外。与这种获得观察描述的方法相对，我们所采取的研究步骤，其进行报告和描述的基础与知识工作者(如天文学家、物理学家、心理学家，等等)在运用尝试

---

(接上页)1933 年修订版)，《实验逻辑论文集》(*Essays in Experimental Logic*)(芝加哥，1916 年)，《经验与自然》(*Experience and Nature*)(芝加哥，1925 年)，《逻辑：探究的理论》(*Logic: The Theory of Inquiry*)，以及下述三篇重印于《哲学与文明》(*Philosophy and Civilization*)(纽约，1931 年)的心理学论文：《心理学中的反射弧概念》(“The Reflex Arc Concept in Psychology”)(1896 年，重印时改为《行为单元》(“The Unit of Behavior”))、《关于感知的自然主义理论》(“The Naturalist Theory of Perception by the Senses”)(1925 年)以及《行为与经验》(“Conduct and Experience”)(1930 年)。也参见《背景与思想》(*Context and Thought*)(加利福尼亚大学哲学出版社，第 12 卷，1931 年，第 203—224 页)、《心灵如何被认识》(“How is Mind to be Known?”)(《哲学杂志》，第 39 卷，1942 年，第 29—35 页)，以及《通过自然和通过艺术》(“By Nature and By Art”)(同上，第 41 卷，1944 年，第 281—292 页)。关于本特利，请见《治理的过程》(芝加哥，1908 年)，《人与社会的相关性》(*Relativity in Man and Society*)(纽约，1926 年)，《对于数学的语言学分析》(印第安纳，布鲁明顿，1932 年)，《行为、知识、事实》(印第安纳，布鲁明顿，1935 年)，以及三篇关于行为的情景处理的文章(《哲学杂志》，第 36 卷，1939 年，第 169—181 页，第 309—323 页，第 405—413 页)，《行为的事实性时间和空间》(“The Factual Space and Time of Behavior”)(同上，第 38 卷，1941 年，第 477—485 页)，《人类的皮肤：哲学的最后一道防线》(“The Human Skin: Philosophy's Last Line of Defense”)(《科学哲学》(*Philosophy of Science*)，第 8 期(1941 年)，第 1—19 页)，《可观察的行为》(“Observable Behaviors”)(《心理学评论》“*Psychological Review*“，第 47 卷，1940 年，第 230—253 页)，《行为的表面》(“The behavioral Superfice”)(同上，第 48 卷，第 39—59 页)以及《詹姆斯思想的材料》(“The Jamesian Datum”)(《哲学杂志》，第 16 卷，1943 年，第 35—79 页)。

性的观察以获得被接受为公认的结论时所运用的研究步骤有着共同的基础。我们所坚持的假设是:认知时时处处都无法与所知之物分开——二者是同一事实的两个方面。

## II

53

在我们所提出的用于术语建构的材料中,"事实"这一名称占据着中心位置。如果有这样一种叫作事实的东西的话,如果事实如此重要、在认知问题中有着举足轻重的地位的话,那么,在任何关于认知和所知的理论中,我们都应当能够描述事实的特点——就是说,我们应当可以表明,当我们在关于"事实"(Fact)的事实的说明中使用"事实"一词时,我们知道我们"事实上"讨论的是什么①。要满足"事实"所要求的条件,首要的一点,就是认识到使这一事实得到确认的行动,以及被确认的内容,二者都是不可或缺的,并且二者彼此相随不可分离。我们的术语建构包含在事实中,同样,"事实"也包含在我们的术语建构中。这实际上再次体现了这一命题:认识所需要和包含的,既包含认知,也包含所知。任何被称为"事实"者都是这样既与认知操作有关,也与被认知之物有关②。关于事实和认识,我们所树立的观念是:除却对某物的认知和辨识过程,我们就没有"被认知的某物",也没有"被辨识的某物";除却被认知和被辨识的某事或某物,我们就没有认知与辨识过程。同时,我们并不把这个判断当作一个关于"现实"的真理,而只是在对于被观察者进行指称的基础上所可能采取的唯一立场,我们将此视为我们的探究的一个根本条件,这是一个与在世界中行动时被观察的我们自身有关的说法。从可观察之物的角度来看,这和当砍时有某物被砍、当看时有某物被看这样的说法如出一辙。我们选择"事实"这一名称,是由于我们相信它常有或暗含这种"双重"意味("double-barrelled" sense)(这个词是从威廉·詹姆斯那里借来的),而像"对象"和"实体"这样的词从其在传统哲学中的使用中接受了一些将活动排斥在外的意义。从字面上或词源上讲,事实就是被做完(*done*)或被造就(*made*)的某件事物,这也有利于说明认知和辨识只作为行动方式和伐木、唱

54

① 关于"事实"一词相对于它的"认知"和它的"所知"以及其他一些方面而言的不幸地位,我们已在第1章第IX节予以说明。

② 这里可以重复一下已经说过的东西。在作出上述表述时,我们并非试图对如何恰当使用一个词进行规定,而是表述我们所采用的过程。

歌、观景、晒草只作为做的方式或造(我们可称之为"行为")的方式是相类的。

在下文中,我们继续使用在上一段中以某种方式出现过的一些符号,即用引号、斜体[①]、首字母大写[②]等来帮助表达——前两者与一般的用法接近,而第三个则用得比较特别。我们也将以一种特别的方式自由地使用这个连字号,这甚至可能比其他符号更常用。因此未加引号的"事实"将以一般的甚至是随意的方式被使用。加引号的"事实"所指涉的是其言语或语词方面,这种指涉有时是不偏不倚的,而有时,在作者不敢承担使用之责时,这种指涉则是敬而远之的。**首字母大写的"事实"**可用于代表我们正在探究的全部"词-与-物"(Word-and-thing)的内容。以斜体字表达的"事实",无论首字母是否大写,都是强调要注意。而连接号则提醒对被连接起来的词的各个部分之于当前表达所具有的重要性引起注意。后面即将出现的**相互-作用**(inter-action)与**交互-作用**(trans-action)就将以此方式使用,并且这种连接方式将大量出现,以示始终着重强调。这里不使用单引号来区分事物的名称与事物,其原因是显然的:这种希望进行严格区分的偏好正是我们最需要避免的。所有上述符号都按其方便的方式使用,但唯有谨慎才能用得稳妥。因此在前面第三句中(在其他几句中也是如此),它最为强调的几个词——如果被看作语词的话——应当有引号,但在这种场合下使用这种符号将会损害所要表达的意思。我们对这些符号的使用,将不是严格的,而是会有些随意的变化。对我们当前的探究阶段而言,这样是最好的。

为了方便进一步探究,我们前面所说的话将以否定的形式再说一遍。我们将不会这样进行研究:完全离开人而只关注"存在的事物";或完全离开物而只关注人。因而我们没有准备处理诸如将它们以某种方式组织在一起或联系在一起的问题。我们后面的探讨,将把依赖宇宙且在其中生活着并将继续生活下去的发达的人类机体视为理所当然的。人类机体的活动和交往——包括建构认知活动的活动和交往——正是在这样的系统中被直接观瞧的。当我们这样观瞧人类机体时,认知与所知之物是在事实性宇宙(factual cosmos)之内来到我们面前并被辨别的,而并非提前给出从而由此造出宇宙-系统-事实-知识(cosmos-system-fact-knowledge)。而在此过程中,事实、语言、知识具有了宇宙论地位,它们不被

55

① 在中文版中处理为楷体加粗形式。——译者
② 在中文版中处理为宋体加粗形式。——译者

视为原本就存在于不可调和的敌对阵营中。而这只是再次说，在普通科学的意义上，我们将既探究认知的质料方面，又探究其技艺方面。[①]

读者会注意(就是说，观察、留意)到，关于观察，我们的立场要比旧的认识论建构有优越性。谁能宣称他可以恰当地以一种合适的方式去观察一个“心灵”以及在一个可观察的世界中卷入与它相关的各种交互作用之中的有机体？有一种回答试图给这个问题以肯定的答案，而其最终是将观察视为私人化的内省——这显然已远离了具有科学意义的探讨。[②] 同样，如果某个被精心辩护的说法是从如下断言或信念而来，也是荒谬的，这一断言或信念就是：被观察的和可被观察的是外在于或离开人类活动、被当作“对象”的物。观察是活动；它是人类的活动。如果它被归结为某个“心灵”，那么它自身就变得不可观察了。如果在一个可观察的世界——即我们所说的宇宙或自然——中进行审视的话，被观察的对象和进行观察的有机体一样，也是活动的一部分。 56

这一关于名称和事实方面的观察的表述，肯定不会被错误地加以理解。不过我们这里所探究的，并非“观察”；我们甚至不会试图在后面的讨论中“固定”该词。就我们将要展开的工作(也即为涉及命名的探讨寻找合适的名称)来说，总是会牵涉到观察，并且，在这里这种观察是和名称-运用融为一体的——因此在更广泛的探究中，不论观察一词(与“命名”和“认知”这些词语的运用相比)被要求多么深入地加以运用，二者都只有在对方之内并通过对方才能产生。

如果我们成功地澄清了我们对于正在探讨的这种命名的立场，那么同样显然的是，这里将是一组名称。对我们来说，“事实”将是一个核心的名称，有一系列名称围绕在它周围。如果“观察”被当作核心名称的话，它将只是在引向伴随他的一系列名称时才能成为稳固的名称。在每种情况下，都涉及许多严肃的操作要求。在每种情况下，我们都不能指望首先提出一些孤立的名称而后对它们进行分类或用毫无来由的绳索将它们捆在一起。的确，各个名称彼此之间应当

---

① 实际上，要避免相对而言前科学时期语言态度的普遍控制所产生的错误理解的任何一种形式，都是不可能的。或许有读者会将我们关于认知-所知所说的这些转换为认识论唯心主义的术语。这种转换忽视了主要的一点——这就是，人和他的活动与交往必须被视为自然宇宙之内的事实。

② “直觉这种神秘能力或任何这般玄秘的东西所产生的概念就被排除了，因为它们不能公开地接受检查或证实(例如纯粹的精神之物)”[杜威：《逻辑》，第 19 页(《杜威晚期著作》，第 12 卷，第 26 页)]

加以分辨，但这种分辨只有和一系列其他名称联系在一起才能进行；不同系列的名称之间也是如此。这在科学进程中有其成例。比如植物学和动物学中的属和种就是很好的例子——它们被当作在发展进程中确定的而不是停在分类表上。①

57 III

我们已在某些重要方面就我们探究的范围和我们所使用的方法划定了一些界限。其目的在于提高我们所做事情的效率。只有在尝试了许多组织和表达方式之后，才能确定这些界限。应当将我们现在所强调的这些要点牢记在心里。

如前所述，我们并不打算颁布任何让其他人也要遵守的唯一法律。不仅如此，在开始的某些场合下，我们甚至不会宣布我们的永久性选择，而是将慎重地引入一些临时性的“二线”名称。关于这一点，我们有两个合理的理由。首先，我们的任务要求我们找到最需要稳固观察的领域（有些领域现在已基本被忽视了）。其次，我们必须将那些有多种用法、而这些用法又常常混在一起的词梳理清楚。我们所面临的风险是，由于这些原因，首先被提出来的那个名称会在读者方面造成一些错误理解，而这足以在将来摧毁它。因而我们所试图建立起来的那些通过暂时性的命名获得名称的领域的价值，在于为最终能更好地关注过程提供可靠的垫脚石。

我们并未打算在这一探究中覆盖整个认识领域，即“认识”一词在此时或彼时，以这种或那种方式运用于其上的整个生活和行为领域。我们曾将“认识”列入含混语词之列，并且说过我们将关注并详尽地说明“认知”和“所知”。在我们的全部的讨论中，“认识”将始终是这样一个词，它大致指称我们在其中选择更切近地加以考察的内容的那个一般领域。甚至对于“认知”和“所知”这些词来说，从觅食的纤毛类的动物到处理最复杂问题的数学家都属于它们共同的应用范

① 除了会导致不恰当的僵化的命名之外，我们不得不使用的语言之中的其他缺点会使得我们必须进行的交流不断受到干扰。我们的语言现在在语法上已经不适用于我们不得不作出的陈述。对于我们必须完全将之置于我们曾警告过的“含混的语词”之列的介词，情况尤其如此。当出现状况时，我们将指出那些特别的危险。我们将竭尽全力；我们希望讨论不要成为某个特定的人对于某个特定的段落中的某个特定的介词的个人表演。我们很自然会想到，在人们试图用传统的语言工具来保证这一领域中的直接陈述时会表现出“西米里”效应（Cimmerian effect）。

围。我们要将自己限制在一个核心区域内，这就是通过命名而进行识别的领域。通过命名进行认知(knowing-by-naming)的领域——如我们愿意的话，也可称之为“其存在被详细说明”的领域。随着时间的推移，我们将从这个命名-认知的领域进展到比较简单的形式，再到比较复杂的形式。

我们将把这些命名-认知直接视为认知的一种形式。要从字面上来理解这个表述所说的内容。这就意味着，我们不将命名视为主要是工具性的或特别地附着于某个被称为认知(或认识)的事物之上的活动，而是能与其他任何行为彼此联系在一起的行为。我们不能将与身体有关的命名和被假设为与身体无关的或“精神性”的认知分开；我们也不允许用一个精神性的“大脑”取代“心灵”并因而始终将认知和命名分开。这是我们的设定；而我们在前面一章所展示的在逻辑学中将被说出的语词与说话的人分开所造成的后果，自然应足以说明任何希望避免这一后果的设定的正当性。接受这一设定——即便严格限定在研究范围之内——可能是困难的。我们不指望一开始就获得认同，在这里我们也不会为这件事争辩。我们希望在进一步的行动中展示其价值。 58

## IV

迄今为止，我们讨论的是为认知与所知探寻稳固的名称所需要具备的条件。概而言之，我们的探讨过程如下，我们为自己的工作作一个设定，并聚焦于一个特殊的认知与所知的领域；我们要使得在今天只是被模糊地观察的那个领域的各个部分凸显出来；我们提出一个暂时性的命名；通过这一系列名称的进展，我们希望前进的方向是：在将来通过可靠的命名进行建构。

1. 事实，事件，指称。我们从包含我们自己和我们的认知在内的宇宙(其本质是可被认知的并一直处于被更好地加以认知的过程中)出发。我们建立起这一作为事实的宇宙，并将它称为“事实”——它全部的认知与所知都包含在内。我们并未(不论是作为假设还是作为原则)引入认知者和所知之物作为事实的先决条件。我们将认知者和所知之物作为事实性的和宇宙性的事物进行观察；我们不会将它们中的任何一方当作超宇宙的物件。

我们会对我们在命名-认知或通过命名进行认知的领域中的研究进行专门考察。在这个领域中，我们确定了两个有待探讨的巨大的事实方面，我们分别称之为事件(*event*)和指称(*designation*)。“事实”一词的运用可能要扩展至事件-

59 指称的行为过程之外。换句话说，事实，由于它会被设定为先于(或低于)语言行为和原始语言行为而出现于动物生命之中，或由于它会被设定为可以通过晚于(或高于)进行命名的语言行为而发展起来的数学行为而达到，因而不是我们当下时空之内的事。我们指出其条件范围之所在，留下通往未来的路，继续耕耘我们所选择的园地，也即我们面前的典型事实。

就目前而言，关于这些命名，下面的评论就足够了：

(a) 在事实-事件-指称(Fact-Event-Designation)中，我们所拥有的不是一个三重或二重组织，而是一个系统。

(b) 按照我们现在所掌握的语言和知识，"事实"一词的使用使得它的使用者必须进行选择并加以接受。这一显然的情况可以通过我们对"指称"这一名称的采纳而在术语使用方面看出来。

(c) 这里使用的"方面"(aspect)一词的重点并非给出什么信息。它必须被当作对于我们描述事实的特征所需要的多方面的观察的表现——仅仅是表现而已。当我们对"方面"一词的理解有所进步、充分考虑到了认识进程中的事件和指称的时序变动的节奏的时候，就有望对"阶段"(phase)一词进行比较性的应用。①

(d) 在一般的使用中，"事件"包括延展之物和持续之物。就我们的目标来说，"指称"应作此理解。我们所假定和讨论的指称，其性质并非作为对于事件的命名而被应用的一个声响或一个记号。相反，它是整个命名活动(行为性的行动和活动)；通过这种命名活动，事件在我们的认知中显现为事实。

(e) 我们希望"事实"一词能够在实现各种术语构建的目标构成中保持一致，我们将在接下来的某一章中给出这样做的理由——尽管仍然有对其作出改变的余地。至于"事件"和"指称"这些词，它们在这里的使用是临时性的，因而更

60 有可能更换它们。而如果我们接受了诸如"存在"和"名称"这样的词的话，这些词(就本阶段的讨论来说)会给大多数读者带来许多与我们的意图相违的含义——"名称"一词甚至会比"存在"一词更多地出现这种情况；若使用这些词的话，我们的探讨就会被曲解或无法被理解。

(f) 在我们的使用中，应借助一系列指称来考察"事实"，这些被赋予的指

---

① 因而，"方面"和"阶段"要优于我们曾警示过的那些"含混的语词"，尽管它们尚未展现出我们这个领域中的积极信息。

称，其范围之广与其他那些就背景而言与认识有关而与诗无关的宇宙、世界或自然等名称相似。还应借助它的过去和将来，以及它的来历和归宿来进行考察；还应借助它的由简到繁、由少到多的叙说进行考察。还应当像考察自然、世界(universe)或世间(world)这些词(不论叫什么名称)那样，借助其可靠性和实在性进行考察。不过，还应借助如下理解进行考察：我们不是无端地置入某个未被认知的东西作为被认知的事实之物的基础，不是要求一个宇宙兔子来支撑一个宇宙大象，再由这个宇宙大象支撑一根宇宙柱子，最后由这根宇宙柱子支撑我们所探讨的事实性宇宙，而是将认识理解为一个整体——体现为认知-所知：也就是说，二者是一个整体。

(g) 在一种短浅和短视的目光之下，事件和指称似乎是彼此分离的。如果在较窄的探究范围内这么看，倒也并无大碍。但要对各种认知和所知之物进行描述的话，就要有一个更宽广的构想。

(h) 我们在“命名”的范围内所设定的“重叠的事实”，一方面是感知、操作、适应、同化，另一方面是符号认识过程，如数学的符号认识过程。我们将始终将它们当作被指称的事件(events-designated)加以考察，尽管目前我们不会沿着进化路线就其自身可能的指称性的、半指称性的或其他事实表达的功能进行探究。

(i) 如果我们为我们的探究所设定的指称事实上是具有持续性和延展性的，那么这些作为指称过程(designat*ings*)的指称(Designations)就是事件。同样，作为事件的事件也是指称性的。指称过程和被指称这两个阶段处于指称的整个过程之内。并非我们面前的主题，而是可供利用的语言形式，使得这后一种陈述变得困难。[①]

*61*

① 这一段取代了《序言》中注明被删去的一段话。本段第一句后面原来的文字如下所示：“同样，具有指称性的事件，就是指称。并非我们面前的主题，而是可供利用的语言形式，使得这后一种陈述变得困难。在‘事件是指称’和‘指称是事件’这两个句子中，‘是’的用法差别很大，每一个‘是’都代表了更广的事实表达的一个方面。为了将事件当作被指称之物来认识，同时不在活动的意义上将其称为指称，就要有一个限制，只有在命名活动和被命名者之间的联系框架被确认以后，才能保持两者之间的某种彻底分离。我们的立场就是要强调这一点。非常清楚的是，在比较陈旧的意义上，事件不是指称性；应当同样清楚和明确的是，在我们的探讨和术语建构的过程中，事件是指称性的——指称——或(要对多样化保持足够的小心)大写的指称。在两种形式的陈述中把握‘是’这个词的两种用法，持续进行观察，并指出‘指称是事件’，而同时‘事件也是指称’——这就是我们想带给读者的主旋律。尽管这都是在假设之下进行的(不习惯于假设就根本无法前行)，但对于一个认识到情况的复杂性并对解决这一问题抱有积极兴趣的人来说，这不会是一个苛刻的要求。”

(j) 最一般地说，在我们的术语建构中，"事实"并不局限于我们每个人都知道的东西，也不局限于每个人类群体所知道的东西，也不局限于某个时段，如我们的年代和时代。如上所述，我们的研究计划的指称方面，有着其事件方面的全部范围和内容，并包含着全部未来和过去、全部较好的东西和贫乏的东西。我们相信，牛顿时期已明确地以这种形式建立起事实的地位——至少对于我们这一代人来说是如此。首先，牛顿力学触及它的令人惊叹的绝对性所掩藏的信念性力量。随后，在法拉第(Faraday)、麦克斯韦(Clerk Maxwell)和爱因斯坦手中，它失去了它的绝对性，失去了对它的信念性论断，而体现为可修正的和可改进的。由此，与早先它的永恒确定性极少有自我调整的可能性相比，它获得了很大的调整余地。近些年——五十年或一千年都可以，不论你怎么看——一直在自由地变动。所有智性的声音都将这么说；问题是要有听到它的耳朵。我们的新的保证要优于旧的保证。*认知和所知，事件和指称——全部认识——一起走向前方。*被观察到的，是*事件化*(*eventuation*)。如果你在原则上接受了这一点，而不仅仅是把它当作对一件碰巧发生的事情的偶然评论——那么，当我们的术语建构无须求助于曾被宣称对此负责的细微的精神活动和模糊的现实，就可以将正在生成的事实(Fact-in-growth)设置为一个十分理想的研究基础时，你可以把握这一术语建构所揭示的内容。

*62*

2. *循环*。当我在上文说到指称是事件而事件也是指称时，我们公开、明确、强调地接受了*循环*——一个圆圈中的过程。有一些假装能摆脱这种循环的方法是很有名的。但可能按照一种探讨方式最后得到的结果，和另一种探讨最后得到的结果彼此相差不大；也可能第一种探讨方式所得到的各种结果之间或第二种探讨方式所得到的各种结果之间彼此协调但却无法产生什么结果，或者彼此十分重要但彼此之间却无法产生影响，而这在探讨的全过程中都会有所表现。我们不必为选择进入这种循环而没有选择进入旧的言说方式而道歉。我们对这个被居于其中的人所认知的世界(word-being-known-to-man-in-it)进行观察；我们对这一观察进行记录；我们继续对它进行探究——或者以循环的方式，或者不以循环的方式。这就是对它来说的全部。循环不是只沿着圆圈的一个方向：在完全的相互作用下，所形成的是圆的两边的轨迹。

3. *接下来的区分*。既然事实被分为事件和指称两个方面来进行观察，那么我们接下来要做的工作，就是分别为这两个方面进行术语建构的组织工作。我们将以较短的篇幅处理这一问题,然后(就目前的初步框架而言)把问题先放到那儿。不过,为了帮助我们,我们将对关于某些应被运用的工具的固定陈述提出要求。这就是说,我们必须能够十分明确地对某些过程进行命名,从而使这些过程不会与当前那些有着不同基础的过程相混淆。事件将和某个范围内的可变性(在一般方式上与气态、液态和固态的物理区分相类似)区分开来。对于那些事件,我们将使用情况(Situation)、出现(Occurrence)和对象(Object)这些名称。至于指称,我们将把它组织在一个行为记号过程的演进框架(指称是它的一个形式)之内,在这里我们所使用的名称是记号(sign)、指号(signal)、名称(name)和符号(symbol)。我们发现,在展示这些区分之前必须采取的基本步骤是:第一,根据所选择的研究主题而非根据被预先假定有待研究的材料,稳定地保持科学研究的各个分支之间的区分;第二,稳定地使用"详述"(specification)一词来指称与以"定义"之名来展开的大量言语过程形成鲜明对比的那种命名过程;第三,通过对*交互*-作用与*相互*-作用进行区分,建立起我们对于各种主题内部的特定情况进行选择性观察控制的权利。

63

4. *作为研究主题的科学*。当前受到一致认可的科学研究领域大致可分为物理领域、生物领域和心理领域。不过,在探讨中获得了最多精确性的数学,却没有任何被普遍接受的可以和这些科学组织在一起的形式;而被发现具有最多不确定性的社会学,也不具有特别的兼容方式。[①] 幸运的是,这种分类框架逐渐不再那么死板了。在一两代人之前,物理学与化学距离甚远;而今天二者已建设性地彼此兼容。今天,在生物学领域最活跃、最有特色的学科是生理学,不过"生物学"这一名称覆盖了许多被广泛接受但并不使用生理学技术的研究;另外,"生物学"这一名称肯定也涵盖了所有与心理学有关的东西——除非某些"心理之物"属于"非"人类或"超"人类。"心理学的"(psychological)一词本身就是从一个较早的时期沿用下来的,在那个时期,像"*物理之物*"、"*生命之物*"和"*心理之物*"这些系列的物仍然被认为和被当作由自然或上帝作为原始材料提供给我们,以解决我们的永恒困惑的三个不同的实体领域。如果要在一个单独的事实系统中建立认知与所知的话,我们当然必须摆脱那种将宇宙假想为由三种不同的基本

① 我们将在其他地方处理这一非常重要的数学论题。而社会学的探究——人类学除外——则几乎还无法适当地使对于这些探究的运用作为我们当前探究的主题。

物质混合而成这种观念。不过，更好的说法是，正是通过我们在科学研究的一般进展而在当下获得的摆脱这种物质诱惑的自由，最终方使得我们能够在假设中将全部认识与所知视为处于一个系统之内。

在事实内部，我们将把科学领域的区分视为研究主题的区分，而非材料的区分[1]，除非我们只是在如下意义上论及材料的，即它们的差别本身是从某些特定的探究阶段所可能具有的技术过程中产生，并由这一过程严格保证的。从术语建构的角度说，我们将对科学中的*物理的*、*生理的*和*行为的*[2]领域进行区分。我们将在我们的设定之下，将"生物学的"作为无疑既覆盖生理学探究也覆盖行为探究的语词来接受，但我们发现，目前对于它的使用，范围太过宽泛，因而无法可靠地服务于当下明确的术语建构目标。在时下的探究状况下，研究中的生理过程和行为过程之间的技术性差异是最为重要的，而这一点会由于任何对于"生物的"一词的着重强调——正如我们曾说过的那样，我们要特别相信，这个词*必须*覆盖这两个领域——而淡出视野之外。我们要最着重地强调，在当前的知识状况下，物理学的、生理学的和行为的探究分别代表着三种截然不同的技术路线；尽管它们中的任何一种都可以得到其他二者的支援，但一种稳固的技术形式下的表述尚无法有意义地实现向另一种技术形式的信息表述要求的*直接*而积极的扩展。物理学的阐述不能直接产生遗传理论，而生理学的阐述也不能直接产生语词意义、句子和数学公式。为了完成这一循环，造就物理科学的行为过程就不能直接在其自身的探讨中记录具体的物理事件。我们再次看到，这种循环处于认识之中——即处于认知与所知之物之中——而不处于我们或隐或显执着地希

64

---

[1] 关于这个问题的若干方面及其处理方式，格里菲斯(Coleman R. Griffith)在其《系统心理学诸原则》(*Principles of Systematic Psychology*，伊利诺伊，乌尔巴那，1943年)一书中给出了全面的思考。试比较关于"分词与名词的科学运用"(第489—497页)这一部分和索引中"科学"一词所标识的那些段落。

[2] 我们所使用的"行为的"(behavioral)一词，并没有"行为主义"的含义。我们不是心理主义者，同样也不是行为主义者。正如我们所做的那样，在我们的设定之下，我们不接受任何形式的"主义"(isms)或"主义的"(istics)。"行为"(behavior)一词经常被天文学家、物理学家、生理学家、生态学家以及心理学家和社会学家们所使用。该词在其早期历史中被应用于人类的行动，随后转向其他使用方式，比如它在动物研究者中间逗留了一段时间，而在机械论的拥趸那里也有许多对未来有影响的滥用。不过，我们还是相信它应当处于我们给予它的位置。像"行动"(conduct)这样的词比"行为"一词具有太多特定的含义，不适用于对一个研究大类进行命名。在我们的工作进程中，我们对接受其他替代方案持开放态度，但迄今为止，我们尚未发现一种更为有效或更为可靠的语词可供使用。在这种事情上，长远的考虑要比时髦一二十年的言词重要得多。

望自由而有能力作出的轻而易举的选择之中。

5. 详述(*Specification*)。在当前的使用中,"定义"一词涵盖了数学中的符号性表述;它涵盖了亚里士多德逻辑学的各种讨论;它也涵盖了各种词典所收录的所有旧的和新的语词使用方式的总和,以及许多仍具有较多偶然性的语言过程。若要获得任何对于认知和所知的合理表达,"定义"一词显然必须被明确界定。[①] 我们有合理的理由相信,所谓"数学逻辑"的大部分困难的根源,都在于试图强迫两种被贴上"概念"标签(尽管一者着重强调命名的运用,而另一者则与此相异)的人类行为统一在一起而没有对生活语言中的更简单的事实进行基本的探究。在我们的术语建构中,将把"定义"一词运用于数学的和语法的前后一致性,而对于在数量上较少的"词典定义",将使用"描述"(characterization)这个名称。无论"定义"被赋予何种形式意义,我们都不会试图在本书我们自己的工作中使用这一概念。我们或许常常没有超出基本的描述。不过,我们在这个计划中的目标是达到科学已越来越多地达到的命名的准确性。我们将这种命名的准确性称为"详述"。想想在拉姆福德(Rumford)和焦耳(Joule)之前"热"一词在物理学中代表什么,而在当今的物理学详述中它所告诉我们的又是什么。再想想"原子"一词在过去一代所经历的变化。现代化学的术语建构是对于所进行的操作的一种高度专业化的详述形式。不过,对于我们的目标的最好说明,可能是关于属和种的术语建构。在动物属于神学创造物的年代,命名居于描述的层次。在物种被证明有其自然起源之后,我们所理解的科学详述发展起来了。当然,我们仍然发现这一详述时常挑战分类学的固定界限,但与此相对的是,我们发现,正是通过甚至会使自身毁灭的自由探究,它始终使自己保持活力。详述的一个标志,是抛弃了那种名称与现实相对应的陈旧魔法。当详述与符号定义清楚地区分开之后,我们会看到另一种魔法。无论在事件还是指称的各个方面,我们都将发现,事实以"光谱般"的形式展开。我们用"详述"来标明这种富有效率的命名的科学特征。皮尔士对于"比定义更有用的格言"[②]的强调包含了我们在这里所指出的

65

66

---

① 这一被明确了的任务已表明甚至比我们所预计的还要复杂。这使得我们在技术性术语建构中放弃了"定义"一词,并因而将它的地位归于口语用法。但我们允许这一段文字不加修改地呈现,因为较之于在这个阶段积极地确定语词使用方式,我们对探究的连续性更感兴趣。参见第七章的引论以及第十一章的小结。

② 见第一章第1节。

这种态度。在杜威的逻辑学探讨中，详述在那个由确认和断言、命题和判断所覆盖的探究领域中处处起作用。在第一章中所展示的传统逻辑学的缺陷，与它们没有注意到对其研究主题进行准确的详述是联系在一起的；在我们的考察中，我们的批评并没有落足于定义的前后一致性——这里的"一致性"一语的含义，我们将在讨论符号与名称的区别以及符号行为与命名行为的区别的过程中发展出来。

6. 交互作用(*Transaction*)。我们已建立了既包括指称、又包括所指称的事件的事实，并已通过对于在探究技术下可以确定的研究主题而非通过无来由地加以表达的材料对事实探究进行了审视。[①] 这就使得在被设定的前提下进行选择成为探讨过程的一个主要阶段。然而，在被设定的前提下进行选择，会对所有的观察造成影响。我们将通过对交互作用中被记录的事件与作为交互作用而被记录的事件进行比较，以术语建构的方式考察这一问题。后面的几章将处理我们的探讨中的这个核心问题，即睁开我们的眼睛来看的权利。这里我们只能泛泛地触及这一问题。前科学的探讨大多将"物"视为拥有自身力量(物便在这些力量之下或之中活动)者。伽利略是一个其名字被最多地与科学探讨的现代转向联系在一起的科学家。我们可以将"活动"(action)一词当作"事件"的最一般特征——这个词所强调的是，事件是有时间跨度的过程。在旧的研究方式最为通常地在诸种"事实"中看待"自-作用"(*self-action*)的地方，新的研究方式将牛

67

顿视野下的物理形式当作一个相互作用的系统，以第三"运动定律"(即作用力和反作用力大小相等且方向相反)为其特别的特征。经典力学是一个包括物体、界限和作用规律的相互作用系统。在它发展出来之前——显然是指在它能够发展出来之前——一种有别于前伽利略时期的新的观察形式以一种根本上说是交互作用的方式形成了。它进入了伽利略关于惯性的考察中，并在牛顿力学公式中作为第一"运动定律"(即任何不受干扰的运动都将继续沿直线行进)体现出来。这就直接在事实上将运动建立为事件。[②] 我们在其中工作的这个认知和所知的

---

① 这里又有一个用得非常含混的词。[指"材料"(materials)。——译者]

② 在心理学范围之内，对于我们的目标而言比较重要的基础性实验是马克斯·韦特海默(Max Wertheimer)关于运动的直接可观测性的实验，见《对运动进行观察的试验性研究》("Experimentelle Studien über das Sehen von Bewegung)[《心理学杂志》(*Zeitchrift für Psychologie*)第61期，1912年，第161—265页]。他的研究成果以一种弱化了许多的形式被运用于"格式塔"心理学，但大体而言这些成果仍有待建设性的发展。

领域所要求的是交互作用的观察，而这也正是我们所设计并正在我们的工作中给出的术语建构所欲解决的问题。当今的认识论、逻辑学、心理学和社会学大多仍以自-作用为基础。在心理学中有许多尝试以*交互作用*的方式进行内容均衡的表达的努力。从我们的立场看，最近在关于认知与所知问题的讨论中所使用的传统语言（以及其他大多数关于行为的语言）都将研究主题弄得七零八落而无法进行探究，并因而摧毁了它而不是推进了对它的理解性观察。我们认为，观察必须自由地开展；而且，为了迈向一个目标，应当对观察的主要历史模式进行设定前提的评估，并应提供对于命名的确认。我们自己的探讨是*交互作用式*的，在其中所要求的，是在广延和时间中统摄性地看待那些在传统上被当作不可调和、彼此孤立的东西。我们并不把这种探讨表达为比其他方式更具有现实性或一般性而言更有效，而是将之作为一种我们在其中工作的领域所需要的探讨。就像物理学家们既使用关于粒子的表达也使用关于波的表达那样，我们在这里既运用相互作用的观察，也运用交互作用的观察。[①] 在这个以有机体为关注中心的领域中，可以进行一些重要的专门化研究。在一种交互作用的设定中，只要一种探究是深思熟虑地展开而不是含混的或暗含“自-作用”意味，这种探究形式就是合理的。作为这一命名范围的操控者，我们将暂时设置*行为-行动者*（*behavior-agent*）和“*行为对象*”（*behavior-object*）。它们所代表的，是在更广泛的交互作用的表达中一方面对于那些被不确定地加以命名的有机体或人或行动者、另一方面对于被以多种形式命名的环境所进行的专门化的相互作用式的处理。 68

7. *情境*（*situation*），*出现*（*occurrence*），*对象*（*object*）。我们现在可以进而对“情境”、“出现”和作为事件的“对象”进行区分。事件与时间和广延有关，它是所“出现”的事情和被当作“一件正在出现”并被审视的事情。这些名称并不提供一种“分类”，除非分类被理解为将注意力聚焦于研究主题而不是被理解为一种对于材料的处理方式。“情境”一词在当今的使用频率有所增加，但令人疑虑的是，

① “场”（field）是一个可供在交互作用范围内使用的词。不过，它在物理学中并没有被完全弄清楚，而它在心理学研究和社会研究中的运用方式又是主观的、经常是随意的。因此，“场”应被置于我们的有待改进的含混语词列表中。当这个词在物理学中的地位得到确立之后——爱因斯坦和他当时的同事们长期聚焦于这个问题——如果这种术语建构可被转换为行为探究，我们将知道如何完整地进行这种转换。见第五章注 17（即第 121 页注②——译者）。

它被使用得越多，它的地位似乎变得越糟糕。我们坚持认为，这个词无疑应当要么表示一个对象所处的环境(以相互作用的方式)，要么表示将所有能在其中具有选择性地加以详述的东西都囊括在内的完整情景(以交互作用的方式)。我们将以这后一种形式建立我们自己关于“情境”一词的用法。当在一般的、人类可识别的时空变换的范围之内一个事件的变化能被十分容易地观察到的时候，我们称这种事件为“出现”。日常生活中的“事件”的一般用法与此接近，而如果我们将该词的使用普遍化(就像我们暂时所做的那样)从而覆盖了情境和对象以及出现的话，我们就需要为这个有较多限制的地方找一个替代性的语词。“出现”恰当地填补了这个空白。对象[①]是为稳定而持久的情境以及需要很大的时间跨度或很小的位置变化、从而时空变化自身并不包含在普通的日常知觉的注意范围之内的“出现”所选择的指称明确的名称。这样，随着注意焦点的变化，“情境”、“出现”和“对象”三个词中的任何一个都可以覆盖其他两个领域，都同样可被理解为事件。我们在这里对我们此前称之为语词串(word-cluster)的东西作了一个适当的说明。帕台农神庙对于参观者是一个对象，在它被建造之后的若干世纪以来一直如此。不过在数千年间，它是一个“出现”。而对于某些探究目标来说，它被当作“环境中的对象”(object-in-environment)，若要对之进行彻底的考察，它就一定要被把握为情境，而对于该情境的对象-详述(the object-specification)而言，这里所涉及的最多是一个阶段或一个特征。这里没有关于实在的问题，没有绝对的“是”或“否”的判断，只有探究中的自由决定。

69

8. *记号(Sign)，指号(Signal)，名称(Name)，符号(Symbol)*。当我们转向指称时，我们马上面临的问题不是对它的各种形式进行区分——我们曾指出，我们当下最关注的形式是详述。我们必须做的事情是将指称本身置入各种事件之中。这里再次引人瞩目地包含了循环。我们的处理一定要通过事件以及指称来进行(二者完全是可以互换的)。事件是行为性的。指称(一个行为事件)可被视为从原生动物的感觉反应到数学的最复杂的符号运算的行为进化领域的一个阶

① “‘对象’(object)一词将用来指迄今通过探究所产生并整理为固定形式的主题；可以预期，对象会是探究的目标”。[《逻辑：探究的理论》，第 119 页(《杜威晚期著作》，第 12 卷，第 122 页)]。关于“情境”，同上，第 66 页以及其后(《杜威晚期著作》，第 12 卷，第 72 页及以后)。如前所示，“出现”一词是暂时放在这里的。

段。在探究的这个阶段，我们可以对命名过程作出改变。似乎必然出于与探究暂时对立的实践方面的原因，在审视行为事件时，我们将直接称之为“名称”，而不是以“指称”取代“名称”。在稍后一个阶段，我们将着手建立作为记号的典型行为过程，这个过程无论在物理学探究技术中还是生理学探究技术中都无法发现。这样，我们将把“记号”理解为其使用范围覆盖行为活动的全部领域的名称。有许多行为阶段或层次，但对于我们的大部分需求而言，一种三层次的分法将能提供较多指引。在较低的层次，包括知觉、控制、习惯、适应等等，我们将命名指号(*signal*)(我们借用了巴普洛夫经常使用的词)。在被组织起来的语言作为记号而运用的地方，我们将讨论名称。在各数学领域(其原因我们将在稍后加以讨论)，我们将讨论符号。指号、名称和符号将是记号的三个不同层次，而“记号”最宽泛地指示了在一个长长的上升序列中“与认识类似”的诸行为过程。尽管暂时还得不到什么进展，但显然这一建构中的关键是下面的表述：“记号”这一名称和与它相适应的那些名称都将通过交互作用的方式加以理解，这也就是说它们不仅对有机体的个体或特征进行命名，也不仅对环境的个体或特征进行命名，在每一种情况下，它们都对发生于作为整体的二者之中的行动进行命名。 *70*

V

通过使用记号、指号、名称、符号这些表述形式，我们指明了认知-命名过程和其他行为过程在宇宙之内的位置。通过使用事实、事件、指称，我们详细描述了事件-决定的过程，通过这一过程，宇宙被表现为自身就是为上述那些位置而准备的位置。这两种术语建构所建立的是同一过程的不同阶段。如果我们要在陈旧的语词形式已使事实受到损害的情况下坚持自由地展开交互作用式的观察，如果我们不再害怕循环，那么这两种术语建构就能够被如此加以把握。我们的任务是，在后面各章中发展这种术语建构，并在生成的情景中证实它。

就目前来说，我们的术语建构的路标暂时如下所示：

被建议的试验性的命名

事实(*Fact*)：通过命名在我们面前逐渐进入认知的我们的宇宙。

事件(*Event*)①:作为发生之事而被命名的“事实”。

指称(*Designation*):发生在“事实”中的命名。

物理学中的指称,生理学中的指称,行为中的指称:在科学的发展中标明各种研究主题且不一定与关于“现实”“材料”的各种原初前见相一致的不同探究技术。

71 刻画(*Characterization*):走向进一步详述的语言过程,包括许多“词典定义”。

详述(*Specification*):沿着现代科学由以发展起来的自由路线所进行的精确指称。

定义(*Definition*)②:随着语言而演进但不直接提供指称性证明的符号过程。

活动(行动)[Action (Activity)]:被强调与时间变化有关的事件。

自-作用(*Self-Action*):通过被假设为彼此独立的“行动者”、“灵魂”、“心灵”、“自我”、“力量”(power)或“力”(forces)而展开、被当作具有推动作用的事件的前-科学表述。

相互作用(*Interaction*):对于通过彼此起作用而组织在一起的物体或其他对象的表达。

交互作用(*Transaction*)③:在某些阶段必须如此探究而在其他阶段留作备用、经常要求打破旧的命名在言辞上的影响的功能性观察。

行为-行动者(*Behavior-Agent*):在交互作用内部以相互作用的方式加以审视的行为有机体的活动,以及“不断成为行动者”(***re***-agent)意义上的而非“行动角色”(actor)意义上的行动者。

行为-对象(*Behavior-Object*):针对处于行为的交互作用中的行动者而展开的对于环境的专门化描述。

情境(*Situation*):总是被以交互作用的方式当作全部主题加以审视的作为

---

① 这个位置上的“事件”后面将被“存在”(existence)所替代。见第十一章。

② 就我们目前的进展而言,“定义”一词将在后面被排除于术语建构的技术性用法之外。

③ 关于该词的引介性的用法,见约翰・杜威:《行动与经验》(“Conduct and Experience”),载《1930年的心理学》(*Psychologies of 1930*)(马萨诸塞,沃塞斯特)。也可与他的《逻辑:探究的理论》第458页(《杜威晚期著作》,第12卷,第452页)进行比较;那里强调了“单独的连续性事件”。

探究主题的事件；它绝不能被当作与对象相对立的、可分离的“环境”。

出现（*Occurrence*）[1]：在诸如日常人类生活范围内的接触中最容易辨识出的变化那样的转变过程里被加以指称的事件。

对象（*Object*）：处于比较牢固而稳定的形式之下（不过绝不是居于最后的固定状态）并总是能够在情境性的审视之下成为研究主题的事件，它应当随着探究的进展而出现。 72

记号（*Sign*）：有机体-环境的典型的适应性行为；如果它以交互作用的方式被视为过程（而不是在对有机体和环境的专门考察中）的话，这是最广意义上的“认识”（cognitive）。

指号（*Signal*）：在知觉-操作的范围内的交互作用记号。

名称（*Name*）：记号在人科动物中的专门化发展；显然直到智人才达到完全的指称性阶段（或许除却某些被中断的进化路线以外）。

符号（*Symbol*）：记号的一个稍晚的语言发展阶段，它失去了特定的指称性内涵以通过其他方式获得更大效力。

上面的术语建构只是被暂时性地给出的。特别是关于事件、发生和定义，还需要进一步的讨论。稍后的讨论将在进一步的研究完成之后在第十一章展开，在这一过程中有一些脚注标明了实现的进展。

我们将下面的讨论视为对于当前在我们周围所发现的关于认识的话语方式的常识性观察。

我们今天所把握的关于认识本身的认识是一种贫乏的认识——或许就像我们所拥有的任何认识一样贫乏；它的确立，大半是出于去除情感因素的研究的需要。

事实素有两面性的恶名。它是由一小块宇宙所标明的宇宙。能胜其任的探讨方可对此展开研究。

超出事实之外——也即超出认知与所知之外——的东西不值得任何开展于认知与所知之内的探究去加以劳神。

作为探究的科学在这样一些界限之内兴起，而科学则提供了很好的引导。

---

① 在这种用法上，“事件”在后面将代替“出现”，见第十一章。

科学详述在这样的界限之内兴起，并且需要这样的界限；那么，为何关于认知与所知所展开的探究和详述不能同样如此呢？

73 认知是行为。无论是对于认知的探究，还是对于行为的探究，如果二者不能彼此联系在一起的话，就不能期望获得令人满意的成果。[①]

---

① 请注意那些总的说来是“含混”的但人们常常不得不使用的词。“知识”、“物”、“场”、“在……之内”和“没有……”这些表达在正文或注释中已被这样加以说明；所有的介词以及用以区分名称和被命名者的“引号”同样如此；甚至我们在当今的使用中发现的“含混”和“稳固”这些词也是一样。出于我们眼下的目标，“方面”和“阶段”被指认为含混的，不过随着我们研究的进展，这两个词将具有确切的发展的可能性。读者会注意到，“经验”(experience)一词在本书中未曾使用过。不管迄今为止人们为了确切地运用这个词而付出了多少努力，它都一直被处于彼此冲突的各种用法之中而同时甚至可以说又不断使之变得更加含混的读者们赋予着更多彼此冲突的用法。我们将在稍后的一个地方对之连同其他被误用的语词一起加以讨论。

# 3. 假设

## I

在为认知与所知寻求稳固的名称的过程中，我们认为：第一，人——包括他所有的认知——应该作为处于一个自然世界中的"自然"物加以探讨[1]；第二，探究能够而且必须应用持久的观察，这些观察在标准上（当然，不是在技巧上）类似于科学通过其而获得进步的直接观察。 74

对科学的观察的描述不是通过命令来进行的；观察者们会就他们自身的工作以及其他人的工作进行反复的检验，直至所作的描述确定无疑。这是它最大的特征。从最简单的活动到最深远的活动，它都面向进一步的修正——牛顿对引力的描述经过二百五十年才获得"确定性"，最清楚地展示了这一点。观察变得越科学越精确，它就会越少宣布它所获得的特定结论是终极性的。

当观察面向进一步的修正时，关于它就总会有某种程度的"假如"。对它的描述是条件性的，经过仔细的规定，这些条件就会变成假设，观察在其中举足轻重。如果问题局限在一定范围中，当条件对工作者是类似的时候（例如，在物理 75

---

① 说到"自然世界"（"自然的"人在其中），读者应该知道，自达尔文时代以来，探究的背景已经变成了几乎所有领域的严肃科学研究的标准，但是，对认知和所知的研究除外。我们将不会使用"自然主义"或"自然主义的"之类的词。我们避免使用它们，首要的原因是，我们关注的是自由的研究，而"自然"这个词所限定的东西没有超越我们能够从中学习到的东西；第二个原因在于，所谓"自然主义"的各种流行的形而上学含义或者"实质性"含义对我们都是陌生的，因而，和它们的任何牵扯，都会对我们的意图造成严重的扭曲。

实验室中,对一个特定的正在进行的实验而言),对被确认的“事实”的不够格的描述就会是常见之事,不会遇到反对。但是,当涉及超越一定范围的断定时,假设性的背景就一定要被稳定地保持在视野之中,必须被表述为对描述自身而言是条件性的;否则的话,就会出现重大的歪曲。

在我们对认知与所知的探究中,对这一点尤其需要强调。我们的方法必须依赖于观察,必须在假设中来描述。简单一点,直接一点,我们说,科学在自然中展开工作,任何对认知与所知的探究必须在同样的自然中展开工作,而且尽可能遵循同样的一般规则。我们说,观察就是最重大的科学堡垒。我们说,全部[①]观察属于一个系统,尽管它们之间的联系现在还不知道,但根据假设,是可以获得它们的,联系可以被建立起来。我们完全拒绝那些把古代的阻碍加在我们的探究上面的人,他们宣称,“认知者”必须在某个方面优越于它所认知的自然;同样,他们赋予所谓“所知”以某种优越性。我们认识到,作为观察者,我们是人类有机体,在地球的某个位置上,从这里我们作出观察,我们不是把这一点看作障碍,而是看作一种情境,重大的收获将会在这一情境中得到。我们的假设起源于观察,我们使用这个假设来提高观察的效率,而不是限制它。正是在这个循环性的意义上,我们使用了一开篇所制定的关于自然的假设、关于观察的假设、关于假设自身的假设[②]。

76 词典给“假设”这个词规定了两种用法。其中一个用法所呈现的东西“理所当然是推理和信念的真实基础”;另外一个用法指的是,“进一步操作所需要的条件”。我们的道路明显是第二种类型[③]。就我们的思考所关注的东西而言,我们把这个称作假设(postulation),而不是公设(postulates)。这个用词更可靠,尽管

---

① 当然,“全部”这个词是很模糊的。在这以前,我们一直是在避免使用它——或者说,是希望我们能避免它。一个适于我们的目的的充分技术语言将会用一个词来表示科学规定上的“全部”,用另一个词来表示符号定义上的“全部”。正如我们前面所说,我们的讨论严格限制在前一种使用中。

② 可以与第2章第1部分的开始部分所制定的探究名称(这些名称伴有三个否定)的三个条件相比较:没有纯粹私人性的描述,没有超越假设范围的“基础”,不能获得或使用无须进一步探究的最终宣言。

③ 马克斯·韦特海默:《生产性思维》(纽约,1945年,第179页)描述了与爱因斯坦的一场谈话,这场谈话关注的是爱因斯坦早年对相对性的探索。在对一个直接的问题的回答中,爱因斯坦说道:“没有区别……在理性的公理和武断的公理之间。公理的唯一属性是完善基本的命题,由此,人们能从中得出符合事实的结论。”

有时候它显得有点笨拙。

我们所说的一切，其要点在于：假设起源于探究之环境，而且严格地服从那个环境中的需要[1]。它们总是面向反复的检验。尤其要强调的是，它们从来就不是未经检验的。

对这一点，必须要增加的一个说明是：假设是双面向的[2]。它既是对探究中的方法态度的一个彻底考虑，也是被检查的对象内容的彻底考虑，而且两者总是连接在一起[3]。

人们经常说，对生命和心灵的探究不管采取什么形式，总会牵涉到形而上学，无法避免。与这个古老的谚语形成对照的是，我们认为，一个人只要有足够的真诚来确认他工作的态度和他所定位的方向，他就能通过保持观察和假设的紧密关系这个简单的行动来绕开形而上学；形而上学的各种"终极因素"就会变成从哪儿来就待在哪儿的碎片。因而，对我们的假设的重要性进行衡定，不依赖于它们所具有的特殊性或优先性，而在于它们对工作被完成或将要被完成的条件的描述所具有的朴实性和开放性。如果这种描述有时采取了范畴词汇的形式，这是对表达准确性的努力，而不是要给其他人的工作强加什么指导。 77

在对这个系列的描述所作的初步研究中，我们集合了二三十组假设。这些实验向我们呈现了问题的复杂性，要求我们对探究的所有阶段进行沉着的观察。并不是像我们所期望的那样，获得单个整全的假设，我们发现，工作进行得越彻底，就越是要对假设进行特殊化（形式是补充性的）。我们将会展示一些假设，主要是为了有助于进一步的讨论，部分也是因为在同样领域工作的人对这样的展示也是有兴趣的。我们期望，这样的展示可以激发与其他使用类似的探究方式的实验者的合作，从而导向更好的理论建构。

---

① 杜威：《逻辑：探究的理论》（纽约，1938年），第16—19页（《杜威晚期著作》第12卷，第23—26页）。

② 本特利：《行为、知识和事实》（印第安纳，布鲁明顿，1935年），第30章。在行为的领域中，尤其要强调，这个特征一刻也不能被忽视。

③ 需要对"假设"这个词进行进一步说明。在这里，我们不是试图规定它作为术语的最终含义，而仅仅是描述我们现在对它的使用。在最后，情况可能是，它应被交付给符号领域（第2章，第IV部分，#8），在这样的领域它所用的词与我们现在用的不一样。为应对当下的任务，我们选择了"假设"（postulation）而不是"假定"（hypothesis），因为它在日常应用中所包含的范围是相当广泛的。我们对临时性的术语总是有在适当时机进行改进的自由（第二章，第III部分；第11章）。

在进行考察的过程中，读者应该记住：第一，我们之前已经为直接面向观察的认知选择了一些名称，它们可以作为我们走向探究的最好进路[1]；第二，对探究而言，我们把被命名的东西和名称（是所知和认知的实例）当作一个事件[2]——一种交互作用[3]——因为，在仔细的观察中，一个消失了，另一个也会消失。这些是我们观察到的事情；我们是在开篇所表达的态度之中来观察它们的；这样的观察构成了接下来可能要进行的扩展的核心[4]。

78

## II

为了使得我们的假设与之相对照才能得到论断的背景更清楚，我们从展示一些经常出现的行为探究的计划开始[5]，这些计划被看作是公设而不是假设（在我们为这两个词所作的区别的意义上）。它们的特征在于：它们回避、忽视或者努力去除知识中的"循环性"[6]，而我们会坦诚地接受它——假如我们发现有的话。进一步的特征在于：它们的支持者们在"真理"的形式中毫不犹豫地认之为理所当然，他们对它们很少有清晰的表达。因为这后一个特征，我们不能发现直接的、构造良好的范本可加引用，我们被迫尽我们的能力从认识论、逻辑学和心理学著作中所能找到的分散的材料中建构它们。这些假设与我们为了自己的目的而发展出来的假设差别悬殊，因而，我们用字母表中最末尾的字母 X、Y、Z 系列来分别标记它们。

X. 认识论中不可调和的两方

1. "实在"存在着，变成被认识的对象。

---

① 第二章，第 IV 部分；第一章，第 I 部分。

② 第二章，第 III 部分。

③ 第二章，第 IV 部分；第四章和第五章。

④ 本卷的一位作者（约翰·杜威）希望对他的《逻辑：探究的理论》里关于观察的一些表述作一些特定的修正。只要这些表述把这个词限制在所谓"感-知觉"的情况上，或者用更少令人怀疑的话来说，限制在接近实验室控制条件下的观察的情况上，它们就应该被改变。对他在文中所作的在"观察"和"理念化"之间的区别，他现在用观察之间的两个阶段之间的区别来代替，这两个阶段依赖于主题内容的时空范围的比较。文中所谓的观察仅是指那被限制在狭小内容范围上的观察；但是，它在检验内容更广泛的观察的过程中却扮演突出的关键角色。

⑤ "行为"一词可以参考第二章，第 64 页注①。

⑥ 第二章，第 IV 部分，#2。

2. “心灵”存在着，从事认知活动。

3. “实在”和“心灵”居住在不可调和的“领域”中①。

4. 为了展示不可调和的一方如何获得认知活动而另一方如何变成认知对象，就需要有认识论魔法②。

Y. 逻辑学中的居间者

1. “实在”存在着（“对象”“实质”“实体”等）。

2. “心灵”存在着（“思想”“意义”“判断”等）。

3. “第三者”存在着，居间干涉（“词语”“术语”“句子”“命题”等）。

4. 逻辑学对“第三者”③的解释将调和不可调和的双方。 *79*

Z. 生理学-心理学的约束者

1. “实在”作为物质存在着，触觉或者其他感觉可以确证。

2. “心灵”存在着，是特殊的有机“实在”的精神显现④。

3. 对有机“实在”物（肌肉、神经和脊髓）的研究产生了关于物（包括有机的、精神的和知识自身）的知识。

4. 物的“确定性”以某种方式复苏了与物相关的增长着的知识的所有“不确定性”。

这三组假定都包含了不可观察之物；那就是，通过对早期文化遗存下来的原始名称的保留，他们采取了或主张采取一些不能在现代科学所使用的任何观察中被确认为“客体”的探究材料⑤。除了在范围很小的认识论专家圈子之外，X是一个臭名昭著的争论。Y有了语言工具，看上去挺有希望，但我们前面的考察

---

① 有“或多或少”的变化（但仍是“不可调和的”），有在这一面或另一面的限制（赢者通吃）。

② “魔法”（词典的定义）：“指所谓超自然的技艺。”

③ 但总是存在着这样的风险：另一个第三者“吞噬它们，以至无穷”。

④ 华生的早期“行为主义”（当然，离我们探究中的事实上的行为还相差很远）把语言过程等同为声音器官的生理过程——这种等同不仅缺少了我们所使用的交互性观点，而且缺少了环境中相互作用的思考。最近对这一点所进行的一个出色、精致的描述来自于罗伊·伍德·塞拉斯（Roy Wood Sellars），在《哲学杂志》1944年第41期中（第688页），他写道：“我认为，我们可以把心理的东西看作是在功能性有机体中一个*自然孤立物*，从而研究它的环境和条件。”这个观点再清楚不过地展示了我们所要探究的“过程”和X、Y、Z假定中所提供的供考察的“东西”之间的差别。

⑤ 参阅假设B5和B6及以下。关于“客体”，参阅第二章，第IV部分。

已显示了它的重大缺陷[1]。Z只有针对所谓"感觉"层面的简单问题才是有效的，对更复杂的内容的初步安排，也常常有效，但它很快就表明自身无法提供后者所需要的最基本的直接描述。三者不仅在观察性上有欠缺，而且，在我们这儿所谓"自然"的方法的特征上也有欠缺(尽管Z有志于这后一个方向)[2]。在此之外，如已经提到的，这三组观点被用来作为信条而不是适用于一定范围的假设。

80

## III

与X、Y、Z的进路相形对照，我们现在要以简短的导论性叙述写下我们的假设的主要特征，这些假设是由现代科学所取得的进步所激发的，它也同情这个进步。对作为世界中的自然事件的行为的探究急需这些假设作为向导。

### A. 对行为研究的假设

1. 宇宙：是事实探究的体系或领域[3]。
2. 有机体：是宇宙的组成部分。
3. 人：是有机体。
4. 人的行为过程：是有机体-环境的事件。
5. 认知(包括对宇宙和对它的假设的认知)：是有机体-环境的行为过程。

上述假设被逐字接受，并被小心翼翼地保存在探究中。

打着重号的句子非常重要，而手和眼不会去注意的空头支票又是如此普通，甚至恶毒，以至于我们或许可以将这个句子称之为第六假设。

第一假设把科学的宇宙积极地接纳为行为探究的核心。这种接纳是完全的、未经证明的，当然，它也回避了思辨科学家们经常会沉浸其中的扩展性应用。第二和第三假设在所有地方都是被接受的，只有一处例外：对认知和所知进行的探究。第四假设非常不同于这个普通观点：有机体被看作是"行为"的核心，它依赖于自己的

81

① 第一章，第X部分。

② 我们早期的一个实验性建构在这里可以被提及：(a)现存的认识论是微不足道的或者是错误的；(b)麻烦的根源在于原初的言语习惯；(c)尤其特别的是，对一个作为个体"孤立物"的"心灵"的呈现(不管是"心理的"显现还是"生理的"显现)是破坏性的。

③ 这个体系被命名为事实(第二章，第IV部分，#1)。

力量运行，与相对来说疏远的环境之间是隔离的，而不是完整的有机体-环境事件的一个阶段①。第五假设，就我们所知，在我们所从事的详细研究中还没有得到明确的使用，在这儿引入是为认知和所知获得确切名称之所需。

紧接着针对行为事件(作为一种主题-内容)的假设 A，现在我们为针对这样的行为内容的探究制定假设 B。在我们之前遇见的这种探究，是通过指称来进行的。很久之前，我们把作为认识物的一种特殊变体的名称-事件选来作为研究的对象②。现在我们选择指称③来作为我们要进行的探究的特殊方法。在对假设 A 进行更详细的描述前，我们用假设 B 来补充它，就好像我们把右手与左手合在一起，使用一种我们前面说过的“双面向”的方式。A 和 B 一起为我们到处都能看到的“循环性”提供了例证，这种循环性不仅仅被我们认可了，而且被用来发挥积极的作用——不是引起遗憾的，而是被用来作为观察、描述、受控探究的核心④。这个过程看上去很复杂，但是我们不得不面对它，就像三个世纪以前的物理学家发现电(更不用说电磁波了)拒绝停留在固定地点或服从在那时能充分解释粒子运动的数学时不得不面对它一样。

在相互补充的假设 A 和假设 B 中，人们可以发现，一个假设中的因素会再次在另一个假设中出现，只是得到了不同的强调、不同的发展。因而，在假设 A 中，第一个假设从事件的角度来看事实，但假设 B 中，第一个假设在探究之中通过指称或在指称之下来看它(这儿的“事件”是在第 11 章中对“存在”这一词所赋予的范围来理解的)。类似的情况时常出现；它们是典型的，是必要的。 82

### B. 针对对指称内容的探究而作的假设⑤

1. 内容的一个单一体系是被假定出来的，被叫作宇宙或自然。

2. 对不同领域所进行的探究而得到的内容其分布会随时代的变化而变化，

---

① 关于暂时疏离当中的合理进程，可以参考 D8 假设和 G3 假设。

② 第二章，第 II 和第 III 部分。

③ 第二章，第 IV 部分，#1。关于对“命名”和“指称”所作的临时性区别，参看第二章，第 IV 部分，#8。

④ A 对 B 没有被假定的优先性，反过来也是。我们首先应对假设 A，需要它来消除 X、Y、Z 所带来的分裂和虚假的实在论的努力。

⑤ 文本中这样的明确表达不应被忽视，即假设 B 是针对通过命名而进行的研究的，不是用来规定所有类型的研究和各种建构的。我们耕耘我们眼前的花园，为将来的劳动者留下大量的空间来耕耘其他的花园。

这种变化和探究的技术的变化相适应①。

3. 对每一个目前得到公认的领域(物理的、生理的、行为的)的假设各自可行,与一个领域对另一个领域的宰制无关,它们仍连成一系统②。

4. 认识的范围随已知内容的范围的扩展而扩展。

5. 观察,作为现代实验技术已得到的,或者新技术可能会得到的东西,被假定为是冲着内容或将来的内容而去的。进入探究的东西没有那个内在就是不可观察的,或者自身就要求一种独立的观察。被观察到的东西与当时当地没有被观察到的东西连在一起。

83 6. 观察的内容在时间上是持续的,在空间上是伸张的。

7. 在内容的某个领域中所发展出来的应对广延和持续的技术,可以用来帮助应对其他内容,但是,肯定不能超越它们直接的操作价值而支配其他内容③。

8. 在有组织探究之前所进行的日常实践生活中的确认和命名活动,其"对象"在这样的探究中不可能保持永久的优先性④。探究是自由的,所有的"对象"服从于考察活动,它们或者如它们实际来临的那样,或者和它们所包含的要素相关,或者在扩大的观察下变成交互性——在所有这些情况下都保持它们广延的和持续的特征⑤。

9. 对探究来说,在时间上能被持续观察,在空间上也能被连续观察的事件

---

① "变化……相适应"如果被"与……构成功能性关系"代替会更好,如果我们可以确定这一点,"功能"这个词可以被理解为一种问题,而不是被理解成具有针对特殊情况所作的实证解释价值。不幸的是,在心理学和社会学中的探究中,对"功能"一词的使用大部分都是武断的。问题在于指明它的"体的"身份,尽管现有的语言是贫乏的["导论",第二章,注释 1(即第 47 页注①——译者)]。关于对 B 中第 2 个假设的内容的讨论,可以参看第二章,第 IV 部分,#4,也可以和连续性假设相比较,《逻辑:探究的理论》,第 19 页(《杜威晚期著作》第 12 卷,第 26 页),等等。

② 假设 A 有的这个特征,与假设 Z 形成对照。对假设 B2 和假设 B3 中的内容的自由发展,实际上与 B9、C7、H1 中对"实在"的明确拒绝发生巧合。它也消除了转向对"发生"进行浪漫主义解读的动机,而这是在"实体性的实在"消失以后经常发生的事。

③ 本特利:《行为的事实空间和时间》,《哲学期刊》,第 38 期(1941 年),第 477—485 页。这里并不是要干涉实践中的对待空间和时间的前科学态度——就它们的日常实际表达而言。但是,尽管这些态度对物理学的支配已经被抛弃了,但它们在心理学和社会学探究中占据统治地位,我们目前的假设就是要拒绝这个态度在这些领域中的统治地位。也可以参看对 D3 的脚注,假设 H4,以及文本中接着假设 D 之后的评论。

④ 第二章,第 IV 部分,#7。本特利:《人类的皮肤:哲学最后的防线》,《科学哲学》,第 8 期(1941 年),第 1—19 页。

⑤ 第二章,第 IV 部分,#6,可以与假设 A4 比较。

就足够了。使用“实在”这个词，或者注视适用这个词的某种在可观察之物之后或超越可观察之物的东西，都不能确保有什么东西比观察之物“更加真实”①。

假设 B 聚焦在探究的方面，现在我们转向假设 A 中的事件方面②。我们公开宣布的目的是考察作为认知的命名行为，把它作为事件，一方面与标记行为联系起来，一方面与符号行为联系起来③。在对作为事件的假设 A 的扩展中，我们将呈现针对认知的假设 C 和针对命名的假设 D，在这之后，会提示出针对标记过程的假设 E 和针对符号过程的假设 F，它们在后面将会变得必要。 *84*

假设 C 相比其他假设更松散，当我们允许使用“知识”这一模糊的词时，这一点立刻就会很明显。关于此，有合理的理由。我们顺应日常讨论，用粗糙的材料提供了一个导论性背景，以突出对作为认知的命名的研究。从对命名的研究中，我们将会发展出一个关于认知的更好假设。紧接着是对假设 C 可能会产生的结果所作的一个评论。

### C. 对作为行为事件的认知和所知的假设④

1. 认知和所知(知识、知识体系和知识实例)是自然事件。认知与它的所知一起被看作是与日食、化石、地震等各种研究内容是同一种事件(就是说，同样是“现存的”)。

---

① B9 重述了如果 B2 被接受并被推向彻底时会怎么样——“把形容词‘实在的’加在实体性的‘事实’上，仅仅是为了修辞上的强调”(杜威:《语境与思想》(*Context and Thought*)，加利福尼亚大学哲学出版物，第 12 期(1931 年)，第 203—204 页)。也可以和斯蒂文·C·佩珀(Stephen C. Pepper)的表述比较，《哲学期刊》，第 42 期(1945 年)，第 102 页:“证据的可靠性没有标准……但是，可靠性的证据是有标准的，这就是证实(corroboration)。”佩珀教授讨论了“期望获得关于真理和事实的绝对标准”这种态度可能导致什么，他的思路与我们的十分相似。

② “焦点”(focus)和“方面”(aspect)在威廉·詹姆斯的使用中，都是双面的词。没有用来聚焦的东西(如眼睛中的或模仿眼睛中的晶状体)，没有被聚焦的对象，人们就不能聚焦。至于“方面”一词[可以参看第二章注 11(即第 59 页注①。——译者)]，它本是用来强调观看的；古义是凝视、瞥见或者观看，现在还在用它的及物动词“观看”。在最近的英语中，“方面”一词在大范围内已经被转化为“对象”，但仍有许多混合的用法，有一些用法甚至把行为的方位和方向当作是在观察者与被观察物之间。无论如何，这个词不是绝对适用于“对象”，而是涉及一个目前的或者遥远的观察者。

③ 第二章，第 IV 部分，#8。

④ 我们早期的两个实验性规定变换一下用词在这儿或许是有帮助的。它们是:(a)认识是自然事件；(b)它们通过标准方法而被知；(c)使对这样的方法的使用实际可行，对认知和所知的认识就足够了。变成这样:(a)认知者在宇宙中，和被知的东西、将要被知的东西在一起；(b)认识活动也在那儿，它被研究(被观察)，就像其他内容被研究一样。

2. 探究认知和所知的方法是在自然科学中已经取得成功的方法。

3. 对通过文化的、心理的、生理的探究所获得的知识的知识已经有了足够的通达途径，它使得在今天开始这项计划是实际可行的[①]。

85 4. 作为自然事件，认知和所知是可以被观察的；作为可被观察之物，它们在一个持续的伸张的情境中是持续的、伸张的[②]。

5. 认知和所知被认为是同一事件的不同方面(aspects)[③]。在目前的阶段，探究知识的突出需要在于，认知和所知得由交互性的(与"相互作用的"相对)观察来给与。

6. 认知和所知的可观察之广度触及所栖息的地球表面；可观察的时间长度贯穿文化[④]，往后看到达史前时期，往前看则到达未来——这些都是探究的内容。持存(永久和无常)是认知和所知两者都有的特征[⑤]。

7. 知识所面对的所有实际事物都有认知的方面和所知的方面，而且知道它自己属于这些已知的实际事物。

对假设C的考察显示了，这一组的前两个假设是对与B2相谐和的假设A的发展，第三个假设是为了强调——与到处盛行的否定不同——我们的这个断言：探究可以依据这些材料而进行。第四个假设对观察来说，与B5、B6和B7相谐和，而第五个假设表达了所需观察的类型，第六个假设表达了所需观察的范围。第七个假设，与B9相谐和，建立了有用的防护墙，以抵御传统极权主义式实体化的侵袭。

86

**D. 为作为认知和所知的样本的命名和为被命名物所作的假设[⑥]**

1. 在认知中，命名可以被隔离开来作专门探究，就像科学内容的独特领域

---

① 杜威：《心灵是如何被知的？》(How is Mind to Be Known?)《哲学期刊》，第39卷(1942年)，第29—35页。

② 第二章，第I部分。

③ 第二章，第I部分："我们以这个假设为基础：认知和所知无论何时何地都是不可分离的——它们二者是一个共同事实的两个难分彼此的方面。"

④ 没有使用"社会的"一词，主要是因为这一词的混乱身份。有时候是与"个人"相对，有时是由众多"个人"建立起来的。这样的话它就不能以交互性的方法暗示我们要表达的东西。"文化"相对来说是中性的灵活的，其内涵更接近我们专用的"行为的"一词。

⑤ 可以用这个通常做法相对照：把无常(或者是对它的恐惧)集中在认知中，而把永恒放在所知上(在超越了对它的了解的尺度上)。

⑥ 早期的规定，将现在的假设D和E的一部分和对那种推理的兴趣的一部分结合起来，如下：(a)知识是一个符号系统；(b)名称是一种自然发展出来的符号；(c)命名和"规定存在"是一个过程。尽管如此，这些表述必须被看作是交互性的，如果它们要恰当地代表我们的途径的话。

可以被隔离开来作专门思考一样。

2. 这样被隔离开来的命名自身被当作有待探究的认知。[①]

3. 命名在行为的持续和伸张中可以被直接观察。[②]

4. 被观察到的命名自身不可能不是直接的认知；在命名-行为（我们这儿不是为标记或符号行为作假设）的范围内的认知自身不可能不是命名。[③]

5. 命名和被命名物是一个交互过程。一个可以被观察到，另一个不能被观察到，这不可能[④]。

6. 命名和被命名物同起同落，即便对于目光短浅的封闭的观察而言，其中一种看上去可以脱离另外一种而建立起来[⑤]。

87

7. 有保证的断言，在生长和衰落两个方面，对保证和被保证者而言，把它自身展示为情境从不确定发展到确定的过程中的一个环节。最强有力的有保证的断言就是最坚固的事实，但却既没有确定性，也没有保证性，也没有坚实性，甚至也没有超越探究的事实性自身——因为所谓在"一"时的"坚固事实"不能保证对"所有"时间都是"坚固的"。

8. 对在假设 D4 和 D5 的控制下作为*交互作用*的一个阶段暂时分离出来的命名和被命名物的研究，总是合理的、有用的——通常也是急需的。离开这样的

---

① 第二章，第 III 部分。换句话说，在我们的假设中，名称不是物理的客体，也不是一个心理的存在或客体所使用的工具，既不是与行为相分离的所谓"产物"形式，也不是任何一种依赖于某些十分精妙的内在化的外在化方式。在我们的假设中，所有这样的肢解都被看作是多余的而被抛弃了。因而，这个过程不包含这样的怀旧式感伤：传说中的蛋对鸡说："你把我生出来了，你还爱我吗？"

② 完全的持续性和广延性不能被这样的特殊工具如时钟或英尺充分地、独一无二地表达出来（参看 B7）。尽管这些工具在物理学上已经发展得十分精确，但是它们缺乏人类历史、追求和计划中所涉及的穿越陆地的过去和未来。因而，对针对认知、命名和其他行为的探究而言，它们是不充分的。

③ 与我们在对逻辑学的评价（第一章，第 I 和 X 部分）中所提出的要求进行比较：谈论应被看作是"在行动中的人自身"。

④ 参阅第一章，第 X 部分；第二章，第 IV 部分。一定要用到一个完整的行为性空间-时间，包括（但不受制于）物理的和生理的空间和时间。物理和生理技术的应用当然是非常需要的，只要涉及它们。所要反对的是这样的声言：宰制它们所应用的领域。

⑤ 在目前的探究中，我们自己的经验就证明了这一点，尽管在它的整个应用领域中，这个假设应该一眼看到就会被接受。从为文本中所讨论的内容寻找严谨的命名开始，我们很快就被引向对被命名物投以仔细的关注；探究的这个阶段反过来又依赖于改进命名上取得的成功。探究的两个阶段必须同时向前进。一个被严格固定住了，另一个就会被毁掉。

前提性控制，它就会出错。①

9. 对暂时从涉及的特定有机体中分离出来的文本（或相应的言语对应物）——但在文化的描述下从来就不是持续的伸张的行为——的研究，是合理的、有价值的。② 这种考察可以与对生命物种的考察相比较，与对显微镜下的玻片的考察，对解剖桌上的尸体的考察相比较——严格指向呈现给观察的东西，而不是追寻被假定为在观察的背后的不能被观察之物，它追寻的总是更多的等在前头的可观察之物。③

88

10. 命名的行为探究过程是和环境-有机体的生理活动联系在一起的，而非

① 能给针对命名和被命名物不可分割的特点的说明带来启发的一个例子来自早期的经济学，它试图把生产和消费分开，但很可悲地失败了。另外，人们也可能会研究债务人计谋和债权人的防护工具，但除非是在交互性的信用行动中来研究它，否则所得到的除了闹剧或道德说教（两者都是空谈）之外，几乎什么也得不到。

② 只要在我们对逻辑学的考察中是实际可行的，我们就遵从这个程序。但是，我们的意图不是针对个人的批评，而是在于展示目前在美国广泛流行的逻辑-语言机制的特点。作为一种探究的技术，它与日常实践形成鲜明的对比。通过它，我们得到各种不同内容的展示，它的探究者也承认（甚至自夸）这些内容非驴非马，不伦不类——既不是物理的，不是心理的，也不是语言的；科学领土上的外星人，虚幻之地的外来居民；打着一致性旗帜的各种程序也是如此，在命名的每一步都牺牲了最简单的准确性标准。不幸的是，样本很少，我们进行不了匿名的探讨，如同一个昆虫学家与虫子打了千百次交道后可以认出他自己的虫子。通过名字来提到一个作者，这与提到一个日期，或者用卷数和页码来命名一个期刊是同一种事情。就对"知识"的探究而言，"你"和"我"具有伦理和法律价值，但对正在进行的活动只提供了很少的确定信息；这对认识论所使用的多种多样的"主体"也是一样的。应记得威廉·詹姆斯所作的著名的观察（在现在的心理学社会学研究中基本被遗忘了），即"'我'这个词……首先是一个像'这个'或'这里'一样的立场性名词"（《多元的宇宙》(*A Pluralistic Universe*)，纽约，1909 年，第 380 页；《关于激进经验主义的论文》(*Essays in Radical Empiricism*)，纽约，1912 年，第 170 页）。

③ 用重复的不可观察之物来解释可观察之物，并将其神圣化，对此的一个古典叙述来自莫里哀在《奇想病夫》(*Le Malade Imaginaire*)里所提供的第三序曲，在其中，一个医学学位候选人用催眠的属性来解释鸦片的效果。这些话应被每一个知识探究者牢记。这个候选人的回答是：

"承蒙渊博的博士问我
是什么原因和道理
鸦片令人发困
我的回答是
因为它本身有一种催眠的品性
所以自然会让感官睡着"

皮尔士引用了这段话(5.534)并评论说，至少渊博的博士注意到了鸦片有一些独特性，这总比什么也没有注意到好。

与生理学家一开始用来描述其探究的皮下行为的规定相联系①。

对假设D的考察显示了，前四个假设为假设C中模糊呈现的领域提供了确定的探究内容。第五、六、七个假设进一步规定了C5和C6。第八个假设在交互性呈现中提供了合理的相互作用的探究，与对系统的破坏、与心理-物质的虚假相互作用形成对照，完全没有了以X、Y、Z为代表的陈旧方法所带来的影响。第九个和第十个假设呈现了具有实际重要性的相互补充的技术。

89

## IV

从这些评论（也包括对假设C的评论）中可以很明显地看出，尽管我们尽力在可用的语言所给予我们的限度内准确地表达每一个假设，我们还是希望对每组假设的选择和安排不要太正式，因为被迫的形式性是一个没有多少价值的技巧。

两个进一步的评论具有特殊的意义。

第一个评论是，当我们起先将B和C聚集在一起而对防护性假设B9和C7有一种强烈的需要时，当我们后来发现用假设H1加强这种防护是很诱人的时候，假设D所代表的、与B2相谐和的对作为认知的命名的探究计划就已经积极占据了旧时由从深处唤出的"实在"所占据的地盘。

第二个评论是，在这个领域中对前进性的观察的巨大需要与牛顿的空间和时间栅栏所施加的限制是没有关系的，与对更加完整的行为空间和时间框架的发展也没有关系，在B7和D3和接下来的脚注中对此已留了线索，在H4中对此又作了强调。

## V

标记过程和符号过程，与命名一起，构成了行为的最广泛的分化，两者都是

① 生理学家发现必须要考虑"内部"的环境，以作为在应对环境过程中的一个阶段，就像在克劳德·贝尔纳(Claude Bernard)所说的"milieu"（法语："内部"——译者）之中那样。此时，他们已考虑到超越皮肤的过程，就是说：对它们的充分描述不能停留在皮肤之内，而是需要有贯穿它的描述和解释，类似这个生理之物的是我们行为上的所谓"交互性"。

进化的阶段，都处于当代的水平[①]，在进一步的先行性描述被给出之前，对这两者试图进行假设性的说明将会是浪费时间。在其他地方会发展这一点。至于目前，以下对需要的提示就足够了。

### E. 对标记行为的提示性假设

1. 标记行为——知觉-操作的领域[②]，包括了最早的原生生物对食物消化的间接暗示和动物生活的各种条件，也包括了最精致的人类知觉行动（需要交互性观察）。

2. 在假设 X、Y、Z 中所使用的“刺激”、“反应”、“回应”这样的词，其含义产生了很多混乱，以至于急需另外一种扩展。

### F. 对符号行为的提示性假设

1. 符号行为——数学的和语法的一致性领域——需要交互性观察。

2. 在目前的“探究”中，数学通过逻辑学的帮助所要寻找的“基础”——如果“基础”是所需要的话——自身正是出了名的无基础[③]。

3. 命名程序从符号程序中的分化，作为所获结果的身份（功能）、方法和种类（并且总是处在不断的观察中），就是所提示的步骤。[④]

现在我们把假设 C 和 D 以及预备性的评论 E 和 F 集中到作为假设 A 扩展出来的事件的行为上。与这所有的都不同但与它们相谐和的是，我们把假设 B 集中到通过指称而进行的探究方面——科学在这个领域中发展起来。如上面已经说过的，假设 C 比假设 D 的级别低，它使用了模糊的词“知识”，它的目的是为 D 中的努力提供一个粗糙的背景，把名称当作是直接的认识。假设 C 有被一些（可能是许多）读者误解的风险：在假设 B 而不是假设 A 的意义上，在指称而不

① 第二章，第 IV 和 V 部分。

② 操作（manipulation）这个词是在扩大的意义上使用的，不限于“手工的”（manual）意义。

③ 人们发现，像罗素这样的理论家以及其他逻辑学家穿着他们华丽的服饰提出这样的要求（至少在时机看上去成熟的时候）：只有在被逻辑学戴上科学先生的桂冠、被逻辑学合法化以后，才有所谓的科学。

④ 关于这一点的导入性思考，参看本特利：《对于数学的语言学分析》，印第安纳，布鲁明顿，1932 年。

是事件的意义上，在认知而不是所知的意义上。在假设C还不稳固的情况下，我们能对它们可能的未来说些什么？

"知识"这个词有三种模糊性：定位上的模糊[①]，分布上的模糊[②]，应用范围的模糊。前面的假设处理的是前面两种模糊。至于第三种模糊，知识这个词集中了如此多样的（或呈现方式不同）关于"知道如何去说"和"知道如何去做"的活动；而且，以这个为中心，它的应用和含义下可以包括原生物的符号行为，上可以包含深奥的数学构造。如果将来的探究发现，最好把"知识"这个词限制在与语言行为相关（或被确认为是语言行为）的范围之中，那么，假设C就会和D合流。如果发现这样做更好：把这个词（连同"符号"这个词）扩展到整个行为领域，那么，假设C就会回到A中寻找归宿。我们没有兴趣用精确的名称作严格的分类——人们发现，可观察的自然在那种特殊形式中没有产生有利的结果。我们也不期望能够就"知识"这个词如何使用提供一个具体方案，倒是很愿意让它恢复自身，或者像通常情况那样，回到过去那种意义零碎分散的状态中去。对"知识"这个词，不管将来的规定会怎样，是窄化还是扩大、居中，假设C保持暂时开放状态。

在本章开头的几个段落中，我们认为，人的认知应该被看作是自然的，应该通过观察对之进行仔细的研究，在将观察和假设从过去转变过来以及向未来转变的过程中，应该明确承认观察自身的假设身份。我们相信，在前进的过程中，我们自始至终与此保持一致。这些态度其自身可以被看作整个探究的一般假设。这个过程的缺点在于：三个主要的词语，即"自然"、"观察"和"假设"，有各种各样的含义，放在一起，就如同一个可以黏上许多尾巴的风筝。尽管如此，从它们中我们可以得到一些关于命名和被命名物的假设性陈述。它们呈现了——仍然是从假设B中的指称性路径出发——行动中的宇宙，呈现了宇宙中的探究者（在他们自身的行动中），呈现了穿越时间和空间的整个过程。它们可以适用于物理学主题和生理学主题，也可以适用于行为主题。探究B，以及事件D、E和F在未来是否可以扩展，这个问题留待将来讨论。 92

---

① 第二章，第I部分。

② 将"知识"倒入作为"自然"的一个特定形态的"心灵"中从而逃避艰苦的研究，这个陈旧的计划对我们早已失去了魅力。

### G. 假设的定向[1]

1. 探究的内容被认定为是持续性延伸，通过时间的持续而呈现，这与直接的伸张性观察（它们经历空间的伸张）形成对照[2]。

93　2. 对内容的命名，不管是作为名称还是涉及被命名的对象，都被看作是持续性的。无论是一个瞬间还是一个无限小，如果被看作缺乏持续性和广延性，都不会被设定为一种被命名的事实。

3. 不满足这些要求的次一级命名是不完美的，尽管通常是有用的。要安全使用它们，就需要在描述的所有关键阶段明确承认，它们所指称的内容还缺乏完全的事实性[3]。

对现代研究中的指称和符号进行有效的假设性组织，这在我们的思路中还是缺乏的，只有在我们对标记和符号获得进一步知识之后才能确保获得它们。在“符号”之下所呈现的是语言“一致性”的领域。在“指称”之下，如通常所强调的，我们思考的不是“真实的存在”（real existence）——对“真实的”和“存在”两个词所进行的败坏的、超越于人的扩展——而是在彻底的行为规定中的“存在”（existency）。我们希望，此刻所作的印象性描述没有扭曲词语的本义——如果我们说这可能是对假设 G 所要求的持续和广延的一种“坚持”的话。

可以假设反对意见，也可以假设接受，都是实际可行的。在假设 G 之下，我们实际上已经拒绝了所有类型的非广延性的、非持续性的、非观察性的东西，包

---

① 这个特定的定向没有事先承认这两者的区别：所指称的内容在持续和伸张方面不确定地扩展着的命名以及所指称的内容在这个方面是受限的确定的命名。我们以为（尽管这儿不是假设），这样的区分就为各种传统的知识理论中所宣称的严格分立奠定了基础，如理论和实践之间的分立，理性成分和经验成分之间的分立，还有感知觉内容与科学知识内容之间的分立，这些分立构成了解释的巨大障碍。

② 从初步印象上看，持续是“事件”的“本性”（very nature），是它的“本质”（essence），是它的“身体和结构”（body and texture），但这些用词在形式的表述中是要避免的，不管它们此刻看上去多么有帮助。为了说明这一点，可以考虑杜威《逻辑：探究的逻辑》中“情境”的“结构”（与对他的观点的一般讨论相比）。这些“情境”，既是“不确定的”也是“确定的”，是文化性的。就这里所涉及到的问题而言，任何没有意识到这一点的叙述、讨论和批评都是白费功夫。

③ 在心理学中对“感觉”“官能”这种词在非持续性意义上的应用，已经使得这些词在更高的系统性探究变得无用。目前在这个方面所使用的需要不断检看的词有：“概念”，“关系”，“抽象”，“知觉”，“个体”，“社会”。与之形成对比的是，我们对事实、事件和指称的使用处于持续性的形式中，尽管在临时性的报告中一些用词仍然是错误的。

括所有所谓的最终“孤立个体”。在目前针对知识探究的问题中，为了强调这一点，我们把下面的情况看作是最有害的。应这样来理解：提供这些反对意见，就像其他假设一样，不是一种信念上的事情，而是一种研究上的协助。

### H. 假设性的反对

94

1. 所有超越知识的“实在”。

2. 所有作为知识承担者的“心灵”。

3. 所有将行为定位在有机体“之内”、无视“外在”参与的交互阶段的安排（当然，类似的是，在毁掉交互性事件的情况下看待“外面”）。

4. 把牛顿的空间和时间形式（或者是暗含着牛顿主义的实践形式）强制地应用到行为事件之中，以作为类似于棋盘上的格栏样的东西。或者坚持，这对于行为的描述是充足的；或者认为，它很讨厌，行为应该远离它们，被驱逐进一些分离的“领域”中或它们自己的“领域”中。

### VI

人们经常要面对这样的诱惑：把一些假设展示为是从其他假设中推理出来的。我们建议不要这样做，甚至在持续性假设被用作为资源的时候。我们对此印象深刻，即在我们的路径中，没有任何东西从其他东西中推理出来（当然，除非在预备性的展示中——我们的程序隶属于此——可能带来便利）。这些假设呈现了不同的强调重点，提供了不同种类的互助，但没有出现古代逻辑学所要求的权威主义——其中甚至（有时候是特定地）包括了那些使他们的逻辑学更加实证的努力。许多安排会在工作时呈现出来。如果行为是持续性的，而认知是行为，那么，认知就是可观察的。如果认知和所知被置于系统中，那么，人们在努力叙述所观察到的东西的过程中能够迅速地得到一个持续性的假设；从持续性假设出发，人们过渡到交互性假设。另外，从这最后的假设（如果一开始就获得的话），人们也能过渡到持续性假设中。这确实是最后一次强调了在开头的段落中所强调的东西。观察和假设齐手并肩。假设聚集在一起，不是承蒙某一个或某两个、某三个假设的好意，而是来自于和路径的方向、出发点、观众的身份（这种身份，是历史上特定时间和地点的工作者利益群体，是把他们作为组成部分包含在其中的宇宙中的社会）相关的组织。

95

# 4. 相互作用与交互作用

## I

96 我们对认知和所知所要求的稳固的术语建构作了一个初步勾勒，这一勾勒将重点放在两种知识程序[①]上，即交互作用和详述。详述区别于定义，而且对交互作用的直接发展是和详述而不是和定义联系在一起的。

我们建议，在接下来的段落中详细地分别讨论交互作用和详述，展示它们对知识理论是多么重要，它们作为认知者和认知的自然过程这个特征应被完整地理解。但是，在开展这项工作之前，在本章中很适宜展示：对象的交互性呈现以及对象规定的交互性，已经进入了最近的物理学研究中。在这样做的时候，交互性呈现将会用来和自-作用的古代观点以及着眼于相互作用的经典机械论形成对比。但是，这个讨论不会超过当前这个描述所需要的程度。

读者会想起，在我们探究的一般程序中，在被观察物和观察者之间没有认识论与标准的心理学和生理学理论中所常见的那种严格分立。相反，观察者和被观察者被紧密地组织在一起。在被命名的对象和命名之间也没有严格的分立。97 比较而言，认知和所知，包含了命名和观察，也包含了其他东西，自身被置于一个共同的探究系统中，它们不是在"存在"的分隔了的领域之间的斗争所带来的不稳定产物。正是这个认知和所知的共同的系统，被我们称作"自然的"，在经常使用的"自然"一词中我们既没有偏爱也没有偏见。我们的立场是，因为人是一个

① "知识"这个词在这儿能提供一种粗糙的初步的描述，松散地暗示了所要考察的领域，还有些别的。

有机体，他在一个所谓“自然的”进化过程中和其他有机体一起进化，我们愿意作这样的假设：他所有的行为，包括他最高级的认知活动，不是他自身孤立的活动，也不首先是自己的活动，而是有机体-环境这整个情境的过程；我们也愿意假设，这整个情境在认知中处于我们面前，它也是认知在其中兴起的情境[①]。

因而，我们所谓“交互作用”以及我们愿意展示其在最近的物理学发展中越来越重要的东西，既不应该被理解为——在技术性的表达中——它可以独立于观察而“存在”，也不应该被理解为它是一种“存在于人的头脑”中的观察（被假定为独立于被观察的东西）。“交互作用”，作为其他对象中的一个对象或者连同其他对象，应被理解为完整未破碎的观察——在这个世界历史时代，它与观察者、观察活动和被观察物都相关——它被评判时会被证明有各种优缺点，而只要它受到这些优缺点的影响，它就一定会在后面的时代中以其他方式受到影响。

## II

当孔德一览知识的发展历程，并对其进行评价时，他提出了三个阶段或层次，即神学的阶段、形而上学的阶段和实证的阶段。今天的人们不会接受这些阶段，更不会接受孔德对科学结构的不成熟规划。但是，他的思想的一般框架已经实质性地进入到了每一个人的理解中。一般说来，人类早年，世界和它的现象的拟人化和人格化是很普遍的；紧接着它们的是实体化，如物理的“力”和“实体”；只有在最近几个世纪我们才慢慢地通常也是艰难地获得了所谓实证的[②]、客观的、科学的描述方式。至于未来将会怎么看我们目前的最好观点，这仍然是不清楚的。 *98*

让我们思考一系列反对趋势，在目前，用生活中的语言来说，这些趋势呼吁缩小和扩大科学观察的范围，以使得它们与手头的问题相关。作为导入，我们将追寻这样一些观点发生改变的踪迹——这些观点是关于从牛顿到麦克斯韦的物理学中的最一般问题的。

---

① 对文中这个表述所涉及的“循环性”的正式认可和接受，可以参考第二章，第 IV 部分，#2。

② 孔德的“实证”与他的“形而上学”是有些区别的，就像他的“形而上学”与他的“神学”是有些区别的一样。他用“规律”代替了“力量”，但是却没有赋予它们延伸性的事实性的建构。“逻辑实证主义”不合时宜地接受了这种孔德式规律，掏空了它所包含的事实性内容，进一步把它形式化了。这样的“实证”没有超越短暂的、相对来说是孤立的时间性系列和空间性共存。它的表达背景，再加上对数学在探究中扮演的角色的混乱概念，经常导致科学家们认为“规律”是科学中本质的构成成分，而没有直接强调科学在时空中的事实性构造。

许多世纪以来，从伽利略打破了亚里士多德的传统开始，一直到孔德的时代，物理学探究中所强调的是定位行动的单位或元素，并规定它们的相互作用。牛顿稳固地建立了这样的体系：探究中粒子可以被置于与运动的联系之中，然后对之作准确的描述。但不是所有的发现都会导致对新粒子的建构和使用。以热现象为例，还没有达到这一点：热粒子被确认。"科学的进步"，爱因斯坦和茵菲尔德说，"已经破坏了把热当作是实体的古老观念"①。牛顿式粒子保留在拉姆福德和焦耳的著作中，后来保留在吉布斯(Gibbs)的著作中，这些都是事实；能量很久以来就被看作是一种实体，热只是它的一种形式。但是粒子跌落到了统计时代(从传统的确定性观点来看，这是一种罪恶)，而热最后变成了一种分子的排列而不是一种特殊的存在。法拉第出色地观察到，所有的电不能被保存在电容盒中，也不能被限制在导线里。克拉克·麦克斯韦接过法拉第的观察，并且提供了能够表达它们的数学公式②。麦克斯韦的工作为伦琴、洛伦兹、普朗克、爱因斯坦及他们的同时代人对物理学的发展，为最近的原子内部阐述工作奠定了框架。他过世后出版的著作——《物质与运动》，其明晰性使得它成为一座宝库，所有的探究者尤其是最新开辟的领域中的探究者都能从中受益良多。下面这段话来自这本书1877年版的序言，1920年由约瑟夫·拉莫(Joseph Larmor)编辑的英国版本中也收入了这篇序言：

> 物理科学，直到18世纪末，其构造关于自然现象的概念的方式完完全全是这样的：把它看成是一种实体和另一种实体相互作用的力的结果。现在，物理科学已经完全进入了发展的下一个阶段——物质系统的能量被看作是由那个系统的排列和运动来决定的，而关于排列、运动和力的概念极大

① 阿尔伯特·爱因斯坦(Albert Einstein)和利奥波德·茵菲尔德(Leopold Infeld)：《物理学的进化》(*The Evolution of Physics*)，纽约，1938年，第51页。我们将反复引用爱因斯坦-茵菲尔德的书，不是为了证实我们的观点或支持我们的发展，而是为了在读者的眼前用最简洁的语言呈现对人人应知的物理学特征所作的权威性描述，而在知识理论领域中很少有人用到它们。我们将花费大量精力(只是说的不是很明确)去说明严格建构的观点是如何阻碍了所需要的进步的——我们后面要引用的马克斯·韦特海默最近对此作了生动说明——爱因斯坦和茵菲尔德的进一步评论是意义深远的："这是一个很奇怪的巧合：几乎所有关于热的本性的基础著作都是由非专业的物理学家写出来的，他们认为物理学仅仅是他们的重要爱好而已。"(同上，第51页)

② "自牛顿时代以来物理学上最重要的事件，"爱因斯坦和茵菲尔德对麦克斯韦的方程式说道，"不仅仅是因为它们的丰富内容，而且也因为它们为一种新型的规律提供了范式。"(同上，第148页)

地普遍化了，其可靠性要由其物理学定义来保证。

尽管麦克斯韦自己欣赏正在发生的事，但要物理学家普遍开始承认这一点还需要两代人：物理学家们长期以来一直试图对虚构之物中最不幸的以太(ehter)进行证明，在物理学中对之重新设想的过程还远没有结束。“交互作用”这个词正是麦克斯韦自己用来形容物理事件的；甚至，他所说到的物理交互过程中的“方面”与我们对这个词的使用非常相近[1]，即 100

> 如果把我们的注意力集中到物质的一部分上，我们只会看到**交互作用**的一个侧面(one side)，也就是，那影响到我们思考中的物质部分的东西，我们把这称作现象的这个方面(this aspect)。和其效果相关的，就是作用在物质部分的外在力量；和其原因相关的，我们称作物质其他部分的行动。所强调的东西之相反方面就被称作对物质其他部分的反作用。

在这里，我们看到，麦克斯韦在电磁领域所获得的新视野实际上已经改变了他对一般机械体系的描述方式。麦克斯韦在这个世界曾经有过的最稳固的探究系统(即牛顿的机械学)的立足点上开启了新的视野。尽管我们的立场是：我们所期望的最好结果就是给现存的混乱引入一点秩序，但是，我们可以利用他的工作，使用来自这些工作的结果，给我们提供支持。我们相信，我们这样做，就可以获得进步，人类探究的整个系统将会被当作一个实质性整体来研究。

## III

有了这个导论性的展示，现在让我们概要地制定探究组织和呈现的三个层次——根据它们在历史上的出现顺序。但是，对它的理解，有些是陈旧的，甚至经常有许多陈旧的理解，伴随着新的东西，甚至就在新的东西之中——这也正是一般进化的路径。我们把这三个层次命名为：自-作用，相互作用，交互作用。这三个层次都是在世界之中、与世界相关的人类行为，它们都是对世界的呈现——是人类所描述的。为了暂时的便利，我们在这些名称中不规则地使用连字符，以 101

① 《物质和运动》，第 38 篇文章。“交互作用”这个词的粗体是我们加上的。

强调在不同的应用中所涉及的问题。这可以与对大写字母或引用符号的自由使用、与为了强调而经常使用粗体相比较。它具有这样独特的价值:它可以使我们强调目前所用的名称中包含的内在混乱。[①]

自-作用:事物被看作以自身的力量来行动。

相互-作用:事物与事物在因果连接中取得平衡。

102 交互-作用:[②]描述和命名的系统被用来应对行动的不同方面和阶段,不会最终诉诸"元素"或其他假设性地可分离的独立"实体"、"本质"或"实在",不会把假设性地可分离的"关系"从可分离的"元素"中孤立出来。[③]

这些暂时的规定在下一章中会提供一些其他选项,它们会展示通向涉及的

---

① 这儿的问题是对命名和认知、被命名物和被认知物的三种方式进行系统化处理。自-作用很难被写出来,因为在今天的对它的阅读和书写中,没有连字号。我们最后将会论证,交互行动应该以这种方式建立起来:连字符对它来说是不可忍受的,除非是进行纯粹的语法和语源式考察。与之形成比较的是,相互-作用,在我们目前独特的研究范围内,在普通的使用中它看上去是一种语词上的小偷,偷走了"人的心灵",肢解了他们的判断,破坏了他们的视力。文中解释部分所用的"事物"一词是经过精心挑选的,它保留了习语中的用法,基本上没有遭受哲学家的扭曲,而像"实体"这种类型的词通常难以避免这种命运。在我们未来的用法中,当完全处于行为环境中的探究的一个确定结果被涉及时,我们使用"对象"这一词。

② 在日常的描述中,"交互行动"一词是用来思考与两个人或更多的人所"进行"的"交易"相关的东西。从一个实际的角度看,这样的语词捷径很少会遭到反对,但所说的也就这么多。在研究中使用它,必须要有对整个事件的充分描述,而要做到这一点,要保证有充分的行为描述。杜威早期对"交互行动"这一词的使用很强调体系,超过"相互作用"这一词所能做到的(参看他的论文《行为和经验》,在《1930 年的心理学》中[马萨诸塞,沃塞斯特])。也可以与他在《逻辑:探究的理论》中对"综合"(integration)一词的使用相比较。在这篇论文中可以找到这个态度的开端:《心理学中的反射弧概念》(1896 年)。本特利在他的《治理的过程》(芝加哥,1908 年)一书中对政治事件的处理是交互型的,但是没有用到这个名称。约翰·R·康芒斯(John R. Commons)在他的《资本主义的法学基础》(*Legal Foundations of Capitalism*)(纽约,1924 年)比较性地应用了这个词,以描述那种将注意力集中在联合的规则上而不是物质产品或人类感情上的经济学探究。米德(George H. Mead)的"情境的"经常是以"交互性的"形式出现,尽管他的思路更经常是相互作用的而不是交互行动的。

③ 应该很清楚的是,当"事物"被凝固化为"元素"时,那么,某种残留物,即"关系",就会把自己呈现为附加的"事物",从这里再进而变成"元素"自身,就像许多当代的逻辑学所做的那样。关于这个普遍性问题,我们在这儿还不想讨论,但是,只要我们引用了马克斯·韦特海默最近关于此问题的富有启发性的评论,那么一直停在这儿也没有关系。他对此事作了一个仔细的研究:一个作为办公室经理秘书的女孩是如何向他描述办公计划的性质的,他在他的《生产性思维》(纽约,1945 年)一书中用了一章来描绘她。他对这个女孩的叙述的分析显示了"对情境的结构是盲目的"(第 137 页)是不行的,他进一步评论道:她的方法"非常类似于一个逻辑学家书写处于一个联系的网络中的一系列关系的方式"(第 138 页)。也可以与马克斯·韦特海默的论文《论真理》(On Truth)(《社会研究》(*Social Research*),1934 年,第 135—146 页)相比较。

问题的过程中所引出的各种不同观点。读者会注意到，名称的提供好像是着眼于被观察到的事件的，而规定着眼于有选择的观察，如使用这样一些词语："被看到"、"与什么相平衡"、"被使用"等。这些是命名-被命名物交互作用的两个方面，对此将给出的是一种连续的展示。随着讨论的进展，分类是被悬搁着的。

自-作用这个原始阶段的特征可以通过过去的和现在的千百个例证很容易很清晰地建立起来——它们都自信在它们的时代它们所提供的是一种事实的报告，对后来的人认为是幼稚的、单纯的猜测性东西却没有怀疑。

至于交互-作用，在最近的发展中我们可以展示它的明确特征：不是对它的存在的断定，而是越来越注重观察在适当的时间和地点的高效性——现在这一点在知识的发展中越来越重要。

至于相互-作用，直到上个世纪的开始，都是它为科学提供了主要的范式。但是，作为它的成功的自然结果，伴它而来的是大量的仿制品和劣质品——现在到了铲除杂草的时候了。为了避免可能产生的误解，对各个时代产生的或被评价为是相互作用程序的主要类型再给出一个分类是合情合理的。我们发现：

103

(a) 独立制定出来的体系是有效的，如牛顿机械学。

(b) 为了研究的方便，对探究中临时分离出来的部分给与了相互作用的形式，但私底下仍然承认，在一个更广泛的体系中它们所得结果可以再解释。例如，对有机体皮肤内组织和器官的某些相互作用的探究，不管怎样我们应记住：在达到最终的描述之前必须要考虑处于交互作用视野中的"有机体整体"(可能伴随着它的是对"环境中的有机体整体"的交互性观察)。

(c) 在爱因斯坦之前，经常发生对(a)的滥用，人们努力将所有知识强制性加进牛顿体系的机械框架之内。①

① 我们所采取的立场在几个重要的方面与理查德·C·托尔曼(Richard C. Tolman)在为纪念牛顿诞辰300周年而举办的讨论会上所作的演讲中[《自然科学和哲学》(Physical Science and Philosophy)，《科学月刊》(*Scientific Monthly*)，第57期(1943年)，第166—174页]所采取的立场是相近的。托尔曼教授所使用的词汇与我们的不同——他依赖于"主体的""客体的""抽象""概念"这样的词，但是在我们心中这些用词并不重要。关键的地方在于，他把科学中的区分看作是依赖于有用的探究技术(第171—172页)，他把这一点当作是"错误的假设"而加以强烈反对："在某个抽象层次的现象在一个更低抽象层次上必然能完整地应对"(第174页)。(可以和我们在第二章，第IV部分，#4的思路相比较。)我们在这里插入这个注释，不是要把托尔曼教授带入到我们的理论建构中，而是要提供一些可与我们的观点在这些方面相比较的具有另外一些表达方式的观点，这个可以更好地满足那些觉得我们的表达方式很陌生、很不能接受的人的需要。

(d) 这种滥用在今天很普遍，自-作用中的“实体”和相互作用中的“粒子”相混合，被用来无限制地提供各种解释：自我被看成相互之间相互作用或与环境客体相互作用；在传统的感觉理论中，一部分有机体被看作与环境客体相互作用；认识论把在各自领域中的心灵和物质带入虚假的相互作用形式中；最坏的情况是，词语的含义与词语在人的行为中的实际表现相隔离，就好像词语-灵魂与词语-身体相隔离一样。

104

**IV**

现在回到物理学中进一步考察对交互行动日益增多的使用，在这之前，我们会花一些篇幅来讨论自-作用。在文化史中，我们不需要追溯得太远就可以找到把它看作至关重要的年代。它使得雨神(Jupiter Pluvius)为早期的罗马生产暴风雨，而在现代科学中，雨就和朱庇特没有关系。在罗马，在家庭中做了所有事情的家神(Lares and Penates)数量扩大得太多，因而他们变成了他们所能提供的福利的笑话。无疑，德鲁伊祭司，在他们那个时代有很多有用的关于树的知识，但是，在面对它的时候，他希望树里有一个灵魂。大部分魔法都有这种背景。它使得小精灵(Robin Goodfellow)，或它们中的一种，如粽仙(Brownie)，把奶油变酸。在现代，有大量令人尊敬的词语从这里产生，如“实质”、“实体”、“本质”、“现实”、“行动者”、“创造者”、“原因”等等，它们构成了形而上学词汇的主要部分①。

亚里士多德物理学是这个时代取得的伟大成就，但是它是建立在“实体”的基础上的。到了伽利略时代，有学问的人基本都追随亚里士多德而认为：存在这样的事物，它完全地、内在地因而也就必然地拥有存在(Being)；这些事物在它们自身的力量之下处于永恒的行动(运动)之中——确实，它们在某些特定的行动中持续，这些行动是它们所参与的行动中最为基础的。在这个视角中，固定的星星和它们永恒的圆圈运动，就是案例。在这个陈旧的模式中，不能通过内在的能力而

105

① 古代命名的刻板性和现代科学命名的稳固性(不是刻板)之间的区别(是我们在探究中想获得的)，在这儿很清晰地显现了出来。古代的实体需要严格性，需要在终极性的一一对应中赋予事物固定的名称。前达尔文时代对生命形式的分类显示了与现代自由发展不同的严格性趋势。我们今天在灰暗的角落中恢复了命理学(numerologies)和其他迷信，相信事物可以通过正确使用名称来控制。我们甚至在许多通过词汇发展来获得支配能力的现代逻辑学中找到古代观点的残留物。这里可以提一提伯兰特·罗素的逻辑原子主义，它从没有停止对所谓的“实在”的追寻。

运动的，就被贬低为有缺陷的存在；而被动的惰性的“物质”，就是最低级的存在。

伽利略的工作一般被看作是标志着对物理学中自-作用的推翻，正是这个特征在持守古代传统的人们中激发了大量仇恨。对此的出色描述——可能有史以来最好的叙述——可以在马克斯·韦特海默的著作《生产性思维》中找到[①]。亚里士多德的观点是：永恒的力量必然被应用到惰性的物体上，将它置于运动之中，维持它的运动。与此不同的是，伽利略使用了斜面，以代替一个下落的重量，给观察提供了直接的辅助。这里，他确认了加速度，这是他的目的中最重要的特征。接着，他考虑了相反的情况：向上抛掷的重量，类似地使用了向上的斜面以作辅助，确认了相反的加速度。把这两者放在一起，使他踏入限制性情况中：处于向上的斜面和向下的斜面之间的平面。这样，他用现代的形式确认了惯性的事实（更骄傲的一点可以说成是“原则”或“规律”）：曾在运动中的有质量的物体继续保持在直线中的运动，如果没有其他运动的物体的干涉的话。换句话说，它的运动不再被认为是依赖于来自一个“行动者”的持续推动。这个发现是将要提到的交互性发展所需要的基础。另外，这个新的观点自身就它的出现情境而言是交互性的，也即是说，原来是另外一些事物的产物或结果的东西现在作为事件可以被直接地描述[②]。霍布斯迅速地预测到了后来牛顿所建构的东西，笛卡尔把它变成自然的最基本规律。对牛顿来说，它变成了运动的第一定律，通过关注力量的方向和比例的第二定律，通向第三定律，即作用和反作用是相等的相对的——换句话说，通向了力学的完全相互-作用体系的形成。 106

牛顿的理论——其效率在其范围内是不可超越的——把世界看作是“不可改变的粒子之间的简单力量”[③]的作用过程。在这种封闭的系统中，相互作用的

---

① 爱因斯坦和茵菲尔德在前面引用的著作的一开头就给出了从亚里士多德和伽利略引用来的相关术语。韦特海默将注意力集中在支配了伽利略的探究的“结构”或“格式塔”上。把这看作是一个理解上的发展阶段，以及把它看作是对伽利略的探究产生于其中的文化环境的呈现，这就与我们的处理是一致的。但是，像韦特海默一直看待的那样，把它看作是自-作用系谱上的一个心理行动，并把它应用在外在客体世界中，这就与我们相信是必要的表述相距甚远了。韦特海默所依赖的“心灵”很像过去遗留下来的产物，与之相对的“物质”是非常坚固的固定物。韦特海默，在他最后一本书中也从没有放弃传统的心灵主义术语；但这不损害他的叙述的意义。

② 马克斯·韦特海默在他早期对知觉的研究中作了这个可以加以比较的证明：运动可以被直接地感知。《关于对运动的观看的实验性研究》（Experimentelle Studienüber das Sehen von Bewegung），《心理学杂志》（*Zeitschrift für Psychologie*），第61期（1912年），第161—265页。

③ 爱因斯坦和茵菲尔德，同上，第58、255页。

描述已经被完美化了。但是，这个成就却是以重大的忽视为代价的。空间和时间被看作是绝对的、固定的、形式的框架，在其中力学得以前行。换句话说，它们忽视了过程本身。没有探究粒子的不可改变性，也同样是一个"疏忽"，尽管在别的问题产生的时候，人们能够自由选择想要的任何"不可改变的"东西，以作为实验性的导入。牛顿在他已接受的限制范围内所获得的成功，其中一个直接的效果就是：他坚持光的粒子说，并且仇视惠更斯的波动理论。

爱因斯坦的方法，起源于新的观察、新的问题，将空间和时间带入探究之中，把它们看作是被探究的事件之一。另外，它还为此做了铺垫：让粒子重走空间和时间之路①。这些进展与交互性方法完全一致：把过去被看作是分离的、隔绝的东西连在一起看——当研究需要这么做的时候。它们提供了时间和空间上所必要的东西，从而打破了陈旧的壁垒：当来到新的体系中时这是必要的。

107

物理学在交互性视野上所获得的新基础（代替了旧的相互作用的极端主义），还没有彻底完成。不同的方法和解释还有其位置，最终结果怎么样还不完全清楚。爱因斯坦自己正竭尽全力提供一个普遍场理论，但场中仍存在奇点，他还不能成功地应对。物理学中的"场"是否代表了整个情境，它是否被用于其他元素的环境，这不是我们关心的问题，对针对探究的交互性阶段的一般性思考而言，也不是基本的。我们的断定是，有权利从整体上看待那需要从整体上看的东西；也有权利从分离的角度去看那需要从分离的角度去看的东西——各自都有其时间和地点；正是这种我们断定其是我们所需要的权利，在物理学的近代历史中得到了强有力的支持。物理学家在他的日常工作中很容易就会发现双重需要的例证。随着时代而来的强调重点的变化，包括从对莱布尼茨的*活力*而言是中心的力量，到作为物质之外的特殊事物的能量，再到把物质和能量联系在一起的德布罗意方程，这些都是例证。能量越来越成为所描述的情境的伪装，而不是被断定为"事物"的东西。很久以前，在这样的事实中发现了一些重要意义（而不是单纯的谜）：电流在电路中不在场，所发生的事不在电线"之内"。二十年前，物理学家开始追问光是否能够从一个或远或近的光源"开始"，假如没有一个到达地

---

① "一旦波动力学认识到了曾被用于连接电子的两个词语——位置和动量——并为此提供了作为基石的数学表达式以与这两个词相一致的时候，做到这一点对其自身不会带来什么麻烦。"W·F·G·斯万(W. F. G. Swan)，《物理学中理论和实验的关系》，《现代物理学评论》(*Review of Modern Physics*)，第13期(1941年)，第193页。

点在等着它的话。今天，关于物理学的功能，我们可以看到散落在这样一些句子中的讨论："'光线的路径'，在描述中没有包括光线的环境，是一个不完整的表达，没有操作性意义"；"术语'一个粒子的路径'，相比日常光学中'光子的路径'而言，并没有更多的操作意义"；"准确地说，没有对整个实验环境的描述的粒子自身不是一个物理事实"；"我们不能在光子从太阳来的路途中描述它的状态"；"(因果)律不能在其完整的普遍性上被表达出来，如果描述世界所依赖的状态变量没有被特别提到的话"。① *108*

在考察物理学中观点的转变的过程中，我们的目标仅仅是澄清我们在探究认知和所知时所倡导的路径在多大程度上已被最强有力的现代科学发展出来了。为了那些不情愿的哲学的、认识论的、逻辑学的读者更好理解这一点，我们对我们所说的东西还要加一些补充性的引用，它们来自前面引述过的爱因斯坦和茵菲尔德的著作。"地球和太阳，尽管离得这么远"，在牛顿的定律中，"都是运用力的作用者……在麦克斯韦的理论中，没有物质性作用者"(第 152 页)；"我们记得粒子随时间改变而改变其位置的力学图景……但现在我们可以用不同的方式来描绘同一个运动……现在，运动表现为这样一些东西：它是某种存在，而非变化着的某物……"(第 216—217 页)；"对力学的观点来说非常基本的实体概念，变得越来越多余"(第 148 页)；"只有场的性质对描述现象来说才是基础的；来源上的不同无关紧要"(第 138 页)；"在麦克斯韦的理论中，电场是实在的东西"(第 151 页)。

一旦在这个关节提出了所谓"物理实在"的问题，涉及十年前爱因斯坦和尼尔斯·玻尔之间的著名讨论就是必要的。与他对物理现象的交互式(自由的、开放的)处理形成对照的是，爱因斯坦对科学事业中人类活动的态度仍是非常自我中心的(传统意义上的抑制)。他的立场是："物理的概念是人类心灵的自由创造(同上，第 33 页)"，"纯数字概念……是思考着的心灵的创造，用以描述我们的实在世界"(同上，第 311 页)②。与之不同的是，玻尔的观点更加自由：人在世界中有一个积极的角色，而不是抱有固定教条与之相对。讨论的问题涉及波理论中 *109*

① 这些用词都来自菲利普·弗兰克(Philipp Frank)的出色专著《物理学基础》(*Foundation of Physics*)，见最新出版的《统一科学国际百科全书》(第一卷第 7 期，1946 年，第 39、45、48、53 页)。

② 韦特海默对爱因斯坦这些态度的各种富有意义的评论，散落在他的著作中，也就是前面引用过的《生产性思维》。

的动量，爱因斯坦和他的同伴——波多尔斯基（Podolsky）和罗森（Rosen），把实在的标准建立在对效果的预测上，“如果”（没有干扰）“人们能够确切地预测物理数量的值”，那么，“就存在一个与这个物理数量相应的物理实在元素”。为了构造一个完整的理论（不是唯一“正确的”），他们认为，“物理实在的每一个元素在物理学理论中必须有一个相应的部分”；进而，他们证明，或者“量子-力学对通过波的功能呈现出的实在的描述是不完整的”，或者“当与两个物理数量相应的操作者彼此不互通的时候，这两个数量就不会有同时的实在性”。作为回复，玻尔应用了他的“互补性概念”，认为，爱因斯坦-波多尔斯基-罗森“关于物理实在的标准”用来解释量子现象时包含了“一个实质性谬误”。他进一步断定，当相对性引起“对所有与物理现象的绝对性质相关的观点的改造”时，更新了的物理学会要求对“我们关于物理实在的观点进行彻底的修正”①。这里所牵涉到的是数学（符号的）应用到物理学（追求事实的）的方式上的一个潜在的（尽管没有明确被表达出来）冲突。这一点又反过来涉及与处于人类语言行为中的名称相关的符号组织问题。

① 《量子-力学对物理实在的描述可以被看作是完美的吗？》（Can Quantum-Mechanical Description of Physical Reality Be Considered Complete?）A·爱因斯坦、B·波多尔斯基和N·罗森：《物理学评论》（*Physical Review*），第48期（1935年）；尼尔斯·玻尔，同上，第48期（1935年）。

# 5. 作为被认知与被命名者的交互作用

I

前面的章节表明，最近的物理学在某种程度上使用了我们称之为“交互作用”的观察方法，现在我们希望展示它由之进入生理学领域的门径。如果这样的探究将能获得成功的话，那么，我们将在此基础之上讨论它对于行为探究的重要性；我们尤其要强调的是，它对于作为人类行为的认知和所知的探究，是至关重要的。 110

对于目前使用的术语，我们不妨来个简短提示。在自然的事实性的宇宙中，在其自身就是宇宙组成成分的人的认知过程中，命名过程作为全部认知过程中最容易观察、最便于研究的部分被加以检验。[①] “事实”(Fact)这个名称既在其命名-认知方面，也在其被命名-被认知方面被应用于这样的宇宙。事实的命名方面被类型化为指称(Designation)；而其被命名方面被类型化为事件(Event)。至于命名-被命名之外的其他形式[②]的认知-所知是否应该被带入先于其发展的这一探究，这个问题被推迟了。推迟的基础大致与此类似：生物学家对植物或者是动物生命所进行的探究先于对这两者的截然区分，亦先于将这两者与物理事件截然对立。总的来说，在本书之后的部分，我们将观察到，以“事件”的名义发展 111

---

① 参阅第二章，第 III 部分；第三章，第 I 和第 III 部分。

② 这些其他的形式不仅包括知觉-操作(标记)的全部范围，也包括诸如数学(符号)那一类的非命名语言过程。“事件”和“存在”这些词语参阅第二章，注释 22(即第 70 页注①——译者)，以及第 11 章中给予这些词语的刻画。

出来的所知的范围，将能够覆盖“存在”一词的全部一致性应用范围。

“对象”(object)这一名称用于作为探究的结果而确立下来的事实。“详述”(specification)这个名称用于在现代科学进步中得到发展的、最为有效的指称形式。[1] 交互作用，就是在强化的详述中对象的呈现形式；在最为先进的科学探究中，它正变得越来越重要——尽管落后的规划依然漠视它，而且在当今对于知识(作为人的认知-所知过程)的探究中，它完全被无视了。本章将具体讨论交互作用，而下一章将讨论详述。

为了减少某些通常形式的误解，并避免在文本中经常提及它，我们需要关注一下当今的认识论、心理学以及社会学所普遍共有(或在很大程度上共有)的某种立场。这些立场并不为我们所分享，希望那些想要正确评价我们作品的人不要把这些立场误认为我们的，无论他们是赞成还是反对。

1. 我们不采纳主体与客体的基本差异，正如我们不采纳灵魂与肉体、心灵与物质以及自我与非我之间的基本差异。

2. 我们不引入认知者来面对这样的所知，仿佛前者位于不同的或是更优越的存在或行动领域；也不引入这样的所知或可知者，仿佛它们属于认知者之外的不同领域。

3. 我们不容忍“实体”或任何形式的“实在”，它们仿佛从认知-所知事件的后面或外边侵入进来，拥有干预的力量，无论是来扭曲还是来修正。

4. 我们不为有机体行为引入“能力”或其他操作者(无论是怎么伪装的)，而是对于一切研究都要求直接的观察和可用的记录；倘若没有它或者没有试图获取它的努力，所有被提出的进程都将由于对我们所进行的事业毫无益处而被拒绝。

112

5. 尤其地，我们不承认那些号称表达了“内部”思想的名称，正如我们不承认那些号称是“外部”的对象强加给我们的名称。

6. 我们拒绝设想这种词语的“无人之地”，它存在于有机体及其环境对象之间，如同当今大部分逻辑所设想的那样；与之相反，我们要求所有受到观察的、作为有机体-环境交互作用的命名行为得到明确定位。

---

① 在我们的使用中，“科学”一词代表了自由的实验性观察和命名，科学探究先进分支对于其落后分支来讲是必要的帮助，但前者从来都不是后者的命令者。

7. 我们不容忍展示为"终极"真理和"绝对"知识的意义终结，并且，基于我们对这个世界中人的自然体系的假设，我们对任何这类所谓的终结都不予以承认。

8. 综上所述，由于我们关心的是何者被探究、何者在作为宇宙事件的认知过程中，我们对于任何形式的实体化支撑都毫无兴趣。任何关于认知者、自我、心灵或者主体——抑或关于所知事物、客体，或者宇宙——的已有的或可能的陈述都必须基于探究所发现的事实的某个方面，而探究本身也是一个宇宙事件。

## II

第四章中关于交互作用是这样说的：它表现了探究的晚近阶段，在其中观察和呈现可以这样来进行，无须将行动的诸方面、诸阶段归因于独立的自我-行动者，或归因于独立的互动要素与关系。我们现在可以再提供一些刻画(characterizations)[①]，这些刻画与那些基本刻画相应，并显示出所涉及的更广泛的领域。我们可以把古代的——事实上主要是过时的——自我行动阶段在其已被谈及的基础上视为理所当然、并在其后加以阐释；为节省篇幅起见，我们可以将注意力集中于交互作用与相互作用之间的对比。

113

考虑到两者的区别是基于描述得出的。如果相互作用指这样一种探究，在其中事件已先于对它们之间关联的探究而得到充分描述，那么——

交互作用是这样一种探究类型，在其中事件的既有描述仅仅作为暂时的和预备性的被接受，因此关于事件诸方面与阶段的新的描述可以在探究的任何阶段自由地产生，无论以拓展还是限定的形式。

或者，从名称与命名入手考虑这一区别。如果说在相互作用中，被探究的各种对象已经先于探究的起点而得到充分的命名和认知，以至于进一步过程关注的是既定对象之间行为与反应的结果，而非假定对象自身状态重组的结果，那么——

---

① 读者当记得，在目前的处理方式中我们没有希望获得超越的刻画，而是当问题的附加阶段已经被检验时，才会在对未来发展的详述中有更大的准确性。连字号的使用是强调词语内部混乱的一个策略，这混乱至今在文本中存续。以下是出自一百多年前不列颠每周的《备忘和查询》(*Notes and Queries*)的引文，当今那些"相互作用(未使用连字号)"的混乱的受害者对此作一下检验不无裨益："对精神连字号的忽视常常导致对于作者的意义的误解，尤其在这个病态含义的时代。"

*交互作用*是这样的探究，它对所有呈现自身的题材进行初始观察，并且自由地走向对构成系统之对象的再-确定与再-命名。

或者从事实方面看。如果相互作用是这样一种过程，在其中，相互作用的成分在探究中被建立为彼此分离的“事实”，每一个事实都独立于其他事实而存在，那么——

*交互作用*是这样一种事实，离开对完整主题其他成分的详述，任何成分都不能够被*充分地*规定为事实。

或者从要素方面看。如果相互作用发展了现代知识的特殊化阶段，那么——

*交互作用*发展了知识的拓展阶段，即在观察与报道的限度内对系统的扩展。

或者从行动方面看。如果相互作用将事物看作是根本上静态的，并且研究这样的现象，现象被归因于这种静态“事物”，后者被视为现象之下的基础，那么——

*交互作用*认为时间上的扩展和在空间上的扩展同样不可或缺(如果正确地进行观察)，当所有事物与行动之间的差异被视为通过进一步的探究确立起来的主题的临时阶段的标注，那么“事物”就在行动之中，并且“行动”可以作为事物被观察。

114

或者特别地关注一下有机体和环境方面。如果相互作用假设有机体及其环境对象被呈现为实质上独立的存在或存在形式，先于它们所进入的联合探究过程，那么——

*交互作用*不认为单单关于有机体或环境的前知识是充分的，甚至也不认可它们之间那当今通行的差别的基本性质是充分的；而是要求它们在共同的系统中得到最初接受，并对其检验的发展留有充足的自由。[①]

或者特别地关注一下认知和所知。如果说，通过用认知者本人替代以往的自-作用(self-action)，相互作用假设了小小的“实在”与有机体的肉体部分发生

---

① 在近来的一本著作中，美国最为杰出的生物学家中的一位所给出的关于进化的最一般的刻画，清楚地指明了在这些方面还需要多少精确性。他的措辞是：首先，“有机体发展……结构和功能”；其次，“有机体逐渐适应……环境”；最后，“进化产生……及其他”。首先，有机体是主角；其次，环境是主角；最后，“进化”被具体化而进行工作。并且，所有都在单独的一个段落中。当然，这样的措辞表明了对所涉及问题的关注不足。

相互作用，或作用于有机体的肉体部分，以产生出所有认知，最终既包括最为机械论的，也包括最为非机械论的知识理论，[①]那么——

*交互作用*是一种观察人们说话和书写的过程，在其中人们的词语-行为及其他表象活动与他们的事物-感知及操作相关联，它允许对整个过程——包括其所有"内容"，无论所谓"内部"还是"外部"——进行全面的处置，包括描述性的和功能性的，无论进展中的探究技术要求使用何种处置方式。

最后，从一般意义上的探究来看。当相互作用的呈现基于其特定领域的具体成功，武断地断言自身，或是坚持建立起其作为权威的程序以推翻所有的对手，而——

115

*交互作用的观察*是这一坚持的成果：在合理的假设下，有权以无论何种方式对一切主题进行选择和观察，不管那古代的主张是支持心灵还是支持物质机制，抑或支持二者的任何代替品。[②]

从我们之前的讨论来看，完全合理的相互作用过程是这样的：[③]正像经典力学那样，被充分地控制在假设的框架之中；还包括那样一些过程，它们呈现出对于主题的暂时的、部分的选择，并承认此后在更宽泛的系统中作出判断的必要性。另外，在这样一些正在愉快地快速消失的努力中，可以发现对于相互作用过程的滥用：强迫经典力学控制其他的探究任务；以及在心理学、社会学和认识论中保留着的、稀释的自我行动者和伪-质点的诸多准-相互作用的混合物对于探究的控制。

---

① 笛卡尔在他的《屈光学》(*Dioptrique*)前五章或是六章讨论视觉，对机械产生的感觉作出了引人入胜的描述。对于该领域的现代试验室工作人员来说，这是特别有价值的，因为它缺少专业生活中常见的保护性行话，并且深入到了事情的骨髓中。在其全面应用中笛卡尔远非喜欢它，但是在视觉案例中，他没有看出他如何能够避免试管、搅棒以及动物灵魂等装备。

② 哲学详述的读者可能有兴趣比较一下康德的实体、因果关系以及相互作用，卡西尔(Cassirer)的实体和功能就其发展而言是有趣味的。词语"分析"(analysis)和"综合"(synthesis)指示了其自身，但是对那种形式的讨论的粗略调查意思不大。或许，对于哲学专家来讲，现在几乎完全被丢弃了的"客观唯心主义"的那些人，如格林(Green)、布莱德利(Bradley)以及凯尔德(Caird)更能引起兴趣。这群人使用"绝对精神"作为起点的最基本术语可以被剥离，以便为更为清晰地看到他们实际上在寻求什么铺平道路。他们显示给我们一个完整的活动系统，不喜欢粗糙的二元论，并期望摆脱这些被认识论利用的裂口。与之相随的是对系统本身的成长和对"生命"的容忍甚至是兴趣。当然，与此不同，我们自身的发展是属地的，它们严格地代表了对于改进研究方法的兴趣，为了此时此地对其有价值的任何事物。

③ 第四章，第 II 部分。

## III

如果现在转而考虑探究的生物学领域，在这一领域中我们会发现大多数——尽管不是全部——旧式的自-作用已经被丢弃了。"生命要素"（vital 116 principle）是一个突出的范例。直至最近几十年，它被用以标注"生命"（life）与"机械"（mechanism）之间的区别，最终只是证明了它不过是一种敬语命名。至于剩下的东西，当它并非仅仅是对于无关紧要的信条的纯粹附属物时，它往往隐藏在昏暗的角落中，或是通过偶然的涵义混进来。今天，我们所拥有的对生命过程的不可思议的描述与对物理过程的描述是大不相同的，尽管后者也堪称不可思议。亨利·费尔费尔德·奥斯本（Henry Fairfield Osborn）的定向进化说试图以"控制"（control）的含义解读进化路线的"方向"（direction），虽然他煞费苦心地演示，但是如今越来越多的生物学家认为，较之诉诸任何"定向"（directives），通过其自身充分发展的描述是更加有用的"诠释"（interpretation）。①

今天，我们发现交互作用过程与相互作用过程同样在生理学和生物学探究的细节中被使用，但是对于一般性构想而言，我们能看到的基本上仅仅是关乎交互作用的初步路径。在严重的理论分裂中，这一情况被大规模地发现；这种分裂存在于有机体和环境之间，许多行为被归因于前者，仿佛前者是独立的。② "细胞学说"以其激进形式，作为相互作用处理方式的一个代表，和活力论相对立。除了在包含对以往自-作用形式的追忆之处以外，所谓"有机体的"（organismic），"生 117 物体的"（organismal）等类型的观点代表的是皮下的交互作用路径。像"生物体"

① 奥斯本对"相互作用"（interaction）一词的使用与我们的使用典型地不同。在他的作品《生命的起源与进化》（*The Origin and Evolution of Life*，伦敦，1917 年）中，他发展了"能量"理论，认为作用与反作用在有机体的不同部分之间往往同时发生，并且将相互作用作为连接非共时作用和反作用的额外附加。由此相互作用呈现为控制他者的新产物，通过诸如本能、协调功能、平衡功能、补偿功能、合作功能、迟延功能以及加速功能等例子被阐明。"遗传的指导力量"由此被提出，作为"相互作用原则的详细阐述"（第 4—6 页，第 15—16 页）。

② 这种对待有机体的旧的态度，有一普遍的逻辑反映出现在卡尔纳普的断言中，他声称，"很显然，这两个分支[物理学和生理学]之间的差异是基于我们在自然界中发现的**两种事物**之间的差异：有机体与无机体。让我们把这后者的区别视作是理所当然的事情"[《科学统一的逻辑基础》（Logical Foundation of the Unity of Science），《统一科学的国际百科全书》第一卷，第 1 期，第 45 页；粗体并非原有的]。作为这种僵化方式的对照，可以比较约翰·杜威的《逻辑：探究的理论》（纽约，1938 年）第 31—34 页（《杜威晚期著作》第 12 卷，第 37 页—40 页）对有机体与行为的讨论。

(organism)这样的特殊名称，在很大程度上由于“有机的”(organic)一词而被感到需要；“有机的”作为形容词，既可以对于“有机体”(organism)也可以对于“器官”(organ)来使用，并且后者在使用上已经被过于强调了。一旦占据主导地位，交互作用这一处理方式肯定希望将主要的形容词分配到有机体的全部生命过程之中，而不是微小的特殊过程之中；如果辅助形容词因为使用上的方便被需要，那么在相互作用形式中，它将被调整以便应用于辅助探究。① 当然，皮下的交互作用处理方式所预期的未来发展，已经通过生态学那描述性的准备工作而得到预告，对于有机体自身的进化乃至对于有机体栖息地的进化，这方面的自由言说已经走得足够远了。

生理学中细胞的历史对于我们的目标有着重大意义。在施莱登和施万(Schwann)对早期分散的发现加以系统化几乎百年之后，②细胞才作为最为基础的生命单位获得敬意。今天，细胞仅仅在生理学报告的有限领域中保持了这样的状态。生理学家在其中所看到的并不是其所是，或者说，它不被认为是“在其自身”(in itself)，而是在其组织实际环境之内是其所是。探究的某些类型以细胞之间相互作用的方式很容易进行。只要这种类型的处理方式证明其对于手头上的工作已经足够充分，那当然也好。但是，另外一些探究类型，在其要求的关注中，相互作用的表现并不充分；并且在其中，更为广泛的陈述必须以完全的交互作用的方式来获得，如此才能确保其所要求的更为广泛的信息传递。换句话

118

① 对于以偶然但依然广泛的预期眼界所进行的、对于器管内交互作用的观察，可以参阅于克斯屈尔(J. V. Uexküll)、里特尔(W. E. Ritter)以及库尔特·戈尔茨坦(Kurt Goldstein)的著作。也应该检视亨德森(Lawrence J. Henderson)的著作《环境的适应》(*The Fitness of the Environment*，纽约，1913年)。里特尔列出了最为有力的、早期美国所提倡的“有机理论”，作为对惠特曼(C. O. Whitman)，威尔逊(E. B. Wilson)以及利利(F. R. Lillie)那极端形式的“细胞理论”的反驳。戈尔茨坦在生物学中引述了蔡尔德(Child)、科格希尔(Coghill)，赫里克(Herrick)以及拉什利(Lashley)；在精神病学中引述了阿道夫·迈耶尔(Adolf Meyer)和特里刚特(Trigant Burrow)；在心理学中提到了格式塔学派；并且在哲学上添加引用了狄尔泰(Dilthey)、柏格森(Bergson)以及怀特海(Whitehead)和杜威。亨德森参考了达尔文的“适应”，认为“在有机体和环境之间存在着相互的或是交互的关系”，并且再一次声称“环境的适应是既真实又独特的”(见上书，第267—271页)。更为基本的评价在伍德格尔(J. H. Woodger)的《生物学原理》(*Biological Principles*，伦敦，1929年)中，该书远远没有得到其应有的重视。尤其是他在第六章关于生物学解释理论、第七章关于结构功能以及第八章关于有机体和环境之间对立面的考察。

② 关于识别细胞这一独特结构的缓慢过程，可参阅威尔逊在《细胞的发展和遗传》(*The Cell in Development and Heredity*)中的讨论，第三版，纽约，1937年，第2—4页。

说，人可以单独地处理细胞，或将细胞作为组织和器官的组成成分处理；人能够将器官置于相互作用之中，或者将器官作为生物体的阶段加以研究。“作为整体的生物体”这一传记体处理方式可能是有益的，也可能是无益的。如果它是无益的，那么与其说是因为它不能够深入到细胞和有机体的细枝末节，不如说是因为它不能对有机体-环境设置和报告系统进行足够充分的拓展。其缺陷正是在于其对“个体”的关注过于粗糙，以至于无论从更为微小的视角还是更为扩展的视角来看，“个体”是被危险地置于知识之中——除非那对于以往自-作用状态的追忆混了进来，为愿意接受这种防护者守护了“个体”。

基因，当它通过名称首次被确认并“基于怀疑”(on suspicion)被加以实验研究时，看上去它仿佛把“生命的秘密”藏进了自己的深处。基因学的试验常规已经越来越类型化，并且在今天已经很容易以标准的形式予以进行。从它那有趣的专业中浮现出来的常规实验者如同无线权威一般提高他的音量，一口气毫不畏惧地告诉我们一切：许多基因历经千年不变，每一个新生的生物体拥有的正是分别来自于父体和母体两种基因，存在于它的每一个细胞中。人们好奇并且在他的语法和数学课本上追寻。但是在广泛的观察和开拓的视野中，我们几乎没有发现那种事物。对于解释称述而言，基因定位和基因复合体稳步获得了不断增长的重要性；而基因，如同许多前任者一样，最初为自己主张着宇宙中元素或是粒子的位置，继而从其对独立自身的宣告中退却，在其设置中变成构型性的。遗传事实在发展，但是那最初被归诸基因的自我-行动者，其状态呈现出了“多余人”(fifth-wheel)的特征：没有那小小的基因“自己”，生理学的马车照常运行——

119

事实上，由于从其不必要的累赘中被释放出来，反而运行得更好。[①] 以前几章中所运用的方式，我们在自然科学领域利用了一本最近的解释性著作，这是由于其用词的重大意义，而并不是根据权威所确定的。在这里我们将引用朱利安·赫胥黎(Julian Huxley)的《进化，现代的综合》(*Evolution, the Modern Synthesis*，纽约，1942年)。我们被告知：“基因，它们的全部或多数，根据它们所拥有的邻人

---

① 我们所采取的这样一种对于额外(多余物)实体的立场贯穿了我们的整个讨论：当“实体”(例如，假定的被命名的事物)不再出现于实际探究中，也不再出现于对探究结果的充分表述中时，为何还要为了一般解释的目的而保留它？当这些术语耗尽和枯萎的时候为什么不清除它们，而是保持其阴森森的气味，直到几代人的消逝把这气味带走？“自然”被分裂成两个“领域”——两个多余物，这就是上述实体实际生存的例子，我们在别处发现有必要给予其重新考虑。

而有着某种不同的行动"(第 48 页);"任何基因造成的效果取决于碰巧被它操作的其他基因"。……"基因的环境应该包括很多,或许是所有其他基因,在所有染色体中"(第 65 页);"基因的不连续性可能被证明不外乎是预先确定的破损区域的存在,它们沿着染色体有着或多或少规则的短短距离(第 48—49 页);"显性和隐性必须被视为可修改的特征,而不是视为基因的不变的固有属性"(第 83 页);"说玫瑰冠是作为显性属性遗传的,即使我们知道我们将这遗传因子预定为玫瑰冠,也可能导致我所说的遗传学的一对一观点或台球观点"。……"这种粗糙的微粒视角……属于未经分析的但不可避免的自相一致……仅仅是发展的预成理论的重述罢了"(第 19 页)。这里我们已经有了堪与其他先进科学相比较的、生理学中新感觉和新表达的清晰范例。①

有机体没有空气和水不能生存,没有食物的摄入和辐射也不能存活。也就是说,与生活在皮肤"之内"的过程中一样,它们生活于皮肤之外的过程中。人们可以像无视通向墙上电子钟的电线去研究电子钟一样,研究完全出离其环境的生物体。在人类的历史过程中,对于繁殖,曾经在很大程度上以自-作用(虚构的小说依然这么看)的方式看待之,继而以相互作用看待之。无性繁殖的知识产生了在完全种族的基础上进行重新解读的影响,并且近来乳制品行业对受精的实践使得皮下交互作用看上去还算简单、自然。 *120*

生态学充斥了相互作用的例证(在那里观察者认为生物体和环境对象好像在彼此斗争);并且它还充斥了更多交互作用的例证(在那里观察者减少了对分离的参与者的强调,并且更具同情地看待成长或变化的整个系统)。问题并非直截了当地在于这条或那条路径。问题甚至不在于基础建构应该为何——因为一般来说,这种问题中的基础比起建立在它们上面的结构更不安全。② 鉴于相互作用过程过去在大多数的科学事业中所占有的主导地位,倒不如说它是一个对更为广泛的视角上的自由加以保障的问题。

---

① 应该比较一下戈尔德施米特(R. Goldschmidt)和休厄尔·赖特(Sewall Wright)获得的结果。关于前者,可以参阅他的《生理遗传学》(*Physiological Genetics*,纽约,1938 年)。关于后者,可以参阅《基因的生理学》("The Physiology of the Gene"),《生理学评论》(*Physiological Reviews*)第 21 期(1941 年)。杜布赞斯基(T. Dobzhansky)和阿什利·蒙塔古(M. F. Ashley Montagu)写道:"众所周知,遗传决定的不是其拥有者存在或是不存在某种特征,而是有机体对其环境的反应。"[《科学》(*Science*),第 105 期(1947 年 6 月 6 日),第 588 页]

② 格奥尔格·西美尔:《社会学:关于社会交往形式的探讨》(*Soziologie: Untersuchungen über die Formen der Vergesellschafung, Zweite Auflag*,莱比锡,1922 年),第 13 页。

自林奈以来分类法的发展阐明了变化的路线。他给假定的分离带来了系统和秩序。分类法的图解式说明显示出对严格性的偶尔寻求，今天在某些正在消失的专家类型中依然显示出这样的趋势。达尔文的《物种起源》(*The Origin of Species*)，在标题上的措辞是一种挑战，挑战着已经进行了无数年的整个探究程序。对它的接受在分类法的理解中产生了剧烈变化，令观察延伸到了拓展过的空间-时间领域，其中包含了先前被忽略的事件。在对于进步中的知识进行更为宽广、更为丰富的描述这一基础上，分类法趋于灵活。①

121 交互作用与相互作用方法上的区别——后者常常带有自-作用存留的痕迹——从"出现"(emergence)这个词被使用的方式中可以看出来。比如说，在这个阶段，探究者希望在"自然"之中保持"生命"，与此同时并不想把"生命"贬低到他人眼中的"自然"那个程度——或者类似地，倘若他想在有机生命中探讨"心灵"——那么他就会说，生命或心灵"出现"了；这时从其起源而言固然称之为"自然"的，却依然主张它就是在其早先的"非自然"预想中所是的东西。相反，交互作用对于"出现"的观点，将不再单纯期望去报道那样的出现于自然子宫中的事物，那事物依然保留着古老的非自然的独立与分离。那将是积极的兴趣，以新的形式进行新鲜直接的研究。它将为在其环境中的初级生命进程以及更为复杂的行为过程探寻丰富的描述方式。实际上，已经在寻求它的路上了。在生物学探究中我们可以注意到的在交互作用方向上的进步，当然不如在自然科学中那样引人注目，然而已经是广泛而重要的了。②

---

① E·迈尔(E. Mayr)，《分类学与物种起源》(*Systematics and the Origin of Specis*，纽约，1942年)。作者在生物命名法中对于知识和命名问题提供了一个高度信息化的描述，范围从分类学家的"应用设置"到进化论者的"动态概念"，并且比较了包括形态学、遗传学、生物物种以及不育标准等的各种处理方法(第113—122页)。他的讨论徘徊在命名的自然过程和在自然界中被命名的事实之间。当我们随后讨论刻画、描述以及详述时，这将是明显的，即(1)描述可以从任何一个角度给出，并且(2)这一互补性的认识对于我们的整个进程来说是基础性的。由朱利安·赫胥黎(Julian Huxley)主编的《新分类学》(*The New Systematics*，牛津，1940年)中的22篇论文也在这方面提供了许多有益于检验的材料。

② 关于物理学中的基本的场论进入生物学，参阅《关于生物物理学研讨会》(A Biophysics Symposium)，由齐尔克(R. E. Zirkle)，布尔(H. S. Burr)以及亨利·马杰诺(Henry Margenau)撰写论文，见《科学月刊》(*Scientific Monthly*)，第64期(1947年)，第213—231页。与之相反的是，关于心理学对于场论及其他数学术语的滥用的典型例子，见伊凡(Ivan D. London)《心理学家对数学和物理学辅助概念的滥用》(Psychology's Misuse of the Auxiliary Concepts of Physics and Mathematics)，《心理学评论》，第51期(1944年)，第266—291页。

## IV

我们已经认识到了交互作用形式中的生理学探究，并且已经附带地提及了比如那些有关进化趋势、适应性和生态学的其他生物学探究。我们现在转向到被称为"行为"的广泛的生命适应范围，包括基于此的人类全部的心理学和社会学，包含其中所有的认知和所知。如果生理学不能够成功地把自身限于皮肤内生命过程的某一成分与其他成分之间的相互作用，那么就必须首先在皮肤内采取交互作用的观点，随之而来的是对透皮过程的进一步许可，这样一来行为探究就更可被期待作为透皮的交互作用来显示自身[①]。显然[②]，行为探究的主题包括的有机体和环境对象，在其出现的每一个瞬间、在其占据的每一部分空间中都是一体的。尽管其自身总是有机体-环境的交互作用，这些主题的生理学设置频繁地将自己呈交给专业的调查，而当前阶段的这些调查搁置了交互作用的陈述。相反，当行为探究离开交互作用，它就陷入困境，只能在极为有限的意图上有所进展；他们那传统上未解决的谜题，的确是他们拒绝交互作用观点的后果，尽管这一观点时时在把自身提示出来；而且当他们试图拓宽整个建构时，他们也全然没有将交互作用的视点引入。当然，古代习俗将所有的行为认作是在有机体中发起的，并且不是出自有机体自身，而是出自某种行动者或定居者——如"心灵、"心智"或是附属于它的"人格"——或是如最近的"神经中心"那样的对于上述旧式定居者的模仿。这一观点的片面不足由此常常唤起同样片面的相反观点：有机体是全然被动的，独立于它的、被机械地对待的环境条件将它塑造成适合生存的形态。这些观点，无论这一种还是那一种，对于我们来说都同样疏离。

122

123

总结之前所采取的立场，我们将行为理解为从属于广义的生物学，如同生物

---

① 参阅本特利：《人类的皮肤：哲学的最后一道防线》(The Human Skin: Philosophy's Last Line of Defense)，《科学哲学》，第8期(1941年)，第1—19页。比较J·R·弗斯(J. R. Firth)的《人类的语言》(*The Tongues of Men*，伦敦，1937年，第19—20页)："我们用来说或听的空气，我们所呼吸的空气，不该被认为仅仅是外部的空气。它也是内部的空气。我们并不是仅仅生活在一个皮肤的袋子中，而是生活在我们称之为生活空间并在其中不断地成功扰动的一定的空间中。今天人类的生活空间已经相当开阔了，而且我们从来没有活在当下。""在对待人类的声音时，我们决不能落入普遍的习惯，即将它与人的整体行为相分离，并且仅仅将它作为一种内在个人思想的外部符号。"

② 当然，只有在观察自由地开始之时，这一"显然"才成立。当古代范畴和其他命名的标准形式控制观察和报道时，它远远不是这么显然。

学家较为直接地研究的其他事件一样。无论如何，我们在生理学和行为探究之间作出了技术性的——甚至可以说是工艺性的——区分，堪与物理学和生理学之间的工艺性区分相比。这仅仅是为了强调在不同的探究中我们必须应用不同的程序，并且注意到，无论技术性的生理学陈述走得有多远，它都不能直接成其为技术性的行为陈述。换句话说，将所有已知的关于月亮的物理过程以及所有已知的关于人类身体的生理学过程纳入考虑，并加以组合或是操纵，并不能达成这样的明确表述："乡巴佬都目瞪口呆地看到了月球上的人。"后者需要另一种进路，它仍是"自然"的，然而具备全然不同的直接过程。这区别从来都不属于"内在材料"(inherent materials)，也不属于"智力"，它出自既定探究阶段的主题。[①]

至于自-作用的处理行为的方法(大多数仍然在实验室中作为过去的传承被保留下来)，或许可以这样说：在物理学家将物理学报道中的万物有灵论驱逐出去之后，其作用并非在有机体和行为领域中产生出类似的趋势，而是恰恰相反。所有曾经栖息于物质部分的幽灵、仙女、本质和实体现在都逃往了新的家园，这些新的家园主要是在每个人的身体之中，特别是在人脑中。一个如此平凡的中世纪之"魂"，拥有许多亚里士多德式的德性与缺陷，它如何竟繁衍成上一个或两个世纪的那种过度疲惫紧张乃至病态的"心灵"(psyche)，这一直是个谜。无论正确还是错误，笛卡尔已遭受了很多责备。"心灵"作为"行动者"，仍然被用于今天的生理学与社会学；这就是昔日的自-作用的"灵魂"，只是它的不朽性被剥掉了，变得日渐干燥和反复无常。作为非正式措辞中的初始词语，"心灵"或是"精神"用来表示有待研究的一个区域或者至少一个泛泛的位置，是可靠的——这一点无异议。"心灵"、"官能"、"智商"，倘若不是控制行为的行动者，那就是江湖骗子；并且用"大脑"来代替"心灵"只会更糟。这样的词语在有问题之处插入一个名称，然后让它去；它们没得出什么干货，而仅仅是说："我是个多么大的男孩

124

① 第二章，IV部分，#4到#8。我们没有着手在心理学探究和社会学探究之间作出类似的区别。这后一种区分在"自-作用"方法中是标准的，在其中"个人"以一种传统的夸张姿态进入，而在大多数相互作用的方式之下，这样的夸张是通常的。从交互作用的观点看，关注点的扩大或缩小关乎"社会"和"个体"这样的词所指称的所有遗迹。正如我们在别处所说的那样，如果人们坚持认为个体和社会在性质上不同，那么在我们的判断中，从后者引出前者，要比将假定的个体结合、组织起来以产生出社会来得简单、自然。事实上，大多数关于"个体"的谈论都是这一情况的好例子：从所有形式的联系中分离出来，到达如此极端程度的荒诞，以至于探究和明智的论述都不再可能。

啊!”在其时代和文化背景中,那过时的“灵魂不朽”所引起的争议是针对“不朽”,而不是针对其“灵魂”状态。① 其现代衍生物“心灵”是完全冗余的。活的、行动着的、认知着的生物体是正在发生的。将“心灵”加诸它,是试图使它翻个倍。这是故弄玄虚,并没有与之对应的事实。

相互作用取代自-作用的观点已经获得了微小的成功,但是并没有产生普遍可用的建构。这是确实的,无论它们有没有呈现出有机的相互-作用者——这些被它们设置出来与物理对象相对立,其形式包括心灵、大脑、观念、印象、腺体以及在牛顿式的粒子图景中创造出来的图像。尽管有那些已经做成了的、不错的生理学工作,但是以这种或那种图景对视力进行的行为讨论却仍然处于和大约一百年前一样的原始状态。② 正如每一个人所意识到的,相互作用的方法进入生理学探究的时候,正是它在自然科学——它就是从那里复制来的——中从基础地位被移除的时候。③

125

关于行为的交互作用观点,最初获得它是困难的,而一旦它被投入到稳固的使用中,就能从过去的表里不一和困惑中获得解放。考虑一般的日常行为,并让它们既不受私人心理状态也不受微粒机制(particulate mechanisms)的支配。让我们摆脱对话上的及其他传统的表达岔路和捷径,切近而仔细地来考查一下我们就其作出的报道。

如果我们观察到猎人带着枪走进田野,在这片田野中,他看到有小动物并

---

① 在精神、灵魂以及肉体之间的历史区分使主题显得很清楚。任何大的词典都将提供补充材料。

② 例如,埃德温·G·博林(Edwin G. Boring)在《实验心理学的历史》(*A History of Experimental Psychology*,纽约,1929 年,第 100 页)中谈到了约翰内斯·谬勒(Johannes Müller)的著作,他写道:“一般来说,谬勒今天保留着好的信条,尽管我们知道感知的大小对于视角来说既不是完全相对的,也不是完全成正比的。”尽管他把这一观点归诸谬勒:“感觉中枢直接感知到的是视网膜”,并进一步认为“对于谬勒来说,很显然视觉理论仅仅是光学图像激发视网膜的理论”。这或许只是在陈述上的粗心大意,但是这又是一个怎样的粗心大意啊!

③ 埃贡·布伦斯维克(Egon Brunswik)近来的著作在交互作用的道路上走得很远。最近,他建议以一种从双方来看都是功能性的方式耦合“心理生态学”和“生态心理学”。[《有机体成就与环境可能性》(Organismic Achievement and Environmental Probability),《心理学评论》,第 50 期(1943 年),第 259 页注释]相反,库尔特·勒温(Kurt Lewin)在同一个会议场合则提出,“生态心理学”这个名称是为了在他那心灵主义式的“生活空间”中去除不良因素,而不是为了改进系统。克拉克·赫尔(Clark Hull)也属于上述纲领,他认为有机体需要和有机体环境必须被“以某种方式连带地和同时地施加”到有机体运动之上[这一说法来自于他的著作《行为原理》(*Principle of Behavior*,纽约,1943 年),第 18 页,斜体字部分],并且他通过一系列虚构的、准逻辑字符的干预变量跨越这一鸿沟。

且他已经通过兔子这一名称知道它，那么，在半个小时和一英亩的土地这样的框架之中，很容易——并且为了足够令人满意的直接目的——以一种相互作用的方式对随后的射击进行报道，在其中兔子、猎人和枪作为分离之物进入，通过因果关系而聚合。然而，如果我们考虑足够广的土地和足够长的时间（几千年），并且观察逐渐发生的对兔子的识别，那么首先出现的是姿态、叫声以及关注动作这类亚命名过程，其中既有兔子也有猎人的参与；并且各种水平上的描述和命名在不断持续着，我们将很快看到交互作用的描述能够最好地覆盖这一领域。这不仅仅适用于猎人的命名，也适用于回溯到人类之前的历史，还适用于他的装备和技术。没有人能够成功地谈及与狩猎相分离的猎人和猎物。同样，将狩猎作为一个独立于所有组成成分之时间-空间关联的事件加以建立也是荒谬的。

126 将都被作为事件的贷款与台球游戏作个比较，会发现多少有些类型上不同的例证。如果我们只将注意力局限于台球桌子上的球的问题，那它们能够被有益地呈现，并且可以用相互作用加以研究。但是对游戏进行文化描述，涉及其在社会增长和人类适应方面的全面传播，就已经是交互作用的了。如果一位游戏者输钱给其他的游戏者，我们甚至没法找到那样的词语，以便将那些最初彼此分离的条目组装起来以组织成完整的相互作用描述。如果没有借出者借出，那么借进者也不能够借进，反之亦然；只有在更为宽泛的完整的法律-商业体系这一交互作用中，作为事件发生的、作为交互作用的贷款才是可识别的。

在一般的日常行为中，如果我们不同时也把听力考虑进去，那么在何种意义上我们能够检验一段讲话？或者在没有阅读的情况下如何考察写作？或者没有卖如何考虑买？又或者没有需求如何考虑供给？我们如何能够在没有代理人的情况下出现委托人或是没有委托人的情况下出现代理人？当然，我们能够随自己所愿分离出我们所希望的交互作用的任何部分，并且确保暂时的描述和部分的报道。但是所有的这些必须受到对于完整过程的广泛观察的支配。即使月亮上的声音，假设其必要的物理和生理波动在强度、音调、音色上与扬基歌（Yankee Doodle）相匹配，但是根据内在本质（intrinsic nature）它们不是扬基歌；在20世纪，如果要唱出扬基歌，就需要行动——无论它们在黑暗时代（the Dark Ages）被认为是什么，或者那个时代的回声般的（echoistic）幸存者在今天怎么看待它[①]。

当交流过程被考虑到时，我们发现在它们之中，有些事物是完全不同于生理过程的；必须作出交互作用的检视以展示发生了什么，并且无论是物理的粒子还是生理学的粒子都起不了作用。燧石残片愚弄了业余考古学家，使他们将其认为是一个打火工具，但就连博物馆中的工具事实上也并非工具，除非通过其使用者，或者将使用者考虑在内。写作、购买、供给也是如此。在知识和事实中，人能够将事物当作什么来加以调查，这就是这事物之所是。

## V

当我们来考虑作为行为的认知-所知时，我们发现作为探究阶段——这一阶段"在人格中"建立了认知者——的自-作用存在逗留于进行（例如，执行、拥有或是——都是很模糊的）认知的有机体之中或是附近。既然有这样的"认知者"，他一定有某事去知；但是他被从它中割裂出来，看起来像个不同凡响的力量，而它则被从他中割裂出来，显得如他一样"真实"，然而却属于另一个"领域"。 127

在认知的阐释中，相互作用是稍后的阶段，这一阶段假设弹球之类的实存事物，它们冲击着有机体的某些区域如神经末梢甚至大脑区段。这里我们仍然有两种"实在"，尽管肤浅地看，在物理-生理组织中它们被稍稍拉近了些。在这一情况中，连接的类型是肤浅的，因为它依然要求这样一种神秘主义，类似于自-作用用到的那种，以便在小小的实在"事物"和小小的"实在"感官——如有机体、精神或心理——之间建立桥梁；在这里"神秘主义"一词所指的东西本身没什么神秘，那只是一些未曾诉诸描述的处理方法，通常也不想诉诸描述。

我们相信，当对于知识过程的实际描述基于现代基础得以进行的时候，交互作用的呈现就出现了。至少，这种呈现来自我们对直接观察、描述和命名的尝试；这有助于评价我们所获得的成果——在本章与上一章中，我们检验了在其他科学领域以及其他科学主题上的类似过程。将要被回忆的那些我们已经采取的步骤认为，除了通过观察我们不能够有效地命名和描述；就为引导性探究提供单一主题而言，"知识"这个词已被用得太过宽泛和含糊；在一般意义上的"知识"范

① Echolatry 可能是一个好词，适用于我们最为严肃、最为坚守的对过去的事物的记忆。附带提一下，"Echoist"在词典中是一个很好的词，不应该完全消失在我们的视线之中。

围内，我们可以选择来作紧凑主题的是"通过命名来认知"这一领域；这里的观察立即表明，我们发现离开被命名者就没有命名，且离开命名就没有被命名者——这可以作为行为探究的直接主题，无论我们对处于暂时分离中的命名与被命名者运用何种物理学或生理学的观察；如果人们要获得全面的行为报道，那么就必须坚持维护交融的系统这类观察；并且如果这一过程要求对空间和时间中的行为意图加以预想，这预想比早期的物理学和生理学报道所要求的更为广泛和全面，那么这一预想正是我们所必须获取并学习驾驭的。

128

就迄今各种能够胜任的知识理论而言，自-作用和相互作用过程的成果依然是混乱的，除此之外没有别的了。人们能够很容易地在没有认知者的情况下"思考"世界，甚或在没有一个包容认知者并为其所知的世界的情况下思考认知者。但是在这样的称述中，所有那些"思考"意味的是"以粗糙的语言提及"，或者是"粗糙地谈到"。语言的实体化边缘造成了这种"容易"。而"容易"并不是"可能"，如果"可能"覆盖进行至终结，并且如果"思考"意味着面对所有困难持续地考虑，坚持连贯的表达，并丢弃那些无论在何时何处发现的明显错误的试验方案——简而言之，如果"思考"努力地成其为"科学地"严谨的。就人类探究所涉及的（这就是我们所关心的一切）而言，一个没有认知者知晓的"真实世界"所拥有的"真实性"，几乎等于忽必烈可汗所要求的宫殿的真实性（实际上，后者有其真实性，但是它并不是超乎诗歌艺术之外的真实，而是诗歌艺术之中的真实）。没有任何事物需要去知的认知者，其真实性或许更少。这并没有否认地质的和宇宙的世界先于其中的人类进化。它接受了这样一个对我们来说是已知的世界，它在知识之中，并且附带着所有知识的条件；但它并没有将这世界作为优先于所有知识的事物加以接受。毫无疑问，优越的属性在其恰当的时间和地点是足够"自然的"，但是，它也是"关于"知识并"在"知识之中，而并不在知识"之外"或"超越"知识。"[①]换句话说，即便是这些认知，也是认知和所知共同的交互作用；它们自身作为认知所占据的时间和空间绵延，与它们所报道的所知一样多；并且它们包括了这样的认知者，这认知者在其知识的已知宇宙中发展、并且被

① 许多人有信心说（往往带着特别的确定性）他知道某物，这某物位于他个人认知的背后、超出了他个人的认知。我们已经很好地意识到这个了。无论如何，在寻求可靠的结果时，我们没有将其作为探究中好的做法。

认知。

人们可能会问，如果命名-被命名的交互作用作为一个总的事件是我们所说的基础，那么对于这一基础过程本身，从历史上讲，为何直到不久前我们才为它发展出合适的特殊命名？就一般的会话习俗而言，答案部分地在于这样一个事实：那些经常发生的、最为实事求是和平凡的事情往往被认为是理所当然的，并没有被明确地记载下来。剩下的答案部分地关乎知识和认识论的专业术语，可悲的事实是，长期以来专业人士们的习惯是采用常用词汇，通过所谓的定义使它们有所加强，然后令"实体"实体化以适应之。一旦有了"实体"以及它们的"正确名称"，所有真实的接触——包括小心操作的观察——就被忽略了。名称驾驭着范围（在西方）、规范着栖居地（在东方）。常常是坏的名称得到加冕而好的名称遭到贬斥。在这种情况发生的区域，控制进程的与其说是活生生的人在活生生的语言行为中的观察，不如说是句子中主语和宾语之间的语法裂缝。在这样的理论诠释中，某些不可观察的事物被挤入行为命名之下，以至于"如是命名"被人格化为现成的整体技能，只会坐等实体到来由其命名；尽管最遗憾的是，不存在那种超自然的先见之明可以将正确的名称加诸正确的动物，如亚当在伊甸园里展示的那样。因此，荒谬被标准化了；在这之后，不仅仅是认识论，还有语言学、心理学、社会学以及哲学都是以假腿或破腿继续前进的。将句子的主语与宾语变成无关联的、不可观察的实体，这正是所发生的事情。 129

当然，在日常生活和语言中，有机体看上去与其参与的交互作用极度地分离。这是肤浅的观察。其原因之一是，有机体参与了如此众多的交互作用。有机体在进化等级中的地位越高，它所牵涉到的交互作用就越复杂。人就是最为复杂的。假设一个人在他一生的很长时间中，仅仅与一个其他人进行了仅仅一次交互作用。他会被与交互作用或者是与这个其他人区分开来吗？几乎不会。 130 如果存在分析者，那么大多数分析将至少有必要将他作为所发生之事的组成部分分离出来。一个"商人"，如果他从来没有做过任何生意，他就根本不能被称为商人；然而，他所参与的多种多样的交互作用，使得他很容易作为"商人"被分离出来。考虑到他那些交互作用的多样性，根据一般名词所要求的模式，在"本质"或"物质"或"灵魂"或"心灵"的意义上把"一个人"从他分离出来，这就更容易了。因此，最终他仿佛可以在没有任何交互作用的情况下作为人被认识。恰恰是现代科学通过更为彻底的检视驱使了这一过程的反转。当行动被认为与行动者相分离，以及行动者被认为与行动相分离时，结果就是个体地或是集体地把“本质”交给权威。伽利略、牛顿以及达尔文的做法都在稳步地、一点点地摧毁这一观察方式；而此后必须被遵循的做法，将为了最为复杂的人类行为行动完成它。它们将反转旧的过程，并在既不使用自-作用能力、也不使用超越了前者的“不可变之粒子”的相互作用的情况下，将交互作用引入更为全面的描述性组织。[①]

① J·R·坎特教授的探讨《心理学的目标与步骤》[The Aim and Progress of Psychology，《美国科学家》(*American Scientist*)，第34期(1946年)，第251—263页]在本论文写作之后出版，对它作一下考查可能是有益的。它强调了科学的现代的“整合领域阶段”，特别地涉及心理学，与早期的“实体-性质”和“统计相关性”阶段作比较。

# 6. 详述

## I

前文已经详细讨论了以"交互作用"为特征的已知与被命名世界中各种事件的状态，现在我们要来考查那个交互作用由之而被建立起来的语言活动，即详述。[①] 131

在我们暂定的术语中，详述是最为有效的指称形式，而指称是包含大量语言活动的命名行为过程，在语言进化中，它紧承那指号的早期知觉活动，并直接导致之后更为复杂而具体的符号活动。

回顾一下，我们已经检视了最一般意义上的事实(Fact)，这个事实同时涉及并涵盖了对事物命名的过程以及它所命名的"那个事物"。我们选择"事实"这个词来命名"知识"的最为一般的交互作用，是因为这个词的近乎所有用法都实际上同时具有"*被知*"以及"已知者"两部分涵义；再者，"知识"这个词的意义涵盖很大范围，显得模糊不清，而在被"事实"所对应的认知范围中，极为显著的特征就是命名。正是在这个范围里，"知识"最为普遍地被视为"关于存在的知识"，"存在"一词或许只有在这里才有其实际意义——换句话说，就其细节而言，这里的存在是被相当程度的保证确立起来的。[②]

---

① 与前面一样，我们将继续对于需要着重指出的一些术语使用大写字母，尤其是当这些术语在观念中既非表示"词"本身、也非表示"物"本身，而是作为一种普遍的提法，来表述命名中的被命名者。我们也将继续偶尔使用连字号构成词组以示强调。

② 关于命名与认知可以参阅第二章，第 III 部分。关于"存在"的评论可以参阅第十一章。

132　在一般过程中，事实既包含命名者又包含被命名者，我们将指称(Designation)用于交互作用的命名阶段，将事件(Event)用于被命名者阶段。事件(或者"存在"，只要诸位准备在其普遍意义上使用这个词，而不带有某些流派对于此词个别意义的偏爱)可区别为情境(Situations)、发生(Occurrences)以及对象(Objects)；并且对象在其呈现方式上可分作自-作用、相互作用以及交互作用而加以研究——所有这些，当然并非正式的分类，而是对多样性的初步的描述性聚集。同"对象"中的情况一样，这种"自我"、"相互"以及"交互"的特质也呈现在"情境"与"发生"之中，然而在"对象"这一更具确定性的形式中，对于它们的研究更适于得出结论。

现在我们开始探讨指称过程，我们一方面必须明确地将指称放在行为进化的范围内加以研究；另一方面必须检验其自身的发展阶段，直至其最为有效和高级的阶段——详述。头一个任务是必要的，因为不具备结合的分离往往只是欺骗而非贡献；但是我们所献给这一任务的篇幅提供的不过是背景概况，对其进一步以及更为详细的探讨则至别处进行。① 在第二个任务中，我们将区分提示、刻画与详述作为指称的三个阶段，并且将对摆脱了定义过程的符号局限的详述加以叙述。②

## II

133　正如我们所说的那样，指称涵盖命名。对于在"指称"下被考虑的过程来说，"命名"就是一个恰当的名称——并且会成为我们偏爱的名称——只要"名称"这

---

① 人们可以尖锐地说今天的心理学(1)如果其领域是行为，并且(2)如果人类行为包括语言，那么(3)这一行为语言是用以呈现心理学中所有确定的或疑似事实的要素，并且(4)今天的心理学架构几乎从不考虑这一语言学要素的双重身份，即它本身既是心理学事实，又是心理学事实的提供者。所以这里的问题是应该如何调整心理学表述中的术语，来应对这种在研究中能够同时涵盖命名与被命名者的状况。

② "定义"这个词在本章与先前的章节中一样，用以代表与指称相区别的符号过程。之所以如此使用，是因为最近论述方式的发展，例如塔斯基、卡尔纳普以及一般的符号逻辑学家，他们都在这个意义上要么采用这个词要么强调这个词。然而在本章之后，我们将不再如此使用。在对以下章节的准备中，我们已经发现那种误解与误释的复杂困惑看上去不可避免地出现在"定义"这一名目之下，无论定义自身是如何"被定义的"。当我们作的区别今天得到发展时，这一变化的作用将"定义"一词从"详述"的状态中削减出来到"刻画"的状态。在"定义"一词的使用中向"详述"进展，这当然是我们所寻求的，无论在现存的逻辑文献中它看上去有多么难以获得。

一名字本身在一般的使用中并没有紊乱与混淆到令不同群体的阅读者对它产生不同的理解的程度，由此我们的报告也不至于在很大程度上被误解。由于这一原因，在进一步论述之前，我们必须要在这里插入些许篇幅，这些篇幅是关于对"名称"的一般理解，以及它们与我们作为"指称"引入的具体化处理之间的不同。其中的一些立场先前已经被讨论过，后文中将对另一些立场继续加以讨论。

我们将命名视为行为，而行为是环境中有机体的过程。行为的命名类型，就一般性的理解以及现有的信息而言，是人属特有的特征，仅仅在人类中才被发现。除了行为、除了生活行为活动之外，我们认识不到任何名称或者任何命名。然而，在当前一般的讨论中，名称被作为第三种类型的"物"(thing)既同有机体分离又同环境相分离，并在两者之间作为媒介。在口语使用中这几乎没什么影响。但是在逻辑学和认识论中，即在严格的现象领域中，无论这一情况是显豁的还是隐含的，都是一个很大的问题。"名称"的这样一种居间身份，我们通过假设拒斥之。

名称，作为一个"物"，通常是人或他的"心灵"用以获得帮助的工具。我们拒绝将"物"与其功能彼此割裂。在我们面前，命名并不作为工具(尽管在有限的观点中，它可能被这样描述)，而是作为行动中的行为过程自身；同时包含着这样一层理解：行为的多种形式(近乎所有形式)都对其他行为过程起着工具性的作用，同时后者对于前者也是工具性的。

与把名称作为物或工具来使用相伴随的(或被其伴随的；这点在这里并不重要)是"词语"同"意义"的割裂："词语"——无论粗糙地还是晦涩地——被视为"物理的"，而"意义"则被视为"心理的"。将记号载体从记号中割裂出来，这一点在当今对于这一普遍领域的某些建构中被尤其强调，而这只不过是被拒斥的旧的分裂化了妆又回来了。从当前的进路来看，如此处理名称或任何其他词语是不充分并且效率低下的，因此我们摒弃这样的处理。[1]

134

从上述进路来看，命名被视为其本身直接就是一种认知形式，而认知本身直接就是一种行为形式；它是认知行为中的命名类型(如果人们希望拓宽"知识"一

---

① 这里的问题并不在于赞成还是反对某个个人"信念"。这问题关乎态度、选择、决定以及更广泛的理论规划。用来检验它的是成就的连贯性。就特定研究的实际差异来说，半打路线上的与词语相关的差异，或半打路线上的与词语-意义相关的差异，这些都是合理的，并且常常具有极大的实践重要性。对于信号和信号载体之滥用的描述可以参阅第 11 章。

词的范围),或者它是知识中独特的核心过程(如果人们愿意缩小“知识”一词的范围到这程度)。我们的假设是,通过将命名视为其本身直接就是认知,较之以往的处理方式,我们能够进展得更好。

命名是在做事,它陈述。要陈述,它必须既结合又分离,既被识别为独特的又被识别为联结的。如果动物饮用,就必须有液体可供饮用。对饮用进行命名,而不提供饮用者和被饮用的液体,这是无益的——除非作为探索中暂时的初级阶段。命名选择、辨别、识别、定位、排序、安排、系统化。旧的表达形式将这样的行为归诸“思想”,但是当语言被视为人的生活行为时,将其归诸语言就更为正确。[①] 说话或命名,在这里定位在一个完整的有机(organic,当今作“organismic”或“organismal”)过程中,并不是定位于自我、心灵或思考者这类专门的措辞——这些词语所描述的东西据说位于或接近大脑,甚至就是大脑。

135 所有命名都是肯定的。无论牛本身是如何考虑的,“非牛”与“牛”一样是肯定命名。牛的局部观点并不支配所有的理论架构。如果否定和肯定同样代表了某些事物,那么在两种情形中,这“某些事物”同样都彻底地“存在”。

写出的名称与说出的名称同样,也是行为过程。人对于时间周期——例如,他的日子长度或生命跨度——的贬斥并不能决定什么是行为、什么不是行为。

被命名的“什么”(what)并非虚构。“赫居里士”(Hercule)是某些事物的名字,在其时代,这事物是宇宙或文化中的存在者——并非“整体的实在”,而总是“具体的存在”。“海中巨蛇”与“鬼魂”扮演着它们自己的角色,然而今天它们作为存在着的命名可能并不活跃。三叶虫是不活跃的,但尽管如此它们参与创造了动物的历史。

我们确立的这些观点,并不是偶然地被关联在一起的碎片。它们是交互作用的。对于这一探究的具体领域,它们形成了我们所使用的“交互作用”所意味的实质。从相互-作用的观点或者是自-作用的观点看,它们不会“产生意义”——这是意料之中的。在假设中,作为被我们使用的事实它们具有充分的意义,并且其价值将在如此运用得出的结果中被检视。

---

① 然而,如果读者没有把语言视为生活过程,或者如果认为思想是某种外在于或高于生活过程的事物,那么他就没法接受文本中的比较。

## III

如果将指称作为行为加以检验，我们必须首先确立我们所看到的行为的特征。在生物学研究中，“行为”这一名称——无论在别处它被如何使用——能够不被误解地应用于动物活动的某种调整类型，对此几乎没有任何争议。这一意义上的行为陈述本身并不直接就是生理学陈述，生理学陈述本身也并不直接是行为陈述，这一点也难有什么争议——当今的状况就是如此，无论人们有多么期望两种陈述形式在未来的某个时间会合并，也无论生理学对于行为的理解是多么有价值和不可或缺。即便你愿意扩展其中的任何一种陈述形式，紧紧将其把握在自身的语汇中，它也不会直接将自身转化到另一种形式。此外，以一种上个时代的方式试图将“行为”一词的应用限制在有机体外显的肌肉和腺体活动，并没有被证明是令人满意的。就“完整有机体”——或者，倒不如说是“余下的有机体”——的参与而言，这方面近来已有过多发展；并且近来试图为诠释知识而复兴那种旧的狭隘建构的尝试已经足够不幸了，这就是对这类计划作出的警告。

136

我们将使用“行为”一词来覆盖所有有机体-环境的调节活动，不像有些时候发生的那样将这个词限制在物理或生理过程的外显结果。后面这种处理方式过于粗糙地忽视了过去被作为“精神”加以实体化的那些事实过程，并且依然不足以获取“自然的”描述与报道。在以往的心理学中（以及在许多至今仍为我们所用的心理学中），无论是在“精神的”还是“生理的”陈述形式之下，将典型的人类行为与非人类相区分以及在一般意义上将行为与非行为相区分，在很大程度上是根据被假定为内在于有机体或其亲密伙伴“心灵”或“灵魂”的“机能”或“能力”而作出的。由此，我们发现“目的性”（purposiveness）被强调为典型的“动物”特征；或是复杂的相关习惯的积累，或是特定的情感甚至道德能力。在我们这交互作用地进行的过程中，如我们所知，这一“能力”式的陈述在任何探究的关键点上都不被强调。将行为视为行动中有机体-环境的事件，我们将找出行为过程（包括其目的性）与物理过程、生理过程之间的差异；我们依赖的是那种类型的行动——即在完整的有机体-环境所在地能够很容易地被直接观察到的行动。

记号（*Sign*）：发展中的行为显示了那种行为的间接性，在物理或生理过程中看不到这样的间接性。这就是其特征。“间接”（indirection）一词可以应用于与物理过程相对照的生理过程，这是毫无疑问的；但在这里，它并不是就其自身便成其为重要的词。在行为中发现的特定类型的“间接”，我们将称之为记号，并且我们将如此运用“记号”一词：在记号被发现之处我们有行为，以及在行为发生时记号-过程被涉及。这是一个极为广泛的应用，但是我们相信，如果我们能够对事实情况作出一份合理的研究报告，那么我们就是在合理地运用这个词。[①]

137

四十年前，在生活量表的深处，詹宁斯（Jennings）将记号识别为行为特有的过程。他一直研究海胆，并注意到它倾向于停留在黑暗的地方，而光线对它显然是有害的，“对于突然落在它上面的阴影，它的反应是将刺指向影子过来的方向”。“这一行动”，詹宁斯认为，“是防御性的，用以保护自己不受到那些在接近时投下影子的天敌的袭击。这反应是由影子造成的，但在其生物学价值中，它所关涉的是隐藏在影子之后的东西。”[②]

记号的特征是这样的：当我们跟随它回溯到原生动物的生活，就会追寻到它的踪迹；我们已经达到了一个层面，在这一层面上，我们能够过渡到正确的生理学表述，并发现它对于我们所观察到的发生是合理地充分的。这就是“间接”的入口，在这里我们称“记号”为生理与行为之间的一个清晰的界线标记。在行为进化的整个路线上，记号-过程都刻画着感知；它直接作用于拓展了的、对于不同语言呈现的讨论；它恰当地处理了那些长时间吸引并困扰哲学家与知识学家的“属性”与“质”；它可以提供对于各种类型的表达性话语的诠释，甚至于对它们最为微妙的形式也堪胜任。它可以将所有这些行为阶段简单而直接地结合在一起。

138

对于记号和行为，我们采用的是可互换的应用；为此我们的立场是这样的：

---

① 《牛津字典》(*The Oxford Dictionary*)关于记号有 12 个主要词典定义，以及大量的细分。《世纪词典》(*The Century*)有 11 个。现代讨论中，用法在快速地增长，但是没有任何一个用法适合我们研究的领域。用法中包括认为记号是一种作为刺激来起作用的能量形式，以及把这个词用于几乎任何出现的目的，乃至将其呈现为正确信念的产物。没有一种用法能确立其领域，除非它是在其他用法中被试炼出来的；甚至没有一个候选者可以进入其自身，除非它在自己的后方经受住了试炼，被发现足以容纳合理而连贯的使用。

② H·S·詹宁斯：《低等生物的行为》(*Behavior of the Lower Organisms*)，纽约，1906 年，第 297 页。詹宁斯本人从来没有以记号为基础作出发展，尽管他早就给出了高度确定的描述。卡尔·布勒(Karl Bühler)是第一个为了建构而尝试广泛使用记号过程的人，他在他的《心理学的危机》(*Die Krise der Psychologie*，耶拿，1927 年)第 80 页引用了詹宁斯上面这段话，大约在那个时间，它在美国心理学家中引起了关注。

如果我们背离它，那么这一事实将成为我们发展中的缺陷的证据；如果我们严重地背离，那将意味着我们的基本假设本身不牢靠；假如我们能够彻头彻尾地贯彻它——不是作为精心杰作而是作为合理充足的事实陈述——那么这就将成为相当可观的证据，表明这一建构方式本身是牢靠的。

我们已经表明行为是以交互作用的方式被构想、面对的，并且记号本身就是交互作用。这意味着，我们发展中的记号决不能被认为是由“外部的”或分离的“物理”事物或属性所构成；它也不能被认为是某种没有耳朵与之相应的耳上标记——换言之，即某种超然的“精神事物”。记号，正如我们所看到的那样，根本没法套进自-作用的诠释，它也不适合相互作用的诠释。

倘若实情正是如此，那么重要的问题——或许是我们必须面对的最重要的问题——在于，记号的确切位置何在。当“记号”这一名称被应用时，准确地说被命名的事件在何处？记号是个过程，只有当有机体和环境处于行为的交互作用中时，它才发生。它的位置是有机体和环境，包括联结的空气、电以及光波过程这结合在一起的一切。事件所需要的正是这些处于时间绵延中的东西，而不是任何与空间、时间或时空相隔绝的、孤立的虚构之物。研究呼吸的生理学家要求肺中有空气。然而他能够暂时地将空气的存在视为理所当然，而将其注意力集中在“肺”——即他们对之做事的东西——上，并以那种形式进行陈述。也就是说，当时机来到时，他能够有利地将交互作用当作相互作用来处理，只要当时处境使得这么做有益。然而，认知和所知过程的研究者缺乏这种便利条件，在任何时候他都没法成功地作出这种分离。认识论将两个成分相隔绝，分别地建立它们，然后试图令它们再次结合，然而失败了；至少这就是我们关于这一探究状况的报告，是我们以交互作用进行下去的理由。

139

很显然，当我们报道记号时，以时钟滴答为形式的时间和以规尺测量为形式的空间所能给出的不过是对这类事件的贫乏描述。诚然，将事件当作分离的片段来处[illegible]同时钟和直尺一般回答这样的测试，你将得到一个表面上的解释；但这[illegible]整的交互作用而言，是匮乏与不足的。即便物理学也没有在任何这样的[illegible]上取得其需要的进展。电子的空间习性足够怪异，但它们仅仅是序幕。既[illegible]理学家发现，可以把 92 个质子和 142 个中子视为被打包装进一个单独的[illegible]核，并且在其中每一个的位置被“分散”在整个原子核中；那么可以肯定的[illegible]，人类行为的记号-过程的探究者应当被允许运用如此切题的空间-形式，在其中过去和未来都在当下起作用——正如研究所显示的，若要令观察足够充分，那么这样的处理方式就是必要的。无论如何，任何一个反对这方面的探究自由的人，都可能返回其自身所面临的问题，因为后续的进程根本没法引起他的兴趣。

现在，将记号视为所有行为过程的可观察的标记，并保持稳定的交互作用式的观察以取代过时的固着和僵化，我们应该将指号、指称和符号处理为记号——以及行为——的属。类似地，在指称这一属内，我们可以将提示、刻画以及详述作为类。在这里我们并不是隐喻地使用“属”和“类”，而是将它们明确地作为对识别的自然帮助。

指号(*Signal*)：在“指号”这一名称之下，我们组织起记号的所有早期阶段，直到语言的入口为止。由此指号涵盖了所有感官-操作-感知的行为范围，就这些尚未被语言行为更改过而言。(语言影响的复杂问题在探究的稍后阶段将必须面对，但是这些无须影响我们最初呈现的术语。)指号像所有记号一样是交互作用的。如果狗一看到兔子的耳朵就开始追捕，这就涉及指号行为。指号并不是兔子耳朵本身，也不是狗的识别机制；用亨德森(Henderson)的话说，它是环境与有机体的特定“适应”；这是在表现中的实际契合。巴甫洛夫的条件反射与简单反射不同，后者可以直接以物理-生理刺激和反应的方式讲述它们的故事，而前者是典型的指号传递；并且巴甫洛夫自己在这一联系中使用“指号”一词是我们在这里采用它的主要原因。[①] 然而，巴甫洛夫过程一定不能被理解为来自外部的影响，也不能被理解为出自内部的产物；它是一个行为事件，与许多可类比的美国实验室中的探究相比，从某种意义上说还是他自己的描述离它更近。它必须是狗和环境对象在一起这整个刺激-反应情境的特征。如果我们用鸟和浆果代替狗和兔子，那么浆果就和鸟一样属于指号的一个阶段。将两种构成要素分离——无视它们共同的体系——就没有指号。在分离中描述出来的整个图景是扭曲的。指号传递总是行动；它是事件；它发生；只有作为发生，它才作为主题进入探究。这不仅仅是狗和兔子之间以及鸟和浆果之间的交互作用，每一个这

140

① 考虑到对于“关系”这样的词语的使用所显示出来的表达形式的差异，巴特利和丘特(Chute)在《人的疲劳与损伤》(*Fatigue and Impairment*，纽约，1947年)中计划大致根据我们文本中的线索来区分“指号”一词。他们认为：“无论是物理世界中的物还是感知到的物，其自身都不是指号。指号仅仅表达了两者之间的关系，这是由功能性结果所决定的。”然而，他们仍旧单独保留了“刺激”一词，对应于“指号由之而产生的物理的物”。(第343页)

样的例子都涉及动物行为之远为广泛的联系。没有任何事实可以被独立地对待,正如动物的身体没法独立于其属、种、类以及族。倘若人将感官、运动或知觉之物视为独立物,那就会再一次使画面扭曲。指号的每一种情况正如记号的每一种其他情况一样,是在有机体-环境场所中生活的不断持续的记号-活动的实例。运动阶段有其感知-习惯的方面,而感知阶段也有其涉及训练和习惯的运动方面。

## IV

指称(*Designation*):指称的发展以指号为基础。指号是有机体-环境过程,这一过程是交互作用的。指称也是交互作用的有机体-环境过程,但无论在有机体方面还是在环境方面,都有进一步的区分:在有机体这一方面是"命名"发生的区分;而在环境这一方面是"被命名者"的区分。在这两方面我们都没有把分离视为事实。有机体并没有被视为与其环境情境相分离的"能力"。环境也没有被视为与有机体相疏离的"存在"。换句话说,"被命名者"并非分离的或可分离的环境存在,而是"作为指号行为中之呈现者的环境"。换句话说,指号过程就是"被命名者",即便在命名中命名者发展出一个语言形式并假定它呈现了可分离的"外部"(outer)。在我们的程序中,无论"命名"还是"被命名者",都不被视为"内部"或"外部",无论它们是彼此联系的还是分离的。随着进展,指称过程变得复杂得多;在其中,环境的决定因素与命名彼此重叠。不过,我们的进展并非依靠晚近的复杂的详述,而是根据其早期阶段的成长。在最早的例子中,被假定的"什么"并非与人分离的事物(如大多数逻辑学家令我们相信的那样);更不用说什么"终极实在"(ultimate reality)、"临时的实在"(provisional reality)、"实存"(subsistence)或形而上学的"存在"(无论这样的"事物"会被视为什么)了。在命名的最初形式中"提示"的东西,是位于记号-过程中——即位于行为中——的某种行动-要求。当一双鸟儿中的一只向它的同伴发出警戒叫声,或者当一个人看到熊的足迹或熊的存在时向另一个人发出低语,这就是作为被命名者被引入的行为;这是交互作用地引入的,它到来时自身也是交互作用。在我们所能作的观察和记录中,人们可以沿着进化路线追溯到很远,以至于鸟叫、低语以及它们的初始前辈们都尚未达到"命名与被命名者"的最为简单的区分阶段。但是,一旦确实达到了那区分阶段,那么在行为之中区分出来的"被命名者"就是一个即将发生的行为事件,是一

141

个处于过程中的事件，它包含着环境状况，当然也包含着有机体在其中。无论是鸟叫声还是低语都意味着做某事，以及针对它的某事要被做。

142 就指称的最初形式而言，它那交互作用的场所是狭窄的，仅仅包括交流中的生物以及在交流中直接呈现的感官-操作-感知事件。当指称事件发展得更为复杂时，场所就拓宽了，命名的中间阶段介入了。它们中的一些将自身暂时地推进到注意力的前景中。即便如此，它们事实上仍是包罗一切的交互作用的成员，仅仅在背离观察或歪曲观察的理论中，它们才是分离并独立的。人们可以命名一个法律，例如价格控制法案——即便从来没有将“手指”放上去过，也能做这件事。事实上，我们的法学专家不确定地谈到成文法或是其他法律，而并未说明法律到底是什么——这个相当于直接“染指”。而在这种有关于法律的谈话与写作中，有限介入的命名成为直接关注的暂时焦点，被命名之物正是在其整体延伸范围中的法律。

正是在这种向愈来愈复杂的指称的过渡中，描述性说明很有可能误入歧途。通过那些产生“是”或“否”的行为，“狼来了”的呼叫很快就停止了。“原子弹”的呼叫显然在不同层面上。在指称高度发展的情况下，非常有必要从较为简单的案例来获取我们的线索，简单的案例有助于我们坚定一致地意识到：名称不该被识别为有机体头脑或“心灵”中的过程，被命名者也不该被识别为“基于其自身的实体”那样的对象；命名-交互作用的轨迹贯穿了它在所有阶段上关涉的有机体-环境；并且由于其受制于无限范围的不断发展，所以它总是在变迁中，从来都不是一个固定物。

我们应该对指称两个不是很复杂的阶段加以关注，即提示和刻画，直到这足以令作为完美(以及不断完善的)命名阶段的详述呈现出来，并且为它与符号和定义之间的区别提供根据。就所使用的术语而言，如我们所做的那样将事物-名称、提示与行动-名称、刻画以及详述组织在一起，或许看上去很奇怪。但是，由于所有的指称都是在行为活动中、并关于行为活动的指称，所以初步的名词形式使用并非十分重要。我们将确立提示(Cue)、普通名词(Common Noun)、术语(Term)[1]这样一系列名称以归类领域；或者，作为一种选择，我们将使用突然说

143

① 确定作为“术语”的词的使用，对于实现安全术语这一目的是最为困难的。数学确定地使用词语，但是并不重要。逻辑，作为规则，非常松散地使用它，并且带有许多隐藏的涵义。

出(Ejaculation)、刻画以及详述。既然行为的交互作用被视为与行动的发展相关的名称,那么在目前的术语选择就应该是开放的。

提示(*Cue*):提示被理解为最为原始的语言行为。当位于指号阶段的记号交互作用开始显示出这样的差别,从中产生出对于指号过程的词语呈现,提示就开始了。无论我们是否断言这在次-人类的动物层面上首先发生、并认为语言在这里形成,或是否我们在人类中定位真正语言的首次出现,这些都并不是首要的。具有普遍性的观点在于,提示的领域与指号不同,前者典型地具有交际性,但这个问题也不是最重要的。这样的问题存在于边缘领域,现代科学(与以往旧的探究方式不同)并不觉得有必要将其保持在注意力的前沿中。生命就是生命,无论我们是否能够在生命与无生命之间划上一道界线,或是否这样的区分已经远远超出我们的直接能力;假如我们推迟这类问题直到我们把握了事实,就将节约许多能量。生物学从病毒那里学习其边缘问题,无须在往日的"重要原则"那固执己见的争论海洋上耽搁,它也能够进行,甚至进行得更好。

以上指称的例证主要来自较低的层面,并且充当提示。作为初始的命名,提示是如此接近于其起源时的情境,以至于有时它仿佛就是指号本身。面对面的感知情境是其场所类型的特征。它可能包括喊叫、感叹或者其他独词句,或者任何拟声的话语;并且在全面发展的语言中,它可能显现为感叹词、惊叹词、缩写话语,或其他随意使用的便利交流工具。尽管最初名称从指号中生长出来,但有时它可能以更为复杂的名称为幌子,回到更为原始的使用上去。我们或许可以说提示是这样一种指号,它的焦点定位从有机体-对象转向有机体-有机体,但其对象依然触手可及。 144

从指号到提示的变迁,可能以一种高度人工并且完全不浪漫的方式,通过一套计划指示出来;幸运的是,这计划并不把自己装成权威的自然史。在一棵树的树枝上住着三条蛇,它们的保护色同树皮一样,它们享受声带产生的尖叫声。路过树枝的是吱吱叫的小鸟:在它们中间,发出A叫声的A鸟对蛇来说是可吃的,发出B叫声的B鸟对蛇来说是烦扰。作为指号被蛇所听到的鸟叫,既不是单单作为鸟叫,也不是单单作为蛇所听到的声音,而是严格地作为蛇-鸟-树的完整活动情境中的事件并关涉这一情境。拟声摹写的蛇-尖叫声是处于蛇之间的提示,我们可以称之为原始言语或前-言语。从警告蛇的鸟叫到警告蛇的蛇叫的演化过渡,不是从外在记号到内在记号的演化过渡,也不是从无意识到有思想的演化过渡,而仅仅是情境压力之下的轻微转变。当提示出现,我们就有了一个变化了的行动方式。当提示被交互作用地研究,我们就改变了在探究主题上的侧重点。我们的改变是微妙的,它是理解中的一种成长,它对于探究的整体发展具有伸缩性。它并不是自-作用描述所产生的断裂,甚至也不是相互作用的处理方式所包含的一系列微小裂缝。转向交互作用的处理方式,使得那样的描述得以可能:在其上可以建立起完善的命名。

在第 2 章,我们术语的概述并没有提及指称的提示-阶段,我们在那里的安排是为了先强调一下详述与定义之间的差异。主要是在巴普洛夫使用的基础上,指号被选择作为记号过程的感知-操作阶段的名称。之所以在当前位置上选择"提示",是因为所有的"字典释义"(除了完全缺乏记号特征的一两个)令它成为自然中的语言表达。然而在埃贡·布伦斯维克(Egon Brunswik)最近的研究

145

中[①],词语"提示"与"指号"换个位置或许更好。我们在这里的目的仅仅是确立提示与指号之间分离和结合的方式,名称的互换将不会引起异议。

*刻画*(*Characterization*):通过聚集提示——即通过语言的成长——从提示中发展出来的那样一种命名类型,它构成了几乎所有我们的日常会话。这是展开着的描述的领域,它足以应对当下的实际需要,而在范围上受实际需要限制。它提出的要求越宽泛,它拥有的价值就越少。在这个领域中鲸鱼一般来说就是鱼,因为它正如任何"真正"的鱼那样生活在水中。词语不再是"这个"、"那个"、"看"、"快跳"这样的类型,它在环境情境、事件以及对象之中和之间提供相当程度的关联。提示彼此重叠,而核心提示发展为多种提示的代表。这相互关联在日常生活的通俗意义上是实践的。马是以人们用其和对其做事的方式来命名的,并且是以马同我们、对我们做事的方式来命名的。名词作为代词的延伸出现,这与普通语法的处理方式全然不同。刻画的发展超出了提示的"直接呈现",它拓展了提示间的关联;而在大部分时候,它满足于语言学的偿付能力模式,后

① 埃贡·布伦斯威克:《机体的成就与环境可能性》("Organismic Achievement and Environmental Probability"),《心理学评论》,第 50 期(1943 年),第 255 页。也可以参阅托曼(Tolman)和布伦斯威克:《机体与环境的因果结构》("The Oranism and the Causal Texture of the Environment"),《心理学评论》,第 42 期(1935 年),第 43 页。这里一个有趣的事实是,在一般会话中使用的提示与指号是重叠的。乔治·H·米德偶尔在多数我们使用"提示"的地方使用"指号"。米德对动物-人类的边界领域的处理比较有趣[《心灵,自我与社会》(*Mind, Self and Society*,芝加哥,1943 年),第 61—68、81 页及其他]。

者足以满足直接呈现的“实践的”交流情境提出的要求。

将刻画清理出来并将它们置于控制之下的第一次伟大尝试，或许是由希腊智者派作出的，这被导向亚里士多德的逻辑学。追随亚里士多德的逻辑学家——甚至当今那些自称为非亚里士多德主义并以此为傲的人——依然试图将刻画置于规则和定义的控制之下，以获得对于一般命名的逻辑控制。几乎所有的语言学理论都沿着这一路线发展，最多有一两个罕见的例外。在刻画的领域中，这样的观点出现了：如果命名发生，就必须存在“某个人”进行命名；这样的“某个人”必须是一种独特的创造物，远远优于被观察世界，它是诸如“心灵”或是人格化的“行动者”这样的创造物；而对于这样的“某个人”来说，要把名称给予“任何事物”，“实在的”物或者“本质”[①]必须存在于与命名程序相分离的某处以便使自己被命名。（前述句子里的“必须”一词只是报道了这一点：在这种实际刻画建立起来的地方，他们把自己想的如此之好以至于他们断言任何形式的知识“必须”调整自身以适应他们。）这与现代科学实践相疏离，然而，这是大多数语言学和逻辑学理论目前的基础，也是所谓“科学哲学”（the philosophy of science）的基础。[②] 正是在这个阶段，命名和被命名者取得了可分离的存在，这是反思的或理论化的中介人赋予它们的；而它们的直接使用者照例可以免于这样的滥用，因为直接呈现给口头交互作用参与者的运作着的情境在会话交流中施加控制。真的，人们甚至可以怀疑，如果没有书面文件的发展使得它们不断远离直接观察到的情境中的决断，如此歪曲的理论是否还能产生。考虑到与说话、语言相区别的书写的影响，理论或者哲学构想是否可以采取不同于其现在形式的其他形式，这是令人怀疑的——直到如今，高度发展的探究方法被应用于先进的主题，以我们所说的、作为交互作用之补充的详述为形式，为陈述提供了模式。

146

描述（*Description*）：讨论详述之前，不妨先从描述层面关注下名称与命名的状态。习语围绕命名而发展，而命名在习语中生成。名称实际上就是减缩了的描述。类似地，如果我们在名称已确立之后静静地看一个稳定情境，描述就可以被称为是扩展着的命名。名称，在一种有用的意义上——如果人们谨慎地将习

147

① 最近在认识论中复兴的“本质”一词，如在桑塔亚那著作中那样，其本身就是上述判断的令人信服的证据。

② 逻辑学在其中发现自身的那些困难，在第一和第八章中被检验。

语置于控制之下——可以被称为对描述的命名；较之把它称为给对象的命名，前者往往更正确些。因为从我们的进路看，给对象命名并未合法地命名一个对于命名系统而言未知的对象；它所命名的，就是对象-被命名者（应当在指号的感官-操作-感知层面考虑其他的认知形式）；并且和代表描述的缩略单词所提出的东西相比，对象-被命名者可以在描述中得到远为充分的呈现。毕比（Beebe）[①]提到一个单词的案例，直翅目，在林奈的研究中精确地覆盖了一个世纪以前穆菲特（Moufet）用来描述的 112 个词。描述过程开始得早，而当命名过程在自己的路径上生长时，描述也在继续，无论有时候人们为它寻找怎样的任意替代物。拿两只黄猫和一只黑猫来说。过那么一小会儿——就文化而言（或许成千上万年吧）——原始人会这样标记颜色区别：并不是作为颜色本身，而是作为与其他颜色相对照的颜色。把猫的命名置入他的颜色命名系统，你就有了描述的开端。现在"猫"并不仅仅代表反-猫抓的反应，或代表猫-焦虑，而是代表着将词组织成为描述。伯特兰·罗素以及他同时代的一些人在面对与罗素所说的"逻辑上真正的名称"相对照的、他们所说的"描述"时，遇到了极大的困难。从根本上讲，罗素的"真正的名称"类似于提示——令人回想起原始尖叫，以及随之而来的本质和实体，罗素希望将所有的知识还原到它们。通过扩展描述而从刻画中发展出来的详述，与罗素的陈述形式相距甚远，而详述才足以达到科学的水准。同知识的进展相关联，我们自己的做法瞄准的是详述，而不是那些原始关键字的残存品。就科学的识别而言，我们这最先进的当代案例当然无须迎合这样的要求：用早已被科学地淘汰了的、原始形态的观察和命名给自己"逻辑地"戴上镣铐。

## V

148 详述（*Specification*）：当探究认真着手于切近的艰苦工作时，详述这一命名类型就发展起来了；它实验性地关注其自身的主题，在命名上要求将坚定性与灵活性相结合，以巩固过去所获得的进展，并为未来可能的新进展开辟道路。这条道路从会话及其他"实践的"命名走向那同样实践的——实际上，远远更为实践的——以研究为目的的命名。鲸鱼不再基于以往的标准——即生活在水中并且

---

① 威廉·毕比（William Beebe）编著：《博物学家》（*The Book of Naturalists*），纽约，1944 年，第 9 页。

游泳——而成其为鱼,它被设立为哺乳动物,基于这样的刻画:这刻画所契合的探究覆盖了将鲸鱼包括在内的其他动物的广阔范围,将早前的"所知"引入更好的系统并为新的探究提供了方向。作为名称,"鱼"被鲸取代,并不是因为这个名称不符合"实在",而是因为在这个特定的应用中它被局限于局部认知,这局部认知适时地被证明妨碍了探究在更为广阔的范围中的进一步发展。科学的分类命名逃脱了僵硬的束缚,生物学提供了这样的例证。物理学中的例证是:原子不再是没法更小、更硬、更圆的小而坚硬、圆或立方的"对象",它成了一个描述性名称,类似于一种速记法,专家用它来对付一个仔细分析过的事件区域。顺便说一下,这样的详述过程往往被权威所忽略,此类权威往往主张在事先固定好的模式中进行古代的演绎推理。[①] 对牛顿那形式的或绝对的空间与时间的超越,以及在直接的物理描述下将空间与时间联合在一起,这是最近物理学详述工作的杰出例证;在前文关于物理现象之交互作用式呈现的进展的章节中,[②]我们的解释在很大程度上可以作为关于详述的报道。在"科学"中,发展进程还远远没有完成。即使许多详述在生理学探究的情况中已经出现,但是在生物学著作中,有机体与对象仍然常常在刻画而非详述中粗糙地呈现自己。在有关心理学和社会主题的做法中甚至更为倒退。令人震惊的是,在后一个领域中,许多人将所有这些问题贬低为"形而上学",甚至当他们对探究的直接呈现(尽管不幸是最为困难的)阶段闭上双眼时,还夸口他们是"科学的"。 149

在我们对命名的初步描述中,我们说它既陈述又联结。提示陈述而刻画联结。详述走得更远,它展现并延伸。通过使用扩展的描述,它打破了旧的藩篱;并且它也准备打破将自身显示为藩篱的任何事物,无论以往的刻画多么顽固地坚持之。它所展现的东西,它都永久保留,从最遥远的过去到最好预期的未来;它还将其保持为开放的。它回顾过去的命名,将它们视为至少曾经是描述过程,无论从 20 世纪的人类观点来看这过程有多么贫乏。它把进一步详述看作是对

① 当然,这问题属于在所谓经验主义和理性主义的诸种对照之下被长期争论的类型,这些名称仅仅标志着它们在现代占据专门显著地位的周遭条件。然而,这样的问题被我们压制住了;我们关注的仅仅是:在现今运作着的科学事业中,通过直接观察语言和事件之间的联系,我们相信自己有能力报道的东西。

② 第四章。若要有完整解释,当然,就数学的参与作全面评估是必需的;也就是说,符号与名称的组织系统是必需的。

更为丰富与更为广阔的知识世界的开放。总之，它把知识世界视为从其最原始形式向最完善形式的成长。它并没有在知识或事实世界之后或之下插入任何“更为真实”的世界。① 它怀疑，任何这类假装能够嵌入已知世界之后的“真实”世界都将会是一种非常愚蠢的猜测世界；它满足于让完整的知识在未来成长，而不是在这个特殊的瞬间被越过。它欢迎假说，只要它们如其所是地参与进来。那些以既保留过去的探究结论又为未来研究提供方向的方式总结和组织事实的理论，其自身就是不可或缺的关于事实的详述。

150

“详述”一词会被发现偶尔出现在逻辑学中，尽管根据我们迄今为止的观察，它还缺乏明确的持续用法。在蒯因的《数理逻辑》中出现了对比使用的范例，在这本书中“应用或详述的原理”在元定理 * 231 中被具体表达出来。“详述”名称本身几乎没有再次出现在他的书中，但是被如此命名的原则——或者毋宁说，它的符号具象化——一旦进入就会持续活跃。非符号性地表达中，这一原则“从一般法则、普遍量化进展到一般法则之下的每一个特殊情况”。换句话讲，当我们已经选择了“详述”这一名称为最完整最精确的描述进行命名，而基于过去所有探究，持续了一个时代的探究已经足以实现这样的描述的时候；蒯因却用它来表达符号化的一般法则的向下猛扑，以便为被命名的事物的名称固定下一个替代品。显然这是又一个例证，表明在逻辑学讨论中的用词会在怎样的极端之间动摇。

正如我们所呈现的这样，详述是科学，就“科学”一词指报道所知而言。这并不意味着从“科学”一词中我们引出“详述”一词的“意义”，而是相反。从对详述过程的全面分析中，我们对当今时代所使用的“科学”一词给出了切近的意思。当面对与经典力学相异的不确定性时，科学家们可能看上去坐立不安地激动了一个月或者一年左右；但是他们很快就适应并开展他们的工作。以往的刻画不允许这样做，而新的详述则允许，这就是其典型内容。在某种意义上，详述产生

① 菲利普·弗兰克(Philipp Frank)在《物理学与哲学之间》(*Between Physics and Philosophy*，剑桥，1941 年)中使用的术语和心理学基础与我们的完全不同，他写道：“我们现代的理论物理承认符号系统所有部分的进步，这只有从学校哲学的观点来看才是值得怀疑的”(第 102 页)；“在科学与哲学之间并无界限”(第 103 页)；“即使这些相关的空间、时间与因果关系是存疑的，也存在着与我们观察中的进步同时发展的科学进步”(第 102 页)；“符号系统的独特性能够在经验自身的组群中被建立，无需求助于坐落在外部的客观事实，正如一个序列的收敛性可以在不需要讨论极限本身的情况下被建立”(第 84 页)。

了被呈现给科学的、名副其实的对象本身。也就是说，详述作为对象出现于知识中的过程的某个方面；同时，对象作为事件产生详述。在这个形式中，并不是“我们”将它们放在一起，这就是我们发现它们出现的方式。我们唯一得到的对象，就是作为探究结果的对象，无论这探究是属于最原始的动物-犹豫类型，还是最为先进的研究类型。约翰·杜威已经在最高层次上详细地检验了这一探究过程，即这些被视为“逻辑”的东西；并且已经以那样的形式展现了对象，对它们的断言是得到保障的。[1]

151

在上述这一广泛意义上，科学的对象就是*存在之物*。它深入存在，正如今天人们利用最为有力的技术所能达到的程度。在对术语的最初建议中，我们将事件与指称相对照，将前者视为事实的存在方面。我们应该非常乐意将“存在”这个词放置在我们现在暂时放置事件的地方，当我们准备好写下我们以之为目标的决定因素时，我们就会这样做。存在这个词，是拉丁词 *sto* 的强调形式衍生词 *sisto*，它命名的是“当前者”。“当前者”要求时间和空间上的延展。自古至今，“存在”一词由于其行为上的使用而崩坏；而思辨哲学中，它被用来代表那些作为“实在”呈现的事物，其基础和把“所知”视为认知者“现象”或别的什么的基础是同一个。尽管哲学惯例当然会被虑及，但是就字典所告知我们的而言，一般用法严重地倾向于词源学和常识的一边。通常的人，不是在他的实际使用中，而是当他被要求去推测他自己的意思时，就有可能提供他的教条主义保证：那“实在”就是存在者。*致知在躬行*（*solvitur ambulando*）是对实践问题最好的实际解决方法，但是以教条主义对实在的断言为形式的 *solvitur* 是某种非常不同的事物。约翰逊博士（如果是约翰逊博士的话）可以踢石头（如果是石头的话），但是他所演示的是被踢的石头，而不是石头-实在，并且这仅仅在语言形式之中才向它开放。我们相信，已经有充足的理由将“存在”放置在我们现在放置“事件”的那个术语系统之中，并且只有在听者和读者不至于有过多误读风险的情况下，我们才使用这个词。然而，如果我们这样做，那么详述和存在将会和科学一道结合在同一个过程中；还需要多说一句的是，并非纯粹“物理的”或其他狭隘意义上的科学，而是当最佳的观察和研究技术进展到等候它们的区域时，我们所能预期的那种科学。

152

① 约翰·杜威：《逻辑：探究的理论》，纽约，1938 年，第 119 页（《杜威晚期著作》第 12 卷，第 122 页）。

## VI

从刻画到详述的这一段文章没有被任何批判性界限所标记。这段文章既不是从日常知识到科学知识，也不是从日常语言到科学语言。我们的关注集中在发展和成长的路线上，并不聚焦于探究主题的所谓“本质”。在观察成长中的事件时，假如我们错了，那么以那种形式进行的探究会演示出我们是错的。这样的演示远远比仅仅事先说人们应该或者不应该作出这样的尝试更为有价值。详述中仍然保留着含糊的地方，但它们在不断减少。它们是布里奇曼的“阴霾”，不过它们的主要含义转变了。早期的含糊显示为人类能力的缺陷，因为后者看上去未能成功地达到它自认为应该达到的无限或绝对。在详述的操作之下，新的含糊是自尊之源。这表明工作到目前为止都做得很好，并且确保未来的改善。

对那些喜欢所谓“自然主义”的人来说，以一定的限定性条件接受以上发展的诸多阶段，是正常的事。我们对于“主义”的阶段完全不感兴趣，只是关注探究的技术。对于知识理论的探究，要避免浪费并取得实质性进展，我们相信这一态度必须被百分之百地投入到工作，并且无论在应用领域还是在使用范围方面都不该受到限制。然而，我们还没有讨论到符号和定义——不能把它们与指称相混淆——将以何种方式被置入此后的工作中。我们还没有展示出这样一个亲密联系，它一边是详述技艺，一边是作为可允许的直接主题和报道的交互作用之确立。我们相信，在进一步探究中，余下的问题将继续沿着我们的路线进行。

153

# 7. 定义的情况

## I

现在是时候来关注在当今对于认知和所知的讨论中“定义”(definition)这个词的状况了，尤其是在被称为“逻辑”的领域中。在开端，我们将这个词视为在数学和形式逻辑中具有可确定的特定应用，而非和命名程序相关的使用。[①] 命名程序是类型化的“指称”(designations)，而其最为先进的形式——在现代科学中尤为引人注目——是类型化的“详述”(specifications)。因此在未来探究中，定义与详述在术语中是相互对照的。 154

在整个探究中，我们保留了这样一个权利：只要进一步的检验使之看上去有必要，我们就可以改变术语推荐。现在我们就“定义”这个词行使我们的权利。为了当前的讨论目的，我们当使这个词回到它通常的松散使用上去，并允许它以其当前各种各样的方式延伸逻辑的广泛领域。当我们自己致力于这个词的专门使用时，通过在对“定义”名下的东西进行检视中所发现的极端困难，这一步骤被强加于我们。与其让它留在原地来歪曲更广泛的探究，不如放弃我们所预设的偏好。

我们目前的处理，实际上使“定义”一词丧失了我们曾经计划指派它的这一地位：对数学和形式逻辑领域中的程序进行“详述”。由于我们之前已经拒绝将它作为对于命名的详述，它现在作为名称——起码在当前——它自身已被还原 155

① 具体参阅第二章，IV 部分，#5。

到刻画的状态。①

无论先前的评论如何，②目前我们应该搁置关于这个词的最佳永久使用的任何决定。我们将展示的混乱，以及探索到足够深度以消除混乱的难度，看上去都可以为将词从任何固定名称的列表上排除提供合理的辩护。另外，其专门使用在形式逻辑方面的发展，沿着弗雷格和希尔伯特的路线到近来的“符号关系学”(syntactics)(最终这与其相关的“语义学”隔绝)，或许表明了其永久地位的可能性，正如我们最初感到应该指派给它的那样。

我们从检验一般的英语词典着手，包括《牛津词典》(*Oxford*)、《世纪词典》(*Century*)、《标准词典》(*Standard*)以及《韦氏词典》(*Webster's*)。对于“定义”它们都提供了定义，我们会发现它们是含糊不清的，并且常常在规定它们自己独特类型的“定义”本质方面游移不定，关于这本质它们多半是最为确定的，即词的传统用法。相反，它们强烈地倾向于某些哲学、逻辑学权威作出的东西，试图令后者的措辞对一般读者而言更容易理解。有两个关注方向是明显的，它在早期版本中比较鲜明，而到后期依然一直出现，尽管有些模糊。首先，在作为“行动”(这里暗示着一个“行动者”的存在)的定义和作为行动“产物”(即词语形式的陈述)的定义之间是有区分的；而且，对词的定义和对“物”的定义之间也有区分——显然，“物”如其所是地进入定义，以其自身成其为定义的组成部分，正如词进入定义的方式一样。此外，这里的惊人之处在于，“行动”和“产物”被截然区分，如同不同条目下的不同种类的“意义”；与此同时，“词”与“物”被巩固在紧密的语词联盟中，在对“行动”的定义中和在对“产物”的定义中都是如此。《牛津词典》(1897)③条目3关于“行动”，而条目4是关于行动所产生的陈述。我们被告知“行动”关涉“物是什么，或者词意味着什么”，而“产物”则一口气不仅提供“物的本质属性”；也提供“万物由之得到定义的词的形式”。于是，行动和产物被彼此分离，尽管它们自己的“定义”是如此相似以至于没法分而言之。《世纪词典》(1897)也是如此，行动和产物在定义中分开呈现，而在每一个的定义中不光覆盖“词或短语”，而且包括“物”的“本质”。《标准词典》五十年如一日地为定义给出

156

① 这一术语可参阅第六章，IV部分。

② 参阅第二章，IV部分，#5；第六章，注4(即第132页注②。——译者)；也可以参阅第十一章。

③ 当然，我们省略了与认知和所知这个问题无关的条目。

例证:"'战争'一词的定义;苹果的定义"。《韦氏词典》最新版本(1947年版)作出了如今看来"陈旧"的"本质属性";把解释和区分的行动与过程融为一体,再把"词典定义"这样的意义陈述附加上去;并且在"传统逻辑"根据种、属和具体差异来处理"物的种类"这样的方案下,确保对于逻辑的快照组织(a snapshot organization),而"后来的逻辑学派"则把陈述处理为"要么是内涵(connatation)的等价物,要么是意向(intension)的等价物,要么是术语相互指涉的等价物"。

现在,对词与物作出区别,而不仅仅是在传统轨迹上对词与词作出区别,这还是容易的。对于"行动"和行动的产物也是如此,尤其是当一个"行动者"——传统上为此目的而进行的实体化——已经现成在手边时。就词典的目前情况来看,显然发生的是:一旦行动者被获得,并作为"定义者"(definer)着手工作,那么所有他的"定义"(definings)都将被视为一种行动,无论它关涉的是词还是物;由此,它们的产物同样被视为同一种,尽管作为产物,它们属于与行动者之为行动者所在的"领域"不同的"存在"领域。在目前的探究中,我们必须持续关注逻辑定义对于词与物的处理,并且持续关注这样的处理沉溺于产物与行动之分离的方式。然而,我们自己并不直接关注这深层问题:行动与产物彼此相关的状况。[1] 在这里只能说,在现代更好的研究中,一般来讲,任何产物与行动之间的区分都是糟糕的形式。火,作为"行动者",和燃素一起失效了,并且要让事物变热,个体的或人格化地存在的"加热"已经不再必要了。

157

当我们进一步检验时,上述关于普通词典的评述当使我们密切关注基础,密切关注观察的基本事实。无论词典是否试图追随技术性的逻辑表达,是否试图简化措辞,或是否归于模棱两可;在直接关注下,它的困境都处于相当朴素明晰的视域中。冗词的茂密丛林往往更有助于隐蔽。

## II

这种以一个词说什么包含一个物是什么的方式要追溯到亚里士多德。亚里士多德是科学诞生时期的观察者与研究者。正如他的同时代人那样,对他来说,

① 各种各样公式之下、逻辑中"行动"和"产物"之间分离的范例可以参阅第一章,具体到第I部分和第X部分。在第九章中,产物紧跟着产物,副产品紧跟着副产品;在这里第I部分和第IV部分展现了词的使用范围。在第八章中,被检验的六位逻辑学家中的五位在一种形式或另一种形式之下使用可分离的产物,以此作为他们建构的基础。

所有可靠的知识，或者正如我们今天所说的所有“科学”的知识，都必须以完全的确定、永恒与不可改变为其完成的形式：达到事物的“本质”，达到“存在”。知识在定义中呈现，并作为定义呈现。① 以这种方式，词与物联合在一起出现于他面前。探求本质这件事传统上被理解为“澄清”。② 澄清要求同时在两个方向进行探求。定义必须表达本质；也必须是找寻本质的过程。通过使它们是其所是的“形式”限定种类。在言语（*Logos*）的形式中，逻辑与本体论必须达成完美的协议。

158

因此，亚里士多德将走到一起的主题结合起来。他并非首先作出分裂，然后才发现自己被迫试着将分裂的东西整合在一起。进一步的历史为所有在这一领域中工作的人知晓。中世纪保留了对永恒的需求，但是最终发展出了名称与物之间的尖锐分裂，以两种“-论”（isms）为其结果。一边是唯名论者（不敬的人会说，词的混乱），另一边则是唯实论者（相对地，物的混乱）。在两者之间出现了概念论者，他们通过一种甚至在今天的逻辑学家看来都可行的人工策略，插入了一个虚构的所在——即“概念”——并在此处聚集词与物的各种问题。伽利略的时代打破了对永恒性的要求，并在探究领域中用一致性或“法则”取代了旧的“本质”。回首那个时代，人们可能会认为这一逻辑上变化的效应将是直接并深刻的。其实不然。即使到今天，很多方面的转型都不全面，并且对它的需求常常仍未被搞清。约翰·斯图亚特·密尔就命名与归纳法进行了一场发现之旅，并发展出更多的实践程序，但是他的逻辑坚持把“法则”处理为呈现给知识的、分离的空间-时间关联；并且在其科学设定中，他的逻辑本质上是前达尔文主义的，因此，其强调的这些程序现在大多都过时了。③

然而，对亚里士多德主义的方法已经足够震荡，使得近来“非亚里士多德主义”的方法被允许引入。它们通过新的关系逻辑展开。这些“关系”，尽管根

---

① “意见”被允许作为对不确定性的处理，但它是在一个较低的层面上。这不是科学，这不是定义。

② 菲利克斯·考夫曼（Felix Kaufmann）在这一领域中是相对较少的深思熟虑并持续工作的作者，他在传统意义上有力地发展了“澄清”[《社会科学的方法论》（*Methodology of the Social Sciences*，纽约，1944年）]。他清楚地肯定了这一方法[《哲学和现象学研究》（*Philosophy and Phenomenological Research*，第5期，1945年，第351页）]，在《美诺篇》（*Meno*）和《泰阿泰德篇》（*Theatetus*）的意义上。

③ 密尔试图将形容词视为名称（《逻辑》，I，第II章，第2部分）而非副词。通过来自我们主题范围的例证，考虑一下，较之用形容词断定“确定性”（definiteness）或用“名词”来决定“定义”（definition）实质上是什么，实际应用中的副词“确定地”（definitely）是有多么鲜明和清楚。

本不是古代类型的“物”，却从一开始就挣扎着（并仍在挣扎着）把自己显示为旧事物的新品种，而非对旧事物的破坏性背离。逻辑符号在古老的数学符号模式之后被大量地引入，但与其说是对新逻辑观的确认，倒不如说仅是作为可用的符号。 159

自从希腊时代将“对象”作为“所知”、作为所谓知识的“内容”呈现以来，巨大的变化在发生，[①]此外呈现的技术（在对于“事实”的“词”、“句”组织中）中还存在着某种显著的不同，这种呈现技术对于未来的逻辑具有重要的意义。首先，自达尔文以来，在科学中已经形成的“命名”与他所处时代之前的命名存在区别；其次，今天在数学中的数理符号与仍被视为一种命名类型的数理符号之间存在区别[②]。这些变化中的任何一个都未曾被很大程度地带入逻辑理解之中，无论在其古代表达形式中它们得到了怎样的广泛讨论。一般的尝试就是将逻辑的、数学的和科学的程序还原为一种联合的组织（通常是某种单一的心灵活动，被假定为在它们背后运作），是以那样的方式，以便保障他们需要处理的逻辑的、数学的以及科学的推定“物”之相应的强制组织。

人们可能拿伯特兰·罗素的“逻辑原子主义”程序来做例证，在到目前为止的文本中，罗素与他的读者在任何时候都不能十分确定他所提倡的“原子”是最小“词语”还是最小的“实在”。与之类似地，在那些使用“符号关系学”(syntactics)和“语义学”(semantics)的逻辑系统中，一旦产生这些区别，就出现了通过“诠释”将它们再次聚集在一起的尝试。这些“诠释”中，最好的也不外乎是令人印象深刻的一厢情愿的表现，收集起了所有混乱和不确定并号称已经把它们从最初的要素中驱逐出去了。尽管在这样的处理中，“定义”的建立主要涉及的是“符号关系学”，它们却在“语义学”这边产下各种亚-品种或奇怪的模仿。 160

---

① 例如，在天文学中，希腊科学检查的是围绕着固定地球移动的固定的太阳系，其中太阳和月亮向后和向前移动，而固定的星星构成的天空在上面旋转。其物理学提供了四种确定的、本质上不同的元素，其中土向下朝向它们正确的“终结”运动；火向上运动到天空；空气和汽向上运动直到云朵或者是月亮上；水以及其他的液体来回地运动。希腊科学已经有了固定的动物和植物的种类，这一直保持到达尔文时期。

② 这方面的问题最早是从第一次使用 0 或 −1 开始的，直到目前在数学公式大量使用的浪潮中它才消失。纳格尔教授近来给出了一些这种情况的非常好的范例，在他的允许下，我们很想建议读者检验一下他的文本，仿佛直接在这一点上整合进了我们的文本（《哲学期刊》，第 42 期（1945 年），第 625—627 页。

在这里我们仿佛看到了传统的形式与内容相分离的展示，与之相伴的是物与心灵的分离，这是“交互作用”[1]的观察和报道要克服的类型之一。

总的来说，我们发现词与物在亚里士多德那里被放在一起考察，但关注的是永恒。中世纪晚期它们逐渐分裂，仍然着眼于永恒；但是除了作为第三和分离项目的“概念”这样的狡猾手段之外，并没有经由什么可行的组织。在这个历史设定中，当今的逻辑在定义方面出现了多种多样互相冲突的解释，这些解释互相打擦边球（side-slipping）、妥协与认错，没有连贯性，简直看不到稳固的处理方式有开始的迹象。我们将继续把这作为当下加以呈现。在未来，我们可以希望借助某种现代的行为建构来弥合名称与对象间的裂缝，在这一意义上，这建构是亚里士多德主义的：它不同于将人的命名行为与他那被命名的世界割裂开来的后亚里士多德主义，同时它对知识的永恒性不受亚里士多德式的传统要求的束缚；它适应现代的科学观，把科学视为不断的成长。[2] 行动与产物广泛地彼此从属，作为过程的产物总是在行动中，而行动总是过程。词与物广泛地彼此从属，它们的暂时分离在其被恰当限制的范围内具有巨大的实践重要性，但分离从来都不是完满的描述，也不是充分的理论呈现；并且它们总是处于行动之中。

### III

161 正如我们所说，由于我们一直试图从根本上解决这个状况，并且用最简单的话来解决；那么我们可以发现，不妨先在高度复杂的专业术语中对定义作个简短的探究，这样的术语展示了事实中的混乱，却没有从根本上谴责它们。在这一领域中，瓦尔特·杜比斯拉夫（Walter Dubislav）的《定义》（*Die Definition*）[3]是相当杰出的著作。在对康德与弗里斯（Fries）的讨论中，他谈到，他们貌似没有观察到这一点：他们运用的名称把那样一些事物引入密切的关系中，而这些事物按

---

① 参阅第五章。

② 比较杜威的发展，《逻辑：探究的理论》，第 21 章，关于“科学的方法：归纳与演绎”，具体参阅第 419、423、424 页。（《杜威晚期著作》，第 12 卷，第 415 页、第 418—420 页。）

③ 第三版（莱比锡，1931 年），第 160 页（“知识”的补充，1）。引用来自第 17、131 页。杜比斯拉夫历史性地发现了定义的四个主要“理论”：亚里士多德主义的本质及其直到今天的继承人[测定的本质（*Wesensbestimmung*）]；概念的决定[定义（*Begriffsbestimmung*）]；意义的确定、历史的与法学的[找到意义……或使用（*Feststellung der Bedeutung ... bzw., der Verwendung*）]以及新的记号的建立[确定重要性……或是使用（*Festsetzung über die Bedeutung ... bzw., der Verwendung*）]。

理本该被仔细地分开；而在另一处关联中，他说逻辑学家所能做的重要事情之一，是警告大家不要把定义和对于词语意义的词语阐明混淆起来。他的分析产生了五种定义类型(*Arten*)，其中对第三种类型他拒绝加以思考，而仅仅作为第一种类型的特殊情况。它们是：(1)演算中的特定代入规则；(2)对事实探究的适当情境运用演算公式的规则；(3)概念-构建；(4)对使用中的词语进行历史与法理澄清；(5)事实-澄清，在决定事物(*Gebilde*)的本质(*Inbegriff*)这个意义上，在严格的逻辑-数学程序下得以实现，其基础是理论框架内的基本假设和感知测定；由此，以类似的方式在类似的条件下所有进一步的断言都可以被演绎出来，但是随之而来的是对作为空想被排除的物自体(things-in-themselves)的理解(就杜比斯拉夫自己所关注的而言)。[1] 第5种的复杂术语构成与第1、2、4种简单陈述的比较，乃至与第3种中简易的特殊表现相比较，让我们看到即便是从古老观点来讨论定义也是困难的。 162

## IV

定义可能被并且常常被视为附带事件(incidental)，或者甚至是逻辑探究的次要阶段。当逻辑被看作是"心灵"的一个过程时，或者当逻辑学家主要是对技术感兴趣时，这种情况都会发生。与这一观点相对照，定义的过程可以被看作整个知识系统的悸动的心，既作为脉动也作为循环。起码我们将在这个程度上支持后一观点：当我们展示出目前定义处理中的混乱时，我们相信我们并不是在展示一个很小的缺陷，而是在展示一个至关重要的疾病。我们进一步相信，要想获取可靠的组织，这里就是有必要对命名与被命名者进行探究的领域。确实，在一般意义的逻辑中进行术语改革的领域，要比单单"定义"一词的范围更为宽广；并且对这些更为宽广的需要进行简短回顾是合理的。在逻辑中，定义可能作为命题出现，也可能呈现为与命题不同的语言或心灵过程；另外，或许所有的命题可以被当作定义加以考察。命题本身几乎可以是任何事物；[2]它一般包括"术语"，

---

① 以上文本中第5种描述类型显然得自杜比斯拉夫文本中显然相似的两段(第147、148页)的组合，但是在内容上并不一样。对于什么应该被作为定义，杜比斯拉夫本人遵循着从弗雷格到希尔伯特的发展使用第1种类型(回看了帕斯卡)，并且希望通过第2种类型的定义使其"形式"能够"有用"。

② 关于命题的例证与参照，可参阅第八章，第Ⅴ部分。

但是术语，即使在命题的"内部"时，也可能是词语或非词语的"物"。如果词语出现，它可能是意义，也可能有意义。意义可能是事物"自身"，也可能是其他词语。概念可能出现为被插入词与物之间的"实体"，或它自己就是词，或它自己就是物。属性与质或许是其中最糟糕的表现者。它们可以是任何事物或是每一件事物，假如这不太确切的话。

以下展示了在当前阅读中碰巧出现的一些混乱，以及一些澄清的努力，辅以早期的备忘录与记忆。我们将在文本中直接展示混乱，但并不是对特定的作者持有恶意。这些作者自身仅仅是"实际事实"(the facts of case)，并且在这个阶段上，我们做的是观察而不是论证或辩论。

163

就哲学家的观点而言，我们可以参考鲍德温(1901年)、艾斯勒(德国，1927年)、拉朗德(法国，1928年)和鲁内斯(1942年)的哲学词典。如果定义作的是"澄清"，那么对于定义的哲学定义还远远算不上是定义。古代术语在起作用，有时会带上点现代化，但是并没有多少对活人的实际生活过程——如现代科学所告诉我们的——加以关注的迹象。罗伯特·阿达姆松(Robert Adamson)在《鲍德温词典》中从事的最为坚定，但也最为接近旧的模式。[①] 对他来说，行动及其生成的产物都是定义，但是过程的顶层与底层——即个别对象与总属(*the summa genera*)"不可定义。"[②]唯名定义关注词-意义，实在定义关注被定义事物的本质；分析定义从给定的概念开始，而综合定义将概念放置在一起；理性定义由思想所决定，经验定义由选择性的过程来确定。这些本身都是好方式，但是对于当今的兴趣它所说甚少。

《拉朗德词典》首先在处理高雅精神行动的"普遍逻辑"中确定"定义"；有两种类型在"形式"逻辑中，其一是组合已知术语以确定概念，另一个则是阐明等价性(equivalence)。他还指出"定义"这个词的通常扩展，把所有无论怎样的命题都包括在内。《艾斯勒词典》补充了*唯名定义*和*实在定义*，以及仅仅是用一个词

---

① 阿达姆松是最为公正的观察者之一，也是逻辑理论最为敏锐的评估者之一。他自己在《逻辑简史》(*A Short History of Logic*，爱丁堡和伦敦，1911年)第20页评论道："留意到逻辑教科书的混乱状态……人们会倾向于认为，任何地方都不存在着被认可的、当前被接受的思维体系，我们可以不含歧义地名之曰逻辑。"

② 这种"不可定义"的引入，我们可以在后文发现许多例子，这些例子，恰恰在逻辑探究最需要可靠的实践指导的地方宣告了最终的无能为力。

代替其他词的词语定义。除了这些主要的划分以外，他也描述了分析、综合和隐含的次要划分，最后呈现的是希尔伯特对基础几何术语的定义。

在《鲁内斯词典》中，阿隆佐·邱奇(Alonzo Church)的立场更接近于当代实践，但对于一般现代探究中被虑及的“实际事实”——即实际使用——他仍然无甚兴趣。他将关于当代实践的部分报道和关于正当性的浓缩论文混合在一起，混合到如此程度，以至于难以弄清发生了什么。[①] 对于定义的第一个分组，他提出(a)(在逻辑系统本身中)作为传统上的缩写或替代的唯名定义或句法定义，对逻辑学家来讲仅仅是一种较小的便利，尽管看上去它们为他提供了百分之百的保证；以及(b)(在“诠释过的逻辑系统中”)引入了新符号的语义定义，将“意义”分配给符号；这定义不能出现在形式的发展中，尽管它们可能通过唯名定义被暗中“带入”，并且在适当地适应了的“意图”类型之下，它们几乎是用以实现任何希望的备选项。对于定义的第二个分组，他提出“所谓实在”(so-called real)的定义，它不像句法和语义定义那样属于约定俗成，而是在“抽象实体”之间的“等价物的命题”(物质的、形式的等等)；这要求被定义者的“本质属性”被“包含在”定义中；并且从这一路径的其他要点来讲，它有时被用以传达关于“存在”或至少关于“可能性”的断言。他注意到，当这控制了“实在”定义时，在“本质属性”中有着明显的“模糊”；但他显然没看到模糊的根源，也没看到在探究中用“定义”一个词对付多种意图时会引发的其他困难。困难还出自各种意图的遮蔽和混合，出自被定义者和定义——时而以“唯名”时而以“实在”的形式——的引入，出自整个过程的激活——当“诠释”的意图使它看上去可取的时候。[②]

164

---

① 需要记得，《鲁内斯词典》的贡献者在他们编辑拷贝的方式中有许多错误，因此，词典的文本可能未能完全代表邱奇教授的意图。然而，要强调的困难并不是他的报道所特有的。关于何为“历史的”、何为“事实的”，类似的混淆、混合是普遍的。正如我们发现的那样，鲁内斯的分类就此而言几乎在每一个差异之处都是模糊的。更广泛地说，在四部哲学词典中，明显不清楚的措辞远远超出澄清的试图，前者和后者近乎一打比一。

② 在邱奇的《数理逻辑导论》(*Introduction to Mathematical Logic*，普林斯顿，1944年)第Ⅰ部分开篇几页中，可以看到这样的东西运作得何等奇怪，其中他写道：“在形式的发展中，我们避免将任何意义归于命题演算中的符号”(第1页)；并且：“我们将借助最终意图给出的阐释而获得隐含的指导。”(第2页)一些有兴趣的探究者对“意义”、“自然”、“必需”、“语言”、“暗含的”以及“诠释”这些邱奇所用的词进行了反复检验，因为邱奇在被引用句子的文本中使用它们；但这些检验对于减少他那建构中的断裂无甚帮助。与此相关，我们可以追溯库尔特·哥德尔(Kurt Gödel)对于罗素的程序的分析。哥德尔总结说，罗素的形式主义不能“解释掉”这一观点：“逻辑和数学(和物理学一样)是以实在内容建立在公理之上的”[《伯兰特·罗素的哲学》(*The Philosophy of Bertrand Russell*，(转下页)

165 这里有关于定义的其他样本，有新的也有旧的。卡尔纳普明确地并且无条件地声明定义“意味着”被定义者(definiendum)是定义(definien)的“缩写”，但是在同样的探究中，他引入了并非明确的而是循环的定义，既供给定义句子也供给定义规则。在别处他使用两“种”定义，分别定义逻辑的和经验的“概念”，而且他使用各种还原程序到这种程度，以至于他有时被认为使用的是“有条件的”定义。[①] 塔斯基认为定义是对这样一种意义的规定，这意义“独特地确定”，由此将定义同“指称”和“满足”区分开。[②] 常常被引用的W·L·戴维森的定义是：“定义的目标在于确定物的性质或意义或意指，换句话说，定义是对回答‘它是什么?’这个问题的正式尝试。”[③]约瑟夫(H. W. B. Joseph)写道：“对任何事物的定义就是对其本质的陈述，即是什么造就了它，使它不是别的事物。”[④]伍德格(J. H. Woodger)为了公理系统而将这个词局限于“一个非常明确的意义”，“明晰的”——理解为可置换性；无论这个词在别处被如何不同地使用。[⑤] 亨利·马杰

166 诺对构成性的和操作性的加以区分。[⑥] 艾耶尔(A. J. Ayer)拥有“明晰的”或是“同义的”定义，与哲学的“使用中的定义”相对照。[⑦] 莫里斯·韦茨(Morris Weitz)运用“实在的”和“语境的”这样的名称。[⑧] 伯克斯(A. W. Burks)提倡发展一种以实例证示的定义理论，“根据呈现出的例子，而不是根据已经被定义的概

---

(接上页)P·A·席尔普(P. A. Schilpp)编，芝加哥，1942年，第142页]。以及，赫曼·韦尔(Hermann Weyl)在《美国数学月刊》(*American Mathematical Monthly*，1946年，第12页)对希尔伯特的评注：“他是被这样一个对于证据来说起码是模糊的、先入为主的计划所指导的。”

① R·卡尔纳普：《语义学导论》(*Introduction to Semantics*，剑桥，1942年)，第17、31、158页。《可测试性和意义》(“testability and meaning”)，《科学哲学》，第3期(1936年)，第419—417页，尤其可参阅第431、439、448页；第4期(1937年)，第1—40页。

② 《逻辑学导论》(*Introduction to Logic*，纽约，1941年)，第33—36页，第118页及以下。《真理的语义学概念》(“The Semantic Conception of Truth”)，《哲学与现象学研究》，第4期(1944年)，第345页，注释20和注释35。

③ 《定义的逻辑》(*The Logic of Definition*，伦敦，1885年)，第32页。

④ 《逻辑学导论》(*An Introduction to Logic*，牛津，1916年)，第72页。

⑤ 《生物学的公理方法》(*The Axiomatic Method in Biology*，剑桥，英格兰，1937年)，第4页。

⑥ 《概率的频率理论》(“On the Frequency Theory of Probability”)，《哲学与现象学研究》，第6期(1945年)，第17页。

⑦ 《语言，真理和逻辑》(*Language, Truth and Logic*，纽约，1936年)，第66—69页。将卡尔纳普、伍德格以及艾耶尔各自对“明晰”(explicit)这个词的使用进行比较可能是比较有益的。

⑧ 《罗素哲学的分析与统一》(“Analysis and the Unity of Russell's Philosophy”)，《伯兰特·罗素的哲学》，第120—121页。以下关于主题的宣告看起来值得深思：“实在的和语境的定义的价值和意图在于，它们通过关注其各种组成成分而减少了特定复合体的模糊性。”(第121页)

念”来描述“定义”，并且他认为反例和实例一样，也需要被指出；于是这样的定义被他称为分类。[1] 强生（W. E. Johnson）决定“每一个定义必须以不可定义告终”，不可定义就是“它的意义是如此直接和普遍地被理解，以至于要求进一步的下定义将纯粹是知识上的不诚实”；有趣的是，他也认为，“将真正的名称定义为其意义和它事实上所意指者相同的名称……看上去是合法的”。[2] G·E·摩尔（G. E. Moore）坚持认为，定义词语与定义概念是截然不同的，但是他的体系可能会让读者完全不确定词与概念之间究竟存在着什么样的区别，或者说对其他人来讲它该如何被定义。[3] 当今的哲学思维在“定义”那松散而迷茫的使用的庇护之下能够完成什么，以下就是个例子：查尔斯·哈茨霍恩（Charles Hartshorne）如此定义“实在”，在此定义中理想的知识据说借助对“完美知识”的初步定义而把“实在”“提供”或“给予”我们。这种对“实在”的定义是：“实在就是足够清晰与确定的知识的无论什么内容。”[4]然而，无论其中每一个单词单独看起来有多么单纯和简单，但是在其直接语境中，并不存在一个其本身就是清晰与确定的词。 *167*

以上这些样本好像是来自于文学世外桃源的摘录，其中有一些可能作为一种幽默文学而获得评价。也难怪内格尔教授会这样评价伯特兰·罗素（他可能是今天在这些问题上最为有力的和最为积极的探讨者之一）：“通常最令人费解的，正是当他说他正在定义数学的不同概念时，他正在做的是什么。”[5]斯金纳（Skinner）教授在与他的一些心理学同事讨论操作性定义的问题时告诉他们，当定义被作为“关键术语”使用时，其本身并没有被“严格地定义”，并且“现代逻辑……对于那些认识到自己责任的心理学家来说几乎是靠不住的”。[6]

---

① 《经验主义与模糊性》（“Empiricism and Vagueness”），《哲学杂志》，第 43 期（1946 年），第 478 页。

② 《逻辑》（*Logic*，剑桥，英格兰，1921 年），第 I 部分，第 105—106 页；第 93—94 页。

③ 《回答我的批评者》（“A Reply to My Critics”），《G·E·摩尔的哲学》（*The Philosophy of G. E. Moore*，P·A·席尔普编，芝加哥，1942 年），第 663—666 页。

④ 《理想的知识定义实在：何为“观念论”中的真实》，（“Ideal Knowledge Defines Reality: What Was True in ‘Idealism’”）《哲学杂志》，第 43 期（1946 年），第 573 页。

⑤ 系他为《伯兰特·罗素的哲学》一书所撰写的稿件，该书由 P·A·席尔普编，第 326 页。

⑥ 《关于操作主义的研讨会》（“Symposium on Operationism”），《心理学评论》，第 52 期（1945 年），第 270—271 页。

V

接着来看关于这个问题的最近的研究报告。达布斯(H. H. Dubs)的论文《定义及其问题》("Definition and Its Problems")[1],给出了一个绝佳视角,展示了逻辑学家们努力将这许多过程合而为一时所面临的困难。当前的定义理论在他那里被认为是混淆的,并且他认为已经到了有必要对整个主题重新进行仔细思考的时候。词典定义[2]被作为毫不相关的而搁置一边,"科学的定义"仅仅被认为在逻辑上重要而被加以研究,数学和逻辑被包括在科学内。科学本身被描述为概念的联结,定义需要的是普遍性的决定,即它必须告诉我们要和"术语或词"(term or word)关联起来的"概念"是什么,以便确定"在直接经验或者思想"中,术语或词所意指的"实体或事件"会在何时呈现。

168

定义,在达布斯的发展中分为概念的定义和非概念的定义。他认为前者是人们常常说的"唯名的"定义,发生在词仅仅与词相关联的地方。而后者是不可避免的,其关联要回溯到"逻辑终极"或"不可定义者"。贯穿这一分类的是另一种分类,即"本质的"和"唯名的"(有时区分为"实在的"和"偶然的"),取决于我们能否把一个术语定义为:意指对象的全部"属性",或意指其他被定义的特征。实际上,他认为,科学的定义几乎完全由概念定义与唯名定义构成,尽管"科学的"这名称被用来称呼所有与逻辑相关的定义。

如果我们在这一呈现中检验非概念的"不可定义者",我们会发现它们包括:(a)因果操作(必然是"无言的"),(b)直接指示或意指(即"没法被放进书中的"),以及(c)介于两性之间的样本,半为指示半为言语表达。达布斯极为不情愿地发现他的定义方案回落到"不可定义者",但他的担心主要在于,他想要达到的是"终极"。他希望这仅仅是一个命名问题,以此稍许安慰自己。然而在某种情况下,例如在逻辑和数学中,他发觉作为"不可定义者"出现的肯定不是终极;于是他被迫把这"不可定义者"保留为定义(或者我们可以说,"可定义者")中的一个突出要素,并且不允许这一特异的东西贬损自己的希望:确保一个新的"实用并一致"的理论。

特别需要加以注意的是,他关于定义的主要称述依赖于对"概念"、"术语或

[1] 《哲学评论》,第52期(1943年),第566页等。

[2] 有趣的是,他对字典定义的要求之一是"必须能够被写下来"。这不是对"科学的定义"的要求,对于"科学的定义"仅有"两个并仅仅两个"具体要求:它必须与它所定义者相称,并且必须仅仅使用之前已经被定义的术语来进行定义。

词”、“直接经验”、“思想”以及“实体与事件”这类词语的使用，可是对于这些作为基础的词语却没有给出任何形式的定义或解释。或许，它们就是对定义本身的定义中的“不可定义者”，在其心灵语境中它们已被视为如此众所周知，以至于它们的被提出是毫无疑问的。我们已经看到阿达姆松和强生提到了“不可定义”(以及与之相关的、出自伯克斯的“以实例证示”)，那么在这个过程中，我们将看到更多由此而生的独特问题。

考虑一下约翰·R·里德(John R. Reid)在“什么是定义?”[①]这个题目之下所提供的另一种检验类型。在这里，对定义问题的解决尝试并非通过分类，而是通过将“观念系统”积累或是“整合”到一种“组织缜密的统一”之中。考虑到他所说的一个“定义的情境”，在这之中他区分了以下的“因素”或者“成分”：“定义的关系”、“定义的操作”以及“定义的规则”。被彼此区分时，这些因素并没有被视为“孤立的”。“规则”似乎处于最高的地位，它本身是三维的，因而包括了成套的符号、成套的认知解释项以及规则能够对之应用的特定情况。他坚持认为我们根本不能够在没有这一定义装备的情况下去思考，并且同时强调符号作为装备的一部分，除了在心灵活动中以外，根本不能存在。这造成了“心灵活动”既是原因也是结果的状况，并且显然“符号”同样如此。以上几点被精心地拓展，但是所有那些作为关于定义本身的信息提供给我们的，不外乎是这样一种确认：在当前的传统形式中，定义可以是“句法的”，也可以是“语义的”；并且如果没有一个附带的形容词去限制它，那么“定义”一词将保持其模棱两可性。这个差别被假定了，但是这一区分没有被研究；显然，它也没有被认为在理论中具有重大意义。

169

并非通过表态，而是通过他们的实际程序，达布斯和里德都把定义视为在下定义的、作为“定义者”人的特许活动；并且尽管种类繁多，定义依然拥有单一的“基本”输出类型。达布斯通过交叉分类在貌似和谐的输出中制造出令人难以容忍的冲突；里德则致力于通过“实体”的倍增建立统一，由此他仅仅达到这样一点：读者在此可以根据自己的喜好决定：要么已经有太多的实体被呈现，要么还远远不够。[②]

---

① 《科学哲学》，第13期(1946年)，第170—175页。

② 里德所断言的、其定义探究的背景，可以用以下引用作为例证：“A……关系是一种……根据规则操作的……符号产物。”“这些区别……不仅仅是‘实在的’……也是……理解……的基础。”我们一定不能否定“相关事实不可约的复杂性。”“定义……不是……可断言的陈述。”在这里，里德对于应该被公开者是坦白和平静的，而在大多数关于定义的讨论中，这些仅存在于默许中。

## VI

170 接下来让我们考察一下在最近一次研讨会上六位科学家与逻辑学家团体的深思熟虑，我们已经引用了一位发言者在这次研讨会上的辛辣评论。[①] 在由美国心理学协会(APA)所提供的、针对特殊检查的一份问题列表上，其中一个问题(第10项)是："什么是定义，是操作还是其他?"参与者中的两位，就他们使用的"定义"这个词而言，是以一种传统的方式来使用的，并且没有对其问题加以直接关注，那么我们略过。而另外两位，即菲格尔和博林，使用了风格化的措辞；一位以一种稍许复杂的形式，另一位则是以一种流畅的方式，而这里的兴趣仅仅在于指出那种能够被发出的曲调。

菲格尔认为，在细小方式上，定义对于指定术语或符号的意义具有帮助。因为在处理术语或者符号时，它总是唯名的(nominal)，并且"所谓实在的"定义不外乎是描述和识别。然而，尽管所有的定义都是"唯名的"，但它总是以"并非唯名的"某物——即观察——来终结。这可能令读者怀疑，当定义超越唯名阶段之后它是否仍然是定义？但是，菲格尔通过将之称作"仅仅是术语问题"而摆脱了这一困难。博林将定义定义为"等值的陈述"，并且认为它能够被应用在一个术语与别的术语之间，或是一个术语与"事件"之间——他漫不经心地忽略了这个问题：在何种意义上，"术语"可以等价于"事件"？他进一步将定义区别为要么是操作定义，要么是非操作定义；很显然，他对操作定义和非操作定义之间区别的本质没有任何好奇，也不管那操作台上被确认的等价物会发生什么——无论加没加麻醉剂。

还有两位参与研讨会的学者，即物理学家布里奇曼与心理学家斯金纳，他们
171 对正在讨论中的操作和定义问题给予了有用的实际关注。[②] 布里奇曼以他在物理进程方面的长期实践为基础，将定义处理应用于术语的陈述。他认为，这样的

---

① 《关于操作主义的研讨会》，《心理学评论》，第52期(1945年)，第241—294页。导论由编者赫伯特·S·朗菲尔德(Herbert S. Langfeld)撰写，其他供稿人为爱德温·G·博林(Edwin G. Boring)，P·W·布里奇曼(P. W. Bridgman)，赫伯特·菲格尔(Herbert Feigl)，哈罗德·E·伊斯雷尔(Harold E. Israel)，卡罗尔·C·布拉特(Carroll C. Pratt)，以及B·F·斯金纳(B. F. Skinner)。

② 然而，布里奇曼仍然深深地关注这个旧疑问：知识中的"公共"与"私人"；而另一位作者是如此困惑，以至于在主要论文之后的17页的"反驳与再次思考"中，有三分之一篇幅直接地、以及或许有另外三分之一篇幅间接地与这个完全虚构的、浪费时间的问题有关。

定义假定了检查和验证操作,因而不仅仅是操作的——不妨说,由于它如此完整地是操作,以至于将其称作“操作的”简直是同义反复。与布里奇曼20年前对物理术语所做的一样,斯金纳也对心理术语进行了艰难的、直接的操作分析;只要发现当今那些模棱两可或浮华不实的措辞,他就予以丢弃,并且他把困难——无论在操作的评估中还是在定义的评价中——归因于这一事实:对于人类行为的基本观察和报道仍然太不完整,以至于给不出可靠的结果。他拒绝词与意义的二元论,并专注于将平易实用的常识应用于使用中的术语——专注于这样的问题,即在进行中的观察和实验中的词语能够正确地代表什么,专注于从如此建立起来的事实中得出的、试验性的总结。斯金纳赞同布里奇曼将操作分析应用于所有的定义之上。对他来说,“什么是定义”这个问题的回答将要求:首先,“对科学家的有效语言行为进行令人满意的系统阐述”。他自己的任务是“用例子”为这样的回答作出贡献。这次研讨会上的其他人可能被要求,当他们说“非-操作”时,要明确自己所意味的状况究竟是什么。

无论是布里奇曼的检验还是斯金纳的检验,都属于与“符号化”相区别的、我们所说的“详述”领域。对我们来说,他们从过时的方法那里引出一条路,我们刚刚检验过的其他作者在三篇论文中走上了这条道路,这些论文发表在1945年和1946年的《哲学》上,在其中产生了许多明确的进步。他们的作者是亚伯拉罕·卡普兰(Abraham Kaplan),欧内斯特·内格尔(Ernest Nagel)以及史蒂芬·C·佩珀(Stephen C. Pepper)。我们应该注意到这些已经产生的进步,以及他们对未来工作所预示的开端。如果其他同样先进的探究没有引起我们的注意,那么我们对此深表遗憾。

## VII

卡普兰的论文为《意义的定义与详述》(Definition and Specification of Meaning)。[①] 在这篇论文中,他将“意义的详述”作为改进术语之适用性的过程加以检验,继而将道路引向旧逻辑意义上的定义:“被定义的术语和其意义已经被指定的表达之间的逻辑等值。”他把在详述和意义的等值之间建立联系视为目标,但是并不承担处理其问题的责任;他把自己限于对在这样的理论中加以考虑 172

① 《哲学杂志》,第43期(1946年),第281—288页。

的某些问题进行检验。他敏锐地观察到，科学的最好作品中很多是通过这样的"概念"做成的，例如物种概念，生物学家的长期努力都未能确保它有任何"定义"；他继续询问，如果"定义"如逻辑学家所说那样强大与重要，那么这样的事是如何可能的。通过将"意义的详述"作为"自始至终的假设"加以对待，他逐渐引出这个问题：这样一种意义的发展如何接近、并最终达到逻辑定义中的那种特征，在其中意义不再保持在假设的界限中（尽管还存在这么个保留：最终，定义或许会显示为"只是详述的一种特殊形式"）？

探究的巨大领域由此打开，但是同时也需要注意到某种困难。似乎很好理解，卡普兰使用了某种关键词，对于与这些关键词相关的东西自身，他并没有给出相关详述的任何提示。这包括"概念"(concept)、"术语"(term)以及"意义"(meaning)这类词语。例如，在他自己的发展中，在何种意义上"意义的详述"比仅仅"详述"说得更多？"意义"一词添加了什么附加"意义"？这"意义"是否以某种方式独立于、或附加于"详述"而呈现？如果"意义"添加了任何东西，那么它难道不该在处理的早先阶段——即先于卡普兰当前讨论的阶段——就被搞清楚吗？"意义"自身和"术语的意义"——这往往是一个被选择的措辞——之间的区别是什么？如果"术语"必须具有"意义"并且其"意义"必须被分别"指定"，那么探究难道不是在这个阶段上进行，即它已经两次从直接的观察移开（而且是不必要的移开）？如果由此使用"事实"的三个阶段，那么不应该清楚地确定它们的差异吗？或者不应该至少指出它们进入的方式吗？询问这些问题，不是为使之气馁，而是对卡普兰所推崇的进一步检验的鼓励——假如等值和详述之间的关系要得到理解的话。

173

## VIII

内格尔在他的论文《对自然科学中语言使用的几点反思》("Some Reflections on the Use of Language in the Natural Sciences")①中，对"定义"的理解很接近卡普兰对详述的理解。为了其讨论语言的直接目的，他并没有像卡普兰那样把问题普遍化，但是他在对包含在定义这一积极过程运用的不断修正与重构中体现出了才华。我们已经附带地引用过他那些有价值的段落，说数学

① 《哲学杂志》，第42期(1945年)，第617—630页。

家们不断放弃这一旧的期望:符号当如名称一样拥有有效身份。他提供了“常态实例速率”这一案例中的基本情境作为具有启发性的范例,这一措辞方式使其就操作性而言并非任何事物的“名称”,但无论如何它作为短语坚固地保持着效用。[①] 他排除了那样一些表达类型所声称的东西:那些表达通过种种语境被应用于不同的意义,它们催眠了使用者从而使他们相信,作为表达,它们对于其不同应用而言拥有“全体共有的通用意义”。他甚至可以将他自己所用的“定义”一词作为这种表达形式的最佳案例。在他对知识过程那生动的自然主义评价这一背景中,所有这些步骤都对于进一步发展具有重要意义。

## IX

佩珀所阐述的《描述性定义》[②],正是在卡普兰指出的重大问题所在区域中进行建构的一种形式。他的“描述性定义”与我们所描述的“详述”相当接近,就他所进行的介绍性描述而言,我们可以乐意接受他的这一阐述;在满足我们的需要方面,几乎无须任何保留。它至少为我们所追求的东西提供了一个清晰的、可供选择的报道。然而,他的诠释框架却是另一回事;并且正如他所看到的那样,他的“描述性定义”被如此错综复杂地内置于那个框架中,以至于它必须由此得到评价。 174

正如卡普兰对于意义的详述所做的那样,佩珀将以往的逻辑定义作为展示和辩护描述性定义的基础。他注意到“在经验探询的观察者所期望的表达中,意义连同明确的附带条件一道被归诸符号;在有效证据允许的范围内,这意义尽可能地接近真实”。为了这个目的,描述的指涉“实际上从来没有”被视为“不变的”。他没有提供一个完全肯定的陈述,但至少,正如他在某个措辞中所说的那样,只要“描述能够被变得更接近真实”,在描述之下“符号”的指涉就“打算”被变更。于是描述性定义成为“对事实持续负责的便利工具”,而不是“经验探询中的

① 当然,他的陈述并不根据“命名”。正如他所说的,这样的表达“乍看起来不适用于任何在陆地上或海上的事物”;它们“显然没有与经验主题相联系的相关使用”,也“没有能够”被它们“描述的、外部的可识别的物体运动”。《哲学杂志》,第42期(1945年),第622—623页。

②《哲学杂志》,第43期(1946年),第29—36页。

规定”。①

到目前为止，一切都顺利。人类显示出对事实知识、详细描述的追求，并且不断改变名称以适应改进了的描述。但是，佩珀发现自己总是面临着这到底是不是“定义”的询问。他反省道，或许逻辑理论中的唯名定义和实在定义，等式、替代以及以实例证示的定义对于这个领域具有专有权，并且会将“描述”定义视为入侵者而加以拒绝？至少他感到有必要将描述性定义和上述其他理论组织起来，并持续关注这个问题：是否可以从它们或者通过它们获得权威，来实现他所希望的东西。尽管他依然允许自己身穿诸种定义色彩构成的外衣，他所追求的组织比达布斯的分类或里德的“组织缜密的统一”更具有现代精神。

在开端，他将描述性定义设置为定义的两大分支之一，并设置了唯名定义与之对照。前者通过它“对符号所意味的事实负责”而被知晓。后者并不在这一意义上负责，而是或者假定或者忽略事实，或者就和事实无关。唯名定义有两种：等式定义与实指定义。

等式定义，据说是严格地仅仅关乎符号替代问题。然而佩珀并未讨论的是：是否这是对所有发生在数学的等式过程和等值发展中的事情的充分表达，以及这是否足以满足他的需要。他所采取的是逻辑学家对陈列在逻辑货架上逻辑“产物”加以处理的方式，而不是对人的逻辑活动加以处理的方式。尽管就文化而言，他自己的做法已经远远领先于传统逻辑学家。对现在的目标来讲，我们需要注意的是在他的程序中等式定义就是替代，仅此而已，别无其他。

实指定义是(或“含有”，或“指涉”)符号的非-符号意义或意义来源。它主要并典型地就是一个“指向”。在这里，佩珀检验出现在他面前的“事实”，得出了出色的结果。他建议将这种“指”作为“指示”，继而将“指示”作为“操作”加以诠释。沿着旧的路线，他在实指定义的位置上达到了指示性的“操作”；然而，这“操作”依然被分配了这么个身份，即它自己就是个“定义”。这里存在着“词与物”混合体影响的残存，即使在这一时刻摆脱传统僵化的重要一步正在迈出。老资格

① 仅仅作为好奇，显示了词在逻辑上来回变换的使用方式，由此皮尔士曾经(2.330)暗示了大多与佩珀现在所发展的相同的物。佩珀的语言是“唯名定义出自定义规定”。皮尔士的措辞是“这一定义——毋宁说比定义更为有用的规则”。规则和规定语源上并不相同，但它们的使用是相近的。皮尔士的“规则”对佩珀的描述的定义而言是一个紧密的伙伴；而佩珀的“规定”，在其没有过于恭维的使用中，与皮尔士通过定义而感到被迫去理解的东西密切匹配。

们可以欣然谈论"实指定义",这是由于他们理直气壮地过着模糊的生活,避免在不适宜的角落展开分析。佩珀进行了中肯的分析,我们为之震惊并且发问:在对于"实指"或"定义"这些词语的任何审慎使用中,这样的实指或指示操作本身为何以及如何能被称为"定义"? 在不使用名称的手指-指示和不用手指、没有指示动作的名称使用之间,是否存在逻辑上的共同点? 如果存在,那么它是什么? 尤其是,它"实存地"拥有特定场所之处究竟在哪里? 176

现在,佩珀的问题是将描述和实指、等式组织起来。这个问题如此重要,每一次对这个问题的富有新意的探索都是如此有趣,因此我们应当花费篇幅来展示:当"替代"在"等式"的幌子下,被用来组织(被假设为)不太可靠的"描述"时,将发生什么。这里有三个图表,我们应该仔细研究这些图表以及它们的具体内容。等式定义的图表显示了符号"S""等同于"其他"符号",并由后者"等值地定义"。实指定义的图表显示"S""指示"一个"经验的事实""O",并由后者"实指地定义"。描述定义的图表扩展为三元形式。"S"和以前一样是符号。"O"由"事实"进展为"领域",同时保留了其经验性。"D"被添加以代表描述。在图表的进一步区分中,"暂时的"、"假设的"以及"证实"等词汇都进入其架构,和"描述"一道。继而图表的架构发展为两种并行的表达方式或是公式:

| 公式 A | | 公式 B |
|---|---|---|
| 1. (D-O):D 假设地描述 | (或) | 被 O………所证实。 |
| 2. (S-D):S 暂时地等同于 | (或) | 被 D 描述地定义。 |
| 3. (S-O):S 暂时地指示………(或) | | 被 O 实指地定义。[①] |

在公式 A 中,这样浓缩陈述看来是容易或"自然"的:给定一个关于"某物"的假设性描述,我们就可以用一个词暂时地代表这描述,并且这个词也将暂时地指示这"某物"。在公式 B 中,我们可以类似地说(尽管各种其他呈现也是可能的):给定已证实的关于某物的描述,这描述描述性地定义了一个词,而这个词是 177

① 图表的某些特性应当联系以上誊本而被提及。就图解位置而言,有这么个可能性,即 S-O 线上的"暂时地指示"和"实指地定义"应该交换位置;我们的选择是将"暂时的"和"假设的"聚集在一组。在公式 A 下的 S-D 和 S-O 陈述(后者可以变形为"被……拿来指示")被作为"同时"而加以注意,这可能表明其他地方有我们忽略的演替顺序(我们远远不希望迫使这样的演替进入处理)。从主动动词到被动动词形式的转变可能有一些我们忽视了的重要意义,被动动词所暗示的特定主语值得追究。这些困难是微小的,并且我们相信它们并未干扰我们恰当地传达佩珀教授的立场。

(或被视为)由某物而得到实指定义;或者我们更容易想到这样一条实指的线索,通过命名和描述达到证实或想象中的证实——遵循这一线索的是朝向"实指定义"的重大回归。(在另一处讨论中,佩珀在某种程度上通过如此谈论描述性定义来简化他的报道:"严格地讲,它就是武断地用一群符号来决定一个符号的意义,而这服从符号群的可证实性,这可证实性出自被指示的特定事实。"[1])但是,如果有人说,所有这些实质上达到就是这样的报道:人类拥有语言,在其中他们描述事件(事实、领域),他们可以用单独的词语替代一群群词语,而这一群群词语可以被称为描述性定义;如此替代上去的词语指示着被描述的事实,当它们被视为"得到证实",它们就和"指示操作"型的"实指"相联系——这样说岂非更为有益?

经此简化(如果他允许的话),佩珀的发展成果可以被视为消除古代逻辑虚假性的卓越著作,并且在基础学术研究中,可能要求每一位崭露头角的逻辑学家阅读它。我们唯一的问题是那过程的有效性,因为他的展开,仿佛是在被迫使自身接受传统逻辑方案所提供的古老测试。我们可以问:如果等式就是替代或可替代性,恰恰是这个,别无其他,那为什么不干脆称之为替代而非等式?这样一个毫不含糊的命名会不会使我们摆脱一丁点儿言语的虚有其表,并极大地提高理解的确定性?如果等式纯粹地、真实地从符号到符号,那么"暂时"等同作为等同本身的一种类型,除了是学习中的一个基础阶段以外,它还可能是什么呢?如果人们将短语"被等同于"转变为主动形式"等于",那么当他发现自己在说"S暂时等于D"时将有多么愉快?或者,如果我们被告知,如某个段落所说,描述"并非断然地等同"于符号,仅仅"就我们最好的能力所及"才等同,这是否增加了明晰性?描述是打算被改变的,而等式并不;于是问题再次出现:那种描述性定义如何能够被等同?"证实"如何能够成为对"假设地描述"的可替代措辞?图表中的可替代形式或许不该是"假设地证实",但是这样一来它和"描述"本身之间有何差异?在"实指"的引入中,佩珀用对付"直接事实"的旧方式看待它,尽管他自己后来将它还原为指示性操作,并将它作为定义予以保留。[2] 但是暂时的直接

178

---

① 《艺术中批判主义的基础》(*The Basis of Criticism in the Arts*,剑桥,1945年),第31页。书中关于公式A中D-O的结构图表使用了"描述"一词,尚未使用"假设地描述"这一限制。

② 同上,第27页及以下。

会是什么样子的呢?

进一步说,主要问题是这样的:为什么对于人类行为中如此不同的情境要使用同一个名称,即便在种和类的差异之下?如果我们将“e”作为等式的,将“o”作为实指的,并将“d”作为描述的,那么佩珀的各种各样的定义可以被确定如下:

e定义在单词S可以替代其他词的地方。

o定义在一个单词被操作性用以指示一个对象O的地方。

d定义在一个单词暂时指示O的地方,通过暂时地替代描述D,而D假设地描述了O;或者作为一种选择(或者探究的某些不同阶段),d定义就在这样的地方:一个单词经由——或关联于——O对D的“证实”而得到o定义。 179

在陈述的基本的、传统的形式中,报道可能看上去是这样的:e定义,正如他所提供的(尽管我们并不打算致力于这样一种观点),看上去基本上是语言组织的事情;o定义看上去普遍存在于这样一个领域,一般——尽管松散地——被称为“经验”;而d定义,就目前为止任何人所能看到的而言,作为一个普遍种下的类似乎没法舒适地躺在任何地方。

## X

我们已经看到了“定义”这个词的许多矛盾呈现,它们由那些目前在共同领域中致力于共同事业的敏锐研究者们所提供。回顾这些冲突,我们是否可以正确地说,这种展示自身,正如它所表示的那样,为彻底的术语改革提供了充足的理由?假如没有这种改革与重组,研究中对于规范交流的实际需要是否就没法得到满足?“定义”一词被期望去覆盖行动和产物、词与物、精确描述与暂时描述、数理等式与精确公式、实指定义、逻辑报道中的感觉与知觉、“终极”甚至“不可定义者”。[①] 在审慎的技术研究中,哪里都没有一个词该被要求解决这么多问题。在定义的“可定义者”当中,逻辑学家大胆地将“不可定义者”推到前面——试想,在逻辑之外哪里还能容忍这样的断言?或许只有古代的神学或现代的政治演说是例外。尽管有着肥厚笨拙的逻辑形体,这里看上去仍然像是女巫的舞 180

① 正如我们已经显示的,多种事物在单一名称下造成的混乱,最有可能保持在这样一些原始形式中:将它们全部都指向某个人类“能力”、“行动”或“行为”中的、号称是共同的源头,它是中世纪灵魂的衍生物。

蹈。令定义覆盖如此这般的多样性，较之令专注地盯着字典页面的学生们报道说孟加拉虎、老虎莉莉、盒子上的虎、偶尔猎鹿的虎都是属于一个共同类——虎——的种，难道会是更加适宜的？

我们所检视的定义类型大致可以分为三组，即数学中的等式、科学中的详述以及从传统中衍生的混合逻辑形式，期望并策划在完美的逻辑等式模式之下终极地建立起详述。最糟糕的事情是，今天的逻辑不仅将所有这些不同的行动以及它们的一切种类接受为共同过程的外在阶段，而且实际上把自己全部工作的伟大目标寄托于将它们融合成一个单一的过程，或统一在逻辑系统中。结果正如我们已经看到的那样，恰恰是混乱。

在此，问题的解决没法靠辩论社团，也不是形式计算机器能对付的。它要求在其全部历史语言-文化背景设置中被面对。在这一设置中，需要考虑的重要阶段是：逻各斯以及亚里士多德主义的本质；中世纪后期命名与被命名者的割裂，在夸大形式的“唯名”与“实在”中上述二者成为彼此分离的“物”；人为地设计了“概念”插入以组织它们；通过一个共同的——尽管哪里都没得到澄清的——“词”（或者是“句子”）对“概念”的替代，上述程序借助概念替换存活到了现代；结果作为主题之组成部分的“词”、“术语”及“命题”有着引起混淆的“独立”或“准独立”状态；最终，在继承来的术语——或它的略经修正的版本——中进行着关于科学与数学之联系的无止境的逻辑讨论，在任何阶段都缺乏充分的、关于科学指称与数学符号化本身的现代发展的事实检验。

在此背景之下，以及在我们已经给出的范例中，呈现出一个对于我们眼下的思考具有重要意义的特性，显示出现存术语中的虚妄会导致的过度。这是我们已经反复记录的条目，[①]现在我们将对此，即同时作为“定义”和“实在”之成分的“终极”和“不可定义者”，稍作切近的关注。无论谁进行调查研究，也无论今天对于它们的理解有多么彻底或多么不确定，我们所说的“详述”和“符号化”都堪称逻辑领域的流通货币。与此相反，“不可定义者”和“终极”是虚假的。当它们进入逻辑讨论时，对于它们我们既没有好的工作名称，也没有可理解的等值，更没

181

① 在先前的报道中，我们已经通过阿达姆松、约翰逊和达布斯提到了不可定义者。实指定义在佩珀和伯克斯那里获得了不同的对待。菲格尔也考虑到了实指定义，认为这是“在今天相当流行的”。他相信那儿应该不存在问题，因为它要么是“一个在语义元语言中制定的指称规则”，要么是“在词汇的‘正确使用’的学习中的一套实践训练”。达布斯，对他来说，它“不大清晰”所以足以使用。

有可证实的事实指涉，却假装或多或少地同时具有三者的价值。它们进入“实指”定义，或进入针对实指的某些词汇上的替换者，但是以这种方式我们没法说究竟是“定义”自身关于“某物”，还是“定义”就“是”它所“关于”的物，以及“是”和“关于”这样的措辞究竟是如何被使用的，它们传达的意义为何。约翰·斯图亚特·密尔在一百年前曾评论，虽然“通过指向他”人们可以“明确地”知道这个名称所属的是哪个特定的人，但是这样的指向“并没有被视为定义模式之一”。[①]在之前相互理解的基础上的“指向”是一回事，但是从交流真空中的指向单独发展出一种理解(或定义)，则是完全不同的问题。然而，自密尔时代以来，不管实指定义有多么荒谬，它都已经获得了很大的声誉；并且实际上，它对于许多现代逻辑而言是一种标杆，对于那样的现代逻辑来说，显然拥有“实指定义”这样的名称足够保证在宇宙的某个地方必定存在着好的、坚硬的事实与名称相配。当逻辑作为运用陈旧术语的操作得以发展，当它将“定义者”、“实在”和“名称”视为彼此分离的要素、而不是对居于周围世界中的人的高度专门化行为形式进行的探究时，实指及其不可定义者和终极看上去确实是一种不可避免的结果。实指行为可以被找到。定义行为能够被找到，但是仅仅使用“实指定义”这个词并不足以解决将它们组织起来的问题。 182

如果进行尝试，我们可能会将对于不可定义者的定义过程分离出来，起码以一种基本的方式看看它们由什么构成以及它们如何工作。当它们进入定义时，这些不可定义者和终极被假定为(或者直白地说，代表)什么？它们被认为是“物理的”或“精神的”吗？通常不是。相反，它们被描述为“逻辑”实体或者是存在者，对于这种措辞方式，探究得越少对它才越好。当然这里涉及词，这是因为，倘若没有“实指的”这样的语言表达，显然这样的定义根本没法受到我们的注意。当然这里也涉及“物”，无论物是什么，在手指的那个方向超出手指的就是这里所说的“物”。当然这里也存在着习惯和取向的大背景、行为与环境的大背景，它们都包含在每一个这样的指向中。不仅如此，在任何使用语言的团体中——除了在使用语言的团体中，诸种形式的定义还能如何得到切近的考察，这颇难回

① 前引，卷 I，第 VIII 章，第 2 部分。关于既包括“指向”也包括被指的“对象”的整个“指示词”问题，比当前讨论背景更广阔的讨论可参阅：约翰·杜威：《逻辑：探究的理论》，第 53—54 页，第 124 页，以及第 241—242 页(《杜威晚期著作》第 12 卷，第 59—60 页，第 127 页，第 240—241 页)。

答——这种指向的背景在很大程度上是语言。设想我们把以下场景都视为一般指向领域中的例子展示：一条无主人的野狗在用鼻子嗅猎物发出的气味，警醒并紧张；野外的一个训练有素的指示者与狩猎的主人，在灌木丛中，主人用手指出有利于同伴的猎物痕迹；一个野蛮的猎人指向或用眼睛追随另一个猎人的指向；一个来自热带的野蛮人在北极作客，观赏爱斯基摩人用手指着的以前从未见过的雪；最后，在伦敦人的指点下，传统的巴塔哥尼亚人第一次看到了火车机车。传统的巴塔哥尼亚人并没有看出火车机车"是"什么，显然，假定直接的"指向"对他定义了火车机车，这属于对事情的延伸。[1] 几乎在任何地方都不会有理论家认为野狗在作定义。在其间的例子中，不同层次的信息通过记号被建立或传递。特定的"定义"在什么地方开始，又是为了什么？在什么地方停止，以及为什么？这些问题关涉到各种各样事件的发生，并关涉到在其研究中所需要的命名。

183

以下是我们最为强调的信念：像逻辑中的"定义"一词那样的混杂指涉是没法被整理得秩序井然的，除非在整个领域中设置了人类行为的合理建构，并在此建构中确保一个奠基于完整行为基础的一般性语言理论。[2] 我们已经在先前的章节中暂时地简要描绘了我们相信这种建构将要拥有的一些特性。我们将一般意义上的行为等同于从交互作用的角度来看的有机体-环境之记号-过程，我们已经注意到感知-操作活动在此范围的一端，继而是语言之指称使用的三个步骤，然后是符号化中的另一种使用类型。有了这样一张行为领域的图谱，坚持在"定义"名义下聚集在一起的种种人类过程就可以被分配到其适当的操作领域。在这些领域中，目前被如此荒谬呈现的"实指"应该能够在非常必要的嬗变中寻得恰当的家园。

---

① 比较在杜威的《逻辑：探究的理论》中第125—127页（《晚期著作》第12卷，第128—130页），关于"指示词"的讨论。

② 我们已经引用了斯金纳的观点，没有成熟行为基础的现代逻辑是不可靠的，并且我们之所以重复是由于这样的观点很少到达逻辑学家的耳朵。他们共同的习惯是，将所有关于作为生命过程的逻辑的令人不安的问题都丢弃到"实用主义"中，忘记了皮尔士和詹姆斯的"实用主义"及其历史状态是与此相反的，因为后者诠释生活中的意义、概念以及观念。斯金纳的结论是：科学家自身的语言行为最终必须被诠释，并且假如"从逻辑和真理-价值的观点看我们的科学结构无效，那么对逻辑来说将同样糟糕，逻辑也将被我们的分析所围绕"。

# 8. 科学时代的逻辑学[①]

I

逻辑学家经常喜欢探究的主题是其他分支的探究要用到的公设的形式。但是,他们却很少考察自己所使用的公设[②]。长久以来,他们满足于提供一些他们称之为逻辑的"定义"一类的东西,任其在那儿却不作考察。他们可能会宣称,逻辑要应对的是"思想的规律",或者是"判断",或者是"秩序的一般科学"。最近,他们倾向于以各种模糊的方式,把逻辑与语言的秩序联系起来。 184

为了描述这个情况,我们最好这样说:当逻辑学家花了大量时间来探讨如何把他们的逻辑应用到世界之中的时候,他们却对他们作为处于现代科学所开启的世界之中的逻辑学家的自身立场没有任何考察。我们可以用达尔文对有机体的"自然"起源的伟大证明作为一个新时代的开端,在这个时代之中,人自身被看作是被发现的宇宙的一个自然成员,而不是一个高级存在(他从在上者和超越者得来的性质,使他能够"俯视"世界)。如果我们做到了这一点,那么就会发现,几乎所有的逻辑事业都是在前达尔文模式中进行的。确实,当前的作者们仅仅察觉到了确切地采取了现代方法的两个体系(其中一个是被建议的计划而非已经

---

① 本章由本特利撰写。

② 在一个更加广泛的、默默被接受的(也就是未加分析的)公设背景之中的次-级公设,是足够普通的。目前的观点就是莫里斯·R·科恩(Moris R. Cohen)的观点,他写道:"新逻辑的哲学意义,它的预设的性质,它的可能应用的方向,是一些很少引起反思性思考的观点。"《逻辑学序言》(*A Preface to Logic*,纽约,1944年),第 ix 页。

185 完成了的构建)。其余的几乎完全都是在“思想者”“自我”或者“意义”的高级领域所带来的便利(如果不是形式的名义上的话)中被操作的。本文将草拟出方法的新形式,并将它与典型的旧形式相比较。

关于逻辑的计划和目标,在前达尔文和后达尔文模式之间,有两个重大的区别很容易被看到。

人们会发现,前者把它们的注意力基本上集中在个体的人(如“心灵”,“决断者”,或者“行动者”)所作的决断上,而后者则广泛地描述或直接地评价了认知活动在世界中的出现和生长,“决断”只是作为过程的一个短暂阶段而不是关键性的行动进入其中。

前达尔文模式的行动要求确定性,要求这些事情被完美地、绝对地、终极地完成;而后达尔文的逻辑则满足于在现有的人类能力范围里抓住它的结果,而不是努力把握太过遥远的东西。

以这些标准来考察,现有的非亚里士多德的、多值的和可能性逻辑仍然停留在前达尔文或者说“非自然的”行列之中,尽管他们淡化了关于确定性的用词。一个世纪以前,布尔(Boole)致力于以数学手段来提升逻辑学,雄心勃勃;但是,追随思想丰富的弗雷格(Frege)的罗素——自身已经彻底接受了通过“思想”、“判断”来进行理解和解释的教条——改变了这一点。他稳步地领导了促使逻辑成为古代意义上的主人和守卫者[①]的战争,却从没有注意到这个潜在的问题:谁来监督监督者?

我们上面提到的区别,或许可以作为两组相互对立的假设的基础。在某些方面,这些假设可以被发展成像几何学家所设立的平行线那样的对立。但是,只有在它们所使用的关键词的含义能够被明确界定的条件下,这个过程才是实际186 可行的。不过,从逻辑学和与它相关的学科的情况来看,这个必要的语言上的准确性是做不到的。某个单个的人或许可以宣称它,但是他的同伴将不会赞同。在跨进语言市场的第一步时,他发现,每一个他所接近的逻辑学家都要求有改变词语含义的权利,要求有确定词语含义以使它们不同于已有的公理性使用的权

① 罗素在最近的著作中写道:“从弗雷格的观点来看,算术和纯数学不是别的什么,只是演绎逻辑的延伸。”《西方哲学史》(*A History of western Philosophy*,纽约,1945年),第830页。

利(有时是隐隐约约地,有时是粗糙地)①。

由于这样的路径是不可行的,我们将尝试其他方法。我们将会在好几种逻辑学中搜寻直至找到最特别的表述,其中每一个都是与问题相关的。我们将会尽我们所能把它们最好地集合起来。在这条道路上,我们不会得到通过更加可靠的探究才能获得的假设②,但我们会时常地确保一个合理的趋近性。在我们不能使得这一点向前推进的地方,至少可以呈现逻辑体系的框架结构,这样,它们就可能包含可以从其中引出假设的材料(如果在最后所涉及的逻辑学家对他们所做的事足够关注的话)。如果确保有仔细的评价的话,这种工作就是基础性的,即使它离我们所希望的标准还差得很远。

我们将会考虑六种逻辑思想,其中一半在1944年和1945年出版的著作中。现在,这个六种思想都在积极的探讨中。我们将把它们分成三组:首先是约翰·杜威和J·R·坎特(J. R. Kantar)的"自然的"③构建④;其次,是莫里斯·R·科恩和费利克斯·考夫曼(Felix Kaufmann)调整旧的心灵-个体的控制形式以使其适应现代用法的持续努力;最后是两个杰出的逻辑哲学家,即伯特兰·罗素和G·E·摩尔,为确保他们所举起的仍在飘扬的古代旗帜的胜利而作的绝望的努力。我们的目的与其说去讨论这些思想的是非对错,不如说去展示它们的材料和工艺的不同,去显示它们所提供的结果的种类。

187

---

① 逻辑学家语言上的自由主义,在目前的期刊上随时随地都可以找到。例如,在最近手头的一篇论文中,我们发现,演绎的"原则"求助于"直觉"来证实。它还建议,直觉应该由"真实性所启发的考虑来加强"。几段之后,由对"真实的"一词完全天真的使用而来的"原则",被宣布为"在直觉上是清楚的"。这里是缺乏幽默的,它同时没有注意到言语上的责任。马克斯·布莱克(Max Black):《表述三段论理论的新方法》(A New Method of Presentation of the Theory of the Syllogism),《哲学杂志》,第42期,1945年,第450—451页。

② 比较第三章,在那里,呈现出一组关于认知与所知的理论的假设。

③ 把这些逻辑的特征描述为"自然的",它是这样来理解的:这儿所使用的"自然的"一词,不是意味着与特定的"心理"相对的特定的"物质"。它代表所有逻辑知识的单一的探究体系,根据自己的需要自由地发展,如同物理学或生理学一样。它在体系中自由地发展,也在体系之间自由地发展。我们认为,是非自然的逻辑学家却标榜自己是"自然主义的"。因此,罗素宣称"知识是一种自然的事实"[《怀疑主义论文集》(*Sceptical Essays*,纽约,1928年),第72页]。但是通过观察他的材料和方法,我们认为,他是相反的类型。

④ 如果奥托·诺伊拉特(Otoo Neurath)仍能继续推进他的立场的话,毫无疑问,我们可以把他归为"自然主义的"。在计划中的《综合科学国际百科全书》(*International Encyclopedia of Unified Science*)(他是主编)中,他从一开始就比其更加积极的同事在这方面有更多的推进。他最近的著作是《社会科学的基础》(*Fourdations of the Social Sciences*),是贡献给百科全书的专著。

II

约翰·杜威的广泛的职业和公共影响更多地来自他的哲学、教育学和社会学的研究，而不是来自他的逻辑学。无论如何，在过去的四十年中，他已经使逻辑学成为他的整个探究的支柱。他在这个主题上的初期的文章，实际上可以追溯到90年代早期。《逻辑理论研究》出现在1903年，《实验逻辑论文集》出现在1916年，《逻辑：探究的理论》出现在1938年——这些著作有一个稳定保持的发展脉络，即非常强调探究是逻辑学的重大主题，它与查尔斯·桑德斯·皮尔士所预见和尝试着应用的观点是一脉相承的[①]。对杜威来说，探究的方法和结果变成了有保证的断言。旧的逻辑为了驾驭知识而在它自身的有效性上努力建立起来的"证据"，在这里是在探究中被发展出来的，是探究的一个阶段；所有的确定性都屈服于探究，探究包含了所有逻辑准则的确定性——而在旧的逻辑中，这些逻辑准则靠它们自身就有非常强的确定性。这样的话，人们在他的逻辑行动中进步，就像在他的宇宙中的其他事务中进步一样。因此，古老的超自然的理性所具有的格言和终极教条（被设想为人所拥有的）也就垮掉了。杜威的逻辑学所采取的基本态度，也是它所做的一个公设，在他的第一章中就可以找到。我们会从他的章节中列举出六个标题部分，并用其他两个典型的意见补充它们。这些被编号为1到8，接下来是12个更为特别的规定，编号为9到20。

188

**杜威**[②]

1. "逻辑学是一个渐进的学科"[第14(21)页]；
2. "逻辑学的主题经由操作决定"[第14(22)页]；
3. "逻辑形式是假设性的"[第16(23)页]；

① "就我所知，他（皮尔士）是在逻辑学上把探究及其方法当作为逻辑主题最初及最终来源的第一人。"[约翰·杜威，《逻辑：探究的理论》，纽约，1938年，第9页注释（《杜威晚期著作》第12卷，第17页注释）]。文中，杜威的第四个假设通常被叫做"连续性假设"，它呈现了从达尔文到皮尔士到杜威的最直接、最广泛的路径。

② 所有的页码引用来自《逻辑：探究的理论》（括号中的数字是《杜威晚期著作》12卷中的相应页码）。自《逻辑》发表以来，杜威作了推进，尤其是在语言、逻辑形式和数学的关系方面。但是，这样的推进在文中被标记的段落中是被暗示的，而不是被明确表达出来的，因为对于所有要讨论的逻辑学来说，很期望所呈现的东西可以被读者在文中引用的页码中直接证实。

4. “逻辑是一种自然主义理论;……理性的操作从有机体的活动中生发出来”[第18—19(26)页];

5. “逻辑是一门社会性的学科”[第19(26)页];

6. “逻辑学是自主性的;……对探究的探究……不依赖任何超出探究的东西”[第20(28)页];

7. “每一个特殊的知识都是作为一些特殊的探究的结果而被构造起来的”[第8(16)页];

8. “逻辑理论是受控探究的系统化表述”[第22(29)页],“‘受控’一词代表探究的方法,它在持续探究的过程中得到发展与完善”[第11(19)页]。

9. 通过词项和命题的语言发展,探究达到了对存在的有保证的断定(第7章);

10. 命题与命题性推理在探究中是中介性的工具性的[第113、166、181、310页(116—117、167—168、182、309),等等];人们发现,命题不是独立或孤立的,而是集合或系列中的成员[第311(310)页]; *189*

11. 词项是命题的组成成分,是以它们为条件的,不会独立或孤立出现[第328(327—328)页];

12. 个体命题与一般命题是成对的,前者规定“种类”,后者是“种类”的组织[第358—359(355—357)页];

13. “在一般的导出和下降中”(其中,分化成类与环境条件的分化是同时的),命题的发展在逻辑上等同于促使物种起源的生物进步[第295—296(295)页];

14. 单个命题(它们有“特殊的个体”)出现时,是不完整的、不完美的,而不是“简单的”、“原子式的”,或者是其他种原始类型的[第336(335)页注释];①

15. 被称作“普遍的”命题像其他命题一样,是探究的中间阶段。它们在工具性分化的不同层次上被考察(第14、15、20章);

16. 探究理论的充分发展,有待于一个语言在形式和内容上不相分离的普遍理论的发展[第iv(4)页];

---

① 当考虑罗素的公设时,公设14相对于传统做法的激进推进就会很明显。对同样激进的公设19可以看公设B-8以及它在第三部分第三章的上下文。

17. 与它们的主题内容隔断了的数学形式和逻辑形式，一般来说，只有在认识到这种隔断是临时性的，而且认识到在最终的建构中需要考虑它们在确定的人类行动中的全部环境这两个前提下，它们才能恰当地得到研究(第17章)；

18. 旧逻辑的规则(包括非矛盾性原则)现在以在探究中或和探究有关的形式出现，它们失去了对作为潜在的控制或者直觉的证据的权威的要求[第345—346(343—345)页]。如果它们与在“探究的前进性行动”中所起的作用分离开来，自身就会变成“机械的和独断的”东西的死灰复燃[第195(195)页]。

190 19. 通过探究而规定的“对象”，不会被规定为先于所有探究的存在物，也不会被规定为分离的产物；相反，它们在成为知识的时候，是受制于其规定过程的[第119(122)页]；

20. 没有判断会被看成是超越人类的或者是终极的；在转变的过程中，有机体和环境一样，都是被我们所知的。因此，它们所发展出来的逻辑行动的判断这个结果，也是为我们所知的[第Ⅰ—Ⅴ章；第345(343)页注释]。

其他要考虑的通向逻辑的自然道路，是J·R·坎特在他的著作《心理学和逻辑》(*Psychology and Logic*，印第安纳，布鲁明顿，1945年)所阐述的。他以行为间心理学为基础，推进了逻辑的发展；这种心理学是自詹姆斯以来心理学上最重要的进步之一。这种心理学的“自然的”属性是：它不仅承诺把有机体和环境对象紧密相连，而且彻底地探究它们在功能性解释形式中的行为性活动。把这些方法应用到逻辑的领域中，坎特为“特殊逻辑”提供了八个公设。他用自己的词语表达了这些公设，主要出现在他的著作的第一章中。两个补充性声明、2.1和4.1，以及其他一些用语，是其他章节提供的，用来补充与上下文脱离关系的主导性公设，使得它们更加严密。

**坎特**①

1. “逻辑首先是由一系列操作构成的。”

2. “逻辑理论和实践是连续的”；“理论……是由对操作的研究……构成

① 所有的用语都是公设的标题部分，或者是紧接的文本的标题部分，下面这些除外：2.1中的句子来自第140页，第11—12行；4中的第二个句子来自第168页，第13—14行；4.1中句子来自第294页，第9—10行，以及第7页，第3—4行；5中的句子来自第xiii页，第2—3行；7中的第二个句子来自第xiii页，第6行。

的”;“实践……是由这些操作自身组成的”。

2.1.“行为间心理学假设有机体和对象在它们成为不同自然科学的主题内容之前,是存在着的。” 191

3.“逻辑操作构成行为间领域。”“材料必须被看作……执行与逻辑学家的操作相协调的操作。”

4.“逻辑操作作为技术进化着,作为产品获得其体系。”“除了这个体系的建构在持续着之外,没有其他的普遍物被预先假设了。”

4.1.“不仅仅工作和它的产品可以被分离开来,而且每一部分都可以被给予适当的强调。”“我们能够与我们自己创造的对象相互作用。”

5.“逻辑学基本关注的都是特定的事件。”

6.“因为逻辑由实际的相互行动构成,它与它所发生的人类情境具有独一无二的关系。”“作为一项人类事业,逻辑不能摆脱一定的文化影响。”

7.“逻辑学与心理学不可分割地联系在一起。”“逻辑学……包含一个心理学的维度。”

8.“逻辑与语言显著不同。”它“首先关注的不是语言的事情”。“与逻辑的传统相反,大部分的符号、句子和陈述仅仅是指称……或记录……的手段。”

这里概括的两种思考在这些方面很相似,它们都坚持在具体可观察的逻辑行为中,找到它们的主题内容;它们都强调操作性地对待它们的主题内容;它们都为它们的探究建构了自然的和文化的环境;它们都坚持有机体和环境被视为是同一个系统。坎特的第1、2、4、5条和第6条与杜威的第2、8、4、7条和第5条是完全一致的;而杜威的第1条和第3条对他来说,很容易被接受。但是,在如此相似的一个框架之中,也有显著的区别。当然,当一个新研究的领域处于发展中时,这也是应该的。杜威的第6条和坎特的第3条和第7条在它们各自的上下文中进行解释,可能会产生问题。尽管如此,坎特的2.1和4.1与杜威的第19条相比,坎特的第8条和杜威的第9条和第16条相比,可以发现很明显的区别。 192 坎特在相互作用中(interactionally)来对待有机体和环境的体系,而杜威则使得“交互作用”(transactional)的途径成为基本的。坎特把“前逻辑的材料”作为逻辑活动的必要条件,把逻辑活动与语言活动严格地区别开来,并且把与物理产品模式相似的逻辑产品作为活动结果,这些结果激发人类与物理产品激发人类的方式是相同的。与此形成比较的是：杜威把探究展示为从不确定的情境向确定的情境前进的完整的活动，要求由探究所规定的“对象”在它的系统中（未来的和过去的）被把握。坎特执著于追问从一个开端（在这其中，人类有机体和环境对象是作为已经成形的东西、作为研究的基础而呈现给逻辑学的）开始，可以完成什么；而杜威则将他的探究置于知识的过程中，在这里，有机体和对象自身是在日常生活中、在特定的研究中被识别为和分化为这样一个自然世界的组成部分的[①]。因而，在一个类似的“自然”背景之中，我们就有了两个截然不同的、已经显示了的、还有待进一步发展的路径。

### III

我们要考虑的其他四种逻辑学，被假定为是从前达尔文时代的语汇和信念中得来的各种基本的材料和活动。这样建构出来的词项包括（还有很多其他的词语）：“感觉材料”（sense-data）、“概念”、“命题”、“直觉”、“理解”（apprehension）、“意义”，以及多种多样的“理性”和“经验”类的词，它们或者被当作是个体的可分离的“心理存在物”，是直接呈现的“心灵对象”，或者被看作是在它们之间进行词汇的杂交而带来的哲学的产物。我们所关注的问题是：这些材料为什么进入了建构之中？它们是如何行动的？[②] 在科恩和考夫曼的著作中，

193

① 布里奇曼的评论很好地展示了这个区别，坎特引用了这个评论突出了他自身的立场。布里奇曼认为，“从一个操作的角度来看，尝试把‘自然’与‘自然的知识’区别开来是没有意义的。”坎特发现，布里奇曼的观点偏离了正确的操作程序。相反，杜威在这一点上却完全同意布里奇曼的观点。P・W・布里奇曼：《现代物理学的逻辑》（*The Logic of Modern Physics*，纽约，1927 年），第 62 页；坎特：《在物理和心理科学中的操作性原则》（“The Operational Priaciple in the Physical and Psychological Sciences”），《心理学记录》（*Psychological Record*），第 2 期（1938 年），第 6 页。如果想了解从一个与本文截然不同的观点出发的对坎特的著作所作的评论，可以看欧内斯特・内格尔的评论，《哲学杂志》，第 42 期（1945 年），第 578—580 页。

② 典型的逻辑讨论的混乱，在第一章中从一个不同的角度考察过了。在那里，展示了卡尔纳普、科恩和内格尔、杜卡斯、刘易斯和塔斯基著作的一些特点。卡尔纳普和其他一些逻辑学家的程序，在逻辑学和实证主义方面一直需要一个彻底的检查。现在，C・W・丘吉曼（Churchman）和 T・A・考恩（Cowan）为我们做到了这一点[《科学哲学》，第 12 期（1945 年），第 219 页]。许多逻辑学家用来为他们使用过时的材料作辩护的论调是：他们坚持，逻辑学和心理学是如此的不同，以至于它们必须互不相扰。用其他话来说，心理学可以按照“自然的路径来进行”，而逻辑学是不允许这样做的。逻辑学家的这个论证，非常适合用来反对一个狭隘的非自然类型的心理学；但也可以用来反对一个狭隘的逻辑结果。这个问题是一个有关于全部人类行为的问题——人类所有的行为是如何进化的——不管在过去的流行言论中发现把行为分布在不同领域的探究中的做法，是多么便捷。

我们将会看到那些把它们与现代知识世界相联系的最热切的努力。因而，根据这些人所给予我的东西，或者至今还没有给予我们的东西，我们将会清晰地看到：当罗素和摩尔努力地以古代的叙述形式来建构和组织逻辑秩序时所包含的激烈斗争和复杂的语言选择。①

科恩教授想要加强逻辑建构的愿望，一方面来自皮尔士的启发，另一方面来自符号逻辑的兴起所带来的启发。尽管如此，他并没有发现杜威的建构方式是直接从皮尔士那里继承来的②。我们所集合的引文，是逐字逐句地从他最近的著作中获得的。虽然它们的上下文被去除了，并且经过重新的安排，我们仍然希望它们在科恩体系中的准确意义不会被曲解。 *194*

**科恩**③

1. “符号……代表了……唯一的……普遍性质”（第 8 页，第 6 行）。

2. “科学，研究……事物的确定的性质”（第 17 页，第 18 行）。例如，物理学，“从数学的假设开始，即只是针对某些客体（也就是占据时间和空间的实体）才是真实的假设”（第 16 页，第 3 行）。

3. 在对符号的操控中……“我们最终结果的意义来自我们最初的假设”（第 8 页，第 13 行）。

---

① 从一个极端的“心理主义的”或让人产生希望的“唯我主义”的角度来给逻辑学奠定基础，任何对此足够感兴趣的人都可以将此与刘易斯的程序相比较。刘易斯是下列“公设”的代表者（从一个“自然的”角度来看，这些公设会使传统解体不再起作用）：(1)知识涉及三个组成因素、思想活动、由思想所产生的概念，以及感觉上被给定之物；(2)纯粹的概念和被给定的内容相互是独立的；两者之间，谁也不能限制谁；(3)概念产生了先验之物，它是对概念进行定义或者解释的东西；(4)经验的知识通过概念的解释而产生。参看《心灵和世界秩序》(*Mind and the World-Order*，纽约，1929 年)，第 36 页及以下；《知识中的实用元素》(*The Pragmatic Element in Knowledge*)，加利福尼亚大学哲学出版物，第 6 期(1926 年)；《对符号逻辑的考察》(*A Survey of Symbolic Logic*，贝克莱，加利福尼亚，1918 年)。在这样的背景中所产生的一个典型的规定是：如果“分析的事实”能够“像命题一样发挥作用”，它们“就被叫作命题”；因此，“命题‘人类存在’在字面上，与人类可能存在的事实是完全一样的”。[刘易斯与朗福德(Langford)：《符号逻辑》(*Symbolic Logic*)，纽约，1932 年)，第 472 页]想要了解在这样建构下表达的日常完整性会发生什么，可以参看我关于刘易斯的词汇所做的笔记，《哲学杂志》(1941 年)，第 634—635 页；也可以参看第 1 章第 VI 部分。

② 参看他对杜威的《实验逻辑论文集》(1916 年)的探讨，他的著作《关于逻辑的序言》(*A Preface to Logic*，纽约，1944 年)在附录中重印了这篇文章。

③ 所有的引文都来自《逻辑学序言》。可以与科恩的下面文章相比较：《一个逻辑学家的信仰》(The Faith of a Logician)，在《当代美国哲学》(*Contemporary American Philosophy*，纽约，1930 年)中：“逻辑规律既不是物理的，也不是心理的，而是所有可能的有意义的存在的规律。”(第 228 页)

4. “物理对象……必须符合逻辑这个假设在这个意义上是必要的：没有它，科学就不能被建构起来”（第16页，第15—16行）。

5. “根据假设，符号连接所要遵守的规则，恰好就是它们所意指的实体连接时所要遵守的规则”（第8页，第8—10行）。

6. “从逻辑上说……存在和有效性是紧密联系在一起的”（第15页，第26行）。

这读起来非常顺畅，但是它使科学，显然，也包括逻辑，需要依赖一个“必要的假设”作为基础——“必要的”是我们所不能避免的东西，“假设”是我们必须猜测的东西。它把人类注意的两个大的类别分开了，一个叫做对“符号”的注意，一个叫做对“事物的确定性质”的注意。尽管它们的外形是现代的，但与古代的“理性”与“感官”没有什么区别。它们之间的关系来自命令，来自干脆的断言：它们必须相互联系。要使用这样的命令，正是因为“体系”还没有被建立起来。如果“占据时间和空间的实体”组成了“自然”，那么，“符号”在我们使用这个词的意义上就仍然是“非自然的”；只要它们还没有被带入普通的解释系统中，还只是依赖于法令才进入其中。

195

我们将要考察的考夫曼教授，他的工作也是以一个相似的分裂为基础的：把人的活动与这些活动发生时所依赖的环境“自然”分割开来。他以自己的方式发展了一套深远的、复杂的、有力的分析，以建构它们之间的联系。他接受并崇拜杜威的“探究理论”，认为这个理论为知识作出了杰出的贡献；但又认为，这个理论自身还不是充分的逻辑学。他认为，演绎的理论必须以直觉的意义为基础，除此之外，还必须有一个关于科学的经验程序的理论（着眼于科学家的决断）。他从不认为自己分割了逻辑过程和它的准则与自然之间的联系，他恰恰认为他所做的正是“从准则的角度来定义探究”[①]。尽管如此，这一点仍然使他与杜威形成了鲜明的对比，因为后者在于努力地把准则和其他逻辑活动一起描述为持续的探究，而不是用准则作为定义探究的标准。以下是考夫曼教授的“信条”：

① 来自私人信件。

**考夫曼**①

1. 科学逻辑的任务是澄清科学程序的规则。

2. 全部的科学知识都是由依照这些规则而产生的命题组成的。 *196*

3. 在科学知识总体中的变化,或者添进一个命题,或者从中驱除一个命题,就被叫做科学决断。

4. 科学决断依据所谓基本的规则而被区别为正确的或者错误的(其他的所谓偏好规则,则关注路径的适当性与否)。基本规则和偏好规则都可能改变。这种改变的正确性的标准,被叫做第二级(或更高级)规则。

5. 掌控对命题的接受和驱除,把限制加在基本规则上的原则,是所有决断的可逆性,是对观察性检查的认可,是对矛盾的排除,是所有命题原则上的可判 *197* 定性。

6. 最后提到的两个原则是矛盾原则和排中原则的程序性相关物。前者是,程序的基本原则必须是:排除在科学中出现矛盾的现象。后者是,基本的规则必须是:不能排除任何一个给定描述的可证实性。

7. 着眼于基本规则而来的科学决断的正确性,只有依赖于每次所建立的知识,也就是说,依赖于先前已经被接受的而现在成为接受新命题的基础的命题。

8. 在科学决断中,可辨识的命题性意义被预先设定了。

---

① 这儿所涉及的著作是菲利克斯·考夫曼的《社会科学方法论》(*Methodology of the Social Sciences*,纽约,1944 年)。页码参考没有给出,因为文中所呈现的内容有考夫曼教授的担保,而担保之所以能够成立,是因为这样的附加条文:“他没有坚持认为,科学家在他们的探究中总能有意识地应用规则。”“他所坚持的是,当科学的决断或者所应用的方法的适当性被证明为合理的时候,对规则的指称在逻辑上被暗示了。”“制定出不涉及规则的判断”在他看来,是“有所欠缺的”。下面的引文,考夫曼教授强调要从它的完整的上下文中去理解,而本文作者集合这些引文则是相信,它们对展示在这个程序下思想发展的方式是一个基础:“在演绎推理(严格意义上)与经验程序之间的比较……将会是我们的分析的主导原则,……是解决问题的关键”(上引书,第 3 页);“科学思考最普遍的特征”是:“它是一个通过与预先设定的规则相符合而把命题置于两个不同类别中的一个之中的方式对命题进行分类和再分类的过程”(第 40 页);“在意义的逻辑顺序和探究的时间顺序之间的区别”是“最重要的”(第 39 页);“探究的时间方面没有进入命题之间无时间的逻辑关系之中”(第 30 页);“规则体系的基本性质是不变的”(第 232 页);“关于经验程序的真实逻辑理论”,是“一个关于在给定情境中的正确的科学决断的理论”(第 65 页);语言要求“一个这样的规则体系:它为了特定的思想而赋予一个声音现象以符号功能”(第 17 页);“在大多数情况下,语言中的缺乏区别是不清晰思想的结果”(第 27 页);“概念和命题是意义”(第 18 页);在“经验科学的问题和逻辑分析中……我们必须预先假定(基本的)意义”(第 19 页)。考夫曼在一篇晚期的论文中,反复强调他和杜威的区别[《哲学和现象学研究》,第 6 期(1945 年),第 63 页注释]。在那里,他声明,当杜威无视“对意义的直觉知识”、无视对“感觉材料的直觉知识”时,他不能理解杜威。

9. 可辨识的命题性意义的假定意味着，我们对此认为理所当然：对任何给定的两个命题，它已经被规定好了，即一个是否可以由另一个得到，一个是否与另一个相矛盾。

10. 蕴涵和矛盾或者直接地在对意义的当下把握中被识别，或者间接地在演绎的过程中被识别。

11. 在科学探究中，演绎过程是自主的，描述它无需涉及证实性或有效性。

在考夫曼教授的思想体系中，他拒绝了对处于陈旧坚硬形式中的本体论确定性进行逻辑规定的需要[①]。确实，对它的更新更狡猾的形式，他在许多方面都是不友好的。尽管如此，虽然在没有本体论的特殊化的探求的前提下，他能让自己满意；但在没有本体论的探求者的前提下，他却不能让自己满意。他保留了非自然的"心理"——"自我"、"个人"、"决断者"、基本的"认知者"——即使不是存在性的拥有者，也至少是意义的实质性媒介或传递者。他把科学看成是由命题组成的，把命题看成是意义（也就是一般说的"思想""概念"），把意义看成是相比物理的、生理的、行为的存在而在上的超越的（over，above，beyond）逻辑上高一级[②]的存在。他要求获得命题的决断，要求获得决断的规则，要求改变低一级规则的更高一级规则；在这所有的背后，他存储了规则所具有的不变的性质。在所有的逻辑程序背后，他要求预先假定的意义和不变的性质；在这些背后，他要求操作它们的直觉和当下的把握。演绎是间接活动的直觉。我们实际上被要求去采纳一种非直接的当下把握。它让人感到不舒服。

198

如果我们把这个与杜威的"自然的"程序相比较的话[③]，可以发现，杜威提供给我们的科学不是死板的"命题"（保存在与预先制定出来的规则相符合的"决

① 参看在本章开头的段落中提出的前达尔文和后达尔文计划和目标中的两个典型区别。考夫曼的信条＃5 和＃7 标示了他的进步。

② 我在这儿使用的"高-级"（superordinate）一词，是一个逃避性的妥协。考夫曼会说"意义"是在探究中"预先设定的"，是"基本的"，是探究"在逻辑上所意含的"，是"定义探究所必不可少的"。我会说，他的发展所实际获得的东西是：把它们保留为相对"探究"而言的"先验的"、"超越的"与"探究领域无关"的东西。我的用词不是他所意指的东西。这一点，他令我完全满意，但它不会影响我的如下观点：无论如何，我描述了他实际上所做的事情。

③ 对特定的词组的直接比较不是简单的，因为整个表达的方法（"语言氛围"）变化非常大。尽管如此，K2（考夫曼第 2 条）可以与 D10（杜威第 10 条）与 D15 相比；K4 比 D5；K7 比 D19；K10 比 D18。除此之外，第 18 个注释中关于语言的引用，来自考夫曼的第 17 页和第 27 页，与 D16 处于两极对比之中（以目前的观点来看）。

断”之中以防止腐化)，而是人类在宇宙中探究的实际可观察的持续过程。“命题”对于他来说，是工具，而不是展示物。发生了什么，就是什么，无需在它背后插入“直觉”来使它发生，或者成为发生之物。有意义的发声，怎么来的，就是怎样，而不是被看作与生命和语言分开的东西。“决断”是一个长久的评价过程，经常需要文化的描述；它从来不是一些中间的、在规则之下的行动(intermediate act-under-rule)。判断中的结果不是一个“概念”，也不是一个“声明”(pronouncement)，而是使探究不断丰富起来的完整行动。最后，对杜威来说，规则是探究的自然结果，而不是它的预设；它们的重要价值在积极的探究中才能充分地体现，但如果由它们自身产生，就会变得机械、武断，而且经常具有令人伤心的欺骗性。这个区别不是信条或观点上的区别——杜威的工作不能被置于这样的基础上来把握；它是一种实际技艺上的区别，“信条”的方面是跟随其后的。我们这里所给出的描述，仅仅是导向实践活动的线索。

199

**IV**

现在我们来看罗素的顽强斗争和摩尔的精密思考，他们都努力地将逻辑学置于古代言说模式之中——逻辑的、本体论的、心理学的和形而上学的——在这种模式中，感觉和概念、世界和人、身体和心灵、经验和理性都处于相互对立之中。罗素所提供的这样的材料是丰富复杂的，它们万花筒般的变换如此迅速，以至于大多数时候，即使是观点表达最清晰的地方，我们也很难集中注意力去看。他早期在符号逻辑以及制定数学结构的计划上面所取得的巨大的、得到人人认可的成就，以此收尾：在他的后半生，他努力地寻找他一直在应对的东西实际是什么。他的这一观点今天看上去，和早年一样强有力(甚至更强了)：一个人只有接受一些形而上学，使它发生作用，才能用日常的语言作一个普通的描述。①

为了表达罗素的观点，我们将构造他1918—1919年和1924年的逻辑原子论的基础，并且从他早期和晚期的论文中作一些引用以作补充(看来，也是人们所渴望的)。我们这儿所作的描述的笨拙令人遗憾，但这是因为罗素对这样一些

① 或者，至少这看上去是这样一个结论的内涵：“我们所有讨论的目标”，是指出“完全的形而上学不可知论与对语言命题的保持是不相容的。”[《对意义和真理的探究》(*An Inquiry into Meaning and Truth*，纽约，1940年)，第437页]

词语的使用，如“简单物”、“个体”、“实体”和“符号”，是重叠的、不断变化的，这使单纯直接的引用经常有风险，也时常不切实际[1]。

200 **罗素**[2]

1. “最终的简单物”(在理论中，如果不是在实践研究中的话)，是“世界所借以构造自身的”实体(M，1919年，第365页)。它们“具有一种不属于其他任何事情的实在性”(M，1919年，第365页)。“简单的”对象是“只有通过简单符号才能被符号化的对象”。(M，第515页)

2. 命题和事实是复杂物。“我不相信复杂物的存在……与简单物的存在意义是一样的。”(LA，第374页)

3. 复杂物通过组成它们的简单实体和简单符号而被处理。“对我来说很清楚的是，复杂物必须由简单物构成”(LA，第375页)。“一个命题的组成成分是符号……；事实的组成部分……是符号的意义。[3]”(M，第518页)

4. 简单符号是那些“不具有任何部分，这些部分或者是符号，或者是有意义的结构”。(LA，第375页；同上，M，第515页)

5. 对正确的简单物给与正确的逻辑适当名称(也就是符号)，从而也就获得了知识(M和LA的所有论证)。“一个原子命题……实际命名了……实际的个 201

---

① 卡西斯·J·凯瑟(Cassius J. Keyser)在他的《数学手稿》[*Scripta Mathematica*，第III卷(1935年)，第29页]引用了罗素的《我所相信的》(*What I believe*)一书中所使用的典型的矛盾用词，如下：“人是自然的一部分，而不是与自然相对的东西”(第1页)；“我们自身是价值的最终的无可争议的仲裁者，在价值的世界中，自然只是一个部分。因而在这个世界中，我们比自然更伟大”(第16页)。

② 这些来自罗素的引文，来源如下：

M.《逻辑原子主义的哲学》(“The Philosophy of logical Atomism”)，《一元论者》(*Monist*)(1918年)，第495—527页；(1919年)，第32—63、190—222、345—380页。页码标示是针对1918年卷的，除非另有所指。

LA.《逻辑原子主义》(“Logic Atomism”)，《当代英国哲学》(*Contemporary British Philosophy*)，纽约，第一系列，1924年，第359—383页。

RC.《对批评的回复》(“Reply to Criticisms”)，《罗素的哲学》(*The Philosophy of Bertrand Russell*)，P·A·施里普(Schlipp)编辑，芝加哥，1944年，第681—741页。

I.《对意义和真理的探究》。

③ 一般来说，罗素所意指的意义是非常难以规定的。不是说对这个问题，罗素没有提出什么洞见；而是太多来自不同观点的洞见，不加选择地投入到这个问题上。最好的做法是根据《对意义和真理的探究》中的索引来检查所有的篇章，十个或更多。也可以参看M，第506—508页；LA，第369页；伯特兰·罗素，《神秘主义与逻辑学》(*Mystisism and Logic*，纽约，1918年)，第223—224页。

体物。”(M,第 523 页)[①]

6. 这是一个主导性原则:“在任何可能的地方,用出自已知实体的建构来代替对未知实体的指称。”(LA,第 363 页)[②]

7. 在所有的简单物中,考虑个体物(M,第 497 页)[③]。这些是原子事实的“关系项”(M,第 522 页)。它们适用而且只有它们适用适当名称(M,第 508、523、524 页)。“在世界的清单目录中,个体物具有这样的特点,它们中的每一个都是完全孤立的,是完全自足的。”(M,第 525 页)

8a. 个体物被直接的熟识所把握。“一个名称……仅可以用到说话者熟识的个体之物上。”(M,第 524 页)[④]“‘红’这个词是简单符号……它只有通过对对象的熟识,才能被理解。”(M,517 页)

8b. “简单物”不是“如此被经验之物”;它们“只有作为分析的限制而被推断性地了解”。(LA,第 375 页)[⑤] *202*

---

① 如果要了解与“基本的命题”相关的讨论,可参看第 I、172、362、414 页。这里,罗素和杜威的差异非常明显(参看杜威,前面的第 14 条),以至于两人之间广泛的讨论在这一点上,可以缩减为一个句子的断定和对讨论的背景(历史的和当代的)的展示。

② 另外一种形式可以在《科学》(*Scientia*, 1914 年)中的一篇论文中找到。这篇论文在《神秘主义与逻辑学》被重印:“在可能的地方,逻辑建构被用来替代推论出来的实体。”(第 155 页)

③ 这有各种各样的叫法:逻辑原子、最终构成物、简单实体等等。“这样的终极简单物,我称之为‘个体物’。”《心的分析》(*The Analysis of Mind*,纽约,1921 年),第 193 页。它们是铁的事实中最稳固的部分,最能抵制“批判性的反思所具有的消解性影响”。它们可能是感觉材料,或者是所谓“事件”的实体(LA,第 381 页),有时是点瞬间(point-instant)或者是事件微粒(event-particle)。有时候,数学物理的表达加入其中,显得特别安全。如果罗素为这些词语中至少一个或两个建构确定用法的话,他的读者可能更容易公平地对待他。尤其令人不安的是,发现个体物自身正是词语,就像他所说的“自我中心的个体物”(第 1 卷,第 21 页),也即“这个”、“我”、“现在”这些其意义与说话者有关的词。如果对罗素来说,“词项”(terms)就是“词语”(words)的话(我不会这么假定),那么,在接下来的第 7 点的第二个句子也能使个体物成为符号,而不是实体。想要了解罗素的逻辑原子和适当名称(属于“提示”和类似原始行动的本质)的意指,请参看第四章注 11(即第 105 页注①。——译者)、第六章第四部分和第七章第二部分。

④ 可以比较《哲学问题》(*Problems of Philosophy*,纽约,1912 年),第 91 页;《熟识的本质》(“On the Nature of Acquaintance”),《一元论者》(1914 年)。

⑤ 关于 8a、8b 的态度,如果在罗素的著作中,随着时间的流逝存在着系统性的进步的话,我没有发现这一点。看上去,不同论证的阶段强调的侧重点不一样。如果这里所描述的冲突是不可信的,我建议考察一下内格尔在《罗素的哲学》中的文章中特别富有启发性的段落(第 341 页)。在那里,尽管他没有直接提到前后的不融贯,但是他注意到:(a)罗素认为,一些个体物是被知觉到的,至少它们的一些性质和关系是被直接把握到的;(b)罗素相信,他的个体物是简单物;(c)罗素承认,简单物不是直接地被知觉到,而是作为分析的界限被推断性地理解。关于这个情况的进一步的洞察,可以看内格尔关于《对意义和真理的探究》的富有穿透力的分析,《哲学杂志》 (转下页)

9. 为了成功地获得知识，必须对命题分类。“关于类型的学说，所导向的原子主义比二十年前我所能想象的任何原子主义都更加完整、更加激进。”(LA，第371页)

10. 在“类型的进步”中，到今天的阶段(1945年)是这样的：

a) 实体[①]存在于多种多样的类型之中；

b) “类型理论是一个关于符号的理论，而不是关于事物的”(M，1919年，第362页)；

c) 词语(符号)是同一个类型的全部(LA，第369页)；

d) 符号的含义可以是任何一个类型(I，第44页；也可以看LA，第369页)；

e) (当进展看上去是困难的时候)“类型的不同意味着句法功能的不同”(RC，第692页)[②]；

f) (当进展看上去是容易的时候)“在词语和词语所代表的事物之间有的不是一种意义关系，而是有许多意义关系，每一个都是一种不同的逻辑类型，这和词语所指向的对象有一样多的逻辑类型”(LA，第370页)；

203 g) (无论如何)“某种等级是必要的。我希望，终有一天会发展出这样的理论：它既是简单的、充分的，从所谓逻辑常识的角度来看，也是令人满意的”(RC，第692页)[③]。

对罗素的工作所提出的最严厉的批评，可能就是指出他对“符号”和“实体”的持续的混淆。在上面的案例中，我们展示了这个混淆，既有关于“个体物”的，也有关于“类型”的。对“符号”和“实体”的混淆，是罗素所需要的；这个混乱，正是他要达到的。在世界中有了这样杰出的展示，就不用奇怪，科日布斯基(Korzybski)感到有必要把他的著作的大部分内容用来反复宣称：词语不是事物[④]。只有在这一天到来的时候，即关于行为性词语和宇宙事实的组织的一个

---

(接上页)，第38卷(1941年)，第253—270页。

① RC，第691页；《数学原则》(*Principles of Mathematics*，剑桥，英格兰，1903年)；《数理哲学导论》(*Introduction to Mathematical Philosophy*，纽约，1919年)；以及断断续续的，在他著作的各个阶段。注意关于个体物的类似困难，第7点和第28个脚注。

② I，第438页：“部分通过对句法的研究，我们获得了大量关于世界结构的知识。”

③ 如果想要了解罗素关于陈述的混淆的最近说明，考察他的《西方哲学史》(纽约，1945年)的第829—834页，是有帮助的。短暂的一瞥是不够的，因为哲学语言的主要特征在于营造一个良好的外在形式。发现在外在的装饰下面所藏着的骨架，需要冷静的眼睛、深入的分析和艰苦的工作。

④ 阿尔弗雷德·科日布斯基：《科学与神圣：非亚里士多德体系和一般语义学导论》(*Scienceand Sanity*: *An Introduction to Non-Aristotelian Systems and General Semantics*，纽约，1933年)。

彻底的理论被建构起来的那一天,他对这一点的持续性坚持,对公众才不再有用。

现在我们转向摩尔。我们发现他使用与罗素非常相似的材料,但是他在应对这些材料时,注意的是表达的最终准确性。不管他是否被首先当作一个逻辑学家,他在他的逻辑完美的标准中超越了逻辑学。罗素建议去迫使世界的最终简单物显现它们自身,而摩尔在他所能定位的最具常识性的、事实的、个人的经验中建立了一个坦诚开放的基础,他以"最简单的"命题的形式来接受它们。然后,他描述了感觉材料、语言表达,以及语言表达的概念和命题意义,描述了人们对它们的信念,自己对他的信念的确定性的感觉,以及他对已知真理的断定;当然,还要加上他认为要涉及的假定的"实在物"。当罗素发现自己被迫不断地断言他的批评者误解了他的时候,摩尔却坦诚地公开宣布:他从不确定他是否理解自己[①]。他愿意改变自己,就像他愿意推翻别人一样。他在他的假设中所体现的敏锐和真诚的德性,促成了如下思想:

204

**摩尔**[②]

1. 从常识的论述开始,例如:"这是我的身体","它出生","它生长","这是一个椅子","我正坐在椅子上","我的手在这儿","这儿是我的另一只手"。观察这些命题,在所有的情况下,它们被缩减到所能达到的最简单的表达,那就是说,最有保证得到常识的接受,最不会引起冲突(CS,第193—195页)[③]。

2. 把这些常识命题全都接受为"完全真的"(CS,第197页);当成是"我确定

---

① 罗素向施里普教授(《伯特兰·罗素的哲学》这一卷的编辑)评论道:"在阅读这一卷中21篇回应文章时,他最大的惊讶来自这个发现,即'超过一半的作者没有理解他'(即罗素)"(已引用的著作,第xiii页)。摩尔的情况,可以参看以下关于他的逻辑程序的框架构造的第9条和第10条。

② 对摩尔的引用的来源如下:

CS,《对常识的维护》("A Defence of Common Sense"),《当代英国哲学》(*Contemporary British Academy*),第二系列,纽约和伦敦,1925年,第199—223页;

RC,《对我的批评者的回复》("A Reply to My Critics"),《G·E·摩尔的哲学》(*The Phlosophy of G. E. Moore*),P·A·施里普编辑,芝加哥,1942年,第535—677页。

③ 也可以参看《对一个外在的世界的证明》("Proof of an External World"),《英国学术学报》(*Proceedings of the British Academy*),第25期(1939年),第273—300页。人们会发现,内格尔教授在《心灵》(1944年,第60—75页)中对《G·E·摩尔的哲学》的评论是有趣的。

地知道是真的”(CS,第195页)①。

3. 在这样一个命题中,如果它被认为是真的,“总是存在一些感觉材料,所涉及的命题是关于它们的命题”,也就是说,它的“主语”总是感觉材料(CS,第217页)。另外,这样的一个命题是“清楚的”,因而“我们理解它的意义”,并且这种理解不会受到挑战,不管我们是否“知道它意味着什么”(在能够“给出对它的意义的正确的分析”的意义上)②。

205

4. 以这样简化的常识命题(它们以感觉材料作为主词)为基础,许多③以命题形式存在的其他种的知识就可以通过分析来检验和评价。

5. 在分析中,一个“概念、观念或命题”被“词语的表达来描述,但不是一个词语表达”(RC,第663、664页)。不该使用“意思是”(means)这个词,因为它暗示了一个“词语表达”,而这会产生一个“错误印象”(RC,第664页;这个段落比上面第3点的话晚了17年,在后者那里,“意思是”这个词还在使用)。

6. 对一个概念“给出分析”,你必须遇到(或者至少说,你“必须提到”)另一个概念,这个概念像第一个一样,在这样的环境中“适用于”一个对象[尽管既没有“意指”(means)它,也没有表达(expresses)它]:(a)“没有人”在不“知道”第二个概念适合这个对象的情况下,“能够知道”第一个概念“适合”这个对象;(b)“没有人能够证实”第一个概念适合这个对象,在不能“证实”第二个概念适合这个对象的情况下;(c)“阐述了第一个概念的表达,与任何阐述第二个概念的表达一定是同义的”(RC,第663页)④。

---

① 这包括物理的对象,被看成是心理的知觉经验、被记忆的东西,以及其他人的身体和经验。“我发现,最好的说法是:它对我来说,我确定地*知道*它们。确实很清楚的是,在大多数情况下,我不能直接知道它们”……,但是……“在过去,我知道作为它们的证据的其他命题是真的。”(CS,第206页)

② “我认为,我一直在这样的意义上使用(也是试图在这个意义上使用)‘感觉材料’这个概念:一个对象被直接地把握这单个事实,便能带有充足条件地说,它是一个感觉材料。”(RC,第639页)对他的细心的表达的一个出色的说明,可以在他的论文《可感觉现象的本性》(“The Nature of Sensible Appearances”)[《亚里士多德协会》(*Aristotelian Society*),附加卷6,1926年)的第181页找到。

③ “许多”在这样的意义上被理解:摩尔使用这个词(CS,第195页),倾向于“所有”(但又没有直接地肯定)。

④ 注意被重点强调的“没人能”和“必须”。

7. 换句话说，对一个概念的"正确"分析最终会显示：通过不同的表达来描述的概念，"在一定意义上一定"是同一个概念(RC，第666页)①。 206

8. 为了在坚定的角色中为未来建构自身，分析有两个首要任务，(a)它必须对感觉材料作一个成功的分析(CS，第216—222页)；(b)它必须对分析自身作一个成功的分析(比较RC，第660—667页)。

9. 对感觉材料的分析，到目前为止是令人不满意的。它目前的身份在一个特殊的分析中，可以得到最好的展示。例如，把"我的手背"当做是"可以看见的某物"，然后去寻求建构什么是作为这个"常识"和"完全正确的"命题的主词的感觉材料："这是我的手背"。1925年，摩尔说道："没有哲学家能够提供一个从任何方面来看都是'当然'正确的答案。"(CS，第219页)1942年，他说道："关于感觉材料和物理对象的关系的最基本的谜在于：看上去有理由去肯定……悖谬。"(RC，第637页)②

10. 对分析自身的分析也导致悖谬，最后它可能会说："我不能完全清楚地知道，当我说这些时是什么意思：'x是一个兄弟'与'x是一个男性兄弟'是等同的，以及'x是一个立方体'与'x是一个十二边立方体'是不等同的。"(RC，第667页)③ 207

人们或许会建议，以上面对摩尔的技术和结果的展示为基础，他的分析还可以被合理地进一步推进。对"概念"和"命题"的分析，对"表达"和"意义"的分析，

---

① 尽管如此，在一个典型的情况下，一个概念与两个或更多的概念相对。后者这些在对它们的考虑中，伴随着对它们的组合方法的明确提示(RC，第666页)。

② 摩尔写道："我采取了这样的方式来定义'感觉材料'这个词，它对这个问题保持了开放性：我在看我的手时所看到的感觉材料(是我的手的感觉材料)，与我所实际看到的它的表面的部分是不是同一的?"(CS，第218页)。在一个简化的报告中，他对"我的手背"的分析，区分了"一个物理的对象"、"一个物理的表面"和一个某种"被直接看到的东西"(就像人在余像和双像中所有的东西一样)。摩尔对第二个、第三个东西的分析所得到的结果向他暗示了：正是在他不仅仅确定感受到而是*知道*他正在看第二个东西的时候，他处于这样的怀疑的状态，即第三个东西，也是他正在看的东西(在一个被暗示的意义上是*直接*的)与第二个东西是不是等同的？在意识到它可能是等同的情况下，他处于这样的位置，即"对同一命题同时既感觉到确定又感觉到怀疑"(悖谬I)；或者，无论如何，"就我目前所看到的"，"我不*知道*我不是"(I don't *know* that I'm not)(悖谬II)。上文中所引用的评论所涉及的，正是第二个形式的悖论(RC，第627—653页，尤其是第636—637页，也可参考CS，第217—219页)。

③ 摩尔所提供的对分析的分析(RC，第664—665页)宣称，在形式的表达之间的概念是等同的：这个"概念""等同于"那个，这个"命题功能"等同于那个，"说这个"与"说那个"是"同一件事"。但是，如果我们进到我们感到也必须接受的另一种形式之时，如"是这个"(to be this)与"是那个"(to be that)是"同一件事"，我们就得到或者被告知进入了一个尚未解决的、在表达和概念之间的悖谬之中。

对“材料”和“感觉”的分析，或许可以带来问题的解决。尽管如此，这将会牵涉到对“人的分析程序”所进行的一个自由自在的探究；探究这样的程序，在一个完全自然主义的环境之中，能够在操作上把他们自身显现为什么。而这一点又会要求抛弃旧的词汇所施加的这一限制：把人这个分析者置于他的分析的世界的外面，或者是与之相对①。在所谓“感觉材料”和“完全真实”之间的空间和时间定位上的区别，是巨大的。其中一个的范围，是生活在一小处环境中的有机体的生命的一小部分；另一个的范围似乎是空间和时间的全部，或者比全部还要多。以“概念、观念和命题”（仅仅以这些）来作推进燃料（就像所建议的它该是的那样）的分析想要在这两者之间建立联系，它就一定得是喷气式的。

## V

想要评价我们已经展示了的情境的读者——尤其是习惯用他们的手和眼睛来把握进入任何一门自然科学中的材料的读者——可能会对实验感兴趣。他应该把逻辑学家的著作当作发生在世界上的事情。他应该选择这些事件的一些阶段来研究。他应该愿意尽可能仔细地研究它，就像他研究蝴蝶的翅膀的标志一样仔细。他应该记住：如果对逻辑的探究还只是一种博物馆式的兴趣的话，那么，目前这个探究的水平比对蝴蝶的探究进步不了多少，现代的生理学也就不会出现。而这意味着要把他的工作台上的所有肤浅的术语都清扫掉，“开始认真地对待事情”，把它们置于仔细考察之中——无论这些术语是什么，无论它们怎样被固定在工作台上，怎样不许自己被粗鲁地对待。假设这样的探究者已经注意到经常在文中出现的词“命题”。依据这个假设（尽管有些轻率）：逻辑术语被认为是用来指称（denote）、命名、指出（designate）、指向、涉及事实上得到规定的某物，他应该选择“命题”这个假设的事实来考察。根据一个初步态度，如果他考察了我们已经思考过的六位逻辑学家，他将会发现：对杜威来说，命题是对语言的一个工具性使用（D9、10、15、16）；对坎特来说，它是逻辑行为间的一个“产物”②；对科恩来说，“命题是一种语言形式，其意义是这样的形式与一些事实状态的客

208

① 在这个关口，意义深远的是：摩尔告诉我们，正是“其他哲学家已经说了东西”，向他提出了哲学问题。“我不认为”，他评论道，“这个世界或者科学会向我提出哲学问题来”。《G·E·摩尔的哲学》，第14页。

② 坎特：《逻辑学序言》，第223、282—283页；《对命题的一个行为间分析》（*An Interbehavioral Analysis of Propositions*），《心理学记录》，第5期（1943年），第328页。

观联系"[1];对考夫曼来说,一个命题是一个以直觉为基础发展而来的"意义",逻辑学从根本上预先假定了这个直觉,但没有对它进行探究[2];对罗素来说,它是一个句子集合,或者是句子的意义,或者甚至有时他怀疑它的存在[3];对摩尔来说,它是思想领土上的居住者,是概念和观念的陪伴者,可以在词语和对象之间的通道中(或许是其他道路)找到[4]。这里当然不仅仅是"思想的事物",它更多地是对事实进行探究的激发者。一些探寻者要追踪的进一步的足迹,在脚注中被提及[5]。 *209*

在这个考察过程中,我尽可能做到准确公正。我希望,我至少取得了部分的成功。当然,我对我一开始已经同意的东西耗费了三四倍的时间和努力。我发现自己在没有比之前更准确地表达观点的情况下,不愿意结束本文。罗素和摩尔的程序看上去头脑简单,它们在一个现代世界中存在下来确实是个奇迹。科恩和考夫曼为从旧的困惑中逃离出来作了英雄般的努力,但他们没有抓住那有力的武器,最后仍徒劳无功。在从其他两个事业中可能生长出来的东西上面,我当然抱有很大的希望。

---

① 科恩:《逻辑学序言》,第 30 页,还有:"尽管如此,判断的行动在对这些关系(所谓意义)的把握中被涉及。"也可参考科恩和内格尔,《逻辑学和科学方法导论》(*An Introduction to Logic and Scientific Method*,纽约,1934 年),第 27、28、392 页。在这里,事实是由命题构成的,命题被明确地宣布为既不是物理的、心理的、语言的,也不是交流的。它只有通过这唯一的特性而被识别:不管怎样,它们是"真或假"的。

② 菲利克斯·考夫曼:《社会科学方法论》,第 18、19 页。

③ 罗素:《对意义和真理的探究》,第 208、210、217、237 页等;《亚里士多德协会学报》,第 11 期(1911 年),第 117 页;《神秘主义与逻辑学》,第 219 页;《一元论者》(1918 年),第 504 页。

④ 看摩尔在第 1、3、5 等中的用词。对摩尔来说,所有这些条款都像天使的舌头一样,令人熟悉。要找到直接的引用是困难的,甚至是不可能的。

⑤ 卡普兰和考皮洛为施(Kaplan and Copilowish):《心灵》(1939 年),第 478—484 页;刘易斯和朗福德:《符号逻辑》(*Symbolic Logic*),第 472 页;A·P·乌申科(Ushenko):《逻辑学问题》(*The Problems of Logic*),1941 年,第 171、175、219 页;罗伊·W·塞拉斯:《哲学与现象学研究》,第 5 卷(1944 年),第 99—100 页;G·赖尔(G. Ryle):《亚里士多德协会学报》,附加卷 9(1929 年),第 80—96 页。《牛津词典》,或者其他更大的词典,作了一个杰出的开端,但结尾却让人失望。

# 9. 一种混乱的“符号学”[①]

## I

210 查尔斯·莫里斯(Charles Morris),在《记号、语言和行为》(*Signs, Language and Behavior*,纽约,1946年)中宣称自己是一个符号学家(第354页),与行为主义者相谐和(第182、250页)。他告诉我们,“符号学”是“关于记号的科学”,“指号过程”(semiosis)就是符号学家要探究的记号-过程(sign-process)(第353页)。他说,如果他要“为内容广泛、成果卓著的记号科学奠定基础”的话,他的任务就是“发展一种谈论记号的语言”(第v、4、17、19页),为了这一点,他相信,“基本的术语……可以从生物和物理科学中得来的术语来表达”(第19页)。他相信,在这条道路上,可以“揭示记号与记号在其中发生的动物和人的行为之间的联系”(第2页)。

这里的事业是最值得赞美的。我愿意仔细地考察莫里斯教授所发展出来的技术语言,去探明它是否包含了可信赖的材质(我们一般称作为“科学的”),去评价他的这一观点:他所采用的术语比在这一领域中的前辈工作者所偏爱的术语要“更准确,更具包容性,更清楚”(第28页)。这本书的其他许多独特的特征,通常也是很有意思的、具有很大价值的,就留给其他人来讨论吧[②]。

---

① 本章由本特利撰写。

② 马克斯·布莱克(Max Black)的讨论见《行为主义符号学的局限性》(“The Limitations of a Behavioristic semiotic”),《哲学评论》,第56期(1947年),第258—272页。这个讨论巩固了目前的考察对莫里斯最强调的名称的态度(这些名称有:“准备性的”、“态度”、“意义”)。尽管如 (转下页)

作者所提供的词汇表对我们的任务有很大的帮助。在其中,他“定义了”[①]符号学的主要“术语”,或者是指出了它们的主要特征,并把那些他认为是“最重要的”是其他术语的“基础”的术语打上了星号。我们将把我们的注意力集中到这些打星号的术语的中心部分,集中到建构它们时所依据的语言材料。读者要记住,这儿的问题不是:我们仅凭印象是否能够保证对莫里斯教授所谈论的东西和他的看法有一个公正的观点?这儿的问题是:他自己的断定——他在建造科学的语言因而在创造一门科学——能否通过对他自己的思考做一个仔细的研究而能得到?人们会发现,这个问题对所有进一步的研究和对认知和所知的估价来说是至关重要的。我们的结论是,他的努力是失败的。

我们有点被这个事实阻碍住了:尽管关于行为他的构造彻上彻下,但他没有“定义”他取代“一般行为理论”而用到的术语,他只是说这些术语“在这个体系如同未定义的术语一样发挥作用”(第345页)。很明显的是,这种“未定义的”方式与我们在几何学家的公设“原理”中发现的未定义的方式是完全不一样的。它没有把我们从不相关的问题中解放出来,相反,在每一步,我们如何理解作者的用词这个严肃的问题增加了我们的负担。

当我们发现一个术语从它所呈现的东西方面被重重强调,但却没有相关的名字以使得它所排除的东西变得清晰,这时候也会有困难出现。这个非常重要的术语“准备性的刺激”(preparatory-stimulus),就是一个例子;在词语“态度”(disposition)上的变化的集合(后面要列举的)是另一个例子。这儿的困难是,在这样的例子中人们被迫插入其他的名字以使得这个词语变得更清楚一点,而这个做法总会产生歪曲原义的风险(而这是人们所希望避免的)。

从这一点开始,我将使用符号学这个词来命名(而且仅仅用来命名)在我们眼前这本书的内容。我将用指号过程(semiosis)这个词来命名(而且仅仅用来命

---

(接上页)此,这个讨论处于传统的是、否、可能如此的道路中,它没有把这个困难追溯到传统的语言固定物中(像这儿所尝试的那样)。也可以参考A·F·斯穆尔扬(A. F. Smullyan)的评论,《符号逻辑期刊》,第12期(1947年),第49—51页;丹尼尔·J·伯里斯坦(Daniel J. Bronstein)的评论,《哲学与现象学研究》,第7期(1947年),第643—649页;乔治·金特里(George Gentry)和维吉尔·C·阿俊其(Vigil C. Aldrich)的评论,《哲学杂志》,第44期(1947年),第318—329页。

① 在这一章中,我会允许自己像作者那样散漫而不严谨地使用“定义”、“术语”这样的词。这不是一个规则,不是安全规章;但在目前的情况下,它消除了表达的大量的偶然性质。我相信,相比对它的断定进行估价时在这个方面不断地吹毛求疵来说,这个要更公平些。

212 名)符号学所确认和描述的记号过程(sign-process)[①]。很明显的是,这样一来,"符号学家"这个词用来命名莫里斯教授,会显出他非常富有特色的行动,除此之外,没有其他含义。

奠定符号学程序的观点,有四个不鲜明的特征。现在我们把它制定出来,以给读者一个初步的指导:

1. 符号学"正式地"[②]宣布:所使用的"行为"这个词,用来命名(而且仅仅用来命名)在追寻目的(即"目的性的")过程中的有机体所具有的肌肉的和腺体行动[③]。

2. 明确地设想指号过程,明确地建构符号学,都要涉及肌肉-腺体意义上的目的性行动。如果哪里存在着不能立即被定位的记号-过程,从技术上,它就被排除出我们眼前的符号学了(在第232页的脚注①中可以看到一种行为过程形式,大多数心理学家认为是涉及符号的,但莫里斯把它从符号学中排除出去了)。符号学家确保符号学给我们提供了一个普遍的记号理论,这个保证并没有改变这个基本规定;以肌肉-目的的经纱编织而成的构成整个网络的"记号-意含-意含物"(sign-signify-significatum)和"记号-意指-意指物"(sign-denote-denotatum)的织物,也不能改变这个基本规定[④]。

3. 符号学探究的其他两个主要"因素"——也即刺激和反应倾向——在符号学术语的严格意义上,不是行为(尽管偶尔作为行为主义的或行为的被非技术性地涉及)。

4. 除了一些非常少的、完全偶然的例外之外,在符号学中,所有"正式的"表达都使用到这样一些核心的词语,如"产生"、"指向"、"控制"、"引起"、"倡导"、

213 "激发"、"寻求"以及"规定"[⑤]。因而,符号学是依据假定的"行动者"而非对发生

① 莫里斯在一般和宽泛的意义上使用"记号过程"("sign-process")这个词。参看接下来的第25个断定。

② 偶尔,我将使用"正式的"一词来指在词汇表中对术语的明确断定;在"正式的"使用和其他分散的使用之间明显有比较的时候,这个才会用到。

③ "行为学"这个词被广泛地用来指各种探究。复合词"记号-行为"(sign-behavior)有时是广义地使用,有时是狭义地使用,就它的成分"行为"这个词而言。

④ 这个表述不仅适合现在在我们面前的符号学,也适合它所包含的广泛范围。莫里斯教授对在未来其他"现象"进来作为"记号"持开放的态度(第154页,处处都是)。尽管如此,这些段落主要涉及的都是文章中小的边角的部分,它似乎不允许有破坏他的行为主义建构的可能改变。

⑤ 关于这些词一个更长的列表(附带对它们的应用的说明),本章在稍后部分会给出。

的事情所作的直接的描述和报道而展开工作的。这个特征如此明显，以至于使本书进入科学探究的一般水平之列。

记住上面的特征，有助于避免偶尔会有的误解。

正如已经说过的，我们探究的首要材料是那些打星号的、作为基础的术语的中心部分。在构造它们时，符号学家使用了许多在词汇表中没有打星号的其他词语。在这些词语之外，是一些为了理解而用到的批判性的术语，它们既没有打星号，也没有列举出来。在所有打星号的术语中，我们会有选择地考察几个最重要的词，如 * 记号（*sign*）、* 准备性的刺激（*preparatory-stimulus*）、* 回应系列（*response-sequence*）、* 回应倾向（*response-disposition*）以及 * 被意含物（*significatum*）。在没有打星号的词语中，传达了关键信息的词有行为（*behavior*）、回应（*response*）、刺激（*stimulus*）和刺激客体（*stimulus-object*）。在既没有打星号也没有列举出来的词中，关键的有"反应"（reaction）、"原因"（cause）、"机缘"（occasion）、"产生"（produce）、"源泉"（source）、"激发"（motivate）。注意到这一点是有趣的：* 准备性的刺激打星号了，但刺激和刺激客体没有打星号（而且"客体"在索引中既没有被标出来，也没有得到任何相关的讨论）；* 行为家族打星号了，但行为没有；* 回应倾向和 * 回应系列打星号了，而回应没有；* 记号和 * 记号家族打星号，但记号-行为没有。这样，我们便有了在一个非基础的环境中精心呈现出来的"基础"术语。

## II

在把握符号学的术语结构之前，考虑两种经常出现的描述和解释是有益的。它们能够被用来说明我们要面对的问题，以及把我们进一步的探究记录下来何以必要的原因。

考虑下面的描述："某种东西要成为有机体的记号……这并不要求：有机体意含着这个相关的某物是一个记号，因为一个记号可以在没有'它是一个记号'的记号的情况下存在。当然，有'某物是个记号'这样的记号，一些记号可以意含其他记号所意含的东西。"（第 16 页）

这个描述的一般意义是容易得到的，一些对格特鲁德·斯泰因（Gertrude Stein）入迷的人对它很熟悉，但表达的准确性是另一个问题。在符号学中使用 214

"记号"这个词,或者暗示一个"刺激",或者暗指一个"对象"①,但是,如果我们试图用这两个词的一个代替表述中的"记号",就会有理解上的困难,对它整个儿失去理解。而且,和"记号"紧密相关的、在所有符号学思考中至关重要的动词"意含",我们会惊奇地发现它有三种"主体":"有机体"可以意含;"记号"可以意含;不确定的"它"能意含。

下一个,尝试一下,发展下面的短句会发生什么:"在不同的意含模式中的记号意含的方式不一样,有不同的意含物。"(第 64 页)

这里,我们所有的一点语言表达(以"记号"这个词为中心),根据它们的参与程度而分化为主词、动词和宾词;在这三个阶段或方面(或随便什么),它们又被放回到一个句子中。在我们眼前的东西,看上去有点像是一个对记号、意含、意含物的半数学构造,对它的处理需要坚定地维护高标准;否则的话,它就会像是一个这样形式的假的物理学构造:热是使某物变热的东西。我们将不关注这三种不同解释所可能带来的困难,只关注在文本中的词语所可能发生的事情。

上面的句子引入了一个处理不同意含模式所需要的标准的段落(第 64—67 页)。我们已经六次分析了关于它所发展出来的晦涩用词,对它作为文中单纯报道的一件事情具有什么价值提供了自己的答案,但没有确切的把握说,为了描述这个事情,我已经用尽了所有的语言。事情是这样的,符号学家从把"意含模式"分成四种类型而开始:它们分别回答了关于"在哪里"、"是什么"、"为什么"、"怎么样"的疑问(第 65 页,第 9、10、11 行;第 72 页,从页底往上 6—7 行)。为了从符号学上建构这个分组,他不断地改变着术语。他首先给我们一个小狗寻找食物的粗略的框架,然后"为我们提供了我们想要引入的符号意指物"(第 65 页)。在这儿,他列举了四种"刺激",把它们呈现为"记号",称它们为标示者(identifors)、意指者(desinators)、估价者(appraisors)和指示者(prescriptors)。他告诉我们(第 65 页,页底):这些刺激"影响"行动,"也"影响倾向(尽管在他对符号的正式定义中②,行为者不影响倾向;相反,后者必须独立于前者而被建立起来)。接着,在随之而来的段落中,他把术语倾向(disposition)变成了解释倾向

215

---

① 对这个词多种多样的其他使用,后面将会被注意到:参看断定 1、2、3、19、29、32;也可参看注 31(即第 224 页注③。——译者)。

② 参看这篇论文后面的断定 19 和相关的评论。

(interpretant)，又把解释倾向变成了意含物(significatum)，似乎不断在说着同样的事情，但每一次都有不同的名称。最后，他再次更新他的术语，把它变成这样的形式：它不再是“产生倾向”的刺激，而是“有意去做”的解释者[①]。接着他建议，需要为四个主要的意含物引入一组新的名字：也就是，*放置物*(*locatum*)、*区别物*(*discriminatum*)、*评价物*(*valuatum*)和*担负物*(*obligatum*)。因为在意含物和意含过程之间没有正式的区别(第354页)，他现在获得了所渴求的标示四种“意含模式”的名称。

如果读者现在采用这两组名字并寻求它们在探究中所获得的过程，他将会立即发现自己被卷进了一种我相信是典型的符号学的不确定的东西中。这是关于词语的和非词语的记号的问题，是对它们的分析和组织的问题[②]。以在第64—69页阐发的标示者和*放置者*为例(在这儿，我依据的是文本的印刷版)，人们会发现，在用这两个词的时候，并没有添加上单个引用标示；而在考察一个作为词语的词语时，是要加这个标示的。现在，在标示者这个词的使用中，没有加上单个引用标示与这个词在文中的下列使用情况是相一致的：一些非词语的生命事实，如狗、渴、水、池塘，被引进来。但是，在*放置者*的使用中，这个词直接地作为记号，间接地作为术语被涉及。这儿的斜体明显是用来强调*放置者*和它的 *216*

① 从这个断定：刺激(或者符号或者被意指物)“使得小狗”去做某事，到这个断定：“解释者(即小狗)有意”去做某事，这个转变在符号学中是普遍的。麻烦在于，“有意去做”不是动词“使倾向于”的合适的被动形式，它实际上(即使不是在范畴上)被用来断定一个行为者的力量；而这一点在对观点建构和表达的抱怨中会产生激进的转变。作为个人的观点，或许是不太成熟的。我发现，这种类型的转变，是符号学中的主要错误。我相信，只有在动词被专门选出来的情况下，它们才能被成功地提出来。对它们的应用，意味着某种非常像符号学上的(或者可能更广泛些，哲学上的)双关语的东西。

② 符号、意含和意含物通常是不加区别地既被用在语言事件上，也被用在非语言事件上。关于在文中引用的事情，可用的、能作出区分的印刷标志通常被忽略了。依据解释者和他们的“生产”能力而来的解释活动的区别，在这儿看上去完全是不相关的。这个情形几乎在词汇表的每一页中都被凸显出来。词汇表的进入路径有时是技术上提供的“定义”，有时不是，它们在这个方面经常是不确定的。关于这些进入路径，可能是从此开始的：“一个记号……”，“一个术语……”，或者“一个可能的术语……”，但是也可能这样开始：“一个对象……”，“一个有机体……”，“一个意含物……”，或者“事件和地点……”。对*放置物*的进入路径是这样的：“放置物……一个标示者的意含物”。为了与文中的处理方式相一致，这一点应该变成这样：放置物……是标示者的意含物的符号(词语？名字？术语?)。这种形式的区分，在非技术的情况下通常是不重要的。我不想被理解为在任何情况下都倡导它或采取它；在这儿提及，仅仅是为了理解符号学。我一开始在杂志出版物中呈现的关于标志者和放置物的报告，从这个方面看，在用词上是有缺陷的。再一次的考察显示，符号学上的这个盲点，比我一开始以为的要更严重。

三个伙伴是“在不同的意含模式中的记号所涉及的特定意含物的特定术语”（第66页）。对从标示者延伸而来的*放置物*的文本介绍如下：“我们将使用*放置物*、*区别物*、*评价物*和*担负物*作为记号意含标示者、意指者、估价者、指示者的意含物”（第67页）。在这种处理下，符号学就有了下面的结论：

a）标示者对它的意含物有一个在空间和时间中的定位①；

b）放置物是一个意含标示者的意含物的记号；

c）放置物因而对它的意含物有一个在时间和空间中的定位；

d）放置物的意含物因而就区分出一种重大的意含模式，这种意含模式是探究的主体，也就是说，它关注定位。

217 在这儿，我们碰到的词语如军队般地向山头进发，然后向山下进军。一开始的“定位”一词与结尾处的“定位”一词有什么区别？这个纯粹的进展有多么巨大？如果我们放弃“意含物”这一词，把它看作与“符号”和“意含”相关的、没有用的、重复的东西，那么可以得到下面的结论：

a）一个地点记号所意含的东西是一个地点；

b）放置物是用来意含一个地点记号所意含的东西的符号；

c）放置物意含地点；

d）放置物因而变成一个用以命名这种“特定意含模式”的特定术语。

可以通过用“指示”（indicate）替代“意含”（signify）来获得第二种近似的理解，但我们承诺，不会因此失去准确性。我们得到：

a）地点记号指示地点（现在我的故事开始了）；

b）放置物是用来指示一个地点记号所意含的东西的记号；

c）放置物指示地点；

d）由放置物所指示的地点，使意含模式（正是在这个意含模式中，地点的记号被发现是指示地点的）的孤立在行为上（第69页）是可能的（至此，我的故事结束了）。

换句话说，从以or结尾的术语到以um结尾的术语的发展所带来的进步接近于无。

---

① 其他地方是这样表达的：“*标示者可被说成是意含了*在时间和空间中的定位。”（第66页，粗体是添加上去的）

符号学家自身对他的以“um”结尾的术语也有所怀疑，因为他向我们保证说：他不是“在用有疑问的‘实体’来塞满这个世界”，以“um”结尾的术语“仅仅指向一定被记号所意指的‘性质’”（第67页）。但是，“‘性质’是一个普遍性的术语，它包含了……记号的意指物”（第81页），放置物和它的同类在我们面前成了意含物，而不是意指物；意含和意指在记号程序中是非常不同的两个程序，如果符号学是成立的话（第347、354页）[①]。由以“um”结尾的术语所获得的拯救感，看来是不充足的。 218

关于符号学程序的这些或者其他类似的说明，要求我们必须注意词语的使用。它们中的第二个是重要的，这不仅因为它为意含活动（这是符号学的一个主要成就）[②]提供了一个详细的描述性分类；而且更进一步，它展示了贯穿符号学中的至关重要的态度，而正是在这个态度之下，主词、动词和宾词才被武断地分割开来，成为独立的“事物”，然后对它们之间相互的机械操控才成为解决符号学问题的途径。

**III**

阐述了这么多复杂的术语问题之后，我们将进一步逐行探究符号学家的基本建构。我们会抓住他的主要的固定术语，分解它们的用词[在符号学中，大略是语言符号（lansigns），第350页][③]，看看在我们进行显微地分解观察之后，它们能否一起再一次得到人们愉悦的接受。我们将会考虑33个这样的断言；为了便于引用，按顺序给它们编号。只有一小部分是完整地被给出来的，但我们希望，只要它们被给出来，不管保持了原文用语还是改述，所有的断言都是真实的。只有在文本的用词涉及许多相关的术语，它们的含义不能直接地当下地清楚的情

---

① 和意含相关的意指的地位，在符号学中始终是模糊的。作为不同于理论程序的实践程序，它的含义在下面来自第18页的句子中得到表达：“通常我们从意指的符号开始，然后试着通过观察意指物的性质来规定符号的意含物。”不幸的是，在我们结束这个程序之前，“性质”不仅仅成了符号的源泉，也成了一些意含物的最后避难所。把莫里斯的“哪里”、“什么”、“为什么”、“怎样”意含模式与J·S·密尔的五组（存在、地方、时间、原因、相似性）（《逻辑体系》（A System of Logic），第1卷，第6章，第1部分）相比较，是很有意思的。同样，比较奥格登和理查德在他们处理定义时（《意义之意义》，纽约，1923年，第217页以下）更为精致的分类，也是很有意思的。

② 这在本章中没有被考察，本章主要关注内在的一致性问题。可参看注53（即第236页注③。——译者）。

③ 尽管如此，“术语‘用词’……与任何一个符号学术语都不一致”（第222页）。

况下，才会去改述。

219　在首次引入的地方，或者在特别强调的地方，会使用印刷上的变动来向读者暗示：所涉及的术语被符号学家个人强调为基本的，还是被他目前的研究者选来引起特别的注意？星号和粗体表示的，是词汇表中基本的加星号词语；粗体而没有星号表示的，是词汇表列出的没有加星号的词语；单引号表示的是未列出的词语，符号学家显然认为，它们理所当然地能够得到充分的理解。在页码引用没有给出的地方，引用和改述来自词汇表中对所涉及的术语的定义。以这样的方式使用粗体、星号和单引号，在本章第一部分的最后一段已经做过了。

为了可预见的科学准确性（它是由对"记号"这个词进行一般语言学考察所提供的），我们首先思考下面的材料。

1. 记号（初步的规定）："支配行为趋向一个目标的""某物"。（第 7 页）

2. 记号（粗略的）："用在此刻不是一个刺激的事物来指引行为的某物"[①]。（第 354 页）

3. *记号（正式的）：一种"刺激"[②]。

4. 刺激（*Stimulus*）[③]：一个"物理能量"。

5. 刺激-客体（*Stimulus-object*）："刺激的'来源'"。

6. "刺激-属性"（*Stimulus-Properties*）："产生刺激的'客体'的'属性'"（第 355 页）。

这里，我们一方面呈现了作为客体或属性的记号，另一方面呈现了作为能量和刺激的记号。对这样一些可能是关键性的词语的使用，作者没有解释，如"来源"、"产生"、"指引"、"支配"。作者也没有给出关于后一组词相互之间的关系的确切信息，就我们所见，符号学貌似不关注它们的组织问题。符号学家使用"记号"这个词或者指向客体，或者指向刺激（只要方便就行，并且把这两者看成是等同的），这样的道路已经被准备好了。

220　在呈现基本的"准备性的-刺激"中所牵涉到的第二组词，必然与对有机体的

---

① 关于在"某物"（something）中使用的"事物"（thing），比较："蜂音器是一个记号"（第 17 页）；"所说的词语是记号"（第 18 页）。

② 关于刺激和条件的种类，参看下面第 19 个断言，比较第 29 个和第 30 个。

③ "刺激：作用在一个活着的有机体的接收器上的任何一个物理能量。"（第 355 页）

影响有关。

7. ‘反应’(Reaction):是指“一个刺激在有机体中‘引起’的”某物(第355页)。

8. 回应(*Response*):“肌肉和腺体的任何行动”。

9. *准备性-刺激(*Preparatory-stimulus*):“‘影响’对另一个刺激的反应的刺激”。它“必然‘引起’……一个反应……但是,这个反应不必是一个回应。”①

10. 唤起刺激(凭猜测)②:假设是原初的标准形式的刺激,不是“准备性的”,就是说,尽管是一个刺激,但不是符号学意义上的“记号”。

针对起初建立起来的“客体”或“刺激”,符号学现在又加上了客体和刺激所有的效果——也就是反应(能量、属性引起的或者产生的,或者是其来源)。一种反应形式,它宣布为是“肌肉或者腺体的任何行为”,这种形式被命名为“回应”。另一种刺激形式(或种类、变体、异体)是这样的:它通过必然引起一个不是回应的反应来“影响”其他回应,这种形式被称为“准备性的”。

知道这里发生了什么,是很重要的③。广泛使用的名称,但至今在心理学上还没有稳固的独立构造的名称,就用“是这样”(as is)接纳下来;至于它是否适合符号学应用的证据,则没有提供出来④。“刺激”当然就是这种类型的典型用词。“回应”这个词,尽管非常确定地被呈现为一种假设性的反作用形式,但几乎总是(我要是说成“总是”,可能有些冒险)被叫做“作用”而非“反作用”——这种态度可以把它推到距离远的地方,把它呈现为“在其自身”而不是符号学过程的一个

221

① “如果某物是这样一个我们所特别规定出来的准备性-刺激,它就是一个记号。”(第17页)

② “在一个记号过程中,某物变成了唤起刺激,仅仅是因为存在着另外一些所谓准备性-刺激的东西。”(第308页)就我已经注意到的而言,这个名称只有在这一段出现过。我把它插在这儿,是因为某些东西看上去必然要提出这样的问题:心理学的刺激(不同于生理的兴奋)是否,或者在何种意义上被发现不是记号?在这儿,我不想在这个问题的事实层面或是术语层面来考虑,我只是想让这个问题不被忽视(参看第252页,注释D)。当然,所引用的用词可能有多种读法。它们或许是用来意味一种完全不“存在”的刺激,仅仅是跟随着准备性刺激过程,或者是准备性刺激过程的产物,而不是在一种先于“准备性-刺激”出现的,或是比“准备性-刺激”更普遍的刺激。

③ 英国科学促进协会花了七年时间来考虑“对感官事件进行定量推测”的可能性所作出的报告。对这个报告给予一点注意,对所有心理学实验和术语的自由改编者来说,是有价值的。参看S·S·史蒂文斯(S. S. Stevens),《论测量级理论》(“On the Theory of Scales of Measurement”),《科学》,第103期(1946年),第677—680页。

④ 尽管如此,还是可以参看莫里斯的附录第6条和第7条,以及在本章结尾处对他和托尔曼(Tolman)之间的关系的评论。

阶段。[①]

我们接下来将会看到，不是回应（或至少是那个部分的一些部分）的反应部分被转变为一种独立的或半独立的因素或成分，也就是倾向（disposition）；至于是回应的那一部分，一部分被转变为另一种因素，即行为（behavior）。倾向和行为就这样相互对立，它们也和刺激相互对立；而要作的努力，就是通过各种未加辨明的因果类型，把三者组织起来，却对所涉及的过程没有明显的探究。

11. *回应-倾向[②]："在一个特定时间中的有机体的状态"（在某种附加的条件之下），"一个特定的回应发生了"。"每一个准备性-刺激都会引起一个回应倾向"，但是"也有一些回应倾向不是由准备性-刺激引起的"（第9页）。

12. '倾向'：很明显，它自身就是一种"有机体状态"。它被描述为是"生气地行动"前的"生气"；或者，在有比较明显症状之前，已得了伤寒热（第15页）。[③]

13. '有机体状态'：被描述为一种"需要"（第352页），或者是一种脑波（第13页）。它是某种可以被目标客体"移去"的某物（第349页）。是"例如"（such that）"一个反应发生了"的"某种环境中"的某物（第348页）。（符号学非常依赖它，但是和'倾向'一样，关于它，告诉我们的很少。）

222

14. *解释倾向（*interpretant*）："一个符号在一个解释者中所引起的回应倾向。""准备行动"（第304页）。或许与"观念"是"同义的"（第30、49页）。[④]

15. *解释者（*interpretor*）："某物对其而言是记号的有机体。"

现在，我们有了需要、有机体状态和倾向，所有的规定都很松散。除此之外，一些倾向是回应-倾向，一些回应-倾向是由记号引起的。我们也将会发现（第16条），一些记号引起的回应是目的性的，在一般的框架之中一定有一组由记号引起的目的性的回应去协调程序，尽管我对此还没有成功地作出清晰的描述。

---

① 约翰·杜威1896年的论文《心理学中的反射弧概念》应该一劳永逸地为从事更广泛的建构事业的人们结束了这一事态。较之符号学，生理学的新近发展在这方面走在了前面。

② 与*回应-倾向相同（第348、353页）。"附加的条件"是"需要产生的条件"和"支撑刺激-客体的条件"（第11页）。"需要"自身就是一种'有机体状态'（第352页），但是看不到"探究"它的努力（第250页）。

③ 在观察和描述的方式上，我没有注意到什么更确定的东西。对与表达、情感和使用相关的倾向和需要（以及生产者和解释者）的讨论，可以参见第67—69页。

④ 尽管目前的符号学没有使用"心理主义者"这个术语，却仍然保留了心理主义的事实，并且在晚些时候提示了这样的可能性："所有的心理主义术语"都可以与符号学"相融合"（第30页）。

此刻要观察的，是由记号引起的目的性的或非目的性的回应-倾向被转变为“解释倾向”。现在，一个敏锐的名称变换大大地增强了清晰性，但是这里需要检查它的清晰性。在成为“解释倾向”的同时，它需要一个“解释者”，不是在表面上代替一个“有机体”，而是明显被提高到一个更高的种类上。当倾向大部分是“引起的”，解释倾向于是由解释者“生产的”，在指号(signals)和符号(symbols)(第20条和第21条)之间的显著区别正好是它们之间的区别。倾向没有被列为“观念”，但是解释倾向似乎与观念有点“同义”，但仍然是倾向。我们将要看到，也存在一个“意含过程”的复杂事物，很合理地着眼于解释倾向而呈现出来，但在直接在刺激性能量中产生的倾向中显得很突兀。此刻说的这些事情不是为了抱怨，但要谨记在心。

如此显示了它的麻烦的不清晰性(至少是部分地)，我们发展了符号学的这一部分：倾向因素，现在我们来看，在指号过程中与刺激和倾向不同的“回应”；用其他的话来说，是在行为上的。我们时刻要记住：这里关心的问题，是精确的术语使用和所期望的准确表达。 223

16. 行为：“肌肉和腺体行动的……序列”(即“回应”的序列)，“一个有机体通过此寻找目标客体”。“行为因此是‘目的性的’”。

17. *行为-家族：“在与客体和需要相关的开始和结束上类似的序列的集合”。①

18. 记号-行为：“记号存在在其中的行为”。“记号实施控制的”的行为(第7页)。

这里，我们就有了这样严格的肌肉-腺体行动，把作为刺激-能量的记号置于一边，把作为非肌肉的、非腺体的反应的解释倾向置于一边。尽管行为有这个明显的身份，看上去，记号-行为是一种有记号在其中的行为，或者是一种记号在其中实施控制的行为。在这样的理解中，记号-行为与意义含混的“记号-过程”(参

---

① 这是一个非常有用的词汇设计，但却不是在理论建构上有重要意义的词汇(就我目前所观察到的)，尽管它在符号学中与刺激、倾向、回应一起被列为四个主要“概念”(第8—11页)。它所做的事情就是省去了与在场的和不在场的相似性相关的许多复杂的词汇。关于“定义”的典型的冗长词汇如下：“任何一个由相似的刺激-客体开始的并终结在对相似需要有相似目标客体的客体上的回应-序列。”

看第25条)是近似于等同的[①]。这不是一个小的疏忽,而是符号学在处理指号过程时一个核心的表达混乱。

当我们想在环境中寻找物理"客体"时,当我们想寻找那构成"行为"的"肌肉和腺体"时,我们都可以很好地知道到哪里去找;在这个方面,相比为一个倾向或一个解释倾向寻找一个场所,要容易得多。尽管如此,关于行为的技术身份仍然会产生各种问题,可以留给读者自己去回答。这里要提醒读者的唯一一点是:表达的准确性,是问题之关键。问题有这些:(1)靠自身独立发动或半独立发动的肌肉-腺体行动,是否可以被合理地理解为自身是"目的性的"?(2)什么样的肌肉腺体行动可以被看作与刺激过程无关的理论性的有目的的?(3)在这个有目的的符号学建构中作"腺体"扮演什么角色?或许只有在定位与接收者、肌肉和腺体相关的刺激、记号和目的的符号学计划被制定出来之后,我们才能面对为倾向和解释倾向留下什么样的位置这种进一步的问题。在最后这一点上,符号学家尤其讳莫如深[②]。

224

现在我们可以更准确地思考符号学中的记号可能是什么样子:

19. * 记号(正式的)[③]:一个这样的准备性-刺激,

(a) 在缺乏一定唤起刺激的情况下[④];

(b) 确保了对它的再次诉求或者代替,是通过;

---

① 如果要了解"记号-行为"的含混意义,参看第15条和第19条。

② 乔治·V·格里(George V. Gentry)教授在一篇论文《关于莫里斯的被命名物的"种类"概念》[("Some Comments on Morris's 'Class' Conception of the Designaturn"),《哲学杂志》,第41期(1944年),第383—384页]中考察了解释倾向的可能角色,得出结论:莫里斯暗示了神经皮层位置。与其说他拒绝了这个观点,不如说他没有意识到这个问题被牵涉到了。这篇文章关注莫里斯早期的一篇专题研究《记号理论的基础》[(Foundations of the Theory of Signs),《美国国际百科全书》(*International Encyclopedia of Unfied Science*),第1卷,第2部分,1938年]。它作出的要点以及莫里斯在他晚期的发展中忽视这些要点的方式,使这篇文章值得关注。

③ 除了在第1、2、3、29条和第32条断定中对"记号"一词的使用方式之外,还有其他许多使用方式。一个记号可以是一个行动或产物(第35页),也可以是"任何刺激-客体的任何特性"(第15页)。"解释者的一个行动或状态自身变成(或产生)一个记号。"(第25页)"有机体的行动和状态和产物……可能像记号一样运作。"(第27页)严格地说,"一个记号并不总是一个手段-客体"(第305页)。有了这些正式的非正式的定义,记号可以是一个行动、一个动作、一个事情、一个特征、一个功能、一个能量、一个属性、一个性质、一个情境;还有这个问题,即它是由一个客体产生的(在公开的表述中),还是由作为解释者的有机体所产生的(在晚期的发展中)。

④ 正式的:"在缺乏刺激客体的情况下,启动了由某种行为家族构成的回应序列。"

(c) 在有机体中“引起”一个回应-倾向[①]来完成的;

(d) 这个回应-倾向能够获得[②]一个回应-序列,就是唤起刺激所‘引起的’的回应-序列。

所有这些事情都是发生在这样的一般理论建构上的:指号过程在目的性行为中有其结果,这里的词语“目的性的”和“行为的”是相互应用的;而在符号学的适当意义上,行为是肌肉和腺体的事情[③]。 225

现在可以文本为基础理由充分地得到:符号学中的记号在正式的含义上,是一种刺激。它由客体产生,“引起”一个倾向(可能被命名为“乔治”的某物),继而到“让乔治做它”,所涉及的“它”是行为,即属于“目的性”种类的肌肉-腺体行动。在这个正式的规定下,雷声显然不是符号学意义上的暴雨记号,除非它“引起”一个把肌肉和腺体置于目的性行动的倾向。[④] 作为刺激的记号,严格地属于三个基本的、主要的、关键的、相对是独立的或半独立(就像它们以各种方式被描述的那样)的因素中的第一个;那三者即刺激、倾向和显明的身体-行动。只有这一点被清晰地把握了,人们才能得到符号学理论中对记号的主要划分(即记号被划分为两组:由解释者所产生的,以及其他类型)所具有的全部力量和效果。

20. * 符号:“由解释者所产生的记号,表现为与它同义的其他记号的代替物。”

21. * 指号:“不是一个符号的记号。”

22. * 一个记号的使用:“记号被使用了……如果它是由解释者产生来作为手段的……”[⑤]“被使用的记号是这样一个手段-客体。”

我们被迫注意到一些问题。

---

① “在一些有机体中,通过这个行为家族构成的回应序列,引起了一个回应倾向。”

② 我没有找到在这一点上使用的动词,至少是想不起来有这样的动词,因而就在行文中引入词语“获得”(achieve)。一种“被延搁了的因果过程”形式在这里被暗示,但没有被明确表达出来。

③ 若要了解这个理论建构的背景,可参看在词汇表中“行为”一词的非定义性表述,因为这一背景事实上(但没有明确地命名)一直被延续到 * 行为-家族的正式定义中。

④ 假如要进行这样的讨论,需要强调的是:符号学中所发现的因果过程是封闭的、短期的,也就是通常所谓机械的。看上去,似乎没有提供什么长期的、复杂的相互关系方面的论述。参考下面注释49(即第234页注②。——译者)。

⑤ 在上面所引用的对“记号的使用”的定义中所省略的词是“与一些目标相关”。把它们插进去,这个定义才会看上去显得合理;去掉它们,就不合理了。但是它们没有为定义增加任何内容,因为通过上面所有的定义而来的记号只有和一些目标相关才能存在。

如果在正式的定义中，一个记号是由其"源泉"的"客体"的"属性"所产生的刺激，那么，在何种意义上，记号的主要类别可以被说成是由"解释者"产生的而非由"客体的属性"产生的？

226

沿着指号和符号所暗示的一般思想道路而假定的事实的区别，尤其是这样的区别被看作极端重要的时候，作为强调需要有词汇力量的科学的符号学，难道不应该给予这些区别一个简洁而清晰的描述吗？[1]

当人们对"符号"的定义和"使用"的定义进行比较时，"使用"这个词准确的含义是什么呢？[2]

三个其他的定义中，两个是加星号的，需要我们简单地查看一下：

23. * 记号-工具(*Sign-vebicle*)："一个特定的事件或客体……作为记号发挥作用。""一个特定的物理事件——例如一个给定的声音或标记或运动——作为记号就被称作记号-工具"[第 20 页；作为(is)和被称作(called)的粗体，在莫里斯的原文中没有]。

24. * 记号-家族(*Sign-family*)："一个相似的记号-工具的集合，对一个给定的解释者来说，具有同样的意含。"

25. '记号-过程'(Sign-process)："作为一个记号的身份，解释倾向，意指事实、意含物"(第 19 页)[3]。

这里的表达是非常独特的。作为记号"发生作用"的客体，是怎样不同于另外一个作为记号"刺激"我们的客体呢？修饰"事件"的词"特定的"，是这个定义中最重要的特征吗？它是什么意思？我们被告知(第 20 页)，记号-工具和记号-家族的区别通常是无关重要的，但不管怎样，还是具有理论的重要性。这意味着什么？我们听到对具有"意含物"的记号-工具的谈论，但意含活动不是记号自身最重要的特征吗？怎么又说它是工具的最重要特征呢？如果记号是能量，说它

227

---

① 关于指号和符号的部分(第一章，第 VIII 部分)，给我印象深刻。它是整本书中最模糊的一部分。在这个方面，它可以和前面用来说明问题的意含模式部分恰相呼应。

② 把使用和模式分离开来，对这一点的解释可以通过考察第四章的最前面几页找到；也可以参考第 92、96、97、104、125 页。

③ 原文拒绝"意义"这个意含"记号-过程的所有环节"的词，用上面的词规定了"记号-过程"。显然，拒绝"意义"这个词的原因也适用"记号-过程"。"记号-行为"(上面第 18 条)经常被含混地使用，和"记号-过程"一样。上面所引用的词非常有意思，因为它暗含了这个区分：记号和意指物的"身份"、"事实"与通过比较显现为是解释倾向和意含物暗含的现实性之间的分别。

的工具不是有能量的，有没有意义？

从总体上看，我们有这样的印象：就语言记号而言，“记号”和“记号-工具”之间的分别，比“意义”和“词语”之间的古代区分多不了什么，只是改头换面罢了，但仍然保持了古代未加探究的所有的粗糙性。就其与非语言记号的关系看这个区分，可能意味着什么，这仍然需要更多的澄清。①

到现在为止，我们的注意力借助符号学关于客体、刺激、倾向、需要、肌肉和腺体的词汇，主要关注的是追寻目的的动物的指号过程。现在，我们看到在被期盼的未来的结构的明确化中，过去的认识论逻辑用语经过了怎样的装饰。

26. *意含(*Signify*)：“作为记号来行动。”“拥有意含活动。”“拥有一个意含物。”(这三个表达据说是“同义的”)

27. ‘意含活动’(Signification)：“还没有区别‘意含活动’和‘意含物’的尝试”(第354页)。

28. *意含物(*Significatum*)：“‘意指物’的‘条件’。”②

29. 记号(根据猜想)：“x意含它的意含物”中的“x”。③

30. *意指(*Denote*)：“有一个意指物的记号……被说成意指了它的意指物。” 228

31. *意指物(*Denotatum*)：“使一个解释者因为一个记号而趋向的回应-序列得以完成所要求的任何事物。”“要找的在一个地方的事物……是一个意指物”(第18页)。“一个诗人……是一个‘诗人’的意指物”(第106页)。

32. 记号(根据猜想)：“y意指它的意指物”中的“y”。

---

① 在下面的前文没有包括在内的用词类型将会被引用，以展示表达的极端含混性。尽管记号不是解释倾向或行为而是刺激，但它们仍“涉及行为，因为一个记号必须有一个解释倾向”(第187页)，仍“被确认为追求目标的行为”(第7页)，“用与倾向相关的事物来描述和区分它……”(第V页)。解释倾向，尽管不是倾向，它却是“记号产生的行为”(第95、104页)，甚至是“记号-行为”(第166页)。书的封面上的夸大(这个夸大是良性的，像其他许多夸大一样，展示了这本书的主旨)达到了高潮。在这里，所有的因素再一次通过这样一个断言而被混合在一个普通的罐子里：这个“记号理论”[偶尔也被当作句法学(semantics)而非符号学(seniotics)]“着眼于‘回应倾向’——也就是着眼于行为——定义了记号”。和这些引语一起，我们或许可以回想起已经被引用的一个词，在那里，记号在整个过程中被说成首先影响行为，而后影响倾向。

② 意含物：“一种条件，任何满足这个条件的东西是一个给定的记号的意指物。”(第354页)

③ “一个记号被说成意含了它的意含物。”(第354页)“在不同意含模式中的记号，以不同的方式意含着。”(第64页)“记号意含着……的意含物。”(第67页)

33. 目标-客体(*Goal-object*):"一个部分或全部去除了激发回应-序列的有机体状态(即需要)的客体。"

上面明显是一些断言的骨架,但符号学这个领域中所有的地方要想被观照到的话,骨架或其他形式的简化就是必要的。如果我们能够确定意指物和目标客体对符号学来说是否"同一件事"的话,描述这个组织框架就会更加容易。[①]这两种用词是非常接近的:对意指物而言的"任何事物"与对目标客体而言的"一个客体";"使完成得以可能"与"需要没有了"非常相似;"趋向于"类似"激发"。但是,我没有看到对这两者相互之间的身份的明确表述,因而很容易忽视它们。一个意指物的第一个符号学要求是:它得是"现实的"或"存在的"[第 17—20、23、107、168 页;可能忽视了这个情况(第 106 页):某个归属者的意指物是"一个如此的情境……"]。作为"现实的",意指物是意含物"作为其条件"的东西。意含物在符号学中的"um"成分的形式中仍然是"条件",即使没有意指物"实际"存在,[②]因而目标-客体明显既不是"现实的",也不是"存在的"(除非呈现在"解释者的心灵"中或者呈现在这样的"心灵"的一些术语中)。如果目标-客体和意指物可以被组织在一个共同的形式中,那么,我们或许可以更确切地应对它们。当我们发现(就像我们有时做的那样),在"安排者"(formator)的情况下(第 157—158 页),意含物可能就是"属性",或者在"有用的属性"(utilitanda properties)的范围中(第 304 页,也可参看第 67 页),以及"属性"自身是"用来包含记号的意指物(原文如此)的非常普遍的术语……"(第 81 页)时,我们处于更为糟糕的情况中。或许,我们对所显示的情况能够描述性地说的所有的话是:"意指物"和"目标-客体"是谈论一个情境的两种不同方式,这个情境与二者的关系没有得到清晰的阐述。

*229*

**IV**

到目前为止,我努力地把自己限制在呈现所谓"文本的事实"上面。我希望

① 关于手段-客体有一个非常有趣的问题:它们是记号产生的意指物,还是完全不是意指物的直接行动客体?但是,我们必须完全跳过这个问题,比较第 22 个断定和注 36(即第 225 页注④。——译者)。

② "所有的记号意含着,但不是所有的记号意指着。""一个记号被说成意含着(而不是意指着)它的意含物,也就是,它意指的条件。"(第 357、354 页)

我在编上序号的论断之间所作的零星评论没有超过一开始的报告所需要的东西太多。接下来，我将会注意所涉及的一些观点，但即使到现在，与其说去争辩，还不如说展示它们的论述过程及其复杂性，以及指出——对它们的注意，是缺乏的。

在我们对符号学主要特征的初步阐述中，读者可以注意到——解释过程主要与因果和控制有关。我们把注意力集中到在正式描述“记号”中所使用的动词的话，就会很有意思地看到：这种阐述、这种术语能够对符号学家支配的材料做些什么。我们被告知：(1)如果拥有“属性”的“刺激-客体”被给予了我们，那么(2)这种属性就会产生一种刺激，(3)它产生影响，通过(4)引起一个倾向的出现，因而，如果(5)一种有机体状态(一种需要)激发了，如果(6)正确的手段-客体正在其位，那么(7)它将会传达：在第4阶段所产生的东西证明了就是这个，(8)一个回应-序列发生了，在其中或靠那个，即(9)第1阶段的刺激客体或其他客体被作为目标客体回应，(10)这个目标客体反过来，又移除了第5个阶段所呈现的有机体状态(需要)。

这些变动的动词所做的事是非常清楚的。人们在一个句子中顺利并悄悄地插入的那个事物，正是那个最容易被使用的东西。流利性是有的，但没准确性。我没有努力地为这样的用词做一个完整的列表，只是作了一些提醒。例如，“产生”既能被用来指有机体所做的事、一个属性所做的事、一个解释者所做的事，也能用来指一个记号所做的事(第25、34、38、353、355页)。它们可能是自发的或是非自发的(第27页)，但是非人类[①]的东西很少被说成去产生(第198页)。在使用一个可比较的动词时，如“去意含”，或者有机体或者符号都可能是行为者(第16页)。这种语言的不确定性的其他例子，有‘因为’(第252页)、‘机缘’(occasion)(第13、155页)、‘代替物’(第34页)、‘行动’(第354页)、‘规定’(第67页)、‘通过决定来规定’(第18页)、‘发挥功能’(第354页)、‘倾向于’(第66页)、‘联系’(第18页)、‘回答’(第18页)、‘开始’(第346页)、‘以某种方式影响’(第9页)、‘影响或引起’(第8页)、‘控制’(第7页)、‘引导’(第354页)、‘变成或产生’(第25页)，‘寻找’(第356页)，‘使

230

① 着眼于符号学是一个普遍的记号-理论，另一个关于动物的有意思的评论是：“即使在动物行为的层次上，有机体仍倾向于遵循可靠的记号的引导。”(第121页)

用'(第356页)。人们能找到这样的句子(例如,第25页),它实际似乎在告诉我们:解释者产生记号,它们作为其他与它们同义的原初地使得解释者做它们所暗示的事情的记号的代替物;这就是,解释者自己所产生的代替物,使他做来自外部的符号原初要他做的事情。[①] 问题中的"事实",是日常知识所熟悉的一种东西。不是这个事实,而是符号学术语所引入的表述的特殊性,才是引起我们关注的东西。

## V

尽管这两个问题对彻底的研究和思想建构是至关重要的,但它们没有被符号学所触及。这两个问题是:第一个,人们一般称作"刺激"的东西和一般称作"客体"的东西,在事实上是如何被组织起来的?第二个,相应地,就是把符号学家所谓"解释者"和"解释倾向"组织起来,或者更一般地说,是"行动者"和"行动"相互之间的事实身份的组织问题。解释者-解释倾向问题明显是古代把行为-者和他所做的事情分开来(假定:行为-者在理论上独立于他所做的事情的,所做的事情存在独立于各种行动的完美存在的幻想王国之中)的语法-历史思路的特殊案例。经过仔细检查的刺激-客体的情况,也牵涉到类似的问题。在符号学中,倾向、解释倾向和意含物的内部组织异常复杂。我们最好通过评价符号学家自身对那些他们发现被自己用来穿越探究的泥潭的绊脚石的评论来展示这些问题的地位。这里没有尝试系统的处理,因为在我们眼前的材料不允许这样做,除非有大量复杂的语言解析——而在目前的情况下,是无法忍受这一点的。

231

符号学在它的发展中强调三个主要的因素:记号、倾向和行为。第一个是进来的东西,第二个是一种介于其中的存储性仓库,第三个是出去的东西。尽管符号学家很自信他们为我们提供了"富有穿透力的词汇"(第19页),但这三个因素中没有一个其符号学操作可以确切地固定下来。正如我们所看到的那样,记号在正式的含义中是刺激,实际上,大部分是客体和属性,最后成了在闪闪发光中变形了的意指者或意含者。行为就像是一个简单的同伴,自己前行,刚好就是行

① 不用奇怪,稍后,符号学家会问:"尽管如此,这样的词语是其他同义的记号的代替物吗?"这时,他发现自己是这么回答的:"这是一个复杂的问题,将牵涉到对记号产生过程的研究。"(第34页)问题中的"这样的词语",指的是这些,即它们是"至少与产生的标准相关的交往者和被交往者的标志"。

动中的肌肉和腺体；但是，当它明显是有机体的一小隔间时，却不能为作为更加特殊化的解释者的一小隔间找到足够的空间，尽管这个解释者被宣称为不多不少，正是处于符号行动中的有机体自身；另外，行为在它自身的方向上是目的性的，尽管很难理解完全靠其自身的目的性的肌肉和腺体可能是什么。至于倾向（或者回应-倾向，因为这是符号学要处理的倾向的一个特殊情况），我起码将会这样宣称：它是一种暹罗的"三连体"式的怪物，屁股连在一起，很难分得开来；但作为一个联合体，更难存活。这个"三连体"中的一个是生理学上的倾向，它是行动的一般习惯或准备；另一个是解释倾向，它是"在-记号行为-中的-倾向"（尽管没有清晰地说明为什么需要这个双重的名字）。这个"三连体"家庭中的第三个成员是意含物，它很少提及它的卑贱的亲戚，但因为它自身既不是进来的刺激，也不是出去的肌肉或腺体行动，除了作为倾向——"三连体"的成员之外，没有其他的家可待——除非像有时所怀疑的那样，它希望永远像光环一样，像灵魂一样，漂流在其他两者的周围和上方。 232

符号学家关于"因素"的三重组合（这种组合的核心，如我们所看到的，自身也是三重的），为我们提供了多种用词。"在记号-过程中起作用的因素，或者是刺激-客体，或者是有机体倾向，或者是现实的回应"（第19页）。我们被告知，"分析"产生了"关于行为的术语：刺激、回应、有机体状态"（第251页）。这"三个主要的因素"分别相应于环境的"本性"、对需要的"相关性"，以及"有机体必须行动的方式"（第62页）。还提到了"环境、需要、回应的相对独立性"（第63—64页）。

尽管符号学强调多种形式的"三"种因素，在符号学的实际操作中仍牵涉到五种因素，哪怕"倾向-三连体"被融合成一个因素。需要添加的两个因素，一个是与刺激区分开来的客体，一个是与解释倾向区分开来的解释者（或者是个人化的有机体）。（这并不意味着叙述者想引入这些因素。他不想。这仅仅意味着，他发现这些因素在文本中起着作用，尽管改头换面了。）我们总是看到客体和刺激这两者在进进出出。只要符号学家想强调有机体自身就是所做的事情的表现者、生产者和发动者，那么，"解释者"就会出来代替解释倾向。这里所意味的是，人类适应环境的生活这个头等重要的问题在两头都完全被忽视了——也就是刺激-客体[①]和行动者-行动的问题。

233 符号学家为一个倾向的呈现提供了什么证据？他感觉到需要证据，并针对怎样发现它而作了一些建议（第13—15页）。他的每一个评论都展示了记号-过程的一个事件，例如，如果人们已经相信作为特殊存在的倾向，那么，记号-过程所进行之处，正需要呼唤一个倾向出来帮助。但是，他的展示没有一个能够澄清倾向的事实呈现，不管为其自身还是作为解释倾向或意含物，抑或是作为处于刺激或行动之间的分离因素。引入这样一个倾向似乎满足的唯一清楚的"需要"，是遵循了词语的传统。

这里的问题并非有机体是否有习惯，而是在符号学上（或以任何其他方式）设定这样一个习惯并把它作为理论建构的基本因素是否合适：它是一件由其他事情引起，反过来又引起第三件事情的事情。符号学中有三个段落泄露了秘密。第一个段落说，即使一个准备性刺激是一个倾向的'原因'，"从逻辑上说……'回应倾向'是更基本的概念"（第9页）。第二个段落告诉我们，"在牵涉到中介活动的一般过程之中"的记号-过程，是"那些在其中介因素是一个解释倾向的事物"（第288页）。第三个段落引用可能是泄露秘密最多的，因为我们被告知，"这个做法（即对一个传统的经过好意篡改的倾向的使用）的优势""在于它没有要求狗

234 或者司机回应记号本身"（第10页）；[②]这几乎就是说，符号学的优点是：它能够逃避对事实的研究，而只与木偶般的插入物打交道。

---

① 在符号学中引用了少量关于知觉的现代著作（第34、191、252、274页），但这些引用并没有什么重要的影响。对卡茨（Katz）、盖尔博（Gelb）、布勒（Bühler）、布鲁斯威尔克（Brunswik）及其他人涉及基础的异常稳定的研究[可追溯到赫尔墨霍茨（Helmholtz）]，如果给予注意的话，将会对可能的理论建构带来重大的影响[能够直接应用到目前的问题上的一个简单阐述，可以参考V·J·迈克吉尔（V. J. McGill）的《哲学中主观的和客观的方法》（"Subjective and Objective Methods in Philosophy"），《哲学杂志》，第41期（1944年），第424—427页]。很少有证据表明，对很简单的事情，如数字和场所等的格式塔研究，其发展已经影响到符号学家对自身理论的处理。从这个大问题开始：如符号学所言，"属性"自身是不是一个记号？例如，符号学认为，记号-过程与一个找水喝的人没有任何关系，除非这杯水是其他什么东西的记号。找，是"以某种方式针对一个客体（它是刺激的源泉）的行动"（第252页）。从这一点可以看出，在符号学中，"找水喝"没有牵涉到"回应-倾向"——这个立场对常识的视野来说非常陌生，但不管怎么样，本章的作者不会在原则上反对它，如果它能前后一贯地成功发展的话。

② 为什么符号学家如此害怕让客体和有机体直接接触（他反复触及这一点）？可能的原因在于：他的"因果"观念是一种台球类的因果观，遵循这样的原则——"一旦发生，总是发生"。他"插入的第三者"，是他的规则不起作用时的一种安全阀门。我们要说：他没有对行为过程自身进行直接的观察或报道。

还有另一种对倾向有趣的使用不应该被忽视，即使在这里很少提到它。关于记号，符号学使用了一个高度专门化的记号，被称作"版图设计者"(formator)。相对于我们在这一章前面简单讨论的"意含模式"的记号被称作"词典编撰者"(lexicator)。版图设计者不是词典编纂者。尽管如此，为了完成这个理论建构，它必须是一个"记号"；当是一个记号时，它必须是一个"倾向"(解释倾向)。在通常的程序中，它不能获得通常的形式。因而，它被叫做"二阶倾向"(第157页)；而由于与"解释者"相对立的"解释倾向"体现了符号学中的古代"心灵"，这一点就相当于为新的"科学"引入了一个两个故事的"心灵"。

在相互对照中关注回应-倾向和解释倾向时，所有需要说的就是：如果解释倾向仅仅是一种倾向，可以被这么处理，那么把它命名为一种特殊的种类，不会遇到什么反对。但是，正如我们在反复出现的例子中所看到的，倾向首先把自己显示为是一种由"外部""引起"的东西，而解释倾向最容易成为从"内部""生产"的事物、属性或特征。回避"从内部"和"从外部"这两个词，把它们倒转过来，似乎并不能产生应付这个问题的足够的"科学"。

下面思考在身份上和解释倾向相关的意含物。对这个主题的评论很少，只有一些偶然的形式，如"一个意含物……总是牵涉到一个解释倾向(一个倾向……)"(第64—65页)。我注意到的确切努力地解释的地方，只有一处。我们被告知(第18页)，"解释倾向和意含物之间的关系不值得关注"。在这里，我们找到一种作为翻转过来的解释倾向的意含物。这个情境会被许多过去忍受着"意义"这个词的含糊性的人，牢牢地记住。实际上，如果解释倾向是一种带有一些或多或少高级的"意义"植入其中的倾向，那么，意含就是这种或多或少可追溯到环境中而不是解释者中的意义。我们被告知，"解释倾向，呼应着行为-环境综合体中行为的那一面"；与此相对，"意含……与这个综合体中环境的那一面相联系"(第18页，粗体是补充的)。在这儿，解释倾向"作为一个倾向"而出现，意含物"作为一个回应-序列在其中得以完成的末端[①]条件的集合而出现"，也就是说，在其中，"倾向"可以造就善果。符号学这整个过程最需要的，是把一些带有主导性指示者的专门化的归属者应用到其自身。

235

至于意含物和意指物之间的组织关系，以及两者与日常肌肉行动和目标客

---

① 在这里使用"末端的"(terminal)，更容易让人想起目标客体或意指物而不是意含物。

体之间的关系，除了少量从上文第 26 条到第 33 条断定中提出的事实问题之外，能够说的东西看上去很少。尽量不要把这些评论当真，因为其内部的组织停留在无法克服的障碍上。要注意的是，当成为"现实的"和"存在的"变成加在意指物上的巨大责任时，意含物被分配到了它自己的那种现实性[①]和事物性，它显然与意指物所有的现实性和事物性属于不同的类型，但却从没有得到清晰的区分。这里是符号学最为重大的问题，这个问题可以表述为："作为事物(um)的条件是怎么来的?"符号学家完全可以把这个问题写在他的著作的每一页上。[②] 另外一个关于意含物的重大问题当然是：在第 19 条论断中的符号(刺激)，或其他任何粗糙的形式，如"客体"、"属性"、"事物"或"能量"，它在(或者没有在)对一些现实的善的事物、美的事物、真的事物所进行的，偶然地伴随着的"意指活动"下，是如何迅速上升到"善"、"美"、"真"的最高层的?

236

## VI

在这章的开始，我们说到，我们的考察特意限制在对符号学宣称它为未来的科学奠定基础而提出的技术性术语的效能作出评价；我们把对需要通过专门的思考才能提供的许多有意思的、有价值的贡献的讨论，留给了其他人。因而，我们探究的范围近似莫里斯教授在他对自己的著作(第 185 页)进行总结和评价时所称谓的"对记号的行为分析"。在那儿，作为"他的观点的基础"，他进一步指出，需要专门推进的是：意含"模式"、记号的"使用"和对话语类型的"模式-使用"分类，这所有的加在一起，就通向了这样的道路，即把逻辑学和数学当作"构词模式"(formative mode)中的和"用来增加知识的"(informative use)的话语(第 169 页以下，第 178 页以下)[③]。为了与已经被接受的东西保持适当的平衡，在这一点上需要提示这些专门化的推进。当然，对于一开始就对模式、使用和种类感兴

---

① 也可参考前面提到的格里教授的论文，这篇论文出色地(从哲学的角度来看过于广泛，在这里不能尝试)探讨了莫里斯符号理论中的各种各样的缺陷。

② 尽管如此，符号学提供了一系列运转规则。它相信，这些类型的理论困难通过这些规则，很容易被解决(第 279 页)。这些规则有：作为记号-工具的记号，能意指自身；记号不能意指它自身的意含物；记号既不能意指，也不能意含它的解释倾向(第 19、220、279 页)。对进一步探究固定语"um"，这里留有了相当大的空间。

③ "意含模式"被确认的方式中的某些东西，被本篇论文前面的部分以一种描述的方式呈现出来。使用和模式的区别及其紧密联系，在本书中被讨论(第 96—97 页)。针对话语种类分类的使 (转下页)

趣的读者来说，把他自身限制在这些主题上，而不用关注处理这些主题背后的行为分析，是现实可行的。

关于符号学术语所确认的这些材料，我们现在来进行总结。和环境相关的有机体行动被划分为：刺激活动、倾向和回应。记号-过程被类似地划分为：某种非直接的刺激活动被称为记号；记号产生的不是肌肉-腺体中的回应，而是一种被叫做解释倾向的倾向；反过来，在适当条件下的解释倾向，产生一种特别的肌肉-腺体行动——目的性的——被叫做行为。[①] 记号总是一个刺激；倾向（就记号-过程而言）总是一个记号的结果；[②]行为总是一个有目的的肌肉或腺体行动，如果符号学达到它建立独立的术语的目标的话。[③] 237

关于这个计划的实际过程，我们很快发现，符号学提出了一类主导性的记号（符号），它们不是所宣称的意义上的刺激，而是“由解释者所产生的”（所有其他的记号是指号）。我们也得知，许多解释倾向是由解释者（通过符号）产生的，尽管它们自身是倾向，而倾向（就记号-过程而言）是由客体的属性所引起的。我们发现，意含物被引入体系中，与目标-客体、有目的的行为、倾向、解释倾向之类的术语，甚至与记号之类的术语，没有发展出任何联系，除了“记号”这样宣称——“记号意含意含物”——之外。我们也发现一些被称作意指物的缝隙中的符号学名称，它们仅在这个宣称中被确认，即“记号”（有时）“意指意指物”。我们拥有对记号的“使用”，与它的行为呈现不一样；我们有了被宣布为实际存在的意指物，以与作为它们的“条件”的意含物相对照；这时，我们有了获得现实性的意含物，而意指物时而退缩为某种“情境类”的东西。我们拥有这种术语混乱的一个特别的例子，即在紧急情况下作为“属性”出现的意含物，尽管“属性”一般是一个刺激 238

（接上页）用和模式的联合，在第125页的表格中被呈现出来。至于这本书中的“所有其他的东西”，莫里斯从容地写道：“我们的论点一直是用符号学中的基本术语应对所有的记号现象，因而可以用这些术语定义任何意含记号现象的东西。”（第185页）

① 这些名字中一些被看作基本术语而加上星号，而其他的没有；那些没加星号的是基本的行为名称，这些事实在这一章前面就被注意到了。这儿所做的努力是命令式地对待记号，而没有为记号是其一个因素的行为建立初步的确定性。现在，这一点应该清楚了：术语的混淆是这个程序的直接产物，读者所感受到的持续的不确定性以及他被告知的确切含义，都是这个过程的直接产物。

② “可能存在不是由准备性-刺激引起的回应倾向。”（第9页）

③ 当然，这被理解为：符号学自身是向未来进一步发展开放的。这里要问的问题是：目前的术语体系是否允许这样一个通过进一步精致化而来的未来发展？或者是这样的问题：发展的起初条件是否已经在术语体系中被连根拔除了？

的产生者(第355页),尽管它尤其被描述为"一个非常普遍的术语,被用来包括了……意指物"(第81页);因而,这个过程——属性-记号-意含-意含物-意指-意指物-属性——作为通向记号-行为理论的道路是非常值得探究的。①

对符号学一些公开宣称的材料的简单考察,将会对了解它的混乱是如何产生的带来启发。"解释倾向"这个词的使用,是从皮尔士那里来的②,他对"目的性的"回应的处理,来自莫里斯教授所谓的"行为主义者"(behavioristics),尤其是来自爱德华·C·托尔曼(Edward C. Tolman)的著作。③ 符号学中的困难可以被这样的说法很好地概括:这两种源泉在词语上被综合起来,托尔曼提供了基础和楼板,而皮尔士提供了房顶和阁楼;但是在这其中所插入的故事,却不是通过对事实的探究和组织而建构起来的。

在皮尔士的早年生活中④,他就得出了这样的结论:所有的思想都在符号中,需要有时间。他受到那时还很新鲜的达尔文发现的影响,努力把人类的理智过程看成是发生在这个新的自然领域中的事情。他的实效主义(pragmaticism),239 他的记号理论,他对功能逻辑的探索,都是对这个结论的发展。皮尔士引入"解释倾向"这个词,不是为了维持关于思想的旧的心灵主义观点,恰恰是为了一个相反的目的,即它作为一个工具,和其他的术语连接起来,是为了显示:作为探究主题的"思想"或"观念"不应被看作心灵实体或者心灵上重要的东西,它实际是人类的存在过程。与此形成对比的是:符号学使用了皮尔士的术语,又在它的概

---

① 这篇报告的作者的立场是:我们所展示的缺陷,在通常的情况下不应该被认为是源于工作者的无能,而是因为它们内在于所使用的观察和术语体系之中。努力的过程似乎向他显示,这样被分割开来的作为"因素"的成分,不再被分割开来的了。展示旧的路径的缺陷的唯一办法,建立在实际工作者的实际著作上。如果莫里斯教授或者别的什么人对他所遵循的思路能够加以修缮的话,将大大地增加他的威信。

② 参看莫里斯,前引书,第V页和附录2。在他文中的第27页,他对符号学的分析,被"看作彻底实施皮尔士这样一个洞见的尝试,即记号产生了解释倾向,而解释倾向在最终的分析中是一个人行动趋势的修正"。

③ 除了在本章中一个公开的段落中的引用之外,还可以参考前引书,第2页:"记号科学以生物学为基础,可以得到有利的发展,放在行为科学的框架之中发展尤其明显。"关于托尔曼,请参看附录6。

④《关于一些被宣称为人类的属性的问题》("Questions Concerning Certain Faculties Claimed for Man"),《思辨哲学期刊》(*Journal of Speculative Philosophy*),第2期(1868年),《文集》(*Collected Papers*)第5卷,第253页。

念的帮助之下，秘密地[①]退回到皮尔士（以及詹姆斯和杜威）花去人生大部分精力，要努力去除的东西上面去了。[②]

托尔曼所做的工作，是人们认为很重要的专业领域。和其他具有类似倾向的心理学家一起，他认为，动物具有高度发展但受限制的行为，并把这些行为分成面对石头的、面对环境的、面对行为的。经过许多年的努力，他发展了一套术语来概括自己所观察到的东西。我一直把他的著作摆在我的书桌上，但却尽可能地不用它。托尔曼和他的同行们所得到的结果，可以通过刺激、需要、回应来有效地描述。这个事实对我来说并不意味着，这个描述可以直接作为所有人类知识程序的基本规定。例如，托尔曼认识到，人能知道的"有用的东西"正是他所意向的东西；但是，当莫里斯采用了托尔曼的"有用的属性"并把它们包括在"术语'意含物'之下，当被意含时"（第 304 页），可理解性便降到了一个比较低的层次。

240

符号学在卑下的层次接受目标-追寻心理学，对它只作微小的变动，然后就尝试用陈旧的逻辑学和哲学信念之网套住它们，当然，莫里斯的失败并不意味着，实证研究的未来扩展不能把两条途径综合在一起。

从上面的直接材料扩展到更广泛的现代知识发展的趋势上去，我们可以说，符号学术语上的大部分困难源于它要把两种相互争斗的观点融合在一起的努力。一个观点代表了把自我作为行动者，处于灵魂、心灵、人格、大脑的系列中的

① 尽管莫里斯在这样的句子中向我们保证说，"目前的思路遵循皮尔士对行为的强调，而不是他的更为心灵主义式的规定"，还是可以直截了当地作出这个断言。皮尔士所作出的一个典型的表达是："我通过描述习惯在其中变为现实的行为的种类来定义习惯，除此之外，我不知道其他的路径。"（第 2 卷，第 666 页，大约 1910 年）杜威的评论（在通信中）是：把解释者和解释倾向等同起来，是对皮尔士的颠倒。对莫里斯所虚造出来的"存在者"的精彩说明，最近的可参考恩斯特·内格尔[《哲学杂志》，第 42 期（1945 年），第 628—630 页]和斯蒂文·C·佩珀[同上，第 43 期（1946 年），第 36 页]。

② 杜威在最近的论文《皮尔士关于语言记号、思想和含义的理论》[（"Peirce's Theory of Linguistic Signs, Thought, and Meaning"），《哲学杂志》，第 43 期（1946 年），第 85—89 页]中，分析了莫里斯在术语上对皮尔士的几个改变，特别包括实用主义问题，他建议道："皮尔士的使用者们要不坚持他的基本框架，要不就离他远点。"在一个简短的回复中，莫里斯回避了问题。杜威再一次强调，莫里斯对皮尔士的态度，"提供了一个关于实用主义主题、内容、方法的最新版本，对这个版本而言，不能把皮尔士叫做先驱"。在回复中，莫里斯又一次回避了问题（同上，第 196、280、363 页）。因而，就目前的讨论而言，莫里斯的陈述（即他"努力彻底地实施皮尔士的洞见"）是否得体这个问题仍没有解决。在另外一点上，莫里斯与杜威非常不同，即他认为，他所发展的符号学"与杜威的思想框架是相契合的"（《记号、语言和行为》，第 273 页）。

古代思路;另一种观点来自牛顿的机械学,微粒被看作处于因果联系之中。前者在今天受到怀疑,因而它的表达是偷偷摸摸的。后者在取得巨大成功的物理学中不再是主流。这两个过去的遗存物,看上去并不能产生这样活泼的体系:它能以现代科学努力争取的方式,对观察进行深刻的描述。

## VII

在上面的分析中,误解的可能性非常之大。因而,关于它的目标,我再次总结一下。我的目标在于努力地澄清莫里斯教授的"术语"中所引入的"因素"(被宣称为"事实"),但因为我个人的观点,既拒绝了他的"因素",也拒绝了他的"术语"。我在假设中自由地承认了二者,这种假设是就我所关注的自己提出的其他选项而言的。在今天获得这个主题显然是不容易的,但我们至少要尝试一下。在这个路径中,他的"术语"需要在两个方面修正:在它们自己之间,以及它们与它们被引进来所代表的"事实"的关系之间。为了检验这是否成功,我把他的整个文本作为我的资料,并努力地探究他的术语在什么程度上达到了分配给它的任务。我们所采取的标准,以及我们把它们所置于的位置,依赖于这个理论的重要性和它所作出的声明。在莫里斯的序言中,他称一个同伴所做的事是"针对各种重写的著作的编订工作";但就在前一个段落中,这个同伴却被列为没有"看到最终的文本"的建议者之一。我们在这里看到了一个小疏忽。当一个陈述证明另一个陈述是错误的这种疏忽出现在研究复杂领域的整本著作中时,我们把它看做是不幸的,但却是某种我们从其中继承了些许思想的东西。然而,当这样的缺陷到处存在时——在一本宣称要建立一个作为许多科学的向导的新科学的著作的每一章和几乎每一页,当它们相互影响,每一个主导性术语都被这本著作宣布为是它的思想"基础"时,这正是要紧急叫停的时候,要追问术语力量重新部署的时候。这就是新的"符号学"的状态以及我们从事分析的原因。对许多知识分支进行探究的极端重要性,使得所作出的讨论和努力都是值得的。

# 10. 常识与科学[1]

下面要讨论的东西可以被恰当地描述为常识和科学都被当作交互作用。[2] 242
使用这个名称有正面和负面两个方面的内涵。从负面来看，它意味着，常识和科学都不会被当作实体——某种分离的、完成了的、自我封闭的东西；这个含义排除了在当下关于它们的两种或多或少比较流行的观点。一种观点把它们看作心理机能或过程的名称，另一种观点认为，从认识论上讲，它们是"实在的"——用这个词所指称的主题，据说可以完全独立于人的参与而被认知。从正面来看，它指出了这样的事实：两者都以在任何一个所谓交互作用中发现的特征和属性来处理——例如，一个交易或商业交往。这种交互作用规定了一个参与者是买者而另一个是卖者，除非在（其中）或者因为一个两者都参与的交互作用，没有人能成为买者或卖者。所有的东西都是如此；特定的事物因为它们参与了交互作用而成为商品或货物。没有只有在（其中）或因为一个交往而成为商品、效用、货物的东西，也没有商业交往。另外，因为交换或转移，双方面（参与者的俗语说法）都经历了变化；商品起码发生了位置的变化，通过这个变化，它们获得或失去先前具有的起连接作用的关系或"能力"。

进一步说，没有一个给定的贸易交往能够单独存在。它陷入一系列活动之中，包括生产活动在其中，不管是农业、矿业、渔业，还是制造业。这个交互作用 243
的整体（可以被称为工业的）自身所陷入的交往，既不是工业的、商业的，也不是

① 本章由杜威撰写。
② 参看本卷第四章和第五章。

金融业的；这个交互作用通常被描述为是“无形的”，但更安全的描述方式是：从其他交互作用在其中存在和运转的习惯体系出发来为它制定规则和规范而描述它。

这些评论是导论性的。引用作为一种交互作用的贸易，是为了提醒人们注意在作为交互作用的常识和科学中所发现的特征，并扩展到这样的事实上，即人类的生活自身，不管是孤立个体的，还是集体的，都是由交互作用构成的；人类和非人类的事物和其他人类一起参与这些交互作用，因而没有人类和非人类的参与者的这种统一（togetherness），我们就不能存活，更别说有什么成就了。每一个人从生到死，都是参与的一方（*Party*），因而如果他以及他所做所承受的事和参与到大量交互作用（每一个人对这个交互作用都有所贡献或者有所修改，但前提是：他必须是这个活动的参与者）这个事实分离开来的话，就不能被理解。[①]

考虑到物理和生理方面的生命对他作为交互作用中的一方（在这个交互作用中，其他人类和“事物”是交往的另一方）这个事实的依赖，考虑到理智和道德的发展对它作为那种文化条件参与到交互作用中（对此，语言就是一个充足的例子）的一方这个事实的依赖，令人惊讶的事情是：这个观点一直没有被人们所接受。但是，除了在下面的脚注中所注意到的事情（如同在作为一种文化机构的宗教在形成和扩散这个观念——灵魂、心灵、意识是孤立的独立实体——中所扮演的角色中一样）之外，还有这样的事情：在生命的过程中必然牵涉到的事情，因为熟悉而没有得到特别的注意。我们只有在障碍发生时，才会注意到在呼吸的生理交互作用中的空气。对大量参与到我们行动、话语和思考（甚至包括独语和梦幻）中的文化的非人类因素而言，情况同样如此。所谓的环境是物理条件和文化条件纠缠在一起的结果，因而在技术的意义上，它更是“物理的”。“环境”不是某种外在意义上环绕着人类活动的东西；它是它们的中介（*medium*）或背景（*milieu*），在这里，中介的含义是：它在人类活动的执行和实施中起媒介作用（*inter*mediate），就好像是它们运行在其中的渠道，以及它们前进所凭借的交通工具。这些媒介的减少，是人类生活不幸贫穷的直接原因；“社会的”只有在这个意义上，才是一个褒义的词：人类维持生活的媒介，也正是人类生活得到丰富的

244

① 对这个事实的描述没有比这个事实更好了：它是大量的宗教、经济和政治交互作用的集合，这些活动通向（在所谓个人主义运动中）把人类看作依靠自己创立事业的个体的心理学和哲学理论。

媒介。

## I

现在我来考虑前面的评论对这本以常识开始的著作的特殊主题的影响。只有直接积极地参与到生活中的交往活动中，人们才能熟悉构成世界的其他人类和“事物”。当“常识”包含了超过知识的东西，这个熟知知识就是它的区别性特征；通过把常识和实际发生的、被享受被承受的生活等同起来，它为常识所指称的范围划定了界限。我首先要说明，为什么“常识”这个表达对大量的事实（这些事实是基础的，以至于如果不系统地关注它们，科学就不能存在；但哲学却能脱离开它们，漫无目的地思辨，因为哲学的立足之地和应用领域都被去除掉了）是一个可用的、有用的名字。

查一查词典，我们发现，“常识”这个表达指的是“人类或团体的一般意义、感觉、判断”。除了现实的生活直接关注的事情之外，还没有什么事情能够唤起人们的注意，支配在讲话中对“人类”或整个团体的使用，这令人非常怀疑。我们也可以合理地肯定，生活的一些特征是如此的紧迫，以至于直接刺激所有人类的感觉和理智，这些特征有：对食物以及获取它们的手段的需要，对用火取暖和燃烧的能力的需要，对用武器从事打猎或战争的能力的需要。如果一个团体想在内部和外部的威胁中存在下来，就需要通用的习俗和规则，如此等等。至于团体，它就是一群有某些共同信念的、被共同的感觉和判断习惯驱动的人，除此之外，它还能是什么呢？因此，当我们在词典中的“常识”的标题下，发现了这个——“好的深刻的实际感受……用来应对日常事物”——时，不必惊讶。我们把这两种用法放在一起，就有了非常适合这里的表达。①

245

团体的日常事务构成了赋予那个团体以特征的生活；只有这些共同的生活-活动，才能使它的成员的一般或通常的理智和感觉参与进来。至于和“通常的”（common）一词连用的词——“感觉”（sense），我们注意到，词典对这个词的使用作了说明：“对生活产生影响的理智。”对感觉的这个描述，与心理学书籍中经常

---

① 两个段落都是从《牛津词典》中引用的。在引来作为例证的段落中，第一个是较普遍的用法，相比更受局限的个人性的第二种用法而言，要早100多年。它们两个一起，涵盖了有时候被称为“客观的”和“主观的”用法，以某种方式预示了后面要指出的要点。

给出的对“感受”(sensation)的描述，是非常不同的。尽管如此，它还是告诉了我们颜色、声音、接触在指导人类行动中实际发挥了什么样的作用。我们可以总结这些作为人类(或某一团体)共通的使用物和享受物落在常识指称的范围之内的事情。例如，被人们直接触及的熟悉的水(与科学理论中的 $H_2O$ 不同)只能被这样描述：它能止渴，能清洗身体和污物，人能在其中游泳，也能淹死我们，能浮起船舶，变成雨能促进庄稼的生长，在当代社会生活中能够运转机器，包括火车，等等。人们只要考虑日常使用中的水，就会注意到：把水还原成“感受”的集合，是很荒谬的，即使在其中运动-肌肉因素(motor-muscular elements)也被承认。感觉性质和运动回应只有与使用和享受活动纠缠在一起，才有它们的位置和意义。正是后者(无论着眼的是水，还是其他实体)，才是常识中的事物。我们必须注意以水的例子为代表的情况，学会尊重儿童描述事物的通常方式，即“它正是你以之如此-如此做的事”(It's what you do so-and-so with)。词典中的描述是这样的：“那个人们为之占据、参与、关注、忙碌的东西”(that with which one is occupied, engaged, concerned, busied)，在这里，用一般化的“那个”代替了特定的“如此-如此”，用一般化的某人代替了特定的“你”。但是，仍有必要保留儿童的自我-事物统一体。

246

## II

“占据、参与、关注、忙碌”这些词，偿清了在与常识的鲜明主题相联系而进行思考上面的欠缺。物质(*Matter*)也是此类词。词典中是这么说的：“经常被用来解释一个事物、事务、关注，相当于拉丁文 *res*。”关于这个词的进一步描述，最明确地说出了儿童传达人类和环境条件在其中相互合作的东西的方式：“事件、环境、事物的状态或过程是思考或实际关怀的客体。”我不明白，哲学家所认为的“外在的或外部的”的东西，怎么能比所引用的陈述的第一个部分中所发现的词更具有包容性的内涵，当“思考和实际关怀”被看作与哲学二元论中的“内部的”、“私密的”的成分具有一样的内涵时。①

因为“主题、事情、事务”被看作与“物质”同义的词，我们现在把注意力转向

① 这个被其他追随者所加强了的情况，或许足以表明哲学需要注意那些把注意力集中在作为生活中的交往活动的人类行动上的看法。

词典关于它们的说法，尤其注意把“主题”和“思考的客体”等同的情况。关注(*concern*)从早期的用法[在这个用法中，它实际上是辨别(*dis-cern*)的同义词]转变成了关心、渴望甚至焦虑的客体；然后又变成“某人为之忙碌、占据的东西”，以及人们被呼唤为之行动的东西。由于目前的趋势把事务限定在经济关注的领域，因而注意到它的原初意义或力量是关心、麻烦，还是很有意义的。关心在这个用法中是最有启发的。它包含的范围从渴望到在喜欢意义上的关爱，到被猛烈地唤醒，一直到在小心、照顾、系统注意或在意(*minding*)等意义上的关心(*caring for*)。事情(*affair*)是从法语词“*à faire*”而来的。对它的使用，经历了“奸情”到商业事务，到“人们必须要做的(do)或为之烦恼(ado)的东西”；这个说明尤其重要：ado这个词已经从它的原初含义——重做——变成了“被迫地做，一个困难，麻烦”。Do和ado放在一起，正好包含了事业(under*takings*)和经过(under*goings*)这两个结合词，而这两个东西构成了“作为思考或实际关怀的客体的事物状态和过程”。最后，我们转向事物(*thing*)。它绝不是哲学上外在的或假定为物理的形而上学实体或逻辑实体，而是“人们在行动、语言、思想中所关注的东西”——这三个词包括的范围不仅仅把事物放到了拥有人类作为同伴的交往活动的环境之中，而且包含了全部人类行动，以至于我们在这里离开了物质(matter)[①]。尽管如此，我还是忍不住要加上：所处理的词在常识的俗语用法中，传达了技术性的词“格式塔”(*Gestalt*)所想要传达的所有东西，有对人类同伴的谆谆强调却没有后者的僵硬。

247

看上去并不需要由解释而来的评论来加强所指出的东西的重要性。尽管如此，我想让人们特别注意两个被提到过的要点。“关注”、“事情”、“关心”、“物质”、“事物”之类的词融合在一个不能分解的感觉联合体中，若要区分这个联合体，就会有所谓的情感的、理智的、实践的东西，而且前两者是最后的东西的显著标志。脱离特定的环境，不可能说出哪一个最重要；当使用的环境被呈现出来时，它始终是强调问题而不是分离问题。关注的主题对在心理学和哲学中经常作出的区分的优先性，任何一个关注事实的人都不能否定。其他的考虑更加重要。在哲学话语中被完全划分开来的人和世界、内部和外部、自我和非自我、主体和客体、个体和社会、私人的和公共的等等，事实上是生活交往活动中的两个

248

① 引号中的话来自《牛津词典》。

方面。如何把它们合在一起的哲学"问题",是人为的。事实上,它需要被这样的思考代替:对区分产生的条件的思考,以及对这个区分为之服务的特殊用处的思考。

区分若在它们应该待的位置上,会更加合理。麻烦的不是作出区分;在之前只有一个甚或没有区分的地方产生两个区分,生命-行为因此而得到发展。它们应该待的地方就是不确定的情况,这里关涉到要做什么以及怎样做。"一厢情愿的思考"的盛行,允许感情来决定认知对象的危险,足以证明在此作出区分的必要性。当不确定性抑制(或悬搁)了直接的行动,以至于本会出现的公开行动被转变成观察——在其中,运动的能量通过与看、触摸等感官相联系而得到疏导——时,在作为障碍的因素和可用资源的因素之间作出区分就正当其位。因为当障碍和资源一方面被指向自我因素,另一方面指向行动-中介的条件因素时,"内部的"和"外部的"、"自我"和"世界"以及与此类似的区分就在生活-关注的"状态和过程"中找到了自己合理的位置。这种区分由于在特定行动条件中是相关的、重复的而趋于固定化;当这种固定化僵化为内在(因而也是绝对的)的分离时,是一件"可恶"的事情。

249 在这件事上,哲学话语是罪魁祸首。或者直接的,或者通过心理学的帮助,它把理智的、情感的、实践的撕裂开来,把每一个变成实体,再创造出把它们带回到相互合作的状态的人为问题。从几个世纪以前的科学革命以来,哲学中一直在做的事尤其如此。正是这个假设——它为自然科学构成了在其(或属于其)自身上是完整的实体——必然地把人和世界、心灵和无心的自然、主体和客体、内部和外部、道德和物理、事实和价值相互对立以成就内在的、本质的因而也是绝对的分离。因而极其讽刺的是:它把范围广阔、不断增长的知识自身的存在当作知识是怎样可能的这个"问题"的源泉。

这种把存在在一起的事情分割开来的做法,为它和其他事情带来了这样的后果:它把哲学与人类生活分离开来,使它不再关注对人类事务的管理,不再承担处理各种麻烦的责任。作为活着的生物的人类如此否认他们是活着的,这看上去不可思议。其内在就是不可思议的;这样的历史-文化条件要为其负责:它使得天堂而不是人间、永恒物而不是暂时物、超自然物而不是自然物成为人类终极关注的对象。

正是因为这些原因,关于常识的事务和关注所说的东西才成为值得关注的

(在其自身,以及在其与后面要讨论的科学的关系之中)。对俗语、口语给予关注,因而对哲学产生影响。这样的用语非常接近日常生活,也就是共同的(共享的)生活。对常识事物不屑一顾的理智事业,在对生活的关注中与常识联系在一起,在其危机中也是这么做的。轻视这里所反思的问题,对理智事业来说,是致命的;它的宣称越是自命不凡、夸大其词,其结果就越是危险。我承认,"哲学"中日益增长的趋势是远离那些重要的问题,而正是这些问题,不仅仅促使哲学问题变成技术性的(一定程度上是必要的);而且越是讨论这些问题,争论越多,哲学自身越分裂——这里做的事无疑是:在路途中丢掉了指南针,扔掉了地图。 *250*

## III

现在我来思考那限定科学的方法和主题从而与常识不同的指称范围,以及从这个不同产生出来的问题。首先,我要说,依据科学不是人类的关注物、事务、使命这个断言,不能把两者区分开来,尽管事实上人们确实这么做了。因为那是它明显所是的东西。这里要讨论的问题是什么样的关注或关系把科学活动和属于常识范围的其他形式活动区别开来;这个问题的一个部分(一个重要的部分)是,一个多世纪以前开始的科学革命其中一个结果是,普遍地没有认识到科学自身是一种重要的人类关注物,因而就像已经说过的那样,它经常被看作一种独特的独立实体——这个事实在确立了独特的现代哲学主题的认识论发展过程中,扮演着中心的角色。这是怎么发生的呢?

这个事实使得这种要不然就没有用的努力——唤起人们注意把科学确认和界化为一种关注各种各样的性质——变得有意义,事实上也变得真正必要了。首先,它是一种工作(*work*),是由一个特殊的团体或人群来做的工作。这群人有一个特定的职业,就像从事法律和医疗的人一样,他们与后者的区别随着越来越多的医生参与到研究中(和所谓科学家所从事的研究属于同一类),科学家们越来越多地从那些在疾病的来源和治疗中产生的、引起人们集中关注的材料中获得特定的问题,变得越来越小。另外,作为一种特殊工作的科学探究是由这样一群人参与的:他们经历了高度专门化的训练以适应那特殊的工作——如果不是因为它拥有与"理智"追求紧密相连的光环,就会被叫做"劳作"(job)。再则,这个工作是在一个特殊的场所进行的,就是所谓的实验室(*labor*-atories)和观测台(observatories),其中装备了特殊的工具以供特殊使用——如果从投资在其中 *251*

的金钱资本来看(尽管不是从它所取得的回报来看),它就是一个商业(business)。在此,我们去注意如下一个问题是合适的(可能只有在这儿合适),不仅仅科学工作场所的物理工具是数世纪的先前生理过程(它们自身的发展经过了几百万年)的文化性转化而来的纯粹结果;而且,完成这个工作要用到的理智资源,即所涉及的问题,也是连续的文化行动的一个方面:如果人们想强调它,考虑到当时当地要完成的工作在它与已经过去的和将要来到的东西紧密的、必然的联系中所意味的东西,可以称之为过去了的阶段。对于在一个给定的时间、一个给定的观测室或实验室所做的事来说,研究(数学家的)毕竟只是对很长时间以来已发生的事情的一个再考察(re-survey),对与它一起将被融合、被吸收到一个行动(这个行动会持续下去,只要地球还能庇护人类)中的东西的再考察。

如果没有特殊的工具设备和技术操作,要做的工作就不能完成。同样,玻璃、电的生产,或者大量工业中的任何一个(这些已经成为在实验室里起源的特殊工作过程的内在部分),也不能进行。流行意见和争论对于现实活动的障碍,比起目前对所列举的事实的忽视(经常是无知)所带来的障碍来说,就不算什么;其中的一个假定是:科学认知是通过"心灵"来完成的,而事实上,今天所践行的科学,只有在感觉和运动要做的工作(生命活动)通过选择材料和技术操作而得到精炼化和扩展的情况下才能开始。

对于指出"科学"怎样以及为什么是一个与关注、关心、劳作相关的东西而非自我封闭的实体这个任务,我做的或许已经足够了。即使这是事实,我所说的话将会直接导向这个问题:作为与关注、劳作相关的科学,其特殊关注物是什么?——它与在生活的行动中直接产生的常识的关注物是不同的。在原则上,这个答案是简单的。行动和认知都牵涉到常识和科学——牵涉如此紧密,是它们存在的必要条件。常识和科学的区别也不在这个事实上:认识在科学中是重要的,但在常识中是不重要的。它由相互联系中的每一个成员所执持的立场所组成。在常识的关注物中,认知是必要的、重要的,和科学中的一样。但是,这里的认知是为了日常工作事项(*agenda*)而存在的,是为了知道必须研究和学习的是什么以及怎样去研究和学习——总而言之,认知是为了日常生活中的必要事务而得以实行。在与关注相关的科学中,关系是反过来的。如已经强调过的,在任何工业技术中,行动和制作必然被牵涉进来。但是,实行它们是为了推进认知和被认知物的体系。在每一个情况下,行动仍是行动,认知仍是认知。但是,作

252

为常识和科学的明显特征的关注、关心——涉及要行动和认知的是什么、为什么要行动和认知——使得对两种活动中行动和认知适合的、必要的主题是不同的，就像 $H_2O$ 和我们要喝要洗的水是不同的。

不管怎样，第一个被命名的东西是关于后一个被命名的东西的，尽管构成前者的东西与构成后者的东西非常不同。这个事实——科学所属的那个东西与常识主题所属的那个东西是相关的，被科学高度发达后的这个认识掩盖了：探究的直接主题由先前已经发现的东西构成。但是，仔细的考察会立刻揭示：只有所涉及的材料可以被追溯到常识关注的材料中，科学所关注的东西才能存在。与这里有关的是：科学是抽象力被释放的效能的完美例证。科学是关于某物的，在其中，"关于"的东西总是离开了的；科学属于某物的，在其中，"属于"的东西总是没有了关系——如重复使用的例子所展示的，水作为 $H_2O$，其距离是很远的（在这里，使用和享受非常不同于实验室中探究水的构成时所涉及的使用和享受）。在科学活动中非常明显的抽象力，其释放的效果是：通过大量科学方法和结论向日常事物中的使用、享受（和忍受）的回流，常识中的事务被转化了，伴随的是人们日常生活中的判断、感受、爱好、厌恶被转化了。

253

常识认知所关注的是"实践的"，科学行动所关注的是"理论的"。但是，在第一种情况中的"实践的"，并没有被限定在带有贬义色彩的"功利"上。它包含了所有在生活中因美术、友谊、休闲、公共事务的创造而具有的被直接享受的东西。在第二种情况中的"理论的"，与亚里士多德传统中纯粹地沉思而来的理论相距遥远，与任何把精致的、广泛的行动排除出去的意义相距遥远。科学认知是特殊形式的人类实践活动，它脱离其他的实践事务，关注的是推进认知事业。经常加在这种认知前面的形容词是"纯粹的"。这个形容词放在历史的背景中才能被理解，因为它要求一种斗争——经常被称作战争——从而把自然的探究从对制度的屈服中（这个制度所关注的东西与自然探究事业不相关，甚至是敌对的）解放出来。但是，免除对相对探究而言的外在的陌生的思考的屈服若是被视为内在于作为一个实体的科学的本质和本性中，那么这个观念就完全是一个实体化的过程了。这种免除有其自身的实践基础。科学探究的实际过程显示，一般意义的人类生活尤其是其中的科学探究，其最好的兴趣要想满足，最好是保持探究的"纯粹"；这种兴趣，不同于那种使探究行动被迫服务于对自身就是目的和终点的认知活动而言是陌生的（实际上，肯定也是敌意的）东西的兴趣。这个目的，在这

254 个词的道德意义上（即行为的向导），或许可以被称为科学认知的理想。像其他指导性的道德目标一样，它没有达到其完满的至高位置——更不用说，它目前达到的"纯粹"程度是这样的：它没有与敌对性的制度兴趣（试图控制由科学使用的方法和达到的结论）进行艰苦的斗争——就像这个著名的例子（即一个教会机构以特殊的宗教和道德习俗向"科学"发号施令）中的情况一样。不管怎样，探究的"纯粹性"是某种要争取的东西，是通过细心的注意才能获得的东西。它以这一点为基础：科学认知是一种与人的关注有关的东西，它从原初人的关注物中产生又回到其中。拒绝注意这些，不仅是有害的，也是愚蠢的。因为即使现存的科学只是那些规定选择什么样的事物来探究的兴趣和关心中的一种，也不是唯一的。问题不是自己选择出来的，探究所采取的方向是由主导性的兴趣和关注（它们影响了哪些事物被特别选来作为探究的对象）所涉及的人类因素来规定的。

科学对于作为探究的行动来说，是与关注相关的东西。这儿所采取的立场与这样的断言鲜明对立："科学就是通过理解自然而获得支配自然的实际手段"——尤其是当这个观点被明确放在与下面观点的对比中的时候：简单说，科学认知的使命就是去发现，去认知。科学一个重要的、非常重要的结果是获得人类对自然的支配，这一点毋庸置疑。这个事实与所强调的"回流"是等同的。麻烦在于，引用中的观点完全忽视了"支配"所属的人类"实用"的种类。需要一点辨析才能看到，这个疏忽就处于先前已预设的关于真实的支配是由什么构成的教条——这里是马克思主义式的——所具有的兴趣之中。"理解"自然意味着什么被教条化地假定为已经知道了的，但事实上，任何可以被称作理解自然的东西都是科学探究的结果，而不是独立于探究规定"科学"进程的东西。科学自身是行动实践的一种形式，它对其他形式的实践活动必然有影响——上面的论述充255 分地认识到这个事实。但是，这个事实正是为什么在进行科学认知时不能预先规定跟着这个认知而来的实践结果的原因。那个问题需要就其自身来思考。

因而，在科学关注物和常识关注物相互关系这个问题上，有一个非常重要的问题。这个问题不是历史上的认识论在努力规定两者中哪一个才更"真实"地代表"实在"的过程中所提出的问题。如果有一个研究——对各种各样经常规定科学探究方向的人类兴趣，包括宗教的、经济、政治-军事的研究——能对洞察这个问题有所贡献，那么，这个研究是历史的而非哲学的。引入关注问题，在我看来，首先要指出：科学方法和结论对日常生活所关注的东西的回流，是纯粹事实性的、描述性的。它不包含任何崇扬的或内在让人渴望的意义。大量的证据证明，这个回流的结果(现在的速度仍在不断地加快,范围在不断地扩展)是可应用的东西和可指责的东西的混合,是想要的东西和不想要的东西的混合。因而,我们提的问题关注的是给这个回流赋予方向,从而减少坏的结果,加强扩张好的结果(如果可能的话,要弄清这样的回流是怎样被完成的)的可能性。

这个问题是否被叫做哲学的问题,在某些方面看,这是一个关于名称的事情。但在这儿,是要赋予名称的问题。对未来的哲学来说,名称问题是至关重要的。如果哲学屈服于对实在的追求(从所获得的东西看,这个追求看上去并没有成功),就很难明白:除了努力满足刚才提到的需要之外,哲学所特别为之关心和劳作的是什么。与此同时,回看一下提出过的一个建议与本文的内容是相符的,那就是,除掉困扰人类生活孤立、分裂、分别的最简单的办法,是严肃认真地对待常识中的关注、关心、事务等。就它们是这样的交往活动而言:(1)它们是由人的和非人的因素不可分割的、积极的联合体构成的;(2)在其中,所谓理智和情感的特征远不是独立和孤立于实践关怀,已做的事和要做的事、当为的事与不当为的事都属于最终的实践事务并为其拥有——即作为整体的交往活动的生活状态和过程。 *256*

# 11.

# 一组试验性的名称

257 发现一些稳固的名称以应用于知识理论——希望因此提升探究者之间的合作，减少它们之间经常发生的相互误解——我们立即发现，对于确保我们在清晰的假设中来展示程序的主要特征来说，这是基本的。①

这个假设性程序要强调的第一个方面是：要寻找的坚实名称，其坚实性是通过现代科学获得的。它追求的目标是不断增长的详述的准确性（accuracy of specification），而不是规定的严密性（exactness of formulation），因而拒绝用词的严谨性，为探究道路的进一步发展留下了空间。

当去观察知识理论家的实际程序时，我相信任何人都能看到：这些程序就所知应对认知，就认知应对所知，不会孤立地应对它们。认识论者经常漫不经心地评论这个事实，有时候详细地讨论它，但很少刻意地按其行动。就我们所注意的，至今还没有这样的努力：把它当作操作的独立基础来关注。我们接纳这个观察并把它描述为是努力获得坚实名称的探究的基础，我们把它看成是我们的主导性假设。

这样一个假设，如果探究没有被限定在过去一些特殊的行动上而是被看作范围广阔的话，立刻会把认知和所知对"存在"（existence）的所有设定带入它们的内容联合体中，包含了任何按照与此不同的路径被假定为是行动或行动背后的"实在"的东西。258 把这个探究的内容作为唯一的体系，那么就会发现，对任何认知理论的事实支撑处在被信赖的科学中的时空操作和结论之中。不同于此的一

① 见第三章。

个选择——唯一的选择——即什么是知识、什么不是知识依赖于独立于、先于科学内容的格言，但我们不采取这个选项。

在这个假设之下，我们把自己当下的探究限定在通过命名活动而来的认知，并带有这样的假设：命名活动（作为人的积极行为）其自身在我们面前，正是处于考察之下的认知活动。如果孤立的名称只是声息（flatus vocis），那么，离开名称的独立的被命名物就只是实物（ens fatuum）。

"知识"（同上引文）这个含义模糊的词在其各种用法中，零零散散地包含了广阔的领域；但是，却不包括命名-认知活动。[1] 特别说来，一方面是知觉-控制领域，另一方面是数学符号知识领域。这些对所有的知识探究来说，仍是专门化研究领域。"知识"这个词是否意指所有的领域以及命名-认知领域，这对处于观察和描述的不完美的目前阶段来说，不是一个重要问题。

这儿所评价的一些词被看成是所使用的假设的核心名称，因而是其他名称的基石。在认知-所知体系中，"事实"被用在一个特定的认知-所知范围中，即所研究的命名-被命名。指称（designation）是这个过程中命名环节的一个最一般名称，存在（existence）是被命名环节的一个最一般名称。需要注意这两者的区分：相互（*inter*）和交互（*trans*）（前者是当代非常严重的混乱所在地）；还要注意在检查的交互作用的框架中日益增强的对"方面"（aspect）和"阶段"（phase）的使用。 *259*

我们早期的建议发生了一点变化。[2] "存在"代替了"事件"，因为我们希望现在它能被安全无误地使用。然后，"事件"代替了"发生"。"定义"从它原初的意义上降低了，因为在目前文本中对它的使用的持续研究显示，它是混乱的，比粗糙的特征概括高明不了多少。"符号化"（symbolization）承担起这个任务：去涵盖早期人们期望"定义"能涵盖的领域。"符号化"所要的"严密的"被"精确的"所代替，就详述（specification）中的"准确的"而言。名称"行为-客体"（behavior-object）与"行为-动力"（behavior-agent）被放弃了，因为在目前的探究阶段，客体和有机体就够了，不需要它们了。

---

① "知识"这个词包含多少领域，可以参见鲁内斯在《哲学词典》（1942 年）中的叙述。知识是指："所知的关系。被理解的真理。意见的反面。知识比意见高，比真理低。知识或认识论（同上引文）理论是对知识可能性的原则的系统探究和阐明。在认识论中：客体与主体的关系。"

② 尤其与第二章结尾处所提出的试探性的词语列表相比较。

读者会明白，这里要追寻的东西是澄清而不是引人注意地提出特定的名称；即使最基础的假设性的名称所要达到的目的是"开启者"而非"限定者"；如果这儿所作出的区分是合理的话，那么，用来标识它们的最好的名称应该这样：它们能随着时间的流逝，抵住陈旧的词汇滥用而调整自己；采取每一个通过名称解析(disjunction)而来的内容上的区分，必须着眼于潜在的联系(conjunctions)，这个联系自身能够防止解析走入绝对主义者的应用中，从而使得解析合理可行。

准确的(*Accurate*)：当说明与符号化相分离，就需要分离的形容词来描述在分离的范围所取得的成果的程度。在说明的情况下，就使用了"准确的"。参看"严密的"(*Exact*)。

行动，行为(*Action*, *Activity*)：我们使用这些词，仅仅用来描述持续的-广延的内容。在强调对它们的使用是实体性的地方，就要给出细心的说明；否则，它们就保留或提升了模糊性。

行动者(*Actor*)：一个被人弄混乱的或令人混乱的词；提供了一个原始的但通常是欺骗性的，对有机体所参与的复杂行为交往活动的组织。在目前的假设中，行为者总是被假设为处于交互作用之中，因而是一个交互交往者(Transactor)。

260

应用(*Application*)：在其他的用法起误导作用的地方，把一个名称应用到一个客体上，经常被看作有益的。参看"指向，涉及"(*Reference*)。

方面(Aspect)：一个完整的交往活动情境中的成分不是独立的，就被叫做"方面"。这个词从语源上说，就是正确的；动词"aspect"就是"小心，注意"。参看"阶段"(*Phase*)。

行为(*Behavior*)：行为总是被看作交互性的：即从不是单个有机体的行为，也不是环境方面的行为，而总是有机体-环境情境中的行为。有机体和环境被看作相等的两个方面。对暂时的分离中的方面的研究，在探究的大多数阶段都是基础的。当它处于交互性的框架之下，通过自身被看成交往性的探究来进行时，就总是合理的。交互作用地使用的话，词语"行为"所做的事就是"经验"在过去想要做的事，而且不再有变动的、含糊的、混乱的应用，后者因为这些而最终变得不起作用。词组"人类行为"，是"带有人类的理解的行为"的简称。

行为的(*Behavioral*)：行为探究是这样水平的生物探究，其过程在目前还不能被物理的或生理的技术探索。对它的理解既不是行为主义的，也不是心理主义的。它同时包含了所谓“社会的”和“个人的”范围。

生物的(*Biological*)：有机的生命是其内容的探究，其过程在目前还不能被物理的技术所探究；同时包含了生理的探究和行为的探究。

刻画(*Characterization*)：在进化过程中的指称的中间阶段，前面是提示，后面是详述；它包含了大部分日常生活中的词语使用；对日常的目的来说，很合理充分。

循环(*Circularity*)：旨在将“独立之物”组织为“现实”的非交互作用的认识论研究视为一个根本性的弱点。但它在对于认知与所知的系统探讨中是正常的。 *261*

融贯性(*Coherence*)：它自身是详述所建构的联系，区别于符号化过程中所获得的一致性。

概念(*Concept*, *Conception*)：概念有两个相反的用法，一方面是一个“心理实体”；另一方面，在目前的用法中，是指在探究中沉着地考察下所获得的内容。在我们的假设中，只有后者，才是合理的。任何情况下，“概念”这个词所设定的实体化都要被避免；相比其他地方而言，这更适合形式逻辑中的情况。

联系(*Connection*)：应用于命名中的客体之间。参看“指向，涉及”(*Reference*)和“关系”(*Relation*)。

意识(*Consciousness*)：这个词在几乎所有的研究中都消失了，但仍以各种伪装的形式存在于知识理论中。当被实体性地使用而不是作为这个词“觉察”(awareness)的同义词的话，我们发现，在我们的假设下，不管是在它自己中，还是在它的伪装形式中，或者在它所意味的探究的态度中，都是没有价值的。

一致性(*Consistency*)：只用在符号化的范围。参看“融贯性”(*Coherence*)。

语境(*Context*)：在最近十年是一个普通的词，有许多交错的用法。尽管如此，在它混淆命名与被命名问题的时候，即在它在词汇的环境和物理的环境之间摇摆不定的时候，更易产生害处而不是好处。

宇宙(*Cosmos*)：通常用来呈现“作为一个体系的宇宙”。如果说话-认知有机体被包含在宇宙中，如果探究的过程就在那个基础上进行，宇宙就成了事实的另一个选项。

提示(*Cue*)：指称在进化过程中的一个早期阶段。在本研究中使用“指号”的地方，最近的心理学理论使用的是“提示”。在大家都同意的形式中需要有稳固的表达。如果一个设定好的心理学家的用法发展起来，那么，它无疑应占统治的地位。

定义(*Definition*)：大部分被用于说明，尽管伴随着各种适用于词典的、三段论的、数学的含义。后者放在一组，展示的是认识论中令人惊讶的混乱。最近几年，在形式逻辑中，对这个词发展出一种专门化的技术用法。这种用法似乎是人们所渴望的，但混乱是如此的严重，以至于我们在这里认为：在它的技术性应用的领域中，大量专家建立和发展一个特定的使用之前，必须把这个词超过刻画以上的东西全部去掉。①

262

指称(*Designation*)：事实的认识-命名阶段。总是被看作一种交互性行为。作为命名活动的"名称"这一词，如果想期望保持它的行为含义，可以被"指称"这个词恰当地代替。延伸到三个层面：提示、刻画、详述。

描述(*Description*)：组建刻画的提示；刻画因而就发展到详述。不要局限在与临时的叙述(narration)所形成的鲜明的对比中。名称，实际上是半截的描述。就已确立的名称来说，近似于被叫做扩展命名的描述。

实体(*Entity*)：探究中那些被假定为或暗示为物理的、心理的或逻辑的独立物或半独立物("半"这个词是模糊的、难以捉摸的)的内容；因而，这是一个狡猾的词，即使没有积极的害处，在所有严肃的探究中还是要加以拒绝。参看"事物"(Thing)(在俗语使用中，可以避免实体的令人误解的夸大)。

环境(*Environment*)：作为客体与有机物联系起来的情境、事件、对象。在物理上、生理上，以及完全视之为交互作用的行为意义上，都隶属于探究。

认识论的(*Epistemological*)：就这个词直接或间接地假设了分离的认知者或被认知物(包括要被认知的东西)而言，在交互性的程序中，所有的认识论用词都要被排除出去。

事件(*Event*)：被命名物中区别出来的范围，相比情境，说明得多点；相比客体，说明得少点。通常被用来和持续性的转变联系在一起。[在早期的框架中，被用在我们现在用"存在"(Existence)的地方]

严密的(*Exact*)：符号程序所要求的，区别于说明所要求的准确。

---

① 第二章，注16(即第65页注①。——译者)和注23(即第71页注②。——译者)；第六章，注4(即第132页注②。——译者)；第七章，第1部分。

激发(*Excitation*):特定地用于环境和有机体的生理过程被关注的地方,需要区别于特定使用的行为刺激。 263

存在(*Exsitence*):事实的被认知的-被命名的阶段,被交互性地考察。通过指称建立起来,不断要求说明的精确性。因而,对于人类进步的一个给定时代来说,它包含了这个时代通过认知进步所建立起来的所有客体。不允许"被知的某物"和"其他的某物"同时作为认知物的支撑。物理的、生理和行为的内容都被看作存在的,但在一个给定时间下的探究中,应对它们的技术性层次是不同的。不管在词源上还是在日常使用中,对这个词的应用比在某种思辨语言操作的形式下的超行为(extra-behavioral)或绝对主义者的解释(不管物理主义者还是心理主义者),都更加合理。

经验(*Experience*):在目前的讨论中,这个词有两个截然相反的用法。这些重叠和变化引起了持续的、混乱和无意间的误解。一个用法指的是短的延伸的-持续的过程,其极端形式和作为探究的最终单位的孤立的感觉事件或"感受"相等同。另外的用法包含所有空间上延伸的和时间上持续的应用;这里,它与"宇宙"这个词是同类。"经验"这个词应该被彻底地放弃,除非严格地限定在这个确定的意义上使用:即它引起对这个事实的注意——存在有机体和环境作为它的方面,也不能被等同于独立的孤立个体。

事实(*Fact*):处于通过有机体的命名而被认知的过程中的宇宙,有机体自身也是它的环节。它们是持续地延伸地扩展开的认知物-被认知物;它不是那种被任何有机体在过去的时刻或其一生中所知道或命名的东西。事实在前行,它处于宇宙中推进的有机体之中,它自身作为被认知物而被推进。词语"事实"从词源上来说,来自"factum",被做的某事,带有暂时的内涵,对这里所建议的广泛用法来说更加适合——相对于它极其普通和不太普通但更夸张的用法来说:一个是用于独立的"实在";另一个是用于带有"心理"色彩的描述。这个名称适合低级的、非交往的动物在宇宙中的呈现,还是适合非命名符号的高级领域的呈现? 264
这个问题是其他人在其他时间和地方所加以发展的。参见第二章,第 IV 部分。

场(*Field*):这个词来自物理的类比,它在行为探究中有重要的应用。但是,物理学家对它的使用正经历着重构,而行为应用所需要的明确的一致性未能被建立起来。目前对这个词的使用,大多是病态的。为了在它自己的方向上建立行为场,需要以行为自身为依据,彻底地对行为进行交互性研究。

稳固(*Firm*):当应用到认知与所知所建议的术语上,它意味对说明的准确性的需要,而不是符号化的精确性。对大部分"稳固的",所采用的是最不模糊的,同时也最远离假定的最终性——凡是宣称具有最终性的,可能就是最模糊的。

观念、理想(*Idea*, *Ideal*):使用上潜在的区别如此多样广泛,因而只要使用了这个词,就要弄清楚:它们是在行为上被使用,还是作为严格意义上的心理的假定存在物被使用。

个体的(*Individual*):在实证的一般理论被提出或计划的地方,都放弃了这个词,以及它所有的替代词。对个体化用语的小的专门化研究,应该明确表明应用这个词的界限;超过这个都保持在界限之内。这个词汇表所呈现的词——"行为",在交往的基础上包含个体和社会两个方面。它们之间的区别是环节性的(aspectual)。

探究(*Inquiry*):一个严格的交互性名称。它和认知是等同物,但最好是把它作为一个名称,因为它与"心理主义的"没有关系。

-间(*Inter*):这个前缀语有两组用法(见《牛津词典》),一组是"在……之间""在-之间""在……部分之间";另一组是"共同的"、"交互的"。这种变换的使用,当它进入哲学、逻辑学、心理学时,不管多么不经意,其结果是混淆和不可靠的。

265 把两组含义混在一起,不加澄清,已成习惯。这里,建议这样来消除混淆性:把前缀 inter 限定在"在-之间"占主导的情况中,在指向共同的、交互的地方使用前缀 trans。

相互作用(*Interaction*):这个词因为它的前缀,无疑是目前谈论中许多严重困难的来源。在不同探究分支中的合理的使用和不合理的使用,在第 4 章第 5 章讨论过了。当交互作用和相互作用被明确区别开来后[①],理论建构上的进步就容易取得。对一般的认知所知理论来说,相互作用的路径在我们的思路中完全被拒绝。

知识(*Knowledge*):在目前的用法中,这个词过于广泛和模糊,不能用来命名任何一个特定的事物。蝴蝶"知道"如何交配,大概是不用学习的。狗通过学

---

① 交互作用(Transactions):行动,进行,应对。相互作用(Interaction):人或事相互之间的行动或影响(《牛津词典》)。

习而“知道”它的主人。人通过学习,“知道”如何以技艺或能力做大量的事情;他也“知道”物理学,“知道”数学;他还知道那个、什么、为什么。需要对哲学文献相当熟悉,才能观察到:正是“知识”这个词的含混产生了大量所谓知识问题的传统“问题”。在获得稳固的使用之前,我们必须面对的两个问题是:“知识”这个词意味着有机体所拥有或产生的某种东西吗?它意味着有机体所要面对或接触的某种东西吗?这两个观点能够被连贯性地保持吗?如果不能,起初的描述需要发生怎样的变化?

认知(*Knowings*):被交互性观察的行为的有机体环节。这里是在熟悉的处于中心位置的命名-认知活动中思考的。需要指号和符号两个相互关联的有机环节在命名-认知中的交互性系统化。

所知(*Knowns*):被交互性观察的行为的环境环节。在命名-认知中,所知的范围是在事实或宇宙中的存在,不限制在当前被承认的断定中,但在长久的持续中向前进步。

266

语言(*Language*):被看作是人的行为(事实探究的进展显示为合理的,就延伸到其他有机体的行为中)。不应被看作由与词语-意义无关的词语-体构成的,也不是与词语-体无关的词语-意义。作为行为,它是认知领域。它与符号或其他人类表达行为有关的术语身份,朝向未来的规定。

控制(*Manipulation*):参看“感知-控制”(*Perception-Manipulation*)。

物质、资料(*Matter*, *Material*):参看“物理的”(*Physical*)和“自然”(*Nature*)。如果“心理的”一词被放弃,“物质的”(在与心灵相对的物质意义上)一词也会过时。在日常使用中,“心理的”与“物质的”最多算是刻画。在哲学和心理学中,这两个词经常被降级为“提示”。

数学(*Mathematics*):从早期命名活动中发展出来的一个行为,随着它的进展,越来越获得命名的独立性,在符号化上越来越专业。

意义(*Meaning*):如此混乱的词,最好从不使用它。更多直接的表达可以被找到[例如,着眼于“是”(is)、“涉及”(involves)]。交互性的途径弥合了那种仍堂而皇之出现在许多讨论中的、被具体化的意义和意义的无意义载体之间的裂缝。

心灵的(*Mental*):这个词不是我们用的。通常暗示从对行为原初的、不完美的观点中起源的一种实体化,只有在抛弃那种把存在分裂为两个独立的实体的做法的情况下,才能安全地使用它。即使在后者中,这个词也应限制在用来强调存在的一个方面上。参看“行为”(*Behavior*)和“交互作用”(*Transaction*)。

名称、命名、被命名者(*Name*, *Naming*, *Named*):处于中心位置的语言行为。它自身是一种认知形式。有时,暂时的技术性被“指称”代替,因为对“名称”这个词的使用有许多传统的、随着思辨进展的含义,近似于“概念”这个词中所存在的困难,其中有许多还散发着古代魔术的味道。只要“名称”这个词的使用处于完全交互性的形式中,远离传统的扭曲,那么,相比“指称”而言,它是更适合的。

267 自然(*Nature*):参见“宇宙”和“事实”。这里用来表示一个探究主题的单独系统,没有在使用“自然主义”时所意指的那种预先规定的权威价值。

对象、客体(*Object*):在事实中,在它的存在阶段,对象是获得最坚实说明的东西,因而与情境和事件区别开来。下面的正是杜威的规定[《逻辑》,第19、129、520页,等等(《杜威晚期著作》第12卷,第122、132、513页)]:探究中客体是“作为一个解决了情境的确定的构成成分出现的,在探究的连续性中被确定”,是“内容,只要它在一个设定好的形式中被生产和整理出来”。

客观的(*Objective*):一个看上去足够容易理解的粗糙的刻画,除非人们观察到:在行为科学中,几乎每一个探究者都把他自己的做法称作是客观的,而不考虑它与之前许多自封的客观的做法有多少不同。在常用的用法中,只有片面的含义,最好替换它。“客观的”经常被用于描述“主体”方面而不是“客体”方面的特征,因而在使用它之前,应仔细地考察它与主体和客体的关系。

观察(*Observation*):被视为在持续和伸展方面都是交互性的,因而就观察行为来说,不是分离的;就被观察之物来说,也不是分离的。总是被看作在具体的例子中,而从不被看作实体性强调的“行动”;在任何其他的方式下,也不是孤立的或独立的。在目前的技术性使用中,总被假设性地认为是确保了的;对未来的观察和认识来说,总保持其是实验性的。

操作的(*Operational*):在最近的方法论讨论中,对“操作”这个词的使用应该被彻底地检查一下,它应该被给予如“过程”和“行动”(参见词条)这样的词所需要的交互性的角色。对这个词的战斗性使用,暗示了应对它的方法。

有机体(*Organism*):作为宇宙中交互性的存在,在分离或半分离状态中使用它,被看作实验性的、片面性的。

组织(*Organization*):参看“体系”(*System*)。

知觉(*Percept*):被交互性地看作指号行为的阶段。从不要被实体化,就好像它自身是独立"存在的"似的。 268

知觉-控制(*Perception-Manipulation*):共同地不可分地被看作指号行为的范围。在心理学发展的早期阶段,知觉和控制之间的区别看上去非常巨大,但今天对探究的说明不应失去对它们共同的行为身份的洞察。

阶段(*Phase*):在充分发展的叙述中的事实的方面,展示明确的空间和时间定位。

现象(*Phenomenon*):一个还有便利使用可能性的词,如果去除掉所有通常所谓主观的含义的话,如果用于临时性等同于情境而背后没有要涉及的假设性的"现象素"的话。

物理的(*Physical*):探究内容目前三个重要区分中的一个。通过探究和报告的技术方法被识别,而不是所谓材料不同或所谓实体的其他形式而得到区分。

生理的(*Physiological*):构成目前进展中所有探究内容第二个重要区分中的生物探究部分;与物理的区别,更多地通过所使用的探究技术而不是通过提到它的专门化有机体位置。参看"行为"(*Behavioral*)。

实用的(*Pragmatic*):在这里包括这个词(而不是这类中除认识论之外的其他词),仅仅在于警告目前对它的这种使用方式:降低它,让它代表对一个在有限的持续中单个有机体而言是实践的东西——这种用法远离了它的本义。

过程(*Process*):从方面或阶段上使用它。参看"行动,行为"(*Activity*)。

命题(*Proposition*):从词源上看,在日常使用中,都和建议密切相关。但在目前逻辑学对它的使用中,却远离了这一点,非常混乱。过去二十年里,很多努力以陈旧的自我导向的逻辑学为基础来清晰地把命题和断定、表述、句子及其他这类词区分开来,但这种努力只是增加了困难。有足够的思考投入由它的这个要求(或公开的,或隐藏的)——它的构成成分应是独立的固定物——所带来的特征上;与此同时,它自身被实体化为最终的固定物。杜威的《逻辑:探究的理论》在极其不同的理论建构中,把它看成是探究的中介的工具的阶段。

反作用(*Reaction*):与生理学所涉及的激发构成一对。 269

实在的(*Real*):在不是作为与虚假和伪造相对的"真实"的同义词的时候,完全避免使用它。

实在(*Reality*):如通常所使用的,它在讨厌的形而上学意义上的所有词语中，是最形而上学的，因为它被假定命名了在所有认知下面和后面的东西；而且，作为实在，是某种在事实中或作为事实不能被认知的东西。

指向、指涉(*Reference*)：把命名行为性地应用到被命名物上。参看“关联”(*Connection*)和“关系”(*Relation*)。

关系(*Relation*)：目前有多种用法，从因果关系到夸耀的表面的关系；对它“所要命名的”东西的定位很少持续地努力，从这个反复出现的讨论(更糟糕的是，一种逃避)中可以看出：关系(被自身事实性地假定为在某处的某种存在物)是“内在的”还是“外在的”。我们建议用它命名词语体系，与指涉和关联(参见词条)相关。①

回应(*Response*)：在行为的指号范围，与刺激是一对。

科学、科学的(*Science*, *Scientific*)：我们对这个词的使用，是用来指称我们这个时代详述的最发达阶段——通过使用实验和所指示的增长而来的“最好的知识”。

自我(*Self*)：在交互性理论建构中，对某一方面进行检查。当被实体性强调为一个客体时，自我就不再具有交互性价值的色彩，自然也就不能明确地发展。②

自-作用(*Self-Action*)：用来意指对被认知物各种原始的处理，在历史的发展中先于相互的、交互的思路。今天很少发现，除了在哲学、逻辑学、认识论及有一点受限制的心理学探究领域中之外。

句子(*Sentence*)：当语言被视为交互性行为时，句子与词没有什么本质的区分，句子的意义与句子的语词表现也没有什么本质的区分。

270 记号(*Sign*)：这个名字被交互性地使用到有机体-环境行为上。总是被理解成记号-过程；不要分别在有机体或环境中定位记号。因而，记号也从不是这样两种：自然的和人造的。与行为过程相接，因而是从认知-所知方面看到的所有行为的技术性特征。作为行为分离的技术性符号与生理过程区别开来，今天在这个界限处的研究的脱节相比在物理学与生理学界限处的研究(生物物理学取

---

① 关于此的说明，参看杜威：《逻辑：探究的理论》(纽约，1938年)，第55页(《杜威晚期著作》第12卷，第61页)。

② 一个例证：米德关于范围广阔的交互性探究，仍被他的大多数追随者在这个意义上理解，即它是对一个客体(即独立的“自我”)的有趣评论。

得较大进展)来说,要更为显著。进化的阶段和当代的水平分化为:指号、名称和符号。

记号过程(*Sign-process*):记号的同义词。

指号(*Signal*):在交互性过程中的记号的知觉-控制层次和阶段。在指号和命名之间的边界-域仍没有得到完美的探索,也没有准确的刻画。

情境(*Situation*):越普遍越不能被清晰说明的事实的被命名阶段。在我们的交互性发展过程中,不在环境的意义上使用这个词;如果这样使用,就不允许私底下引入交互性内涵。

社会的(*Social*):对于所有一般的探究和理论来说,当前对这个词的使用是有缺陷的。参看"个体的"(*Individual*)。

空间-时间(*Space-Time*):空间和时间一样,都被看作交互性的、行为性的——而不是固定的或给定的框架(形式的,绝对的,或牛顿式的),也不专用于对相对论所发现的那种事物的物理学说明。①

详述(*Specification*):最完美的命名行为。在现代科学中得到最好的展示。需要远离对有缺陷的亚里士多德三段论形式的使用。

刺激(*Stimulus*):即使在心理学中是所使用的最关键的词,但意义不清。对它进行充分的交互性说明的可能性,是一个交互性理论建构的关键标准。所暗示的程序方法要彻底替代动名词,如代替实体性名称"刺激"的"刺激过程"(stimulation)被处理的那种通常的方式。

271

主体(*Subject*):如果主体自身被看作客体,放弃这个词是有利的。在希腊,主体是客体;而在今天,它还没有被澄清。恰当的使用可能是:在"所进行的探究的内容"的"主题"意义上使用"主体",以区别作为"探究所决定的内容"的"客体"。

主观的(*Subjective*):作为一个词,与客观的相比,更不可靠。

主题、内容(*Subjectmatter*):当探究处在命名-被命名的范围时,那是在探究之前的东西。本研究主要把它分为:物理的、生理的和行为的内容。

实质(*Substance*):在目前的系统构建中,没有这个词的位置。参看"实体"

① 参看本特利:《行为的现实空间和时间》("The Factual Space and Time of Behavior"),《哲学杂志》,第38期(1941年),第477—485页。

(*Entity*)。

符号(*Symbol*):符号化行为的非-命名行为。被交互性地而不是实体化地看待。与名称、指号相比较。

符号化(*Symboling*, *Symbolization*):超越命名的符号进展,伴随着因命名向前进展而来的特定指向的消失。

体系(*System*):在交互性探究进行的地方,是一个有用的词。区别于代表相互作用的组织结构。"完整的体系"偶尔被用来指向对深思远虑的交互性程序的注意。

术语、项(*Term*):这个词作为一个名称,只有在即使有多种应用却没有产生混乱的数学中,才有准确的应用。词组"in terms of"(按照、依照)经常是方便的,单纯地用也无害。在旧的三段论中,长期以来,项的准确性是表面的,当所涉及的语言-存在问题变得突出时,这种准确性就会失去。在本文中的大部分地方,它很松散地用来指"仔细使用的词"。尽管如此,它经常和概念的困难纠缠在一起。考虑到许多工作者的共识,"术语"这个词可以用来安全地指称说明的范围,而且没有数学使用中所产生的那种复杂性。它的特征可以被概括如下:术语——一个通过探究建立起来的稳固的名称;尤其是它指代所有这样的名称:用来给任何技术性地获得并确保是客体的东西命名。

272

事物(*Thing*):一般被用来指被命名的东西。相比于它的虚夸的替代物,实体(Entity)和实质(Substance),尤其是相比于通常意义上其所涉及的客观性没有被说明的"客体"一词来说,这个普遍性给了它更多的优势。尽管它有时候便利了对认识论和逻辑学的回避,但其松散地应用的特点,相比于所提到的其他词的没有充分分析的死板性来说,更加可靠。参看第二章注释 3(即第 49 页注①。——译者),第四章注释 7(即第 101 页注①。——译者),第十章第 II 部分。

时间(*Time*):参看"空间-时间"(Space-Time)。

交互-(*Trans*):这个前缀在古老的用法中有超越的意思,但在最近的发展中,它代表越过,从一边到一边,等等。要强调的是目前交互和相互(inter)(参见词条)之间清晰区分的极端重要性。

交互作用(*Transaction*):认知-所知被看作一个过程,而在过去的讨论中,认知和所知被看成是分离的、相互作用的。所知和被命名物反过来,被看成是一个共同过程的阶段,而过去则被认为是分离的成分,分有不规则的独立性,在相互作用中被考察。参看“相互作用”(*Interaction*)。

交往交互者(*Transactor*):参看“行动者”(*Actor*)。

真实的、真理(*True*, *Truth*):在现代所谓技术性使用中,这些词缺乏准确性,对它越进行细致的考察(就像通常所发生的那样),它们就越不准确。“有保证的断定性”(杜威),是一个代替形式。限制在“句法”(semantic)情况中,是有益的;但“句法”自身要获得准确的应用。这是经验探究所渴望的一个内容,而这样的探究在传统的路径中明显是徒劳的。

模糊的(*Vague*):对这个词的使用,自身就是模糊的。我们先前的探究和其他地方一样。它应该被这样的名字所代替:它规定了所意味的不准确、不严谨的种类和程度。

词语(*Word*):使用它不要有这样的分离,即把作为“心理的”、“意义”和作为“物理的”、“表现”(气-浪、纸上的字迹、声音等)分离开来;换句话说,总是被当作行为的交互作用来看,因而作为内容以它呈现的整体来考察,而不要在它的被笨拙拆散的碎片中来考察。 *273*

上述名称就是实验性的一组名称,它代表了我们要采纳的假设。剩余的词分为两小组:一组是得到澄清和救助的词语,另一组是混乱的、低等的词。我们还没有资格要求在目前所有技术性的话语中拒绝它们。这就是我们在目前混乱的讨论状态中所能进行的术语体系化。

联系到我们的中心假设:首先,认识-所知是被交互性研究的;其次,当被交互性研究时,命名显示自己为直接存在的认知。我们修正了我们重复的提醒和警告。我们意识到,作为行为的认知,处于行为的广阔范围之中。我们也意识到,“认知”这个词自身能应用到行为分散的阶段的各种各样的现象上,从最简单的有机体的定位行为,到最复杂的推断出来的超有机体的虚假确定性的展示。我们探究的范围——技术性交互的事实-规定的中心范围——将由读者自己宣布,它要求以作为前件和原因的行为动作为基础,提出自己的“解释”。对我们探究的所有范围的宣布,要处于这样的力量控制之下:它脱离了任何这样的行为动作,并被假设为“高于”它。我们自己的断定是:不管这些宣言有多么的教条,时间的流逝会要求对它们所涉及的组织的过程特征进行越来越广泛、深入的探究。我们的希望是:即使对于它最热情的呼吁者来说,最纯粹的命令有一天也会变得不再令人满意。从程序化的提示或松散的刻画到仔细的详述之间的进展，变成了一个迫切的需要。我们这里所实验的假设，正是这种进步的可能性。可分离的经验和可分离的理性都被拒绝了。

274

最后，从假设和术语两个方面来说，我们追寻的是它的稳固（参见词条），而不是尝试对它进行判决。

# 12. 对所取得的进展的总结

我们在这里所做的研究分三个阶段：首先，努力在选择的领域中确保可靠的命名；其次，展示在这些领域中的行动其目前在语言上的不确定性；第三，对交互性途径（在我们的看法中，如果要确保可靠的命名，这是必要的）的一个初步发展。第一个阶段在第二、三、十一章呈现，它们可以使用在最后一章（第十一章）中所建议的术语。第二个阶段在第一、七、八、九章中可以看到，当这一点变得清楚时：若是没有对潜在的语言不一致性的程度的认识，就不会注意到改革的需要，这超出了一开始的期望。第三个阶段在第四、五、六、十章中勾勒出框架，它的未来发展留待心理学、语言学、数学在相应于行为中的指号、指称、符号层次的范围中进一步呈现。 275

在最一般的描述中，我们所选择的假设路径，把人类有机体和它所有的行动包括他的认知甚至他自己对认知的探究（它们自身是可知的）一起呈现为宇宙过程的一个阶段。认知被放在所知的范围里来考察，所知放在认知里来考察；这里所理解的“范围”一词，不是用来以某种方式限制研究，而是为了确保它的自由性和开放性。这个路径并不意味着把认知活动吸纳到物理宇宙中，更不是意味着把物理宇宙吸纳到一个认知结构中。它所意味的东西，不是这两者。这一点必须被强调性地断定下来。强调是如此必要，因为本文作者的立场不管在他们各自的探究中，还是在目前的合作中，都经常遭到错误的表述。作为例证，最近在 276 我们认为与我们探究的领域最为接近的专业期刊中，有两篇文章关注了我们的思路[①]，认为我们忽视了在心理的事实和逻辑的事实之间的本质性区分：这个区分，应该被所有人知道是本领域研究中关键的东西。一个评论者甚至走得更远，他从一个分离的、初步的阶段出发，无视我们在其他地方所做的清晰的表达，推论出我们拒绝来自数学和逻辑学操作中的"抽象"。我们可以确定的是：后者的观点完全沉浸在对我们的文本所作的最仓促的考察中；前者的观点同样是一种误解，禁不起研究。我们可以向这些批评者们保证：从年轻的时候，我们就意识到逻辑事物和心理学事物之间学术的教科书式的区分。我们当然没有尝试去否认它，也没有忽视它。情况正好相反。我们是在呈现人类现实生活过程和行为中面对这个区分，我们否认的是学术研究所暗示的任何严格的事实区别。另外，贯穿我们所有的探究中的持续努力是：通过给出它发展的开端来展示在一个新的基础上的理论建构的实际可能性。我们强烈地反对这个假设：与逻辑学分割开来的心理学是逻辑学的基础；我们同样反对这个假设：与心理学分割开来的逻辑学宣称自己存在于自身的领域中，认为它自己是心理学的基础。我们认为，认知、推理、冒险至最高的抽象的数学和物理学，都是人的活动——真实的人的行为；我们认为，对这些特殊的认知行为的研究，也处于行为探究的一般领域中；与此同时，我们认为，心理学研究自身及其所有事实和结论在呈现给我们时，受到认知它们的方式的限制和规定。这里没有任何东西涉及诸如逻辑与心理学这样的探究之间的实际差异的问题，基于方法和在方法论上有差异的主题的分类一如既往地有效并有用。

277

我们以为，上面情况中取得共同理解的困难在于：所具有的许多关键词语从过去继承了各种传统的、凝固了的意义，它们还没有在事实的考察中得到解决。它们就像不同语言眼镜的不同焦距，产生了不同推定事实的图景。正是交往中的这个缺陷，呼吁那种扩大了的考察。我们在本文的主要部分给出了几个这样的考察。也正是这个缺陷，解释了我们为强调我们的陈述所意指的内容而允许自己所使用的那种笨拙的、繁难的表达。日常修饰用语所具有的危险性，其突出的例子在起初的出版过程中出现了好几次，它们是随着这样的事情而出现的：一

---

① 阿隆佐·邱奇对约翰·杜威和亚瑟·F·本特利四篇文章的评论，《符号逻辑期刊》(*Voarnal of Symbolic Logic*)，第10期(1945年)，第132—133页；亚瑟·弗朗西斯·斯穆尔扬对杜威和亚瑟·F·本特利的论文《定义》的评论，同上，第12期(1947年)，第99页。

些校稿者、文字编辑和其他好友出于善意,使用了传统用词来提高我们用词的准确性。

人们经常宣称,在我们这个领域的研究工作应该限制在一定区域中的特定问题上,只有这个方法才有可靠性,才能逃避形而上学的陷阱。但是,我们不能接受这个声明。任何读者若认为我们的程序和假设比探究的目前状态所能证明的东西更加普遍的话,我们建议他思考一下克拉克·麦克斯韦在其论文《物质与运动》中的结束语(对此,我们早有引用)[①]。麦克斯韦讨论了物质体系的发展过程,而我们感兴趣的是知识体系的发展过程。我们引用他,严格限制在这个问题上:在合适的地点和时间对人(不可压制的探究者)有用的*探究方法*,没有这样的含义:偏爱物质体系胜过知识体系,或者相反。他的注意力集中在“分子科学”中对假设的使用。他宣称,这个使用的成功程度“依赖于我们一开始所作出的假设的普遍性”。有了最广泛的普遍性,我们才能可靠地应用假设性确保的结果。但是,如果我们对假设的构造太专门化、太狭窄的话,那么,即使我们得到了与现象符合的建构,我们所选择的假设仍可能是错误的,除非我们能证明,没有其他假设能够证明这个现象。最后: *278*

> 因而,在物理学探究中最重要的是:我们应该非常熟悉物质体系最普遍的特性。正是这个原因,使本书关注这些普遍的特性而不是进入那特殊物质形式所具有的特别属性的、多种多样的、有意思的领域中去。

插入“行为的”这个词,以代替词语“物理的”、“物质的”,就能最好地表达我们对我们的探究的态度。因为这是克拉克·麦克斯韦的数学,他所处理的是法拉第无与伦比的观察;正是这个观察,最终通向了爱因斯坦对牛顿物理学的转变——他以对最高层面的人们都知道的假设的使用为基础,所以在这个问题上,权威性地引用麦克斯韦的论述,就有很多合理性。当然,这个引用从任何角度看,都不能用来支撑我们的普遍化形式。但是,它能应用到在这个领域中,随着时间的流逝,能成功地建构自身的任何范围广阔的处理方式上去,无论是谁的。在当前,这个论证仅用来针对对认识论绝望的人。

---

① 克拉克·麦克斯韦:《物质与运动》,伦敦,1981 年,文章 CXLVIII 和 CXLIX。

我们再一次强调我们贯穿始终的主题，即详述和交互作用——一个在认知一面，另一个在所知一面——共同向前进。一旦上路，一旦脱离陈旧的语汇体系的否定和压制，它们就能使共同的进步更加迅速。它们能够立刻使得在它之中，对具体的特定的案例完整的时空定位和指称成为可能。

因为我们已经反复地说：对潜在的问题的认识，对未来建构路径的开启，相对于结论的宣布，对我们更为重要。所以，我们增加一个关于我们的描述其起初发表的地方的备忘录，以备那些渴望对在发展过程中出现的程序改变评价的读者之用。第八章的原始文本出现在《科学哲学》中，第13期（1946年）；第九章出现在《哲学和现象学研究》中，第8期（1947年）。其他章节的材料（除了第十章）发表在《哲学杂志》上，第42、43、44、45期（1945、1946、1947、1948年），以章节在本卷中出现的顺序为准。序言和第十二章的总结是后来加上去的。导论在原始出版中和第一章在一起。

# 附录

## 杜威给阿尔伯特·G·A·鲍茨（Albert G.A. Balz）的回信

下面的信是在本书的章节排版之后，杜威写给一个哲学家朋友的。这位朋友引起这篇回复的问题发表在：《哲学杂志》，第46期（1949年），第313—329页（参看本卷附录1）。 280

I

迪斯卡弗里湾

牙买加

亲爱的A.：

在写这封信时，一开始，我必须表达对你写信时的精神的欣赏。我也期望表达对你的感谢，感谢你给我这个机会，在这里重述我的立场。如你所言，这个立场在别人包括你自己那里引发了困难。

但是，当我开始给你写信回复时，我发现自己处于一种窘境之中；事实上，是进退两难。一方面，看上去我有责任把你的困难一个一个地检视一番，然后来澄清每一点。但是，我对这个过程思考得越多，就越怀疑它能否成功地达到其澄清的目的。我想，如果我在几百页的文章中都不能澄清那个立场，那么，我怎么可能期望在用几页文章应对各种主题的过程中达到那个目的呢？进退两难的另一方面，不去面对你所有的论点，似乎显示了对你的疑问和批评的某种不尊重，而这远不是我的感觉。在我思考这个问题时，我收到了一个年轻的哲学学习者同行的来信。在那封信中，他很自然地对我们正在讨论的东西保持无视，却从我三 281

十年前甚至更早时候写的文章中引用了一些话。这段话是这样说的:"作为哲学家,我们在结论上的相互不同,相比于我们在问题上的不同来说是微小的;在同样的视野中,在同一个角度上,去看另一个人所看到的问题,这意义重大。结论的一致相比之下,可以敷衍而过。"

当我读到这个句子时,就像看到了黎明中的光亮。对我来说,应该努力这么做,即去展示:我在书中所说的东西(正是它,引起了你的理解困难),是在这样的语境中形成的——这个语境完全是由在发展探究理论中提出的问题所规定的;也就是,由在对探究的事实进行探究的过程中提出的问题规定的。因而,我得出结论:我最好通过重新表达我的立场中的一些基本因素,回应你对澄清你所经验到的困难的请求。因为你的困难和问题连在一起,我肯定,我把它们当作一个系统的整体而非分散的、独立的片段的做法,不会让你感到不被尊重。这个信念也没有什么不尊重:它们的系统性源于这个事实,即你把在与探究行为相关的语境下写就的东西当作它在本体论语境下写就的东西;而且你特别认为,后者的语境是古典的,以与我在《探究的理论》(即《逻辑:探究的理论》,下同。——译者)中所设立的那个新事物形成对照。

因而,亲爱的 A.,我希望,你会理解这里所说的话为什么延搁了对你所提出的特定问题的直接回答。为了使我的立场作为一个整体变得清晰,我必须从这个开端开始——这个开端在目前的情况下,与你的问题背离很远。例如,我想,在我的著作中,词语"情境"和"有问题的"所指的东西的重要性,你没有把握到。不管是不是这样,我们手头正好有一个关于它们的意义的似乎完美的例证。"情境"所代表的东西,包含了存在于广阔的空间和漫长的时间中大量各式各样的元素,但是无论如何,它有其自身的统一性。此时此刻,我们这里所进行的讨论正是情境的一个部分。你的来信和我的回复很明显,就是我命名为"情境"的东西的一部分;这些是情境的明显特征,但它们远不是唯一的或主要的特征。在每一种情况下,都延伸到先前的学习:在这个学习中,有老师,有书本,有文章,还有一切形成现在互相不一致的观点的接触。这个复杂的事实,也规定了"有问题的"在目前情境中的应用。这个词代表了某些成问题的因而激发了研究、考察、讨论(简而言之,探究)的东西的存在。尽管如此,"有问题的"这个词包含如此多样的探究条件,对它们进行列举说明,或许是有帮助的。它包含的特征被这样的形容词所指称,如令人迷惑的、让人困惑的、烦人的、不安定的、犹豫不决的;被这样的

282

名词所指称,如震动、暂时的障碍、间断、阻碍,简而言之,对行为顺利的、平坦的过程产生干涉的一切事变,并把它转换成构成探究行为的种类。

亲爱的朋友,我清楚地意识到,上面的论述间接地通向你所提出的问题。为了更加直接一些,我们可以注意这个事实:探究被迫应对不安定的、犹豫不决的情境特征,影响到进入探究中的所有内容。一方面,它影响到用来定位和限制问题的被观察的存在性事实;另一方面,它影响到所有用来作为问题的可能解决办法的建议、推测、观念。当然,用"潜能性"和"可能性"来指称探究中的这些内容——它们代表了在规定问题和解决办法时所带来的进步,没有丝毫神圣的意义。重要的是(在我的立场中,是最为重要的),在每一种情况中所涉及内容的尝试性、试验性特征要被认识到;但只有给出一些名称,才能获得这样的认识。为问题和解决办法两者的内容使用"潜能性"或"可能性"这样的词,可以表达所涉及内容的未决定性、尝试性特征。在这种情况下,立即有必要寻找次级的术语,指称探究行为中要采取的内容所执守的显著位置和所发挥的特殊职能或功能,这一方面是要应对的问题,另一方面是所建议的解决办法。回想起来,两者都是尝试性的实验,因为两者都是在怀疑和探究中被指出的。 283

从探究行为的角度来看,可以直接得出:问题的性质和要达到的解决办法的本性是要被探究的;如果问题没有得到适当的定位和描述,所提的解决办法就一定会失败。尽管这个事实没有被用来证明使用特定的词"潜能性"和"可能性"的合理性,但考虑到与探究的联系,它强制性地要求:要为两个不一样的互相补充的用法,使用两个不同的词作为名称。

亲爱的朋友,无论如何,已经说出的东西具有更广泛的应用,而不是仅仅用到这两个词所具有的意义上。因为它暗示了,为什么以及为何,赋予我的立场上的任何阶段或方面的意义,若是把其所说的内容置于本体论语境而非探究语境中,在理解上就一定会走偏。当我说这些时,完全看到了这个事实:对任何的本体论背景和指称的排除,或许都会立刻将你的困难和怀疑转变为彻底的拒绝。但是,毕竟,建立在理解上的拒绝要比建立在误解上的认同要好些。亲爱的A.,如果能得到你对我的观点的同意,我确实很高兴,但是却没有。不过,如果我能得到你对我的探究理论所做的事情的理解,而不是完全排外地把它当成是知识理论的话,我也很满意。

## II

我几乎用不着提醒你：认识到被观察的事实和观念、理论、理性原则都作为基本的东西进入对知识的哲学理论的历史探讨之中，这没有什么新鲜的东西；在这个事实里也没有什么新鲜的东西，我把它们作为问题的内容。如果在我的立场上能找到什么相对来说是新东西的话，它就是：把问题看作处于探究行动的语境之中，既不是在传统的本体论语境之中，也不是在传统的认识论语境之中。因而，为了阐明得更清楚，我将尝试另一种路径，即着眼于历史材料。

284

现代知识哲学一个突出的问题，可以在它所长久沉浸的经验主义和理性主义之间的争论中看到。即使在今天，在这个争论暂时退到幕后的时候，对那些审视历史探讨（关于所谓经验和理性都作出了重要的描述）过程的人来说，这个争论仍然是不可否认的，尽管这个争论从来没有达成双方一致同意的、令人满意的结论。因而，这不是一个单纯的传记式事实。如果我引起了人们对这个事实的注意的话，我绝不是这个问题的发明者，即在知识理论中，一方是被观察到的事实材料，另一方是理念的理论的材料之间的关系问题。这个争论没有达成一致同意的解决办法，以此为基础，我们有这样的观点：把争论中的成分带出它们的本体论语境，而去注意当它们被置于所发挥作用的语境中，以及它们在探究的语境中所能提供的服务中时会是什么样子，这是值得一试的。看待旧的争论中两个因素的这种方式，其纯粹的结果在这个词组中得到表达："探究的自治性"(The Autonomy of Inquiry)。这个词组比其仅仅存在于书上做得要多，它是我们正在进行的讨论的源泉，因为它在这儿的使用，被用来作为理解它的内容的关键。对本体论指向的消除，一眼看上去似乎有点自命不凡，但实际上，它等于在说这样一个简单的事情：任何被宣布为知识或者传达知识的东西，必须是在探究的语境中发生的；这个命题也适合在知识理论中提出的所有表述，无论处理知识的起源，还是处理它的本质和可能性。

## III

在处理数学内容和数学探究的特殊内容时，我发现，从抽象的主题开始，不仅必要，而且明智。根据《探究的理论》中所采取的视角，抽象活动的某些本性是在所有的观念和理论中找到的。来自有保障的确定的存在性指涉中的抽象，属

285

于一个可能的解决方案中的每一个建议；否则的话，探究就会结束，实证性的断定就会代替它。但是，在探究过程中构成的、被当作问题的内容也被悬置起来。如果它们不是这样被保持的话，那么，重复一遍，探究就自动会终止。即使终止处不是与探究相关的结论，它也终止了。飞离此时此刻存在的东西自身不会成就任何东西。它可能是在做白日梦或建造空中楼阁。但是，当这样的飞行在那与探究的目的相关的观念上着陆的话，它立刻就变成了鼓动和指导新的、能照亮事实的观察的出发点。对这个事实的使用，会发展出进一步的使用，从而发展出对需要应对的问题的意识，最终提示出一个提升了的问题的解决模式；反过来，这又会鼓动和指导对存在性材料的新观察，如此类推，直到问题和解决方案都获得一个确定的形式。简而言之，除非我们清楚地认识到，在被阻碍的持续向前的行为的每一种情况下，"观念"是暂时的偏离和回避，否则，我所谓的功能性和操作性的立场将不能被理解。每一个观念都是一种回避，但只要回避被用来唤起和指导对事实材料进一步的观察，回避就不会是推诿（*evasions*）。

亲爱的 A.，我有理由自信，至少在这一点上，我们是一致的。我不相信，我们中的哪一个会对某些领域中，针对刚才所说的抽象而进行的全方位的攻击保持同情。它们在科学探究中所使用的理论，自身就是一种系统的抽象。像观念一样，它们离开所谓直接被给与的事实，是为了能适用到相关事实的更全面的范围上。科学理论不同于我们所说的"突然冒进我们头脑中的"观念的地方，仅在于它的广大的系统的可应用范围。科学抽象的特殊性，在于它远离具体的存在性吸附的程度。

286

由此可以自然地得出，相比日常生活事务中所进行的有条件的抽象来说，科学探究中的抽象被无限地向前推进了。因为在前者中，一个抽象如果超过了对当下所碰到的特定困难的应用，就不再有用了。在科学探究的情况下，理论被抽象到这个程度上，即它能应对尽可能多的使用。我们在理论中所称呼的详尽性（*comprehensiveness*）不是它的内容自身的事情，而是它的内容在一个大范围中应用的可用性。或许，注意到这一点是有价值的：牛顿的理论长期以来被认为是详尽的，能应用到所有的天文事物上去；不仅是已经被观察到的，还有可能被观察到的一切。最后，在日常生活事务中，存在着被叫做暂时的障碍（*hitch*）或阻碍（*block*）的东西。但是，它们不是被作为最终性而接受的不一致，而是立刻用于激发抽象理论方面的进一步发展。这个结果构成了众所周知的"相对论"。牛顿把他的抽象推进到许多同时代人感到惊讶的地步。他们感到，它带走了给予生活事务(道德伦理的事务和功利意义上的实践事务)以意义和热情的实在性。在这样做的时候，他们犯了一个与哲学家随后犯的同样的错误。他们把在探究行为中给予的使用、功能、服务，看作具有与探究无关的本体论指称的东西。

在从探究行为的立场来看问题时，相对论把空间和时间自身看作探究的内容而不是探究的固定界限。在牛顿理论中，它们被当作科学探究不能走到的最远点(*Ultima Thule*)。亲爱的 A.，这些考虑或许可以作为一个例证，用来说明把探究交付给本体论指称产生了怎样的阻碍作用。但在这里提起它们，是为了考虑它们对数学问题的影响。不管物理理论把它的抽象推进得多远，如果它们超过了对可观察的存在性材料的应用的可能性，就会与抽象的内容产生矛盾。287 这种数学探究却有那种使用和功能的特权。数学探究发展的历史显示，它的进步往往以某些在先前的内容中阻碍探究者的某种东西作为条件的。但是，在后面一两代的发展中，数学到达了这一点：他们看清了，他们所从事的工作，其核心是自由假设的方法。几乎没有必要注意，关于三角形内角的理论(按照情况，它们或大于或小于两个直角之和)如何去除了欧几里得几何中存在的本体论障碍。在大部分情况下，我被迫承认我的立场的重要特征与已经获得权威的或者说正式建构的哲学理论是不相容的。在数学的这个问题上，亲爱的 A.，我相信，我"在角的一边"。无论如何，我在前面的叙述中所采取的立场，并不是我发明的。我的立场是从一个最近给这个领域带来巨大进步的数学家那里几乎全盘接受过来的。正是这个数学探究的进步，深刻地撼动了曾经作为圆和三角形的不变"本质"的本体物。因而，我不得不提起与刚才所提到的思考相类似的思考起了重要作用，它们引诱我努力地把所有的*本体物*(先于探究的)转变为*逻辑物*(完全，也仅仅被一直关注的探究行为中所发生的事所占据)。

## IV

我现在来处理现代认识论哲学中另一个重大的问题，希望它能推进对我的立场的清晰理解。认识论哲学的历史体系尽力使本体论结论以对知识的条件和本性而进行的先行探究为基础，这是为人所熟知的事实。但不为人所熟知甚至经常被遗忘的事实是：这个努力自身是以具有极大重要性的本体论假设为基础 288 的；因为它假设，不管知识是不是别的什么，它依赖于一个独立的*认知者*的存在，以及独立的被认知物的存在；也就是在心灵和世界之间，在自我和非我之间，在词语（通过使用变得很熟悉了）主体和客体之间。这个假设构成了这个观点，由这些相对的词所指称的内容是分离的、独立的；因而，问题中的问题是：规定一些方法以协调其与知识的可能性和本质相关的两者身份之间的关系。在这个问题上的争论，像其他已经提到的历史问题的情况一样，现在已经退到幕后；但是却不能肯定，这个问题已经得到一致认可的解决办法。毋宁说，人们发现，关于实在论、观念论和二元主义的各种相互竞争的理论最终讨论得如此全面，人们已无话可说。

因而，在这个事情上，对我来说，尝试这个实验或许是一个好主意，即把争论中各方所追求的东西中具有重大意义的事物放入探究的语境中。因为已被观察的与可被观察的事实一样的可用，大量事实出现在整个有记录的人类理智史中，它们向学习和探究（包括失败的和成功的）显明——这像任何重要的人类技艺的故事中的情况一样。在这个问题的转变的过程中——从先前的本体论背景中转向完全仅仅被探究行动的条件设定的语境中，曾经被看作内在的本体论要求的东西，现在看来只不过是出于自身立场的武断假设，只不过是在向前推进的探究中功用和功能的重要区分。

从这个探究视野看，把这个作为一个出发点是自然的事情：有机体和环境的生理性联系和区别，就是"主体和客体"的联系和区别中所涉及的原则的最直接观察到的事例。考虑简单的、非常重要的拥有"功能"这个名称的生理活动，它暗示了：一个生命活动不是在一件事情（有机体）和另一件事情（环境）之间进行的什么事情，而是作为生命活动，它是一个超过那个区别（distinction）[说的不是分别（separation）]的简单事件。任何被赋予这些名称的事物，首先被定位和确定为是融合在沉浸在生命活动中的东西。因而就有了下面尖锐的问题：与这个区别相关的，是什么样的生命条件？对生命有什么样的影响？

289

这个问题所牵涉到的东西自身就与追问这个问题时独立达到的观点相联系：作为探究的认知，在积极情境的运行过程中所碰到的障碍、阻碍、中断事件是怎么起源的？这种联系的发生有两条道路。从生理生命活动过程中的区别来看，很明显，名称"有机体"和"环境"分别所应用的内容是这样被区别开来的：当一些功能，如消化功能，被打断了，不安定的时候，为了能对它做些什么以恢复正常的活动（从而使器官和食物能够形成一个单一的、完整的过程），就有必要定位麻烦是从哪里出来的。内部有某种问题吗？或者干扰出在被接纳进系统中的水之中和食物之中吗？当这样的区分被清楚地作出之时，有些人就会专门探究有机体明显涉及的结构和过程（尽管脱离了单个交往活动中的持续合作这样的过程不能发生，也不能涉及它们），另一些则研究保持健康与空气、气候、食物、水等之间的关系（也就是完整的功能活动的关系）。

我亲爱的提问者，如果对一个有效的探究行动中的功能来说是必不可少的区别（也就是说，它作为探究满足它自身的条件），被转变成某种本体论的东西，也就是说，某种先于探究而探究必须遵守的、靠其自身而存在的东西，这其中会发生的事情，在现代哲学的认识论阶段中得到了展示；如果新科学因为使用了理论上所谓"主体"和"客体"、"心灵"和"世界"的区别，而不能在其方法的发展过程中抛弃大量不相关的、使古代的和中世纪的宇宙论远离了科学立场的前概念的话，新科学就不能完成它在天文学、物理学和生理学上开启的革命。

290

但是，这里并不意味着，刚才所说的内容包含了问题的全部范围。仍然存在这个问题：为什么在一个特定时间中，认知者与所知内容之间的区别变得如此明显，如此重要，以至于两个世纪或更长时间以来，它都是哲学中的那个突出的问题？直接把自己看作这个问题的答案的观点是："主-客体"问题相当迅速、也一定让人惊讶地出现，与那标志着从中世纪到所谓现时代的转变的文化条件密切相关。我认为，这个观点是一个有趣而重要的假设；在其他地方遵循这个观点，很有裨益。在这里引入它，仅仅因为它对理解这个立场是有所帮助的——这个立场是在《探究的理论》中提出的，它把所谓本体论区分转变为在探究行动中有用的、必要的功能性区别。

在终止通过引用哲学历史上众所周知的事件来澄清我的立场的努力之前，我要提出第三件事情，这件事情不像其他两个已经提到的事情，它在当代哲学讨论中或多或少被积极地探究着。在这里，我要涉及这个不寻常的、毫无疑问的区分：在科学所知的内容和日常普通的（不仅是平常的意义，还有这个意义：它被许多人在他们的生活行动中所共享）生活中所知的内容之间。为了避免误解，要注意到："实践的"这个词用来指称这些事情时所具有的意义，比把它用在狭隘的功利中所具有的意义更为丰满，因为它包含了道德的、政治的、艺术的实践。在普通生活的内容及适合它的认知与科学认知的内容和方法之间的一个简单但相当典型的例子是：我们所喝的、用来洗东西的、在上面行船的、用来灭火的等等之类

291

的水，与科学内容中的 $H_2O$ 是极其不同的。

如果我说，若是它的术语被置于本体论语境中，内容上的这个极端的不相似中所牵涉到的问题将是不可解决的，这显得有点教条。但是，在精神的和物质的本体论两个解决方案之间的区别提醒我们：我们距离一致同意的解决方案还很遥远。如果说，争论中的两派是以偏爱为基础形成对立的，而这种偏爱是外在于问题的而不是以与问题在逻辑上相关的东西为基础的，那么，这个看法几乎不可能不合理。当与这个对比相关的、从这个对比引伸而来的东西，被放置在不同的问题（这些问题要求有不同的应对方法和不同的种类内容）语境中时，所涉及的问题其形式与它被用来关注本体论“实在”时的形式有很大的不同。如果我尝试着描述它们被置于探究语境中时，其问题和解决方案会采取什么形式，那么，这与当前要讨论的问题是不相干的。但是，这样说，对于理解这个观点来说，就是相关的。也就是说，它们要求对不同的问题（这些问题是不同的，以至于只有着眼于内容的种类才能解决）有不同的描述。这种相互之间的不同，正如“水”的例子中的情况。尽管如此，我至少要指出：一个在干旱的地方寻找水喝的口渴之人，如果发现他要求的是“$H_2O$”这样的东西，这对于解决紧急情况没有什么帮助；但是，在另一方面，有自己的问题和探究的物理学家如果不能把水当作“$H_2O$”，那么，他很快就会走不下去。因为正是以*那样的*应对方式，才使得水作为知识的主题，脱离了孤立状态而被带入无限广泛的其他事物之中——这些事物在质性上和直接性上与水极其不同，它们相互之间也不同。

亲爱的 A.，在这一点涉及我的理论中所谓“工具主义”的部分，看来也是合适的。因为这个部分是想在这个观念或假设的基础上来处理刚才提到的问题，即科学材料是从日常生活中的材料生发出来，并且要回到日常生活的材料中去； 292 这两种材料和内容如果*以本体论解释为基础*，相互之间就完全是无条件地对立的。根据这个观点，那个把贝克莱和牛顿划分开来的，自从新物理学兴起以来一直在哲学中占据着主要位置的形而上学问题，与其说被解决了，不如说被消解了。另外，新的构建归属于物理科学材料，正是因为它与所谓（为简洁而言）常识中的材料极其不同。在这个不同中，不久前提到的彻底的抽象功能可以被看作一个鲜明的例子。物理科学内容与日常生活内容的遥远距离，正是那使前者能应用到日常生活所呈现的大量不同场合中的原因。今天，在日常生活中，恐怕没有什么物理条件不能被科学内容有效地应对。关于生理的事物，也有类似的一个描述:注意在疾病和健康方面的事情上所发生的革命(作为证据)。在人类和道德事务上的知识和实践,其倒退状态提供的是一个否定的说明,而不是肯定的说明。在我最好的判断中,后者将仍然是一个习俗以及习俗的冲突的事情。除非探究能找到一个抽象的方法,这个方法因为它远离已有的习俗,所以在其启发下,习俗的本质可以比现在更加清楚地被洞见到。

照我所见,那标志着几个世纪以前开始的、在自然科学的方法和结论中已经完成的科学运动的东西,就是它的实验(*experimental*)行动,以及这个事实:最好的理论仍是假设性的。另外,这两个特点交缠在一起。作为假设的理论,是这样得到发展和检验的:它被用于实验行动之中,把新领域的事实带入到观察之中。在科学革命之前,一些理论被看作其内在就是定下来了,不会对其产生疑问,因为它们应对的是永恒的、不变的存在。在那段时期中,"假设"一词所指的是:被置于非常确定的以至于不可能对其产生怀疑和疑问的材料之下。关于如何理解观念材料的功能性和操作性,我找不到比这个更好的用以说明它的例子了:在科学探究发展过程中,对假设的态度、对把理论当作假设的态度所发生的巨大变化。

293

亲爱的朋友,我要说,我所作的这个相当长的却很浓缩的历史性叙述,仅仅是为了进一步增强你对我的立场的理解。如我所暗示的,那些在我的认知理论中起作用的图景、概念,并不是我创造出来的。我只是尝试着把旧的概念从本体论的舞台上,转移到探究的舞台上。这种转化的结果是:它所呈现给我的景象不仅仅更加融贯,而且更加富有教益,更具有人性的戏剧性。

不管怎么样,在这篇以交换观点为内容的文章中,一下子进入了各种各样的历史讨论和争论的因素,古代的和现代的。我意识到,我所作的回复,不是你可能觉得有权利期待的那种。同时,尽管我所作的思考其便利在于文本是写下来的,但我不认为自己离开了它的实质性内容和精神。我也一定承认,把历史的材料引入要讨论的论文中,这也是在19世纪出现的关于逻辑理论的各种各样的著作中的情况。当我回看时,便得出这样的结论:在这篇论文中,我认认真真、竭尽全力所做的努力是要为一些晦暗负责的,这些晦暗使得对这本书的洞察变得模糊。很可能,"逻辑"这个词所具有的力量遮蔽了我在"探究的理论"这一表达中想要表达的重要东西的意义。对误解的产生,我负全部责任。因而,我亲爱的、友善的批评者,我很感谢你提供了重新表达的机会。我希望,这个重述能够消除妨碍文本的累赘。如果在这封回应你对澄清的要求的信中，我能成功地提供对引起我关注的“问题”更好理解的话，我就会满意。当我反省哲学的历程时，关于已得到的结论，我看不到在它的历程中取得了什么著名的成功。但是，在这件事情上，我也不弱于任何一个人：欣赏那具有解放作用的工作（这个工作通过它对问题的敏感而打开了新的视域，它对这些问题的把握一次又一次地松开了由倾向强加到我们身上的束缚——这些倾向的力量来自对已变成习惯的、不用质疑的东西的遵守。如果不是哲学家的努力给我们带来的启发，这些东西很可能仍然不会被质疑）。 294

您真挚的

约翰·杜威

# 打 字 稿

# 何谓语言符号？ 何谓名称？[①]

众所周知，本文题目所涉及的主题已成为时下众多议论的焦点。细心分析过相关资料的人不难发现，尽管认识论问题似乎已日薄西山，黯然失色，但许多这类资料仍以传统的主客二元论为前提，而个中缘由则未见阐明。结果，语言类的符号被描述得像中间物一样，人、鱼、禽，什么都不像。[②] 为了不直接卷入由来已久的争论，我想采取一种不同的方法。首先我想指出的是，尽管作为符号其所关涉的是代表或指代关系，但下面这些名称用来应对的事情，通常不被叫作符号。国会议员、代理牧师、代言人、代理律师以及其他形形色色的代理人，皆可称作代表——这让人觉得，在此引述一下C·S·皮尔士所说下列一段话并无不妥："所谓代表，指的是一种关系。人们为了某些目的，把置身这种关系中的甲权且……当作乙。"[③]符号的别的属性我们暂且不论，但它们属于如此界定的所谓代表、代理的范围则可当作事实。如前所说，从这一角度来研究符号有个优点，即寻常所见的关于主、客及人、物的认识论联想皆可避开不谈，乃至彻底忽略不计。这样去进行研究，就几乎没有必要一一指出生物体进化过程中因语言的

297

① 本文为未发表的打字稿，现藏于印第安纳大学布鲁明顿校区里利图书馆手稿部，A·F本特利藏品室，共18页，标注日期为1945年5月25日。杜威后来曾试图重写该文，详情见本书第472—474页所载《关于〈何谓语言符号？何谓名称？〉一文的说明》。

② 参见A·F·本特利所撰论文《逻辑学中的一种含混性》，《哲学杂志》第42卷(1945年1月4日、18日)，第1、2期(参见本卷第8—45页)。

③ 《文集》第2卷，第155页。所举例证大都直接取自皮尔士讲的同一段话(这段话的原文最初出现在鲍德温所编《哲学和心理学词典》(*Dictionary of Philosophy and Psychology*)第2卷，第464页)。

298 出现而产生的所有无关紧要的变化。语言作为一种工具和手段,能使我们人类为了某些目的而把某些事物当作它们所代表的实际事物,在表达的范围以及精细和灵活程度上,没有任何东西能与语言相媲美。

在讨论研究语言的代表功能时,我们不妨将皮尔士的论点倒过来看。拥有并有能力运用事物的代表、指代属性,这固然有其优点,但这种优点与被运用事物本身并无关系,与被代表的事物则关系很大。石蕊试纸上所呈现的特定颜色颇能说明这一问题。我们知道,一张石蕊试纸上所呈现的特定颜色表示酸性或碱性的存在。这不仅一下子为人们省去了大量时间和精力,而且将或酸性或碱性的存在与一系列其他情况联系了起来,其居间作用极其广泛。作为代表物,声音、文字等语言类的东西有着其他东西所无法比拟的优点。我这么说并没宣告任何新的发现,这是需要有言在先的。比起一张石蕊试纸来,"酸"、"碱"这两个词要更容易把握得多;而且,比起被用石蕊试纸进行试验的东西来,它们可以更加随意地构成各种复合物,且可构成的复合物的数量也无限之多。

这里所说的虽然是老生常谈,但当我们将其与皮尔士的那句话直接联系起来看时,又很有意思。皮尔士的话是从他写的一节文字中引来的。在那节文字中,他提到人们具有一种能力,能将作为代表物的甲事物权且当作乙事物。为方便说明起见,我们以一个获得了国会议员资格的人为例。毫无疑问,有资格当选国会议员能给他本人带来不少利益和好处,诸如丰厚的薪水及各种各样的权利,但政治上实行代议制的目的和本意并不是为了这些东西。人们把现实政治生活中出现的类似以权谋私的现象毫不客气地叫作"腐败",叫作歪门邪道。政治上的代议制是历史发展进程中合乎规律的产物,它是一种手段,目的是为了做好大众普遍关心的事情,而防止相反的情况发生。正因为如此,上列引文中"当作"一语显得特别重要。做代表以及在特殊情况下做一个符号,完全是个行为问题,这个问题也只有纳入实际的行为语境中才能得到更好的讨论。这在讨论代理人、299 被授权的代理律师、代理牧师等情况时显得尤为突出,因此,类似性质的讨论往往一开始就以它们为最佳范例。但这种情形同样见于皮尔士举过的其他一些例子。比如在上文曾引用过的那一节文字中,他就曾举过这样几个例子:症状、筹码、描写、图解乃至广义上的语言。[1] 为说明相关问题，有必要引述一下皮尔士的另一节文字。皮尔士举“锂”一词为例。他说：“假如在各种矿物质中所找到的某种矿物质，形似玻璃、半透明、灰色或白色、质地坚硬、易碎，置于暗火上时呈绯红色……[且该种材料已经过一系列特殊测试]，那么，这种矿物质就是锂的一个样本。”他接着又说：“作为一个定义，或者说作为一个*人为规定*（因为规定比定义更有用），它的奇特之处在于，它通过规定你*必须做什么*来告诉你锂一词指的是什么，如此做你才能在心理知觉上对锂一词所指的客观事物有所了解和把握。”[2]

这些显而易见应该加以考虑的东西，为何常常被那些号称赞成拥护皮尔士的人忽略，以至于连皮尔士清楚表达了的意思都遭到曲解？这个问题值得深思。四处弥漫的认识论氛围当然是导致这种情况的部分原因，但在我看来，这种情况的产生还有另一原因，读些目下有关这一话题的文献就不难理解个中缘由。从这类文献中，读者常常会发现用来说明问题的材料往往属于下列这一类。其中，论者将词语当作代表物或符号来加以讨论时，运用的往往是类似*猫*、*石头*或*水*这样的词语，好像这些词语是恰当的说明材料似的。这种做法相当普遍，我敢说许多读者在读到上面这句话时的第一反应保准是：“为什么不呢？难道还有谁想要找到更合适的例子吗？”

为了回答这一问题，我想直截了当地指出，上述那种做法恰好回避了本该涉及的所有重大问题。论者好像是就何为符号在谈论具有逻辑——或曰逻辑-语义——意义的东西，其实，他所谈论的完全是也仅仅是社会习惯用法问题。而真正的关键问题却被忽略了，因为，用人所共知的例子，恰好彻底回避了令所讨论的那些词成其为符号的诸种行为活动所产生的作用。有谁会蠢到连听人说“猫”这个词时指的是什么都不知道呢？识字的人，谁不知道手写的或印刷的“猫”字代表的是什么？ *300*

---

① 上面提到的本特利所写的文章已经指出，目前有些自以为赞成拥护皮尔士的“语义学家”将相关讨论带入了虚无缥缈、模糊不清的境地，原因就是他们忽略了这里所说的行为语境。将基本的逻辑特征看作是被称作符号的事物之固有特征，看作是“纯粹形式”的东西，在哲学史上没有哪种做法比这更荒唐的了，即使在哲学史误入歧途的时期里，这种做法也算得上是荒唐透顶。然而，这恰恰是当下大部分“逻辑学”研究的一个特征。

②《文集》第 2 卷，第 189 页（所引原文未标斜体）。显而易见，“代表”(stands for)、“表示”(represents)、“是……符号”(is a sign of)都可用“指的是”(denotes)来代替，而意义不变。

倘若不将众所周知、一看就能让人明白的社会习惯用法作为例子，而是以科学上尚未得到解决的一些问题作为例子，比如“癌症”一词代表什么；或者用作例子的东西尚待科学确证，因为这些东西过去曾有过的状态如今已发生了很大变化，它们究竟代表什么一时还很难说清楚，比如*原子*、*引力*。果真能这样的话，那笔者上面说的那些话之意图兴许能显得更加清晰。其实，即使像水、猫、铁等词语也从其日常使用或外延指涉中产生出了新的科学意义。想想这些意义怎样产生的，人们也不难理解我的用意。

我想，运用这样一种研究方法的人不难发现，即使像石头、猫、水这样的词，其广为所知、或多或少标准化了的所指或曰其指代性、符号性，也完全能够(一)表达广阔持久的时空中实施的行为活动之纯*结果*；(二)为目前或将来实施的可确定的行动提供*指南*。用习以为常的事情做例子时，正由于人们对其太过熟悉，很容易觉得一切都是理所当然，而其实有些见解只有深思熟虑后方能获得。职此之故，以“科学的”事例作为说明材料无疑有其自身的优点。

**II**

人们运用语言，其用法一般说来符合社会标准，为前人所决定，是社会习惯的用法。这类用法是否存在以上所说问题？假如有人对此还将信将疑的话，我建议不妨考察一下“所指对象”(referent)一词广泛出现的有关文献。由于奥格登-理查兹的《意义之意义》一书影响持久，我们不妨就从该书谈起。“认识论”的影响在该书的所谓三角图式中可以极其明显地看出来。所谓三角图式也就是该书所论及的三个主题间的交互关系，即“词或曰符号，符号所指事物(亦谓所指对象)，意义或曰思想”[1]。下面引用的一段话说得则更加明确：“作一陈述或对一陈述加以阐述时涉及三方面因素。一、思想过程；二、符号；三、所指对象。”紧接着说的一句话则更加有意思：“符号使用中的*理论问题*就是*这三者彼此如何关联*。”[2]我给有关字句加标成粗体，是因为这些话清清楚楚地告诉我们，论者在研究构成唯一真正重要问题的各个组成部分时，给人的感觉好像由各组成部分构成的问题本身已经得到了解决，于是留下的所谓“理论问题”好像也成了人为的

301

① 见《意义之意义》，第11页。

② 见《意义之意义》，第243页。

假问题。前面曾提到，有人对关键问题避而不谈，这就是个很好的例子，很值得人们注意。这个例子清楚地表明，有人回避真问题，想用假问题来替代。倘若人们以假当真，最终必然导致诸多无法解决的争论。有的人不去考究某物是如何产生代表作用的，却偏偏引证一些事例，说明社会习惯用法赋予了某物代表能力。成为被指代物的为何是这一物而不是那一物？有人不去问这样的问题，却武断地以为事物就在那里，正等着被指称。人们确定某物作为符号或指代物，确定某物作为所指对象，其方式方法如何？又是为了什么目的？这些问题不少论者也不加深究，他们所做的仅仅是：事先确定甲为符号，再预先确定乙为所指事物，随后研究甲是如何指称、代表乙的。

我以奥格登-理查兹为例，颇能说明问题。除了前面已经提到的认识论的根源外，从他们两人在所发表的言论里为有关问题提供的解决“方案”不难看出，他们研究的只涉及一般的社会习惯用法问题。因为，事先预定为符号的东西、已知为某种“思想”的东西、已知为某种所指对象的东西，对这三者如何“彼此关联”的所谓“理论问题”，他们两人完全依赖于社会习惯用法以求加以解决。用他们自己的话来说，这叫“因果理论”，或曰“外部环境”论。这里所谓的外部环境指的是一系列事件。或者由于其出现的频率，或者由于其给人带来的重复联想，这些事件给人的神经系统造成一种印象，让人以为某些声音、（对识字的人来说）某些文字与某些“外部事物”紧密地联系了起来。[①] 对所谓“因果理论”细心分析过的人不难看出，这样“解决”问题的方法颇为想当然，它假设一方面存在着符号功能，另一方面存在着有待指称的“事物”。同样显而易见的是，这种解决办法想当然地以为，人类（二位作者称作心灵或思想）生活在一个社会环境中，在这样一个环境中，人类所听到的某些声音常常与某些事物紧密地联系在一起，于是，由于其神经系统的作用，这种联系深深地印在了人类的脑海（即“思想”或“思想过程”）里。我想，奥格登-理查兹的所谓解决问题的方法大致如此。如果说这种解决方法说明了什么问题的话，那它也仅仅说明了某声音如何在给定的社会条件下指代某个事先给定的“所指事物”，而符号功能则是想当然地加以预设的。不考虑“思想”，这种方法蛮好用来说明这样一个现象：为何在讲英语的人群里，某个声音代表某物，比如面包，而在一个讲法语的人群里却要用另一个不

302

① 散见《意义之意义》第81—86页各处。

同的声音才能指代面包？相对于复杂精巧的文字书写系统而言，这只能算是个小问题。

让我给以上这一段议论作个小结：由于一系列影响因素的合力作用，导致论者故意忽略不提三角图式中的“思想”这一角。结果，原来的三角形似乎变成了一条直线，一头是符号，另一头则是作为符号“所指对象”的物。而这两头的东西都是事先预定好了的，这就导致下面一个不可否认的事实：在整个讨论过程中，思想变得像幽灵一般，仅偶尔在高空中露一点小脸，一会像“人”，一会像生物有机体，一会像神经系统，一会像会使用符号的言说者或命名人。[1] 不管这幽灵像什么，总让人觉得它与符号功能系统没什么关系，至多也就像是个隐身于符号功能系统背后的某样东西。

阅读近来有些论者所撰写的泛论性著作，会让人得出这样一个印象：这些作者似乎觉得，正是由于在所有特殊事例中都能见到那表述思想的言说者，因此在所有具体事例中理所当然也会有其身影；正因如此，可以将其忽略不计。至此，研究仿佛有了点进展，促成这一进展的无疑是普遍存在的疲惫感，而导致这种疲惫感的恰恰是长期存在却又毫无结果的认识论争论。然而这进展与其说是建设性成果，倒不如说是论题领域的转换——这是个新领域，因为它涉及语言。

303

### III

我上面所发议论是否有道理，请读者诸君研究近期所出有关符号的文献著作后明察。接下来我想谈点积极而具有“建设性”的意见。所谈内容有一个基本假设，即一组性质类似的行为活动决定了甲为符号而与其关系密切的乙为“所指事物”。也就是说，有这么一组行为活动，它们指定某东西为符号，且该符号于同时同地仅仅用作某特定事物的符号；也正是这同一组行为活动确定、指派了所谓“所指对象”。[2] 在目前的讨论中，说这样泛泛而论的话难免大而无当，让人不得

---

① 参见前面提到的本特利的论文以及杜威和本特利合写的《有关认知和所知的术语种种》（“A Terminology for Knowing and Knowns”）一文中的参考文献综述部分，《哲学杂志》第 42 卷（1945 年 4 月 26 日）第 9 期，第 229 页和 230 页（参见本卷第 51—53 页注释）。

② 换句话说，这就好比是一场交易，可用指涉一名来表达；它原本就是不可分的一个整体。符号和所指对象就像合伙人，无法分开，如同一笔生意中的买方和卖方一样，谁也离不了谁，语言交往中的说话人和听话人间的关系亦复如此。关于“交易”一名，参见上面提到的最后一篇论文，第 242—243 页（参见本卷第 66—68 页）。

要领，不如将其分成各个部分，并予以详细讨论。

首先，我想指出的是，前科学以及非科学习惯用语中存在符号指称能力，而以“科学的”名义进行的具体而系统的研究过程中所确定使用的术语、名称，当然也有指代能力。这两种性质的指称、指代能力之间有所区别，也是人人都会承认的事实。这在前面的议论中已经提到过，比如在讨论“水”的普通的及科学的所指意义时就已经谈过；在讨论“原子”一词分别在希腊自然哲学和当代物理学中的不同意义时，我们也谈过，且谈论的层次还比较高。这里需要注意的是，我们谈论的所谓区别，仅仅是在两种情况下分别起决定性作用的不同行为动作之区别。让我们长话短说，说得是否有说服力请读者诸君判断：“普通”情况下（即前面所谓流行的社会习惯用法）的行为动作，相对说来性质比较粗糙，而且与知识探索的关系也比较偶然，因为它们所关心的主要是日常生活的具体过程中出现的效用和享乐问题，即通常所谓“实用的”效果。[①]

304

有关这类行为动作的主要观点是，被人称为社会或大众用法的语言用法，本身就是那些非语言的社会习惯应用的一个组成部分，如习惯、风俗以及行为规范。从生理学上说来，习惯、风俗以及行为规范所涉及的内容比人的发音器官和耳朵要多得多。除了行动的人之外，他所使用的所有物质材料、工具（含器皿、用具等）以及行动中与他合作及竞争的其他人，都可囊括到习惯、风俗以及行为规范之中。比如，“水”所指称的东西就是人们当下每时每刻使用的东西，人们喝它，用它来洗涤，在它当中游泳，在它上面航行或划船，在它里面淹死，等等，具体是哪种情况，得视特定人群在特定文化阶段所从事的行动范围而定。

只要不漫不经心、太过肤浅地考虑一下上述这些事实，我想大概没人会怀疑：一、涉及身体、事物和其他人的各种可确定的行为活动，能将某些东西，如手势、声音等规定为符号；二、之所以能如此，是因为同样的行为活动，像喝、洗等，同时还确定了某物为该符号的“所指对象”。简言之，所指或所代表的“事物”之确定与将其他事物确定为其符号的行为，是严格按照一一对应的原则连带进行

① 在拙著《逻辑：探究的理论》中，我用“常识”一词所指的认知和所知有别于号称为“科学”的认知和所知。见索引中的“常识”（*Common Sense*）一词。使用该词是否妥当，这当然是可以质疑的；但该词所特指的性质有别的议题，其存在则是勿庸置疑的。

的。符号与所指物是互含互包的一连串行为活动的组成部分；任何试图将两者区别开来的行为都是事后诸葛亮，都是反思的行为。[①] 奥格登-理查兹的所谓“因果”理论除了受到认识论假设的败坏影响外，它本身也言不及义，因为它所假设的那些因素明显彼此不相干，至多也只能用休谟的“联想”才能勾连起来。假如从这些“社会”行为事实出发，从事符合传统和习俗的活动，那么人们就不难发现，在示意行为及言语中，有些东西作为符号，另一些东西则作为所指对象而出现，两者恰好包含有“符号”和“作为所指对象的物”。器皿、工具、器械等既是被制造出来的东西，又是被使用的东西，制造和使用都是通常所谓的“社会”交易行为。我想，这一事实还是比较明显的。若以涉及所谓“人造”物品的活动来衡量，我们固然不能说我们可以造水、石头和草，否则就很荒唐。但我觉得没人会否认小麦、牛排等东西有着由食物这一名称所指定、唤起的意义，因为其中有些东西涉及乃至积极参与了某些习惯性行为，而正是通过这些习惯性行为，所说的东西如小麦、牛排等，才起着维持生命的作用。我想，不管任何人，只要他将作为符号的语言中所发生的变化，与社会文化活动中所发生的变化结合起来，并认真加以考察，那他就一定会得出这样一个结论：事物不在场时，人类行为活动中用来替代缺席事物的声音、文字，并非“意义”的源头；正如独立于人类行为方式、作为“所指对象”的事物，也并非“意义”的源头。

以上讨论已经较长，下面简略研究一下各种所谓“科学的”认知和所知这一话题。为使议论不至于过长，我们就谈谈以下几点。(1)先谈目前普遍使用的名称所指代的事物，如喝的水、加热后打制成各种形状的铁、吸入的空气、栽培的植物，等等。科学程序在其展开过程中，能带来前所未有的事物、讨论议题和案例，这已不是什么稀奇的事情。生产像青铜这样的合金时，情形就是如此。也许更为重要的是，在现代种种研究方法产生之初，科学领域的探讨所使用的物理程序直接来自于“实用”技艺，这些程序在技术上不管有多专精，其发展势头已经过去，现在仅是将早先的那些程序加以结合、提炼和拓展而已。科学研究领域所用的仪器设备、工具手段，其情形亦复如此。目前，从科学所使用的器械设备、方法手段、程序以及原材料看，它显然是对“实用的”或者叫“常识”类的行为加以系统

---

① 事后将两者区别开来，这一行为本身也是整个交易的一部分，是事后发生的，因而包含在了所采取的立场中。关于这一点，此处不拟深论。

拓展和提炼，使其变得更加精巧。

在讨论较为专门化的问题时，我一再指出，上面提到的一些事实也一再表明：一般说来，像科学“对象”与（感觉）知觉“对象”的关系这种悬而未决的问题完全是人为的，依据的都是些武断的假设。然而，实例分析过程中所出现的明显事实又告诉我们，大众用法里所用的水一词，其所指代的东西与物理学家用$H_2O$所指代的东西，其间的区别也并非无中生有。这一情况使我必须讨论下一个问题。

（2）就议论涉及的内容而言，其间的区别主要是时间上所说的延续性和空间上所说的广泛性之区别。从$H_2O$所指代的东西这一角度看来，大众日常所用的水一词所指代的，是人为、武断地孤立起来的东西，切断了与他者的一切联系。不过，这话不能加以曲解。从其自身“实用的”观点看，不能说切断这一行为是武断的。再怎么聪明的物理学家，他喝的水也得是时空中可以找得到的水，这种水，他直接用自己的视觉、触觉及对温度的感觉，就可以看到、触摸到。而区别仍然存在。对非科学的人来说，就使用后面这种程序方法而言，水所指代的是独一无二的东西，它的直观品质绝不会使人把它与品质不同的东西联系起来。对凡事在科学上较真的人说来，目前直接可见的（即延续时间较短、涉及范围较窄的论题）仅是涉及时空无限久远论题的一个小小的方面、一个特定的侧重点。 307

（3）以上两点讨论里都有这样一种情况：科学在探讨认知及认知到的东西时所涉及、利用的行为活动，与日常“实用”中所谓认知及认知到的东西（哲学著作中通常称为“知觉的”东西，盖因心理学常常片面强调某一方面）所涉及的行为活动，①并无二致，基本上属于同一种类型；尽管如此，在方向和意义上两者则大相

---

① 我一而再再而三地使用“行为的”这个形容词，有人可能会觉得用得太多。然而，“操作主义”又常常遭到批评。批评操作主义的人，有时甚至介绍操作主义的人，往往曲解了操作主义的种种假设和结论，他们对“行为的”一词指的、说的究竟是什么，并没留意。关于这一点，大家可参看弗兰克·E·哈通（Frank E. Hartung）在《科学哲学》（*Philosophy of Science*）第9卷第4期（1942年10月）上发表的一篇论文，题目叫“操作主义是观念论还是实在论？”（“Operationalism: Idealism or Realism?”），还可参看他所撰写的另一篇论文，刊登在《科学哲学》第11卷第4期（1944年10月）上，题目叫“作为文化残存物的操作主义”（“Operationism as a Cultural Survival”）。细心的读者可忽略作者批驳特定议题时所表露的那股锐气和锋头，但颇可留意的是，作者将知觉还原成“感觉的”成分而完全不顾操作行为，即其所谓的“引擎”因素。其实，所谓“引擎”因素是所有知觉活动的组成部分之一，而所谓“知觉的”成分能否出面起作用都得由它决定：——这里所谓“操作的”一词虽涉及人的手，但所指的各种行为却不是由人的手来完成的。

径庭。人们每一次看见或使用水、铁、木头、土壤，当然都包含所谓的认知及认知到了的东西，都会包含行动及行动的结果。但这些都隶属于我所谓的效用-享受范畴。在科学命名中，即在称得上科学探索的符号系统中，最为关键的是知识的进展，每项具体探索在拓展现有知识总量的实际幅度时，究竟占有什么样的地位、作出了什么样的贡献，这是需要加以考量的关键因素。这并不意味着要排除效用和享受。相反，效用和享受以不同的形式出现。完成认知和认知到了的东西的过程，根本上说来也就是享受的过程，其结果正好被用来进一步拓展它所隶属的系统。

**IV**

对前面所论现在可以大致作一个小结。一、所谓名称，所谓*语言的*符号，其实是个行为动作的表现问题。[①] 二、作为名称或曰作为符号，其所承担的功用和能力就是指称特定的即辨认区别开来了的东西。三、同一套行为动作密切协同，确定符号和符号所指对象，两者是同一交易行为的两个方面，这一交易行为可叫作“指涉”或者叫作指涉功能，属于行为实施的范围。[②]

308

(4)只要适当注意，命名就能区分为三个方面——命名的方式足以使每个方面皆可作特殊处理。结果(a)无论是以普通习见的方式，还是以科学的方式确定为符号而加以研究的东西，都与符号所命名的东西割裂了开来，也就是说，与符号之为符号割裂了开来。这种情况在语言学所涉及的方方面面乃至其所研究的一切领域都存在，致使作为语言而被加以研究的材料成了理所当然的东西，反而被忽视。当材料彻底淡出研究者的视野乃至被完全抛弃时，只能有一种结果，这种结果在当代篇幅或长或短的逻辑著作中随处可见：逻辑方面的考量被人认为

① “语言的”这个形容词放在“符号”前面，且加了斜体，表明在本文中尚未予以明确讨论的内容：名称并不能耗尽符号-场，它们是从生理次序的符号发展出来的，前面提到过的杜威和本特利合写的论文中将其称作“指号”，以便将它们与作为符号的语词区分开来。语词符号又不同于作为数学研究主要内容的符号(symbolic)，因为数学符号不是*名称*。参看《有关认知和所知的术语种种》，《哲学杂志》第42卷第9期，第244—245页[第69—70页]。

② 我在《逻辑：探究的理论》一书中用“指涉”一词来指称这一内涵丰富的功能。参看该书第54—56页(《杜威晚期著作》第12卷，第60—62页)。不幸的是，这一用法并未得到一致遵循。更严重的是，以下事实未能得到确切阐发：这一名称所指称的行为活动在整个功能中一方面构成了符号，一方面构成了符号所指的“对象”。我希望对作为名称的“对象”的论述能在一定程度上确证上述事实。例如，见该书第199页(《晚期著作》第12卷，第122页)。

与研究内容天生就没有关系，与研究结论更是南辕北辙。

(b)当然可以将所指的东西与对符号自身作的具体研究区别开来。当这种有所选择、有所侧重的研究变成系统的(或叫哲学的)探讨时，就会产生种种理论假设，以为“所指物”是独立的别的什么东西——如各种思想、言说者，等等，因此而引出涉身其中的第三样东西。(c)行为活动中包含的实施过程，本身也可挑出来加以特别研究，于是有了所谓的句法研究。句法仅研究语言的某个方面。有个不一定恰当的说法，说句法作为一种学说仅孤立地研究所谓形式，至于事实的、存在的等等一切东西，它都不予考虑。这一研究也常被称为本体论的，因为据说本体论有着无与伦比、极其“规范”的性质，能适用于各种形式的存在(该词总是被大写)不管这存在是否实际、是否可能具备时空属性。难怪本体论目下就像是个令人趋之若鹜的运动场，大家都到其中去狂欢作乐一把。

309

(5)科学上的命名是从“实用的”命名中发展而来的。在“实用的”命名中，名称渐渐脱离了早期狭窄而有限的使用义。这并不奇怪，因为人类行为活动往往会对时空上具有无限广延性的内容加以界定。“科学”一词已被赋予了一种迷信的地位，关于这一点应该没什么疑义。从历史发展角度来看，这一事实也不难理解。现在人们脑中关于科学的种种想法与16、17世纪人们脑中的所谓科学相比，与当时科学家为使自己的研究方法得到社会承认而不得不经历的严酷斗争相比，其间的反差是巨大的。一旦人们认识到科学方法和科学名称的实质及其生命力之所在，那么，带有偶像崇拜色彩的思想、看法，就将被健康、合理的尊敬态度所取代，易于形成信仰的思想、看法就将发生嬗变。其实，研究的主要内容及问题全都取自于科学方法和科学名称内部，其时间和空间环境都是较为狭窄而有限的，人们很容易以绝对封闭、孤立的做法，将本来很狭窄有限的环境无限放大，并不加限制地随意运用。另一个重大的社会、文化领域的变化，是伴随着科学方法的发展及其在社会、文化论题上的运用而来的。了解什么是科学方法，知道科学方法是用来干什么的人，对此不会有什么异议，也不会再以为科学方法的发展与运用促使相关论题降格成了物理学乃至生理学的论题。他将看到，科学方法起着推波助澜的作用，进一步扩展延伸了原本就永无完结的过程，而在这一过程中，人们把取自狭窄有限的背景环境中的事件、事实不断放大，使之适用于无限广阔的时空背景。他还将看到，这么做的结果不仅未导致其地位进一步

“降低”(即变得更为狭窄),而是恰恰相反;有些交流互动所关注的理解,虽然原本只是为了行事方便而达成的临时契约,但是对于这些交流互动中愈益清晰而确定地发生着的一切,人们的理解在不断加强。

# 价值、价值评估与社会事实[①]

贝努瓦-斯穆尔扬(Benoit-Smullyan)先生近期发表了一篇文章,题为《价值评判与社会科学》("Value Judgments and the Social Sciences")。[②] 他在文章中说,关于社会科学能否得出评价性结论的争论如今看来已经过时。研究社会发展进程的科学是否有可能指引人类未来社会发展进程,这是个非同小可的问题。这样重大的问题不太可能一下子就过时,尽管到目前为止讨论这一问题所采用的部分方式方法确实应该抛弃。作为直接行为的评价与作为针对这种行为所作的种种批评考察之评价,两者间是有区别的,这是我曾经所持的观点,人们针对我的这一区分继续进行讨论,很容易让我觉得是无聊的重复。尽管如此,我还是想就贝努瓦-斯穆尔扬先生的文章,进一步谈谈我对这一问题的看法。由于本文基本是一篇驳论,所以我想首先声明一下,本人完全同意他对实证主义学派的严厉批评,这学派一边以列维-布留尔(Lévy-Bruhl)为代表,另一边以"纯粹主义者"为代表;他在文章结尾所得出的颇有见地的一些结论,本人也基本赞同。但是,我认为他用来支持那些结论的理论立场和观点似乎大有问题。 310

## I

请允许我先重申一下我以前说过的一些话:评价(*Valuing*)一词极其模棱两

---

① 本文为未发表的打字稿,现藏印第安纳大学(伯明顿校区)里利图书馆手稿部 A·F·本特利藏品室,共 9 页,标注日期为 1945 年 6 月 20 日。

② 《哲学杂志》,第 42 卷,第 197—210 页。

311 可。在日常言语中，该词既可用来指重视、珍重、珍爱，对……依恋、忠贞，又可指专业评估。后者属于评判性质，即对已经发生和计划即将发生的直接珍视行为进行慎重乃至全面的检视。在日常言语中，上下语境已经表明该词是在何种意义上使用的，因而不至于产生严重的歧义。我认为，哲学在讨论价值和判断意义上的价值评估时，情况则并非如此。在哲学讨论中，论者由于没能向自己和读者交代清楚上下文的语境脉络，因而所发议论常常显得缺乏说服力。结果，珍爱、敬重的特点被转交给判断；相反，估量、测定这类属于判断的特征却混进了行动中，这样一来要揭示行为的基础和诉求——即对估价作评估——珍视、珍爱的行为反倒变得无足轻重了。①

具体讨论人们混淆两种不同性质事物的行为之前，我先絮叨几句，其实，人们若时常把语境脉络放在心上的话，这几句话本来没必要说。在依恋、钟情、追求、依依不舍之类的评价中，人、事的广阔天地中任何一件事物皆可视为珍爱的对象，而且，由于珍爱，该事物也就有了"价值"。然而，人们"赋予价值"之物本身并非价值。而当评价作为判断、判定时，某种受到珍爱的东西之价值才刚好成了评价的主题内容。我的某位朋友值得我那样地去爱吗？我矢志不渝追求的对象值得我花那么多的时间和精力吗？这样的区分在理论探讨之外是很平常的。一种态度极其热烈，而另一种则不裹挟太多热情，使人冷静。这在各种各样的道德劝诫中也是常见的，它能从消极的一面警告人们不要被欲望和激情冲昏头脑；理312 智之所以具有吸引力，原因也正在于此。"三思而后行"这一格言较好地表达了这一点。

## II

开场白过后，我想接着谈谈上述议论对贝努瓦-斯穆尔扬先生的文章能产生什么影响。他的文章中有这么一段话，不失为一个很好的议论出发点。"价值判断必定始终包含有情感成分……。另一方面，价值判断似乎又含有自愿作出抉择的成分。作判断的人似乎在作出某种选择，这种选择要他忠于未来的某项事

① 为避免误解，我在此附带声明一下，作如上区分并不是说在珍视、珍爱的各种行为中毫无认知或曰"理智"的成分，只是想说这样的认知成分无关乎我们对珍视、珍爱本身的考察。而评估或曰"评判"明确地取决于这样一个事实：某种或某一类珍视、珍爱行为已经变得很成问题，以致人们觉得，不加以认真考量就没法从事这样的行为。

业，可能要他不要偏离某项行动的路线，因而他有责任去拥护、捍卫自己认为是正确的事情，并行动起来去保护它。”①

判断的特征与作为珍视、珍爱之意的评价之特征，关于这两者间的相似性，我们也许没有必要加以详述。假如用心理学的术语来表述的话，后者明显地可以说是一种情感-选择型行为；也许可以说是典型的情感-选择型行为，因为意识到了情感-选择的对象，而且，其中包含的“理智”因素也被吸收乃至裹挟到了一系列喜爱-厌恶行为中，而这些喜爱-厌恶行为遵从明确的行动方向。同样显而易见的是，把这些特征归给价值-判断，自然就会在对价值的各种判断与所有其他各类判断之间设置鸿沟，并因而同样自然地在社会问题与所有其他科学问题的研究原理上产生差异。

忠诚、关切、依恋的态度和习惯，是人类社会客观存在的事实中极其重要的方面及组成部分；将这样的态度和习惯转换成作为科学探索之结果的种种判断，也许不无道理，也许未必像表面看上去那样错得离谱。人们完全有理由认为，由于判断而实际发生的某种变化恰好促成了这样一种转换。笔者在此谈论的既不是原初的行为性质的珍视、珍爱，也不是判断本身，而是信奉什么、珍爱什么（及把什么视为有价值）发生了变化。通过探索，人们对以往盲目、随意、考虑不周的行为有了一个较好的认识态度，从而导致了这种变化。将判断转变成从事判断的人，或许就很好地证明了这么回事——请看下面一段话：“作判断的人似乎是在作出一项选择……因而带来一种责任，”等等。我认为，将情感-选择成分归于判断的做法没有任何意义；尽管如此，有必要指出的是，由于某判断涉及的是某一类内容（而别的判断则可能涉及土豆、化石之类，或者别的什么东西），因此判断的结果很可能是在为另一种性质不同的“情感-选择型”态度作准备。事实上，人们之所以不应鲁莽行事，而应三思而后行，恐怕原因也正在于此。

313

前文曾提到，将情感-选择型态度归于判断本身，立刻可将价值判断与其他各类判断区别开来。这一点是一般论者所承认的，甚至可以说是他们所宣称的，尽管他们表面上说的是价值判断和所谓“存在”判断之间的区别。虽然目前这种区分几乎被某一部分论者所公认，但除了拒不承认所谓“价值判断”是任何意义上的判断外，我看不出这种区分有任何意义；因为他们认为“价值判断”未能满足

① 前引著作，第202页。

相关条件，而一项陈述要想成其为判断就必须满足这些条件，如此其科学地位才可能被认可。当然，有一项事实极为重要，即要作上述逻辑区分，就得用假设来否定价值和价值评判本身是事实性的或实际“存在”的。价值评判所针对的实际上是不存在的东西，这一假设本身至关重要。更进一步讲，乍看起来，估价行为及其结果只是将社会事实与物理科学的事实区分开来的东西罢了——正因为如此，这事才特别得有点不可思议。

## III

314 因此我建议，与其像贝努瓦-斯穆尔扬（等论者）那样区分两种判断，还不如在相对直接的行为——如珍视、珍爱、效忠等——和相对间接的行为之间作出区分；在相对间接的行为中，这些珍视、珍爱行为可以得到批判性考察。我们就从一项不可否认的事实谈起：由于生存条件的原因，人们始终得抱有或喜爱、赞美或厌恶、憎恨的态度，并对这些态度作出“评判”。一切行动、一切动机及人类广泛关注的一切事情，都是直接行为态度的表达。人们用评价来为这些行动、动机和策略进行辩护或提供支持。由于来自社会实情（而不是个人的异想天开）的压力，人类某些更为基本的思想态度就变得可疑；——集体价值及评价的冲突，恐怕是这些思想态度遭到质疑因而不得不承受系统全面的“理性”考量的一个突出原因。①

所谓原初（比较而言）行为态度与从属、派生行为态度之间的区别，其实也就是前面具体讨论过的不同估价行为与评价结果之间的区别。这种区别仅表明侧重的方面有所不同，本质上未必有多大区别。比如，喝水并享受喝水的乐趣与琢磨水的化学成分，本质上就没有太大的区别。在那些更为直接的情况下，确实涉及到某些“知识”，确实包含有“认知”的一面。但是，琢磨的内容在较为间接的或 315 反思的语境下，性质上却大为不同。在任何一种较为间接的情况下，都有一个人

① 这里给“理性”一词加引号，并不意味着所涉及的理性一定是精神分析学意义上的“理性化”。目前仅涉及这样一个问题：如何使类似问题的探讨更加明确地符合规范，使其与已成常规的传统做法保持一致；毕竟，传统的做法涉及的议题是经过长期努力才获得其科学地位的。这一问题无疑要求人们强化并扩展某种情感和某种日常习惯，悉心呵护真理，而抑制另一些想法和癖好。不过，得到强化及扩展的并非判断的组成部分，而在于创造条件以便让判断作为人类行为中的大事而出现；被排除在外的“情感-选择型”态度虽然根本谈不上是判断的“组成部分”，但却有力量阻碍判断事件的出现，因此有必要努力削弱其效力。

涉足其中，这个人有他的个人喜好乃至偏见。但是在适合使用判断一词的情况下，喜好的性质却发生了变化。此时，喜好的不再是别的，而是知识，是探索，其他的偏好和珍视则从属之，至少暂时是这样。并不存在一种逻辑的或理论的观点或方法可以让我们将关于“价值”的判断、关于种种估价行为的判断与任何其他形式的作为判断的判断区分开来。但是，我们讨论的是判断，这一事实表明，我们必须充分而明确地承认研究内容上的区别；倘若拒绝满足判断问题所设定的条件，将珍视、珍爱行为这样的主题内容还原成其分子主题内容，这就好比坚持认为：鲸鱼由于会在海里游泳，所以它们就必定是鱼，因而只能用鱼的标准来对其加以判断。

**IV**

请让我长话短说吧。就社会科学领域而言，我前面论述过程中所得出的“实际”结论，其着眼点与贝努瓦-斯穆尔扬先生所表达的观点基本一致。因为他虽然对价值和存在判断持二元论的立场，但他强调指出，对这种二元论所作出的某种解释会带来有害的后果。用他的话来说，这种解释“给社会科学的发展造成了极为深刻的不良影响”，使人误以为“价值判断是非科学的，因此必须从科学家的生涯中清除出去”。[①] 所谓“中立”策略，亦即论者所谓被动性，其实“对价值判断充满鄙视和不信任，而且根本就不愿意涉及有关社会政策的问题”。

最后，我想再简单说几句，谈谈从上述议论中如何得出性质基本相同的结论。这种结论当然与探讨社会学研究的内容有关，而且结论的得出也比较直接，既不含糊其辞，也无观点转换。 316

1. 在珍视、珍爱、忠诚、纽带等能带来“评价”的相关研究内容中，并不存在特别“个人的”东西。当然你可以说其所在地还是“个人的”，但这一事实和下面的事实一样，不能用来确定目前所讨论的相关问题的性质和特征：比如，日本发生了一次地震，从地质学上来说震中地区在北部，但这推翻不了地震这一事实本身。政策、制度、习俗等是种种“估价行为”的所在地；在这个意义上，它们是典型的社会学现象或表现。

---

① 见前引著作第204页。由逻辑的向“个人的”这样的转变前面已经指出过，有鉴于此，原文中出现的斜体字似乎特别值得注意。

2. 上文所论侧重的主要是作为时间延展的行为中估价行为及评价结论的相对地位和活动，现在有必要明确地用空间延展来补充说明一下，以校正上述所论的片面性。因为，由于估价行为和评价结果两者都包含在了习俗和制度中，所以，它们必定占有极其可观的空间范围。简言之，尽管作为研究内容的社会事件有着自身的性质和具体特征，但它们都具有时空特征，因而与科学所探讨的所有其他问题并无二致。其发生的时间和地点虽都带有"个性化的"特点，但这不至于令它们"纯真无瑕"到没法用"科学的"方法来加以研究。

3. 和生物学一样，天文学和物理学也都是科学；它们的历史表明，为了争取足够的"中立"程度以取得有效的研究成果，这些学科都经过艰苦的斗争。显而易见，各种社会事件中仍然充斥着形形色色的偏见、歧视及个人好恶，这不利于形成一种特殊性质的偏好和忠诚情感。这里所谓的特殊性质的偏好和情感，能够引发、规范不偏不倚的研究，即通常所谓的"客观"研究。在天文学、物理学的研究中，科学研究者从以往阻碍研究的各种处境中解放了出来，这才使自己的研究工作在社会上实实在在地得到确立和广泛承认。和天文学和物理学一样，与价值及价值评判相关的人类社会事件的调查研究和描述，将来也会取得类似的地位。这类性质的科学研究和判断，本身都是些人类社会事件，且以其他社会事件为产生媒介、并以其他社会事件为存在基础，故而它们在"实际"影响方面的逻辑或理论问题并非特异的。存在的问题固然相当多，不过，这些问题都是另一个与之关系密切的"实际"问题的不同方面。这个"实际"问题就是：所谓科学的行为态度，如何在具体的生活环境中被人们广泛接受？

317

# 重要性、意义与含义[1]

本文旨在展开对于认知和所知理论的合理基础的一些思考，这些思考构成了A·F·本特利和本文作者最近出版的文集的主要内容。[2] 在此之前的一系列出版物都为该文集中收录的文章提供了参考准备。除去期刊出版物，本文参考了本特利的以下作品：《治理的过程》(*Process of Government*)(1908年，1935年和1949年再版)；《人与社会中的相对性》(*Relativity in Man and Society*)(1926年)以及《行为、知识、事实》(1935年)；杜威的《我们如何思维》(*How We Think*)(1910年)和之后的《实验逻辑论文集》(1916年)；以及一部更系统的专题论文《逻辑：探究的理论》(1938年)。这本合作文集所表达的立场是经历了四十多年来各自独立的成熟过程；由此不管其他方面有何可说，本书代表的观点并非随意也非即兴，而是长久研究的结果，也批判地考虑了大量传统的和当代的运动。同时，在作者们看来，有着不同背景、跨越不同主题领域的探究结论的交汇是最终形成共同立场的合理的信心来源。本文要指出相关的一点(既然本文是文集的作者之一所作)：大致来讲，起初的兴趣、背景、主题的不同在于：本特利的

318

319

---

① 本文引论部分来自未发表的1950年6月打字稿，藏于印第安纳大学布鲁明顿校区里利图书馆手稿部，A·F·本特利文集，共3页。其余部分来自约翰·杜威稿件的打字稿，藏于南伊利诺伊大学卡本代尔校区莫里斯图书馆特别收藏，第9号文件夹，第58号盒子，以及本特利文集，各23页，标注日期分别为1950年3月30日和31日；发表于《约翰·杜威和亚瑟·F·本特利：哲学书信，1932—1951》(*John Dewey and Arthur F. Bentley: A Philosophical Correspondence, 1932—1951*)，西德尼·拉特纳和贾尔斯·阿特曼编，新邦士威克，新泽西：罗格斯大学出版社，1964年，第658—668页。

② 《认知与所知》，火炬出版社，波士顿(1949年)。

视角来自科学，尤其是当代自然和生物科学发展对于建立相关的、科学有效的、探究现有人类关系的方法的意义；这是个批判性研究，针对于传统和当今的心理和社会理论无法提供知性工具，从而发起和发展构成现当代社会的人类关系的科学研究。

从另一角度来看，本文作者的关注集中于构成哲学的主要学说体系的话题、问题和结论的主题。他的结论是：在这样一个时代，科学、工业和政治革命深深扰乱了、且事实上很大程度分解了这些体系所产生且适用（只要它们还有指引功能）的生活条件，若这些体系要给人类活动以方向，那么，彻底的重构是必要的。对哲学结论的批判性研究揭示了这些结论对于生命活动的无效，它们在20世纪遇到的问题在于：前科学、前工业化和前国家主义中构建的认知方法（通常被称为逻辑），实际上与有效指引探究、从而理解现有人类处境（这是形成知性法则的前提）全然不相关。《认知与所知》中的讨论主要诉诸如下关注点：一边（无疑占大多数）是深刻明白对于当下人类关系的事实，发展一种科学方法的必要；另一边是苏格拉底式的对哲学的思考，他们忠于他的信条：哲学是爱智慧，智慧基于可得到的最棒的科学，它是关于使用那种科学并指导我们共有人类生活的法则。

320 引论与正文的相关性（不然的话引论就显太长）在于：本文意在进行不同方法的主题研究的交汇（一方面是从全然科学的角度，另一方面从历史性的学说角度），而在此重述《认知与所知》的主要主张所用的术语，尽管从所用语言来看并非专业哲学化，却无疑依旧受作者对哲学话题的长年关注所影响。这尤其表现在：本文只有到结尾才明确涉及重要性、意义与含义，它们用于命名主题；按彼此间的联系，作者用这些主题界定传统上被称为逻辑的那一话题领域。

## I

根据以下所述的观点，作为探究的认知的任何事例的直接诱因是(1)在生命活动进程中出现一个事件，它以某种方式影响行为的顺利进程，且结果(2)在人类认知的例子中，它使行为偏离到一反思的路线，"反思"字面上即指对直接直线行为的条件进行有意检查且(3)准备着恢复原状。用更具体且更广泛适用于探究行为（不论动物还是人类）的词汇来说，调查探究在生命行为过程中既是中间的，也是中介的；如此，它在其连续性中总是相继的和连贯的。它源于生命行为行进过程中的中断、受扰和动摇，它的工作是去发现如何重塑行进过程，通过(a)

发现事物本身是什么和(b)发现直接相继的活动如何克服或绕过造成行为过程特定方面的“急停”的障碍。

在理论的当前处境下,作者没法忽视这一事实:对于以上所说,很多人会觉得寻常和粗俗,配不上对认知这一要事的论述。更高级、优雅和复杂的人类认知的例子以后会举;这里应当指出的是,当认知被作为探究而探究被作为生命行为的方式之一来处理时,有必要先从尽可能广泛和普遍适用的陈述出发。我想,观察过比人类更原始的动物的人都不会否认它们会调查环境,作为如何行事的条件。面对危险它们警惕、小心;在保护自身和趁猎物不备捕猎时有灵活的适应性。要记住,此处所说的都是关于可观察到的行为,而并非观察不到的猜测的因素,如心灵或其他;且不可否认,人们所熟悉的野生动物们嗅气味、竖耳朵、身子与头挺直、眼睛转动和直视等等,都是进行的行为暂时偏移到中间路径中——即调查关于做什么的周围条件,以决定在接下来的行为中如何做。在这些陈述中没有隐含的内容;它们不是为了隐藏起什么然后突然在毫无防备的读者面前给个惊喜;相反,它们把大家的注意力引向(按照本文要呈示的立场和观点)构成作为探究的认知的综合模型的事实因素,尽管它们在许多传统理论体系中被忽视。 321

## II

对于人类探究的特定思考,可从一个基本例子开始。试想,一个骑摩托车的人来到十字路口,不知走哪条路,停下来看到一块指示牌。两条路的存在,且其中只有一条通向他打算去的地方,构成了中断、干扰和“急停”,导致了直接的直线旅程行进偏移到了探究的路线或路径中。他看到指示牌右边(比如说)指向上有他想去的镇名,他转向那个方向。在这个认知(和作为其结果的所知)的简例中,我想没什么人会否认看-看到的活动是旅程内在的一部分,就如同摩托车手调转车头;也不会否认它作为旅程的一部分,是行进行为向中间和中介的行为路径的暂时偏移。这里有一个“急停”;一个不确定性;一个问题;询问;它的答案在直线活动的恢复中显现和形成。 322

按把以上视为典型——尽管极其简单——的探究案例的理论的立场,可得出(1)停下来看是作为——且这样做就是为了作为——达到结果的手段,其结果即获得如何行事的方向;(2)作为探究,停下来看得出的指示和信息是通过使用记号得到的:在看指示牌这种情况中,这一点显得不重要而近于同义反复;但对于作为认知的探究理论的事例来说，这是基本的、不可或缺的。按观察的意义讲，感知在其肯定和否定方面都等同于关注作为未来行动的指令和记号而被观察到的事物。当看到、听到、触到、闻到和尝到的事物被观察、留意和关注时，它们被视为有着特定的功能和职责。这职责是服务于一预期的目标或持有的意图；由此需要通过它是否实现它之所以被当作记号的那个目的来测试它；也由此，这还涉及额外的观察，即不同于事先预想的实际产生的结果。在十字路口指示牌一例中，倘若只能通过观察用它作为行为指令所导致的结果来测试它作为记号的可靠性，这确实显得异乎寻常。然而如下文所述，虽然这一点影响它作为理论的典型例子的适用性和完善性，但并不影响这例子本身。

### III

323 在结束以上讨论——即人类认知的核心和支柱是：探究作为行为中间和中介的方式由对两方面主题的确定构成，一方面是导向结果的手段，另一方面是作为所用手段之结果的事物(即，例如我们的摩托车手需要时时留意，以便注意到转向某个特定方向的结果)——之前，再举一个更复杂的例子。这个例子是关于外科医生如何面对病人的。可以保险地说，当踏入病室时，医生会感知到很多事物，他视它们在意指和说明它们在治疗病人的指令性作用方面不重要；但从理论上说，他没有确定的基础可以用来事先确认哪些诉诸视觉和听觉的事物是记号而哪些不是。一些事物，如房间的陈设，只作为身体运动的指令被小心对待；但有可能，床相对于窗外的光和空气的位置在特定情况下，可被视为对于治疗病人是有意义的。这一例子的特别之处在于(1) 比起摩托车手的假设案例，此处对于找出困难、“事情”或要处理的“急停”，所需要的观察在数量上更大、更多变并且更具连续性。仿佛为了找出前进的方向，摩托车手必须对指示牌研究上几小时，使用多种工具，就为了搞清关于如何行事这块牌子说了什么或它是什么的记号；且对此不仅要借助书本期刊等，以回忆先前所学的或思考将要学的一系列事实，找出所见的事实作为记号所指出和告知的，同时还得每天再次研习，尤其要留意它们意指能力的变化。

(2) 然而这只是故事的一部分，而且是从理论角度——尽管不是从实际角度——来说比较不重要的一部分。按所述案例的术语，摩托车手无需调查他的目的地;那事先已定,他唯一的问题是如何到达那里。可以认为医生的探究一例中也是如此;他的目标也事先确定:恢复病人的健康。然而这同一性显然徒有其表,每个医生治疗每个病人的目的都是一样的;也就是说,对特定的探究,并没有给予特定指令。如同摩托车手例子中一样,最终的目的地是事先确定的。因此在两个例子中,目标不进入探究;且在这两个例子中,探究的什么——即主题——是找出如何达到所定目标的方法。当这完成时,恢复健康是终极探究;是它的结束、界限,是它的终点。自然地,每一探究旨在达到在那特定例子中它不再被需要的那一点。在医生一例中,正如在每个不同复杂程度的其他案例中一样,探究的结果和目的是发现恢复健康的疗程,以之作为进程的特定手段,和如何行事的方法。实际地说,当探究结束后,结果就是目的,这已足矣;在探究过程中,它的目的是发现困难,为的是找到如何解决它的办法。把探究的边界等同于探究过程中预期的目的,明显是很荒谬的。它假设探究所要做的工作事先已被完成。在进行着的探究案例中要做什么等同于在给定条件下如何行事,其中探究的首要职责是确认特定时间和地点中的条件,因为后者是找出必要的要做什么的不可或缺的条件,为了达到作为确定和终极的目标或终点。 324

从观察到的或可观察到的事实来看,以上所说都是对显而易见之事的论述;但从传统且依旧盛行的理论来看则不然。做自己工作的机械师知道(从事着自己特殊工作的医生也如此)事实上达到的结果取决于所使用的方法,因此只有当要达到的目的或终点被理解为在观念中起手段作用的目的时,要达到的目的或终点才在他的工作中作为一个因素而运作;这目的作为手段剔选被当作记号、指示的诸条件,这些记号针对的是要处理的困难;这本身通常是极长的过程,先是进行观察,然后是修正观察(比如医生的诊断);同时结果作为观念中的目的也被用作确定做什么的手段。只要探究进行着,结果就是处在发展的过程中,或是在变化着;变化在这种情况下是正常的,正如终极和确定对于作为要达到的终点的目的来说是正常的。对探究起始和在探究行为进行的不同阶段的条件的观察,就是确认事件在达到结果的手段方面的职责、作用和功能。这一事实在医生的诊断一例中显而易见,所以就不赘述了。但尤其必须指出的是,在理论意义上,这是观察到的事实的不可或缺的一部分。因为它们证实,把事物当作达到一定结果的手段和把观念中的预期目的当作最终结果的手段是——正如之前所说——普遍知性行为的基础和作为知性行为特殊阶段的探究的基础。作为有案 325

可查而非额外的事项，此处要注意，随着探究进行，作为记号被观察到的条件（这一记号就是被当作问题处理、希望通过探究得以解决的事物的记号），以及作为指导活动（从而解决提出的问题）的手段的观念中的目的，都是试探性的、处在试验中的；随着观察能够提供不断改进的操作手段，探究也更有效。对于教条主义和教条，不管还有什么可说或未说的，对于探究和进程中的认知来说，它们都是致命的。依附于给定结论恰好是被要求探究的反面，探究从而找到达到结论的手段，这结论确保了确定的行为的复始。

我们回到认知作为生命行为的中间和中介，以及它作为指导包罗万象的生命前进过程的连续的内在阶段的论题。后者就如在狗追兔子的例子中，狗伸直紧绷的身体，竖起耳朵，转动头和眼睛，嗅着气味。探究-行为作为中间和中介的形态，在所有这些案例中都是一样的。其中，探究作为认知，保持着交互作用的特征，这在动物找食（无论人还是狗）中都如此明显。由于比人类更原始的动物行为更为简单，我们更容易把看和看到、听和听到当作它们不断进行的生命活动的内在组成部分。另一留意这一点的好处在于，它展现了感官论经验主义的内在荒谬性；后者先是从运动中分离感官——事实上感官是依附于它——然后把运动从它在其中产生和运作着的特定的行进的生命活动中分离出来。关于感官，在狗追兔子、老鹰捉小鸡等等的案例中，所显示出来的事实是如此明显，以至于看来不太可能在理论中忽略它们，除非是因为一些完全外在的非自然因素已深深驻扎在对人类活动和事务的看法中，以致遮盖了远景。

326

然而，参照（作为交互行为的中间和中介形式的）探究并承认形态统一，这并不是故事的结束。相反，它让确定统一形态中的差别如何产生和运作的问题变得更急迫和尖锐。这一话题与许多异常复杂、有争议的话题相关，很幸运本文的目的只是求得对某一理论观点的理解，而并非求它被接受。后者要求人放弃一向珍视的传统学说；那些学说一方面诉诸精神、灵魂、理智、知性、心灵、意识（它们作为现成的、独立的、自发活动的实体）；且/或在另一方面诉诸还原（比如通过特殊的头脑器官，或“整体的有机体”），诉诸在物质或生理探究中被发现极为成功地运作的术语。[1] 这两种学说的影响依然很大，因此期待普遍认同可能过于

① 对于有着基本讽刺精神且愿意沉浸其中的人来说，“精神的”和“物质的”诠释和解释是按同一逻辑模型从同一块布上裁下来的这一事实显得可笑。

乐观了；不过可以指望一些理解。

已观察到的和可观察到的事实证实了所有人类独有的知性行为都伴随着使用人工制品、器具、用具、工具、武器、头和脚饰等，以及伴随着使用技艺（*arts*），它们（如其名称所示）类似于人工制品（artefacts）；它们通过和因为他人的教导被获得和学到，而他人也是从父母、指导者等那里获得他们的能力，这通过一系列事件可以追溯到人第一次出现在地球上；若不是因为那些特定的人工制品——它们构成作为人类之关切的语言——技能即使被注意，也不会存在；即使存在，也会无所事事。 *327*

动物们相互交流且它们的交流给接下来的行为以实际指导，这是很明显而无需讨论的。不过没有证据显示动物交流的活动与它们觅食和吃食的行动在类型上有何两样。即尽管有些动物交流的发展让人赞叹（比如黑猩猩），没有理由认为，在独立于对人工制品的有意使用的意义上，它们是更多或更少的天然、“自然”、原始。

在此要引起注意的事实是理所当然的，对它们的观察不可避免且时常发生，因此把它们只标记为事实，是在显而易见的问题上过分细谈。然而，在它们对普遍人类行动和特定人类探究的理论的关系上标记它们却是另一回事。对此细谈等于要写一部文明史。不仅仅现实上不可能做这一任务，而且，即便提供三样人工制品，即轮子、火、“自然”种子转变成播种物的广泛记录，读者也无法将这些事实当成特定理论的证据来考虑。我最多只能邀请他们协助；且若对学说的事先信奉太强烈，邀请会被毫不客气地拒绝。然而，邀请中必不可少的一部分是引起注意：技艺——以及所有类似于技艺的、有意图地被从事、涉及对手段的使用（包括所有技能和器具）的活动——之所以成为其本身，是因为行为交互作用中的周围环境和有机参与者经历了从天然或自然状态的明显转变。也许这听来奇怪：假如人类说话的声音和人类在纸上做的记号没有同样转换成代表事物的名称，所有器具、用具、技艺作品，从锄头到温度计，从磨光的打火石到雷达会完全没用，也无法成为行动的指导。但是奇怪之处，如果有的话，在于这两者在每一人类知性行为中如此真实地、存在地、密切地结合，奇怪的感觉是由于企图把它们分开看待，即使在想象中。在人类文明的某些阶段，魔法的作用是很明显的：在缺乏能获得所要结果的物质器具的情况下，名称本身作为有效器具被用于处理周围环境。 *328*

我将不再收集文化事实作为以下观点的证据:周遭环境和有机条件在其互补的伙伴关系中的巧妙转变可以足够解释人类行为的特有性质。相反我将从理论角度指出那是怎么一回事。比如,简单的器具如锄头,简单的技能如一位笨拙的园丁有技巧地使用锄头,作为耕种粮食的指向结果的手段。如果一个人完全没见过或听过锄头的作用、所协助的目的以及随着它的使用(作为达到后继事件的手段)所带来的结果,那么锄头会被感知为奇形怪状的东西——就像很多成人感知被雕琢的石头,但并不知它们在某些文化时期中所起的作用。关于所看或所接触的事物为何有着它所呈现的特定结构,如果这方面的好奇被激起且被满足,那么感知成了观察;单纯的注意成了有意的标注。一个特定人类行为的事件已出现。比人类更原始的动物对此毫不在意,而人的注意力、留心参与其中,随之带来作为观念中的结果的目的。不仅如此,它本身作为使想要的事发生的手段而被放在预期中,或被留心;同时所想要发生的事也被放在预期中,作为接下来进程的指引——两者是一致的。随着实际承接和后继的事被把握在观念中,实际进程成了意向进程。锄头是那样一些事物的记号、索引:它们事实上仍在未来,但作为观念中的事物在当下操作从而带来未来事件(否则未来事件就不会发生)。

也许这样说与通常语言学用法不符:作为指向结果的手段,被观察到的事物述说着什么;传达信息;提出意见;作为警示运作着,仿佛一个人守卫着,让他人远离威胁他们的危险。当然,语言艺术让这种把握无限扩展,但这一涉及遥远早期文明的习惯和传统的扩展是无法发生的——要不是锄头首先作为获得预期目的的工具而被物质性地把握,然后紧接着有一种理解力,它能够让这种把握无限扩展,从而把握远在感官-知觉之外的未来和过去的事物。

329

预见已经发展起来了,无人知道多么漫长或曲折;它发展成系统意向性的预见,它被称为计划;计划好的器具和技能面向未来的活动计划无限扩张范围,那一活动只能通过重组过去事件而被实现。若不是去关注一堆事物,以谨慎为特征的智慧几乎无法存在;而这智慧本身也是储备了一条过去通向现在和未来的纽带。在人类历史上,只是到了最近,才有大规模建构人类秩序的手段;也就是说,它们涉及空间和时间上都非常遥远的结果。即使如此,对于如何使用突然地、在我们毫无准备的情况下就放在我们面前的极有用的新技巧和新工具,我们还少有智慧;机械所导致的事件,带着物质的不可避免性,是后继的(sub-sequential)而不是由之发生(*con*sequential)的;是物质的而非人类的范畴。人类操作、运作机器但并不使用它们。操作和使用之间的区别不只是词义上的、现在盛行的语义学所关注的。它恰恰包括个人和制度行为的变化问题，它是如此基本且全面，以至于甚至可包括人类未来的物质性存在。在现有个人和制度的习惯和传统的基础上，操作是可能的。而只有在通过对可行手段考虑而形成的系统地达到观念中的目的的方向的基础上——如之前的所有讨论所示——使用才是可能的。

人类历史上曾经有些时期，在习惯与先例的基础上操作可用资源是合理的、适当的。那种时期已一去不返。现在的操作习惯和先例是从这样的条件中发展 330 并得以合理化的，这些条件与如今决定当下事物的条件彼此少有相同之处；当下的事物是物质的后继，但人们无法有足够的悲观去相信这是熟虑和成熟的意图的结果。

构建观念中的目的——这目的可朝在对历史的遗忘状态中发展的机械器具和技能的使用这一方向上工作——的内在困难是巨大的。但这困难被人工地强化和激化，通过传播“自然”足够令该做的事自行达成的学说。自从人有足够智慧来意识到，人是如何越来越依赖人工制品和人工制品的制艺、它们改变自然供人类使用和享受时，那一学说就已过时。随着机械器具和技能的全球化运作的到来，对此的使用人们事实上全无准备，然而其后继的事件深入最遥远的生活角落，此时就不可能找到一个形容词来充分形容以上设想的庞大。然而以上所说并不意味着发展观念中的目的和计划发展不同于操作的使用是一个容易或简单的问题。很有可能这需要几个世纪来解决；且这会是将来很长、很艰难的一段时间内人类的主要工作。但至少值得一提的是，哲学对人类独有活动中的人工制品和技艺的系统承认，同时相应地取消所有虚构现实（后者被依赖，去做事实上由前者完成的工作），可能是哲学重拾自尊和受尊重的方式。

## IV

现在正是时候来说明本文标题中的词所称谓的是什么。追随上述讨论进程的人不应感到奇怪，当他们被告知：根据以上观点，人类活动在其所有种类—— 331 包括认知——中，其构成差别和定义性的特征是：在活动中和对于该活动的知性方式提出要求，即当困难和阻碍发生时，针对如何继续，在观念中展现、提示以及以任何方式对包含其中的事物进行考虑、权衡、估计判断或赋予重要性。根据这一观点，重要性是全称性的词；意义和含义是处理重要议题的特定种类的方式；

种类是存在的，有特定方式存在，是因为所有行为都是交互性的，由此重要性作为认知的关注点是双重的。它得由进入每一行为模式的反应性、适应性行为的环境和有机体方式决定。

参与行为的两种成分都有实际的重要性；它们一定对于接下来的后继活动有意义。事实上，它们意味着接下来的活动；这是就时间承接的意义上而言，无论它作为生命-行为模式是否承接。由于巧妙的产品和巧妙获得的技巧而变得可能的预见和企图，人类期待着将会到来的事物；接下来的就成了要完成、达到的结果，如此即是观念中的目的。进一步地，周围条件及对付它们的有机方式的重要性被探究、调查、检查、权衡、判断，这发生在它们被置于实际公开使用、从而引发紧接所参与的活动的事件之前。直到事物被视为对参与的活动的结果有意义，它们才有可能被感知；它们被看到、触到或听到。人类不可能避免看、听、触大量他们对此不以为然的事物，直至他们找到这些事物对所做的事并非是有益或无益的原因。理论陈述也应注意，重要性关乎两种有区别但又不可分的共同工作和彼此互补的方式，因为生命-行为是交互作用的。当一交互作用被知性地执行，且是有意的和经过思考的，这时反应所处理的周围条件和有机模式都必须按其重要性来被权衡；也即是，按作为终点结束[###][1]的结果和作为手段的周围条件。

332

之前的讨论应已清楚呈现，既然周围条件作为如何行事的记号、标志而被权衡和测量，意义(*significance*)毫无疑问是用来称呼它们重要性的特有模式的可接受或合适的词——尽管在其使用中没有任何事先建立的和谐。含义(*meaning*)作为有机体参与者所作贡献的重要性的名称是否合适——尤其就作为名称的词而言——按当今哲学术语学的观点，是相当可质疑的。通过把逻辑设立为一种既非物质、心灵，也非探究行为的功能性帮助的存在，一个"域"或一"本质"的领域已被创立；含义在哲学用语中已显得不伦不类。只有熟悉这一课题的文献的人才知道在它复杂细化的多样性中，"含义"一词已变得多么模糊隐晦和无聊。但是当我们使用含义的习语用法，含义(to mean)就是意向(to intend)，那么用含义来指有组织行为的巧妙技巧方法的途径和模式，其合适性就显而易见，正如意义作为重要性的补充路径的名称是合适的一样。

---

① 原打字稿中此处模糊不清。——译者

# 社会探究中的"如何"、"什么"与"为何"①

## I

以下讨论的基本主张(postulation)是,知性行为的核心和精髓在于,对被视为、被当作手段来对待的事物和被视为、被当作结果来对待的事物之间关系持续而仔细地关注;要知道所说的关系是彻底相互的:即结果当是在什么被选为和被当作手段的基础上被确定;反之亦然,且如果活动要被知性地、而不是以循规蹈矩或突发性的方式执行,就需要对此持续关注。 333

不使用"公设"(postulate)而使用"主张"(postulation),是为了强调主张本身是行为活动的例子,从而是整个行为过程的内在部分;"公设"则通常在另一种意义上被使用,即事先设定的原则,然后对于其引出的行为有权威控制。

在此我不讨论这点,因为整篇文章都是对刚才提出的立场的说明。但有必要指出,刚才作出的区别有着基本的而非随意的内涵。因为现在最危急、最受争议的就是:行为是否应当被视为和当作是基本的而不是派生的来对待,从而它在整个活动领域(知性的,所以是专属于人类的)中有控制和权威;抑或行为的知性 334

① 选自经修订的1951年1月的打字稿,共13页,以及亲笔签名的手字版,第14—18页,藏于南伊利诺伊大学卡本代尔校区莫里斯图书馆特别收藏室,13号文件夹59号盒子。约翰·杜威文集。由约瑟夫·拉特纳(Joseph Ratner)编辑的同样稿件请看附录3。早期版本《方法和结论——怎样、什么与为何》("Means and Cousequences — How, What and What for")发表于《约翰·杜威和亚瑟·F·本特利:哲学通信集,1932—1951》,西德尼·拉特纳和朱尔斯·奥尔特曼编,新邦士威克,新泽西:罗格斯大学出版社,1964年,第649—654页。

属性源于人类行为之外的源泉——不管这外部因素被称为灵魂、心灵、主体、知性或大脑，这些都是无关紧要的。无关紧要是因为对于人类特有的行为而言，这些因素总是被视为外在的，而不是在行为之内的或是内在的行为属性的名称。

以上立场的意义或内涵，其最当下直接的应用是在认知这一核心重要知性行为的途径或模式。认知的结果是主题的制度化，它们被称为日常“实用”行为的或所谓的“科学”理论化行为的所知。

我现在暂搁这一立场对于所知的意义的考虑，并开始展开这一立场对于构成认知（当它被系统化地看作是一种行为模式时）的过程和操作的意义。

可能最明显的考虑是否定性的，即完全没有必要引入或参照对于本体论或知识论术语或对于两者混合的考虑。这一混合在中世纪之后的体系里繁荣兴盛。这些体系一般被称为“现代”的，但事实上它们充斥着古希腊-中世纪体系的遗产，在其中存在等同于固定不变性，且是决定一切的权威事实。

展现刚才所作陈述的意义的最简单方式是，请注意在（所谓的）“现代”哲学中被称为主体、客体、心灵世界的东西所占的位置和行使的职责（无论心灵是被视为感性还是“理智”的知性原则）。为了引出之后的讨论，可在此指出，在有效促进认知、知性行为——即认知——的过程中，在涉及的主题各自并相互作用地行使的功能（即提供的服务）的基础上，视主题为彼此区别但又彼此联系，在理论上是可能的（“可设想的”）。但实际上历史发生的是：之前对于不变性的偏好被运用于主客体、心灵和世界等东西的区别和联系中，以至于它们本身被视为两种对立的、不变的、本体论的类型。对于15世纪以后的大多数体系和/或学说，不管是感觉论的经验主义，理性主义的纯理智论，观念论（“唯灵论”）或“机械唯物主义”，大都通过对以下方面的关注强调来得以理解：它们是通过两种独立给定的不变的存在来运作的，如精神和物质，心灵和肉体，或更普遍地说——内在的主体和客体。比起之前赋予“存在”的超时间-空间价值，存在被赋予空间-时间的限定条件有极大的技术上的重要性；然而对于一定要把“认知”看作是两种独立且对立的实体存在的作用-反作用所导致的后果来说，内涵就显得不足——这是古希腊-中世纪本体论的致命遗产，一种自称是独立的“知识论”的认知理论，实际上它的每一方面和部分都是由把真实存在等同于不变性——“本质的”、“内在的”不变性的古代观点确定的。

335

## II

现在我来讲讲本文标题所示的特定主题。如上所示，我论述的形式是把*如何*、*什么*（或主题）、*为了什么*或*为何*看成是内在联系的、交互的特性。在普遍知性的、且特定地构成认知这一行为方式的行为执行中，建立和观察这些特性是至关重要的。

知性的人类行为，必须依靠对所作的行为过程带来的*结果的预见*——这一观点几乎无需长篇论述。我们可参考我之前关于"常识与科学"[①]（作为实践地和理论地建立起来的认知的同义词）的文章而无庸赘述，文中两者的差异（全部包含在内地且唯一地）基于意向所及或计划涉及的*结果范围*。过马路的人必须注意、观察和留心与他所作的特定行为的结局有关的事。普遍性地指挥交通的红绿灯系统是一种技术装置，必须借助构成科学认知方法或形式的知识所提供的更广泛巡视和调查才能存在。 336

对当下讨论的目的而言重要的是，在预期中的预见的结果构成了——或者是——所做的事和所进行行为的*什么*。结果的预见（作为特定行为的内容）进行有用的操作是通过仔细寻找特定条件来实现的；把这些特定条件作为手段积极运用，可以获得预见的结果。最好是运用最有效和最经济的手段，这一限定条件强调了之前的观点：科学认知方式以全面和广泛的预见为特征而与众不同。预见越是全面，形成和执行未来计划的行动就越不会有阻塞和麻烦；且这将满足有别于程序化行为和/或随意匆忙的行为的知性行为的条件。

刚才所举事实的*理论*意义可能需作明确陈述。简言之，就是在*知性*行为中设立其*什么*和*如何*的分离和冲突是不可能的。在认知中，构成其*什么*的预见是*如何*（即认知的过程和方法）的内在一部分。若不是这样，若预见未明确实现这类作用、服务、职责和功能，那么预见和闲暇的白日梦（在其中，结果基于直接的舒适性而被期待）就没有区别。在作为知性活动特征的延续的顺序和连贯性这一意义上，把活动过程中的*什么*和*如何*分离开来不可避免地导致荒谬，它们分别被称为*目的本身*和*手段本身*——这是陷入把功能性的东西具体化和本质化这一常有的哲学谬误的鲜明例子。把作为手段和结果功能的事物和主题看作是"先 337

---

① 见本书，第 242—256 页。

天”或“本质”如此，这给道德-政治理论带来的危害可以写一本书——不可避免的结果就是，把一些事当作目的本身而把另一些事本质地、必然地当作手段。比如，我们看看如今道德主题和经济主题的严格区分，这被视为绝对真理。这区分已被彻底建立以至于实际上被视为是“自明”的。因此我们没能注意，探究、认知在这两种情况下已被事前敲定。它需事先承诺达到某些结论，而不是自由追随所涉及的（即要探讨的）主题。若某些事物本身且按它们自身是且只是手段，而另一些事物先天或本质上必然是且只是目的，那么所剩下的只是事物的辩证发展，事物已然被认为“先天”或本质给定而无法被探究。它们在事实上——若不是在名义上——是神圣的，被一在任何情况下都无法质疑的禁忌所保护。在工业和金融机构的道德（即人的）结果最需要系统和批判的审视时，它们却出于事物的本质，被作为是必要的；而另一方面，在与我们现在完全不同的情境中被确定的人性、道德原则和标准，却被给予了完全表面化和虚假的权威地位。①

**III**

338 现在我把为了什么或为何与手段-结果功能联系起来讨论。尽管不确定，但是有可能“什么”在任何表达中的存在都有某种“为了什么”的含义，在“为何”的表达中却没有。不管怎么说，按其所指和意义，这种存在可暗示，它是什么作为预见的结果的精细扩充；而且，除非它是对“为何”、对目的的关心、关注和深思熟虑这一意义上的情感，不然它与行为就没有因果关联性。

为了完整理解什么的功能，需要明确这个什么。如同什么，为何容易被具体化；所谓的“规范”理论是把“什么”与“为何”当作绝对的或“其本身”的结果，而不是按它实际上投身其中的作用。对于作为纯粹描述性话题的一些主题与那些被称为规范性的主题的对立不管有什么可说的，当我们集中注意于*方法*时，很明显，准确和综合的知识——“科学”知识——与下述操作一致：取消对本质、内在性质的指涉，并用刻意重视涉及的空间-时间实在性来替换这一指涉。除非“规范化”主体牢记科学探究历史的教诲，否则就无法保证有任何进步。关于认知-所知理论，很难找到比天文、物理、生理和地理学科的历史研究更为丰富有效的

① 之前强调的事实——作为任何和所有“科学”主题的内在必然属性的不变性，被转移和投射到存在的物质和心理、客体-主体领域——在这个问题上有直接和主导性的意义。

调查因素了:固定标准、原则作为确定的和权威的在这些领域中所起的作用。

历史材料所包含的理论离我们不远。每一个依赖固定标准的进程,最终都会自动失去自由、失去追根问底和批判性反思的能力,仿佛丧失了抵押品赎回权。这是拿未来作抵押。 339

感官或理念(反思)的审视、调查、观察是毫无意义的,除非这些活动带来对所观察、审视、探究的事物、主题的“为何”和“什么”的更完善的把握;除非它们带来对结果的继起性的更好、更敏锐的赏识和预见。总之,“为何”和“为了什么”作为被证明有效的(因为不受制于先建立的、先前的“规范性”和内在调节性的条件)“如何”或步骤方法作用于知性行为(包括认知)。作为探究、调查、审视和寻找[不仅仅是研究(*re*-search)]的认知自主性原则是所有受尊敬的知性活动的必需品,这在历史与理论方面都可被证明。

在哲学中,功能性关系的实在化“统治一切”。哲学家们坚守所“是其和按其性质与本质”,把哲学的整体存在理由认同为单纯地对绝对的思考,而不是另一些方面,它们与“仅仅”在时空中存在的事物有着仅仅次要的联系。在这一联系中最重要的内涵是:自然科学——天文、物理、化学、生物——都起始于把它们的主题按其本质特性看作是绝对必要的观点;且它们都通过否定这一观点,并转而把事件关系视为空间-时间性质的,从而在科学的认知-所知上取得进步。奇怪的是,自然科学的这一历史性发展的实际成果未能带来在人-道德主题上同一探究方法的使用;相反它带来了对所谓“规范性”和“描绘性”之间二元论的强调;以及在人-道德研究方面,基于所谓的内在固定和绝对,将探究确定而又系统地等同于“规范性本身”和“规范性权威”。

现在我们还未谈及本文标题里的“在社会探究中”。这相关性会得以显现,若我们反思在哥白尼、伽利略和牛顿的革命之前的所有“自然科学”都被称为“本体论哲学”的宇宙论的和“自然”的分支,而且从“自然哲学”到天文学、物理学(和之后的生理学)的革命始于探究开始关注如何,即事件的空间-时间顺序,而不再是关注什么(形式因和本质)和为了什么(终极因和目的论)。没有理由认为人或“社会”(包括传统上称为“道德”的)议题的探究过程和目的有何两样。 340

过渡和转变不是立马发生的。在牛顿体系中,空间和时间本身仍被看作是实体且彼此分离,也与在它们固定构架中所发生的内容分离——即它们不被看作也不被当作自然的如何,而是其本质上的什么。相对论是对这一体系的补充。

空间和时间是内在联系的事件秩序的名称。至少在科学探究方面，事物如何发展战胜了什么和为了什么。只有当对社会的什么和为何种目的的探究被系统地视为和当作确定主题如何在其中进行的附属因素来处理，且由此获得科学地位时，才能实现这一胜利。也就是说，空间和时间秩序特定地参与其中，构成了给定的疑难不确定情境的解决途径。

# 论　　文

# “价值”领域[①]

343

就目前价值问题的现状而言，争论的焦点主要是在方法论方面：究竟该从什么样的立场来研究估价行为和评价本身等方面的问题？哪些先决条件在决定着这类问题的选择和讨论？前面提到的“这一问题的现状”很重要。并不是说方法论问题可以和相关问题研究的方法分开，也不是说前者就一定该比其他问题都重要。恰恰相反，假如这个问题能得到澄清的话，那么我们就可以着手使用它，并在使用的过程中检视它，发展它，并不需要对其加以特殊的讨论。然而，看一下目前争论不休的情况，我们就可发现，佩珀先生所提的问题比任何其他问题都更加紧要、更加尖锐，即：“如何保证不同的论者在研究‘价值’时讨论的是相同的问题？”[②]我还发现佩珀先生（在前面一句话中）用的“价值问题或曰领域”这一短语也同样重要。因为，对相关问题争论不休的混乱局面之所以出现，正是由于对这一领域大家莫衷一是，而具有价值限定性的事件恰恰就发生在这一领域。不对这一领域加以适当澄清，那么，所谓讨论就好比在黑暗中连“方位”都没搞清楚，就用打鸟用的小号铅弹向某处某子虚乌有的东西射击。在这种情况下，只能先着手解决方法上的问题，只能先提出某种假设，否则，不是妄自尊大就是好高骛远。

---

① 本文最初发表在《价值：一种合作的探究》(*Value: A Cooperative Inquiry*)，雷·勒普雷(Ray Lepley)编，纽约：哥伦比亚大学出版社，1949 年，第 64—77 页。

② 这是本讨论之前预选的相关问题和评论中的问题之一。

344 I

先声明一下,下文的写作基于这样一种假设:价值-事实所属的领域是行为性的,因此,这类事实必须以适用于行为性议题的方法来加以探讨。然而,"行为"以及"行为性的"这两个词并非是不释自明的,因而有必要先谈谈这两个词。此处用的这两个词所专指的事件,其性质属于一般意义上的生命过程和特殊意义上的动物的生命过程。有人以为这两个词仅仅适用于能以身体术语——严格的身体知识术语——加以说明的东西,并据此提出反对和批评的意见,但我们认为这些意见完全是风马牛不相及的。不错,生命过程有其肉体方面的特征,不利用已有的关于肉体方面的知识,确实不能充分说明生命过程。但是,这与将一切还原为肉体术语的做法完全是两码事。况且,人类行为虽然毫无疑问既有肉体方面的特征又有动物方面的特征,但不能因此就全用生理学上的术语来说明人类行为。这里,仅以人类语言行为为例就可说明相关问题。我们知道,人如果没有相关的肉体条件和相应的生理过程,就不会有语言行为,但在讨论人类语言行为的典型特征时,若将其完全归结为肉体条件和生理过程,那一定是极其荒谬的。

探讨价值事件的领域时,参考生命过程帮不了什么大忙。必须增加一些限定性条件,如:(1)需仅限于那些选择-拒斥的生命过程;(2)需具体说明一项事实:这些选定的生命过程,有助于维持一切生命形式的发展——从阿米巴到最高形式的灵长目动物。也就是说,一切生命形式都有一个*end*,这 end 不是形而上学或准形而上学(常被称为"精神的")意义上的目的,而是结果之谓——简言之,它是个描述性术语。

这些限定性条件与上述关于生命过程的基本观点有关,表明价值事实置身其中的领域是行为性的,这使这些事实能在一般意义上接受观察和检验。因为选择和拒斥的生命过程倾向于维持一般的(而不仅限于那些当时当地所涉及的)生命过程,用得上"估价行为"及"价值"这两个术语的地方,"领域"一词都特别适用。因为,将价值行为看作独立、自足和短暂"行为"的任何观点,上述假设均已加以排除。任何将其归因于某种中介或代理人的观点,上述假设也已加以排除。选定的东西不仅时空跨度较大,而且就其结果而言,涵盖了整个生命过程,包括

345

通过生殖繁衍而得以延续的人类的生命过程。[①] 拒斥过程涵盖周期较长的功能，如排除、保护性防御、敌意等，针对的大都是具有毁灭性的人或事。

以上提及的事实仅能探明价值事件所在的领域，若不加以进一步限定，它们并不能涵盖这些事件。但是，即使不加以进一步的限定，仍可直接得出如下一些带有方法论意义的结论。

（1）由于这一领域是一项可观察得到的涉及空间和时间的事实，因此，假如内省一词根据定义指的是完全私人化的对事件的观察，那么，诉诸这种内省的做法就可排除。这么做根据的虽然是上述假设，但并非武断。根据任何一种理论，仅仅诉诸内省的做法在讨论时是不可取的。完全私人化的东西必须任其留在原地，留在它该待的私密空间里。针对别人的意见发表议论时诉诸这种私人化的东西，这在哲学中是自相矛盾的做法。以为另一个人的内省也许能指明同样一项事实，这种想法同样是荒诞可笑的，概莫能外。

（2）因此，作为生命过程的选择-拒斥总能接纳某样东西——某种事物——或选择它，或拒斥它。李(Lee)博士曾提出一个初步问题："所谓价值，难道不是某一具体事物、事件或状态的价值吗？除此之外，难道还有任何可称作价值的东西吗？"我们对这一问题的回答毫无疑问是否定的。[②]

（3）基于这一假设，或可得出另一项具有方法论意义的结论，即并不存在某一特殊种类的事物（更不用说所谓"实体"），好让人们将价值资格归于其名下。 *346*
这一点表明，"价值"是一个形容性质的词，指出某事物的特征、性质、属性——这里所谓的事物是就其广义而言的。这就好比出色、完美、优秀等词。但需要补充说明的是，当价值一词用来指任一特殊种类的事物时，它实际上是作为一个抽象名词而被使用的。要是语言能给人们提供一种特殊的抽象名词[如与好(good)有关的善(goodness)]，比如说 *valuity* 或 valueness，[③]那么，导致不相干结论的许多模棱两可的议论本来是可以避免的；太阳底下的任何事物因此也就能拥有以

① 并不是说涵盖较窄领域的观察行为没有合法权利去做某些探究，而是说取决于当前题材的、被选定观察的生命过程必须考虑其全程情况。

② 这里的"东西、事物"(thing)一词，应在惯用语的意义上加以理解，其意义与任何东西、事物(anything，如上述问题里用到的"任何……东西")和某样东西、事物相类，指的不是物理或精神的实体，可涵盖事件、状态、人、群体、原因、运动、职业及各色各样的娱乐和爱好。

③ 英语中并无这两个杜威杜撰的所谓抽象的词。——译者

"价值"作为其形容词来命名的东西。而文化人类学似乎也会表明,在某时某地几乎任何一种事物实际上都被赋予那种属性。[1]

(4) 差不多等于以另一种方法重述上述观点:用来形容"价值"一词的"固有、内在"一词太过自相矛盾,比循环论证还严重。它将真正的问题完全掩盖了起来,因而事先就将讨论的大门关了起来。从某种意义上来说,该词本身是无辜的;它仅仅表明讨论涉及的所谓特征实际上属于此时此地特指的某物——比如,假如雪是白的而且确实是白的,那么,白就成了雪的"固有属性"。但是,作为一个窃取论题的称呼,白字又被用来将物及其属性从其时空的种种关联中分离出来,使它们成了绝对的东西。在这种用法中,它就是"本质"的残存物,所有分支"科学"都曾用这样的"本质"来说明事物属性,这属性使事物成其为"实际"所是的东西。在所有进步的知识分支中,"本质"早就让位于对时空关联的考量。价值领域研究的进展也需要类似的方法论变革。

## II

现在我们来看看哪些具体的先决条件会构成具备价值属性的选择-拒斥的生命过程。为此,引入"看护、照料"这一术语来称谓特定种类的选择-拒斥也许能表明我们要阐述的观点。看护、照料的行为在某些类似人类的动物中也会发生,这种行为本身虽并不等于估价,但确实点出了后者的方向。照料配偶及幼崽是某些动物行为的典型特征。比如旅鸫孵卵,在孵化的全过程中表现得十分小心;此外还悉心哺育小旅鸫,给它们御寒,保护它们使其免受敌人侵害,教它们学习飞翔,等等。

347

假如可以增加一个附加条件的话,我想我们应该将这些看护、照料行为看作是估价行为。不过,就我们所知,这些看护、照料行为虽然很周到,也跨越具体的时空,但行为主体并未将行为结果看作其行为的根据和理由。假如我们这里谈论的动物对自己的行为结果有所预见,假如这种预见能影响、指导它们去看护、照料,那么,根据前面所作的假设,它们就应当属于价值领域的范畴。詹姆斯曾举例说明,他说,一只抱窝的母鸡总是"不厌其烦"。假如母鸡事先预料到抱窝的

① 正是这一事实使杰塞普(Jessup)先生所提的初步问题显得特别令人深思:他所提问题涉及偶发价值和标准价值之间的关系。

结果并以此为理由去抱窝的话，那么我想我们就该说母鸡很珍视自己的抱窝行为，很珍视蛋，很珍视小鸡，并将这一系列的估价行为看作是抱窝行为本身所固有的、不可或缺的。

以上仅是假设的说法。而我们知道，在人类当中，预见并以预见到的东西为其行动的理由和根据，这是起码的前提条件。由于给看护、照料等行为提供理由和根据的东西种类很多，所以，人们发现照料、估价行为的表现形式也很多，这并不奇怪。结果，一个词竟能分延出一系列词，表达的行为包括"珍视、珍爱、爱护、敬重、钦佩、崇敬、称许、敬畏、拥护、保卫、支持；效忠于、献身于；关心、专注于"。此外，还得在特定的行为意义上用"对……感兴趣"一语，比如用其来表达某合伙人对某生意"有兴趣"，在某项"权益"要诉诸法律裁决的情况下，也可用此语。我想，人们通常在惯用语中使用该词时用的也是这一意义；不过，主观主义心理学将该词着上了主观色彩，其结果在有名无实的各种哲学探讨中也随处可见，致使运用该词时难免会引起争议。

在上述词语中无论是用哪一个，有一点是很清楚的，即所涉及的事实横跨不同的时空、"对象"以及施动者-受动者。在各类特殊的行为和"事物"之间存有系统化的相互关联，就像消化和循环中所说的功能一样。在谈论珍视、敬重、爱护等等行为时不管是否用到该词，所能观察到的事实都会强调前述观点——"估价行为"不是某个特异且无与伦比的施动者在极为特殊的情况下作出的一种特殊的孤立行为，因此，理解估价行为和价值时，不能将其从本身不属于价值的那类事实中孤立出来。 348

正因为如此，这里非常有必要提醒人们，将"关系理论"这一短语用来探讨事关估价行为的种种理论时，要特别注意该短语的模糊性。与有些人对"内在"理论所作的"绝对"性质的表述正好相反，我们这里所提出的假设是"相对"性的，注重关系。不过，由于说得过于笼统，因此对所谓"关系"的性质可作各色各样的解释。认为所谓价值只是一种关系，这种关系存在于"思想"、"意识"，即"主体"与"客体"之间；或存在于某一生物体与"客体"之间；或存在于有着种种名称的特定行为之间，如喜欢、欣赏、欲求、感兴趣（皆被视为"思想过程"）。这些是目前常见的几种"关系"理论，它们与我们在这里所提出的假设大相径庭。说实话，我认为，（在绝对化的估价行为遭到驳斥之时）继续将估价行为看作是两种截然不同的事物之间存在的某种独特的直接的关系，这种做法比别的更能说明人们对估价行为的认识仍处于混乱状态。只有在人们将所谓“关系”看成是多元的(因为牵涉到不同事物间各种各样的时空关联)而不是单一的时候,只有在人们确切地认识到所谓关联是跨越空间、时间、事物及人的时候,“关系”理论才能得出广为接受的结论。[①] 也只有这样,人们才会把各种关系看作是构成某种交互作用的纽带,“交互作用的”一词才能取代“关系的”一词。

349

## III

所谓关系理论常常在使用“内在的”一词时露出绝对理论的马脚。当人们把“内在的”一词与“外在的”一词对立起来,并将后者与仅仅作为手段(手段本身)的事物之价值属性等同起来,而将前者与作为目的(目的本身)的事物之价值属性等同起来,绝对理论就露馅儿了。事实上,人们不得不使用“……本身”这一短语,本身就表明绝对主义远没有衰息。“……本身”一直是个确定的符号,它拒不承认存在种种关联,这就证明它只承认存在某个绝对的东西。只要这种情况继续下去,有关估价行为和价值的讨论就仍将处于目前这种落后的状态,这与其他一些领域适成对照。在其他一些领域中,“科学的”进展之所以会发生,是因为研究工作已经不再探索什么“事物自身”,而致力于寻找可以观察得到的各种关联。

观察不是概念的(所谓概念的其实就是语言的)抽象。在讨论类似“工具性的”、“最终目的的”的价值问题时,假如能诉诸观察,那么人们就将发现,作为手段(无论是物质手段还是程序上的手段)来使用的事物,其实是受到使用人的珍视、爱护的,这些事物已经成了他们悉心呵护、挚爱的对象。艺术和娱乐业中所取得的令人欣喜的进展,其情形即如此。由于“工具-手段”受到珍视就说价值是“工具性的”,这种思想的可敬程度还不如一则双关语。人们珍爱狗或珠宝时,是否存在某种特殊类型的价值?这种价值是否应有自己的名称?假如事物被作为手段而得到珍视,因而其价值就是工具性的,那么,为什么就不能有某种狗-价值、珠宝-价值之类的东西?

有人以为作为目的而得到珍视、爱护、珍爱的事物,可以和作为手段的事物

---

① 说得更加具体一些,只要你用所谓“喜欢”、“欲求”、“欣赏”来说明现成的、自身完整的各别思想或有机体的行为,那么,你就必须依据某种兼容并包的行为间的相互作用来对“喜欢”、“欲求”、“欣赏”等加以界定,否则没什么意义。一旦将所谓“喜欢”、“欲求”、“欣赏”等界定为行为间相互作用的不同方面,其情形将大为不同。

区别对待。但我们知道，针对作为手段的事物而发生的估价行为同样是严肃的，因此，以为两者可以区别对待的想法不仅从理论上说不通，[①]其所导致的错误还要更为严重。倘若某人说他十分看重“目的”，对“目的”赖以实现自身的任何事物不感兴趣，那么此人不是故意骗人，就是受人蒙蔽而不能自拔。基于所谓“内在的”价值而试图区分手段之物和目的之物的学说虽很流行，但严肃而有能力的人不为所动，他们的行为比他们宣称的信仰要好得多。他们对“手段”予以耐心和始终如一的关注，以此表达他们对“目的”的专心和热爱。

350

根据各自拥有的价值来区分手段和目的，这样做会带来两个方面的实际后果。首先，它让所谓“目的”成为终极的“理想中的”东西，但这所谓“理想”又最具乌托邦色彩，它感伤、空洞而无能。这样的所谓“终极的”“目的”不仅无法达到，而且缺乏指导意义。这让笔者甚至很想知道如何回答人们所提的如下这么个简单问题：“假如所谓‘终极’价值不同时具有‘工具价值’，那么要它有什么用？”其次，有人认为作为手段的事物没有自身价值，也就是说，没有其“内在的”价值，此说是就“内在的”一词较为易懂的意义而言。让我们举一个极端的例子，此说的言下之意就可一目了然。就各自价值而言，将手段和目的截然分开实际上将导致狂热主义，这是必然结果。当人们想当然地以为有些“目的”是自在自为的（因而是根本的、终极的），因而人们对其无法加以探究，其价值也无法衡量，因此（根据这种没有根据的臆断），人们只能将注意力全部集中在达到这些目的的手段上。“只要能达到目的，可以不择手段。”由于人们接受这么一种理论而导致的恶行，就是其后果。不管什么东西，一旦设为目的，那它就是不可更易、不容置疑的，成了自在自为的东西；于是用某些事物作为手段所实际导致的后果都成了不用计较的。施虐狂的残忍行为、野蛮的迫害行为，只是貌似如此而已。事实上，根据这一观点推演出的理论和实践上的必然结果，施虐狂的残忍行为、野蛮的迫害行为都是获取至高价值的手段，那些使用这些非人道手段的人“实际上”只是实现至善的卑微奴仆。逃避那些无法实现的乌托邦“理想”，狂热地献身于一切武断地自命为手段的东西。后一观点是前一观点的补充。以为在终极价值和工

① 重复“作为手段-目的的事物”这一短语会让人觉得过分挑剔。但是，在目前的讨论中，我认为还是谨慎为好，不要轻易以为有什么本身是目的或手段的东西，因为这样的想法其性质无异于认为价值本身就是个“具体的”名词。

具价值之间存在固有的“类型”上的差异，并以此差异为名设立价值本身，无视这些价值在导致后果或达到“目的”上实际起过什么作用——这种观点往往会导致一个必然的结果，那就是宣扬狂热主义。

351

## IV

在本文展开讨论前预选的相关问题和评论中，可以发现部分材料足可证明人们的相关误解。这种误解曲解了关爱(估价)行为的意义，它维护着被人珍视、珍爱的事物，声称这些事物在估价行为发生以前就已存在；而借助估价行为，这些事物获得的唯一好处就是进一步得到价值肯定。举例来说，一颗珍珠与光及光学仪器等发生实际接触时，就会带上一定的色彩属性，这一点我想大概不会有人怀疑。议论至此，同样可以假设的是，在这里起作用的是类似这样的接触、关联，而并非任何与思想、意识的关系。这一点很重要。这里所提出的假设是：珍珠获得价值属性所需的条件是同一类型的——尽管具体情形会有些差异。因此，下面的一段文字颇值得引用一下，因为它能矫正相关误解，并能进一步凸显所持观点。

> 在人们通常以为很有价值的经验中，我们关注的似乎是如何保存倍加珍视的某个独立存在物之实存，而在别的情况下，似乎没这么用心。在审美领域，前者往往是博物馆策展人所持的态度，后者则是来博物馆参观的人所持的态度。来博物馆参观的人仅想观摩画作，而把维护画作留给博物馆工作人员去做。珍视的形式各种各样，都有其自身的道理，也都很重要。因此，一种完整全面的价值理论必须容忍两种不同的态度，对每种态度都应赋予其特定的价值。①

阅读我的文章的人该如何理解上述这段相关文字才能发现其批评恰好切中要害，对这个问题我一时答不上来，但我本人确实觉得这段话说得好，因为它给我们提供了一个机会，使我们对相关问题可以进行更加详细的描述。

1. 在上述这段文字中曾发生两次转换，即从因有价值而受到珍视的东西转

① 赖斯先生语，见本讨论开始之前预选的相关问题和评论。

移到珍视这一行为"经验"本身,也就是说"经验"本身受得了重视。发生这种转变,可能是由于后一表达方式恰好体现了这段文字作者的观点。这观点不是我的,跟我也没什么关系。"经验"一词(常被赋予"心灵主义的"意味,但又可在广义上用作行为的同义词)虽然显得有些含混,但确有这样的意思,即珍视行为就是受到珍视的对象,因而本身就有"价值"。各种珍视的行为发生后,人们常常对其加以评判,想看看这些行为是否该受到珍视,是否该在未来行为中加以保持。但是,这种思前想后的行为以及作出的评判性结论,肯定不是原来珍视行为"经验"的一部分。我之所以强调以上引用的那段文字的这一方面,是因为我觉得它能较好地说明价值领域这一话题目前所处的模糊状态。 352

2. 上面提到的策展人一例中所用"实存"两字,有着特定的有形实物的意味。或许有的策展人所关注的不超出这一点。人们对"审美领域"究竟会关注多少,我说不上来。假如所涉关心或珍视的行为确实属于审美范畴(希望策展人属于该列),那么,关心一幅画作为有形实物的保存当然只是涉及面更广的珍视行为的一部分。

3. 根据我所提出的假设,参观人的"观摩"是一个行为性的举动。假如我们所说的行为属于审美领域,那它就不可能"仅仅"是观摩画作的欲望之表现。不会仅仅由于画作是观摩的对象,因而观摩这一行为性举动就变成审美的。"观摩"可以是随便看一眼;观摩的人也许只想知道画作是哪位画家画的,或只想知道画能值多少钱,或只想看看画中所表现的场景。不一而足。

4. 假如观摩的行为确属审美范畴,那么,(1)非审美的观摩行为出现在前,并且有着优先、独立的"实存";(2)在观看行为本身被当作值得延续和发展下去的东西而受到珍爱、珍视时,观摩行为就受到了限定,因而变成是审美的。短暂的一瞥谈不上是审美的;这里所说的保持、延续具有探索性质,对画作的空间幅面及各个局部作审慎考察,要使这种考察具有审美性质是需要花时间的。是"看"不了一会就没什么好看的了,还是每看一次都能发现可供欣赏的新东西,这是衡量审美价值的一个标准。参观的人刚瞥见画作就显得欣喜若狂,那是装腔作势、感情过于外露的表现,不能说明他有什么过人的审美想象。与任何其他种类的人类观察相比,审美知觉间的交互作用恐怕要复杂得多。

353 现在似乎该谈谈所谓性质不同的种种价值了。关于估价行为-价值和判断(亦即评价)力之一般理论的基础奠定后,我想有必要讨论一些真正重要的问题,以区分价值限定的方方面面。能够加以具体说明的不同方面和不同阶段，有的专属于美学理论，有的专属于伦理理论，有的专属于经济理论，有的则作为方法论专属于逻辑理论。但是，我认为；一、将其固化为相互区别的种类，正是导致目前相关问题讨论中意见不一的一个主要因素；二、在为有关估价行为-价值奠定一个大致的理论基础之前，仓促地去讨论有关问题是无济于事的，只能加重目前的混乱状态，无法帮助我们获得一种可靠的"价值"理论。

## V

下面谈谈关于估价行为-价值之判断问题，即与评价相关的话题。首先，对所持观点与我不同的人应给予应有的尊敬。因此，应该说各种评价性质的研究确实能带来判断；和所有其他领域的判断一样，后者的基础在某些特定的时候显得更为扎实。简言之，关于价值所发表的论点可以是真论点，不一定仅仅是对受评价之物的意见或传闻。就所谓工具价值而言，人们似乎普遍认为，真正的探究由于能带来真正意义上的判断，因此不仅是可能的，而且是令人神往的。但一谈到所谓最后的、终极的价值，人们则常常认为，人所能做的不过是传达特定的一则消息而已，即所谓终极价值只不过是受到人们高度评价的东西而已。奇怪的是，人们常声称这些东西应该普遍受到人们的高度评价；但除了断言这些东西是所谓"目的本身"之外，就给不出什么理由了。这样一种观点注定要在"逻辑上"和实践上让外围的"专家们"占便宜。针对这一观点，必须构拟一种全面的综合性理论，以把握评价判断与作为事实的估价行为之间的联系。

讨论就从下列一项事实开始：作为实际估价行为的关爱、珍视有着心理学上所谓的原发动力的一面。观察显示，动物在作出选择-拒斥的决定时，常常伴随有愤怒、恐惧以及对异性的依恋等现象，这说明它们也有情绪表达的一面。它们是否也具有一定的"智力"？这一问题决定着我们对下列问题的回答，即毫不掩饰的珍视等估价行为与评价性质的判断之间（以及后者相对于前者），是否存在真正的或曰"内在的"关联？换言之，两者是否是两码事？前面所提出的假设在前一个意义上回答了这个问题。对关爱结果的预见、期盼作为特定关爱行为之基础，可以把内在的因、果连接起来。

354

当基础本身得到追问的时候，它与理由就成了同一的东西。特定的珍爱例子可能有其局限性，人们常常觉得这些例子比较"偶然、随意"。对特定结果的预期是某一具体估价行为的根据和基础，因此，假如人们对这些例子加以分析，看看它们是否足以确保产生特定的结果，那么，珍视行为就明确地成了具有判断性质的那一类东西。正常的人有时都会问自己这样一个问题：自己习惯上或多或少有点儿恣意妄为对某样东西倍加珍视的行为是否值得延续下去？假如他能经常问问自己这样一个问题，那么他就能够意识到：有些重视行为其实是受到"偶然、随意"性限制的，因而是没有意义的，甚至会妨碍自己十分看重的结果发生。大家知道，阶级身份、缺乏理性的偏见、权威意见公报，所有这些对享有特权以及上层权力的人来说，都发挥着作用，从而决定着他们特定的估价行为（这种行为是交互性的，因而包括了被估价的东西）。上述探讨及其所得结论（判断）会导致珍视行为及被珍视的东西都发生改变。简言之，对价值所作的判断是人类从其较为率直的珍视、珍爱行为中故意衍生出来的。作为活着的生物，人类必须而且确实一刻不停地珍视、珍爱着什么，但他们起初这样做的时候，相对说来并"没有考虑那么多"。[①]

只要实际发生的特定重视行为取决于流行的道德观念，只要操控经济、政治乃至教会等机构大权的那些人还能掌控着一切，那么，这些人就会滥用权力，他们就会基于理性的评价是不可能的这样一种观点，去给一切东西任意涂上貌似合理的色彩。在较长一段时间内，这种情况恐怕很难从目下正在构拟的最为合理的评价性判断中彻底消除。尽管如此，我们没有理由不事先尝试一下，没有理由任由引人注目的恶行继续下去。而且，人们必须清醒地认识到，几个世纪前，由于受到类似上述情况的显著影响，天文学和物理学领域所得出的结论就已经遭到人们的怀疑；不到一个世纪前，生物学研究也同样受到类似影响的严重歪曲。其他类似相关研究领域所发生的解放运动，让我们有了足够的理由去尝试一下，以免评价、估价行为受到类似的不良影响。以为有排除一切的所谓"终极"价值，这种思想是目前阻碍我们进行尝试的最大障碍。我们发现，有些人一方面 355

① 在起初列出的那些"问题"中，我曾问过这样一个问题：率直的估价行为与作为判断的评价，其间的区别究竟是由于种类不同，还是由于侧重点不同所导致？现在看来，答案应该是后者，即是由于侧重点不同。由于我在更早的著作中曾过分强调两者在种类上的差别，因此，现在觉得更有必要申明这一点。不过，我仍坚持认为，当初导致我过于强调两者在这类上的区别的理由还是正当的。在目前的讨论中，有人将特属于估价行为的一些特征不加区别地转用于评价的一般性理论研究。不过，这样做所导致的混淆也是可以避免的，只要注意到其间的区别只是衍生过程的一个阶段而已。[参见《杜威晚期著作》第 15 卷，第 101—108 页。]

鼓吹"自由主义"的信条,另一方面又积极援助甚至怂恿那些信奉教条主义的绝对主义者,这无疑是道德的不幸。

在其他领域被证明或有效或无效的理论观察、构拟和检验的研究方法假设被用到价值领域,那么,在"价值"领域将逐渐取得正确、合理判断的种种研究,其细节目前暂且无需加以细说。不过,应该指出的是,这种研究将系统地针对(1)特定时间内,所发生的评价行为之决定条件,以及(2)受这种条件影响的评价行为所带来的实际后果。在这类研究中,种种"评价行为"可暂时忽略不计,而将注意力放到后果上,这些后果是由决定评价行为的习俗、偏见、阶级利益以及特权操作(包括对决定奖惩的权力之暂时或"永久"的诉求)所导致的。有人认为事关评价行为和价值的判断,本身就必须用价值术语来作出。依照这种观点,好像对色彩所下的判断,也必须出之以有关颜料的术语,而不能依据由震动过程或微粒震动所限定的条件。正是这种方法论观点,使所有"科学研究"乃至整个人类知识长期处于落后状态。

356

目前的问题是:是否所有价值判断都具有可以也应该名之为"劝导"的功能,言下之意即意图?这一事实会否赋予价值判断一种极为怪异的特性,从而使其有别于所有其他类型的判断?根据这里所作的假设,对这一复杂问题的前半部分的回答是肯定的(但有一个限定条件,这在后面还将谈到),而对问题的后半部分的回答则是否定的。道德评价的职能就是影响他人的行为,其途径就是通过在他人身上养成一种思想品质,以使其赞同某种行为。这一观点似乎无人质疑,虽说它无法轻易地运用于审美判断,但我认为,经过适当的论述,这一观点还是能够令人信服的。就目前而言,[①]我仅想说,凡是所谓*标准*的价值露脸的地方,*应该*、*本该*等词就一定会大显身手,因而希图影响、指导随后行为的职能和意图就显而易见。上面所提到的一个限定性条件是,"劝导"应局限在评价性判断的*意图和职能*范围之内,不应将其看成是判断*议题*中的一个证据确凿的成分。

这里所谈的用途或"功能"不会使评价性判断在种类上显得有什么特别之处,只需考察一下大家所谓"科学的"判断之情形,就可明白这一点。根据所谓

① 若想了解有关这一问题的更为详细的讨论,请参看我的文章《伦理主题与语言》("Ethical Subject-Matter and Language"),载《哲学杂志》第42卷(1945年),第701—712页(《杜威晚期著作》第15卷,第127—140页)。"劝导"能否有效,主要看如何选择、排列实际议题,但它本身不是议题的一部分。

“科学的”定义，天文学、物理学、生物学领域里作出的有效判断（结论），是严谨认真、全面系统地选择真正有事实依据的材料而带来的结果。在选择过程中，所有其他材料，一经发现可能导致偏见，有先入为主地信奉某一特定理论、依仗专业特权和在大众心目中的所谓声誉之嫌疑，均在摒弃之列。行之有效的评价，其规范和相应技巧目前在“科学”各门类中所取得的进展，远远大于传统上归入“价值”领域的那些学科。劝导及使人信服的目的绝非传统认为属于价值领域的判断所特有，恰恰相反，这种目的更好地体现在“科学的”研究中，体现在由科学研究而来的相关命题中。



从上述所论不难发现，能从方法论上（以判断的身份）将“价值判断”与天文学、化学或生物学研究中所得出的结论区别开来的东西压根就不存在。因此，具体说来，“价值相对于事实的关系”问题是个彻头彻尾的假问题，因为它依据的是毫无事实根据的臆断，并以臆断为出发点。价值事实与其他事实间的关系才构成一个真正的问题，而且是无法回避的问题。局限在“价值领域”之内，无视物理学、生物学、人类学、历史及社会心理等领域的相关问题，这样作出的评价性的判断，其正当性是很可疑的。只有将在上述相关领域内已弄清楚的事实纳入考虑，我们才能确定已有评价行为产生的条件和后果。没有这样一个确定过程，所谓“判断”，纯属无稽之谈。我对评价判断及评价行为所持理论观点，大致已如上述。文章结束之际，我想起史蒂文森（Stevenson）博士曾说过的一句话。他说，道德评价应当“从一个人所拥有的全部知识中产生”。我完全赞同史蒂文森博士的这句话，认为这句话适用于任何领域、一切领域的评价。[①]

---

① 欲了解与本文特别有关的评论，请参看《价值：一种合作的探究》，第 312—318 页。

# 哲学有未来吗？[①]

## I

358 尽管不同理论体系的哲学在许多问题上都有矛盾冲突，但所有派别的哲学在一个问题上观点却惊人地相似：它们都认为哲学探索的内容无所不包，并认为这是哲学区别于其他思想领域的主要特征。不同派别的哲学，其间的分歧并非由于对这个问题的看法有什么不同；但是，构成无所不包的哲学探索内容的到底是什么？对这一问题，各派的看法往往互有差异。我们只需举一个寻常的例子就可说明这一点。认为精神或思想是包罗万象的各派哲学与主张物质是包罗万象的各派哲学，两者观点截然相反。对所谓包罗万象的意见虽然一致，但这并没有给深入的哲学研究提供一个可靠的起点。

人们会说，关注包罗万象的东西毕竟是哲学话题的一大标志。但我们强调上述事实并不是要怀疑这一点，只是想让人们注意到，人们寻找包罗万象东西的方向有误，因此有必要另辟蹊径，试着调整一下寻找包罗万象的东西之方向。这里所谓“另辟蹊径”当然是个模糊的说法，只有找到与之形成对照的具体路径才行。幸运的是，传统的探索方向不难识别。以往被认为是包罗万象的东西往往有这样的名称，如存在、实在、宇宙、自然，等等，都很笼统。人们认为这些名称所

---

① 首次发表于《第十届国际哲学会议纪要》(*Proceedings of the Tenth International Congress of Philosophy*)，E・W・贝斯(E. W. Beth)、H・J・帕斯(H. J. Pos)和 J・H・A・霍拉克(J. H. A. Hdlak)编，阿姆斯特丹：北荷兰出版公司，1949 年，第 108—116 页，出自悉尼・胡克在 1948 年 8 月 14 日于阿姆斯特丹为杜威朗读的论文。

指称的东西与一切局部、不完整的东西相比，有着固有的差别。因此，所谓“另辟蹊径”的意思也就不难理会。明确的哲学研究应该针对人类事务内部广泛的、综合性的问题，凡是与人类关怀、人类事务毫无关系的问题，均不在此列。 359

相对于种种历史上存在的哲学体系来说，这种方向上的变化并不像初看上去的那样显得格格不入。因为细细考究起来就可发现，就其实际效果而不是表象而言，历史上存在过的这些体系所要达到的目的总还是关乎人类的；事实上，为达到其选定的目的，这些体系所采取的方法可说是太具有人情味了。总之，本文潜在的一个基本观点是：存在、实在、宇宙整体等等词汇只不过是幌子而已，实际要言说的东西仍与人类有关。不过，我不打算正面地去论证这个立场和观点，我只将这一立场和观点置于传统的立场和观点的反面，以便两相对照。这样我们就可发现，传统的立场和观点与我们目前采取的立场和观点相比，未必就少几分武断性。此外，值得一提的是，研究哲学史的所有论著都必须承认自己所研究的东西包含与人类相关的内容，因为所研究的材料都是根据历史时期和国别来加以分类的，而不同的哲学理论体系都必须出现在特定的历史时期和特定的国家。当然，最为重要的是，必须考虑到如下这一事实：哲学问题及争论的焦点均与时空环境及条件有关，只有坦白地承认这一点，才能填平目前哲学和科学之间所存在的鸿沟。如要“另辟蹊径”，没有别的办法，那些永远不变也无法改变的东西只好随他去了；研究将聚焦于真正科学的东西，因为科学研究的东西总能在时空中找得到、摸得着。

众所周知，并非任何时代、任何国度都有哲学。但是，这一事实背后所蕴含着的东西却并非尽人皆知。要知道，只有具备特定的文化条件时，哲学才会出现。既定秩序内部面临解体的危险时，社会上会出现普遍的不安情绪，这是哲学产生的首要文化条件。哲学产生的另一必备条件是：既定秩序内部形成的价值体系能得到社会普遍效忠，而且必须是经过人们的理智思考而表示的效忠，不是从众心理条件下的随大流。简言之，哲学繁荣时，要么是人类事务中充满了焦虑 360 紧张的心理，要么就是想建立一种庞大综合的思想体系，以便将历代产生的极为复杂多样的思想成果统摄其中。

## II

以上所论，绝非自说自话。相反，我们要用心创立的哲学，必须要关乎人类事务中目前遇到的危机。这场危机所涉及的范围极广，真可说是全球性的。这是人所共知的。“我们只有一个世界，”此言不虚，说的正是目前这个分崩离析的世界。更有甚者，目前这场危机不仅范围广泛，而且程度深刻。家庭生活、性别间的关系、工业、商业、国内外政治等等领域中存在的混乱情况如此广泛深刻，别说目前的寥寥数语，就是写上数百页乃至著作数本书也难以细述。因此我只能请有兴趣的同道自己去用心观察一下无处不在的难料的世事和纷争。只要去用心观察，那么就不难发现，当今人类所面临的局势充满了混乱及不安定因素，令人沮丧并感到不安全，到处充满了明争暗斗的现象。

在此，我仅谈谈混乱现象的一个方面，以引起人们的特别注意。距今不足一代人的时候，人们还普遍认为只要民主政府若那样稳当、迅速地发展下去，那么它在全球取得完全、迅速的胜利，将是指日可待的事。可今天，反民主已经到了如此严重的地步，以致各种不同的政治集团拒绝人们自由集会、自由发表言论、自由从事新闻、自由选择宗教和政党，这些政治集团还恬不知耻地声称：拒不给人们这些权利，恰好表明民主原则已发展到了最高峰。更有甚者，这些政治集团在有着悠久的民主历史背景的国家竟然也有忠实的追随者。这种紧张的态势在其他一些形势走向中也有所表现。这些形势走向一方面可促进“联合国”的形成，另一方面又带来一些问题，曲解了类似联合国这样的国际合作组织之性质，甚至压根就倾向于阻挠这类组织的成立。

361

总之，在相对较短的时间内，人类可资利用的财富、手段之数量增加如此之快，而对运用这些财富、手段究竟要达到什么目的，人类却也缺乏共识，越来越没有把握。这就是大家有目共睹、随处可见的现象。随处可见的紧张局势、不确定因素和纷争，在具体的哲学议题中也表现了出来。不过，要想全面地描述相关情形，比较困难，需要别的一些条件。因此，由于可以利用的时间有限，我只能请读者诸君注意，种种事实表明，当今的哲学已没法应付目前人类所面临的混乱困境。我们目前所掌握的哲学产生之时，当时的各种制度习俗尚能给人类生活提供一些指导。可是这些制度习俗现已失效，因而无法继续提供指导。可是，与人类历史上的任何时期相比，我们现在多么迫切地需要这种指导啊！传统制度习俗崩溃得如此之快，如此出乎人类意料之外，使人类来不及想出新的方式、方法，以重新整合、协调人类之间的关系。从消极方面看，人类当前所处的形势给当下的哲学提出了极大的挑战。曾经使过去的种种哲学显得特别人道、特别有用的那些特征，眼下恰恰使这些哲学失去了原有的效应，因为人类的生存处境发生了根本性的改变。不过，从积极的方面去看，这种形势也给能与时俱进的哲学之发展提供了一个绝佳的机会。

过去遗留下来的哲学理论体系与当下人类处境关系相对疏远，这表现在许多方面。首先，从事哲学职业的人往往一味地专心研究历史上的哲学理论体系。古今悬隔最为显著的例子莫过于此。从学术研究角度看，这样做的结果常常是令人敬佩的。但是，从事这样研究的人往往忽略这样一个问题：哲学究竟该研究什么？他们的研究目的也不是去发现过去的哲学理论体系对回答这一问题究竟有什么启示意义。因此，他们的研究结果仅与历史有关，与哲学无关。另有一种哲学趋势颇为活跃，在其选定的较为狭窄的研究领域甚至表现得不乏自信，锋头十足，认为所谓哲学别无旁骛，就是探求、研究形式，而且将形式只看作形式，企图发现无所不包的抽象的形式，这些形式抽象得与任何事关人类等方面的具体话题毫无关系。这种研究倾向尽管——或者说正是由于——仅仅致力于专门技巧的获得，结果获得的形式只能用来生产更多空洞的形式。我认为这种回避当下人类处境的做法表明越来越多的人意识到，以往的哲学理论体系与目前人类状况毫无关系；此外，由于失败主义心理作祟，人们已没有勇气去创建一种恰当的有意义的哲学。 *362*

第三，现在又有一种颇为活跃、不乏进取精神的哲学运动。据称，这一运动不像前述两种研究动向那样超然物外，远离人类目前境况；相反，它密切关注人类处境。其研究意图和实际效果都为特定的学术机构服务，委身于特定社会机构的权威，而置学术探索的权威于不顾。这一哲学运动又可分为两个支派：一派较为晚出，与极端左派距离遥远；另一支派出现较早，与极端右派保持很远距离。尽管这两个支派之间有很大区别，但两者都充分应了一句古话：物极必反。较早出现的一派乞灵于超自然的精神权威；而较晚出现的一派则以人类经济事务为基础，严格信奉唯物论。极端终将相遇。当这两种哲学走向极端后，就有了一个共同特征，两种都会被人用来拥护特定机构组织要规范人类生活行为的主张，两者都要求拥有绝对的决定性的权威，以便赋予自己所代表的机构组织以权力乃至义务，让其不惜用压迫甚至镇压的手段，向全人类强制推行某种生活方式。教会等机构组织以专制主义为手段，公开号召人们回归中世纪，想让中世纪的宗教氛围死灰复燃，要人们重新信奉中世纪盛行的教条。由于中世纪时科学尚不昌明，工业尚未发达，民主尚未出现，因此，它与目前人类的普遍生存状况是格格不入的。这一点，不证自明。事实上，这一哲学运动的官方代表人物明目张胆地宣称，几乎一切现代新生事物都是异端，罪孽深重，都偏离了由超自然力量定下的真理。极左分子崇尚的教条主义哲学声称：真正称得上现代和科学的东西均已大功告成，达到顶峰。实际上，极左分子信奉的教条和其实际做法，相互抵牾，恰恰不利于他们公开宣称和主张的东西。从其思想信条来看，这一派哲学中包含有专制主义成分，这就使它对为科学昌明的当今时代所抛弃的一切心生怀念，尽管它没有明确提出要重返中世纪，但它确想回到牛顿天文学和物理学尚处萌芽期的环境中去。这种思想的逆转或曰返祖现象，是极左分子公开承认，甚至是公然声称的。这表现在他们对科学信条的公然诋毁中。奉行某一党派路线的人，在解释其教条时，往往闪烁其词；但当科学学说——如物理学中的时空相对论及现代遗传学理论——与其宣扬的教条发生冲突时，他们就会毫不犹豫地诋毁科学学说。相对论和现代遗传学理论的出现开启了一个崭新的宇宙论时代。以前人们以为大自然是不变的、永恒的，但现在人们明白了，大自然原来是不断演化的结果。左派所信奉宣扬的信条，其哲学基础来自被科学时代所废弃的哲学体系。这一点在下列事实中可以看得更加清楚：尽管左派也声称自己很看重历史过程，但它发现自己不得不将历史变化过程限定在固定的范围之内。它武断地以为自己的经济、政治理论体系代表着人类历史变化过程的顶峰。这无异于声称，历史到了20世纪中期已将它的全部意义显现了出来，等于说历史已给人类上完了最后一堂课。否认历史还会有新的预见不到的事件发生，这种做法的后果即使不是悲剧性的，至少也显得滑稽可笑。除非人类自我毁灭，人类迄今为止生存在这地球上的时间与将绵延不断的未来相比，是很短暂的。认识不到这一点，只能说是缺乏想象力的表现，而缺乏想象力恰恰是教条主义立场的结果。左派的整个理论体系犹如铁板一块，他们以为整体、整一就一定是结构性的、静态的。近来科学已清楚地表明，所谓整体、整一其实是多种事物不断相互作用的过程。这里，两种形式的极端又不期而遇。教会等机构组织和富于极权色彩的布尔什维克主义，均以为历史的特征是朝向一个终极目标而运动的。两者仅在何为终极目标这个问题上观点不一。特定的经济、政治机构在现代历史上的出现，其地位犹如基督教在古代历史上的出现。

## III

我们目前讨论哲学的现状，不是为了讨论而讨论。这里的讨论仅仅是迈出的第一步，目的主要是为了建立一种与当下人类生活中的种种问题和困境有关的哲学。意识到自身责任的哲学，其首要任务就是探求、研究这样一个问题：在如此短的时间内，导致旧秩序大面积动荡的原因究竟有哪些？我本人在这个问题上的观点如下：在从事科学研究工作的实验室里产生的那些步骤、方法和物质材料大量回流，进入日常生活，导致人类日常事务、职业及利益均受到深刻而积极的影响，从而引发了过去几个世纪中发生的巨变。佐证上述观点的详细证据将表明：短短三个世纪之前，自然科学刚步入目前的发展轨道，变化就产生了；而且，当科学由研究天体的天文学转向研究与人类生活行为关系更为密切的东西时，变化来得更加广泛而深入；新的科学研究的进展在旧的“科学”以为有不变法则存在的领域引入了变革。可以说，使人类生活发生剧变的那些活动及物质材料，均来自离日常生活较远的天文台和实验室——这并不构成悖论。科学所从事的脑力工作离人们平常固定的职业及其所关心的问题较远，但恰恰是这种疏离使原本仅以知识为目的的科学研究成果成功地带来了巨变。若无外部影响，习惯势力仍将起作用；但新资源的发明，新的目标和目的的发现，其影响情形则不同。 364

原本来自智识追求的东西向生活回流，影响所及，导致社会局促不安、恐慌乃至纷争状态的出现。这项事实证明，到目前为止，其所产生的后果是正反两个方面的，或者说是模棱两可的。科学进入日常生活，产生的结果是利大于弊，致善作用大于致恶作用。当然，话也可以反过来说。然而，能否找到一个特例，可以用来说明善占主导地位的同时并未导致恶，或者说恶占主导地位的同时并未带来善？关于这个问题，人们确实感到极大的疑惑。目前值得人们注意的是，较长一段时间以来，所出现的科学向日常生活回流的现象，一直是乐观主义产生的根源。科学的到来被欢呼为理性启蒙时代到来前的黎明，科学所得出的结论受到人们的欢迎，被认为开启了人类繁荣昌盛、相互理解的历史新纪元，这一新纪元最终将在世界各个民族之中带来普遍和平。 365

人们不加区别、盲目礼赞科学的时期现已过去，随之而来的又是同样不加区别、盲目诋毁科学的声音，悲观情绪蔓延。现在，指出科学进入日常生活所产生的有害结果，几乎成了有些人的家常便饭。他们著书立说，不断攻击科学，说科学是目前祸害人类的元凶。他们最常引用的例子莫过于炸弹及其毁灭性效果，因为它确是随着科学的发展而出现的。

源于纯粹为了求知而不是为了实际运用所开展的活动，产生的东西一旦进入日常生活，就会带来正反两个方面的后果。之所以不厌其烦地谈这一点，目的是要把人们的注意力集中到时下最为吸睛、影响也最为广泛深入的话题上。这个话题与人类的生存境况有着很大的关系，目前几乎成了任何形式的哲学研究必谈的话题。即使谈论哲学的未来方向，也绕不过它，而必须以其为出发点。然而，这一转变实际上是重新回到苏格拉底早就提出过的哲学观点，即如何寻找智慧以指导生活。这一转变标志着回到早期哲学家的观点，把哲学看作是一项道德事业，而道德的东西与无处不在的人间事务是相通的。当然，这一回归，其路径与苏格拉底及其后的哲学家的探索路径也有所区别。寻找智慧，以帮助人类涉过重重险滩，战胜令人恐怖的暴风骤雨，这一追求则是共同的，但追求的方式方法有别。说起来，新科学的出现其实也只有短短几百年的时间，仿佛科学研究和探索在人类面前呈现出一个崭新的世界，这世界是可以被人类战胜似的，其秩序是由相互联系的变化过程组成，而不是由早前科学研究者从古代宇宙论哲学那里继承来的恒定不变的东西所组成。而这种观点不过是距今几十年前才有的事。新科学产生之初，仍有若干屏障将自然与人分隔开来，如今，人的解放彻底摧毁了这些屏障，从而使人类可以利用物理学和生理学来更好地生活。

366

人类从文化发展早期继承来的东西使人以为科学完全是独立自在的东西。但根据当今科学研究的实践，以往的看法必须修正，必须将科学看作是人类关怀和人类事务的一种表现形式，从其起源和结果来看，科学与人类所关注的所有其他东西及所从事的其他事业，关系非常密切。必须将科学看作是一个汇聚点，人类其他活动，如艺术、政治、法律、经济乃至体育、娱乐等，都在这里汇合。要采取必要的前进步骤，必须另外进行革命性的变革，变革那些前科学时代形成的心理学、哲学教条。比如，长期以来，“科学”被看作是人固有的一种特殊精神天赋，并通常被名之曰“理性”，这一观念就是亟待更新的典型例子；因为只有这种由来已久的观念才能支撑下列推论：科学是一种奇特的自在自为的存在，它不是大量本质上趋同的人类活动的体现——而本质上趋同的人类活动，其所处理的东西本当包含传统哲学所谓的“外部”材料。

之前我曾说过，哲学方向上的改变就是回归早期的观点，认为哲学的任务本质上说来是道德的，这里的所谓道德是就其最广泛的人类意义而言的。然而，人们发现，针对人类当下处境而发表的哲学言论，尽管满篇道德说教，可就是缺乏道德。让“精神的”东西屈就“物质的”东西，这让人普遍感到遗憾。人们热烈呼吁改变以往的信条和行为方式，因为正是传统的信条和行为方式，导致精神的追求屈就于物质利益。但是，当人们用心考察时发现，所谓“精神的”东西其实包含前科学时代的神学教条和神学机构；而中世纪以来世俗化过程中出现的所有东西，又不分青红皂白被扯到了一起，美其名曰“物质的”。无论是抱怨还是劝诫，都是道德主义的说教，本身未必道德，因为抱怨也好，劝诫也好，都没有指明到底该用什么手段来解决令人感到遗憾、备受人们指责的问题。说得更加明白一些，有些人建议使用的手段，严格地说来都是“脑子里”想出来的；这些手段、方法，由于与实际（“外部”）存在的环境状况距离太远，因而显得空洞、无力。真的要运用起来的话，这些手段、方法只怕沦为帮腔，跟着以往落伍的机构大力宣扬过时的东西。

367

到目前为止，人类以科学的方法加以研究的都是物理学的东西，从近年情况来看，还有生理学的东西。结果，针对人事行为而开展的科学活动，其成果停留在技术层面，有关人的道德含义较为缺乏。要是用“技术的”一词来替代“物质的”一词，用“人文的”一词来替代“精神的”一词，那么，我们对缘起于科学的东西回归日常生活所产生的正反两方面的效果，就能有一个颇为准确的描述。至于哲学未来方向上的必要改革，首先得毫无保留地承认，目前的混乱不堪、失去平衡的状态，是由于人们对科学仍然一知半解造成的。现有的哲学已经无能解决相关问题，因为它是新旧折中的结果，两者实际上是南辕北辙。这不可避免地要导致不确定性，导致纷争四起。

有关哲学的起源、目的及其特殊任务，人们目前所持的若干观念亟须更新，而且更新不能孤立地进行。因为观念更新做得再好，它也只是重建制度习俗这项大事业的一个方面，而制度习俗却会无限期地存在下去。在必须进行的重建工作中，哲学至多仅占一个部分。只有各行各业善良的人们通力合作，人类状况才能发生确确实实的改变，光靠哲学是不行的。不过，哲学在重建事业中有其自身地位，可以作出自己应有的思想方面的贡献。人们常说人类现存状况给哲学提出了问题，人类该干什么也由人类现状决定。斥责这种说法为浪漫和异想天

开的人司空见惯。但是，与失败主义相比，上述说法所体现的态度和做法实际上

368 是非常清醒而审慎的。失败主义不是将哲学工作限定在人为真空里，就是以为人类历史已经登峰造极。但头脑清醒的人都可看到这样一个事实，人类所处的历史阶段相对说来还很不成熟，因此如前所说，我们的科学还仅仅局限于技术层面，广泛而深刻的人类自身问题并没有得到很好的研究。因此，人类面临的未来前景十分广阔，与之相比，以往的人类历史显得还很短暂，犹如人在婴儿期里度过的一小段时光。从当下人类的迫切需要来看哲学，从科学进一步发展后人类可利用的资源来看哲学，这是衡量我们是否头脑清醒、是否具有审慎智慧的标尺。17、18、19 世纪的哲学家曾经作出过重大贡献，是他们创造条件、清除障碍，从而使物理科学和生理学得到了长足的进展。我们目前面临的，既有极大的挑战，也有绝佳的机遇。假如伽利略及其后继者们在天有灵能够看到当下并存的机遇和挑战，他们也许会说："为了人类的福祉，你们目前要做的事情，颇像当年我们为改善人类生活的物理及生理条件所作出的努力。当初，对我们来说，发现人类生存的实际状况究竟为何，是我们的直接任务，也决定了我们研究的目的。你们现在拥有我们研究所取得的成果，一定要充分利用这些成果，继续前人未竟的事业，不断改善人类生存状况，使人能活得更加自由、公正而不乏尊严。我们当初完成的，仅仅涉及这项伟大事业中较为简单的、技术性的部分。我辈同仁曾历经艰辛，有的甚至牺牲过生命，但薪尽火传，从我们手中接过火炬的你们，在不乏智慧的同时当有耐心和勇气，你们所该从事的事业也必将像火炬一样，传给你们的后人，照亮未来的真正像人的世界。"

# 哲学在我们这个科学时代的未来：其作用之重要前所未有①

## I

今天很少有人能够否认这样一个事实：哲学令人尊敬的程度及其影响力早已大不如前，想当初，哲学曾被誉为科学的科学，艺术的艺术。哲学的声誉和地位的下降适逢中世纪向现代的转型，这也是广为人们所承认的。一度被看作科学的经典哲学，其衰败是与天文学、物理学及生理学等自然科学的兴起同步进行的。之前，形而上学的宇宙论盛极一时，其所研究的东西曾经被看作是科学，但现代自然科学兴起后，其地位被取而代之。 369

然而，作为科学的哲学之衰落，比起作为艺术的哲学之衰落来，情况还要好些。曾几何时，哲学被人看作是艺术，它的地位是那样的崇高，以至于西方世界的一切制度、习俗，一切机构，无不在其掌控范围之中。从教会机构到政治乃至工业，都要受到神圣艺术的控制。人们的言行举止是否恰当，一概要遵守相关规定。而这些规定大都来自那些高高在上、声称拥有权威的人。紧随科学革命而来的是工业革命，后者也带来了一系列新兴艺术，从旧有的立场看来，这些艺术是世俗的，显得不够圣洁。

美术乃至政治、经济生活中的艺术，其地位完全从属于宗教及教堂艺术，前者好像仅仅是自然秩序的一部分。新的艺术不断蚕食旧的神圣的艺术之地盘，

---

① 首次发表于《评论》(*Commentary*)，第8期(1949年10月)，第388—394页。

最终将神圣的艺术赶入极为狭小的空间里，任其存在，遂形成一种技术性较强的专门艺术。由此而产生的分工，引发了形形色色的二元论，这些二元论在现代哲学中仍占有突出地位。作为与实际生活有关的东西，当时产生的分工在当今的道德混乱及不确定现状中，仍清楚地显现出来。

370

工业领域发生的翻天覆地的变化与形成上几个世纪里政治革命的一系列事件相伴而生。我们有"政教分离"的说法，但没有"工业与教会分离"一说。然而为方便起见，不妨将这两种分离看作事实。比如，*地主*一词就充分表现了当时的实际存在的政治秩序。该词如今很少有人用，即使用的话，意思也只是指开旅馆的人和公寓房拥有人。封建领主被行业总管所取代，这也清晰可辨地表现了由封建时代向现代的过渡。放高利贷以前被看成是种罪过；可现在大型放贷机构无处不在，没有这些机构所提供的贷款，当代工商业系统就将崩溃，并因而导致一片混乱。

生活的艺术领域里所发生的变革对大众生活的影响，远大于科学领域的变革所带来的影响。科学领域里的变革确实非常重要，但基本局限在*科学之内*。它改变了人们关于物质和运动的观念，与此同时，时空里发生的一切变化也有了定量测定标准，这为自然科学奠定了基础。这种观念的转变，很可能是自人类出现在这个星球上以来唯一的、最大的思想变革。它彻底改变了以往用在自然科学领域里的各项标准。希腊和中世纪时的科学议题还完全浸淫于人以及道德价值中，因此本质上说来，仅是对常识的世界里的各种材料加以一番组织而已，这个常识的世界充溢着审美的和道德的价值。新起的物理科学使"自然的"与人的或曰"道德的"东西之间，出现了巨大的分别。我们不妨以*物质*的状况为例。在古代科学中，物质是完全被动的；但在新的科学构想里，物质是积极、主动的，是非常活跃的东西。

在古典科学理论体系中，变化本身就足以证明缺乏"实"在的东西所应有的不变性。但在伽利略和牛顿所开创的新科学里，运动、变化占有极其重要的地位，标志着当时实际发生的革命。在古代科学中，数量最为无足轻重。数量表示的仅仅是某样东西多与少的一个变量，是存在内在固有的变化无常以及弱点的表现。但是今天，如果不直接、间接地系统运用测定方法，哪来的所谓自然科学？——相关的问题太多，这里就不一一列举了。奠定亚里士多德古典"科学"基石的东西，恰恰是被现代科学的开创者所摒弃的。

371

然而，这场思想革命来得固然非常广泛，但也仅局限在思想界，仅知识界人士特别关注；相形之下，生活的艺术领域所发生的变革却对人类大众的日常生活产生了更加广泛深入的影响。随自然科学革命而来的工业革命，改变了人类生存的环境和条件，使人与人能更加紧密地联系在一起。由此带来的变化恰恰发生在人类社会各种建制、习俗里。作为道德教育及生活技能培养中心的家庭，以及学校、立法机构，战争或和平时期的城乡关系、人与人的关系等等方面，都发生了巨大的变化。

谈到哲学的未来，我们必须注意的是人们对新科学的尊敬程度常发生的变化。最早时候出现的"科学与宗教之间的对立冲突"，表明科学的地位较为低下。后来，教会的代表人物反对科学的立场发生了些许变化，从而使科学与宗教两者得以相安无事，各管各的。一系列发明所带来的实际好处，使科学发现为日常生活所利用，这又导致人们默认了不同领域出现的分工。人们以为，试图对人类一切精神的以及道德的和理想的关怀加以管制，那已是旧制度和旧信仰时代的事了。而对所谓物质的东西及事务加以控制，这是新科学该做的事。结果，在哲学领域也出现了形形色色的二元论。这些二元论实际上是生活中出现的差等现象在思想和智识上的表现，因为人的生活在价值上也被认为有高下之分。时至今日，在经济理论研究对象和道德理论研究对象之间仍然盛行着类似区别。实际上，大多数道德问题之所以是现在这个样子，是由人们的经济生活状况及相关问题所导致的。

对所谓"启蒙"时代的自然科学，人们常常给予很高的评价。启蒙运动时期，人们盛赞科学，认为科学将开启一个崭新的世纪，到那时候，理性将接管人类一切事务，黑暗时代将不复存在，自由、和谐、安宁的时代即将到来。到了 19 世纪，18 世纪曾有的革命精神发生了改变，进化论思想盛行。而到了 19 世纪末叶，随着工业、金融利益以及艺术所能掌握的权力的增加，自然科学带上了物质主义的色彩。阶级、国家及种族斗争又使自然科学很容易受到来自革命的、激进的需要之威胁。以上简述的历史变化，其最终结果使人们进一步认识到道德知识和纯"自然"知识间固有的区别。

372

## II

对 19 世纪末叶发生的态度方面的这种转变，以下一段文字作了清晰的表述。这段文字的作者是马克斯·韦伯，上世纪最著名的社会学家之一。韦伯写道："对那些身处现时代前列的伟人来说，科学意味着什么呢？对像列奥纳多·达芬奇这样的绘画实验者和音乐革新者来说，科学意味着通向真正的艺术之路，也就是说是通向真正的自然之路……而今天呢？要是有人说科学是通向自然之路，年轻的一代人会觉得是对他们的侮辱。今天的青年人宣称的完全是不同的东西：他们呼吁从科学的智识主义中拯救出来，以回归人的本性，并因而回归一般意义上的自然。"

韦伯接着说，过去人们曾经以为，科学甚至将把神学都取而代之，成为"与神道有关的"知识之唯一来源，从而给人类带来真正的启示而不是以往的假启示。他接着说："除了自然科学领域发现的那些大孩子们，今天，还有谁会相信天文学、生物学、物理学或化学领域里作出的发现能在世界的意义方面给人类指点迷津？"韦伯引用托尔斯泰的话，进一步说明了这一点。科学对生活的意义究竟有何影响？对这一问题，韦伯说托尔斯泰在下面一段话中认为自己已给出了"最为明确的"答案："科学毫无意义，因为它不能回答人类提出的问题，而且这是个对人类而言唯一重要的问题：人类该做什么？该如何生活？"[①]

373

以上所引一段话的前两句颇有德国浪漫主义的味道；但是，这些针对科学而发表的意见，并非出自有意从神学立场来攻击科学的人之口，因此反而给人较为深刻的印象。这段话说明，人们早期对科学所抱有的乐观态度已发生转变，人们对科学多了几分恐惧和悲观情绪；现在人们对科学不仅不再存有幻想，而且对其充满敌意。人们现在似乎认为，科学该对人类的一切不幸负责。认为科学终将取代神学而成为人类生活中的导师，这一早期的观点已不复存在，现在人们认为，摆脱目前动乱状态的唯一办法，就是回到中世纪教会机构所代表的对生活进行的神学上的控制。有人甚至认为，人类要想避免不幸，自然科学必须服从神学的权威。

我们可以很容易地列举若干事实，说明现在有人发表的诋毁科学的言论是危言耸听，这些言论本身也是很片面的。但是，列数科学的好处，少提科学的坏处，并无助于解决问题。两个重要的事实仍在那里。一个是：自然科学中

① 引自马克斯·韦伯著，格斯(Gerth)、密尔斯(Mills)合译、合编：《社会学论文集》(*Essays in Sociology*)，第142—143页，纽约，1946年。

产生的方法和得出的结论，构成了当今世界上人们生活中的一个最具决定性的因素。另一个是：科学进入人们的生活所带来的后果完全模棱两可，具有双重性。一方面，科学在带来好处的同时不会产生坏的效果，这种情况大概很少见；另一方面，人们也不能否认，科学几乎在带来最坏的恶果时也给人一些益处。即使这样来评价科学给生活带来的双重效果，难免有点极端，但好坏参半本来就是事物内部复杂情况的表现。这里，毫无保留的赞美和毫无保留的诋毁，都是没用的。更为严重的是，本该提出的一个重要问题被回避了：科学对 374 人类生活所具有的这一模糊不清的双重效果到底是如何产生的？人类到底该做什么来应对这一问题？

对这一问题的前半部分，已经有人给出了令人信服的答案。给出答案的人也是个致力于扩大科学影响的人，不久前，他出席了人类目前最大的空间探测器装配完工仪式，这一活动当时也曾得到人们毫无保留的庆贺。然而，此人在这一活动仪式上发言时却说出了如下一番话："如今，知识与毁灭已隆重地缔结了姻缘。人们已经无法指认究竟哪一类知识不会导致毁灭；无法区分安全的知识和不安全的知识……一切知识都是权力；如果有人有意为之，那么，没有哪部分知识最终不会被人用来损害人类。"

关于我所谓的科学给人类生活带来的好坏两个方面的不确定影响，再也找不到比上述这番话更为确定也更为头脑清醒的评论了。但是，也许人们更加期望说出此番话的人能更进一步，继续指出：由于科学目前起着决定性作用，因此，要减少其毁灭性后果，增加其有利影响，唯一途径就是想尽一切办法获得目前尚缺乏的知识。看来该做的事就是得到这样一种知识，以便人们在实际运用现已动摇且混乱的知识储备时，对到底将发生什么能有某种程度的预见。

因为一般人都会这样以为：人若预见不到自己行动的后果，那他即将从事的活动就没有方向感。除非能预见到行动的后果，作出聪明的选择，明智地而不是盲目地采取行动，不然还能如何避免不良后果呢？

今天，随便拿起一本较为严肃的杂志，都能看到有人在抱怨：我们在技术方面的知识远远超过了我们对人本身的了解。然而，现在有两个成立已久的机构声称拥有这方面的知识，只要你愿意，它们可随时提供，以验其效。布尔什维克 375 左派的代表人物宣称有一种很"自然"的自然科学，它崇尚唯物主义，正有待系统地加以运用；他们还宣称，现有的一切罪恶之所以存在，都是由于尚有持不同信仰的其他机构存在。天主教右派则声称他们拥有人们所需要的超自然知识，认为一切不幸都是由人类的邪恶欲望所导致的，是因为人类拒绝服从天主教机构所体现的真知。

人们期望这些机构的代表人物能言而有信，拿出行动来，但令人惊讶的是，自称“自由主义者”的那些人竟然认识不到，缺乏一种真正的人文知识才是导致目前人类痛苦和不幸的最大根源；他们认识不到，要将他们的信条逐一变成现实，人类必须要有真正的人文知识来武装自己。

### III

上述所论对哲学及其未来的影响不难看得出来。科学探索领域存有尚不完善之处，目前人类混乱不堪的状况与此有着密切的关系。当今的哲学家有义务和责任，拓展相关研究方法的运用空间，将其用来研究与人类及其道德有关的论题，这些论题与他们的前辈当时在物理学及生理学等领域所碰到的很类似：简言之，就是创造一种能当得起道德之名的彻底的人文知识。人类现存状况之所以显得如此悬疑不定，如此充满不满情绪和纷争，似乎正是由于缺乏这种知识而导致的。这种情况同时也极其清楚地表明，人类当前的首要任务就是利用科学研究方法，为人类提供一种目前明显缺乏的人文的或曰道德的知识。这一工作必须完成。至于这项工作是否就该由哲学家或其他特殊的知识分子群体来完成，这并不十分重要。但是，哲学家号称主要研究综合的以及根本的东西，因此担当此项工作比较合适。在这项工作中，哲学家也许还应扮演领导者的角色。他们应该大力宣扬有关方法，努力使有关方法能带来人类应有但目前尚缺乏的认识。目前哲学在公众心目中的影响及声望均有所下降，完成这项工作，至少能解决有关问题，甚至能使哲学有所复兴。

376

关键的问题当然不在于是否该把科学研究拱手让给或左或右的外部机构来控制。首先得承认，科学研究还很不成熟，遑论完善。必须承认，如果目前停止发展科学研究事业，毫无疑问将导致不安全因素、混乱及纷争状态长期存在下去。探索研究的方法在生理及物理科学领域的运用所取得的成果，亟待进一步拓展其运用空间，以便研究人的问题及道德的问题。

大约两千五百年前，欧洲哲学的先驱及先烈就曾宣布，工匠们所拥有的知识只涉及他们所从事的活动的物质过程及其目的。由于有了这种知识，他们能够在有限的领域内明智地活动。比如，一个鞋匠拥有的知识能使他分辨出人家拿给他的鞋子究竟是真还是假，因为他知道做鞋子的目的是什么；他还知道做鞋子要用什么材料、什么工具；此外，皮革或其他材料经过若干工序得以制成鞋子以供人穿，其全过程他都了解。简言之，在其有限的知识范围内，他知道什么是好什么是坏。但这种有限的知识却无法提供更为广泛的知识，以便让人了解他在干比制鞋更为重要的事情时的品行如何。现有的知识只够一个鞋匠用，但对一个自由人群体中的一员来说，就不敷使用。

探索雅典当时所缺乏之物的知识，就是苏格拉底所谓的哲学，即爱智慧。它是科学的科学，因为要探索的知识非常广泛，能够使专门的、技术性很强的求知方法也能用来为人的共同利益服务。

苏格拉底当时认为哲学应该努力寻求尚付阙如的知识。我认为人类当下处境与苏格拉底时代很相似。当然，苏格拉底当时的处境与我们的当下处境在广度和深度上也有较大而且明显的区别。生活于当今世界的人类，表面上相互间有联系，但并不构成一个群体；不过，苏格拉底时代的人类生活状况在当今世界并无多大改观，仍大面积存在。苏格拉底当时正是有感于这种状况而呼吁人们全力探索一种特殊的知识，因为从这种知识中，能涌现一种真正属于人的艺术。这种艺术也与其他较为次要的艺术一样，能够教会人类若干生活的技艺。现在有些哲学家正是由于关注人类自身需要以及人类所遇到的烦恼及各种问题，而遭到同行诟病，被人斥为不够专业。其实，他们所走的道路正是由苏格拉底所开拓的，而哲学之名本身也应归功于他。那些遭到同行诟病的哲学家们记住这一事实，需要时或可从中汲取支持和勇气。

377

## IV

总之，我们在此面对的情况，是给“哲学有未来吗?”这个问题寻找答案。若干条件是有了，但答案尚未找到。科学在较短时间内所取得的进步是巨大的，但这一进步是片面的，有失平衡。科学进步的效果是好还是坏，具有建设性还是破坏性，类似问题上的模棱两可状态正导源于这种片面性。我在前面曾提到过，常常能听到人们抱怨说，人类目前对极其遥远的河外星系以及对原子的结构，有着那么多的知识，相比之下，人类对自身及其事务的知识是那样的贫乏。这种抱怨的发泄对象是很清楚的。但“落后”一词所指的，或多或少能用来说明这种抱怨是徒劳无益的，因为这类抱怨包含的意思就是：人类的首要任务就是在自然科学所走的道路上继续前进；而另有些人则宣称，人类的首要任务就是根据人类已有的“道德”知识，合理地运用目前拥有的科学知识。

有人以为，现有的道德知识已够艰难跋涉着的人类使用。这种认识在上面引用过的某人发言里也有反映，此人就呼吁人类“将科学绳之于道德”。在人类生活中起作用的因素很多很多，但在最为广泛、最为深刻的层面上起决定性作用的通常只有一种。这种起决定性作用的东西到底会带来好的还是坏的结果？假如我们目前拥有的道德知识还不能使我们预料到这个问题的答案，那么，这份道德知识给科学提供的表面安全的锚地就可能是一片险滩（提出需要安全保障的，恰恰就是这里所说的科学）。

378

世上最美好的愿望其意图原本都是好的，但这些良好的意图的实现往往受制于其他一些条件和手段。而这些条件和手段很可能被人滥用，以实现其毁坏有余而建设不足的目的。我们知道，这种手段被人滥用的情况时有发生。假如这样的话，那么世上再美好的愿望又如何能保证其良好意图得以实现呢？

这种情况至少给声称热爱智慧的人提个醒：技术、物理学及生理学知识，仅能在有限的领域里给人以行动方法上的指导。此外，这些人必须牢记的是：有关工作前人不仅已经从积极的方面做过，而且为防教会机构负隅顽抗，也从消极处着手，作了准备。没有前人所做的这份工作，生理学研究在技术上不可能有目前这样繁荣的局面。

假如声称爱智慧的哲学家们从上述提醒中还不能明白自己在人类当下处境中应负的某项责任，那么，他们至少也该从中明白，科学研究的发展目前尚处在较为片面、不很成熟的阶段，科学中仍有更为重要的事情要做。

哲学家必须做的事情，具体地说来要比前人做过的事情艰难复杂得多，其过程可能也较为缓慢；但在开始实施这项工作时，他们可能要遇到的障碍不会比前人所遇到的那样坚不可摧。目前要面对和克服的主要障碍是懒散、懈怠、泄气、疲弱等心理，这些不良心理在哲学内外均有表现。来自教会机构方面的反抗固然强大，而且至少目前看来也很咄咄逼人，但只要哲学家挺身而出，对来自教会机构方面的反抗加以系统的积极的回应，那么其影响作用未必是致命的、根本的。人们都觉得技术方面的东西需要人指导，可人类事务方面亟须的指导却全无，哲学家应该努力矫正人类在思想上的这种严重偏颇。

如果像在极权主义控制下的国家那样，人类现有知识在全世界范围内都被用来为外部强权服务，那么后果将是不堪设想的。物理学与生理学的探索求知过程要是被这样的机构加以歪曲利用，反其道而行之，其后果也同样不堪设想。在拓展、运用相关探索*方法*——这些*方法*①是最为根本的，因此其运用的结果（也只有这样的结果）才能当得起道德之名——以研究人类生存处境时，有人若仍然抱着这种漠不关心的态度，那将是令人最为担心的事情。那些自称是职业卫道师的人坚持认为，对人类生活的物理及生理状况还没有一个恰切了解的社会里所形成的那套道德标准及观点，在现时代仍能胜任愉快。这种思想才是我们目前完成当务之急前必须加以清理的障碍之一。

379

某一运动在当时当地号称“开明”，且有益于人类进步，但时过境迁，这种运动形成的惯性到了目前也可能成为亟须完成之事的一种阻力。因为它断言需要做的事情仅是顺应“自然”。无庸讳言，这种运动曾经革除过某些压迫人类的制度习惯和律法，但是，它也曾经彻底放弃过人类才智，否认人类才智在处理人类事务中的调节作用。

由此导致的随大流的做法将带来明显的恶果，不动脑筋的人还以为产生的结果是革命性的：进一步强化了政治权力，以此来抵消把人该做的事交付给自然而带来的非人结果。因为以人的才智去把握涉及一切因素，这才是唯一可靠的做法——不全面结束目前“科学”的片面、失衡状况，这一目的是无法实现的。

## V

目前面临的障碍是巨大的，不过，如上述两例所示，这些障碍主要表现为懈怠涣散、缺乏活力。从来就没人吁请哲学家从事相关科学研究工作，以使人类不乏先见之明和聪明智慧，来从事自身的种种事务。之前的哲学家并未如物理领域的研究那样，累积起相关知识并使这种知识成为推动知识自身发展的内驱力。不过，在打击阻碍发展的传统势力方面，之前的哲学家确实曾经起过先锋作用。他们曾经作出过积极、艰巨的努力，形成过一些观察事物的立场和观点；在后来

380

① 这里“方法”二字用粗体强调，目的是为了避免有人对笔者用这二字的原意可能产生的误解。我们需要的不是如数照搬物理学中所用的研究程序，而是适合用来研究人类种种问题的新方法，科学中已经用过的方法证明仅适用于物理方面的议题。

的运用过程中，或多或少形成了标准化的研究手段。尤其重要的是，他们与大众的频繁交往所进一步促成的思想氛围，对一切传统的东西极为不利；同时，这种思想氛围却能让人以日益增长的热情欢迎新的科学事业的到来。没有这种文化氛围，即使最为重要的事业也只会自生自灭。

对人类集体来说，到底该由哪一群人来做这项必要的工作，这一问题并不重要；再说，这项工作本身十分艰巨，不可能由某一职业群体里的人单独完成。然而，发展出某些观点和立场，以便让人进一步认清人类生存到底存在什么问题，并着手完成当务之急，这对哲学家来说是其分内的事，也是哲学家认为最重要的事。所谓信仰的环境氛围所涉及的范围十分广泛，已不是书本知识所能涵盖，也不是为特定的知识阶层所专属。物理学的历史表明，文化环境可以起到相当大的作用，这种环境能将从理论或思想上加以把握的所谓“知识”转变成日常生活中习以为常、司空见惯的行事态度。当然，人们得乐于倾听吸取其他意见，但这与有意识的“自主”行为完全不同。要有效地发起一场新的运动，信仰坚定的人必须开展说服教育活动。

在物理研究领域发起新运动的那些哲学家坚信运动的成败至关重要，他们觉得对自己的这一信念没有必要遮遮掩掩。我不知道人们为什么会要求他们的后继者反其道而行之。毕竟，他们的事业事关人类未来的福祉，事关人间的苦难以及一切不确定因素和纷争是否会延续下去的大问题。当知识支配了人而不是人支配知识，那么，知识化为行动就是不可避免的了。只有当知识充溢着某种情感信仰，让人坚信其自身价值，才能驱使人行动起来，也只有在这个时候，知识才能支配人。要开展这样的活动，需要人们有丰富的想象以及宽广的同情心。过去的那些勇于进取的思想家认为以上一些特征非哲学莫属，因为哲学所作的是最为自由、最为开明的探索。谁说不呢？

381

眼下流行的一种奇怪观念认为：说哲学家应尽的职责与人类有着一种特殊的关系，这等于说，哲学家应放弃属于自己本分的知识活动而扮演社会改革家的角色。这种观念甚是怪异，提出这种观念的人私下里可能服膺防御反应理论，他们是在为自己津津乐道的不食人间烟火的哲学研究代言。因为当前该做的首要任务纯属思想性的，而所涉及的议题又十分重要；因此我认为，当哲学成为生活中的一个必不可少的因素时，人们要求拓展哲学的研究范围，要求它具有普适性，在这个时候，也只有这样的议题才能满足人们的相关诉求。这样的议题不是专注于其研究的人一时狂热随意添加的，它对人之为人确实至关重要。这一事实无损于哲学的思想性地位；同时，人们一旦认识到哲学究竟何为，就能增强哲学催人奋进的力量。

篇幅所限，目前我们无暇谈论未来哲学究竟将由哪些要素构成；即使有，列述哲学的若干教条也与上述所言颇为矛盾。发表上述言论不是要为现存的某一种哲学教条辩护——不过，在当代各种形式的思想中，有的已经进一步发展，其未来前景也许会比其他形式的思想更广阔一些。关键在于哲学探索的方向必须明确地加以改变；正是为了关心哲学的未来，笔者才发表了上述议论。哲学在过去蓬勃发展时期所形成的形而上学和神学理论，曾认为哲学应无所不包、无孔不入，我们认为未来哲学也应有这样不凡的气度。当然，我们心目中的未来哲学必须与当下新时代密切相关，在新时代里，人们议论的问题主要来自自然科学，而不是来自超自然界；企图研究超世俗、超人类东西的哲学也与哲学该探讨的真正问题无关。 382

我们采取这样的立场不是要与过去的理论体系故意作对，过去的理论中也有关注人类自身问题的；但对企图为特定的组织机构鸣冤叫屈，想令其死灰复燃的所谓理论，我们是坚决反对的。因为这样的理论所遗留的灰烬，既发不出光来照亮我们前行的路程，也发不出热来把人们看到的东西转变成能给人类带来福祉的行动。

哲学家们殚精竭虑，未来他们将面临的思想斗争十分艰巨，但对他们来说，世上哪还有比这更令人振奋、更令人鼓舞的伟大事业？

# 经验与存在：一个评论①

383 卡恩先生以提问结束他的文章："他的[我的]形而上学是否包括在经验之外的存在?"我的回答是我关于经验的哲学观点或理论不包括任何在经验所及之外的存在。读者看到在我的回答中，我对卡恩先生提问的用词作了两处修改。本文接下来主要是给出修改的原因；简而言之，该问题如此措辞是在重复卡恩讨论中的模棱两可之处(待会儿会提到)；——模棱两可由提问的措辞概述。因为一切都取决于我书中提出的关于经验的观点或理论，以及它与被归属于我的、关于经验和存在的观点或理论之间的关系。

## I

在他的文章中，卡恩先生对我对经验的看法作了陈述。我研读过之后，觉得他的陈述是相互矛盾的。其中一个陈述是对的，至少从某种意义上理解，它基本上是对的。另一个陈述则是错的；或者更好地说，是毫无意义的，因为它是不相384关的。他文中提到的第一个观点是不存在例外情况的。他引用我并写道，按我的观点，"经验是自然的前景"。寥寥数语，这是对我的实际立场的很好的概述；为了不使概述造成误解，请注意着重的"的"(of)意味着经验本身是"自然"的，且

---

① 这篇评论是针对S·J·卡恩(S.J. Kahn)先生发表在该杂志1948年12月号刊上的文章《杜威自然主义形而上学中的经验与存在》("Experience and Existence in Dewey's Naturalistic Metaphysics")，第316—321页。最初发表于《哲学和现象学研究》(*Philosophy and Phenomenological Reserch*)第9期(1949年6月)，第709—713页。本篇所针对的卡恩的文章见本卷附录4。

由此是自然自身的前景。它否定了“经验”是外加的事物，不管是高于自然的存在还是自然之外的自我、主体、自己、心灵、意识或其他什么外加的。除非牢记这一点，否则卡恩先生在我关于经验和存在的关系的哲学讨论中遇到的困难都会被证明是对的。但难以确定的是，他如何且为何找出这些模棱两可之处。因为，他除了承认“经验作为自然的前景”解决了桑塔亚那对“经验是直接性”的批判（后者认为这是我的观点），此外他还说我对经验的“完整”阐述包括“对其所有成分的复杂性的分析；对有机体的生物基础、其他有机体的社会基础和自然的周围环境的分析”[①]。有了这一关于经验的完整观点，我对所引问题给出的第一个“不”的答复是“分析的”，既不是推导也不是阐释。

想象一下我的惊讶，当在下一段我读到：“如果杜威没有把所有经验还原为直接性和前景，那么难道他不是把所有的存在都还原成经验，从而没能给我们提供存在的完整而充分的图景吗？”

这一切都很让人迷惑：经验的作用是给哲学提供达到关于存在的陈述的方法，大家公认这一作用包括了卡恩先生正确认识到的完整的指涉；这一切如何能突然被还原为如此的状况，在其中卡恩引用桑塔亚那的陈述，“自然主义没法更浪漫了；自然在此处不是一世界而是一故事，”此外他还补充道，这让我信奉有着“自我的夸张”的浪漫主义。但我无须解释为何如此“完整的”、包括“周围的世界”的经验观会突然变成被称为自我的夸张的事物。无论是直接还是间接，卡恩先生没有从我的文章中找出一丁点证据，作为他关于我把自然世界还原成浪漫主义故事这一观点的基础。对于桑塔亚那来说，从他的观点（他把这当作是我的）——即经验是纯粹直接性——中，可逻辑地得出结论。但卡恩先生特别反驳了以上观点；不管怎么说，如我上述所言，他没有任何证据可以为他所强加给我的把自然还原成浪漫故事的经验观提供任何其他基础。 385

## II

在他文章的另一部分，卡恩先生着眼于我文中的特定陈述。他发现我的《逻辑》中的一个立场“至少从形而上学的角度”看是“出奇地模糊”；这一陈述与他先前的这个观点相关：“存在的概念（或它的等同物）必须被包括在任何形而上学

---

① 见所引作品第 317 页（本书第 457 页）。

中，不管是自然主义的还是其他的。”以上引用的段落有一误解，即对于当“形而上学的”出现在《经验与自然》(*Experience and Nature*)中时我对该词明确说法的误解——这也使得我在本文开头用哲学替换形而上学。此处如同彼处，形而上学的必须被换成哲学的，若他的问题于我的立场而言要有意义的话。不过，我要搁置对这一点的考虑，先考虑一下卡恩先生在我的《逻辑》的某些段落中发现的“逻辑”与我的经验与自然关系理论“之间可能存在的分裂”。他引用了书中的陈述：“科学的建设性发展是通过就其逻辑的而非直接本体论的属性来处理感知世界的材料而发生的。”①卡恩肯定知道我的《逻辑》的副标题是“探究的理论”。他到底是如何把我的陈述——即科学探究发现有必要引入其“属性”是与科学探究的操作相联系而并非直接与存在相联系的术语——转换成直接否定经验是关乎自然存在的这一陈述，我对此无法作答。他从我那里引用的句子讲述了处理“感知世界的存在的材料”的探究。对于自然科学和感知世界的主题之间显著差别所导致的问题，我并非首创者，它是所有现代知识论哲学的主要问题。对于解释它们之间的巨大差别，我提出一个假设，即全然科学的探究(有别于对感知世界的常识性探究)发现：自身专业工作，引入术语来提升它自身作为科学探究的操作，这是有建设性作用的。即使这一假设完全错误，其中及我对此的讨论中的任何内容都不适用于卡恩先生对此的解释。这点明白可见，正如我已提及，从我处引用的段落中很明显地写着“处理感知世界的材料”。

386

我一直疑问那些拒绝“经验”的普遍化观点(比如在《经验与自然》中所展现的观点)的人，他们自己接受宇航员和/或从事亚原子研究的物理学家的发现的合理性基础是什么。我知道他们不相信那些人是通过心灵感应或依靠灵媒得到那些发现的；也很难想象他们相信一切都从纯粹理性的先天给予得到。假如他们能审视“经验”一词所代表的和所称谓的，包括所经历的内容和经历它的不同途径，同时逐步选择构成现在科学探究(它本身是“经验”的延续)之方法的经验途径，我想，这样他们也许能不再负面地批判经验的普遍化理论——因为他们自己批判的合理性也依赖于此；或者他们可能依旧能找到对于我在此基础上所作的特定解释的负面批判的依据。我当然从未声称过任何特定经验的一贯正确性，包括那些依赖于今日被称为科学方法的经验方式之保证的经验。如果我的

① 见所引作品第319页(本书第460页)。

批判者们把批判局限于特定的解释；或者他们指出，历史地看，经验一词已被哲学家们赋予众多不同的解释，现在把它从模棱两可中挽救出来已太晚，我可能会赞同他们——尤其是对于后一点，我已逐渐转向使用诸如生命-行为或生命-活动等词，其意义当然在于：在哲学中，所涉及的行为和/或活动是人类的，且彻底受文化影响的。 387

卡恩先生还引用了我的《逻辑》中有关数学主题的一段话，其中说在我的《逻辑》中关于这一主题的论述使得：主题是指向特殊的本体论领域这一理论“显得不再有必要”。[①] 我应当事先指出一为人所熟悉的事实：一些理论家坚持数学是有关于存在的本体论领域，高于空间-时间存在的领域，自然科学则是关于后者的。我不知卡恩先生如何或为何把我的论述使这一观点不再有必要这一陈述改变成这样一个可能的（或看上去可信的）观点，即我在否认我关于经验是世界的自然前景的基本哲学理论。不管怎么说，明确的数学的东西不是对空间-时间存在的描述这一观点并非始于我；很多——若不是所有——数学家都是这样想的。

**III**

我现在论述——就我的判断来看——卡恩先生在我对经验和存在的关系的观点中找到的所有困难、模糊、不一致的根源。在《经验与自然》最后一章的几页中，我使用了“形而上学的”一词。[②] 就我判断，卡恩先生的整个论述都是基于这一观点，即我把哲学和形而上学视为同义词；或至少把形而上学视作关于经验对存在的关系的那部分哲学，而且，我在始于亚里士多德的经典传统意义上使用形而上学一词。没有什么比这更远离事实了。《经验与自然》最后一章的几页力图陈述一观点，其中形而上学和形而上学的等词会在经验的基础上有意义，而不是在经验后面、作为其基底的终极存在的基础上有意义。 388

我现在意识到我很天真，认为可以把这词从根深蒂固的传统用法中解救出来。我向自己承诺不再在我自己立场的任何部分的任何方面上使用这些词，由此我汲取安慰。然而，我的书清楚显示我在提倡这些词的一种使用法，与传统如

---

① 见所引作品第 320 页（本书第 461 页）。

② 见 412 页底部至 416 页顶部（《杜威晚期著作》第 1 卷，第 308—310 页）。

此不同以至于与其不相协调。虽然我认为这些被使用的词非常不幸，但我依旧相信用它们来命名的事物是真实和重要的。

这一真实的主题是：自然世界既有普遍的也有特殊的特征，在这两种情况下，经验都能让我们达到对特征的认定。这仅仅是事情的开端。被命名的事物在存在与价值的关系的讨论中再次被说及；因为对在生命-经历中归结的价值的关注把哲学与其他知性工作区分开来。讨论普遍特性的这三页文字明确地是关于价值的地位以及它们在智慧地引导生活事件中的作用。关于普遍特征的讨论是这样起头的：有一种关于它们的陈述貌似与价值的批判和选择无关；即与"对智慧的有实效的爱"无关，而后者就是要讨论的主题。讨论的余下部分说的是，这一似是而非的结论(传统观点的结论)之所以被得出，是因为探测和标注普遍特征被认为是自足的，是事情的终点。与之相异的观点是，对它们的探测和标注是为了提供一张"批判的领域的地势图"；批判即是对价值作为具体事件的批判。比如，"仅仅把偶然性作为自然事件的[普遍]特征来注意和标注，这与智慧无关"。但在其与具体的生活情境的联系中注意偶然性，则是"对上帝的畏惧，这至少是智慧的开始"。整个讨论尽管很短，却显示了认可普遍特征的意义在于它们对生活的作用，即它们的道德意义，这道德是从基本广泛的人性意义上讲。

389

以上并非是我对使用"形而上学"一词的辩解，而是出于对我使用该词的误读而写的。这一误读很可能不仅仅局限于卡恩先生。该词所称谓和代表的事物在此被强调，因为在我的论述中哲学是*爱智*；智慧不是知识而是比知识更多；知识被用于指示和引导生活，使它通过威胁生活-经历的风暴和浅滩，也使它进入完美经历的福地，时时丰富着我们人的生活。

# 为“宗教与知识分子”专题论坛撰写的文章[①]

当今知识分子对科学失去信心，继而转向他们作为一阶层已放弃的道德态度和信仰，这是一个引人注目的事件，《党派评论》编辑所发起的这一探究应时且这一话题也重要。对文化生活的发展和倒退感兴趣的人都会对其“原因”或控制源头感兴趣。当我说后者与要解释的事件一样明显和突出时，我无疑把一切都过于简单化了。即使如此，指出上述这点有助于使以下讨论的论点更为明晰地显现。 390

不管怎么说，知识分子丧失信心和回归不久之前放弃的立场，与人类事态最近的发展之间有时间上的巧合。相应地，我将指出我之所以相信这不仅仅是巧合的根据；丧失信心和信仰愈演愈烈的时期也正是国家、种族、团体和阶级之间关系被侵扰至离析的时期。这一纷扰是全球性区域或范围内的，而在国家内部，它遍及生活、政治、经济和文化的每一制度。

我想，没人会否认意大利和德国的极权主义革命带来普遍的震惊。无需争辩，之前发生的两次世界大战使得过去在自由主义知识分子中盛行的信仰——即我们已进入一个尽管缓慢然而稳步地向和平的世界秩序发展的时代——被悲惨地击倒。向着更幸福、更平等的人类秩序的必然进步这一信仰不仅仅局限于世界和平这一主题中。它与坚信民主政治必然发展的信仰联系并被其支持，后者以个人自由渐进且必然的发展为特征，包括朝着经济机会平等这一方向 391

① 首次发表于“宗教与知识分子：专题论坛”(Religion and the Intellectuals: A Sympolsium)，《党派评论》(*Partisan Review*)第17期(1950年2月)，第129—133页。

的发展。这些诱人的结果被认为是科学的持续发展所带来的常识理性的必然结果。

因为,当19世纪的知识分子放弃18世纪启蒙信仰快速、革命地建立更好的新秩序的部分想法时,他们接受了对于更漫长、渐进、但更确定的进化过程的信仰。由于不再有革命进程的毁灭性暴力,达到目标可能丧失的时间足以得到补偿,还尚有多余。

我们还没提到,上述说法过于概要,需引入一些限定条件。但总的来说,这一说法如实地展示了自由主义知识分子所拥有的维多利亚时期的自信。此外,所需限定条件的缺失被一尚未提及的事件所弥补,且尚有余。法西斯和纳粹被苏联和民主国家联合击败,后者的军事联盟的终结导致先前的大乱状态成了彻底的分裂。即使这纷扰会长久持续而逐渐演变成为一场冷战,寒气已是肃萧,像冰山雪崩一样埋葬了之前温暖的希望和火热的理想。

如此广泛和深入的集体性颠覆,不可能不导致那些参与制度安排的人态度上的严肃扭转。尽管知识分子对纷乱最为敏感也最具反思性,他们远非唯一受影响的人群。从实际而非反思的角度来说,丧失信心和打破平衡影响到广泛的大众。392 对此间接的证明可从那些忠于弥漫着超自然主义的旧态度的知识分子的立场上看出。事实上他们现在一致唱道:"我们一直都在跟你说,如果不依靠超自然权威会发生什么。现在既然一切已发生,你看你对于安全的唯一希望就是回归宗教的无上权威,它要求超自然的源泉和支撑。"就在我写作本文时,一声号召强有力地伴随着这一声称,在全球回响:所有离开罗马而迷失的人都应带着卑微的服从回去;在这世纪中叶,如果可能的话,身体要回去;而精神则一定要回去。

正如知识分子阶层的话题要被放在更大的社会-文化背景中考虑,宗教话题同样应如此。当我们要考虑"现在的趋势暗示对于心灵的科学态度已被抛弃了吗"时,宗教的处境和命运不能和其他广泛的人类事件状况分开,这一点已确实被承认,不过只是部分地。这一承认是部分的,因为"科学"是唯一的另一个被提及的、需要被考虑的人类广泛关注所在。但科学本身的状况如何呢?如果它被抛弃了,且确实如此,它的被遗弃以及从超自然角度看的随之回归宗教,就一定有它的特定的"因果"条件作用。是否可以合理地设想,尽管科学由相对少数的一群"知识分子"(包括从事科学研究的那些,当然他们必然被包括)占有和享受,它依然受既非宗教也非科学的活动和关注的潮起潮落的影响?

这是众所周知的事实，对科学普遍尊崇的高潮在维多利亚时代：大致可被视为一战以前的时代；而它崇高地位的低潮始于二战，由于德国及其盟友的战败展示了旧民主和苏联的联盟是外在、表面、形式上的，低潮变得明显（也似乎有周期性）。我们的一个物质世界被分成两个相对的世界。在它们之间，甚至交流（作为达成理解和一致的条件）也在实践上不可能了。

393 就“科学”在战争中曾被用于宣传和不断增强杀伤力来说，似乎之前对科学的乐观被悲观所代替是必然的。就像所提问题中那样，当科学态度被称为“关于心灵的”时，必须认识到此处的*心灵*不是某个人或被称作*知识分子*的这一团体或阶层的私有的心智。它指的是一种广泛深入弥漫的心态，其中，源于恐惧且在有组织的不信任中发展起来的集体轻视代替了之前广泛的欣赏的目光。

那么，对于放弃“心灵的科学态度”，基本的考虑是，人类大众并非出于他们从未分享过此态度这一简单的原因而放弃它。大众当然是经历了它的*成果*。很久以来，科学的技术性运用持续加速，在不断扩大的地理范围和不断增加的深度上成为人类经验的主要源泉。只要总的来说科学成果被享用，“科学”的排行就很高。现在，战争和战争威胁成为国家和民族间接触的明显后果，所发生的放弃和回归就没什么神秘的了。尊崇的丧失没有更甚，很可能是由于物理化学和生物学的兴起给“科学”提供了大众赏识的新的、积极的基础。

于是我们面临又一个问题：“是否有必要重新调节，给予科学态度一个新的位置？”我希望，下文会解释所引段落的句子中省略的短语——“在知识等级制度中”。之前所述的立场是：重新调节，给予科学“新地位”是首要必须的。对大众来说，长久以来科学态度在他们最要紧的担心事和关注中所占地位很低。由此，这一态度必然存在和局限于特定的知识阶层。

对于我们要考虑的宗教问题，前文没作什么明确的回答。我现在补充一下，394 就我最好的判断，由于科学被建立成某个按自身存在的事物而不是所有社会-文化关注和活动的表达，这导致科学的“孤立”；对于宗教也如此，可能还更甚。我把对此要说的限定在最后一个问题里：“设想在过去宗教养育了某些关键的人类价值，在没有对超自然的广泛信仰的情况下这些价值能否维持？”

鉴于这一事实，即历史显示，宗教依靠超自然会是暴力争端的源泉，毁坏基本人类价值；即使在今日，宗教的不同仍把世上的民族分隔开——对此问题的一个概要回答是：价值会被维持，有力地被不依赖于超自然的宗教所支持。

这并不是说只要有反对超自然主义就够了，而是说脱离它会带来深入和普遍的、人类和人性化的宗教经验的发展。由此，当问及："那每个文明的宗教经验不是得本质上多元化么？"我的回答是，正如当每个人的能力都得到保证可以按其所好发展时，人类会变得更丰富那样，在保证有内部交流的自由的前提下，世上民族的宗教多元化也是如此。

# 作为一个初始阶段和作为一种艺术发展的审美经验①

在近期的《美学和艺术批评杂志》中，罗曼内尔博士发现我在《作为经验的艺术》中提到了两种形式或类型的审美经验。② 的确如此；然而罗曼内尔博士认为我这样做存在不一致的地方。不过我没觉得他提供了任何证据证明我对两种形式的认定使之相互矛盾，以致我的美学分裂成两半，除非他是指我提到的“审美”经验和“经验的审美阶段”。既然我的美学理论（就其本身）的核心和支柱是：每一通常上完善的经验，每一持续至终的经验，在其达成圆满的阶段是审美的；既然我的理论也认为艺术和它们的审美经验是这一初始审美阶段的有意雕琢的发展，因此，证明这理论的主要、不可或缺的意图的内在矛盾需要摆出证据。既然就我目前看来，除了利用两个不同的短语表达来表明初始形式和审美经验这一有意发展的形式的区别，他没有提供任何证据；既然一点都没提及从初始阶段发展出来的艺术性在我审美理论中的作用，我找不到什么可以为之作答的地方。 395

为了证明艺术的方式或形式从初始审美阶段中出来的发展是本书的“核心本质”（意图），等于要给全书写一段概要。既然每个人都能读到这本书，此事显得不必要，也不可能在期刊中做到。因此，在此关于审美的初始阶段，我满足于引起大家对第一、三章的注意。它们的标题，“活的生灵”和“具有一则经验”（强 396

① 首次发表于《美学和艺术批评杂志》(*Journal of Aesthetics and Art Criticism*)，第 9 期(1950 年 9 月)，第 56—58 页。本文所回复的帕特里克·罗曼内尔(Patrick Romanell)的原文请看本书附录 5。

② 第 8 卷(1949 年)，第 2 期，第 125—128 页。

调“一则”)已很具总结性,而无需再多地参考章节内容;因此我在此只提及,本书其余部分大都是关于诞生于初始审美方面的艺术的讨论。我还要指出,很多笔墨用于说明那些不是从初始经验阶段发展出来的“艺术品”并非是艺术性的,而是人工的:这一事实本身证明的不是我观点的自相矛盾,而是罗曼内尔博士的批评与该观点无关。

不过在他的文章中有一观点,它并未要求答复,但却给我机会(我为此很感激)来说说经验的普遍哲学,审美是其中的一个分类。在所涉及的句子里,罗曼内尔声称,每种关于我所论及的审美经验的独立发挥,会“导致两种不可协调的关于经验的哲学”。既然有很多证据证明除了罗曼内尔以外,其他人都无法完整或准确地掌握这一普遍理论,我很高兴有机会谈谈这点。

即如下:审美经验以及其从初始经验的自然和即兴中精心发展出来的艺术性的类别提供了在可能情况下最简单直接的方式,来把握所有形式的经验的基础,这些经验传统上(但错误地)被看作主题的诸多不同的、分离的、被割裂的、独立的分类。传统且依旧时兴的分类习惯把主题分成政治、经济、道德、宗教、教育、认知(在知识论名下)和宇宙学,并视它们为自构的、本质上不同的。我在谈及审美时就否定这一点。

397 人类学家显示,相对“原始”的社群会尽可能给维持群体生活的必要有用的活动盖上直接、审美上欢愉的外衣——为此宁可牺牲“有用”但单调的一面。我重申,这些事实提供了最简单的途径,来把握和理解那些主题中到底发生了什么;而非经验和反经验的哲学家把它们立在诸多隔离、独立、紧紧地自我封闭的隔间里,却授予它们以存在的领域、王国和范围的尊称。很难在舞蹈、歌曲、戏剧、讲故事等使初始经验的直接满足阶段延长和持久的艺术中找到那种神秘事物。绘画、雕塑、建筑也完成了同样类型的发展,只是以更间接复杂、也更隐蔽的方式。

这些事实对于哲学的意义不难以它自己的词汇把握,这一哲学的理论观点力图忠实于经验到的主题的不同形式的来源和发展的事实。造成障碍、阻挡、停止、扭曲的是:来源于初始经验的令人满意阶段的功能性发展,被哲学固定、僵化、实体化,成为存在和知识的诸多内在原始分类。

我看,没有什么比引用一篇不与《作为经验的艺术》相关联且早些年撰写和发表的文章能更好地结束这篇简短的论文。以下段落不仅提出了我对于审美的两种模式——初始的和艺术的——这一观点的正确解说，也提出了各种经验阶段——道德、政治、宗教、科学哲学本身和美术——的理论中普遍存在的发展原则，并事先反驳了这样的批评，即把主题的初始方面和艺术性发展方面的区分转换成两样事物的截然对立、水火不容。

该段如下：

> 实质上只有两条道路可以选择。或者说，技艺乃是自然事情的自然倾向借助于理智的选择和安排而具有的一种连续状态；或者说，技艺乃是从某种完全处于人类胸襟以内的东西中迸发出来的一个附加在自然之上的奇怪东西，不管这种完全处于人类内心的东西叫做什么名称。在前一种情况之下，愉快的扩大的知觉或美感欣赏跟我们对于任何圆满终结的对象的享受，乃是属于同一性质的。它是我们为了把自然事物自发地供给我们的满足状态予以强化、精炼、持久和加深而对待自然事物的一种技巧的和理智的技艺的结果。①

398

无需多言，无论这一理论有怎样的优缺点，发展的延续性和原初内在的不协调性之间是有截然差别的；尤其当这一差别的本质根本性地适用于各个类型的主题——且这些主题是以一套普遍综合的经验哲学的视角来处理的。

① 《经验与自然》，第389页（《杜威晚期著作》第1卷，第291页）。

# 为《紧张世界中的民主》撰写的文章[1]

399 在日常语言中,"达成理解"(reaching an understanding)等同于"达成同意"(arriving an agreement);在词典用语中,它等同于"变得想法一致"(coming to be of one mind)。此外,在词源上同意与不同意有讨人喜欢和让人厌的意思,意示着想法一致远非冰冷的知性事件。

## I

之所以用前面引用的常用语做引子,是由于它和联合国教科文组织的联系。诸如达成、变得、达到等表达暗示着之前不一致和不协调的状态。现在,无需任何辩论就可说服一名旁观者,世上的民族已处于如此分隔的状态,以致可被称为"冷战":在程度和广度上史无前例的分隔。很多国家被这国际无政府主义的不和谐,包括无政府主义给文明生活带来的所有威胁所纷扰;它们已加入联合行动,以发现为达到共同理解以及有组织的知性反击可做的——作为实践上达到一致的前奏。这,而非其他,正是联合国教科文组织的意义。也可以说,它的存在是承认在人类极为担忧的问题上诉诸知性方法的地位和职责。联合国教科文组织的整个活动集中于促进探究、讨论和协商。

400 处理国家间纠纷的传统方法的解体是联合国教科文组织形成的一大因素。

① 本文作为其中的第 5 章,首次发表于《紧张世界中的民主:联合国教科文组织专题论坛》(*Democracy in a World of Tensions: A Symposium Prepared by UNESCO*),理查德·麦基恩(Richard Mckeon)和斯坦恩·罗肯(Stein Rokkan)编,芝加哥:芝加哥大学出版社,1951 年,第 62—68 页。

历史上很长一段时间，诉诸武力冲突对暂时维持和平有用，尽管它没有消除导致战争的利益分歧。现在，即使是胜利者付出的代价也会使文明破产；毁灭是全面的，俨然所有自然元素、土地、海洋、空气都加入到毁灭的工作中。对于外交作为一种处理方式，即使不是愤世嫉俗者，也会同意外交是在没有公开战争的情况下持续的利益冲突，而在战争情况下利益冲突则是公然的。然而当这一说法首次被道出时，它被视为是一个极其好战的国家的强硬态度的显示。

有人说联合国教科文组织的形成和工作是力图用知性的手段代替武力，从而达成国家间和解，这种说法是沉湎于膨胀的乐观主义。但一点也不夸张地说，它给了世上民族一个符号，在现在是诱人的，在未来则可能成为事实。作为符号就必须有一些依靠其自身的东西；洋泡泡作为符号和在现实中都是易逝的。联合国教科文组织符合前一条件。这可以在已进行的两项知性探索中找到证据。第一项探究关于人权；第二项关于民主。没人会否认这些方面的意识形态、外在现实的分歧是当前不和谐的基础；它们也带来公开战争的危险。人权讨论的分歧集中在人作为个体与他作为成员的社会之间的关系。粗略地说，分歧在于以下事实，一些国家的代表强调人作为个体的权利高于国家提出的要求；其他组成民族国家的民族的代表强调个体对于国家的责任，以及后者要求其成员作为个体无条件服从其权威的无上权力。关于民主，同样的话题也成了分歧的原因，关于联合国教科文组织工作的进一步讨论将集中于这后一个主题。

关于民主的讨论，最有意义的发现之一是这一结论：现在每个国家都自称是民主国家。与两次世界大战之间造成国家分隔的分歧进行对比，这一声称显得尤其重要。因为那时国际间不一致的主要特点就是一些国家猛烈攻击民主这一观念和所有民主制度的实际实践。一些国家甚至认为人类所有严重的内在外在的邪恶和麻烦都植根于18世纪革命之后的制度，它坚持推翻封建制度的存续。据评论家说，这项制度完全是负面的。它只是用经济封建主义代替旧的等级封建主义。一战以继续坚持民主制度自足性的国家的胜利告终。然而，接下来的事件证明军事胜利远未解决问题。苏联继续对旧的传统类型的民主进行猛烈攻击。 401

这方面的证据是结论性的。极权主义类型的“民主”发表一系列言论，声称旧的、传统的政治民主是幻觉、诱饵、有意欺骗的假象。这些言论伴随着同样持续的努力，要制造革命推翻在英美等自称代表民主原则的国家的民主。究其本源，18世纪革命带来的政治制度现在必须被另一革命推翻的学说，不过是演示对立面结合的辩证法练习。但苏联现已是最强大的民族国家之一，这一学说成了当今全球分裂的主要因素。

## II

联合国教科文组织可以发起和指导探究和讨论，确定现有不和与冲突的源头。这一确定可以帮助指出如何解决现有的不和谐。但从它本身的组成来看，联合国教科文组织无法自身进行解决分歧的工作、并达到实际的解决。这一工作只能由现有世界分隔中的民族来做。

402

由此我们不会不问所需工作会被做的几率。特别是，哪些是阻挡我们的障碍，以及其中是否存在有利于充分发展达成一致的知性手段的源泉？近期的事件明显指出这一事实：由于自称是民主的极权国家对美国的攻击，美国人民没有充分认识到自己对于障碍问题的责任。这些攻击已制造了一种气氛，其中，就连在自己国家的立场上批判地审视民主的提议，也被视为感染了极权主义病毒的证据。

然而，在美国基本法中，保障民权的地位是基本和主要的：言论自由、出版自由、集会自由以及宗教中信仰和崇拜自由的权利。集合起来看，它们意味着本国基本法对于民主中舆论和宣传自由的不可或缺的地位的特别认可。以前，哲学家们探讨让心灵自由的重要性；但*公共交流*自由的权利若无明确的法律认可，"心灵的"自由顶多只是虔诚的愿望——政治哲学和法学作者无疑会关注，但对有序的社会生活的实际进行则没多大用处。

现在，有些人企图轻视民权法案的重要性，认为那代表着对政府的恐惧和限制其现已过时的活动的愿望。从历史上看，毫无疑问，对于政府扩大其权力范围、导致权力压制大众活动、使后者降低至臣民而非公民的地位这一点的担心，激起了对多种权利的诉求。除了英国、荷兰和一些斯堪的纳维亚国家，历史记录证明对政府的恐惧是合情合理的。国父们希望使新共和体制下的民众免于自由因政府活动受损的危险，其理由是充分的。因为总的来说，历史记录就是政府使用它们的权力，使大众的福利屈于特权阶级的利益之下。防止这种情况的发生是那些创立和指挥新共和体制命运的人的重要目标。

403

受保障的言论自由和表达自由之所以存在，是由于对政府的恐惧，既然民主权利的存在和行使消除了制造恐惧的条件，这一点也丧失了重要性(除了在极权国家)。现在重要的是，在接受自然和前政治权利理论时，国父们选择了讨论和公共交流自由这样的特定权利作为基本和内在的权利，以至于政治活动不被允许侵犯它们。这一事实显得尤为重要，因为在最初宪法里没有保证首要的政治权利——通过选举，选出构成政府机构的官员。由于特定自由——即关于人民福利问题的自由的公共讨论——受到保障，原先极度限制的选举权逐渐扩展。

把先于政治权利且是其基础的民权视为对民主政治行动的限制，没有什么错误比这更让人遗憾了。因为这是一个条件设定，在它之下且按它的方法，真正的民主活动才能有最好的保障。把所述的权利简单地视作可享受的特权也是错误的。它是一项特权，且在极大程度上是。但在目前阶段，显著的事实是，这些权利带来责任。鉴于现在国内和与他国联系的事件状态，我们使用或放弃探究和公共交流的自由的途径和程度会成为最终在所有问题上衡量我们民主真实性的标准。 404

如果在当时对于民主的充分含义以及盛行的习惯和制度与之的关系这一思辨和自由讨论中，我们没能使用我们被保障的自由，对它既不恐惧也不欢迎；那么随之我们也不能回应联合国教科文组织带来的机遇和挑战。我们把它的工作下降到辩论俱乐部的地位。此外，总体的政治民主国家的失败风险以及美国的失败风险会扩展到联合国教科文组织之外，而后者便是这整个进程的象征性的具象化。

### III

我们所面临的风险不是模糊而大概的，而是特定而具体的。极权主义民族国家已把盛行的工业和金融条件下的经济状况和大众福利之间的关系视作衡量所谓宣称民主的背后的现实的唯一标准。抽象来说，通过指出这一点来回应是个强烈的诱惑:就其他自由而言，铁幕后的国家的压抑和霸道的活动；以及与之相比，实际经济福利状况的成绩是多么卑微。但具体来说，集中知性和实践的精力来采取以其人之道还治其人之身的反驳方法是回避了——不管有意还是无意——我们自己的首要责任。此外，它还把我们置于极权者手中。因为他们的压制手段如此高效，我们的批判反驳无法到达他们的人民，而我们的交流自由实践如此进行着，他们对我们民主的攻击弥漫扩展；他们对我们民众中的那些认为我们的民主远不如他们的经济安全和福利的人构成了正面的吸引力。

然而更重要的问题是，即使极权主义国家从未存在，经济因素与人们日常生活的其他因素的关系这一话题也构成了一个问题。而且，一个国家越是工业化，问题就会越严重；因此美国作为工业化最深入的国家，问题也最尖锐和危急。对问题的自由和批判性讨论当然与探究和公开发言的权利的制度保障相一致。但这话题扩展到这一点之外。对我们自己行为的广泛的批判性审视，提供了具体验证"我们是真正民主"这一声称的恰当性的唯一途径；它也是发现和执行改正错误的方法的唯一途径。

造成政治与经济生活中的民主之间的关系的问题的条件是内在的。它们并不依赖于攻击我们民主的极权主义国家的存在。地球上每个国家的生活，即使最不受机械和能源工业影响的国家的生活也在发生转变。科学知识近期快速发展所带来的科技进步构成了我们眼下的处境。在美国，从以农业和农村经济为主到以工业和城市为主的转变的程度和彻底性，即使在两代人以前也是不可想象的。变化的快速、集中和广泛很少给人预想的时间，更没有准备的时间。布尔什维克的兴起可能是我们严肃探讨这一话题的原因。但不管怎么说，这一话题已伴随我们了。让它及它所带来的难题成为一个严肃和系统批判性质的课题并付诸行动，是出于我们自身的民主利益考虑。表面上，讨论已从联合国教科文组织的主题中逃脱。但事实并非如此。现在困扰世界的麻烦，在最大程度上是通过把一个地球上的民族分成两个人类世界所造成的紧张而表现出来的。但分裂带来的邪恶和危险远还没完。麻烦直接涉及每个国家里的民族内部事务。既然联合国教科文组织代表了通过知性方法解决国际关系问题，它也代表且提出了以下方法：每个独立民族都要处理不仅仅属于它自己、而且它拥有首要责任去面对的问题和话题。解决由快速工业化导致的内部麻烦的源头的责任，现在最直接地落在了旧政治类型的民主国家身上——因为它们拥有最为丰富的工业化经验。在政治民主国家中美国人民的任务尤其重。因为他们不仅仅是政治民主国家中工业化最彻底的，而且他们还自发地投身于一种民主，其中政治活动是由讨论、协商和交流自由决定的，所有公民都有权利和义务参与其中。

# 现代哲学[①]

I

“现代哲学”这一表达有两种意思。“现代”代表一个时期;也代表把过去几个世纪的体系与希腊-罗马体系分隔开来的概念。这一消极的分隔比积极的分隔更为准确。在现代哲学向我们展现的场景中,在得出的结论里找不出什么共同点。相反,有着各种相异和相抗衡的观点。共同点只在于所处理的问题的类型与古代和中世纪相比完全不同。对二元论系统阐述的话题的关注就是一份关于生活中广泛对立的报告。这份报告是现代哲学讨论成就的显著印记。值得注意的是,立志于统一的目标的现代体系找到的最终完整的统一,是在一条由对立的运动所测量和铺就的路上。 407

下文的前提假设是:(1)构成现代哲学主题的二元论首先是西方文化生活的冲突和分裂的反思和反映;且(2)这些分裂和分歧展现了科学、工业、普遍意义上的艺术以及宗教和政治组织方面的新运动对于根基深厚的昔日体制的影响作用。新运动给现有制度深重的冲击,但并没有颠覆它们。新世界的愿景通过探索、发现和迁徙——以及象征性地通过新的天文学和物理学——而被打开。但从基本关注和价值来看,与旧世界相宜的景象依然固守阵地。它是在历经无数 408

① 本文作为书的第2章发表于《我们文化的分裂:科学人文主义研究——向马克斯·奥托致敬》(*The Cleavage in Our Culture: Studies in Scientific Humanism in Honor of Max Otto*),弗雷德里克·伯克哈特(Frederick Burkhardt)编,波士顿:灯塔出版社,1952年,第19—29页。

世纪的习俗和做法中产生和成形的。这种两个不协调世界的景象是现代哲学的显著特征,现代并非时间意义上的。哲学所与之抗争各种二元论是它的特有表达。

在现代运动的第一阶段,对旧事物的偏离戴着回归的假象,即重建更古老的事物。这一阶段在它们的名称中被记录:文艺复兴、知识复兴、宗教改革。但由于新趋势对旧制度冲击的强烈,宗教改革变成了新教动乱;知识复兴演化成科技革命;接着就是工业和政治革命。现代哲学是这些变革的记录并不意味着现代哲学都立志于新事物。而是意味着,每一处哲学探究都对引入的突破和断裂如此敏感,以至于它们着手于和解、调节、适应、妥协。但无论采取什么模式,无论重点何在,话题所在就是被系统阐述为二元对立的各种分歧。

后者如此明显,它们马上印入脑海:物质和精神,物理和心灵、灵魂;身和心;经验和理性;感官和知性,欲望和意志;主观和客观,个体和社会;内在和外在。这最后一组分歧是其他所有的基础。对新运动的追随者来说,旧事物处于内在关键事物之外;内在由个人良心、私密意识和直觉——即反抗外在制度压力的事物——而表达和支持。追溯之前所述,以上所有词都是一个基本的制度性集体事件的反映,简单概括就是世俗对神圣的侵犯。

综合性地回顾可以看出,似乎众人,"普通人民",并不把新与旧视为截然对立,而把前者视为后者的扩大,视为额外的享受。实际上,他们的态度用语言表达是:"让我们好好利用这两个世界,今生和来世。"但知识阶层得选择一种立场。一些人为新科学得到承认地位而战;另一些人则觉得有义务维护旧的不受新的冲击侵犯。最外在明显的冲突有一个名称,即"科学与宗教之战"。它的细节现在只有历史学家感兴趣。但相比其他冲突,它可能更好地表达了哲学家们的二元论阐述背后的问题核心。

409

对于护旧的人来说,冲突的核心在科学本身。匆匆浏览一下作为其知性结构被中世纪神学所吸纳的旧科学,就可以发现新近的自然科学多么具有毁灭性。旧"科学"实际上是一种"宇宙论",其中宇宙需按字面意思理解,即一个和谐制定的、结构合理的、意义确定(或有限)的系统整体,它自然的或本身应有的精华,是作为逻各斯的理性。变化发生并制造一定尺度的盈亏。但它们被内在的逻各斯安置在固定界限内。科学作为人类认知,本身就是自然的不变法则的现实表现。由于这一体系被基督教信仰的结构安排所接纳,这一"科学"成为其主心骨。虽然自然被人类的罪恶所严重毁坏和腐蚀，它依旧是“科学”真正认知的坚实本体，超自然力量通过神性干预，保证它最终的重建。

新天文学和物理学的作用的确是破坏性的；它对科学不仅仅是冲击。它深刻地扰乱了渗透在西方世界人民的想象和情感中的道德-宗教信仰和制度。简而言之，现代哲学于其中发展的危机不是技术的，而是广泛深入的文化上的。仅提及新科学与长久以来被接受、已扎根的旧宇宙论的彻底不一致就足够了。按艺术性与和谐来制定的衡量事物的尺度被量化的尺度所代替，而在早期体系中，它只是由“偶然事件”造成的事物的盈亏变化，它进入但并不扰乱整体法则。机械运动(motion)代替了之前由不变性控制的运动(movement)。在旧科学中占从属地位的“质料因”由极为重要的“动力因”代替。在过去控制着按其本性实现意图的变化的“终极因”、目的被归于神学。先前体系中的意外和偶然现在成了自然世界中的必然机械结构。 410

当人们查看新物理学的知性破坏力的完整性时，会感到惊讶，它的后果并不比实际的情况更具毁灭性。在生活的“实际”事件中解决分歧的必然要求比理论一致性的必然要求更为强烈。事件事实上朝大众的方向(就像之前所说)移动，他们更关注直接实际的事情而不是离他们很远的理论。也即是，事件一方面知性、一方面实践地朝分开的区域和权力行进，不同的权威控制着这两个区域。冲突被避免了，因为通过共同的同意，两个“领域”有接触但无覆盖。高一级的是精神、理念的；它是至高无上的，只要它不让人尴尬地入侵普通、日常世俗事务。低一级的是平时的工作和担忧，它们可以自行其是，只要它们对精神的纯理念至高性有应有的服从。

就像在支持者和反对者看来，政治革命的直接发生从来都不是完全和最终的，新对旧的冲击导致的科学、工业和政治“革命”也是如此。在每一刻，新运动被注入积极运作和存在的代表旧传统的因素，从而被偏离方向、或多或少地被抑制。总之，现代哲学所着手的所有二元论中最基本的二元论很少被提及。这即是哲学与科学的分离。在古希腊-中世纪时期，在知识的完整和最终的意义上，哲学就是科学。它既是所有科学的顶点、升华也是它们确定不变的基础和保障。在科学和哲学主题的基本二元对立中，哲学成为从科学中驱逐出去的关注点、活动和价值的主人、守卫者和维护者。更低层的“物质”活动和关注被归于自然科学。随着超自然的声誉降低，哲学夺过了为那些更高的价值理性辩护的职责，它 411

们不再被科学所关怀，得到神祈的保障也越来越弱。

## II

有迹象显示我们现已进入一种状态，所处条件要求哲学的主题和职责有显著改变，且在指出所需改变的途径时，它也提供了实行的方法和工具。说今日哲学是在一种停滞消极的境地——按字典意思，“因为没有风或是有反向的风，船不能前行”的境地——也许是太极端了。但只有为数不多的乐观主义者会说哲学现在有极大的进步。

诸如经验主义对理性主义、实在论对观念论的话题讨论，在上代人那里还是热烈和激动的。现在它们几乎消失了。对其他经典二元论的思考也处在沉寂状态。它们曾经的位置，现在被精细化工具所占据；而这些工具看起来无非是被用于雕琢完全同样的工具。因为这些探索自称是关于形式，且仅仅是形式的问题，即不属于任何主题的形式。这一道路让哲学成为一种专业人士的繁忙工作。此外，讨论似乎就是对过往话题的历史的精细化。

与此同时，是有着一些最最重要的话题。它们是如此紧急，以至于它们的重要性可能是在形式的话题中寻求逃避的一个原因。但不管怎么说，它们是有着普遍和基本特征的话题，这满足了传统哲学需要深度和全面性作为其显著特征的要求。关于人类在世上的现有状态的问题在范围上当然是普遍性的。它们不再是区域性的；它们是关于东南西北全世界的人。这一事实如此明显，无需多加提及。它们的时间范围可能需要更多特别关注。人类目前的麻烦以及解决它们的资源躺在历史的深处。我们内部交流的方式以及阻挡思想和货物自由交换的障碍来自人类出现之前的原始地质时期。稍近一些、但依旧古老的是动物作为人的祖先的时代。有机体的大脑、神经以及胃和肌肉是与自然和其他人贯通的途径。它们也溯源于人类出现之前。动物性在作为人的人当中如此深入，它导致了人类生活许多附带的麻烦。

412

然而直到近期，把这些麻烦置于现实语境中还缺乏基础。由此对它们的科学分析和陈述还没有基础。神学伦理学把它们归因于原罪导致的人的腐败，由此要求只有超自然力量才能提供的补救。不公开接受超自然说法的道德家们的普遍观点是把所述的罪恶归于人性中的内在对立和冲突，一边是冲动和欲望，另一边是理智和意志：这一切都被视为实体“能力”，并因此用科学以外的方法来解决。最近，精神病学发展了比其他任何措施都更接近科学的疗法。但它却以几乎神秘主义的术语来操作。潜意识被当作是实体，是早期把“意识”当作实体的态度的直接传承。承认所提到的麻烦来自于原始动物因素和文化适应（即由“社会”制度改变的）因素之间的冲突，使得科学资源能为特定事实分析和报告所用。如今它们的疗法可以与医学的疾病疗法的变革（通过使用自然和生理探究的方法和结论）相提并论。

以上所述有其自身的重要性。不过在此处它是作为一个示例说明。被说明的事实是：负面来看，现代自然探究的早期阶段激发了二元论这一哲学讨论主题，并使之合理化；正面地看，它代表了这一事实，即现在自然科学在它走向成熟的过程中使得这些二元论不再必要，就像它们已被证实是无用的一样。用延续性替代破裂和孤立打破了哲学与自然科学的分离和对立；在科学探究的状况与人类活动和价值明确相违的情况下，这一分离是不可避免的。广泛的延续性对于突兀的分歧和孤立的替代的基础是：系统和彻底地放弃作为“只有当对待内在固定不变的事物时，认知和知识才是确定可靠的”这一设想必然导致的参照系、观点和视野。当过程在自然和生活中被视为“普遍性的”，延续性、空间和时间上的扩展就成了自称是科学的所有探究的那一个调节原则。 413

改变如此近时，以至于它通常仍被看作技术性和有限的。在此只能说一下在自然探究的参照系中，那一改变的显著方面。自然探究的参照系完全不是技术性的——事实上它是如此广泛以至于现在它使得科学结论在哲学探究中是直接有效的，也是可被用到的。

过程和延续性替代了固定性和由此产生的分隔，这首先是在对植物和动物的认知中得到的。有一段时间，这一主题是不完整的。关于“种类”的固定范畴先是被放弃，然后，又在对“进化”过程中不变性的寻找中被保留。当然，更重要的是来自于既定的制度化利益的抵抗，因为生命，尤其是人的生命对他们来说是被侵犯的外部权威的最后一道防线。如今坚持这一抵抗是在明显落后的状态下维持“社会”和道德主体的一项重要因素——可能就是那个最重要的因素。

有一种反对意见说，把人和他的关注和价值置于延续过程的范围中，是把人贬低到畜生的地位。那些坚持人因为原罪而彻底腐败的人尤其不愿意接受这点。而这也意味着对过程延续性的否定。因为延续性包括一种累积的变化和区分，而还原性的“降级”这一说法把发展的延续性仅仅视为重复。在其早期，把机 414

械运动作为基本原则在物理学中的运用也是片面的。因为它伴随着这样一个信条:机械运动发生在时空的固定空壳里,它们集中在、且由不变的原子粒子进行。如今牛顿体系被相对论(按通常理解这不是一样好东西)所取代,旧时认为的时空分离和它们与发生在其中的事件的分离,都已丧失立足点。空间和时间不再是"实体"的名词或名称,而是事件的限定,相比于形容词词组,用副词形式表示更为准确。"物质"由一种数学方式表示,就像所有类似符号一样,可根据需要转换成用于自然这一无限扩展的过程的其他方面的符号。"机械的"一词的早期意义现在只能适用于一些特定的部分,后者作为被选择的操作的机理而使用。在物理和生理探究的发展中,人与自然之间所设的固定的分离让位于特别决定的延续。由此,自然科学的方法和发现成了哲学探究的系统使用的可用资源,只要后者愿意作出放弃。只有对那些人——他们不断宣扬永恒性和不变性是总体"现实"的专门、唯一确定的标识和科学的"对象";并且由此获得既定制度性利益——来说,这才是牺牲。

尽管有伴随而来的阻碍,"现代"哲学的早期阶段对新天文学和物理学的发展有巨大的贡献。它既从积极方面也从消极方面完成这项工作。它给阻碍道路的制度性障碍以批判性攻击——由此促进了,不管有意无意,更广阔人类领域的"解放"运动。它们开启了自然世界的广阔而丰富的远景,这一景象的展现对于新自然科学所需要的特定工作工具的形成有很大贡献。哲学在做这项解放工作中最大的障碍是,它不是公开地做这项工作,而是在依旧被它视为是终极存在或普遍实在的掩盖下做的。由于它的工作是在掩盖之下完成的,那些从事那个时期"现代"哲学发展工作的人,大都没有意识到这项工作真正提供的益处是人类事务的解放。对于现实,它的抗争是无用的。而且,事实上提供的益处被人类与由自然科学来处理的世界之分离这一设想所扭曲。对这一设想的固守从以下事实中最能反映出来:在自然探究改变人类关系之时,这一设想仍被全力维持。

415

### III

彻底承认人类活动、事务、成败、考验和磨难、资源和不利条件、正面或负面的价值都是它本身的主题之后,现在哲学可以使用自然探究的方法和结论,作为完成它自己职责的体系盟友。这职责是:深入观察深刻而广泛地触及当今人处境的问题,帮助形成参照系,在其中可以设计处理问题的针对性假设。

这一立场合理性的前提假设当然是，人类领域、所谓“社会”科学的探究现在处于落后状态，就跟几世纪前的自然探究一样——只有“更甚”。对我而言，这一事实如此明显而无需辩论。但需要提一些重要显著的想法。目前我们甚至还不知道在人类领域中的和关于它的问题是什么。在外部的、所谓“实际”的方面，作为问题的原始材料的麻烦和罪恶的堆积及扩展的递增速度是落后的有力证明。 416 对于它的态度的两个重要特征，则是进一步的证明。一个特征是悲观原则的复燃，这原则体现在人的罪恶本质是麻烦的来源，所以要诉诸超自然这一学说中；之前认为劝诫和理想主义的传教就足够了的乐观估计，现在差不多已完全被放弃。

另一特征是悲观原则在最近嘈杂不绝的指控中有所体现，这种指控说自然科学本身是现有许多罪恶的主要来源，抑制其进一步发展（而并非把它用于有效人类探究的建设性前进）是应采取的补救措施。通常所称的“理论”方面（仿佛它本身不是超级实用的）的落后的证据一样有说服力。这样说并不过分：目前社会的协调不良和疾病被按照它们本身是什么来对待，仿佛它们本身是科学意义上的问题。这就仿佛在物理学中，雷电击毁房屋，或是金属因生锈而导致损耗，不是被视为探索形成问题的条件的契机，而是被视为问题本身；或者，在生理学中，发生疟疾和癌症这种病患时发生本身被视为科学问题。在“雷电”一例中，很明显只有在确定问题所在时，才可能有科学的发展——即问题处在电的事件的领域；且随着物理学对电现象解释的发展，对问题的准确确定才能有进一步发展。在疟疾被确定在昆虫寄生虫感染的大致范围内之前，治疗它的企图都纯粹是“经验的”，按该词贬损的意义来理解。癌症的例子更加有代表性。简言之，提得明确的问题已是被解决了一半，这一说法的错误在于它没能更加深入。提出问题与解决问题是同一操作的两个方面。正由于此，人类探究的主题中的“问题”的现状才如此意味深长。

这一领域探究的落后状态的进一步证据，是一个现在差不多完全控制人类主题的探究的设想。这设想是，有组织的人类行为的不同重要方面彼此间如此 417 孤立，以至于它们构成分开和独立的主题，由此要用特属于它独特性的方法来处理。主题被切开并打包成，比如说，法学、政治、经济、美术、宗教和道德。“社会学”原本是为了克服这种分类；但它似乎发展成了另一主体，有着它自己特定的主题——它一直试图确定这个主题。在此，留意一下这一点是有益的：早期阶段的物理探究也被分成独立的主题；它的进步与各种探究相关，而这些探究是通过引入连词号和形容词短语来定义的。它们之间的差异很快成了探究方向的一个方面或强调点，而不再是由于不同主题而造成的障碍。

假如以上所说被理解为哲学可以或应当为人类问题提供解决方案，或甚至由它本身来确定问题*确切*是什么，那会造成误解。但有一预先的工作急需完成。这类似于17、18和大半19世纪，人们所做的，让自然探究从早期的文化限定的负担中解脱出来；而且积极地建造起参照系的概念，即一种立场和前景，其中人类的问题被具体化，解决的假设方法被设计和测试。值得再次注意人类主题现在有时间和空间上的综合视野，哲学反思曾自诩其为它自身特有的标志。人与自然之间界限的打破现在已广泛开展，以至于心与身的二元论这一无意义的问题可被替换为明确的问题，如有机体与环境的交互如何延迟、如何帮助人的努力以实现人的目的。"自然资源"这一问题比通常认为的更加广泛；它需要被扩展，从而将自然条件进入人类关注领域的方方面面都纳入考虑，无论是作为资源还是作为不利条件。

刚才所说的关于人类活动和关注的广泛和深刻的状态，意味着今日的主要问题之一是展示在其整体范围内的人性的内容现在是哲学的专门主题。对把"科学"认作独立的实体、有着自身独立的事情这一观点的攻击是中肯的——对大量赋予科学的不加分辨的赞誉的攻击也同样如此。所谓的科学，正如每一种形式的认知，是有组织的人类行为的一方面；它完全不是被孤立和独立的，它参与同其他形式人类行为的给予和接受的连续交互，并由此构成。有一个开放的领域，等着哲学史学者们来展现自然科学的进程如何被宗教仪式和教条、经济、政治、法律和艺术——无论"纯艺术"还是"实用的"——等文化关注所影响。我们所需要的不是"综合"，不是从外部附加的形式上的联合，而是内在交流以及关于阻碍和抑制的专门学问，阻碍和抑制过分地夸大了人类行为的一个方面而藐视了另一方面；比如，某些历史文化条件使得自然探究变得如此单一地专门化，以至于给予它现在浓厚的技术气质。对上述方向的探究的系统性追求将把道德从狭窄孤立的境地(道德在其中被逐渐限制)解救出来。这是通过揭示一个可表明的事实来实现的，即这探究是集体、有组织的行为的所有模式和方面的所有价值和无价值中的明显属于人的东西的顶点和中心。

418

对哲学，就像对所有其他人类努力的方面一样，前面的路是艰难的；因为毕竟哲学所需的改变只是人类生活每一方面都急需的、可能重建的一方面。哲学几乎不能担当领头，引入人类历史的新纪元；这新纪元是日益增长的灾难之外的另一选择。但如果它有持久的勇气和耐心，合作地加入持久战，发现和利用（尽管不稳定、混乱和活跃的冲突威胁着文明本身）人类自由和正义事业得以进展的正面途径和方式，它是能行的。参与合作性工作的机会是敞开的。哲学努力的第一步是系统和建设性地利用不同阶段的自然探究赋予我们的资源。对这些资源的现实利用当然应当远远超出所谓哲学或科学的特定活动之外。但那些参与 *419* 哲学追寻的人可以——如果他们能行的话——参与部分工作，由此让他们为之立誓的这一主题重获仁慈、自由、人性的意义和生机。

很可能“科学”孤立于其他有组织的人类追求、事业和价值一开始是种保护措施。也许，假如它未否认与集体活动和关注的其他方面相联系和给予其支持这一责任，对它生存的制度性障碍会更为严重；还可能会是无法跨越的。但无论如何，系统性地接受它的独立性——这一观点使得它的进程单一地由一种特定的人类兴趣和行为所决定和维系，即所谓的经济，与“物质”同义。这一等同以及随之的孤立给了制度性操作不应有的力量，它增强了阶级和国家主义的利益和权力，以牺牲我们共有的人性为代价。这种人类生活状态不可避免地缩回到不安全和冲突中。一个有着巨大人性意义的选择在来日要被作出。我们要么继续对自然探究进行粗暴而无用的指责，延续和加深让我们深受其害的罪恶；要么着手使用科学理解所带来的自然、知性和道德资源，促进自由、平等和福利的条件，这是我们人类共同享有的。这一选择的意义如此深远，哲学的工作和命运只是其中一种意义。但哲学所扮演的角色可不小。现在通过展现使用自然探究方法和结论所提供的资源会如何服务我们共有人性的利益，哲学有机会参与这一挑战。在这项工作中承担一部分——即使是卑微的——责任的哲学将饮用生命之泉，从中汲取活力。

# 附　录

# 1. 就约翰·杜威的可能性学说致杜威先生的信[①]

弗吉尼亚大学

1949年2月10日

亲爱的杜威先生：

最近我在和一小群学生一起阅读约翰·杜威的《逻辑》的一部分。我怀有兴趣地观察到他们的困难集中于对可能性的处理。随着六月来临，学生们离开，去实现他们一学期来偷偷怀抱着的可能性。至于困惑，他们把它作为离别礼物给了我。 423

为了慎重起见，我来请求您的帮助，因为在我脑海中，您与《逻辑》的作者，一个叫约翰·杜威的人有着联系，如同勒内·笛卡尔与《沉思录》作者的联系一般。我的目的是寻求对于约翰·杜威学说的更好理解而非提出批评，更不是提出我自己的观点。我不时提出对约翰·杜威本意的推测。我相信任何先前的曲解会被过后的推测所纠正。

我膜拜于约翰·杜威足下已多年了，在此冒昧介绍性地概述一下我自己理解的这位苏格拉底的立场。各种二元论于约翰·杜威来说是可怕的。初始的二元论带来最终的坍塌。现代哲学思想之所以失败是因为各种二元论，无论是潜在的还是明显被拥护的，都控制着思辨的进程。当然这其中有真正的区别。这种区别出现于探究的存在基础之中。分析应该展现区别如何以及为何产生。这样，它们可以溯源性地与所有探究的生命过程基础中的张力、压力和紧张相关联。区别——如“认知者”和“所知”，“意识”和“肉体”，或无论其他什么——在探究过程中都是功能性的。在探究 424

① 首次发表于《哲学杂志》，第46期（1949年5月26日），第313—329页。杜威给阿尔伯特·G·A·鲍茨的回复，见本卷第280—294页。

理论中，这些区别作为实现探究的条件因素需放在预期中被理解。就它们的生成条件或探究过程的功能性条件而言，区别不能被刻板化，因为这一刻板化意味着哲学事业一开始就失败了。以上，简而言之且尚不充分地，就是我对约翰·杜威整体立场的理解。我希望，我的推测在术语以及其他方面与其立场相符。若我在此失败，若您能像过去一样善心帮助我，亲爱的杜威先生，请随时指出我在阐述杜威学说时的错误。

我的推测首先是关于潜能和可能，存在和非存在的区别，以及与此相关的区别。

《逻辑》的作者对潜能和抽象的可能作了确定的区分[第 289 页(《杜威晚期著作》第 12 卷，第 288—289 页)，这些术语在文中呈粗体]。前者被称为"在存在的相互作用的给定条件下实现的存在的'力量'"。可能性则被称为"属于操作本身的事——它是可操作性"。

在此我暂停，并提出对约翰·杜威本意的大致推测和关于我的推测所引向问题的初次说明。潜能是存在的，在存在的相互作用的给定条件下得以实现。可能性是否是一组特殊的潜能，是存在的且在存在的相互作用的给定条件下得以实现，但由于探究过程中它们的特殊操作功能而区别于其他潜能？约翰·杜威的逻辑原理是探究理论。探究是生命过程，在更广阔的生命过程的基础中前行。（我很难不想象这基础处于一个更综合的背景中，包括双星的运动、浪碎岩石和无限的事件飞逝。但约翰·杜威可能不接受这一切，或者这可能与探究理论无关。）潜能首先在这生命过程的基础中被理解。潜能是多样的——鸟能飞，郁金香球能开花，猎狗能猎狐。既然探究是生命过程并被承认确实进行着，我认为它暗示着潜能在存在的相互作用的合适条件下的实现。把这些潜能视为探究的潜能也很合适。随着探究理论的成功和我们知其所致，我们也明白了、或更好地明白了什么是探究的潜能以及称之为探究的潜能究竟为何义。（当然，这些及其他潜能可成为各种自然科学的探究对象。但我得承认我自己的偏见。哲学家过于严肃地依赖科学家声称的某个特定发现或一系列发现是有危险的。科学家会得寸进尺，入侵哲学家的地盘。）在探究的存在的生命过程这一基础中，以及在探究过程中，有必要对探究者和这种或那种探究中涉及的其他一切作区分。这区分可用"有机体"和"环境"来概括。这一区分不能被视作二元论的僵化形式。更何况根据我对约翰·杜威的理解，"环境"有着极其丰富的内涵，尤其是用于探究理论时。我推测探究的潜能可被视为寄居于探究的有机体和探究的周围环境中。或者说，它们尤其寄居于有机体中。探究过程包括潜能的共同活动和共同实现。在认为这些与杜威学说相符后，我推测"可能性"由一组"探究的潜能"构成，而后者处于存在的相互作用这一给定条件下实现的潜能之中。（对于探究的潜能是否指一套特殊潜能，比如人有的而蝴蝶却没有的；抑或指可在探究过程中以特定方式实现，也可在其他条件下以不同方式实现的潜能；以上及相关问题，我搁置一边。坦白地说，我觉得如果既要避免误述，又要避免让黑格尔都生畏的充斥着限定语的句子，那么约翰·杜威的学说极难表述！反思我自己阅读约翰·杜威的经验，除非理解每一个词所含的极端具体性，否则很容易误读。我倒希望——这样说有些冒犯，亲爱的杜威先生——生物学家们可以从约翰·杜威那里学习"有机体"和"环境"所载的丰富意义，而并非相反！）

426

我目前的推测是，在某种意义上可能性是潜能甚至探究的潜能的子类。为了澄明这一推测，需要参考其他文本。"当有机体反应参与在时间上滞后、继起的事务状态的生成时，它和周围环境一样是存在的。"[第107(110)页]"当存在的结果被预见；当周围环境被参照它们的潜能来审视；当反应性活动被参照某些而非其他潜能在最终的存在情境中的实现，而被选择和制定时——有机体的相互作用即成为探究。"[第107(111)页，粗体为本人标注]在第129(132)页，对象是"作为有着特定的存在结果的潜能的一组特质"。陈述性命题阐明潜能[第162(164)页；在第388—389(386)页有一段重要的话提示不要混淆潜能和现实的范畴]。有机体反应是存在的。在探究过程中——这似乎与之前所述相符——有着多种潜能共同作用。也许更为精确地说，在探究过程的每一阶段，有着潜能在不同实现阶段的细致的共同作用。对于来源有必要作一区分。尽管在共同作用中，"有机体"还是有别于"环境"；或者说有机体内的潜能有别于有机体外的。即是说，若有周围环境而无有机体，探究过程无法发生和进行；而有有机体，无周围环境，探究过程也无法发生和进行。当然，总是有着在周围环境中的有机体和为着有机体的周围环境。往回看，探究过程似乎产生于一个如此具体的基底，以至于作为潜能来源的"有机体"和"环境"的截然区分是一种伪装。作为展现这一具体性的方法，约翰·杜威是否愿意接受以下一点？即在生命过程中，"环境"是为有机体的环境；"有机体"是为环境、在环境中的有机体。如此，有机体激发和定义为它的环境；周围环境被这个处于其全部现存环境中的有机体引入探究的焦距中。相应地，环境作为条件运作着从而使有机体适应它，并使有机体的内环境也处于关注的焦距中。有了以上保证，区别两种在探究过程中每刻都同在的潜能是合理的，它们简要地分别由"有机体"和"环境"代表。为简洁起见，我用"o-潜能"和"e-潜能"分别表示这两个方面[①]。

427

① 即对应 organic(有机体)和 environment(环境)。——译者

现在我回到第289(289)页。约翰·杜威在区分抽象的可能性和潜能,以及把前者定义为在存在的相互作用的给定条件下的存在的“力量”之后,又对可能性作了附加说明。可能性——可操作性——“只有当操作不使用或作用于符号而是作用于存在时,才会存在性地实现。”(只有在原文中不是粗体。)只有当操作是作用于存在时,可能性才被存在性地实现。这样来阐述杜威的观点是否准确呢?从探究过程来看,有一些o-潜能至少可被视为探究的潜能(如前所述,探究过程总是包含着共同活动和共同实现)。探究的潜能(i-潜能)——或者至少其中的一部分——应被称为可能性,因为作为操作,它们可以使用符号或作用于符号,此时,它们就是可能性。这些操作,我认为从它们发生时,本身就是实现或是实现过程的阶段。往回看,它们出现于o-潜能中,后者处在具体探究过程的潜能和实现的更广阔背景下。至于何种o-潜能和i-潜能成为使用符号和作用于符号的操作,我们无需考虑。符号操作一旦进行,就必须放在探究过程发生的事件中理解。它可以预见在未来过程中会发生什么。在此,它作为可能性的地位就被定义好了。我尝试性地推测,符号-操作可从两方面看:往回看,作为(某种)潜能的实现阶段;往前看,作为功能性的前瞻,作为一种可能性。

亲爱的杜威先生,我进一步认定,至少就它们的物质性而言,符号是“存在的”或存在物。[众所周知,在第51(57)页,约翰·杜威对记号和符号作了区分:前者用于自然记号,如烟囱里的烟;后者是人工记号,如“烟”一词。]这样,可以说有一些操作使用符号或作用于符号,而有一些操作不直接和符号有关。两者在我看来都可被称为存在的操作,即使用或作用于符号-存在物的操作和使用其他存在物的操作。所有在探究的生命过程的基础中的活动都是存在的,并可被视为共同作用的o-潜能和e-潜能的实现中的瞬间。当对潜能的强调首先是在有机体内时,在依靠符号-存在物的某个实现阶段,符号的制造和使用可以是罕见的,或涉及具备罕见天赋的有机体[比较第43(49)页]。亲爱的杜威先生,请您相信我不是吹毛求疵,而只是想澄清约翰·杜威的学说。若我可以被准许作如下陈述,这一学说对我而言将显得更清晰——每一实现都发生在存在的相互作用的特定条件下。假如符号-存在物不可用或未被用,那么会有一些实现潜能的过程将不会带来它们事实上带来的结果。因此,它们是存在的相互作用的特定条件下的实现。这些结果从它们在深入进行的探究过程的功能上看,是可能性;并且,当操作不是直接使用或作用于符号,而是作用于非符号的存在物时,它们可以带来潜能的进一步实现或是确定其实现的条件。在过程的舞台上,符号-存在物必不可少,这一舞台首先是有机体内的,尽管,此处或彼处也些微暗示着有机体内外的共同作用。当特定的探究过程在一个情境中到达观念中的目标,它所具有的张力得以释放，那么一个内含的可能性在相互作用的条件下达到它的功能实现，这可被称为有机体和环境的精细的共同作用的圆满成功。当然，这一成功是可能性功能性地预见到的实现。[第107—109(111—113)页]

作为进一步的初始步骤，我打算现在考虑一下“观念”和“非存在的”的意义。第289(289)页的章节继续道：

> 一个严格意义上可能的操作构成观念或概念。对符号化理念材料操作的执行不会产生化解张力的结果。……只有通过操作性地引入建立确定的相互作用的条件，才会产生这样的结果。

观念是“对可能发生之事的期待；它代表一种可能性”[第109(113)页]。“没有符号就没有观念；彻底脱离具象化的含义无法被拥有或使用”[第110(114)页]。在第13页有这样的词组：“代表一个可能结果的观念。”在第112—113(116)页，约翰·杜威写道：

> 从个案观察到的事实和观念表达的观念内容，分别作为所涉及问题的澄清和可能解决方法的提议，它们相互联系；由此它们是探究工作中的功能性分组。在它们履行确定和描述问题的职责时，观察到的事实是存在的；而观念性的主题是不存在的。那么，它们如何协作以达到存在情境中的一个解决？除非能认识到观察到的事实和持有的观念都是操作性的，否则该问题就无法解决。观念是操作性的，它们促进和指引观察的进一步操作；它们是作用于现有条件的建议和计划，用来澄清新的事实和组织所有被选事实，形成连贯整体。 430

总之，观念或设想是一种可能的操作。它是一种可能性，或代表一种可能性。它是一种期待。它不能没有符号。

若以上对约翰·杜威学说的推测和复述可被接受，那么我认为“非存在的”的含义如下。观念、观念性的主题和预见的可能性作为发生的事和进程中的瞬间当然是存在的。我冒昧称之为实现潜能的暂时性阶段。但从功能来说，观念预见着尚未进行的事。在观念或可能性已成为其中一因素的发展的情境中，它指向一个如果有些变化就可能到来的情境，一个张力得以化解的情境。由此，观念是指涉中的存在，它指向一个探究过程得以在其中发生的情境。除非在有机体内外条件的共同作用下，有机体采取适当的活动，否则观念或可能性就会预见现在不存在、以后也不会存在的东西——从这一意义上说，观念或可能性是非存在的。的确，如果这些活动被执行，那么过程可以被回顾，从而显示观念性因素是非存在的含义。过程因素的功能性非存在，或者说，这些因素的功能作用，依赖于符号-存在物的使用——(或者是否可以加一句，自然记号材料的使用?)。如果记号和符号材料不可用或未被用，有机体内资源无法在交互性的探究过程中维持可能的操作。看来是这样一种情形：可能性的实现同时是存在着的或存在的"质料"(stuff)的功能性探究地位的获得，从而这一质料成为符号。即观念让质料成为符号，同时质料让观念的出现成为可能。

亲爱的杜威先生，我真心希望以上所说没有严重曲解约翰·杜威的普遍立场。431 这都是为审视对于可能性的处理作准备的。在第 280(279)页，我们读到："从存在的材料中抽象出可能性是有序的言谈的本质。"杜威视数学为关键案例。"对任何逻辑理论来说，对数学概念和关系的显著逻辑特征进行解释的能力是对它自己主张的严格测试。"[第 394(391)页]他的逻辑理论一定是指出，数学主题是探究的复杂模式内在发展的结果。这一理论一定是解释了"一种论说形式，它内在地无需存在的指涉的*必要性*，同时它提供了无限广阔的存在的指涉的*可能性*"[第 394(391)页]。"有序的论说本身是严格(或必要)有效的、替代含义的规则下的一系列转换。"[第 395(392)页]约翰·杜威声称之前章节所讲的就是指涉对于某一终极存在的运用的论说。对数学论说的描述如下：

> 当……话语只按照对于它*自己*逻辑条件的满足来进行时，或者说只为它自己而进行时，主题不仅在直接指涉中是非存在的，而且它自己也是在独立于最不直接的、延迟的和隐蔽的存在的指涉的基础上形成。由此它成为数学性的。[第 396(393)页]

"数学命题的内容无需任何优先的解释"[第 398(395)页]。含义的转换涉及本身可以被抽象化的操作。转换变成抽象的*可转换性*[第 399(396)页]。转换按我的理解可以两种形式进行。我认为在两种情况下它都是一种操作、一种过程，且按这种意思(可能是不重要的)是存在的。操作可以在其观念中包含那一预见中的执行之可能性的执行。在另一种情况下，操作无视最终的执行而进行。在此，操作被抽象的可转换性 432 的要求所控制；操作涉及观念，即可能物。"论说的主题或内容是由可能性构成的。因此，内容是非存在的，即使指涉对存在的运用来建立和组织。"[第 395(392)页]。此外,“作为可能性,它们需要用符号系统阐述。涉及可能性时,符号化……是论说的核心。”[第395(392)页]。按我的理解,从某种意义来说,操作是作用于、使用或通过符号的途径进行的。虽然符号是一种存在的质料,但它不是没有观念的符号。换句话说,操作是作用于、使用或通过观念的途径进行的。然而,由于没有不具有符号的观念,操作是与符号有关的。观念是可能物,作为探究过程中的操作或操作的因素来说是存在的,作为处在无需存在的指涉的必要性的论说中来说是非存在的。同时,如果指涉存在,且指涉的是可能或可能不发生的终极情境,从这种意义来说,观念也是非存在的。

人们会认为,约翰·杜威的可能性学说应与传统联系在一起考虑,后者会赋予其本体论地位。在第131—132(134—35)页,他提到早期的经典本体论,以及一个更近的思想倾向,后者认为“概念中的主题构成了抽象可能性的领域,它自身也是完整的,而不暗示要完成的操作的可能性。虽然由此得出的形而上学地位不同于经典本体论,但它们都同样地赋予超经验实体以实体化的逻辑功能”[比较第399(396)页,第389—390(387)页]。可能性的操作理论与本体论形成对比[第399(396)页;在第271页,我们读到,通过系统阐述,行动的实际方法成了行动的可能方法的代表;在第302(301—302)页,普遍命题是可能的操作的系统阐述]。还有:“此处的立场是……确定数学主题的转换性的操作是——或构成——可能性的领域(按该词组唯一逻辑上可行的意义)。”[第401(398)页]

然而在第404(401)页有一段惊人的话:

> 虽然并不是说对关系的同构模式的操作-功能解释*反驳*了对数学的指涉本体论基础的解释,但它却使这种解释对于*逻辑理论*来说不必要,并将这样的解释留在了任何只能在*形而上学*基础上被支持或反对的形而上学理论的位置上。

433

这段话比其他话更让我揣摩不定。

让我把对数学——或更普遍地说,对可能性——的解释,即那种指涉本体论基础的解释称为“本体论学说”,且明确它可以多种方式呈现。让我进一步设定,约翰·杜威的《逻辑》的学生会说:《逻辑》对探究过程作了有说服力的分析。上述一段话提出了一些问题。是否有一种对杜威理论的解释,它使得本体论学说不仅对于*逻辑理论*来说不必要,而且*本来就不必要*?也就是说用于补充操作理论且与之协调的形而上学不含有关于可能性、关于数学的本体论基础的学说,所以是否后者对形而上学来说不必要？若如此，这一解释到底是什么？另外，若操作理论被接受，但被视为允许（而不是需要）支持本体论学说的形而上学的补充，操作理论的何种解释致使这种许可？其中的什么因素给这样的形而上学的补充留下空间？而且，我们可以想象这个学生面临另一不同的问题。以下是否可能：操作理论虽然使得本体论理论对探究过程的精确分析而言不必要，但出于哲学兴趣的满足，依然需要形而上学的补充和涉及可能物的本体论基础的补充？若可能，操作理论中的什么因素导致这一需要？

也许可以找到一个推测性的解释，它使得关于本体论基础的辩论毫无必要，因为这一问题可被操作理论定义为虚幻的。一切都聚焦于把可能性视为潜能的子类。若观念、可能物是操作，那么它们是事件流中的事件。作为细密的有机体内外条件共同作用中的瞬间，它们是存在的。它们是生命过程中的瞬间。我们承认，从它们的预见功能，从与会或者不会发生的事的关联来看，观念、可能物、观念主题是非存在的。但就它们本身来说，作为事件，作为发展过程中可辨别的因素，它们纯然是存在的，就像我的水仙花上长的叶子。若我们采用潜能和实现以及相关术语的经典区分，那随之可把观念、可能物作为潜能的实现，或在这一实现中的阶段、瞬间、成果和事件。由于它们在探究过程中的作用，由于在《逻辑》中揭示的一切，它们，或者说它们必须从中而生的潜能，应有一个特殊的名称。它们是在探究过程中导致可能性和重要的行为预期的潜能。该子类可为多门科学确定极其有趣的问题。我这样说毫无冒犯之意，我是指石头、水仙和蝴蝶不参与探究过程，而人类有时参与，科学可能会对这些事实及它们的含义感兴趣。但是，就像可能性和潜能的区分对于探究过程分析至关重要一样，按照现在的推测，我看不出为什么"可能性"、"观念"、"可能物"会招致一个特殊的形而上学问题。对这一推测，约翰·杜威的学生会说：形而上学也需利用如此的区分，就像潜能和实现的区分。在我们对飞逝的事件的熟悉范围内，天体庄严的运行要被注意，但与蜻蜓的跳跃和园丁因他种下的百合发育不良而沮丧，同时又解释为是由于花园里有老鼠相比，这些也不应被少（或多？）重视。形而上学论者肯定会惊叹于够格的丰富的事件材料。潜能和实现会指出需要科学和形而上学思考的事实领域的方面。尽管有以上推测的解释，接受杜威理论的学生会说：按照——探究确实在这领域进行，且和其他进程一样，潜能和现实的区分与此密切相关——这一事实，是不会产生特殊的形而上学话题的。即使是数学，无论它在探究分析中或是对于探究分析多么重要，也不需要形而上学讨论它是否指涉本体论基础。

434

435

亲爱的杜威先生，我不希望过于强调个别孤立的文本，它们只稍稍提及杜威的立场。既然我的目的不是批评而是有机会澄清，我恳请能够继续我的假设。如果赞同杜威的学生迟疑于操作理论的形而上学补充，并问道：操作理论的什么特征可作为形而上学讨论的出发点？我推测，这一切都取决于"可能性"、"可能物"、"观念"和"操作"的解释。观念是操作性的。它们指导进一步的观察操作。它们标志着可能性。它们是功能上有预见性的。学生可能会问：是否可说，可以两种方式诠释这些术语而不扭曲杜威的探究过程理论？从一种方式来说，我们首先——若不是仅仅——关注它们在探究过程中的功能。按另一种方法则暗示着一种形而上学讨论的可能。探究活动是复杂的，在变化和积累着的有机体内外条件中进行，且依靠它。从考察中的目的来看，这一过程可被视为单独的操作。从复杂性来看，它可被视为由很多操作构成。其中的一些操作是观念。它们是指向可能发生的事的可能性和可操作性。由于观念-操作不能没有符号，它们可被称为符号-操作。观念-操作在复杂的探究-操作中具有特殊功能。在探究-过程中，观念是操作，定义着进一步的可能的操作。为了分析探究过程，我们可要求：对于"观念"和"可能物"无须说更多了。如前所示，它们可在潜能和实现的整体区分下被解释，而无需考虑它们在探究过程中的作用。

然而，是否可以从另一角度看待"观念"和"可能物"，而不与对探究过程的分析相矛盾？这个问题无论如何回答，约翰·杜威的一些话语已作出提示。观念是行动的建议或计划；观念标志着可能性；观念代表一可能的解决方法。是否可这样说？——观念、可能物定义或确定操作；预期的操作是——至少部分是——由观念或可能物的性质决定其性质的；通过观念和注意它们的内容，探究者看到操作的可能性，并区分彼此。设想一下：行星的观察数据，比如它们的轨道，都通过几何构想——圆、椭圆等等——被弄清。圆或椭圆是用来定义解释的可能性的因素，指向张力的化解。几何构想牵涉其中，从它的内在本质来看，似乎它控制着内含的可能性的系统阐述，并控制着一些与可能性相符的活动。由此，它们的确标志着可能性。为了使这些推测更加明晰，作为权宜之计我可以诉诸哲学史吗？事实上，笛卡尔说：观念作为想法（思考）的模式都以同样的方式来自于我。另外，该词表示拥有内在特征的本质和特性。我当然不希望把笛卡尔式的解释加在约翰·杜威之上。然而，是否可能使用一个些微类似的区分，来表示用多种方式诠释该词的可能性，同时不曲解约翰·杜威的探究分析？在探究过程中，有一些操作涉及按照其内在构成来理解观念或可能性，从而在过程中引入某些特征，结果一个或多个预期的符号-操作成为过程的一个阶段。然而，根据现在进行的推测，观念或可能物从某种意义上可被客观地看待为本质（用旧时说法）和特性，由符号——如"圆"、"椭圆"——所代表。当论说无须存在的指涉的必要性，且拥有无限广阔的存在的指涉的可能性时，观念和可能物即是所论说的。无

436

论它们存在的物质性如何，符号依然是符号，因为它们代表观念。探究过程可被充分地分析，仿佛除了在对于探究过程的操作性分析中说过的以外，对于观念或可能物没什么可多说的——而且为了那一分析，无须再多说什么。如果有什么要说的话，它将是对分析的补充而不是代替。

437

按照这一推测，在我看来，导致对分析的可能补充的形而上学兴趣的契机是：可能物、符号所代表的东西的事实上或表面上的独立。可能物或本质似乎以一种让人惊讶的方式坚持显现自己的特质。（鉴于我在逻辑和数学上的无能，亲爱的杜威先生，我确实不敢涉水太深！）它似乎在探究过程中占据控制地位——至少对无知者来说，这一重要特征是数学所展现的：观察数据给宇航员以压力。对此毫无办法——它们必须在探究过程的给定阶段按其本身被接受。他对可能性和预期解释的构建必须依照此。当然，更多的或修正过的观察数据会改变它们的要求，但纯粹的实在性要求被服从。而另一方面，对于可能物没有什么可做的。如果圆在观念-符号-操作中被想象，那么圆在某种意义上行使自己的统治。数据不一定符合圆的性质，但圆作为本质对其的要求是毫不动摇的。若是椭圆，也是如此。在我看来，这一（真实或表象的）统治确实激起了形而上学的好奇。对于思辨会否导致可能物对本体论基础的需要，以及本体论学说以何种形式呈现，我谨慎地拒绝思考这一问题。我满足于指出，在我看来，推测指示出什么会激起形而上学思辨。按这种方式，一种补充约翰·杜威的探究分析的形而上学会出现，并且不影响对生命过程的分析。

然而，我已暗示，接受杜威学说的学生会想到另一种可能性。即约翰·杜威的分析不仅允许给予可能物以某些本体论地位的学说作为补充，而且确实需要形而上学学说作为它的进一步支撑。（我涉水更深了！）我不太确定这一推测的意义和它的澄明价值。它似乎与约翰·杜威的立场相冲撞。也许这一冲撞不如它看上去那么具有灾难性。它可能只意味着，对于完整和全面的系统，为了理论的、系统的哲学和思辨兴趣的满足，接纳本质的客观性的形而上学学说会是必要的。另外，这一推测意味着操作理论需要形而上学支持，它在一方面需要被支撑；没有可能物的本体论基础的支持，它缺少可信度。假设接受杜威理论的学生大胆地怀有这一推测，即便他预想着杜威理论无需支撑，他可从何处起始呢？他可得出什么观点呢？操作理论中的什么内容提示形而上学思辨可为之增加筹码？形而上学家会支持什么？为了使约翰·杜威的《逻辑》有完全的信服力，还需要承认些什么？

438

我谨慎地提醒自己现在该结束此信了。我对推测的追寻没有带来肯定性的结果。然而，这一追寻可让我更好地理解约翰·杜威学说的深刻意义。由此，我胆敢再次提及可能物看似的独立,即我所称的它对领土的控制。我猜想,正是这一特征——实在的或表面的——导致了本体论基础的学说。出于讨论的目的,人们认为一些探究过程似乎被可能物自身的性质控制和赋予确定特征。观念-操作在某种意义上由于在这其中的本质(不管它多么神秘)的特质才成为其自身的。但是,没有不借助符号的观念。出于我们的推测,让我们也把这点看作是:没有不借助符号的观念-操作,观念-操作和符号-操作在它们的预见功能上是操作性地等同的。现在符号也是固定的,即意义的固定。按它的物质性,符号是事先约定的。但是

> 一个约定符号的意义本身却不是约定好的。因为意义是由不同人在存在的活动中通过指涉存在的结果,达成一致才建立的……但是,只要它[即"特殊的存在的声音或记号"]作为沟通的媒介,它的意义就是共有的,因为它是由存在的条件所构成。[第47(53)页]任何单词或词组只有作为相关意义组的成员,才拥有它自己的意义。词语作为指代是相容的代码的一部分。该代码可是公共或私下的。公共代码可以一特定文化团体中盛行的语言为例。[第49(55)页]

439

为了探索,让我设想以下几点:(1)无论形而上学反思如何解释,为了避免术语混淆,有着表面上独立性质的可能物本身可被称为一个观念或本质。其含义可用当被问及圆或三角的本质、属性或内在特质时,几何学家所回答的实体来表示。(2)可能性在功能上是预见性的:它们可以部分地通过一些可能物和它的属性(一种本质)被记录这一事实来构成。这样,行星运行轨道的椭圆形性质的可能性就被接受了。(3)符号-操作:也许这些可被称为观念-使用、观念-操作、涉及观念的操作性影响的活动;但由于没有不依靠符号的观念,只使用符号-操作可以避免含义模糊(对我来说)。(4)符号的含义不是约定的,是通过运用而建立的。符号的固定是其含义的固定。可以说,它是被带到符号-操作中的。按照目前的推测观点,学生的好奇心被激起:与观念或本质(表面的)的客观性相联系,建立符号含义。含义通过存在的活动——即指涉存在的结果的活动——中达成的一致而建立。可推测,这一建立确定了符号须有含义,须是一个符号,以及它须有什么含义。为了提出以下问题,在此把观念或本质与符号或符号-含义区分开来是否可行?如此建立的符号-含义是否是本质、观念和可能性?符号-含义的建立是否创造了观念?这一观念是否是仅在这一词语和它的同义词被使用的那一意义上的?相反地,可否这样说,符号的含义是什么取决于对其似乎独立的存在中的观念和本质的注意?粗略地说——三角形的含义取决于三角形

440

的性质，“性质”所指的就如同说内角之和等于180度是三角形的性质？在符号-含义建立的生命过程中有对三角形性质的发现吗？或者说，三角形的性质是在发明符号和建立其含义的过程中被发明的吗？它是否是按笛卡尔所反驳的那样被发明的？笛卡尔说他并没有发明那确定的形式、性质或本质——“三角形”。这样一个符号只有在含义组之中才有含义。材料被社会地授予符号-功能是否随着承认理解活动、观念（本质）组而发生，从而符号-含义组与材料相一致？

亲爱的杜威先生，我不能确定这些问题的意义与约翰·杜威对探究过程的分析之间的关系。因为我既非数学家也非逻辑学家。然而，我可以想象，一个懂行的人会说：对于数学论说作为论说的性质和条件的操作性描述是有限的；这并非缺陷，但却没有足够考虑数学论说是关于什么的——即这种论说的“对象”。这样的人会得出结论：操作观点需要形而上学基础。我们也可以追寻另一种思辨思路。没有符号就没有观念。但是让我们这样理解：没有符号和它们的固定性，就不存在常识上所说的拥有观念的操作，即没有符号、观念、本质，或可能物无法被作用或使用，无法被利用，也无法对确定可能性和预期的解释有帮助。当一项操作被建立，且它的特定性质被符号（其代表功能是社会授予的）所确定，操作定会与符号固定物和谐相处。这是探究过程中所发生的，且无须其他事物来使探究过程变得明白。然而，探究过程在一种更大的变迁背景下进行。若形而上学对所有这些变化的处境感兴趣，那么探究过程尤其值得注意。约翰·杜威已告诉我们这些过程是什么。澄明这些过程在进行是形而上学反思的任务。这任务至少必须考虑这一可能性：作为其本身的观念、本质、可能物与被社会授予代表功能的符号之间的区分可被接受、持有。也许这一区分对于探究的生命过程中发生之事的分析是不必要的。功能性地说，可能物被可能物的符号代替，或更准确地说，被符号固定性所控制的操作代替。这样，探究继续着，仿佛符号本身被立马赋予对操作的控制，且确实功能上被赋予。无论按形而上学观点在这一惊人的生命过程中发生了什么，制造和使用符号依然继续进行。由此，符号的操作继续着，仿佛无论如何建立其代表功能，符号是它表面的权威的源泉。为了弄清实现潜能的惊人生命过程是如何发生的，无论操作过程本身被给予何样的基础，大概只有操作理论才可以解释探究存在的过程中所发生的一切。

441

我必须结束此信，尽管没有结论。亲爱的杜威先生，我倾向于赞同约翰·杜威的分析理论没有驳斥形而上学寻找可能物的本体论基础的可能性。也许这对逻辑理论来说是不必要的。也许他的学说允许如此的补充，也许需要它。我对此不确定。然而，我感觉在某些程度上我可以理解，一个被约翰·杜威探究分析所深深折服的思考者会认为，这一学说需要被包围在形而上学的思辨中，同时又要指出这种思辨前进的方向。

我诚惶诚恐地寄给您这封信，我有可能曲解了杜威的学说，显得我不配做约翰·杜威的学生。我希望您现在在享受佛罗里达的阳光，也希望这封关于约翰·杜威可能性学说的信作为您闲暇时的消遣。在您四月份北上的旅行中，您是否愿意为我停下来一天？那么苏格拉底和他的男孩可以不借助科学的恩赐，无数次地证实我们振奋人心的期待：从水仙球里可以出来水仙花。 *442*

请相信，我怀着永恒的感激和敬意。

您忠诚的

阿尔伯特 G·A·鲍茨

## 2.

# 为批评家解惑[①]

亚瑟·F·本特利

443 邱奇和斯穆尔扬按如下这一特定观点撰写他们的报告[②]，即逻辑学和心理学提供了截然不同主题的截然不同探究。他们似乎认为这一观点被普遍知晓和接受，却被杜威和本特利忽视了(斯穆尔扬)；或者正是由于这一忽视，两位作者以为自己在调查逻辑而实际上却在不同的领域研究(邱奇)。由此，邱奇和斯穆尔扬认为他们所评论的理论结构有明显缺陷。邱奇的态度是："这些论文让我们远离纯逻辑领域，把我们带入社会学和生物学领域。"斯穆尔扬认为"没有证据表明"，相比某个他提及的心理学家，"杜威和本特利对探究的逻辑和行为理论的区别有更清楚的概念"。他以为这两位作者给予该心理学家"很显然的肯定"；他补充道："只有混淆两个主题，他们才444 可以认定：没有完善的行为理论，'现代逻辑'就是不可靠的。"从这个角度来说，在我们看来，这两篇评论就我们的立场所作的报告是有缺陷的。此外，两篇评论都没提到我们结构的六个主要特征。我们完全意识到，对于分散的论文的报告不会像组织好的专著的报告那样准确。我们希望在此的回复并不是出于抱怨，而是给未来提供防范。我们不打算展开或讨论我们的主要观点；也不打算审视那些特定的对于我们的指责，因为几乎在所有类似情况下，都存在关于各种相对立的假设的争议。我们旨在

① 以下是一则1948年撰写的通讯，1949年修订，1949年4月经杜威认可，并于同年9月寄给《符号逻辑杂志》的编辑。起初是打算作为对邱奇和斯穆尔扬的批评的回复出版的。但我们没有这样做，直到《认知和所知》(波士顿，1949年)出版前夕，我们把它作为备忘寄给编辑，目的不是为了出版，而是为了给那本书的评论者提供信息。《杂志》没能那么做。(首次发表于本特利的《对探究的探究：社会理论论文》第十七章，西德尼·拉特纳编，波士顿：火炬出版社，1954年，第320—324页)

② 阿隆佐·邱奇：《对约翰·杜威和亚瑟·本特利四篇论文的评论》，《符号逻辑杂志》，第10期(1945年)，第132—133页。亚瑟·弗朗西斯·斯穆尔扬，《对约翰·杜威和亚瑟·本特利论文〈定义〉的评论》，同上，第12期(1947年)，第99页。

纠正我们看来属于误解的、关于我们立场的一些言论。

对邱奇和斯穆尔扬把他们假定的立场作为批判的依据这点，我们没有反对的可能性，相反还要支持。然而，他们把其他人未能采取这些立场作为其他人忽视它们或不知其存在的证据，这是另一码事。逻辑和心理学的区别摆在我们所有人面前。我们首先视这种区别为学术性的，或从某种特殊意义上说是教学性的。然而邱奇和斯穆尔扬赋予其更高的定价，他们用它来表现事实的基本区分。对于其作为教学性的区别，杜威和本特利在大学时代就熟知了。作为对事实的肯定性描述，这种区别很久以来就被坚持探究着。杜威关于这个话题的首本著作(《逻辑理论研究》)出版于四十五年前(1903 年)，接下来是 1916 年和 1938 年的评论(《实验逻辑论文集》和《逻辑：探究的理论》)。在 1932 年和 1935 年，本特利从语言学角度，在专著(《数学和行为、知识、事实的语言学分析》)中探讨了这一话题，之后又在很多论文中探讨。若心理学是对人类生存的心理因素的探究，那么在此之外，当我们转向探究逻辑事实的逻辑，我们仍发现人类生存参与其中。无论一个人的逻辑多么“纯”，它依然是由地球人所为且关于人的；若非如此，那么它从其中的分离应被明确地设定和描述，而非引以为常，有时作为构建的、有时又作为批评的充分基础。对我们来说，坚持逻辑和心理有共同的行为背景既不是为了使一个吸纳另一个，也不是忽视这两者学术性的区别。相反——这是件完全不同的事——是为了把分裂着进入观察和探究中的东西聚拢，并在属人的结合中寻求展开论述两者都参与其中的某些人类生存系统的阶段。杜威和本特利最近的研究就是关于此的：深入进行属人的逻辑和心理研究。其中，他们并不试图把逻辑还原成心理，也不把心理还原成逻辑。他们直面他们所发现的、其不同方面的分裂。一边是逻辑：基本使用传统上心理学特征的术语，它们以心理学家们现在都已不采取的形式涉及或暗示人的“能力”的“分类”；并要求构造的因素和操作的死板定式。另一边是心理学，它依旧把一些术语(如刺激、行动、反作用和反应)作为它现在对于有机体在环境中生存的主要阶段的更为综合的论述的基础，但已对此失去原有的信任。这个领域需要大量研究，既不偏向于心理的也不偏向于逻辑的，也不把逻辑还原到心理。这样，不熟悉知识背景这一指责没有公允地考虑事实。这样的指责相当于某人反对生物物理学研究，因为他认为生物物理学家忽视生物和非生物之间的区别，而后者应该知道得更多才对。

445

邱奇文中的另一评论同上述陈述的不充分相似，即若要寻找固定的名称(这一寻找是被评论的论文的首要特别目的)，那么“精确性的目标……最终要求固定名称嵌在固定语言中”，而任何语言为了变得固定，必须建立于“原始词和原始符号的明确排列，以及形成规则和推理规则的明确陈述”之上。这一评论完全不符合我们文中所述的区分。在被评论的一篇早期论文中，我们预告了之后会展开的立场，即准确(accuracy)和精确(exactness)应在名称与符号区分的基础上被理论地区分开来。我们在名称准确性的意义上使用“固定”来形容名称。评论者眼中的“原始成分”(primitive)在我们这里属于精确性方面。我们接受他的“原始成分”，不是作为一种所期望的对名称的绝对控制，而是作为构成精确性的专门理论的词汇工具之一。我们的评论者所说的没有“原始成分”的初始基础，就没有固定名称，是他自己立场的充分表述。然而，他使用这一陈述来批评我们的文章，是完全脱离文章背景的。这不是两种步骤哪个对哪个错的问题，而是使用原始成分，作为用于固定名称的初始步骤——这一项目是属于他们的。区分符号和名称，从而使一个完整的符号系统可用于名称系统，在作为人类活动的符号和命名的广泛呈现下来指导和协助它。这是一个对立的(即我们的)项目。

446

更进一步来说，第一篇评论中一个类似误解是：不考虑之后的论述，从早期文章中的一个缩略表达中得出推论，说我们的立场(更针对地说，本特利的立场)是“反对纯语义学中……抽象步骤的……，由此大概也反对抽象地对待纯几何学的步骤……”可是，我们认为从某种意义来说，抽象的过程是所有行为的特征，并不仅仅是逻辑的。因此，我们不能想象评论者所称的用“仅仅一句论断”否定抽象会是我们自己的态度或表述。我们相信，他们如果深入阅读的话，会在我们最近的作品中找到肯定的因素。这在杜威把命题等同于建议中可见，以及在他的《逻辑：探究的理论》中对多种一般和抽象的讨论中也可见。

至于第二篇评论，除了开头所述的一点，似乎与我们作品的任何方面都无关，也与“定义”一文的主题无关。在我们自己的作品中，我们很遗憾暂时不提“定义”一词。但是所针对的并非如斯穆尔扬所写那样是“定义”一词，而是按当下逻辑依附于该词的“一组指称”，对此我们相信且写道，没有“整个领域中的人类行为的充分重建”就无法使其有序。评论者的注意力完全集中于他所提及的心理学家，而不是我们。尽管我们引用心理学家并“明显赞成”他，我们这样做并非出于他的理论构建——对此出版不多，我们也所知甚少——而是出于相比其他学者而言他对事实的热切关注，以及他从心理学角度作出的评价。我们很开心地发现其与欧内斯特·内格尔从逻辑学角度的评价紧密一致。在我们看来，我们对于逻辑与心理的关系的立场无疑已在如下章节中明确：斯穆尔扬所评论过的一篇关于“定义”的文章的结尾，1946 年版的《科学哲学》中的名为“逻辑学家的基本假定”一文第 13 个注释，以及在这一系列论文对于

447

"行为"和"天性"等词的应用的反复评论中。

对于我们对当今逻辑讨论中术语使用的不连贯的批评,我们欣赏邱奇对此的细致分析和反批评。我们期待给我们自己的审视过程挑刺,就像对待我们所审视的文本那样。我们相信邱奇以后的文章还会指出类似的错误。我们的兴趣不在于特别的缺陷,而在于我们共有的语言背景的状况,它允许敏锐的工作者在步骤上犯迷糊。我们认为,在这方面更多的知识信息将有益于我们大家。

## 3.

# 社会探究中的“如何”、“什么”与“为何”[①]

约瑟夫·拉特纳　编

448　拉特纳的卷首注解：本文在内容和形式上都未完成；比如，关于“社会探究”的论述的意义只稍稍提及。

以下讨论的基本主张是：知性行为的核心和精髓在于，对被视为、被当作手段来对待的事物和被视为、被当作结果来对待的事物之间关系的持续和仔细的关注，这两者间的联系是彻底相互作用的。结果是在何种事物被选为和被当作手段的基础上决定的，反之亦然。如果要知性地执行活动，就需要对此有持续的注意力；否则行为要么是循规蹈矩的，要么是突发性的。

不使用“公设”(postulate)而使用“主张”(postulation)，是为了强调主张本身是行为活动和整个行为过程的内在部分；“公设”则通常在另一种意义上被使用，即事先设定的原则，然后对于其引出的行为进行权威性的控制。

在此我不讨论这点，因为整篇文章都是对刚才提出的立场的说明。但需要指出，刚才作出的区别有着基本的而非随意的重要含义。因为现在最危急的就是行为的地位和功能；行为到底是基本的，在整个知性活动(唯一的人特有的活动)中有控制和权威，抑或行为的范畴是表面和可忽视的，活动的知性属性是源于行为解释之外或高于它的源泉——不管这源泉被称为灵魂、心灵、主体、理智或大脑，这些都是无关紧要的。无关紧要是因为灵魂、心灵等并非是内在属于行为的属性名称，它们是被当作非行为的。(449)

以上立场的意义用于认知这一核心的重要知性行为时，可能显得尤其直接和明

① 出自未发表的 1964 年打字稿，藏于南伊利诺伊大学卡本代尔校区莫里斯图书馆特别馆藏，第 12 号文件夹 59 号盒，约翰·杜威档案中，共 12 页。杜威的论文见本卷第 333—340 页。

显。认知的结果与被称为所知的主题密切相连,不管它们是日常"实用"行为还是"科学"这种理论化行为。

我暂且将这一立场对于所知的意义的讨论搁置一边,并继续讨论我的观点对于构成认知(当它作为一种行为模式而被系统化探究时)的过程和操作的意义。可能最明显的结论是否定性的:完全没有必要诉诸本体论或知识论术语,或是两者的混合。这一混合在一般被称为"现代"但实际上只是古代的、中世纪之后的体系里繁荣广袤。它们充斥着古希腊-中世纪思想:存在等同于不变性,被天经地义地视为决定一切的权威的"事实"。为支持这一观点,请注意在(所谓的)"现代"哲学中物质作为主体、客体、心灵世界被赋予的地位和作用,无论心灵是被视为理智还是"理智"的知性原则。

为了引出之后的讨论,我指出:在现代初期,视主体、客体等为彼此区别但又彼此联系在理论上是可能的("可设想的"),其基础是在有效促进认知这一认知和知性行为中它们各自的和相互作用的功能和贡献。但实际的历史上发生的是:对于不变性的由来已久的偏好把主客体、心灵和世界的区别和联系转换成对立的、不变的本体论的东西。15世纪以后的体系和学说(不管是感觉论的经验主义、理性主义的纯理智论、观念论、"唯灵论"或"机械唯物主义")大都借助对以下事实的持续关注来得以理解:它们是通过两种独立给定的不变的存在,如精神和物质、心灵和肉体,或更普遍地说内在的主体和客体来操作的。比起之前赋予"存在"的超时间-空间价值,作为存在,它们被赋予空间-时间特质有极大的技术上的重要性。然而,由于把"认知"看作是两种独立且对立的实体存在的作用和反作用,这一固有习惯让技术进步被忽略。此刻我再次提及古希腊-中世纪本体论的致命遗产:扭曲认知理论,自称其是独立的"知识论",它在理论的每一方面和阶段都引进了把真实存在等同于不变性——"本质的"和"内在的"不变性的古代观点。 *450*

## II

现在我来讲讲本文标题所示的特定主题。如上说示,我论述的形式是:把如何、什么(主题)、为了什么或为何看成是内在联系的交互作用的区分,其对于理解所有知性行为,尤其是认知的行为方式是至关重要的。

对于知性的人类行为要依照对所作的行为过程引发的结果的预见,这一观点几乎无需长篇论述。我们可参考我之前的文章《常识与科学》①而无庸赘述,其中两者

① 《常识与科学:它们各自的指涉框架》("Common Sense and Science: Their Respective Frames of Reference"),《哲学杂志》,第45期(1948年4月8日),第197—208页(见本卷第242—256页)。

451 广延和内在的差异在于有意或计划涉及的结果的范围。过马路的人必须注意、观察和留心与他所做的特定行为的结局有关的事。一般性地指挥交通的红绿灯系统是一种技术装置,必须借助构成科学认知方法或形式的广泛探究才能存在。

预期的结果构成了——或是——所做的事和所进行行为的内容(什么)。对结果的预见(给定习惯的内容)通过指导对可产生预期结果的特定条件的找寻来进行有效操作。以全面和广泛的预见为特征的科学认知方式是最有效和最经济的得到结果的手段。预见越是全面,形成和执行未来计划的行动就越不会有阻塞和麻烦,由此科学认知优于常识。两者都满足(前者广泛地,后者狭隘地)有别于程序化行为和随意匆忙形成的行为的知性行为需要的条件。

刚才所说的最普遍和重要的理论启示是,任何在知性行为中寻找其什么和如何的区分与矛盾的学说都扭曲了基本事实。在认知中,构成其什么的预见是如何(即认知的过程和方法)的内在一部分。若不是这样,若预见未明确实现这类作用、服务、职位和功能,那么预见和闲暇的白日梦(在其中,结果基于直接舒适性而被期待)没有区别。在知性活动中,把活动的什么和如何区分开来不可避免地导致荒谬,它们分别被称为目的本身和手段本身——这是陷入把功能性的东西具体化和本质化的常有的哲学谬误的鲜明例子。把作为手段和结果功能的事物和主题看作是"先天"或"本质"如

452 此,这给道德-政治理论带来的危害可以写一本书;这是把一些事当作目的本身而把另一些事本质地、必然地当作手段的不可避免的结果。

作为特定例子,可参照近年来被视为绝对真理的道德主题和经济主题的严格区分。该区分已被彻底建立,以至于实际上被视为是"自明"的。在对结果的探究中,认知在这两种情况下已被事前敲定。它需要事先意在达到某些不是通过探究自然得到的结论。若某些事物本身,按它们自身是且只是手段,而另一些事物必然地、先天地或本质上是且只是目的,那么"探究"就只是"先天"或本质上固定的不受有效调查影响的事件和联系的辩证发展。它们在事实上——若不是在名义上——是神圣的,被在任何情况下都无法质疑的禁忌所保护。在工业和金融机构的道德(即人的)结果最需要系统和批判的审视时,这些机构由于自然需要而被称为是必要的;而后者——与我们完全不同的情境相关的盛行的道德原则和标准——却被给予完全表面化和虚假的权威地位。

如之前所强调的,古希腊-中世纪科学中的把不变性视为所有"科学"主题的内在必然属性,这一说法已被延续和投射到存在的身体和心理客体-主体领域。在"现代"科学中实现的"革命"包括用两个不变性来代替古希腊-中世纪科学的一个本体论的、

理性的不变性。总之,科学革命对于认知-所知理论的影响,仍是当代哲学思想的中心话题。

### III

现在我把为了什么或为何与目的-结果功能联系起来讨论。尽管不确定,但是有可能"什么"在任何表达中都有某种"为了什么"的含义,在"为何"的表达中却不存在。453 不管怎么说,在一些表达中是这样的。且这一事实暗示"为了什么"的所指和内涵是什么作为可预见的结果的精细的扩充;也暗示了除非什么作为一种在对"为何"和目的的关心、关注和深思熟虑的意义上的情感,否则它就并非行为的后果或与其同时。

为了理解什么的功能,需要明确为何。如同什么一样,为何容易被具体化;所谓的"规范"理论是把"什么"与"为何"当作绝对的或"本质上的"的结果,而不是它实际上的作用。对于作为纯粹描述性主体的一些主题与那些被称为规范性的主题的对立不管有什么可说的,当我们集中注意于方法时,很明显,准确和综合的知识——"科学"知识——与取消对本质、内在性质的指涉并用刻意重视所涉及的空间-时间实在性来替换这一指涉是相一致的。除非"规范化"主体牢记科学探究历史的教诲,否则就无法有任何确定性的进步。对于认知-所知理论,很难找到一个比天文、物理、生理和地理学科的历史中确定和权威的固定标准原则的作用更为有效的调查因素了。

每个依照固定标准的步骤,都会导致自动关闭自由完整的探究和批判性反思的后果。这是拿未来作抵押。感官或理念的审视、调查和观察都毫无意义,除非这些活动带来对所观察、审视和探究的事物主题的"为何"和"什么"更完善的把握,除非它们带来对结果的继起性的更良好和尖锐的体察和预见。总之,"为何"和"为了什么"作为被证明有效的(因为不受制于先建立的、先前的"规范性"和内在调节性的条件)"如何"或步骤方法作用于知性行为(包括认知)。认知作为探究、调查、审视和寻找[不仅 454 仅是再寻找(*re*-search)]的自主性原则,是所有受尊敬的知性活动的必需品,这从历史与理论方面都可被证明。

现在我们还未谈及本文标题里的"在社会探究中"。若我们反思在哥白尼、伽利略和牛顿的革命之前的所有自然科学都被称为"本体论哲学"的宇宙和"自然"的分支这一现象,相关性就会显现。"自然哲学"到天文学、物理学和之后的生理学的演化,始于探究开始关注如何(即事件的空间-时间顺序),而不再关注什么和为了什么。没有理由认为人或"社会"(包括传统上称为"道德"的)主体的探究过程和目的有何两样。

过渡和转变不是立即发生的。在牛顿体系中，空间和时间本身被看作是实体且彼此分离，也与在它们固定的构架中所发生的内容分离——即它们不被看作也不被当作自然的*如何*，而是其本质上的*什么*。相对论是对这一体系的补充。空间和时间是事件秩序的名称，它们内在地相联系。至少在科学探究方面，事物*如何*发展战胜了*什么*和*为了什么*，且打破了时空作为本身固定的实体且独立于在它们界限内所发生的任何内容的地位。空间和时间作为主要的"*什么*"与发生于其中次要的"*什么*"分离的所谓科学依据就立马消除了。但只有当对社会的*什么*和*为了什么*的探究被系统地看待和当作在确定主题*如何*进行时包括于其中的附属因素，相对论对于科学探究的完整意义才能展现。科学地位由此得以确定，空间和时间秩序特定地参与，构成了给定的疑难不确定情境的解决途径。

455 在哲学中，功能性关系的实在化统治一切。哲学家们坚守"是其和按其性质和本质"，把哲学的整体*存在理由*认同为单纯地对绝对的思考，而不是另一些方面，它们与"仅仅"在时空中存在的事物有着仅仅次要的联系。在这一联系中最重要的内涵是，自然科学——天文、物理、化学、生物——都起始于把它们的主题按其本质特性看作是绝对必要的观点；且它们都通过否定这一观点，并转而把事件关系视为空间-时间性质的，从而在科学的认知-所知上取得进步。遗憾的是，自然科学的这一历史性发展的实际成果未能带来在人-道德主题上同一探究方法的使用；相反，它带来了对所谓"规范性"和"描述性"之间二元论的强调；以及依照所谓的内在的固定和绝对，将人-道德研究确定而又系统地等同于"规范性本身"和"规范性权威"。

杜威

火奴鲁鲁，夏威夷 1951

4.

# 杜威自然主义形而上学中的经验和存在①

肖洛姆·J·卡恩

## I

杜威作品的研究者,尤其是杜威在《经验与自然》中形而上学立场的经典论述的研究者,都熟悉他对经验的定义:有机体与其环境的相互作用。某种意义上说,杜威的全部哲学事业,在抨击"二元论、间断性和被动性"的过程中,②都在以不同方式运用这一定义。这是一个关键定义,其用途几乎是无限的;然而,它牵涉到一个根本性的困难,本文试图对此作解答。 456

当然,于杜威而言,经验发生于"自然"的构架中,后者是由"事件"构成的"存在"领域("每一个存在都是一个事件"③)。他所描绘的宇宙中,"经验"显得很重要:他的著作最明显的特点在于其对经验中的互动形式的敏锐分析。不过,用杜威耳熟能详的话来说:"形而上学是对于存在之普遍特性的认识。"④由此,明显的形而上学问题依然存在:在杜威的自然主义宇宙中,经验和存在的关系是什么?他对经验的分析是"存在的特征"的完善总结吗?

为了澄清这一问题,我们先思考一下乔治·桑塔亚那常被引用的(在一则对《经验与自然》所作的评论中)对杜威形而上学的批评。他批评其只注重"直接经验"并把 457

---

① 首次发表于《哲学与现象学研究》第9期(1948年12月),第316—321页。杜威的回应见本卷第383—389页。

② 莫顿·G·怀特:《杜威工具主义之源》(*The Origin of Dewey's Instrumentalism*,哥伦比亚,1943年),第32页。

③ 《经验与自然》,公开法庭出版公司,1926年,第71页(《杜威晚期著作》第1卷,第63页)。

④ 同上,第51页(《杜威晚期著作》第1卷,第50页),粗体为我们所添加。

经验都作为“前景”。[①] 罗伯特·D·麦克(Robert D. Mack)对此作了有价值的分析，主要指出杜威对经验的指涉是他对科学中的指谓方法的运用。麦克博士区别了在探究或发现过程中，“直接经验”进入的三个点：(1)从中产生知识的疑难情境；(2)分析和测试假设所用到的材料；和(3)知识所引向的新的完整的经验。[②]

在对桑塔亚那关于他的自然主义是“不彻底”的(由于杜威对“前景”的强调)这一指责的回应里，杜威同样反击桑塔亚那的自然主义是“折了背”的，因为它预设了“自然与人的分离”。承认前景的重要性的同时，杜威强调“这是自然的前景”，由此立马否决了任何唯我论的嫌疑，并在此强调了连续性概念在他哲学中的重要性。[③] 杜威哲学让人称赞处首先在于它承认存在的完整概念应包括对其所有因素在它们复杂性中的分析：该有机体的生物学基础；其他有机体的社会基础和周围的自然环境；以及意识的直接前景，它提供给我们关于自身和世界知识的数据。指责杜威有还原论的立场(“只有直接的才是真实的”)是一种偏执盲目，陷入杜威所谴责的对“‘直接性’这个概念的思辨分析”中。[④]

然而，在桑塔亚那的文章中另有一条更具真实性的批评。他写道：“自然主义过

458 于浪漫：此处自然不是一世界而是一故事。”[⑤]若杜威未把经验还原为直接性和前景，他难道不是倾向于把所有存在还原成经验，由此未能提供给我们一个彻底完整的存在图景吗？若真是如此，杜威犯了带有20世纪特色的浪漫主义谬误(如费希特哲学中“对自我的夸张”)。通过追溯哲学、美学和社会及教育理论中的浪漫主义传统对杜威的巨大影响，可形成对这一批评的历史性论述。

## II

经验领域和存在领域的关系问题可通过三种不同的方式解决：

(1) 经验和存在可被视为一致的。

---

① 《杜威的自然主义形而上学》(“Dewey's Naturalistic Metaphysics”)，《哲学杂志》，第112期(1925年)，第673—688页(《杜威晚期著作》第3卷，第367—384页)。

② 《诉诸直接经验》(*The Appeal to Immediate Experience*，皇冠出版社，1945年)，主要参见第60—67页。

③ 《半心半意的自然主义》(“Half-Hearted Naturalism”)，《哲学杂志》，第114期(1927年)，第57—64页(《杜威晚期著作》第3卷，第73—81页)。

④ 《约翰·杜威的哲学》，保罗·A·席尔普编，西北大学，1939年，第555页(《杜威晚期著作》第14卷，第40页)。

⑤ 《杜威的自然主义形而上学》，同前，第680页(《杜威晚期著作》第3卷，第375页)。

(2) 它们可被视为两个不同的领域，有着不同的描述，尽管如古典哲学中那样，一个可能包含着另一个。

(3) 它们可被视为相关，可用同样的术语形容，一个包含着另一个，如同潜能包含着现实。

我想前两个可能被立刻否定：杜威既不是贝克莱似的观念论者，也知晓康德的批判传统。因此，我们可放心地考虑第三种可能性及其所提出的课题。某种意义上看，杜威总是不提及(并非巧妙回避)这一课题；比如在《经验与自然》中，他坚持声称他把经验作为“方法而不是主题”①。总之，他似乎反对任何形式的、可被视为超越或在经验背后、并规定它的独立领域。在最近与亚瑟·F·本特利合作的一篇文章中我们看到：

459

> 我们不容忍“实体”或任何形式的“实在”，它们仿佛从认知-所知事件的后面或外边侵入进来，拥有干预的力量，无论是来扭曲还是来修正……综上所述，由于我们关心的是何者被探究、何者在作为宇宙事件的认知过程中，我们对于任何形式的实体化支撑都毫无兴趣。任何关于认知者、自我、心灵或主体——抑或关于所知事物、客体，或者宇宙——的已有的或可能的陈述都必须基于探究所发现的事实的某个方面，而探究本身也是一个宇宙事件。②

然而，事实依旧是(杜威有时似乎也承认这点)，我们之前描绘的某个这样的联系对于完善自然主义形而上学是必要的。若没有更大的事件领域让我们的经验领域得以进入并扩展，后者的扩展将是不可能的。这两个“领域”在本质上无需有差别，因为它们都是由事件构成(“转换成其原子的能量成分的无活力的物质，也是由事件构成的”)。“事件的总量”这一概念难道对于自然主义形而上学不是必要的，且杜威不会接受么？完整性肯定是“存在”的“普遍特征”之一。

在这幅图景中，存在与经验的关系到底是什么呢？此处我们不穷尽话题，而是列出一些自我浮现的可能选项。存在可被视为关于“未知”的确立完好的假设，它使得对进一步的知识和经验的追寻显得合理和有目的性。它被视为一种经验所力求达到

---

① 《经验与自然》，第 10 页(《杜威晚期著作》第 1 卷，第 371 页)，和整个第一章。

② 《作为被认知与被命名者的交互作用》，《哲学杂志》，第 153 期(1946 年)，第 534—535 页(本卷第 111—112 页)。

的理想的界限，就如人们熟知的皮尔士对真理的定义："抽象陈述与理想界限的一致，朝着理想界限的无限调查会带来科学的信念。"它可被视为一个可能性的领域，经验使之现实化：存在的所有事件由此构成一个广阔（也许是无限的）宇宙，等待着通过经验被发现。

### III

460 无论是作为假设、理想界限、潜能还是其他，存在的概念（或它的等同物）一定得包含在形而上学之中，不管是自然主义的还是其他类型的。在他最近的长篇著作《逻辑：探究的理论》[1]中，杜威在操作逻辑的背景下谈及这一课题，但至少从形而上学的角度看，其结果出奇地含糊不清。

尤其在他书的最后部分（"科学方法的逻辑"），杜威很强调他的逻辑不包括任何必要的本体论指涉。由此，关于科学的主题，他说：

> 实存性的相互作用必须具有**潜在性**，以致它们可以通过应用M、T和L这些概念所界定的运动来表述。[2]

他承认"质变的经典系统阐述"的**描述性**价值，并坚持：

> 科学之建设性的发展，是……通过对知觉世界的物质进行处理而获得的……即所依据的是逻辑的而非直接的本体论属性。[3]

同样，他提倡非本体论的因果关系。[4]

在对数学的讨论中，他以严格的操作性术语展开"可能性范畴"的讨论，并反对任何被认为是有本体论地位的"可能性领域"（对任何熟悉杜威风格的人来说，句子中间的大写字母意味着谴责！）。通过地图和测量的例子，他展开了这样一种观点：

---

① 亨利·霍尔特出版公司，1938年。这篇文章撰写之后，约翰·杜威和亚瑟·本特利关于逻辑的另一本著作《认知和所知》由火炬出版社出版。

② 同上，第482页（《杜威晚期著作》第12卷，第476页）。

③ 同上。

④ 同上，第22章，各处和"结论"。

所给定的数学主题的任何指涉在任何时候都不是指向本体论的可能性世界，而是指向转换的进一步操作。[1]

然而，这部分的结论为形而上学留下了“可能性领域”的问题： 461

虽然不能说：此种对于关系同构模式的操作-机能型解释反驳了那种认为数学具有本体论基础的解释，但可以说：它使得那种解释对于逻辑理论是不必要的，让它留在了任何形而上学理论的位置上，必须在形而上学的基础上去讨论支持还是反对。

这是否为杜威思想中逻辑和形而上学可能的分离开辟了道路？

在《逻辑》的其他地方，杜威有时使用潜能和实现的范畴（通常转换成操作性术语）。在他对形式和物质的讨论中，他使用熟悉的例子如“可吃”的食物。[2] 在“命题的一般理论”中，他用以下话语介绍“存在判断命题”部分：

命题的第一个主要划分的主题或内容，由观察到的材料或事实构成。它们被称为物质性的手段。正因如此，它们具有潜在性，在与其他实存性条件的相互作用中，这些潜在性在一种实验性操作的影响下，产生了有序的条件集合，而这些条件则构成了一种被解决了的情境。客观的相互作用是公开的手段，通过它们，现实化的情境被产生出来。在某一给定时间是潜在的东西，可以在以后的某个时间通过情境条件的纯粹性变化而被实现出来，无需任何带有逻辑或理智意图的操作来介入，就像水由于温度的特定改变而结冰一样。

这不是承认独立于经验的“可能性领域”吗？

杜威在《逻辑》中最接近于回答这一形而上学问题的是在“探究的存在基础”的章节里（第二、三章）。在那里我们发现如下论述： 462

世上有对有机体的生命活动毫不关心的事物。但它们不是有机体环境的一

① 《逻辑：探究的理论》，第402页（《杜威晚期著作》第12卷，第399页）。
② 同上，第388—389页（《杜威晚期著作》第12卷，第386页）。

> 部分，只是潜在地可能是其一部分。①
>
> 当然，有独立于有机体存在的自然世界，但这一世界只有在直接或间接地进入生命-机能中时，它才是环境。②

这些言论承认“存在是存在的”（这话重复但有时显得必要！），但没有告诉它的“普遍特征”或它与经验关系的特殊性质。它们似乎与我们之前引用的言论“我们对任何形式的实体化支持都毫无兴趣”相互矛盾。③

总之，我们想询问杜威的问题可总结如下：(1)他的形而上学是否有着经验之处的存在？(2)如果像先前引用的段落所说的那样，是的，那它的“普遍特征”是什么？（若存在只是“潜在”的经验，那么潜在的确定地位是什么？）当然从实用主义观点来看，这种问题可能被忽略为无法回答——或相对来说不重要。无论如何，如果杜威教授能就这一主要形而上学问题作进一步澄清的话，他将会满足很多深为感激他的研究者。

---

① 《逻辑：探究的理论》，第 25 页（《杜威晚期著作》第 12 卷，第 32 页）。

② 同上，第 33 页（《杜威晚期著作》第 12 卷，第 40 页）。

③ 见注释 10。

# 5. 关于克罗齐和杜威美学的评论[①]

帕特里克·罗曼内尔

《美学与艺术批评杂志》近期刊出一篇简短而有启发性的关于两位今日最有声望的哲学家——意大利的贝奈戴托·克罗齐和我国的约翰·杜威的美学理论的讨论[②]。当论及前者对于他的立场的批评时，杜威声称他觉得两人之间没有共同立场。他接着阐明为何如此。缺乏共同点的原因是：他的批评者"在心灵体系中建立艺术的地位"的公开意图与他自己的理解艺术在人生活中的地位的提议在目的上相违。由此，克罗齐把艺术置于"哲学的预先设定的体系"中(这是个"观念论"的体系)，但杜威用"它(艺术)自身的语言"来分析它。 463

杜威对于就思索艺术的目的而言他和克罗齐之间没有共同立场的声明完全有理可据，然而两位思想家在至少一个关键点上有相似之处。无论对于审美经验的特定内涵他们有多大的差别，他们都有着最基本的设想：艺术哲学本身的主题是"审美经验"本身。克罗齐深信这种经验的"认知特征"，而杜威则不然，这一事实对于当下的主要观点毫无影响。因为他们对审美主题所有的不同类型(species)特点的分歧并不表示他们对于其普遍特征有分歧。

而且，尽管对双方和他人听来都很奇怪，克罗齐和杜威不仅在以上关于审美领域组成部分的设想上相一致，他们也有同样的混淆，因为他们同时共有着对审美主题的另一构想，而不知这两者在特征上是不相容的。这个构想出现在杜威给克罗齐的回复中，即"生活经验的审美阶段"。后者作为新黑格尔主义者而非新自然主义者，喜欢 464

---

① 首次发表于《美学与艺术批评杂志》第 8 期(1949 年 12 月)：第 125—128 页。杜威的回复请看本卷第 395—398 页。

② 第四卷(1948 年 3 月)，第 3 期，第 203—209 页(《杜威晚期著作》第 15 卷，第 97—100 页、第 438—444 页)。

将他的《美学原理》称之为“精神的艺术瞬间”。

尽管杜威的两个术语“审美经验”和“生活经验的审美阶段”初次听来，似乎指同一主题；进一步审视，它们其实指不同事物。这些审美主题的发展会导致两种相反的经验哲学。前者导致关于经验的多元构想，其中审美经验被视为一种特殊的类别，与和它松散地联系在一起的其他类别相差异。相反，后者导致关于经验的一元观点，在其中审美是与其余部分相互作用的一方面。在第一种假设中，审美处于经验中；而对于第二种假设，审美是经验的一个阶段。两种假设的差别即对于艺术的实词的和形容词的分析。在实词的分析中，差异是极其显著的。比如，艺术与科学分离，两者被视为不同的东西。相反，在形容词的分析中，差异是不明显的，也就是说，相应地，艺术和科学相互交叉，形成互补。简短地说，实词意义上的差异指的是经验中的不同事物，形容词意义上的差异指的是经验的不同特质。

我在其他处已指出[①]，晚期的乔万尼·金梯勒(Giovanni Gentile)——我眼里最彻底的黑格尔主义者——成功地说明了克罗齐的“明晰物的逻辑”与他的“观念论”美学不相容。在此，我无需作这方面的论辩。然而我想在此提出一观点：杜威对审美主题的两个暗含的（如果不是彻底明确的）定义——(1)审美经验，(2)经验的审美阶段——尚未解决的混同，与他认同的“经验实用美学”的基本方向不一致。[②]

465

我尝试通过绕一个表面的圈子来证明我的观点。讽刺性地是，我证据的种子是在杜威的另一部著作《共同信仰》(*A Common Faith*)中，[③]后者与他的《作为经验的艺术》[④]在同年(1934年)出版。前一部书的第一章有技巧地展开了“宗教、某个宗教和宗教性的差别”这一论述，为的是特别否定“宗教经验”作为“独立物”“有别于审美、科学、道德和政治经验”的存在。顺便需注意，此处的含义是，虽然没有所谓宗教经验，但的确有一种审美经验。不管如何，他为“宗教性的”作为一种“属于所有这些经验”的经验特质辩护，并提出这一领域的形容词的分析，为的是摆脱“在实体意义上”的宗教。他还以毫无瑕疵的逻辑坚持，在那些把“宗教经验”作为“特定物”的观点与他建立关于“经验的宗教阶段”的本质的构想的立场之间存在鸿沟。请注意刚才引用的

---

① P·罗曼内尔，《乔万尼·金梯勒的哲学》(*The Philosophy of Giovanni Gentile*)，万尼，纽约，1938年；《克罗齐与金梯勒的思想交锋》(*Croce Versus Gentile*)，万尼，纽约，1946年。

② 《约翰·杜威的哲学》，P·A·席尔普编，西北大学，1939年，第554页（《杜威晚期著作》第14卷，第38页）。

③ 纽黑文，耶鲁大学出版社，1934年，尤其是第一章（《杜威晚期著作》第9卷）。

④ 明顿·鲍尔奇出版公司，纽约，1934年，尤其是第一章（《杜威晚期著作》第10卷）。

"经验的宗教阶段"所包含的对待宗教的形容词的方法，其有别于以"宗教经验"这一方式对待宗教哲学的主题。总之，他在《共同信仰》中表述的宗教哲学无比明晰和连贯(当然是否完善和真实是另一回事)，因为他在理论论述的领域坚持形容词的分析，而没有转向另一种分析。在此，杜威是一个彻底的功能主义者，忠于他整体哲思的经验方法。

绕了这一圈之后，此刻想一下为什么杜威在审美哲学中未坚持自己的方法是很合适的。因为他认为"审美经验"是实存的而"宗教经验"不是吗？当然，作为一个优秀的经验主义者，他不会相信这点！既然有他对于知识的实用主义"假定"，他的《作为经验的艺术》又得益于此，那么宗教哲学的方法也得适用于艺术哲学。如果没有所谓的"宗教经验"，那么按同样的逻辑也没有"审美经验"。用肯定的话来说，若成熟的宗教理论只有在其主题被形容词性地构思时才有可能，即作为"经验的宗教阶段"，那么同样，完善的艺术理论应被限于"生活经验的审美阶段"。简言之，经验的"宗教特质"如何，"审美特质"也应如何。彻底的形容词分析如同圣彼得"不尊重个人"一样不尊重阶段。 466

若杜威坚持功能主义逻辑，他会在《作为经验的艺术》中以他关于宗教的书《共同信仰》同样的方式起头。正如后者的第一章是"宗教对抗宗教性"，前者的第一章可以也应该被称为"艺术对抗艺术性"。他就可以展开艺术、某种艺术和艺术性之间的差别，对应于他的"宗教、某个宗教和宗教性的差别"。名词"艺术"和形容词"艺术的"的差异会让他作和"宗教"和"宗教性的"的差异所致的同种类型的分析，即形容词的分析。然而，我的要点并非他未把艺术*作为艺术性的*来分析，而是遗憾的是，他混合了阐释审美主题的形容词方法和把艺术*作为审美经验的*实词分析。《作为经验的艺术》这一名字带有我所说的方法的含糊不清，尽管作者自称只用了"一种方法"。

我认为"经验实用主义美学"的特别任务是公允地看待那些能移除艺术与经验之间鸿沟的想法。这鸿沟内在于"纯艺术的分隔化构想"，这一构想错误且势利地把它置于高高的座垫上。大家都知杜威是天生的和后天培养的伟大改革者。我个人毫不怀疑他在《作为经验的艺术》中的解放宣言的理论和实际的深远影响。然而，若这一社会要旨以审美哲学来解释明白，那么作者必须明晰且确定地维护仅仅把艺术作形容词分析，因为把艺术作为"审美经验"的实词分析终将导致把艺术作为"独立领域"的误解，这与他著作的主旨相违。因为，既然任何分析的*怎么做*和*做什么*方面是相联系的，"独立领域"这一观点便自然地从实词分析方法中得出。现在，尽管杜威正确地"反对艺术的博物馆似的概念"并"甚至提到这一概念所由来的谬误"，他关于审美领 467

域主题的本质的双重立场在其更为复杂的"审美经验"方面犯了同样的错误。尽管它声称是"日常经验"的"延续",它却必然是一可特定化的实体,指示着一个完全自己存在的明确的东西。杜威艺术哲学和宗教哲学的简单比较即刻显示,相比,反对博物馆来说,他更反对教堂。这些当然在心理学和社会学层面很容易理解,但在逻辑层面却不然。

现在我对杜威美学作一总结:"经验实用主义美学"无法逻辑上成为它所声称的那样,除非它摆脱两极对立的矛盾,即艺术作为经验的一种特殊类型的观念和艺术作为经验的特殊阶段的观念。这两种观点都可以分别连贯地展开,但不能同时进行。正是融合两者的折中主义的企图带来了困惑。

# 注　释

下列标注了本书页码和行数的注释，对于在正文中没有得到说明的问题进行了解释。从杜威的信件里摘引的文字中那些明显的打印错误（比如“chpater”）已被改正，不再另加说明。 *468*

21n.2　Bühler]见卡尔·布勒(Karl Bühler)《言语理论》(*Sprachtheorie*)一书(耶拿：G·费舍，1934年)第二十二章“‘和’关系”(“Die Undverbindungen”)

51n14-16　James's ... eighteen-eighties]关于詹姆斯的文章，见《关于某些黑格尔主义》(“On Some Hegelisms”)，《心灵》第7卷(1882年4月)，第186—208页；《论反省心理学的某些遗漏》(“On Some Omissions of Introspective Psychology”)，同上，第9卷(1884年2月)，第1—26页；《何谓情感》”(“What is an Emotion?”)，同上，第9卷(1884年4月)，第188—205页；以及《论认识的功能》(“On the Function of Cognition”)，同上，第10卷(1885年1月)，第27—44页。

99.15　*Matter and Motion* ... lucidity] 1946年1月22日，杜威在给本特利的信中写道：“许多年前，我有一本麦克斯韦尔的小书——我想那是我在安·阿堡(Ann Arbor)的时候——我还记得，当时我认为这是自己关于物理学原理唯一能够理解的东西。”(本特利档案)在读到《认知与所知》的清样时，杜威写信给本特利说：“完全可以插入一段引自克拉克-麦克斯韦(Clerk-Maxwell)书里的文字——我给你发过来的第16段或第32段都可以。”(1948年4月13日，保存于布鲁明顿印第安纳大学里利图书馆手稿部，亚瑟·F·本特利档案）关于这段话，见本卷第278页第8—13行的摘录。

122n. 2-10 Compare J. R. Firth... thoughts."] 在1945年8月31日给本特利的信（见本特利档案）中，杜威用整整两页摘录了费尔斯《人类的言语》（Frith, *The Tongues of Men*）一书中的文字，其中一部分出现于本段中。

130n. 1-3 "The Aim... written,]杜威提醒本特利注意坎特新近发表的文章（1946年4月4日，本特利档案）。尽管当时已经来不及在他们发表于《哲学杂志》上的文章中对之展开讨论，本特利还是加了这个注脚提及该文。

469

151,28-29 *Solvitur ambulando*]这个问题通过活动获得解决。

173.10-11 Nagel,... Sciences,"]1945年11月15日，杜威告诉本特利："我刚读到内格尔发表在上一期杂志上的文章。这里面有那么多好东西，希望他能牢牢把握住这些东西所从属的那个框架。要是他敢于深入它们的背景的话，他的特殊的认识域会是非常有用的。我一直有一种感觉，应当有某种方式能引导他观察他所处的位置……如果你有时间阅读一下内格尔的作品的话，可以尽可能以同情的态度理解它，看看他要获得这种方式的话需要什么条件。"（本特利档案）

185n. 1-4 In his... p. 830.]杜威提供了这段引文。1945年10月9日，杜威在给本特利的信中写道："罗素刚刚出版了一本关于哲学史的书。最后一章是关于分析哲学的——我还没有读其他章节。我想看看有没有能对你关于罗素假设的陈述给出说明的内容。"随后杜威从罗素著作中做了摘录："根据弗雷格的著作，算术和纯粹数学通常来说都只是演绎逻辑的延伸而已。见第830页。"（本特利档案）本特利回信说："我已将这段材料作为一个脚注放到了1-A页的最下面，如果你能准确地校对一下的话我会很高兴的，因为我没有机会看到这本书。"（未标注日期。本特利档案）杜威在"算术"和"通常来说"后面加了逗号，并给本特利重打的引文标上了"OK."字样。

187n. 1 Otto Neurath] 1945年7月30日，杜威向本特利建议加上这个脚注："我想，简要地罗列一下诺伊拉特在哪些地方与这一意思相左但没有得到系统的发展，会是一个不错的注意。"（本特利档案）

239n. 6-7　Dewey's comment ... interpreter]见1944年7月14日杜威致本特利的信。(本特利档案)

241. 8　an associate]鲁斯·赫希伯格(Ruth Herschberger)。

276. 7　One reviewer]见丘吉曼和考恩:《关于杜威和本特利的〈假设〉的讨论》("A Discussion of Dewey and Bentley's 'Postulations'"),载《哲学杂志》第43卷(1946年4月11日),第217—219页。 470

281. 3-8　"As ... perfunctory"]这段引文选自《信念和存在》("Beliefs and Existences")。这篇文章最初以"信念和现实"("Belief and Realities")为题发表于《哲学评论》第15期(1906年3月),第113—129页。该文是杜威1905年12月28日在马萨诸塞州剑桥的美国哲学学会发表的主席演讲。杜威对之进行了修改,以收入他1910年的文集《达尔文对于哲学以及当代思想中的其他著述的影响》(*The Influence of Darwin on Philosophy and Other Essays in Contemporary Thought*)(纽约:亨利·霍尔特出版公司,1910年),第169—197页。关于这段引文,见第196页(《杜威中期著作》第3卷第99页)。

300. 37-301. 2　"Word ... Thought"[5]]尽管这个三边计划在《意义之意义》第11页中被讨论过,这段引文没有在该书的任何版本中出现过。

345. 30　preliminary question raised by Dr. Lee]在《价值:一种合作的探究》一书中,李(Harold N. Lee)说:"因此显然我将以杜威的回答方式来回答我自己的问题:不,没有任何价值不是某种特定的物、事件或情景的价值。"(第154页)

351. 18-28　It ... value. ]关于布莱尔(Philip Blair)对杜威就这段话所作的"整个来说不必要"的解释的反驳,见赖斯:《科学、人道主义与善》("Science, Humanism, and the Good"),载《价值:一种合作的探究》,第270页注释—271页注释。

357. 26-28　Dr. Stevenson ... knowledge]杜威引述了斯蒂文森(Charles L. Stevenson)的《伦理学和语言》(*Ethics and Language*),关于该书,他写信给弗莱斯(Horace S. Fries)说:"在某些方面,它比大多数关于伦理学方法的作品都要好些——除了它的所谓"心理学"以外,因为它的基础实在吓人。"(1945年9月18日,麦迪逊威斯康辛国家历

史协会，贺拉斯·S·弗莱斯文献）

369.1 - 2　Philosophy's ... Crucial]《评论》在杜威的文章后面加了这样一段注：

471

"本月，正值约翰·杜威九十诞辰之际，举国向他致敬；《评论家》在此荣幸地发表这位杰出的哲学家关于哲学——科学之科学——在未来这些年中所必须扮演的角色（如果它要为实现它的高远使命和满足我们普通人的生活而尽责的话）的富有挑战性的观点。本文是在杜威教授1948年夏向阿姆斯特丹国际哲学大会提交的论文的基础上修改和扩充而成的（见本卷，第358—368页）。"

374.9　the speaker,]关于洛克菲勒基金会主席福斯迪克(Raymond B. Fosdick) 1948年6月3日就海尔望远镜所发表的演说，见《纽约时报》1948年6月4日第10版、15版的文章"帕洛马山上为人类服务的最大望远镜"("Largest Telescope Dedicated to Man's Service at Palomar")。

376.15　artisans]关于苏格拉底论工匠，见柏拉图：《申辩篇》(22—23)，《泰阿泰得篇》(146—147)。

390.1 - 2　Contrivution ... Intellectuals"]《党派评论》第17卷（1950年2月）第103—105页，标题为"宗教与知识分子：专题论坛"，开头是一段"编者按"："我们这个时代，特别是这十年来最有意义的趋势，就是知识分子中重新转向宗教的趋势，以及世俗态度和世俗观点越来越不受赞同、不再被视为当今文化的一种引导力量的趋势。"这段"编者按"提出了"这一复杂主题的五个主要方面，希望参与讨论者以漫谈的形式就全部这些方面或某些方面展开讨论"：宗教复兴的原因，宗教对于知识分子来说的可靠性，宗教与文化的关系，宗教与文学的关系，以及宗教意识与宗教信仰之间的关系。

400.25　Human Rights;]本文发表于联合国教科文组织第二次研讨会。关于教科文组织的第一次研讨会，见联合国教科文组织编辑、马利坦(Jacques Maritain)撰写导言的专题文集《人权：评论与解释》(*Human Rights: Comments and Interpretations*，纽约：哥伦比亚大学出版社，1949年)。

## 《何谓语言符号？ 何谓名称？》一文的注释

1945年6月23日，杜威给亚瑟·F·本特利寄来一份共有三页纸的打字稿原件，这份打字稿“不是为了发表，而是作为信念的证据”（布鲁明顿印第安大学里利图书馆手稿部本特利档案中的信件和打字稿）。本特利在第1页打了一句话：“下面是5月25日寄来的‘记号’一文的新开头。”杜威“5月25日寄来的文章”——即《何谓语言符号？何谓名称？》——在本卷中首次发表。杜威这篇文章的“新开头”如下所示（打字错误已被改正）： 472

在某些极熟悉的情况下，动物行为体现或展现了包括“行动”、“操作”或“工作”[①]等特定要素在内的交互作用，这是对后面将发生的交互作用所作的准备。像鸡妈妈在看到食物时对小鸡发出咯咯声，或在发现敌人时发出尖叫并做出忙乱的动作，以及公鸡在母鸡在场时表现出它们雄性的精神抖擞和意气风发，都属于这类熟悉的情况。

1. 毋需详细分析就能观察到，这些被考察的行为是在时间中绵延并在空间中不断延伸和扩展的行为序列的在先的组成部分。在普通语言的表述方式中，这些行为被称为后面的行为的“准备”，而后面的行为是它们的完成和实现——只要像“准备”、“完成”和“实现”这些词摆脱了教条式解释的影响、严格就事实本身来理解，即把它们作为对于一个时空事件的陈述来对待。

2. 同样毋需详细分析就能观察到的是，那些被探讨的行为是严格的“交互作用 473

① 对于这些形式的强调，只是为了说明，无论事实在细节上如何被解释或被描述，或者无论现在能否给出任何合理的解释，这些情况都是可观察的事实。这是一个关于“原始”事实即先于可以通过理性方式描述的事实材料的事实。

式"的。这就是说，在前面一段中从鸡妈妈和公鸡的角度所建立起来的内容，理所当然要有在场的小鸡和母鸡作为积极的参与者或伴随者；因此这个陈述只有通过对后者以及其他理所当然的伴随者的位置的提及才能恰当地给出。

上面提到的说明材料是从在生理学范围内居于较"高"层次的动物的行为中选取的。但这些特殊的例子只是为了达到说清楚的目的而加以选择的。只要关键的一点——即描述——能被抓住，阿米巴的行为也一样能说明问题。

## II

如果把上述例子中的情况塑造为生理学研究的典型主题的话，我们就得出结论：当且仅当一个*记号或具有代表性*的方面得到考察后，在交互作用这样的行为中所发生的事情才能得到描述；而这一考察的直接而"感性"的条件只能被正确地描述为与时间上的未来和空间中的远方（在这里，"远方"代表所有那些不直接接触的事物）有关的状况或对这种状况进行的考察。母鸡的警告和召唤行为直接向小鸡的方向并在小鸡所处的位置拓展了空间；这一拓展也包括在搜集食物或一阵不安之后方向和位置的改变。就眼下这个例子而言，交互作用扩展并达至未来的吃食、受保护或交配等行为。当我们引入一种对于交互作用的"观察者"（就像我们在描述、思考或"认识"时肯定会做的那样）时，我们说——我们一定会说——整个交互作用的早期阶段是较晚阶段的一种记号或表征。所有生理学的研究主题都表明，没有任何观察或记述（描述）可能不着重关注这一事实及其所产生的后果；或用前面所强调的循环的方式来说，*作为被认知之物*的生理学研究主题只有使用承认记号（或表征）、限制或特性的术语才能被认知。

474

（B　你若不喜欢最后这段话，可以轻松地忽略它。但在《牛津词典》中，限定（To quality）——"以某种特别的方式进行描述或指称"。限制（Qualification）："适合某个特定位置或某种功能者"。）

诸如"在物理学的研究主题中无法发现那种被描述为记号-行为的东西"这样的话是万万不能说的。这是与特定的事实性探究的结果相关的事情。这里所强调的是，在行为探究的主题——即便那种最简单的（比如关于阿米巴的）行为探究的主题——中各种探究（或认知）过程和技术一定不能忽视其记号阶段或表征阶段。

## III

现在是作为指的记号（某种与刺激-反应有关的东西？）。然后是作为指称和详述的记号。

# 文本研究资料

# 文本注释

下列注释按照本书的页和行进行编码，介绍了在考订本中被调整的一些地方。 477

61.20-21　*Knowing ... together.*]这个句子根据《哲学杂志》(JP)修订，它在《认知与所知》(KK)清样 20 中以罗马字体印刷。杜威在这句话下面划了线，并在页边写到："我甚至要建议把整句话变成斜体字以引起注意"；随后亚瑟·F·本特利在页边写下"斜体"一词(见布鲁明顿印第安纳大学里利图书馆手稿部本特利档案，KK 资料，67 号信封，"杜威修改过的清样")。KK 并没有改为斜体，在本版本的修订中，这一修改得以实现。

79.17　cannot]杜威告诉灯塔出版社的迈尔斯(Lucille M. Myers)："cannot 应当"统一用一个词"[马萨诸塞州，波士顿灯塔出版社文献，(1948 年)9 月 4 日]。因此，KK 中所有的"can not"在本版中都得到了调整。

152.13;153.2　subjectmatter]早在 1942 年 3 月 19 日，杜威就写信给本特利说："我已注意到……在我使用'研究主题'(subjectmatter)一词时有一个十分明显的倾向"(本特利档案)。在《哲学杂志》中的文章中，"subjectmatter"被印作"subject-matter"。在阅读 KK 的清样时，杜威就该词的问题写信给迈尔斯："我更喜欢不带连字符的'subjectmatter'"[灯塔出版社文献，(1948 年)9 月 4 日]。10 月 2 日他又写信给迈尔斯："我个人比较喜欢的是 subjectmatter——不带连字符的一个词"(同上)。根据杜威明确表达的偏爱，在本卷中，除了引文材料以外，在其他地方该词的连线形式都被改为“subjectmatter”。

478 155.32-33 Moreover, what is striking here]在JP和KK清样50中，这句话的开头是“What is striking here, moreover”；杜威在清样上圈住了“moreover”，在页边加了“tr”，标明作一个调整。随后，本特利注明这句话以“Moreover ，what is striking here”开始（本特利档案，KK资料，第67号信封，“杜威修改过的清样”）。KK并没有进行这一调整，本版的修订作了调整。

183.1,12,n.1,n.3 him[51]... 52. We]《哲学杂志》(JP)上的文章有51个注，最后一个在183页第12行。在阅读KK清样时，杜威写信给本特利说：“我加了一个注，参考我的《逻辑》第125—127页，在那里我讨论了作为指明的证明”（1948年11月11日，本特利档案）。杜威的上标“52”被加入第183页第1行，脚注52的文本被添加在脚注51的文本后面。本版为此作了必要的修改：183页第1行和183页第12行的上标数字被重置了，注释51和52（即第181页注①和第182页注①——译者）也被重置了。

244.29 as well as a field of application.]JP在这个地方是“and of a field of significant application”。针对本特利的质疑，杜威回答说：“我的措辞是笨拙的。我的建议是，可否加一个逗号，或去掉‘and’并加入‘as well as a field of application’……（我怀疑‘significant’一词在这里是否有特别的‘意义’，去掉它吧）”（1948年5月12日本特利致杜威、1948年5月14日杜威致本特利，本特利档案）。KK没有作改动；而本版按照杜威的意愿作了更改。

252.21-22 concern or care ... with respect to]杜威给本特利写信，论及在KK中修改JP的这段话：“如果作下列调整的话，意思将会更清楚一些：‘concern or care’这些词被更换为复数，‘that is’变成‘these are’，然后在‘scientific concern’后面放置‘respectively’一词并对‘with respect to’这一短语进行语词上的调整，以避免重复。”（1948年5月14日，本特利档案）KK没有作调整。

252.39 from;and is *of* in the sense]JP在这个地方是“from and is

*of*”。杜威写信给本特利谈到这里有一个遗漏:“好像在这一行末尾的‘is *of*’后面漏了一个从句(第 479 页):‘in the sense in which *of* is *off*’”(1948 年 5 月 4 日,本特利档案)。遗漏的词(“in the sense”)在 KK 中被补上了,但第 252 页第 39 行的“and”被换成了“which”。在本版中“and”一词被保留了。 479

256n.2 1705—1774]这是亚伯拉罕·达克(Abraham Tucker)的生卒年份。杜威所引用的《牛津英语词典》所给的日期是“1768—74”,这是达克从中援引“organism”词条的多卷本著作《被追寻的自然之夜》(*The Night of Nature Pursued*)的发表日期。在这里没有改动。

本条脚注是最后一刻加到 KK 中的。杜威 1948 年 11 月 9 日热情地写信给本特利,告诉后者,他发现了达克从《牛津英语词典》中摘的引文:“如果我及时发现它的话,我会在一个脚注里引述它”(本特利档案)。两天以后,杜威告诉本特利他已经将这段材料加到了他那一章里(1948 年 11 月 11 日,本特利档案)。

280.12;284.9;
287.20-21;
288.10-11 cannot]见 79 页第 17 行的文本注释。

287.13 Dear A——,]在《哲学杂志》上发表的杜威的信中所提到的“Albert Balz”或“Mr. Balz”在 KK 中都作了改动。不过在这个地方从“Mr. Balz”到“Mr. A——,”的改动并不正确,现已更正为“dear A——”。类似的调整,请见 291 页第 35 行从“dear Mr. Balz ”到“dear A——”的改动。

320.1 intended]杜威最初打印的是“which it is intended”,随后他把“it”划掉了。估计他应当也想把“is”划掉,在这里两个词都删去了。

320.6 which while]杜威最初打印的是“which which while”。在修改这一错误时,他无意中划掉了“while”而不是“which”。

325.25 are such as to provide]在两个不同的副本(DTS 和 BTS)中,杜威的打字员阿尔里·弗伽蒂(Alma Fogarty)在“as to”后面给

一个她无法辨认的五个字母的词留了一个位置。杜威后来修改了 DTS 和 BTS 所对应的原稿。本版根据杜威对 BTS 的原稿中这段话的改动进行了修订(南伊利诺伊大学卡本代尔校区莫里斯图书馆,特藏部,58 号盒 9 号文件夹,约翰·杜威文献的各种副本,共 23 页;以及本特利档案 58 号盒 16 号文件夹,现存原始打印稿,共 31 页)。关于全部修订之处,见本卷《杜威对〈重要性、意义与含义〉一文的修改》。

480

325.32-33 We ... life behavior]弗伽蒂在 DTS 和 BTS 上做了一个记号,表明她重新打印的杜威手稿中有一张已经遗失。这一张一直没有找到。杜威后来以两种方式解决了这个问题(见《杜威对〈重要性、意义与含义〉一文的修改》)。他在 DTS 对应的原稿上所作的修改为本次修订所接受。

326.12-13 wholly ... lodged in]在 DTS 和 BTS 中,弗伽蒂在"entity"后面为一个她没有认出的九个字母的单词留了一个位置。杜威在"entity"下面划了一条线,并在页边划了两条竖线。后来他在与 BTS 对应的原稿上修改了这段话;这一修改为本次修订所接受。

329.16 by means of ]"by means of"这几个词在 DTS 或 BTS 中都没有出现;弗伽蒂为无法辨认的文本留了十三个字母的位置。"through"或"by means of"都可以放进来;"by means of"比较好一些,因为它更适合弗伽蒂留下的位置,并且更重要的是,杜威在同一时期的类似语境中更倾向于使用这个词。见本卷第 289 页第 38 行,在那里杜威将《哲学杂志》中的"through"改为 KK 附录中的"by means of"。

332.1 are[###]to]在 DTS 和 BTS 中,弗伽蒂承认,在这个地方有几乎一整行没有辨认出来。

340.25 For. The victory will be]显然有一页废弃的文字被不留神给了打字员,后者将之打入了打字稿中。这段文字在本版中删除了。对此的完整解释,见《文本说明》,第 540—542 页。

343.3-4,5-6,8; 344.5;349.20-21; 356.27-28,33,36,n.4 subjectmatterc(s)]关于这一时期杜威对该词的拼写,见第 152 页第 13 行的文本注释。

343.1-2 1. Contained ... inquiry]编者雷·勒普雷告诉杜威，他加了这个脚注，并对出版社副本作了其他修改，原因是本卷的"导言中遗漏了一些材料"(1948 年 2 月 16 日勒普雷致座谈会同仁，见杜威文献)。



349.12 As ... discussion]勒普雷在出版社副本中插入了这一引导语。

350.2 difference,]勒普雷在出版社副本中删去了这个逗号之后，他或杜威又在清样中把它加了进去。

350.10-11 Utopian, Sentimental,] 对于打字稿上的"Utopian or Sentimental"，哥伦比亚大学出版社在出版社副本上加了一个逗号，并在页边问"可以吗?"后来杜威或勒普雷删去了"or"，并在"Utopian"后面加了另一个逗号，于是这个表达在清样中被进一步修改了一下。

350.20 matter]哥伦比亚大学出版社副本在杜威的典型表达"as matter of course"里所加入的一个"a"，在这儿作为印刷错误删去。

351.18-27 experience ... its distinctive kind]勒普雷在出版社副本中作了多处改动，对杜威从赖斯那里摘录的引文作了修改。

354.23 sort of]哥伦比亚大学出版社在出版社副本上将"sort or"中的"or"改成了"of"，并在页边问"可以吗?"

355.3-5 as to provide ... impossible.]在出版社副本中勒普雷对打字稿中的本句作了两处修改："that they provide* the view[此处删去'those who hold'] that rational valuation are impossible whatever color of plausibility it [这里删去'their view'] possesses."哥伦比亚大学出版社随后进一步修改了这个句子，并对从句进行了调整；由于杜威读过清样并显然赞成这一改动，本次修订接受了哥伦比亚大学出版社的修改。

356n.3 "persuasion"]在勒普雷将打字稿中的"The office"改为"The use"之后，他或杜威在清样中又将这两个词改为"persuasion"。

356.29 use or] 在出版社副本中勒普雷将打字稿中"office of 'function'"改为"use or 'function'"。

482 357.5-7 The ... now]勒普雷在出版社副本里对本句进行了修改。在杜威文献(58号盒第6文件夹)里有这篇文章的打字稿的最后两页,即第23、24页的副本。杜威用墨水笔所作的调整(都在第357页第5—9行)在下文中的方括号中。

So far as concerns [intrl. w. caret] the function of persuasion [bef. del. comma] and of producing convictions which direct subsequent behavior,* instead of being [intrl. w. caret] peculiar to judgements conventionally recognized to be in the value-field, that work [w. caret ab. del 'function'] is now best exemplified in "scientific" inquiry and the propositions resulting [alt. fr. 'result' aft. fr. 'result' aft. del. 'that'] from it.

由于杜威读过清样,这个版本被作为他最终的意愿加以接受。

358.7;361.8;365.23;367.7 subjectmatter(s)]见第152页第13行的文本注释。

361.25-26;364.6 a philosophy]杜威在本文中讨论一个特定的哲学体系时对于"a philosophy"的使用,见第364页第4行与第367页第16行。

366.23 which material, moreover,]这里误用了一个逗号,和第359页第32行("Fact, however, implies")类似。在这个地方,根据上下文的意思,"which"后面的逗号被移到了"material"后面,并在"moreover"后面加了一个逗号。

367.30 a share]在下一篇文章中,也即第380页第20—21行,有一个类似的结构,在那里杜威使用的是"have an active share in"。在第367页第30行"share"前面漏掉的"o"在本版中又被重新加上了。

370.26;371.34,35;379n.5;381.19,23 subjectmatter]见第152页第13行文本注释。

383.13 me]第383页第2行("asking:")在打字稿中是"asking two questions of me. The first one reads:"。在修改的过程中,杜威在第383页第13行的"me"后面加上了"by them",显然指的是卡恩(Kahn)的两个问题。不过,当杜威在打字稿上删去这两个问题时，他忘记了删去与此对应的“by them”，在本版中这两个词被删去了。

384.1 on my view]《哲学与现象学研究》把杜威的典型表达“on my view”改为“in my view”，在本版中这被当作编辑修饰语而没有被采纳。 483

387.18 view]杜威在第387页第17行写下了“Mr. Kahn transforms”，又在第387页第18行的“view”后面写下了“gets transformed”，他显然要删去一个表达。不过这两个表达在发表的版本中都没有删掉。在这里“gets transformed”被去掉了。

387.21 the view]在誊清的打字稿中，这个地方留了一个空，表明打字员可能无法辨认杜威的书写或所作的调整。

391.26 has been]杜威在重新打印的范本（本特利档案，8页）上所作的唯一调整就出现在这里。杜威用墨水笔删去了“has been”，并在它们上边写了“was”一词。不过，杜威本应在清样中重新写上“has been”的，因为在这篇会议论文相同语境的其他地方（第393页第34行、第40行，第394页第1行），他使用的是“has been”。

396.6 first and third chapters.]《作为经验的艺术》的前三章是“活的生灵”、“活的生灵和‘以太物’”，以及“具有一则经验”。

396.34,36;397.7,20,35-36 subjectmatter(s)]见第152页第13行的文本注释。

408,13 shock to]打字稿在这里写作“shock given to”。杜威显然划掉了“given”一词；不过“to”被错打成“of”。

411.2,12,31;413.32;415.21;416.35,39;417.3,7-8,27;418.2 subjectmatter(s)]本文的打字稿不是杜威打的。杜威在这一时期关于“subject-matter”的拼写，见第152页第13行的文本注释。

413.13 divisions]在“divisions”中丢了最后的“s”可能是一个印刷错误。这里恢复了打字稿中的复数，因为杜威不会在不同时将“isolations”也变成单数的情况下将“divisions”写成单数（isolations在第419页第17行的用法与此类似）。

484 419.13-14 systematic acceptance of the doctrine of its aloofness] 杜威在打字稿(TS$^2$)第21页打了"acceptance of the doctrine of its "的字样作为插入的内容,并且,显然在把原稿寄给弗莱斯供出版用之后,他用墨水笔在复印本上的"systematic"后面加了一个caret。被错放在"systematic"前面的模糊的插入内容在本版中被调整了。

419.15 but]显然在将原本寄走之后,杜威在TS$^2$的副本第21页用墨水笔插入了一个"but"。该词在发表的版本中没有出现。

# 文本说明

《杜威晚期著作》(1925—1953)第16卷的时间跨度为1949年到1952年,包括杜威在那几年里发表的全部著作(除了收录在《杜威晚期著作》第17卷中的杂著之外)。《杜威晚期著作》第16卷包括八篇文章和《认知与所知》。后者是杜威与本特利的合著,发表于1949年,这是一部以他们发表于1945年到1949年之间的文章为基础的著作。《杜威晚期著作》第16卷还包括四篇在杜威生前没有发表的打字稿。这些作品所处理的是哲学的技术方面以及它与世界的关系,而政治和社会事件在那些面向广泛读者的文章中显得是第二位的主题。一些作品有可供选择的范本[1];对它们的讨论将按本卷内容的顺序展开。 485

本卷所包括的打字稿大部分是杜威与本特利长期合作的成果。《何谓语言符号?何谓名称?》和《价值、价值评估和社会事实》都作于1945年,在这里皆为首次发表。《重要性、意义和含义》和《社会探究中的"如何"、"什么"和"为何"》写于1949年和1951年之间;二者都曾以不同形式发表过。[2] 这些打字稿中三篇的附加材料载于本卷:在"文本工具"中,杜威的进一步想法体现在题为"《何谓语言符号?何谓名称?》一文的注释"和"杜威对《重要性、含义和意义》一文的修改"两个部分;由约瑟夫·拉特纳编辑的《社会探究中的"如何"、"什么"与"为何"》作为附录3载入本卷。 486

八篇文章中的三篇——《价值领域》(一次价值问题讨论会的与会论文)、《宗教与

---

① 本卷所选择的文本基于弗里德森·鲍尔森(Fredson Bowers)《文本的校勘原则和程序》,载《杜威晚期著作》,第2卷,第407—418页。

② 见《约翰·杜威和亚瑟·F·本特利:哲学通信(1932—1951)》,西德尼·拉特纳和朱尔斯·奥尔特曼主编,新泽西,新布兰斯威克:罗格斯大学出版社,1964年,第647—668页。

知识分子》(一次《党派评论》专题论坛的论文)以及《经验与存在:一个评论》——有打字底稿;上述前两篇文章在杜威生前发表过不止一次。《经验与存在》是对绍洛姆·J·卡恩的一个回应,《作为一个初始阶段和作为一种艺术发展的审美经验》是对帕特里克·罗曼内尔的回应。杜威在《现代哲学》——这是一篇收入奥托纪念文集《我们文化中的分裂》(*The Cleavage in Our Culture*)的文章——以及《宗教与知识分子》,还有为联合国教科文组织发表并出版的专题文集《紧张世界中的民主》撰写的文章中,对社会和政治舞台进行了审视。由悉尼·胡克代为宣读的杜威于1948年夏递交给阿姆斯特丹第十届国际哲学大会的论文《哲学有未来吗?》以及发表于《评论家》杂志并被认为是杜威为《哲学的改造》[①]所作的新的、通俗版的导言的《哲学在我们这个科学时代的未来》,则体现了杜威对冷战所带来的结果的思索。

1949年10月20日杜威九十大寿时有一系列论坛、活动和访谈[②]。《纽约时报》报道说:杜威"为自己的生日所带来的'忙乱和打扰'感到不安",他本希望和他的妻子罗珀塔(Roberta)及两个养子约翰和阿德利恩(Adrienne)一起度过这个生日的。"可并没有如愿。"[③]在这些向杜威致敬的庆祝活动中,有一个在纽约市召开的、集中讨论教育中的民主问题的三天系列会议。这个在伦理协会和哥伦比亚教师学院举行的全天候会议召开前,于10月20日在科摩多酒店(the Commodore Hotel)为杜威举办了生日晚宴。杜威在晚宴上简短致辞:"如果我们受恐惧驱使,我们将失去对于我们的同胞的信心,而这是无法饶恕的罪过,……如果我们对人类和人性失去信心,我们的前景将着实可悲。"[④]

487

在杜威1952年6月1日去世前几个月,本特利对杜威的描述是:他"始终在工作,这一工作不是只有循环往复,而是有着比他的同龄人时间长得多的向前发展"[⑤]。

---

① 波士顿:灯塔出版社,1948年,第v—xli页[《杜威中期著作》,第12卷,第256—277页]。

② 对杜威的访谈,比如:《约翰·杜威在九十岁时发现世界的紧张能导致善》,《纽约先驱论坛报》,1949年10月15日,第7版[莱斯特·格兰特(Lester Grant)];《杜威在九十岁时重申他的信念:好学校在一种民主体制中是根本性的》,《纽约时报》,1949年10月16日,第4部分,第9版[本雅明·费恩(Benjamin Fine)];以及《美国的哲学家迎来九十大寿》,同上,杂志部分,第17、74、75页[伊尔文·埃德曼(Irwin Edman)]。

③ 同上,1949年10月19日,第31页。

④ 同上,1949年10月21日,第1、28页。在10月19日举行的"社会研究新学校中的杜威"(Dewey at the New School for Social Research)庆典中,阿尔文·约翰逊(AlvinJohnson)称赞杜威对于"将人类从恐惧中解放出来"助益良多。

⑤ 本特利致约瑟夫·拉特纳,1952年2月28日,南伊利诺伊大学卡本代尔校区莫里斯图书馆特藏部,约瑟夫·拉特纳/约翰·杜威文献。在引用所有类型的信件时,对所有明显的打字错误(如"chpater")的改正都不作另外说明。

杜威最后那些年的通信体现出他的思想和身体都有着很强的适应能力。有一封他在最后的日子里写给本特利的信，是在亚利桑那州的塔克森写的，当时他正在那里进行术后康复："如果我的气力能恢复，我想就作为行为方式的认知写点东西……"①

## 《认知与所知》，与亚瑟·F·本特利合著

本特利比杜威小十一岁，他曾在德国短暂学习过，并在约翰·霍普金斯大学获得经济学博士学位。1895—1896年，作为芝加哥大学社会学讲师，他参加了杜威关于逻辑理论的讨论班。在放弃学术职位以后，他在芝加哥做了几年记者，出版了《治理的过程》②，并在印第安纳的保利度过了他一生中的大部分时光，在那里他经营了一个苹果园，并继续就范围广泛的论题发表著作和文章。杜威和本特利的合作，始于1932年11月本特利寄给杜威一本《对于数学的语言学分析》以及杜威1935年5月对此表达谢意。③ 在那个夏天里，杜威读了本特利的《行为、知识和事实》的清样。本特利在这本书的前言里解释了他从杜威那里受到的教益。而在几年之后，杜威也在他的《逻辑》前言中报之以李。④

488

本特利后来向正在为杜威传记搜集材料的约瑟夫·拉特纳描述了他们之间的关系："我怀疑我在芝加哥是否和杜威说过话……但最后我们走到一起时，就好像过去我们是齐头并进地发展似的——只是他以他的表达方式、我以我的方式而已。"⑤杜威的讨论班"是一个大班，我没有和他进行过私人接触。我在写作《治理的过程》时一

---

① 杜威致本特利，1951年4月9日，印第安纳大学布鲁明顿校区里利图书馆，手稿部，亚瑟·F·本特利档案。

② 芝加哥：芝加哥大学出版社，1908年；见第245—257页论杜威"关于野蛮心灵的解释"的部分。在本书出版之后，本特利写信给约瑟夫·拉特纳："出了点'故障'"(1948年9月7日，拉特纳/杜威文献)。

③ 1932年11月15日本特利致杜威；1935年5月22日杜威致本特利，见本特利档案。本特利在《对于数学的语言学分析》(印第安纳，布鲁明顿：普林斯彼亚出版社，1932年)。在这本书中，本特利讨论了"杜威对于推动我们对于逻辑学和语言学问题的理解所具有的重要意义"(第43页)。

④ "鉴于一些具体的批评，我觉得必须走向约翰·杜威所描述的作为科学的心理学。在这里我可以强调说明我在探究与方法的诸多方面和他的关系。我受到了来自他的重要而持久的影响——这种影响比我在本书前文中有机会表达出来的要大得多。"(《行为、知识和事实》，印第安纳，布鲁明顿：普林斯比亚出版社，1935年，第ix页)。"由于本书没有引述A·本特利的作品，我想在这里表明一下我所受益于他的有多么多。"(《逻辑：探究的理论》，纽约：亨利·霍尔特出版公司，1938年，第iv—v页；《杜威晚期著作》第12卷，第5页)

⑤ 本特利致拉特纳，1948年6月4日，拉特纳/杜威文献。

定强烈地感受到他的影响，因为他是第一稿题赠的四个人之一(只是后来觉得看起来有点怪就去掉了)……我寄了本《对数学的语言分析》给他。他显然只是扫了一眼，直到[恩斯特·]内格尔唤起他对这本书的注意……他给我来了封信。我们交流了许多。令我惊奇的是，他在《逻辑》前言中提到了我。""我们彼此理解对方所要达到的目标，我们可以彼此为对方提供一些东西。"①"他使我保持平衡，并使我能够尝试从未尝试过的东西。"②

杜威在 1945 年也对他们之间的关系进行过描述："尽管本特利有书如是，但他从未获得过学术上的承认……他主要关注的是社会学；他进入心理学和认识理论，是由于在关于社会问题的作品中遇到了一些问题。从他的风格来说，我想在我遇到他之前，他会为不被承认而感到苦恼。随后，当我遇到他时，我发现他是我所认识的人中最可亲的……我不断向本特利制定的方向靠近；在最初接触他的作品时，把握他的立场所具有的力量有些困难"。③ "我最后终于克服困难做了本应在多年以前就做的事，这主要要归功于他。"④

489

杜威和本特利开始越来越多地围绕语言交换信件。他们的许多信收入南伊利诺伊大学卡本代尔分校莫里斯图书馆特藏部约翰·杜威文献中。这些信件被选编入西德尼·拉特纳和朱尔斯·奥尔特曼主编的《约翰·杜威与亚瑟·F·本特利：哲学通信(1932—1951)》(新泽西，新伯朗士威，罗格斯大学出版社，1964 年)。

西德尼·拉特纳除了在该书的导言中进行讨论之外，还在一封信中强调，这些通信描绘了二者的紧密关系：

> "杜威-本特利通信表明，《认知与所知》是一部**真正的合作**著作——这是对杜威和本特利所参与的现实的智识性**交互作用**的重要性的一个证明——每个人都贡献观点，都就不同问题对对方的立场展开批评并进行修正，通过**由论证而得到的一致性**达到某种令**双方**作者满意的最后方案，这和杜威和塔夫茨(Tufts)合

---

① 本特利致拉特纳，1948 年 8 月 3 日，拉特纳/杜威文献。

② 本特利致拉特纳，1948 年 9 月 7 日，同上。

③ 杜威致爱德华·奥克塔维尔斯·希松(Edward Octavius Sisson)，1945 年 8 月 9 日和 9 月 14 日，同上，复制本。

④ 杜威致格雷斯·A·德拉古纳(Grace A. De Laguna)，1945 年 10 月 25 日，副本，同上。

著《伦理学》相似。"[①]

杜威1942年6月12日写信给本特利说:"除了你使用语词比我更加谨慎——这是我的不足——之外,我不知道咱们之间是否还有差别。"第二天他又说:"我常想,我们的背景和直接的问题是如此不同,而正是这样才使您的著作对我有所帮助,这种帮助的方式是无法通过基本背景和问题范围都相同的人达成一致而实现的。"[②]几个月后,杜威写道:"最近几年我在许多地方发现,我的术语仍然太过老式了……我一直试图写一些范围很广的东西来清除掉一些内容并说得足够清楚,以避免严重的误解。这是个艰难的工作,我还没做完——我不得不一次又一次重新开始。当我弄得稍好一点的时候,我就把它发给你……从消极方面说,我避免使用一些词,这改善了行文,将一些瑕疵清理了出去;但在积极方面,好像没有合适的正确的词。"[③]

490

1943年6月,在读到本特利在信中评论说他们需要"一种稳固术语的开端"时,杜威写道:"你说我写东西随心所欲、缺少坚实而彻底的语词,再没有比这更正确的话了……或许已经到了做些事情试着将一系列主要语词固定下来的时候了。我似乎不能写得富有连续性,但如果你开一个头的话,我可以在语词上进行配合。"[④]他们的计划就这么开展起来。其时杜威八十三岁,而本特利七十二岁。

在该书出版六年半之后,本特利对积攒起来的手稿和信件进行整理,准备了一份《〈认知与所知〉一书进展概要》(详见下页。——译者),在那里他解释说:"之所以要费心保留所有这些资料,是因为它更应被视为一个科学和语言的进展之流的汇合,而不是某种形式的个人活动或心理活动的运作。"[⑤]这份文件将在下面的讨论中被提及,它呈现了一个复杂过程的横切面,并勾勒了杜威在起草、撰写、出版和校读中作为作者、编者、建议者和顾问的角色。

491

---

① 拉特纳致哈丽雅特·F·西蒙,1987年5月17日,南伊利诺伊大学卡本代尔分校杜威研究中心。

② 杜威致本特利,1942年6月12、13日。在1941—1942年,本特利作为哥伦比亚大学哲学系的访问学者,作过几场关于"语言研究规划"的报告(西德尼·拉特纳,《哲学通信》,第43页)。

③ 杜威致本特利,1942年11月3日,本特利档案。

④ 本特利致杜威,1943年4月2日;杜威致本特利,1943年6月25日,同上。

⑤ 本特利:《〈认知与所知〉一书进展概要》,1949年12月5日,同上,84号文件夹,《认知与所知》材料(下文写作"KK")。

Publication Summary



John Dewey and Arthur F. Bentley, *Knowing and the Known*

(Boston: Beacon Press, 20 September 1949)

| Chapter | Author | Published Articles and Dewey Typescripts |
|---|---|---|
| Preface | JD/AFB | 2 typescripts[a] |
| Introduction: A Search for | | |
| Firm Names | JD/AFB | "A Search for Firm Names," *Journal of Philosophy* [JP] 42(4 January 1945):5 - 6 |
| 1. Vagueness in Logic | AFB | "On a Certain Vagueness in Logic," JP 42(4 and 18 January 1945):6 - 27, 39 - 51 |
| 2. The Terminological Problem | JD/AFB | "A Terminology for Knowings and Knowns," JP 42(26 April 1945):225 - 47 |
| 3. Postulations | JD/AFB | "Postulations," JP 42(22 November 1945):645 - 62 |
| 4. Interaction and Transaction | JD/AFB | "Interaction and Transaction," JP 43(12 September 1946):505 - 17 |
| 5. Transactions as Known and Named | JD/AFB | "Transactions as Known and Named," JP 43(26 September 1946):533 - 51, 560 |
| 6. Specification | JD/AFB | "Specification," JP 43(21 November 1946):645 - 63 |
| 7. The Case of Definition | JD/AFB | "'Definition,'" JP 44(22 May 1947):281 - 306 |
| 8. Logic in an Age of Science | AFB | "Logicians' Underlying Postulations," *Philosophy of Science* 13 (January 1946):3 - 19 |
| 9. A Confused "Semiotic" | AFB | "The New 'Semiotic,'" *Philosophy and Phenomenological Research* 8 (September 1947):107 - 31 |
| 10. Common Sense and Science | JD | "Common Sense and Science: Their Respective Frames of Reference," JP 45(8 April 1948): 197 - 208, and typescript[b] |
| 11. A Trial Group of Names | JD/AFB | "Concerning a Vocabulary for Inquiry into Knowledge," JP 44(31 July 1947):421 - 34 |
| 12. Summary of Progress Made Appendix: Dewey's Reply to Albert G. A. Balz | JD/AFB<br>JD | [no documents]<br>Reply to "A Letter to Mr. Dewey," JP 46(26 May 1949): 329 - 42, and JP transcription of Dewey's letter[c] |

a. Typescript typed by Dewey, enclosed in Dewey to Bentley, 3 September 1947, Bentley Collection, Manuscripts Department, Lilly Library, Indiana University, Bloomington, 2 pp.; typescript not typed by Dewey, dated 15 September 1947, Joseph Ratner/John Dewey Papers, Box 45, folder 9, Special Collections, Morris Library, Southern Illinois University at Carbondale, 3 pp.

b. Typescript not typed by Dewey, "Common Sense and Science: Their Respective Frames of Reference," Ratner/Dewey Papers, Box 44, folder 2, 22 pp.

c. Sent by Herbert W. Schneider to Balz, 4 May 1949, Balz Papers, Manuscripts Department, Alderman Library, University of Virginia, Charlottesville, 19 pp.

本特利所准备的大量手稿(本特利文献)中有一些载有杜威的手迹;下面的讨论会谈到这些手稿。正是由于杜威和本特利的大量通信有着很大的文本意义,我们不可能只是从中引述一个片段。我们的讨论将按照时间顺序展开,将讨论期刊文章和发表的著作,接下来会给出《认知与所知》的文本分析,以及对于杜威的主要工作的详细考察——包括前言、第十章以及附录。随后,会有一个列出每一章的作者和基础文本(期刊文章和杜威手稿)的《认知与所知》的出版概要。

## 期刊文章

本特利最初准备了一些普通的手稿寄给杜威;杜威回信时给了些评论和他自己的一些概要。工作的领域一旦被勾勒出来,各个不同单元就以文章的形式发展出来了。"手稿 1 到 10 是在 1943 年 7 月到 10 月之间完成的……杜威在这一年的 11 月住院了,由于要坚守岗位,手稿 11 到 15 就带有了我的个人备忘录的性质。手稿 16 到 25 于 11 月底开始进行,并在 12 月里继续"(《进展概要》)。在肾结石手术康复之后,杜威写信坦诚地谈了他的态度以及他对他们之间通信的意义的看法。他安慰本特利说:"无论你所说的……与我的《逻辑》一致与否,都真的没什么大问题。"杜威写道:"我想尤其强调地说明这一点。我并不拘泥于《逻辑》中的任何东西——当然也不会拘泥于它的术语——我自己的发展是缓慢的和尝试性的。我唯一能表明的是,我绝不会自满于过去自己所写的东西而放慢脚步。事实上,我很少看自己以往写过的东西。如果我这么做了,那肯定有什么特殊的原因。而当我发现我仍然喜欢并坚持的东西时,我会很高兴的……因此这封与你的通信是我试图获得一种稳固术语建构的第一个有意识的、严肃的努力。……只要有帮助,我很乐意重新开始。"[1]

493

本特利的《进展概要》接着讲:"这些草稿现在开始勾勒整个领域了。"后面是从 1944 年 1 月到 4 月的草稿 27 到 35,再往后是内容更加广泛的手稿 36 和 37。杜威对早先的材料的修订可以在草稿 32 中看到,标题是"对认知与所知之物的自然主义详述"("Naturalistic Specification for Knowings and Knowns")。[2] 在他们之间的一次具

---

① 杜威致本特利,1943 年 12 月 27 日,本特利档案。本特利曾于 1943 年 12 月 21 日就"事实"一词的使用写信给杜威(同上)。

② 标注日期为 1944 年 3 月 28 日,同上,KK,6 号文件夹。

有典型性的交流中，杜威给本特利寄来一张三页纸的术语概要，并在前面写道："我对于自己使用术语的能力没有信心。"本特利回复说，如果他先"尽可能干净地"完成他正在写的稿子并把它寄给杜威的话，这件事就会"更简单也更容易"。然后他会"以同样方式"处理杜威的概要，针对他自己的术语详细地作出说明，并"对任何变动给出说明"。①

在他们的通信中杜威常常解释他写作的动机。比如，在评论本特利的草稿时，杜威写道：

> "你写的东西激发我重新审视自己以前的立场，并试图使之更加切近时代，以至于我写的许多东西更多的是对自己以前观点的修正，而不是手头上正在做的这项工作。我只是希望所做的这些能有一部分作为背景发挥作用——但看在上帝的份儿上，如果不是特别恰当的话就不要关注它了。② ……你肯定能理解，在这些信里，我没有以一种整合的眼光来写东西。"③

本特利以各种方式使用杜威的材料，有些被他直接整合到文章里，还有许多在进一步的思想发展中被使用到。

494

> 杜威在这一时期所做的工作，包括一份受到本特利前面的概要"启发"的关于"我们为获得对于所知的认识而进行的探究"的一般本质的两页纸的概要；一份三页纸的研究提纲；一份六页纸的关于"对为关于或对于认识的自然主义认识提供帮助的认知与所知有用的详述"的概要。④

杜威与本特利：《探寻稳固的名称》，《哲学杂志》第 42 期（1945 年 1 月 4 日），第 5—6 页；以及本特利：《论逻辑学中的一种含混性》，同上，第 42 页（1945 年 1 月 4 日、18 日），第 6—27 页，第 39—51 页。

本特利的《进展概要》引起人们对于 1944 年 5 月底发展的"关节点上"的那些往来

---

① 杜威致本特利，1943 年 12 月 29 日，本特利档案；本特利致杜威（1944 年 1 月 5 日），杜威文献。

② 杜威致本特利，1944 年 2 月 1 日，本特利档案。

③ 杜威致本特利，1944 年 7 月 21 日，同上；誊抄件，杜威文献。

④ 杜威致本特利，1944 年 3 月 26 日，1944 年 6 月 7 日和 12 日，本特利档案（1944 年 6 月 7 日信的誊抄件，杜威文献）。

信件的关注。杜威5月26日的信所讨论的是一种“一般的审视”，似乎提出了一种不同的意见。“我倾向于认为，若在这一系列论文中我们将自己限制在以一种肯定的陈述之内、并把所有实际上引述他人立场的话都砍掉，我们的目标和立场会更清楚。”①

“文章现在被分成两部分，出现了标题‘事实、事件和指称’，并开始注意流行的逻辑学中的多种缺陷。组织中的进一步详述现在现身……草稿70—87。这些草稿发展为《逻辑学中的含混性》”(《进展概要》)。本特利把草稿寄给杜威，期待他的反应和评论；杜威在七月满怀歉意地回复说：“很抱歉还没有为《含混性》一文做更多工作，不过我会在上面再花点时间的。”②不过，杜威作了不少“更改语词的建议”。③ 杜威早先曾寄给本特利一份导论性文章的概要；八月底本特利寄给杜威一份草稿，后者回信时给了一些建议。杜威写道：“我有一个想法，希望为整个系列写个序言。”④九月份期间，文章在向前进展，杜威写道：“撰写一份探讨规划(或方案)而不是一份序言的想法是很不错的。”⑤最初作为《逻辑学中的含混性》一文的“序言注释”而收录进来的文字，在修订之后成了一篇独立的引介文章。⑥

495

他们开始讨论署名问题。杜威不愿意在这篇逻辑学文章上署名。本特利写信来进行劝说，列举了杜威为文章所作的贡献——比后者自己所以为的要多——作为证据，并分析了杜威通过信件和概要为文章所作的这些贡献的意义以及——这是最重要的——杜威的名字的价值。⑦ 杜威8月23日回信说，署名的理由是“希望以各种方式合作；不署名的理由是会将我没有做的工作归功于我”。由于本特利“实质上的和形式上的努力”，杜威并未“不愿署名”。⑧ 在考虑了许多处理该问题的方式之后，他们同意共同为引论文章署名，而这就是说：“这个系列作为一个整体来说是合著的，其

---

① 杜威致本特利，1944年5月26日，本特利档案，誊抄件，见杜威文献。也见本特利的回信，1944年5月31日，本特利档案。杜威在1944年6月6日致本特利的信中坚持他的观点，他赞成“尽量少地使用从某些作者那里摘录特定的引文——这些作者不断变换，几乎可以无限累加下去，这会让读者去思考他们的立场而不是我们的立场”(同上，誊写本，杜威文献)。

② 杜威致本特利，1944年7月12日、31日，本特利档案。

③ 比如，见杜威致本特利，1944年8月21日，同上。

④ 杜威致本特利，1944年8月23日，同上。杜威1944年6月7日写的概要是这样开头的：“对第一篇文章的目标和愿望、立场，以及与其他人的立场的工作关系的引介性陈述。所涉及的和被省略的。”(同上；杜威文献，誊抄件)

⑤ 杜威致本特利，1944年9月20日，本特利档案。

⑥ 见草稿76，同上，文件夹11，KK。

⑦ 本特利致杜威，1944年8月19日，本特利档案。

⑧ 杜威致本特利，1944年8月23日，同上。

中某些内容的责任人最初是我们中的某个，而当前这篇文章是本特利的。”[①]在他们早先讨论发表事宜时，杜威写道，他认为《哲学杂志》提供了“最理想的渠道”，不过“还没定下来”。“它是双周刊，这一点比其他同类杂志要好。”[②]九月份，引介文章和本特利的逻辑学论文都准备好了。杜威写信给本特利：“我发现我可以看清楚你寄来的第二个复印稿上的所有内容，这样任务就交给杂志社了”；几天以后又写道，本特利应当把材料寄出去，“而不要等待或期望我在你寄给我的复印稿上再写更多的评论。然后我们可以开始做下一件事”[③]。

496

杜威和本特利：《一个为认知和所知之物而进行的术语建构》（“A Terminology for Knowings and Knowns”），《哲学杂志》第 42 期（1945 年 4 月 26 日），第 225—247 页。

“60—69，这些草稿的不同部分构成了《术语建构》一文”（《进展概要》）。1944 年 12 月中，杜威给本特利寄来一封九页纸的草稿，标题是“一个为认知和所知之物而进行的术语建构”，这构成了这篇文章的第 I 和第 II 部分的基础（本卷，第 47—56 页）。杜威下面这段话体现了他所作的主要贡献以及他作为编辑所发挥的作用：

> 这里面是我对你 1944 年 9 月 8 日草稿 62 的加工。我之所以做这个工作，部分是由于我想保持作为合作伙伴的感觉。而如果我在这个方向上有所进展的话，也会对我重新编辑自己的稿子有所帮助。我既已做过这一工作，并一开始就远比一般读者更接近你，因此我能够判断理解上的着手点在什么地方。总的来说我只是对你文章里的东西进行扩充而已。[④]

到 1945 年 1 月晚些时候，杜威觉得文章“可以发表了”。[⑤] 他阅读了清样，并表达了对于名称顺序的担心。[⑥]

---

① 杜威致本特利，1944 年 8 月 29 日，本特利档案。
② 杜威致本特利，1944 年 3 月 10 日，同上。
③ 杜威致本特利，1944 年 9 月 2 日、8 日，同上。
④ 杜威致本特利，1944 年 12 月 15 日，同上。
⑤ 杜威致本特利，1945 年 1 月 28 日，同上。
⑥ 杜威致本特利，1945 年 4 月 19 日、20 日，同上。

杜威和本特利:《假设》(Postulations),《哲学杂志》第42卷(1945年11月22日),第645—662页。

“草稿80—89在‘认知、知识与所知’和‘自然主义假设’的标题下,这些文字成为关于‘假设’的论文……见杜威[1944年]6月12日的概要。”(《进展概要》)本特利在写作标题为“认知、知识与所知”的草稿81时使用了杜威的共计六页纸的概要”①。杜威认为这篇文章“应当尽可能鲜明”,“接下来应该概括地展示一下前面是怎么来的,又是怎么向后面过渡的”②。杜威1945年5月寄给本特利另一篇概要(第二天他称之为“我的两页纸的介绍”),这是文章第一部分的基础(见本卷第74—77页),杜威在随着寄过来的信中写道:“我对是否要把这份稿子寄给你有些犹豫,因为我担心你会比我更认真地对待它。我破例对它进行压缩而不是扩展。”③在这篇文章稍后的一稿中,杜威在标题“Postulation”上加了一个“s”,然后在下面写道:“复数怎么样?”④在六月晚些时候杜威说他正和《哲学杂志》那边联系;不过发表的事要推迟到秋天了,因为“稿件不同寻常得多,很难放进一篇长文章”⑤。杜威读了清样,寄给本特利时只提了“几个小问题”。⑥ 在这一时期,他们彼此的称呼从“亲爱的杜威”和“亲爱的本特利”变为“亲爱的约翰”和“亲爱的亚瑟”。

497

丘吉曼和考恩对《假设》一文作了评论;杜威起草了一封回信,寄给本特利一份副本。杜威告诉本特利:“我拿到你的评论后再把信寄走——如果你觉得这是个好主意的话——这封信不会取代后面的公开表述。或许,如果他们等到我们把其他文章都发表出来的话,就不会再说那些话了。”杜威把他的回信当做“一个注释”而不是“一个公开评论”,在这封信中他说:“我对这里似乎表达出部分赞同表示欢迎。但有些问题令我感到困惑。”⑦不过杜威好像并没有寄走这封信。

本特利:《逻辑学家们的根本假设》(“Logicians' Underlying Postulations”),《科学哲

---

① 标明日期为1944年6月20日,本特利档案。文件夹20,KK。
② 杜威致本特利,1945年2月21日,同上。
③ 杜威致本特利,1945年5月8日、9日,同上。
④ 草稿P-IX-F,1945年5月20日,同上,文件夹23,KK。
⑤ 杜威致本特利,1945年6月21日、10月8日,同上。
⑥ 杜威致本特利,1945年11月10日,同上。
⑦ 杜威致本特利,1946年4月24日,回信装在里面,同上。这封回信是4月23日杜威致本特利的回信的修订版(同上)。关于丘吉曼-考恩的评论,见《哲学杂志》第43期(1946年4月11日),第217—219页。

学》第13期(1946年1月),第3—19页。

498 本特利把他的文章的草稿寄给杜威,后者回信时附上了一些评论和“语词修改”的建议,这些建议并未被本特利全部接受。比如,杜威建议将“all their behaviors”(第193页注释第14—15行)这个表达中的“all”用斜体表示。① 在1945年7月和8月间,他们在通信中讨论了文章内容;到九月初杜威已经“看完了”本特利文章的“最后几稿”。②

杜威和本特利:《相互作用和交互作用》(“Interaction and Transaction”)、《作为被认知和被命名之物的交互作用》(“Transactions as Known and Named”)以及《详述》(“Specification”),《哲学杂志》第43期(1946年9月12日、26日,11月21日),第505—517页;第533—551页,第560页;第645—663页。

> 显然,在一年或更长的时间里,从1945年夏天到1946年夏天,我们致力于探讨和发展关于相互作用、交互作用和详述的问题。1945年我们准备了十四份草稿,[1946年]有十九份草稿,标记新拟为“I-XIX”。标题的形式原先是“详述和交互作用”。1945年9月标题大体上被改为“交互作用的详述”……我们的注意力集中于三个领域的材料带来的困难,以及需要重写的内容的范围。(《发展概要》)

稍晚些时候,杜威告诉小阿德伯特·埃姆斯(Adelbert Ames, Jr.)说,本特利“写了两篇交互作用文章的大部分内容”③。不过杜威向本特利作了一些关于组织和写作方面的建议,比如,“我在想……不知将《详述》列为单篇会不会有点不太好”,并且在一个地方对措词提出建议:“这个问题在这里可以只是提一下;在我们下一篇关于详述的文章里再详细地考察它。”(见111.11—13,从“Transaction”到“next”)④在读了本特利关于“以自-作用的方式处理行为问题”的草稿(123.23)之后,杜威给本特利寄来“一份文本所要求的(哲学学说的)历史回顾”。⑤ 两天以后,杜威建议增加一些

499

① 杜威致本特利,1945年7月30日,本特利档案。也见杜威致本特利,1945年8月15日,同上。

② 杜威致本特利,1945年9月2日,同上。

③ 杜威致埃姆斯,1949年6月27日,新罕布什尔州汉诺威达特茅斯学院图书馆,达特茅斯眼科研究所文献。在这一时期,杜威经常给埃姆斯写信。他们的许多通信发表在哈德莱·坎垂尔(Hadly Cantril)主编的《小阿德伯特·埃姆斯的清晨笔记》(*The Morning Notes of Adalbert Ames, Jr.*)中(新泽西,新布罕斯威克:罗格斯大学出版社,1960年)。

④ 杜威致本特利,1946年3月9日、25日,本特利档案。

⑤ 杜威致本特利,1946年3月23日,同上。

内容，本特利接受了这些建议。增加的内容包括："The ... ignored"（第120页第25—31行），"The ... treated."（第122页第27行到123页第2行）以及"In ... impossible."（第123页注释第11—13行）还有一个表达"Womb ... isolation."（第121页第12—13行）①4月时杜威告诉《哲学杂志》，两篇关于交互作用的文章"很快就会一起出来"，他希望现在可以着手安排以"尽快发表"。②

杜威关于"详述"的材料包括1945年发来的一个提纲、一些注释和一些建议，以及在1946年早些时候寄来的材料。③ 比如，杜威在一月准备了一份六页纸的草稿，它以本特利的一份手稿为基础；他写道，他正继续做"一定量的誊抄工作"，这个工作前面一直进行得很好；他提醒本特利不要对他写的东西过于认真，以使他的"作品在未来能足够自由地起到它的作用"。他描述了他所作的两种修改：一种是对句子顺序所作的调整，以"获得在我看来对读者比较容易的语序"；另一种是"对你的东西作些圈圈点点的修改"。④ 过了一个月，杜威告诉本特利，他已收到了"好几页修订或增补"，不过会等到他把全部手稿完成后再动笔，因为"在没有读到后面的内容之前就一页接一页地进行评论，这总归不太好"。尽管本特利采纳"我写给你的一些东西"是"可以的并且与我更加一致了"，但如果它们"与论文本身联系不大或者不是针对你的文本进行的修订的话，也不必把它们放进论文里"⑤。三月份杜威寄来一大堆材料，这些材料以本特利关于"详述"的草稿为基础，包括一份五页纸的草稿；有两页草稿是关于"指称"的（与第140页到143页的文本是紧密对应的）；还有一个重写的片段（与第146页第10至28段"Alien ... transaction"对应）。⑥ 四月份，在评论"前后有些重复的感觉"时，杜威提出一个问题：这篇文章"是否应当再巩固一下"。⑦ 杜威六月份写

500

---

① 杜威致本特利，1946年3月25日，本特利档案。

② 杜威致本特利，1946年4月15日，同上。4月4日杜威写信给本特利："请把给杂志的文章寄给我，我浏览一下再寄过去。我保证没有你的事先允许就不会对句子进行改动。"（同上）4月17日杜威写信给本特利说："你不需要把你最后的修订稿给我——除非有一些特殊的地方；你可以直接把它们寄走。""但如果你想把它们寄给我，我会浏览一下后尽快寄给杂志社。"（同上）4月25日杜威给本特利写信说："我当然会留着它，到收到你的信后我再把它寄走。"（同上）

③ 参见杜威1945年9月17日的提纲，以及1945年9月20日、11月30日、12月3日、4日和8日的注释、建议和评论。

④ 杜威致本特利，1946年1月13日，同上。

⑤ 杜威致本特利，1946年2月25日，同上。

⑥ 杜威致本特利，1946年3月12日、21日，同上。也见杜威于1946年3月22日、23日寄出的材料，同上。

⑦ 杜威致本特利，1946年4月10日，同上。

信说，这两个月“我觉得我心里开始浮现出一些重新工作的模糊印记了”；一周以后他又说：“是的，我觉得现在已想好怎么处理《详述》这篇论文了；寄过来吧，让我看一下。”①

杜威和本特利：《定义》(Definition)。《哲学杂志》第44期(1947年5月22日)，第281—306页。

“《定义》一文写于1946年下半年，其草稿编号为1—18”(《进展概要》)。在草稿18的标题上方，杜威写道：“我觉得正确的标题是‘引述’。”在这页草稿上，杜威还加入了“in connection with”一语(第172页第26行)，把“deems necessary”改为了“proposes”(第173页第7行)，把“shelves, and not ”改为“shelves instead of”(第175页第24行)。② 杜威所提出并被本特利接受的说明包括：一个关于“最后这一段或许不必对数学进行详细的说明”的批评；一个对亚里士多德的“历史性作用”的讨论——这一讨论被整合入第二部分的头两段(第157—158页)；一个关于句法学和语义学的区别的评论(第159页第27行—第160页第13行)；一个关于明确表述约翰·斯图亚特·密尔的观点的建议(第158页第23—29行)；以及一个脚注(脚注9)③的概要。④ 1946年11月，杜威赞扬了已完成的文章，认为这是“迄今为止最好的作品之一”；它“以一种对所有读者都大有裨益的方式将所有东西联系在一起”。尽管“整体上是一场毁灭性的批判，但语气很好”⑤。1947年5月，杜威和本特利就阅读本文清样和寄出下一篇手稿进行了通信。⑥

501

杜威和本特利：《关于一个对认知进行探究的术语表》(“Concerning a Vocabulary for Inquiry into Knowledge”)，《哲学杂志》第44期(1947年7月31日)，第421—434页。

1946年9月初，杜威开始着手本文的工作。他写道：

---

① 杜威致本特利，1946年6月13日、21日，本特利档案。杜威在4月30日就患鼻窦炎写信给本特利，在5月25日的信中又谈了“一场流感引起的尿路感染”。(同上)

② 同上，文件夹42，KK。

③ 即本卷第159页脚注①。——译者

④ 杜威致本特利，1946年10月11日、25日，本特利档案。

⑤ 杜威致本特利，1946年11月8日，同上。

⑥ 见杜威致本特利，1947年5月1日、9日；本特利致杜威，1947年5月3日、6日、7日，同上。

"我坐下来制定一份术语表;这里寄来的是眼下的成果。我还没多考虑它。我对我们该怎么做好像有点模糊——有点从两个凳子中间掉下去的感觉:一个办法是在我们的积极构建中提出一种核心术语的列表;另一个办法是更有批判性一些,将重点放在当前的术语运用中的薄弱和混乱之处。"[①]

在这封信中,杜威介绍了《牛津英语词典》中"inter"一词的"两个不同含义";关于本特利在文本中对此的体现,参见第264页第33—35行。文中使用了"认识论的"这一表达(第262页),这体现了1947年3月杜威所提出的建议:这个词"与彼此独立的认识者和被认识者(包括将被认识者)这一假设有关,因而所有与认识论有关的词汇都要通过我们的基本命题清除出去"[②]。杜威在草稿上的修订包括插入从"with"到"implications"这段表达(第263页第35—36行),以及将"physiological"一词变为斜体(第269页第1行)。[③] 杜威在七月份读到清样后,又建议做了几处修改,包括对"and ... behaviorally"(第262页第27行)这个表达的措词上的修改,以及对"Might ... inquiry"(第271页第7—10行)的扩展。接着也对本特利在清样上所作的修改表示赞成。[④]

本特利:《"新符号学"》("The New 'Semiotic'"),载《哲学与现象学研究》第8期(1947年9月),第107—131页。

杜威对本特利被一个刊物拒绝给予安慰,并提供了第二个可供选择的杂志:"我没有看出《科学哲学》有多靠谱";"我想"《哲学与现象学研究》"会抓住机会发表你的文章"。[⑤] 杜威和本特利将本特利的文章称为"莫里斯论文"(the Morris Paper),显然认为这是一篇独立于整个计划之外的文章。杜威读了本特利的草稿之后,在1946年7月写道:"希望不久能把你的莫里斯论文寄还给你";十月份,他提出了"一个建议",认为"值得为'需要'(need)一词作一个简短的注脚";本特利对此建议的回应是:"只

① 杜威致本特利,1946年9月4日,本特利档案。
② 杜威致本特利,1947年3月24日,同上。
③ 草稿7,标注日期为1947年3月19日,同上,KK,文件夹58;草稿8,标注日期为1947年4月2日,同上,文件夹59。
④ 杜威致本特利,1947年7月12日、19日,同上。
⑤ 杜威致本特利,1945年11月2日,同上。

要我能做到，就会按照杜威的观点去做。”①

## 著作发表

502 1946年，杜威拒绝了以书的形式发表其文章的邀约。② 但到了1947年春，尽管计划的全部文章并未准备完毕，但杜威和本特利已经开始严肃地考虑出书了。其他参与敦促出书对话的人包括：菲利克斯·考夫曼，社会研究新学院的哲学教授；他的学生朱尔斯·奥尔特曼和约瑟夫·拉特纳，后者长期与杜威保持联系，并在此间与本特利建立了关系。

5月，本特利告诉杜威，说考夫曼和奥尔特曼正在考虑将词汇表作为这系列所建议早期版本的一个重要增补。杜威则回复道，尽管明显存在歧见，但他依然倾向于出版，“只要我们能找到好的出版商”。“将文章汇总对我们来说是非常便利的”，并且由503 于这本书“我们可能将受到更多关注”。在决定共同署名文章的增补应该包括哪些内容时，杜威同意加入两篇本特利单独署名的文章，除了本特利认为“在技术上有争议”的关于莫里斯的文章，此外还想加入一篇杜威正在筹划的关于记号的文章。然而十天以后，杜威表示出版进度不该为这篇文章所拖延，此外，他还总结“最好将这些与同一个主题严格相关的文章以书的形式出版”③。最终，他们决定拒绝额外的文章，将书的篇幅限定在11篇文章。本特利为暂名为“通往认知与所知的自然理论”一书拟定了提纲。他和杜威讨论了书名，后者建议“题目愈简短愈好，例如“认知与所知”(Knowings and Knowns)”但复数形式的表达似乎有些尴尬，“也许“认知与所知”(Knowing and the Known)会更好——但这只是一种临时的建议”④。

在约瑟夫·拉特纳的帮助下，本特利开始寻找出版商，他很快向杜威汇报，牛津大学出版社和亨利·霍尔特出版公司两家都愿意为其出书，“但二者均不能保证在

---

① 杜威致本特利，1946年7月25日和10月7日；本特利致杜威，1946年10月14日，本特利档案。

② 1945年3月9日，告知本特利关于近期从哲学文库收到一批信件的消息，杜威建议，“如果我们将这一个系列完成为一本书，他们将接受它”(同上)。在1946年2月4日的时候，杜威告诉本特利，出版公司已经对出版文集发出邀约并送来了预付款500美元，这笔钱杜威已经退回了(同上)。1946年4月25日杜威告知本特利，哲学文库已经给他送来了书的合同副本，但是杜威的回复是，“该系列还没有完成，讨论这个问题还为时过早”(同上)。

③ 杜威致本特利，1947年5月15日和25日，同上；本特利致杜威，1947年5月5日、8日和14日，同上。对于杜威早期的未签署文件，可参见本卷第297—309页。

④ 杜威致本特利，1947年6月11日，同上。

1949年春之前完成”[1]。本特利重启了与灯塔出版社的协议，其社长梅尔文·阿诺德(Melvin Arnold)之前曾经表示过兴趣。他曾写信给本特利说，他们的这一系列文章“令人印象相当深刻”。如果他们还没找到出版商，“那么我们会很乐于考虑把它们收进一本符合标准版税的小书里”[2]。如今本特利回信说，他更倾向于“把出版问题推迟一到两年，并建议阿诺德，如果他届时“仍有兴趣”，就和杜威“好好谈谈”。而现在，本特利再次修书阿诺德，说他和杜威已经决定不再延迟书籍的出版了。[3]

灯塔出版社1854年始建于美国，起初作为印刷、发行和销售宗教书籍的非盈利性组织。时至20世纪初，其领域扩展到伦理学、社会学和慈善著作。20世纪40年代中叶，这家注册地设在波士顿的公司又经历了一次业务扩展，结果就是其开始被认为是专攻经院哲学的“大学出版社”。1948年，灯塔出版社重印了杜威1920年的著作《哲学的改造》，加上了作者的新版序；1949年，出版了《约翰·杜威的机智与智慧》(*The Wit and Wisdom of John Dewey*)以及《认知与所知》。

504

阿诺德在给本特利回复的信中写道，灯塔出版社“相当明确……有兴趣出版您的手稿。从宏观角度来讲，我们正在进军哲学领域”。灯塔“大约将在出版行业常规所需的时间——即收到稿件起六个月内让成书面世”。[4] 在本特利和杜威就此事达成一致之后，后者于1947年7月30日亲自致信阿诺德道：“我很高兴与本特利先生一道(向您)授予全权，如果能缩短出版周期，您也可以将此信视为我加入合同的凭证。”[5]

本特利告知阿诺德，词汇表很快就可以重印，而关于莫里斯的论文近期也可以安排付印。阿诺德征询了他们关于著作标题的选择，而本特利交给他一份11章标题的清单，书的标题是“认知与所知”，并写道：“考虑了一长串书名，就这个最好。”[6]章节按照文章发表的编年顺序排列，但有两个例外，最后三章是本特利的《优先于假定的“逻辑学家”》和本特利的《莫里斯论文》以及共同的词汇表。

本特利不仅在写作中担任了主要的角色，也是出版过程中的主要推动者。此时看来，只需稍加修订，敲定怎样处理致谢和格式问题、校验引用和注释，并在必要时加上序和跋，就足够了。然而，因为发生了一系列事故和莫名其妙的拖延，原计划六个月内

---

① 本特利致杜威，1947年6月22日，本特利档案。

② 阿诺德致本特利，1947年2月19日；本特利致阿诺德，1947年2月28日，同上。

③ 本特利致阿诺德，1947年6月15日，同上。

④ 阿诺德致本特利，1947年7月18日，同上。

⑤ 杜威致阿诺德，1947年7月30日，纸质副本在1947年7月30日被送到加州本特利处。

⑥ 本特利致阿诺德，1947年8月5日和9日；阿诺德致本特利，1947年8月5日，同上。

505 一气呵成的计划耗费了整整两年——此间杜威新撰的两篇文章，倒是得以一并收录。

杜威和本特利：序言。当本特利较早提议杜威为一系列出版方面的事件写一个序言，杜威回复道："我认为对序言来说唯一合适的事情是你所做的大多数工作！"[①]现在本特利又再一次开始讨论题目，他写信给约瑟夫·拉特纳："如果我能够让JD去写，那将会是很好的，但是如何能够让他去写？"一个星期以后，本特利给拉特纳去信："你建议我提请杜威写序是非常有益的。我这么做了。他将为我们写序。"[②]本特利修改了杜威写的序言；杜威同意这些更改，并在9月中旬的时候将修改过的文献交给了灯塔。对于序言的文本讨论，参见以下，第522—523页。

该书内容主要是重印的文章，本特利跟杜威合作进行修订。在设计装帧时，本特利对阿诺德提出了一个后来让自己后悔的要求："我想雇几个有能力的人来校验从主语到谓语的自由运行指涉的保持(maintenance of free running reference)，尤其是不规则'it'的情况。"本特利表示自己可以支付这笔费用，进而声称："几乎没有人能够使这种材料可读，但我觉得一位非哲学或逻辑专业的博学之士可能在这方面能够从实质上改善其结构。"阿诺德"很愿意找一个能干的校稿人审阅整部书稿"，但"并没想过"让本特利来承担其费用。[③] 当本特利开始寄送材料时，阿诺德汇报说他们也已经开始本特利所提议的"编辑打磨"(sandpapering)工作。[④]

本特利将修订的进展告知了杜威，后者通常认可并且提出关于处理问题的建议。506 例如，杜威就本特利的词语变化(64.1—2)指出："Technological(工艺的)可以替代Technical(技术的)"；并且对于"详述"一章中最后一句(153.3—5)的修正提出建议："我在考虑删去最后一句，代而插入一句铺垫，以使读者寄望暗示了下文行进方向的已讲内容——不合适但有些贴切的措辞，但是对于接下来的章节不会偏离主题，而是继续深挖。"[⑤]本特利也给灯塔寄送了单列的待改清单。此外，本特利还跟拉特纳和杜威探讨了在书中加入一个修正清单的可能性，也许以一个附录的形式。[⑥]

灯塔的校稿人伊丽莎白·贝斯特建议用第一章"探寻稳固的名称"作为导言，这为杜威所认可。本特利计划加入一个简短概括的章节；奥尔特曼负责准备索引。[⑦]

---

① 本特利致杜威，1947年5月26日；杜威致本特利，1947年5月27日，本特利档案。

② 阿诺德致拉特纳，1947年9月1日和9日，拉特纳/杜威文献。同时也可以参阅本特利致拉特纳，1947年8月10日和21日，同上；本特利致杜威，1947年8月9日，同上。

③ 本特利致阿诺德，1947年7月20日；阿诺德致本特利，1947年7月25日，同上。

④ 阿诺德致本特利，1947年8月5日，同上。

⑤ 杜威致本特利，1947年9月11日，同上。

⑥ 杜威致拉特纳，1948年12月8日、22日和23日，拉特纳/杜威文献。

⑦ 杜威致本特利，1947年10月2日，同上；本特利致拉特纳，1947年10月18日和12月13日，拉特纳/杜威文献。

杜威建议阿诺德将本特利列为第一作者。在阿诺德告知这一变动后，本特利写信给杜威，说自己虽然“处理了一些你没处理的问题”，但若“没有你过去的开拓工作和对研究动态的关注”，自己是决然走不到今天这一步的。[1] 然而没过多久，灯塔就通知本特利他不会被列为第一作者，因为“按照不成文的规矩，年龄更大、学历更长的合著者该被列在前面”。“这一特定的行业礼仪似乎从未被违反过。”[2]

出版原定的时间是 1948 年春，但现在突然被提到了 1947 年 12 月。贝斯特“大惊失色”，旋即修书于本特利道：“我恳切地祈祷通过仔细地修订书稿，我们可以节省那些在清样上所耽搁的时间。即便如此，我还是希望您能尽早发来您的修订版，以便我们能尽早开始校对工作。”[3]11 月初，本特利把全部副本发给了灯塔出版社。[4] 另外，他还向约瑟夫·拉特纳寄了一份包含导言的修订版目录页、十章正文以及一个“也许有两三页篇幅的结论”[5]。

*507*

几经耽搁后，灯塔通知本特利说清样 1 月初就可以出来，也许全书的出版恰能赶上原定 1948 年春的档期。在这期间，本特利因肾脏和膀胱感染而住院两次；他计划了可能需要帮助的应急事件，并安排将清样的附加部分发给杜威、拉特纳和奥尔特曼。[6] 他发给了拉特纳一份“与纯技术性的引用和参考相剥离的文本修改备忘录”，并承诺会对他的援助加以致谢(5)。[7]

2 月，本特利收到了第一批清样，他已康复并能有效地重新开展工作。但问题很快出现了。他发现自己并没有记录一些已作出的改动，而且在 12 月向拉特纳发送校订表单时，也把自己此前在修订过程中已经“翻看并推敲过”(pawed over and mauled)的一套复印稿寄给了他。而灯塔出版社并未返还本特利已经提供的复印稿，这其中包括一些打印机键入的更正。[8] 本特利写信给杜威抱怨道：“这简直是一团糟！校订稿寄给出版社但被他们忽视了；而我连一张纸都

---

① 阿诺德致杜威，1947 年 12 月 3 日；本特利致杜威，1947 年 12 月 8 日，本特利档案。

② 引述了本特利给杜威的信件，1949 年 3 月 18 日，同上。

③ 贝斯特致本特利，1947 年 10 月 21 日，同上。

④ 1947 年 10 月 27 日在本特利写给拉特纳的信件中提及他已经发给贝斯特“完成了的第 III 部分”(拉特纳/杜威文献)；在 1947 年 11 月 7 日他写信给杜威，“我现在已经将所有的副本寄给了灯塔”(本特利档案)；并且他也在同一天写信告知贝斯特已经将全部材料寄出(同上)。

⑤ 内容页面，日期为 1947 年 11 月 7 日，包括暂定的第 11 章，“事实的情况”(附在本特利给拉特纳的信件，1947 年 11 月 8 日，拉特纳/杜威文献)。

⑥ 本特利致拉特纳，1947 年 12 月 23 日，同上；本特利致贝斯特，1948 年 3 月 6 日，本特利档案。

⑦ 本特利致拉特纳，1947 年 12 月 13 日和 1948 年 2 月 9 日，拉特纳/杜威文献。

⑧ 本特利致拉特纳，1948 年 2 月 8 日，同上；本特利致杜威，1948 年 2 月 11 日，本特利档案。

找不到了。”[①]

本特利怒发冲冠，又给阿诺德写了数封信，控诉灯塔对他们文本的重新编辑。例如1948年3月12日的信便论及杜威的用词被还原，本特利在其中写道：“我现在的工作量至少是本应该的三倍，如果你们不管语言而只是修改存在明显缺陷的地方。”他列举了灯塔的瞎弄“毁了我整个行文”并“亵渎了原句智商”的“案例”，引述了“不仅是表意不当而且是掩埋了本意”的修改。在有些地方，本特利复原了行文，另有些地方他则作出了进一步修正。[②] 杜威在给本特利写了几封慰问信后，修书于阿诺德道：

508

> “我本该早点给您写信，但事到如今不得不直陈我因自己和本特利的副本在您的印刷公司所受的待遇而遭到了多严重的困扰——而且鉴于您的校稿人肯定已经拿到了排好版的复印稿这一事实。其内容是关于技术和哲学的。如果校稿人有任何不明白的地方，就该向作者提问——我想这是他或她的职责！但他或她进行了大量地修改，其中相当一部分早已超出文字和语法的范畴，不仅篡改了原文的意思，而且干脆是摧毁了它们！在许多地方，校稿人简直就是在自由发挥，而他或她杜撰的意思与我们写的恰恰相反！要知道本特利先生因此事倍受打击，他一向谨慎措辞，尤其是当被表达的这一点并不是通常所读到的那个意思时。事实上，他语言使用的准确性几乎是数学般的严谨。”

阿诺德充满歉意地回复杜威道：“我们本以为忠实地贯彻了他对校对的最初要求，孰料我们显然做得极不妥当。”[③]

杜威和本特利考虑继续修正并改变困境。杜威在给阿诺德的信中建议灯塔出版社重新准备一套未修订的印稿进行勘校，并拍电报给本特利说：“我建议致电阿诺德告诉他我们重印的初始文章不可能在现有的论文基础之上进行修改。”[④]然而，几个月后，本特利却意味深长地写信给约瑟夫·拉特纳说：“即使我希望复原到老样子，只怕现在也来不及了。”本特利意识到任何复原工作“都必须马上执行——如果还来得

509

① 本特利致杜威，1948年2月12日，本特利档案。

② 本特利致阿诺德，1948年3月12日，同上。

③ 杜威致阿诺德，1948年3月18日；阿诺德致杜威，1948年3月26日，灯塔出版社文件，波士顿，麦斯。

④ 杜威致本特利，1948年3月22日，同上。

及的话"[1]。杜威也认识到到了无法回头的地步，于是写信给本特利，称自己建议催促灯塔"一切从头来过，除非现在动手会比其他方式更耗工时"[2]。他们所讨论的并非关于恢复原文，而是如何继续书籍出版的修订工作。

拉特纳可能发现了部分难处。杜威给他写信表达了自己对灯塔"难以置信"工作的不快，"他们对副本只做了几处改正，就付梓印成了标准形式"。拉特纳也认为出版社的所为"着实令人震惊"，但提供了"一个缓解过错的可能性"："本特利寄给过我一部他发给灯塔出版社的哲学复表(Jrnls of Phil)的副本，而他在上面做了记号，其方式与他给我那份上做的相同。任何排字工人都将面临着极大的困难。"[3]

到了5月，他们插入了一个添加的章节和一个总结。

杜威：《常识和科学：它们各自的参照框架》(Common Sense and Science; Their Respective Frames of Reference)《哲学杂志》第45期(1948年4月8日)，第197—208页。

5月6日杜威写信给本特利："有没有任何可能性你愿意将此文放在书中?"对此杜威回复，如果本特利"想这样做的话"，他将会"自豪地"纳入其中。[4] 新的文章被修改并作为第十章，在本特利有关于莫里斯的论文和有关于词汇的论文之间。杜威确实对这一文章感到自豪，在4月时他写信给悉尼·胡克："我感到仿佛在我人生中第一次找到了我为之奋斗的方向，在部分的或是间歇的50年左右，《杂志》最后一篇的文章是其初熟的果实。"几个月之后，他写信给赫伯特·W·施耐德："我在哲学上做过的最伟大的发现就是本篇文章中对于常识和科学的叙述。"[5]对于第十章的文本分析，参见以下，第523—524页。 *510*

杜威与本特利：第12章，《对所取得的进展的总结》。本特利交给杜威附加评论的草

① 本特利致拉特纳，1947年12月13日，拉特纳/杜威文献。

② 杜威致本特利，1948年4月7日，本特利档案。

③ 杜威致拉特纳，1948年3月25日；拉特纳致杜威，1948年3月31日，拉特纳/杜威文献。

④ 本特利致杜威，1948年5月6日；杜威致本特利，1948年5月8日，本特利档案。1948年5月12日，本特利向阿诺德建议加入杜威的文章；阿诺德在5月17日写信给本特利同意加入(同上)。

⑤ 杜威致胡克，1948年4月25日，南伊利诺伊大学卡本代尔校区莫里斯图书馆特藏部，悉尼·胡克/约翰·杜威档案，杜威致施耐德，1949年2月13日，南伊利诺伊大学卡本代尔校区莫里斯图书馆特藏部，赫伯特·W·施耐德文献。杜威也写信给埃姆斯告知关于文章的事情；参阅，杜威致埃姆斯，1947年11月6日、12日和16日，以及埃姆斯写给杜威的信件，1947年11月25日和1948年5月26日，达特茅斯眼科研究所文件。拉特纳写信给杜威建议这篇文章的可能用途(1948年5月23日，拉特纳/杜威文献)。

稿，很显然这个草稿在讨论的早期阶段被计划作为该卷的导言。此前出现在序言中的致谢被确定下来，并且作为一个单独的注释在这里最好地被结合起来(第279页)。为灯塔准备的材料在5月中旬成为了第12章，杜威写道，“我认为我不再想写什么了”，并且对于本特利所建议的“后记”题目的评价是他将“倾向于包含冒号：——以及一些迄今为止的结果”[1]，最终他们达成一致将“对所取得的进展的总结”作为第12章的题目。杜威新近所建议的修改以及杜威发给灯塔的修订表。

在1948年的几个月中，并且在较小的程度上，杜威和本特利阅读并修订了在波士顿几家出版社之间的几套长条校样和材料传阅；本特利在保利，杜威则在纽约、新斯科舍以及基韦斯特或是佛罗里达的迈阿密海滩。伴随着最初的沮丧，本特利被鼓励去阅读最初的长条校样。[2] 杜威修正长条校样“主要参照清晰的表达”；他指示本特利：“任何你已经作出的改变都不需要获得我的同意。”[3]本特利要求玛丽克·莱蒙·马修·史密斯，灯塔新的文字编辑，将校订过的长条校样发给他的妹夫——内布拉斯加州最高法院法官巴亚亨利·潘恩。[4] 此外，拉特纳阅读了长条校样，奥尔特曼利用长条校样准备目录；考夫曼读了潘恩曾经阅读的长条校样，由于本特利的眼部出了问题，拉特纳利用长条校样检查了引言和参考文献。[5] 8月间，杜威和本特利收到了第10章和第12章的长条校样，在11月的时候返回了最终的校样，并决定将注释放置在每一章的末尾。[6] 他们预计年底会出拼版清样。

511

然而，在之后的12月，路西尔·M·迈尔斯，灯塔新的文字编辑告知本特利排版

---

① 杜威致本特利，1948年5月14日，本特利档案，5月23日本特利将校订版本交给灯塔(同上)。

② 本特利在1948年4月5日写信给拉特纳，“如果这些支离破碎不移除的话，我根本不能够读它。难以置信……人们在第一次阅读时没发现这种情况，必须把它们都揪出来”(拉特纳/杜威文献)。然而，在1948年的6月13日，他写信给杜威，“我疑惑的证据愈多，看上去更好——我发现的那些不足之处，也是微不足道并且也很容易克服的”(本特利档案)。第一校样、第二校样以及最终校样，同上，KK，信封72—74。

③ 杜威致本特利，1948年2月12日和15日，本特利档案。

④ 本特利致史密斯，1948年5月31日，同上。

⑤ 1948年5月29日本特利写信给拉特纳，交给他校对引文的任务(拉特纳/杜威文献)；在随之而来的一个月中，本特利和拉特纳关于校对工作进行了通信(同上)。本特利指导灯塔进行引文的校订，例如在1948年8月1日就关于对威廉·詹姆斯的参考文献写信给灯塔的文字编辑露西亚·M·梅尔斯(本特利档案)。由其他人使用的清样，同上，KK，信封68—71。

⑥ 杜威在1948年11月2日写信给本特利：“就我个人而言，我希望在每一章的结尾看到注释，不过应该由你来做决定。”“新的清样在我看来相当准确，但是我并没有将它们与最初的文章进行严格的校验。”(本特利档案)

工人可能将有几周不排版;到了1949年2月,灯塔依然毫无音讯,本特利向阿诺德抱怨延迟并指示不要将单独的排版清样直接交给杜威。[①] 阿诺德告知杜威清样预期到3月初排出来,精装图书得到春末才能出来。[②] 本特利收到了预期的清样,并在3月中旬的时候将完整的目录和修订的清样返回给了灯塔。他发现"在长条校样中正确的在清样中变成了错误的一些情况",并且注意到一些"小的瑕疵"还未被检查出来。他承认当他已经"花了一年中的大部分时间在清样上,部分工作对于改进表达方式是有价值的"[③]。本特利希望著作可以尽快出版;然而,到了春天,杜威和本特利又添加了附录,最终《认知和所知》的出版是在秋季。 512

杜威:《对"一封给杜威先生的信"的回复》(Reply to "A letter to Mr. Dewey"),《哲学杂志》第46期(1949年5月26日),第329—342页。

在1949年的早些时候,当时身处蒙特哥贝和牙买加贝城的杜威准备回信给阿尔伯特·G·A·鲍茨在《哲学期刊》上发表的信件。在1月的时候,杜威写信给本特利提到了"最近的一个令人犹豫的情况",一封"我在哥大从教时一个从我这里取得博士学位的人对我的逻辑学进行批判"的信。杜威给鲍茨写信,怀疑鲍茨将"改变他关于出版作品的想法"[④]。鲍茨并没有改变他的想法,在2月的时候他给杜威发出了一封修订了的公开信。[⑤] 当杜威完成了他的回复,他给了本特利一个副本,写道:"如果我曾经进行一个简单直接的值得的逻辑陈述,那么在附函上我花了比鲍茨文章所值得的更多的时间。"[⑥]杜威向他人如是描述这篇文章之于他的价值。杜威对约瑟夫·拉特纳写道,他"在详述上有一些必需的经验";后来对埃姆斯,他又写道:"在那个时候我吝惜时间和努力,但是这又让我将很多事情重温一遍并试图将它们归统到一起,我认为它值得我这么付出。"[⑦]对于本特利建议的回应,杜威写道:"在书中没有

① 梅尔斯致本特利,1948年10月20日和1949年2月24日;本特利致阿诺德,1949年2月3日,本特利档案。杜威这段时间大多数是在牙买加度过的。

② 阿诺德致杜威,1949年2月21日,灯塔出版社文献。

③ 本特利致杜威,1949年3月18日,本特利档案。清样,同上,KK,信封75。

④ 杜威致本特利,1949年1月18日。1948年11月23日杜威给鲍茨寄了一张明信片表示已经收到了他的信件;1949年1月16日杜威给了鲍茨回复(阿尔伯特·G·A·鲍茨文件,弗吉尼亚大学夏洛茨维尔分校,奥尔德曼图书馆手稿部。)鲍茨发表的信件,可参阅本卷,附录1。

⑤ 鲍茨致杜威,1949年2月20日,同上。杜威在3月7日回信他将尽快准备回复(同上)。

⑥ 杜威致本特利,1949年4月4日,本特利档案。本特利把杜威的回复称为"非凡的",并转给考夫曼作校对。"他会非常喜欢的"(本特利致杜威,1949年4月14日、26日,同上)。

⑦ 杜威致拉特纳,1949年4月8日,拉特纳/杜威文件;杜威致埃姆斯,1949年5月27日,达特茅斯眼科研究所文献。

什么事情比对鲍茨评论更让我高兴的了。"杜威认为他必须"修复好它","但是多少都会使出版计划延迟,或许我们可以开始另一本著作"①。经过一些修改,杜威的回复作为附录加入了这本著作。对于附录的文本讨论,可见以下,第524—526页。

513

在7月的时候,杜威返回了附录和索引的清样,在"摘要"下面为后者增加了参考文献,并且将"问题"作为一个与附录相关的条目添加进来。② 在9月中旬,杜威告知本特利,他已经在《纽约时报》上看到"一份有关于我们的书将在我生日时候出版的声明——这也是对'意义科学'(science of meaning)的一份贡献。"③关于这个信息他也写信给悉尼·胡克,并且进一步提到出版社已经"拿到这本书相当长的时间了,并且一再的推迟相当令人恼火"④。那个月的迟些时候他和本特利都拿到了该书。⑤

## 反响

出版于1949年9月的《认知和所知》得到了广泛的接受。⑥ 所罗门·温斯托克

---

① 杜威致本特利,1949年4月26日,本特利档案。

② 杜威致本特利,1949年7月2日,同上。

③ 杜威致本特利,1949年9月17日,同上。值得注意的是,可参阅《书本-作者们》,《纽约时报》,1949年9月12日,第19页。

④ 杜威致胡克,1949年9月18日,胡克/杜威档案。

⑤ 杜威致本特利,1949年9月26日;杜威致本特利,1949年10月6日,本特利档案。

⑥ 下面的文章包括对早期文章的评论以及对《认知与所知》的评论:

*American Journal of Sociology* 57 (September 1951):200 (Anselm Strauss); *Annals of the American Academy of Political and Social Science* 268 (March 1950):224 (Charles W. Morris); *Christian Leader* 132 (January 1950):20-21 (Llewellyn Jones); *Crozer Quarterly* 27 (April 1950):182 (William K. Wright); *Humanist* 10 (January-February 1950):30 (Harold A. Larrabee); *Journal of Philosophy* 43(11 April 1946):217-19 (C. West Churchman and T. A. Cowan, review of "Postulations"); ibid. 47(12 October 1950):608-10(Harry Todd Costello); *Journal of Symbolic Logic* 10 (December 1945):132-33 (Alonzo Church, review of "A Search for Firm Names," "On a Certain Vagueness in Logic," "A Terminology for Knowings and Knowns," and "Postulations"); ibid. 12 (September 1947):99 (Arthur Francis Smullyan, review of "'Definition'"); ibid. 15 (June 1950):156 (Paul Ziff); *Modern Schoolman* 27 (May 1950):322-26 (James Collins); *New Scholasticism* 25 (April 1951):230-32 (Rudolf Harvey); *New Yorker* 25(29 October 1949):115; *Philosophic Abstracts* 11 (Winter 1949):106; *Philosophical Review* 59 (April 1950):269-70 (Max Black); *Philosophy* (London) 27 (July 1952):263-65 (W. Mays); *Saturday Review of Literature* 32(22 October 1949):15,44(Harold A. Larrabee); *School and Society* 70 (19 November 1949):336; *Scientific Monthly* 72 (February 1951):135-36 (Solomon Weinstock); *Social Research* 17 (June 1950):248-50 (Sidney Ratner); *U. S. Quarterly Book* List 6 (March 1950):29.

(Solomon Weinstock)如是评价作者们的能力和成就:“杜威为这一任务带来了无与伦比的哲学评价,本特利长期关注与行为探究的直接文字和适当要求”;他们“没有假装著作之中的记录已经实现了完满的科学地位”而仅仅是“在那个方向上的开始”[1]。卢埃林·琼斯(Llewellyn Jones)解释了杜威的动机:由于语言上的困难,因此“杜威发现大部分记录已经被误解了”,“主要的口头遗留物来自于更为早期的和更为‘抽象’”的系统,“决心将所有这些已经出局的古老语言弄清楚”。“工作是如此全面,以致‘知识’这个词本身遭受到了打击。”[2]哈罗德·拉拉比(Harold Lar bee)将此书作为《逻辑》(1938年)和《心理学中的反射弧概念》(1896年)的产物,列于杜威的代表作之一,其成为开始提出“交互”观点的“前兆”。[3] 将这本著作纳入到哲学语境之中,西德尼·拉特纳将之称作为“人类智能的自然方法”的“一个显而易见的突现和扩展”,“这一方法由达尔文开始,并由詹姆士、皮尔斯以及杜威以不同的方式加以促进”;安塞姆·斯特劳斯(Anselm Strauss)写道:“作为一个二元思维彻底失败的提醒者,杜威无人可比。”[4]

514

大多数评论者讨论了批评的章节,例如拉拉比评论道,杜威和本特利对“著名逻辑学家著作中的‘语言混乱’感到震惊”[5]。然而,W. 梅尔斯后来承认批评“往往指向一点”,质疑是否杜威和本特利所发现的“大量混乱和不连贯”可能并没有“反映出在他们自己方面对这些作者的不理解”[6]。

评论者们发现了许多值得赞扬之处。挑出一些特别的以供读者衡量:斯特劳斯认为其索引是“有用的”,其脚注是“大量而有趣的”,并且向社会心理学家推荐;《哲学摘要》将杜威对鲍茨的回应称作“或许是该作品的亮点所在”;对西德尼·拉特纳来讲,该书是等待“词义和那些对历史观念兴趣”的“盛宴”。[7] 大多数人都承认这部著作是技术的和困难的,但是值得为之而奋斗。《纽约客》认为作品是“相当鲜明和隐喻的”,温斯托克则发现该书“书面严谨,并不向常规的表达方式妥协”[8]。西德尼·拉

515

---

① 温斯托克:《科学月刊》(*Scientific Monthly*),第135页。
② 琼斯:《基督教领袖》(*Christian Leader*),第20页。
③ 拉拉比:《星期六评论》(*Saturday Review*),第16页。
④ 拉特纳:《社会研究》(*Social Research*),第248页;斯特劳斯:《美国社会学杂志》(*American Journal of Sociology*),第200页。
⑤ 拉拉比:《星期六评论》,第16页
⑥ 梅斯:《哲学》,第263—265页。
⑦ 斯特劳斯:《美国社会学杂志》,第200页;《哲学摘要》,第106页;拉特纳:《社会研究》,第249页。
⑧ 《纽约客》(*New Yorker*),第115页;温斯托克:《科学月刊》,第135页。

特纳观察到“分析的气魄与轻快”；拉拉比认为该书所包含的“并不是炒冷饭的结论，而是贴近的逻辑前言的技术基础工作”；《美国季度图书排行榜》以“辛辣的”、“富有启发的”、“引起争论的”以及“具有煽动性”这样的形容词来加以总结。①

另外，《认知与所知》也收到了来自于预见之处的批评。查尔斯·W·莫里斯想知道是否“所提出的还未被充分开发的术语是否允许”描述“认知的实际过程”。② 考虑到“在肯定方面其主要是各种最好的美式经典老式实用主义”，梅斯发现“杜威的逻辑观点作为询问的工具形式主导了场景，并且拒绝在心理和逻辑之间得出任何事实上的区别”③。鲁道夫·哈维（Rudolf Harvey）和詹姆士·柯林斯（James Collins）批评杜威和本特利忽视了形而上学，然而，柯林斯注意到，“无神论者应该警惕占据已经被杜威所抛弃的临时矮防护墙，他已经要求他们自担风险加以捍卫。因此在某种程度上，他们必须与杜威自身的思想路线相一致”④。

在 1945 年和 1947 年《符号逻辑杂志》已经发表了阿隆佐·邱奇和亚瑟·弗朗西斯·苏利文的《定义》以及几篇之前的文章（参见第 513 页脚注⑤）。本特利撰写了回应但是什么也没做。在为出版做准备的 1949 年早些时候，他就他已经在“一年以前”“安排”的回应写信给杜威并发给他另一个副本。“我回忆中是你认为最好将其发出的。”他询问杜威还有没有什么建议，统一发出，或是反对联合署名。⑤ 杜威认为回应“应该被发表并且我不希望没有我的署名，那样会给人我完全不同意的印象。但是，对于我从你的作品中获得的声誉应该有所限制。你能用一个脚注说明一下文章是你写的而我已经读过并达成了完全的一致吗？在我看来这样会比较周全。”⑥本特利回复他并不打算将回应发表，而是打算“将其送到编辑处作为一个对于任何可能发现了这本书的评论者而讲的备忘录”⑦。本特利题为“对于困惑批评的声援”的回应并没有出现在《符号逻辑杂志》，而是在后来的出版中成为本特利著作《探究的探究》（*In-*

516

---

① 拉特纳：《社会研究》，第 248 页；拉拉比：《星期六评论》，第 44 页；《美国季度图书排行榜》（*U. S. Quarterly Book List*），第 29 页。

② 莫里斯：《美国政治和社会科学学院年报》（*Annals of the American Academy of Political and Social Science*），第 224 页。

③ 梅斯：《哲学》，第 263 页、264—265 页。

④ 哈维：《新经院哲学》（*New Scholasticism*），第 232 页；柯林斯：《现代教师》（*Modern Schoolman*），第 323 页。

⑤ 本特利致杜威，1949 年 2 月 1 日，本特利档案。

⑥ 杜威致本特利，1949 年 2 月 13 日，同上。

⑦ 本特利致杜威，1949 年 3 月 18 日，同上。

*quiry into Inquires*)的第 17 章:社会理论论文,由西德尼·拉特纳编辑(波士顿:灯塔出版社,1945 年)第 320—324 页,收录为目前这个版本的附录 2。

随着杜威向阿诺德发出意向书,1947 年 7 月 30 日,灯塔给了杜威和本特利每人 250 美元的预付版税支票。当阿诺德将合同交付杜威签署并寄送到本特利处时,很显然直到 1950 年 4 月 13 日出具正式合同,再没有什么需要多说的了。两份杜威返还给阿诺德的合同副本,规定销售至 7 500 册的版税为 10%,销售到 7 500 册至 12 500 册的版税为 12.5%,销售超过 12 500 册的版税为 15%。①

灯塔出版社在 1949 年 9 月的印刷是杜威有生之年的唯一版本。在 1960 年灯塔出版社发行了平装版,到 1967 年该版本售罄。1972 年 7 月 26 日,版权回到奥尔特曼手中,成为杜威的遗产。8 月,奥尔特曼允许将《认知与所知》作为《探究的有用规程》(*Useful Procedures of Inquiry*)的一部分加以翻印,(罗洛·汉迪(Rollo Handy)和 E·C·哈伍德(E.C. Harwood)编,马萨诸塞州大巴灵顿:行为研究委员会,1973 年,第 87—190 页)。到 1975 年《认知与所知》再次售罄,并且在奥尔特曼和杜威研究中心的允许下,康涅狄格州韦斯特波特的格林·伍德出版社发行了再版。

1963 年,La Nuova Italis Editrice 计划出版意大利文版本,这一版本在 1973 年出版。

灯塔出版社的发行总数从未达到过 7 500 册,因此版税也从未超过 10%。当平装版本首次发行时销售量显著增长,在 1960 年 5 月 1 日至 10 月 31 日之间增长到 1 768 册,其后基本上保持平均每年 435 册的水平。然而,行为研究委员会希望能够售出其 10 000 册副本的 9 000 册。到 1988 年 9 月已经售出或是派送出超过 8 500 册。

## 文本分析

517

《认知与所知》(KK)以灯塔出版社的名义在 1949 年 10 月 10 日进行版权登记,随后在 1949 年 12 月 20 日出版。在构成《认知与所知》的 15 个部分中,只有序言和第 12 章之前没有发表过。所有杜威之前就已发表的文章都出现在《哲学杂志》(JP)上。

---

① 阿诺德致杜威,1950 年 4 月 13 日,以及杜威致阿诺德的新近信件,1950 年 6 月 6 日,灯塔出版社文献;1950 年 4 月 13 日的合同,本特利档案。

## 范本

除了序言和第2章(两者都是从打字稿来),《认知与所知》(KK)的范本是期刊文章的修订再版,补充了额外的修正。把《认知与所知》与《哲学杂志》上的文章(JP)相比,可以看到引用范围的扩大和由约瑟夫·拉特纳所作的修正。通过对比,也能显示对文章的主体和脚注的实质性修改;经常有材料的增加,偶尔也有材料的删减,所涉及的变化有实质性的,也有次要性的。

尽管不能通过复杂的程序去追溯每一个修订,但清楚的是,在修正实质性方面和次要性方面,改变标点符号和词语形式过程中,杜威扮演了积极的角色,尤其是在校阅时。1948年11月,杜威将最后修改过的长条校样退回给灯塔出版社时,他告知本特利:他"在标点符号上做了一些改动,如在独立分句的两头加上逗号;在长句子中插入分号,使它对我更容易读懂","当对句子的顺序作微小的变动就可以更容易读懂些时"①,我就对位置作了调整。接下来的解释显示了,杜威对次要方面的广泛细致的修改使得JP不可能成为范本。

518

当杜威看到KK的第一套长条校样时,他附上自己的修改退回给本特利②。杜威的标记和针对次要方面修改(其中大部分被本特利接受了)的疑问显示他的注意力在标点符号上,强调清晰性:在11.15-16("employ, ... tests,"),在校样3上,"employ"后没有逗号;杜威插入了逗号,并在页边写道:"或者再把'tests'后面的逗号去掉"。在11.28("come:"),在校样3上,"come"后面有一个破折号;杜威插入了分号,删除了破折号,在页边对此改变表示疑问。在18.29("safe"),杜威对出现在校样6中"safe"后面的逗号表示疑问,本特利把它去除了。在45.21("problem,"),杜威在校样15上加了逗号。在45.29("Logic, we believe,"),杜威在校样15上加了两个逗号。在58.8("part;"),在校样19上,"part"的后面没有标点符号,杜威增加了一个逗号。在60.25("it"),杜威在校样20中的"it"后面加了一个逗号。在65.11-12["(though ... namings)"],这一段在JP上和校样21上有不同的标点符号:在"though"前面没有圆括号;在65.11上,"heavily"和"from"后面没有逗号;在65.12上,"namings"后面有逗号。在校样中,杜威在"though ... namings"间加上括号;在边上写道:"语法上不清楚";他增加了两个逗号。在81.10("events,"),杜威在校样

① 杜威致本特利,1948年11月11日,本特利档案。

② 同上,KK,"杜威修改的校样",第67封信。

26 上对删除这个逗号表示疑问。在 83n. 18("is,"),尽管作为"著作修正"这儿已经加上了一个逗号,但有趣的是,杜威想在校样 27 上加上这个逗号。在 103. 23("*ad lib ...*"),杜威在校样 33 的分号后面加上一个破折号,但是,他和本特利都没有去除它。在 152. 19("hazes."),杜威在校样 49 上加了引号。在 159n. 7("movements, ... liquids,"),杜威在校样 51 上插入了两个逗号。在 163n. 1 - 2("appraisers"),JP 和校样 52 读作"appraisors";杜威在校样上修改了这个拼写。

在修改的过程中,除了修改标点符号之外,杜威也把词语改成他所喜欢的形式。如,具有众所周知的标准风格的 JP,一直使用有连字符的"subjectmatter"。杜威早在 1942 年写给本特利的信中就说道,"我注意到……我自己非常倾向于使用'subject-matter'"①。在 1948 年的 9 月 4 日,读到第 10 章的校样时,杜威给迈尔斯写信:"我更喜欢没有连字符的'subjectmatter'";迈尔斯在杜威的信中注意到他"更喜欢 subject matter 中没有连字符",她向杜威保证"把所有的连字符去掉"②。因为迈尔斯误读了杜威的手稿,产生了混乱,杜威一个月后给本特利写信:"只要你不反对,我立刻给她写信,把它打成一个词。我不想唤起对连字符形式的偏爱。在我以前的著作中,我非常有把握地确定我使用了一个词的形式。"他同一天给迈尔斯的信说道:"我个人的偏爱是 subjectmatter(没有连字符,一个词),和本特利一样。"③迈尔斯回复道,关于这本书的最终版校订样已收到;"我会尽一切可能去检查打印机打出来的是否是'subjectmatter'的正确形式,如果你发现了什么地方被他或者被我遗漏了,若能指出,我会感激不尽"④。不久,这个附录被插入进来,JP 中带有连字符的"subjectmatter"被改变了。晚至 1949 年 6 月,迈尔斯写信给杜威:"你注意到打字稿中复制了期刊中的'subject-matter',但是我把所有我看到的这个形式都改正过来了。"⑤为了满足杜威和本特利这段时间的强烈偏好,灯塔出版社所忽视的各种形式在这一版的编辑中都被改正过来了。

519

另一个杜威改成他喜欢的形式的词是"cannot",在 JP 中被写成"can not"。当杜威在 1948 年 9 月 4 日关于"subjectmatter"致信迈尔斯时,他还指出了:"'cannot'统

① 杜威致本特利,1942 年 3 月 19 日,本特利档案。

② 杜威致迈尔斯,1948 年 9 月 4 日;迈尔斯致杜威,1948 年 9 月 13 日,灯塔出版社文献。

③ 杜威致本特利,1948 年 10 月 2 日,本特利档案;杜威致迈尔斯,1948 年 10 月 2 日,灯塔出版社文献。关于这个词,本特利在 1948 年 9 月份和 10 月份与迈尔斯通了信(本特利档案)。

④ 迈尔斯致杜威,1948 年 10 月 18 日,灯塔出版社文献。

⑤ 迈尔斯致杜威,1949 年 6 月 29 日,同上。

一成一个词形式”。迈尔斯在他的信中注意到的是“cannot——1 个词”。灯塔出版社改变了这卷中所有的这个词;遭到忽视的地方在这一版中被恢复了。

520 总之,因为《哲学杂志》(JP)将它自己的风格强加到这些次要地方,因为杜威修正了或恢复了这些次要地方,所以 JP 不能作为本版本的范本。KK 的范本是 1949 年 9 月的第一印次,经过与原始版权副本的目对,发现它没有变化。JP 的一些必要改正也被接受过来,以作为对范本的修正;参看修正表上关于 62.9 和 92n.8 的印刷改正,还有 47n.1 和 259.10 的标点符号改正。

## 杜威的实质性修改

因为材料最先是在《哲学杂志》上发表的,关于杜威这部唯一的合作著作,所有在 KK 和 JP 之间的实质性变化都被列在这一卷的“《认知与所知》的实质性变更”部分中。有些实质性变化是从杜威关于校样的通信中来的。例如,在 259.34 – 260.2(“offering ... Trans-actor.”),杜威建议,改变对“Actor”一词的书写,“或许是有好处的”;本特利回复道:“你的建议很棒。我正尝试着把它们直接融合在一起。”在 265.17(“that, what and how.”),本特利为 KK 修改了词组,以回应杜威的建议:“如果这个词被看作是一种总结的话”,“知识”的进路就会被强化,“这样,‘他知道 that, what and how.’”在 272.1 – 5(“It ... object.”),杜威建议扩展对“term”一词的使用[①]。杜威的评论也导致对 134.26(“much more”)和 135.12 – 16(“cultural — ... history,”)处的实质性修改。杜威在 133.31 – 34(“, with ... them”)和 135.4 – 6(“If ... other.”),以及 136.32(“(including the purposive)”)和 133n.2 – 5(“Progress ... literature.”)地方所建议的增加被本特利采纳了[②]。在 276.14 – 15,本特利把两个词变成了斜体,以与杜威的建议相一致:“强调‘academical’和‘pedagogical’,与下面的‘*factual* 3’行形成对比。”[③]

在 JP 与 KK 之间的其他实质性变化来源于杜威在他退回给本特利的校样上

521 (“杜威修改的校样”)所做的标记和疑问。正像下面所显示的,本特利或许接受了或抛弃了杜威的修改,或者按照杜威的意见作了不同的修改。杜威在校样的第 1 章上的修改包括:9.20 – 23(“a change ... refer.”),校样 2 读作“which sometimes does, and sometimes does not, mean the same.”杜威将这一段括起来,在页边写道:“对

---

① 所有的都在杜威致本特利的信中,1948 年 2 月 25 日;本特利致杜威,1948 年 2 月 27 日,本特利档案。

② 都在杜威致本特利的信中,1948 年 3 月 1 日,同上。

③ 杜威致本特利,1948 年 5 月 20 日,同上。

'which'和'the same'的指称不是很清楚。"接下来，本特利修改了本段。在 12.10-11("the propositions in question are facts,")，校样 3 读作："the proffered propositions are facts,"。杜威删去了"proffered"，给"propositions"增加了引号，插入了"in question"；本特利在页边更清楚地重写了"in question"。在 14.16("while")，杜威在校样 4 中"while"前面插入了"and"，在页边写道："如果不插入这个词，我很难把握它的含义"；但是，本特利没有改变。在 20n.8("which, nevertheless,")，校样 6 读作："that still"；杜威删去了这两个词，在左边的页边写上"which nevertheless"，但是本特利在右边的边距上重新写上了"which nevertheless"。在 44.27("apart from")，校样 15 读作"without"；杜威从这个词向页边划了一个箭头，写到"(apart from (?))"。在 44.31("is manifest.")，校样 15 读作"is manifest, not only on the side of credulous acceptance,"；杜威在这行下划线，用两个箭头指向两边。他在右边写道："不清楚"，在左边，他关于内容写了些话。接着，本特利大幅度地修改了这段话①。

杜威在校样上对第 2—7 章的修改也被列在这儿，置于"关于《〈认知与所知〉的实质性变更》的注解"部分。关于杜威的修改，也可以参考 61.20-21("Knowing ... together.")和 155.32-33("Moreover, ... here.")的修订和文本注释。

前言、第 10 章和附录，有杜威的打字稿。在这些打字稿和 KK 之间的实质性变化显示了文本的前进过程，这些变化被列在"《认知与所知》的实质性变更"部分。 522

## 前言

早在 1947 年 9 月，本特利给杜威和约瑟夫・拉特纳分别寄送了关于序言注解的草稿；本特利在他接下来的信中向杜威询问："你的建议是什么？或许你有完全不同的观点。"②当杜威还没有回复的时候，本特利 9 月初写信给他说，序言"应该由你写，应该有个人的风格"。在 9 月 3 日，杜威给本特利寄来了草稿，写道：尽管"对所附录的东西一点也不自豪"，他想，"还是在纸上写点什么最好"。他遵循了"我所看到的你

① 在 1948 年 2 月 22 日，杜威关于校样第 1 章写信给本特利。在 33.21—22("a sentence ... otherwise")，他对从塔斯基引来的话作了评论，"我希望你能关于'满意'说点什么"；他对 35.3—11 的段落("Designation ... thing.")作了批评，"它太浓缩了，需要关于塔斯基的大量知识，否则很难把握它的含义"(本特利档案)。

② 本特利致杜威，1947 年 8 月 9 日，同上。在 1947 年 8 月 10 日，本特利给拉特纳写信："你给了我们许多好建议，任何你关于序言的建议我们都求之不得。我附了两份我邮寄给杜威的草稿。"(拉特纳/杜威文集，附有本特利的两篇序言注释)

草稿中的主要原则"①。本特利评价杜威的序言是"完全符合我们的目的"，他给杜威寄去了重新打出的版本，只有"一点小的尝试性修改"，在 4.11－13 增加了一个句子："to bring in a direct hitch-up with your Logic, as Inquiry"（与你的作为探究的逻辑直接联系起来了），并且对文章之前的发表情况作了一个总结②。杜威在 9 月 11 日认同了本特利的修改，写道：增加的句子"当然可以写进去，不用告知"。本特利把修改了的序言又打了一遍，给杜威送去了两个副本，一个"是原本直接给灯塔出版社的。如果你觉得满意，可以直接寄给出版社"。在 9 月 17 日，杜威告知本特利，他已经把序言寄给灯塔出版社了③。

杜威 1947 年 9 月 3 日给本特利的信（本特利档案）附有的两页打字稿（TS），标有"序言"二字，这是现在出版的《认知与所知》版本的基础。重新打出的三页打字稿（TS[1]），可追溯到 1947 年 9 月 15 日，也就是后来杜威认可了的并寄给灯塔出版社的稿子，收在约瑟夫·拉特纳/约翰·杜威文献，南伊利诺伊大学卡本代尔校区莫里斯图书馆特藏部，45 号盒，9 号文件夹。在 KK、TS、TS[1] 之间的实质性变化被列在"《认知与所知》中的实质性变更"部分。杜威在 TS 中的变化出现在"打字稿中的变更"部分。TS 被看作是两种修订的来源。

523

## 第 10 章　常识与科学

1948 年 5 月 1 日，当杜威和本特利同意将 JP 上的文章加到 KK 上时，他们讨论了 4 月 8 日的重印本上所作的实质性修改。在 242.15（"to be"），本特利写道，或许"as"可能"更好些——尽管肯定会有比这个更好的用语"。杜威赞成把"to be"改成"as"，但是在 KK 中没有改变，可能的原因是，杜威和本特利都不认为非改不可。在 251.8—24"（"Just ... Man."），杜威扩大了这个讨论以回应本特利的建议④。在

① 本特利致杜威，1947 年 9 月 1 日；杜威致本特利，1947 年 9 月 3 日，本特利档案。本特利写道，他根据杜威早期的建议附了另一个草稿；这个草稿没有附在信中，但与一个星期之前本特利寄给拉特纳的草稿可能是同一个。1947 年 8 月 21 日，本特利写信给拉特纳，附了一个含有拉特纳"材料"的草稿。（拉特纳/杜威文献，附有早至 1947 年 8 月 21 日的草稿）

② 本特利致杜威，1947 年 9 月 8 日，本特利档案。本特利关于杜威所写序言的打字复本，既有其上有本特利修改的副本，也有其上没有本特利修改的副本，同上，《认知与所知》，文件夹 63。

③ 杜威致本特利，1947 年 9 月 11 日和 17 日；本特利致杜威，1947 年 9 月 14 日，本特利档案。在 1947 年 9 月 20 日，本特利通知灯塔出版社（同上）和拉特纳（拉特纳/杜威文献），杜威已经完成了序言。

④ 两处修改来自本特利致杜威的信，1948 年 5 月 12 日；杜威致本特利，1948 年 5 月 14 日。本特利关于"用语的转化"写道："它可能更适合你在讨论'labor-atories'的时候"。对此，杜威回答道，"这个文本当然应该改变，以将之包括进来"。

252.28(“sharply”),本特利两次询问杜威 JP 上在这里对“radically”的使用。杜威告知本特利删去这个词,然后说道:“尽管词典给出了‘extremely’的意思,而且我偏爱在那个意义上使用这个词,但如果它产生了误解,我会换了它。”[①]在 253.1-3(“$H_2O$ ... water.”),本特利对 JP 上的内容发生疑问,杜威回复道,如果“它不是很清楚,就应该重写”[②]。在 255.32(“indicated.”),杜威建议本特利删去从 JP 的段落中拿来的材料,“或许,你想更好实现整卷的目的,……可以把整个段落删掉”[③]。这段被删掉了。在 256.2(“facta and facienda”),杜威向本特利解释他在 KK 中把“facts”变成了“facta”:“我认为,我写成 facta...... 可以与‘facienda’相应。”“但是,‘a’和‘s’总是紧紧靠在一起,我想的是一个,写的却经常是另一个。”本特利回复道:“‘facta’最好被恢复起来——两个词都要用斜体”;杜威写道:“我恢复了‘facta’”[④]。在 248n.3-10(“As ... available.”),杜威告知本特利他关于这个脚注的修改,几天后他给阿诺德寄去了打好的段落,以代替早前的修改[⑤]。

524

杜威在 5 月 20 日给阿诺德写信说,他寄去了再印本,“有少量修改”。他在同一天告知本特利,他已经获得“JP 上的文章的好几个副本”,正“尽量修复它”,然后寄给灯塔出版社。“他们当然会给你寄一个校稿副本,你可以在适当的地方作进一步的修改。”[⑥]之后当读到第 10 章的校样时,关于杜威对在第一段落中以两种方式使用了“them”,本特利发出了疑问[⑦];在 242.8-9 处,第一个“them”被改成了“these ways”。根据上面的讨论,当杜威读校样的时候,他告知本特利他所喜欢的词语形式,在 9 月,他把改过了的校样还给了迈尔斯[⑧]。

除了 JP 的文章,一封干净的 22 页打字稿(TS)(不是杜威打的),附有标题“常识和科学:它们各自的指称框架”(拉特纳/杜威文集,44 盒,第 2 文件夹),也用来和第 10 章进行了目对,实质性的变化包含在“《认知与所知》中的实质性变更”部分。TS 和 JP 被看做是 7 个修正的来源。

---

① 本特利致杜威,1948 年 5 月 6 日和 12 日;杜威致本特利,1948 年 5 月 8 日和 14 日,本特利档案。这个词在本特利致杜威的信中也被讨论,1948 年 5 月 17 日,杜威致本特利,1948 年 5 月 21 日,同上。

② 本特利致杜威,1948 年 5 月 12 日;杜威致本特利,1948 年 5 月 14 日,同上。

③ 杜威致本特利,1948 年 5 月 14 日,同上。

④ 杜威致本特利,1948 年 5 月 14 日和 21 日;本特利致杜威,1948 年 5 月 17 日,同上。

⑤ 杜威致本特利,1948 年 5 月 21 日,同上;杜威致阿诺德,1948 年 5 月 24 日,灯塔出版社文献。

⑥ 杜威致阿诺德,1948 年 5 月 20 日,同上;杜威致本特利,1948 年 5 月 20 日,本特利档案。

⑦ 本特利致杜威,1948 年 8 月 28 日,同上。

⑧ 杜威致迈尔斯,1948 年 9 月 6 日和 11 日,灯塔出版社文献。

## 附录：杜威对阿尔伯特·G·鲍茨的回复

在1949年4月4日，杜威把他给鲍茨的回复的复印件寄给了本特利，从"Jamaica"处，杜威写道："我很难把打字工作完成，如你所知，我自己是世界上最差的打字手。"[1]《哲学杂志》准备了一个杜威信件的抄本，用于5月26日的出版。在5月4日，赫尔伯特·W·施奈德，《哲学杂志》的编辑，给鲍茨送来了《哲学杂志》抄本的副本，写道，"解码他的著作，我们耗费了大量时间和耐心来辨认他的笔迹"[2]。接下来的一周，《哲学杂志》的校稿就准备好了。

525

与此同时，本特利和拉特纳修改了杜威的这封信，并准备了一个新文件以作为《认知与所知》的附录。5月7日，本特利把这个文件寄给了杜威，并附上杜威信件的副本。5月10日，本特利写信给杜威，解释道，如果杜威愿意的话，拉特纳会进一步修改，必要的话就重新打一遍。显然，拉特纳在5月10日将这个文件寄给了灯塔出版社[3]。尽管如此，5月8日，杜威写信给本特利说，他正在写作《哲学杂志》的文章，"把鲍茨文章校稿直接寄给你——我会尽我所能来做，但是我进入了突然衰退状态，一个不幸的时刻。"[4]5月11日，本特利告诉杜威，他要把《哲学杂志》的校稿寄给灯塔出版社，"给出版社拍电报告诉他们这是用来代替拉特纳昨天寄来的手稿的"[5]。本特利后来告诉拉特纳，"你知道，给鲍茨的回复的拉特纳-本特利-午夜版顺水道流走了，《哲学杂志》的版本被替换了"[6]。

在这封给拉特纳的信中，本特利也讨论了在文章中所作的修改："灯塔出版社在《哲学杂志》的副本上交给打印员的是'as is'，并且，所有的'dear Albert Balz's'都被打出来了，这样，杜威必须要给它们编序，把它们去掉，只留下'Dear A.'。至少有50个(或者更多)地方(杂志的风格)必须要改变内容(变成书的风格)。"当迈尔斯寄送《认知与所知》校稿的时候，关于称呼的改变，她询问了杜威[7]；唯一漏掉的地方在287.13，在编辑过程中被修改了，并附有一个文本注释。读了校稿之后，杜威在7月

---

① 杜威致本特利，1949年4月4日，本特利档案。杜威对鲍茨的这个回复不在本特利档案中。

② 施耐德致鲍茨，1949年5月4日，附有抄本，鲍茨档案。

③ 本特利致杜威，1949年5月7日和10日，本特利档案。拉特纳-本特利版本，同上，KK，第78文件夹，第26页。

④ 杜威致本特利，1949年5月8日，本特利档案。

⑤ 本特利致杜威，1949年5月11日，同上。

⑥ 本特利致拉特纳，1949年7月7日，拉特纳/杜威文献。

⑦ 迈尔斯致杜威，1949年6月29日，灯塔出版社文献。

12 日告知本特利他在 289.38 处作了一个修改，他希望能及时把这个送出去。"这一段仍有可能引起误解，应该把这 8 行重写，以确保它不会引起误解……我所能做的是，把'through'变成'by means of'。"杜威同一天给灯塔出版社写信，"把'through'变成'by means of'"①。 526

杜威寄给《哲学杂志》的回复的原始打字稿现在没有了，寄给本特利的副本也没有了。与这份文件最接近的就是施耐德寄给鲍茨的《哲学杂志》抄本（JPTR）。从 JP 到 JPTR 之间的实质性变化被列在"《认知与所知》中的实质性变更"中，JPTR 被看作是次要的修正的来源。拉特纳-本特利版没有权威。

杜威对鲍茨的回复也曾作为这本书的第 6 章，以"为探究理论辩护"为题发表过：《论经验、自然和自由》（On Experience, Nature and Freedom），理查德・J・伯恩斯坦（Richard J. Bernstein）编，印第安纳城：鲍布斯迈瑞尔公司，1960 年，第 133—149 页。

在目前这个版本中，小标题"杜威对阿尔伯特・G・鲍茨的回复"代替了 KK 目录页上的"一封来自杜威的信"，作为一个修改，它被添加到附录标题上。KK 的尾注在目前的版本中以脚注出现。奥尔特曼和本特利所准备的由杜威修改的索引也被融合到目前版本的索引中。对范本的修正出现在与其出处核对过的"修正列表"上，不管是对期刊出版物的修正，还是对著作的修正，在这里都是第一次出现。

## 打字稿

### 《何谓语言符号？何谓名称？》

《认知与所知》一书的序言[本卷第 4—5 页]中称："我们希望将来能继续当前的工作，完成关于……最近几代思想家在哲学领域和实际生活中对'记号'一词的广泛运用的意义的文章。"符号这一课题偶尔会引起杜威的兴趣。可参看《皮尔士论语言符号、思想及意义》（Peirce's Theory of Linguistic Signs, Thought, and Meaning），载《哲学杂志》第 43 卷（1946 年 2 月 14 日），第 85—95 页（《杜威晚期著作》第 15 卷，第 141—152 页）。 527

1944 年 7 月，杜威寄给本特利一份打字稿，题目叫"关于符号"，后来，本特利在笔

① 杜威致本特利，1949 年 7 月 12 日，本特利档案；杜威致灯塔出版社，1949 年 7 月 12 日，灯塔出版社文献。

记中写道："44.7.31，另参看较晚一稿 45.5.25。"①这"较晚一稿"就是《何谓语言符号？何谓名称》。该年12月，杜威写信给本特利说："这篇论符号的文章去年夏天只开了个头，之后就再也没有去碰过。"杜威在信里附上两页注释，并解释说："希望今日随信所附内容能有所补苴。"②下年春，杜威写信给本特利说："我又看了一遍论'符号'的那篇旧文，并已开始改写。"杜威谈到了"改写的重点"，并解释说，改写"因我们两人之间的通信而颇有进展"③。

杜威正和本特利合写文章，他忙里偷闲，完成并改写了这篇篇幅有18页的文章之打字稿，题为"何谓语言符号？何谓名称"。他于1945年5月25日把文章寄给了本特利，他在随寄的信中说：

> 关于所附文章，我感到惭愧。我没权利撂下正在进行的工作，即使两天也不应该。我只能说是由于内心憋着一股气，觉得不吐不快——此文也可算是自写《逻辑》以来个人发展的一项纪录。所成基本是个急就章；连打字错误也未顾得上停下来去改，在拟发期刊文章完成之前，不用管它了。拟发期刊文章完成后，我将考虑改写，以便发表，题名或可叫"科学哲学"。④

本特利在这份打字稿上所署日期为"5-25-45"，他在这份打字稿第一页的顶端写着"参看该文初稿及7-31-44随寄来的信"⑤。

杜威继续研究有关问题；一个月后，他致信本特利说："关于符号和说明的两篇文章，你的意见大大地怂恿了我，于是我定下心来，写成随信所寄的这篇东西——不是为了发表，仅为表达诚心。"⑥关于这篇打字稿，⑦参看本卷所载"《何谓语言符号？何

528

① 本特利所藏《关于符号》复写本共13页。这份文件的影印本目前存于拉特纳/杜威文献第44号盒，文件夹4。

② 杜威1944年12月19日致本特利，本特利档案。

③ 杜威致本特利，1945年5月12日，同上。1944年12月21日，本特利致信杜威，谈到"拟采取相应方法，以拓展路径"(同上)。

④ 杜威致本特利，1945年5月25日，同上。

⑤《何谓语言符号？何谓名称？》，同上，共18页。这份文件的影印本目前存于拉特纳/杜威文献46号盒，文件夹4。

⑥ 杜威致本特利，1945年6月23日，本特利档案。参看本特利致杜威，1945年6月19日，同上。

⑦ 打字稿原件为本特利所藏，共3页。本特利在第1页上打字道："下面重写的关于记号的文章，是5-25寄来的，参看6-23-45来信中的有关这篇文章的评论。"尽管杜威在稿子第1页说"我留了复本"，但至今尚未找到。"重写"本影印件存于拉特纳/杜威文献第46号盒，文件夹编号4，共3页。

谓名称?》一文的注释”部分。

杜威虽曾计划重谈相关问题，但后来似乎再没谈过。1945年底前后，他致信本特利说：“关于记号的那篇文章还没着手改写；你的意见以及我自己的思考都表明，该文需要扩写。”①1947年，杜威曾考虑过把有关这一课题的一篇文章收入《认知与所知》，他写道：“你可能还记得我曾写过一篇论符号或曰‘再现’与符号的文章。文章还没写完，或者说在一两个问题上，思路未能接得上，可能得重写。”②本特利在回信中说，杜威先前的那篇文章和“我们合写的这批文章是同时进行的”，但他“计划重写，重写也许能将文章完善”。他问杜威可否“考虑将这样的文章作为全书结论部分的末章收入书中”③。然而，一年后，《认知与所知》一书的出版日期临近，杜威却表达了放弃之意：“我一直有意写出另一篇”论符号的文章，“以便持论更为恰切些，可是要忙的事情太多。眼下无法成稿，来不及收入书中了”④。

尽管《何谓语言符号？何谓名称?》一文不是杜威所期望的最终的样子，但基本表达了他对相关课题的最终观点，因此有必要收入他的著作集中。此文在此属初次发表。这篇文章的抄本，是未发表的打字稿，现藏布鲁明顿印第安纳大学里利图书馆手稿部亚瑟·F·本特利档案，共18页，其中，第4、12、13和14页是色带直接打印件，其余为复本。参看手稿修改本中杜威本人所作的改动。像本卷第299页注①中“fictitious”误拼成“ficitious”，这样明显的打字错误直接改正，不出校勘记。本版其余校勘记均见校勘列表。 529

## 《价值、价值评估与社会事实》

这是杜威为回应爱弥儿·贝努瓦-斯穆尔扬《价值评判与社会科学》[载《哲学杂志》第42卷(1945年4月13日)，第197—210页]一文而写。1945年5月22日，杜威告诉乔治·R·盖格，说他已经“写成了一篇回应文章”，希望“很快能够寄出”⑤。6月20日，他把这篇回应文章寄给了本特利，并在信中写道：

> 先谈一下发在《哲学杂志》上的那篇论价值的文章。此文杂乱无章，因我之

---

① 杜威致本特利，1945年6月23日，本特利档案。
② 杜威致本特利，1947年5月15日，同上。
③ 本特利致杜威，1947年5月20日，同上。
④ 杜威致本特利，1948年5月8日，同上。
⑤ 杜威1945年5月22日致盖格，抄本，存于拉特纳/杜威文献中。

前也曾写过这类题目的文章[①]，所以读后颇有感慨，于是我坐了下来，很快写出了点东西来。我写东西一向没有什么实际的目的，只是把自己所思所感写出来，觉得将来写有关问题——价值、价值评估与社会议题——的系统长文时也许能派上用场；为写那篇文章，我很早就开始搜集有关课题的资料了。那文章你手头有的，我寄过一份给你，内容一字不差，你可以找出来看看。[②]

本特利在那份共9页的打字稿的第一页右上角注曰："杜威1945年，参看6-20-45他的来信。"另附有本特利注释打字稿共1页。[③]

杜威提到这篇文章已差不多是三年之后的事："我写了一篇回应文章，但从未寄出——[贝努瓦-斯穆尔扬]好像不值得回应。"[④]1949年年初，杜威致信本特利道："好几年前，他写了一篇论价值的文章，并发表在《哲学杂志》上，我读后写了一篇回应文章，这篇文章的手稿还在。此公所论极其杂乱无章，不过也好，他这篇文章倒能让人清楚地看到有关这一课题研究的实际现状。"[⑤]

杜威在上述1949年的信中说他手头还留着那篇回应文章的手稿；他在1945年给本特利寄去打字稿时说："打字稿原稿不用寄回了，我手头留了复本。"[⑥]在南伊利诺伊大学卡本代尔校区莫里斯图书馆特藏室所藏约翰·杜威文献第55号盒1号文件夹中，有一份时间较早但不完整(仅存3—10页)的打字稿原件，内容与本特利所藏的那份完整件并不相同。

530

这篇回应文章从未投给《哲学杂志》，在此是首次公开发表。所据范本为经作者签字的色带直接打印件，共9页，现藏于布鲁明顿印第安纳大学里利图书馆手稿部亚瑟·F·本特利档案。此件中杜威本人所作的各处修改在"打字稿中的变更"部分列出。明显的打字错误，如313页第2行"consequence"误打成"consewuence"，直接予以订正，不出校勘记。对其余错误，本书本版校改时均出校勘记，收入《校勘表》中。

---

① 关于一年前杜威发表的文章，参看《关于价值的一些问题》，载《哲学杂志》第41卷(1944年8月17日)，第449—455页(《杜威晚期著作》第15卷，第101—108页)。

② 杜威致本特利，1945年6月20日，本特利档案。

③《价值、价值评估与社会事实》，同上，共9页，附本特利注1页。

④ 杜威致本特利，1948年4月13日，同上。

⑤ 杜威致本特利，1949年2月13日，同上。

⑥ 杜威致本特利，1945年6月20日，同上。

## 《重要性、意义与含义》

杜威的信件显示了他认为这篇文章是很重要的，并且他计划发表这篇文章。尽管他很显然对此下了长久的苦功，由于一些原因——疾病、年迈，也有可能是主题过于考验人——他并没达到让他自己满意的结果。

在1950年1月24日那天，杜威从纽约城写信给本特利："我给期刊写了些东西，一打印完毕就寄给你……标题是"重要性、意义和含义。"①三周后杜威寄自佛罗里达的西岬："我在之前提到的那篇文章上花了比预想要多的功夫——力图对《认知与所知》观点做一个浓缩的重述。我仍需把修改稿打出来，希望接下来两周内你能收到。"②

关于此文，杜威写给悉尼·胡克："我在为期刊写一篇文章，重述认知理论"；又写给约翰·D·格雷福斯(John D. Graves)："一个月来我正为一哲学期刊反复琢磨一篇文章，打算概括一下关于我们如何依赖于可观察到的事实认知和对此能知道什么。"③ 531

3月10日杜威写信给本特利："关于我所言的文章，我已经对百来页作了断断续续的概括；现在的长度是打字机打印纸18页，双倍行距。"他希望"明天完成手稿，再次打印"④。十天后他对本特利说："关于期刊文章我今天脱稿了……观点不够新颖；但我引入了一个新视角。"⑤同一天，杜威告知阿德尔波特·阿米斯(Adelbert Ames)，已让打字员"寄给你一份复写本。我的手稿如此潦草，她不一定能弄好。不过这是我的错而不是她的错。我希望，尽管有打字错误，仍能传递意思。"⑥

杜威这里所指的是他已给纽约城的阿尔玛·弗佳迪(Alma Fogarty)寄了他的打字手稿，让她重打几份，并给本特利寄一份。4月初关于弗佳迪所寄的稿件，杜威在给本特利信中写道："我感到很羞愧复写本这么糟我就寄出去了；我把一页完全给漏了，很多地方我打得不清楚，打字员得对她不熟悉的内容进行猜测。"⑦

---

① 杜威致本特利，1950年1月24日，本特利档案。

② 杜威致本特利，1950年2月17日，同上。

③ 杜威致胡克，1950年2月25日，胡克/杜威收藏；杜威致格雷福斯，1950年3月10日，杜威文献。

④ 杜威致本特利，1950年3月10日，本特利档案。

⑤ 杜威致本特利，1950年3月20日，同上。

⑥ 杜威致阿米斯，1950年3月20日，达特茅斯眼科研究所文献。

⑦ 杜威致本特利，1950年4月5日，本特利档案。杜威同样致阿米斯(1950年4月12日，达特茅斯眼科研究所文献)。

几天后，关于发表的事，杜威写信给本特利说："对于把这篇文章寄给有科学精神的公众，我有两个想法；我不认为《科学》杂志会录用；但《科学月刊》有可能会。"[①]他向胡克描述了他对于此文的希望："我想只要我把它提出来，它会是我对于自己研究内容所作的最准确和概括性的表述了。"[②]杜威在给阿米斯的信中提到了"另一尝试"，并保证给他一份稿子。[③]

532 尚在病毒感染的恢复过程中，杜威就又重回工作；他于4月19日致信本特利，"我已从床上起来，并对这篇重要的东西作了重写"，不过，"会太长以致不能在一期中刊出"[④]。5月末，杜威向本特利描述了他要重来的"三项尝试"："前两个写了两三页就扔进垃圾桶了，后一个仍在考虑中。"[⑤]杜威成功地准备了一份新稿，在6月4日给本特利写信说："对于重写这一要文，我又努力了一把。给你所附的前言可能没完全符合主旨。但在我看来还是可以算准确的。"[⑥]有趣的是，这次杜威在"意义"之后打了一串逗号。本特利对这一部分作评论："我把你的要作的前言读了好几遍。我找不到我认为要改变或补充的了。"[⑦]

尽管杜威给本特利写了关于修改的计划，[⑧]他没把这篇文章付诸发表。他后来对阿米斯解释说：

> 对这要文，什么事都没做过。由于一些未知原因，我寄去重印的稿子里有一页遗失了；当我要去解决这一问题时，我又因病毒感染而病倒了，再加上年纪的不便，使得我6个月来都不能做一些学术工作。[⑨]

对于本特利关于发表文章的询问，杜威回复道："我对此没做任何尝试。"[⑩]几个月后，本特利告诉约瑟夫·拉特纳他"期待"杜威发表文章，这篇文章不仅他，而且杜威的

---

① 杜威致本特利，1950年4月10日，本特利档案。
② 杜威致胡克，1950年4月11日，胡克/杜威档案。
③ 杜威致阿米斯，1950年4月12日，达特茅斯眼科研究所文献。
④ 杜威致本特利，1950年4月19日，本特利档案。
⑤ 杜威致本特利，1950年5月21日，同上。
⑥ 杜威致本特利，1950年6月4日，同上。
⑦ 本特利致杜威，1950年6月8日，杜威文献和本特利档案。
⑧ 杜威致本特利，1950年6月19日，本特利档案和杜威文献。
⑨ 杜威致阿米斯，1950年11月9日，达特茅斯眼科研究所文献。
⑩ 本特利致杜威，1951年2月14日，杜威文献和本特利档案；杜威致本特利，1951年2月21日，本特利档案。

“其他一些朋友也读过”。然而，“就我所知没有结果，我还担心我催促得太紧迫了。对我们来说，似乎需要再给一些推力就可以了。但如果他不想做，那么当然就不要再做了”①。 *533*

这篇文章现有两份权威的打字稿：一是半透明纸上的复写本，在南伊利诺伊大学卡本代尔分校莫里斯图书馆特藏部杜威文献第 58 号盒 9 号文件夹中，共 23 页；另一份是打在轻带纸上的复写本，在印第安纳大学布鲁明顿校区里利图书馆手稿部的亚瑟·F·本特利文献中，也是 23 页。在弗佳迪寄给杜威的稿子第一页首写着（不是杜威字迹）：“1950 年 3 月 30 日从纽约 27/阿姆斯特丹大街/1305 号的 A·弗佳迪女士处收到”（杜威文献）。在他收到的第一页页首，本特利写道：“1950 年 3 月 31 日从纽约 27/阿姆斯特丹大街/1305 号的 A·弗佳迪女士处收到”（本特利打字稿）。

弗佳迪又至少打了四份，给阿米斯、格雷福斯、拉特纳（都直接寄给本人），②还有一份可能用于发表。由于她一次不能打那么多，她把文章打了两遍，有两套复写本；杜威和本特利的打字稿分别属于这两次打印。这两套相近（都是复写本，且都是 23 页）但不完全一致，有一些细微的差别，如弗佳迪对错误、页码标注以及一些名词短语的修改。由于两份打字稿源于同一篇丢了页的原稿，它们具有同样的权威性。③

由于杜威于 1950 年 6 月 4 日寄给本特利的他重写的“前言”部分代表了他对于这部分后来的主意，这一部分第一次在本版书的 318.1－320.14 部分出现。在本特利 1951 年初给杜威的关于杜威“去年让他看的”手稿的信中，本特利提到：“‘重要性、意义和含义’先前稿件的第 9 页在该稿中遗失，1950 年 3 月 31 日寄出本文新的引言，大约 3 页，之后寄出。”④关于这一新的部分，本特利在弗佳迪的打字稿第一页页首写道：“见之后的关于注释 1 的 3 页替代部分”（本特利打字稿）。 *534*

318.1－320.14 引言部分的范本即是在印第安纳大学布鲁明顿校区里利图书馆

---

① 本特利致拉特纳，1951 年 12 月 6 日，拉特纳/杜威文献。

② 阿米斯在 1950 年 4 月 7 日给杜威写信道：“我几天前拿到了您《重要性、意义和含义》一文的手稿”（达特茅斯眼科研究所文献）。格雷福斯在 1950 年 4 月 2 日给杜威写信道，“周五我从弗佳迪夫人那里收到您的题为‘重要性、意义和含义’的文章的一份稿子”（杜威文献）。弗佳迪寄给拉特纳的打字稿（拉特纳/杜威文献，45 号盒子，3 号文件夹，共 23 页）与杜威文献中收藏的复写本相同，但是打在轻带纸而不是半透明纸上。

③ 见弗雷德森·鲍尔斯，《多重权威：范本的新问题和概念》（Multiple Authority: New Problems and Concepts of Copy-text）《引用书目、文本和编辑学论文集》（*Essays in Bibliography, Text, and Editing*）（夏洛特维尔：弗吉尼亚大学出版社，1975 年），第 447—487 页。

④ 本特利致杜威，1950 年 2 月 14 日，杜威文献和本特利档案。

手稿部的亚瑟·F·本特利档案中未发表的3页原打字稿。这一文件的一份影印本在南伊利诺伊大学卡本代尔校区莫里斯图书馆的特藏部约瑟夫·拉特纳/杜威文献第45号盒3号文件夹。杜威的修改处在“手稿改动”部分注出。

文章剩下部分的范本是杜威文献中由弗佳迪打出的复写本和本特利档案中同样由弗佳迪打出的复写本。这两个文本中的实质差异已在校勘表中充分列出。这一校勘已在《约翰·杜威与亚瑟·F·本特利:哲学通信(1932—1951)》(西德尼·拉特纳和朱尔斯·奥尔特曼编,罗格斯大学出版社,1964年)出版时被接受,列在第658—668页。关于杜威不要的引言部分,请见《哲学通信》,第657—658页。

杜威在杜威打字稿上作了一些蓝绿墨水的记号;在321.6-7(“探究……方式”),323.4-5(“主题的确定”),328.7(“魔术”),328.16(“理论。”)和330.9-10(“对历史的遗忘的状态”)这些部分有下划线和旁注。此外,更为大略的页边垂直划线出现在326.3-9(“另一……操作”),326.17-19(“在……”),326.24-30(“那些……探究”2),535 327.1-8(“使用……关注”),327.11-14(“有……食物”),327.23-24(“对……文明史”),327.25-29(“但……理论”),327.33-38(“——和……状态”),328.34-38(“事实……存在”),329.22-330.6(“即使……意图”),330.24-32(“它……尊重”),331.3-8(“认知……发生”),和332.16-24(“只有……重要性的”)处,也许是为了指出将来有修改的必要。

在杜威文献中(15和17号文件夹,58号盒子;1和2号文件夹,59号盒子)有这篇文章的早期草稿;杜威和打字员提到的(见校勘表325.32-33)失踪的页码不在其中。

同样在杜威文献中(16号文件夹,58号盒子)也有稿页显示了杜威在上述1950年4月到11月通信中提到的修改的企图。除了(杜威打字稿)这份复写本外,弗佳迪还给杜威寄出了这两份(杜威打字稿和本特利打字稿)的打字带直接打印件,它们在页码、行、名词词组上有些区别。杜威之后修改了这两份打字带直接打印件。

在这两份稿中现存分好类的31页,其中25页有着杜威打字的和手写的修改(用兰、绿墨水和铅笔)。有时杜威会修改这两份的同一页;这两个版本在表达、规模和内容上有很大的差别,改动很少相同。因此,杜威是作了至少两次独立的修改,没有把之前的改动并到后一次改动中。但是从表达和页码顺序中没法令人满意地确定时间顺序(除了标上“A”的几页,它可能代表后来的修改)。由于杜威最终的想法没法确立,所以也没法建立一个完全可靠的修改版。不过在有些地方,从杜威的修改中得出的校勘已用于范本修改:如325.25和326.12-13的校勘。与杜威打字稿相配的原页被记为打字稿 1，与本特利打字稿相配的被记为打字稿 2。

打字稿 1 和 2 中的修改是相互矛盾、不完整、常常模糊不清的，见证了杜威所言的年岁和病痛的影响。然而同时，它们显示了杜威在 91 岁高龄时仍惊人地继续着学术工作。它们都列在了《重要性、意义和含义》的“杜威修改”部分中。 *536*

## 《社会探究中的“如何”、“什么”与“为何”》

从一场漫长折磨人的疾病（杜威称之为病毒感染）中刚刚恢复，杜威就开始着手——除了一些简单混杂的小文章之外——他最后要发表的一篇论文。他把手稿写作日期记作 1950 年 12 月 15 和 16 日，命名为“方法和结论——如何，什么与为何”，并让约瑟夫·拉特纳（后者与他在很多文章中密切合作，包括《经验与自然》的引言修改）作准备，一旦需要就付诸打字和编辑。对此，拉特纳完善了不清楚之处，删除和重写了两段话（对其中一段添加了“查看”的注释），作了一些改动并打了 3 页稿子。①

三周内杜威收到了专门打好的 13 页稿子，他把两份复写本寄给了拉特纳。② 杜威在 1951 年 1 月 2 日从纽约市寄了一份复写本给拉特纳，写道：“我们打算几天后去火奴鲁鲁；我希望气候的改变对我有好处……我在床上写了内附的‘方法和结论’的这几页。这是第一稿，并未完成。我也许可以在船上或是在火奴鲁鲁继续写。”③

本特利在 1 月 5 日收到稿件并于两天后回复：

> 你对漫长疾病中时间的利用的确让人赞叹。你从很多可用的词中抽取出一个最直接的表达，如果相关读者对此恰当把握的话，它们会给研究带来数倍的推动力。我尤其喜欢此文，因为每一页都对于现状作了新的调查——简单直接有效的那种。④ *537*

① 拉特纳/杜威文献，45 号盒，7 号文件夹，共 22 页：第 1—17 页由杜威手写，拉特纳注说明；第 18—20 页由拉特纳根据杜威无法辨认的稿子打出。杜威在手写页左上角标注 1A—17A；拉特纳在右上角写了 1—20 的数字并画圈。在 17A 之外的手写稿现已遗失。这一文稿是杜威文稿的预备范本。

②《方法和结论——“如何”、“什么”与“为何”》同上，两份复写本都是 13 页。

③ 杜威致本特利，1951 年 1 月 2 日，本特利档案。

④ 本特利致杜威，1951 年 1 月 7 日，杜威文献和本特利档案。本特利在打字稿上注：“1－5－51 收于 JD 处”（复写本，本特利档案，共 13 页）。关于本特利 1—4 次的阅读所注，见“杜威手稿/方法和结论，”1951 年 1 月 5、8 日和 2 月 14 日，共 4 页，与杜威打字稿归档。

在这封信中本特利又提及杜威的用词和读者。当注意到杜威提及“这一期刊”，即《哲学杂志》时本特利问是否他已“放弃了获得更大的读者群”。如果杜威的确想“扩展影响”，本特利建议“一个快捷简单的方法”就是把副标题扩展为“社会科学中的如何、什么与为何”。

在夏威夷火奴鲁鲁那几个月，杜威待在娃凯凯海滩的哈勒库拉尼旅馆。杜威于1月18日给本特利写信：“今早到达这里，看到你的信——我的记忆力仍受病毒侵袭影响，我想不起来你说的这一篇目，也不知是否有复件——如果有的话，我把你说的修改一下。”①然而3天后杜威写道：“我发现我有一份《如何、什么与为何》的副件，我在按你所说的进行修改。我参照先前的文章[《常识和科学》]，以及它发表的刊物，但不是‘这一期刊’——不过我不知道该把它寄到哪里。”②

一周后本特利写道，“我不想越俎代庖对你的《如何、什么与为何》文章提太多意见”，但我认为作一些修改“它就可以登在《科学月刊》上了”。③ 二月初杜威从火奴鲁鲁寄给《科学月刊》编辑霍华德·A·迈尔霍夫，“阳光很温暖但我的身体状况没有太大进步”。不过他希望，“尽快……完成我的文章”并根据本特利的建议“修改标题”。④

538

2月19日，杜威从火奴鲁鲁给本特利写了两封类似的信，第二封是这样的：

> 我成功地弄出了一份《如何》一文的清楚的打字稿，并有一份复写本给你，但因为我们要离开了，所以可能到纽约再寄给你。
>
> 采取了“在社会探究中”这一补充之后，我又扩展了引言的内容……⑤

---

① 杜威致本特利，1951年1月18日，本特利档案。

② 杜威致本特利，1951年1月18日，同上。

③ 本特利致杜威，1951年1月28日，同上。

④ 杜威致本特利，1951年2月7日，同上。本特利于2月14日作了额外的提议（杜威文献和本特利档案）。关于杜威回应本特利所作的改动，见手稿改动部分的333.1－2，334.1－2和336.2－3。333.1－2的改动表明杜威一开始按本特利的提议增加“在这社会科学中”（in the Social Inquiries），但又改变了主意，把“这”（the）去掉了。在334.1－2（“基本的而不是派生的”），根据本特利的提议，杜威替换了“自主的”。在1951年1月7日，本特利写信给杜威：“你的文中有一词，仅这一词，是我不喜欢的——一直都不会喜欢的——我的问题是词给我的感觉而不是你的使用。这词是“自主性”。我知道你在哪里和为何使用它。不过我情愿不看到它”（杜威文献，本特利档案）。杜威回复，“那我不用‘自主性’，换一意思相近的表达”（1951年2月7日，本特利档案）。

⑤ 杜威致本特利，1951年2月19日，同上，附在杜威1951年2月21日给本特利的信中。杜威的第一封信：“我让人打了一份《社会科学中的如何、什么与为何》一文的清楚稿子，引言部分扩展了，指出了……”（同上）

当杜威于2月底离开火奴鲁鲁后，他没有回到纽约，而是去了加州的洛杉矶和亚利桑那州的特克松，接受体检、输血和手术。4月他从特克松写信给本特利说他似乎“到了从可怕的手术中恢复的状态，并可以考虑出版他的《如何、什么和为何》一文了。”他同意本特利，寄给一家针对科学而不是哲学探究的期刊。①

4月21日，本特利回复道：“在与疾病作斗争之后还要再与怪物搏斗，对你来说可不愉快。”尽管“希望看到”杜威的文章“付梓”，本特利不希望“这成为他的负担”。539 为了迎合《科学月刊》，“任何文章都需做一下适配工作”。“上回你说”，本特利继续写道，“你修改了手稿——那是你离开火奴鲁鲁之前，而且你当时正打算把它寄给杂志，并到达纽约后寄给我”。他把杜威之前的一稿给了三人看，他们都“急切希望看到文章付梓”。② 翌日本特利寄了一张明信片，解释说他会尽快寄去杜威所要求的通信地址。③ 一周后，他给杜威寄去了《科学月刊》执行编辑格拉迪斯·M·基纳(Gladys M. Keener)的地址。④

杜威可能把他的文章寄给了《科学月刊》或是继续在写这篇文章；不管怎么说，在火奴鲁鲁准备的修改始终没有发表过。之前的版本题为“方法与结论——如何、什么和为何”，已按本特利档案中的复本发表于《约翰·杜威和亚瑟·F·本特利：哲学通信(1932—1951)》(西德尼·拉特纳和朱尔斯·奥尔特曼编，罗格斯大学出版社，1964年)第647—654页。

在火奴鲁鲁准备的打字稿——可能是交予出版或是弄丢了——现已佚失。本特利档案中没有这一打字稿的复写本，表面上看杜威并没有给本特利寄过。如果寄过的话，本特利一定会写信给杜威谈及它，作注释，并仔细地编目。

然而，在南伊利诺伊大学卡本代尔校区莫里斯图书馆特藏部杜威文献11—13号文件夹，59号盒子中有这一打字稿的复写本。它所作修改的依据，及其他相关文件都是接下来要讨论的。

杜威把他在纽约准备的第一份13页的稿子(打字稿1)(其复写本已寄给本特利和拉特纳)带到火奴鲁鲁，在1、2、3、5页上作了修改，并“扩充”了它。对于一些改动 540

① 杜威致本特利，1951年4月16日，本特利档案。

② 本特利致杜威，1951年4月21日，同上。本特利确信，杜威稿子的三位读者之一贺瑞斯·弗莱斯会“很高兴”提供协助，如果杜威需要的话。关于弗莱斯的评论，见“弗莱斯关于杜威文稿”，1951年2月25日，同上，共4页，与杜威的“方法与结论”归档。

③ 本特利致杜威，1951年4月22日，杜威文献。

④ 本特利致杜威，1951年4月30日，同上。

他用了铅笔，大部分的他则用了蓝墨水。他用铅笔删去了标题中的“方法和结论”，并添加了“社会探究中”。他用蓝墨水在第1页右上角添加了“第1页”并删去了从2—13页右上角的“M&C”。他用蓝墨水在第13页脚作扩充(340.1-3，“现在……反思”)并在宾馆的信笺上继续用蓝墨水扩充(340.3-20“之前……处境”)。当他修改好以后，在哈勒库拉尼的某个人打了一份“清楚的样稿”，其中包括了他的修改以及6页6×7寸带有“哈勒库拉尼/火奴鲁鲁15，夏威夷”标记的笔记纸文本。杜威用蓝墨水在右上角把这些页码标为第14、15、16、17、18页；第16—18页命名为“如何、什么和为何”；并在第18页上签名。他在手写版上用蓝、黑、绿墨水签名。因此，作过改动的13页打字稿1加上6页杜威手写版(打字稿1-H)可能就是在火奴鲁鲁给打字员的；打字稿1-H显然为作者所写，已用作杜威文献的范本。原件在杜威文献13号文件夹59号盒子。杜威所作的所有改动都列在“打字稿中的变更”部分。

在火奴鲁鲁弄好的“清楚的样稿”就是第二号打字稿(打字稿2)。杜威文献中的打字稿2复写本(也是在13号文件夹59号盒子)是打在10页信纸的左页，其左上角有一个15/8×13/4寸的花饰，并印有“哈勒库拉尼/火奴鲁鲁15，夏威夷”。打字稿2的一些必要的校勘已被接受，但由于打字员不熟悉杜威的字迹，大部分都是根据打字稿1—H来阅读的。所有稿子中的变动列在校勘表中。

杜威的通信显示了，就如91岁高龄的常态，他常感到年岁和疾病的侵袭，这导致了打字稿1—H和打字稿2之间关系的两个问题：杜威手写版的地位和两张第17页的存在。

杜威希望他的手写版是作为插入还是补充，这点并不清楚。他给本特利写道，要“扩充”“引言部分”，但没有定义“引言”。他用黑笔对13页的打字稿1-H重又作了页码标注，第7—12页为第5—10页，页码顺序为1—6，5—10，13。重新编号的第1—7页，重新编为第5页——被撕去了，不知是意外还是为了便于插入。[①] 不过杜威没有通过修改——记号、划线、插入符——指出他想把文本安置在哪里。面对不清楚的页码和指示，打字稿2的打字员只是在手写版上作了添加。由于杜威的想法无法被确定，打字稿2没有被校勘。



两张17页的问题(17a和17b)不是一个简单的页码注错的问题。基于它在内容上与其他页码的关系和杜威所作改动的意义，17b似乎是一张误给打字员的废弃的

① 打字稿1-H中遗失的几行在打字稿1-H给打字员的时候肯定是有的，因为它们出现在打字稿2(336.24-29，“方式……临时准备”)中；本特利和拉特纳打字稿1复写本的文本是一致的。

文本。

17a 由“而是其”开始(340.20),是直接接着第 16 页的“当作自然的怎样”(340.19－20)。另一方面,17b(开始于“已崩溃”)不接着第 16 页,而是接着一张被废弃的第 16 页(结束于“相对论”)。[①] 尽管 17b 与以“为了”结尾(340.25)的 17a 不够衔接,打字员能够通过无视句号,并在“在崩溃前”前添加“和”来把它并入其中。

第 18 页由杜威签名,是被作为最后一页的。17b(以“但”句结束)直接连上了未被改的第 18 页,由“完成”起头。17a 由(340.23－25)“事情如何发展……已战胜了什么和为何”结束。杜威用黑墨水在这句话上作了三处改动并且——直接连 17a 到第 18 页——在第 18 页页首标题上方插入了“胜利将会是”。然而打字员由于无法让 17b 接着这个词组,在打字稿 2 中删掉了它。由于 17b 与前后都不衔接,杜威最后的意愿似乎是放弃它。在本版中 17b 的文本已被删去,杜威插入的词组被复原了(见 340.25 的校勘)。杜威在 17b 上作的改动“因此……为了”在 340.25 的手稿改动部分列出。

542

打字稿 2 上有些明显是约瑟夫·拉特纳作的修改,这表明杜威在返回纽约后把打字稿 2 的复写本寄给了拉特纳。由于不知杜威是否认可这些改变,它们没有被本版接受。

剩下来要讨论的文件是关于杜威去世以后拉特纳对于其文稿的工作。杜威给了拉特纳不是一份而是两份打字稿 2 的复写本。拉特纳在其中一份上作了修改,并如上所言还给了杜威。可能是在 1964 年,可能是为了编辑杜威未发表的文章,拉特纳对第二份打字稿 2 作了大修改。[②] 他在文本的第 337－38 部分作了脚注,在 339.17 的“理论”部分重新加入了杜威模糊的“扩充”,对于打字稿 2 所加入的 17a 和 17b 没作改动。在杜威于 336.3 对《常识与科学》(于 1949 年 4 月出版)所作的引用后,拉特纳插入了星号和脚注“*托马斯第 147 页”,并告知打字员(可能是爱丽丝·戴维斯):“爱丽丝:在此划一条横线;整个内容都在托马斯书的第 147 页提到——再次划线——然后继续。”弥尔顿·哈尔西·托马斯(Milton Halsey Thomas)关于杜威的文

---

① 杜威文献,59 号盒 11 号文件夹,第 16 页。在他把完整的修改稿给打字员时,杜威放弃了一些在哈勒库拉尼笔记纸上用蓝墨水写的,命名为“如何、什么和为何”的纸稿。其中两张被废弃的第 14[?]和第 16 页在 11 号文件夹。这一文件夹也包括写在哈勒库拉尼信纸上的其他稿,是用蓝墨水写的但未命名:第 2—4 页和第 8—10 页,日期为 1 月 27 日;第 4—7 页,日期为 2 月 7 日。

② 同上,59 号盒 13 号文件夹,共 10 页。第二份打字稿复写本比第一份要稍暗,是印在相同的哈勒库拉尼信纸上,在每一页和第 1 页的左侧页有拉特纳手写的修改。

献目录在1929年和1939年由哥伦比亚大学出版社出版;1962年芝加哥大学出版了托马斯的《百年纪念文献目录》(*A Centennial Bibliography*)。拉特纳肯定是指1962年的版本。

打字员准备了一份添加拉特纳修改的稿子。[①] 她和拉特纳作了一些调整,形成了拉特纳最后的文件:用笔手写修改一些错误,插入第9页,复原两句误删的句子,并打字添加这一封面注解:

543

> 本文在内容和形式上都未完成;比如,"社会探究"这一议题的内涵都没说明。手稿由约瑟夫·拉特纳编辑。[②]

由于拉特纳的工作总是得到杜威的授权,而且他的修改产生了差别极大的文本,由拉特纳编辑的杜威文稿附在本卷附录3。

## 论文

### 《"价值"领域》

杜威应邀为《价值:一种合作的探究》(雷·勒普雷编,纽约:哥伦比亚大学出版社,1949年)撰写了《"价值"领域》一文。勒普雷在"导言"第3页中说,杜威1944年发表的《关于价值的若干问题》[③]一文,刺激、挑战着其他学者,使他们不得不发表自己的相关观点,因此,杜威的文章可以说"直接促成"了本书的诞生。"到了1945年的秋天,还没人回应杜威的挑战,于是有人建议杜威组织一些合作研究或开一场学术研讨会,就以杜威的那篇文章为话题。"按照勒普雷事先所作的安排,参与的学者先各自提出问题,然后就问题发表评论,这些问题和意见都油印散发给大家;接着各自分头写

---

① 杜威文献,59号盒13号文件夹,共11页。同样现存的是由另一位打字员——罗伯特·克洛普顿(Robert Clopton)打字的含有拉特纳修改的稿子的首两页;在第2页的左侧页是手写的注释:"乔:我没时间校对第7页之外的内容。当你把我的稿子寄给我时,请附上我们共同合作的'我'的那一稿。在此感谢,鲍勃 12/21/64"(同上,59号盒,12号文件夹,共2页)。尽管这一不完整的打字稿的细节不为所知,1964年的日期是明显的。

② 载有拉特纳的注释的最终文件,同上,共12页。

③ 载《哲学杂志》第41卷(1949年8月17日),第449—455页(《杜威晚期著作》第15卷,第101—108页)。《关于价值的一些问题》全文收入《价值:一种合作的探究》的导言中,见"导言"第4—12页。

初稿;然后交换初稿,请别人提出批评意见;最后根据别人所提批评意见修改原稿并发表。参与人在此之后发表的批评意见以及被批评人的回应也收入书中。

按计划,杜威在1946年春要去中国进行访问,在此之前他就完成了自己的论文,他从佛罗里达的基·维斯特写信给悉尼·胡克说:"勒普雷要主办一场有关价值的学术研讨会,近来在忙与会论文,刚写完并寄出制作复本等。我想文章确比预定日期较早完成了,因为担心要是去成中国的话,到时候恐怕就没时间写了。因此心想,与其提交一份初稿供讨论,不如先将全文写出来,写作过程中暂不考虑别人会对初稿作出什么样的批评……如能按时拿到复本的话,我将给你寄一份去。"①

544

两个星期后,杜威告诉胡克说,"我谈论价值的那篇论文题目就叫"价值领域",现有一两份多余的复本",还说可以给他寄一份去;"最近刚给勒普雷寄去一套共四份"。② 杜威显然没给胡克寄去复本,因为他在4月份给胡克的信写道:"我猜想勒普雷很快会把我从基·维斯特给他寄去的那四份交给大家互相传阅的,因此我以为在收到此复本之前,你手头大概早已经有了一份。可我刚刚知道,勒普雷打算在收到所有其他作者的论文之前,暂不传阅我的论文。我多留了一份复本,周六方便时你能来一趟吗?"③

杜威还和约瑟夫·拉特纳讨论过自己的论文,他在3月份给拉特纳的信中谈到一件"忘了放进论文里"讨论的事,也就是之前拉特纳曾问及的杜威对伦理理论的立场和看法。④

杜威写信给胡克,谈及他已收到的其他作者所撰写的论文初稿,3月份收到的这几篇文章的作者是亨利·戴维·艾肯、菲利普·布莱尔·赖斯、A·坎贝尔·加内特和斯蒂芬·C·裴培尔;该年6月,杜威曾评论道,德维特·H·帕克的文章"匆匆读了一篇,我觉得太过主观"。⑤ 但是,杜威的有关批评意见没有刊载于书中,加内特对杜威文章所作的批评,也没有得到杜威本人的回应。该书所收文章的作者还有C·E·艾瑞斯、乔治·R·盖格、刘易斯·E·哈恩、波特兰·E·杰苏普、哈罗德·N·李、E·T·米切尔以及查尔斯·莫里斯。

1948年2月,勒普雷给各篇文章作者写了一封信,谈及当时名为"价值专题论文

① 杜威致胡克,1946年3月8日,胡克/杜威档案。
② 杜威致胡克,1946年3月22日,同上。
③ 杜威致胡克,1946年4月10日,同上。
④ 杜威致拉特纳,1946年3月25日,拉特纳/杜威文献。
⑤ 杜威致胡克,1946年3月22日及6月27日,胡克/杜威档案。

集”的出版事宜，他希望到下年秋能拿到书以便使用。[1] 他在信中说，在比较了哈佛大学出版社和哥伦比亚大学出版社两家的出版方案后，决定选择哥伦比亚大学出版社。他还向文章作者通报说，大部分文章作者都反对为节省篇幅而删除相关批评意见以及有关作者的回应。他建议删除原先计划的有关价值的参考书目；这一点显然得到了文章作者的同意，因为后来出来的书中没有参考书目。

545

勒普雷在信中还谈到自己在编辑文章时所作的少量修改，“目的是为了使整个文稿显得比较统一”，修改内容包括：删除了一些标题，统一、规范脚注。在谈到杜威的文章时，他加了下列这条说明，解释说之所以作相应修改，是因为导言中已省略了相关材料：

> 由于省略了若干初步“问题与意见”，因此作了相应调整。比如，您在文章中引用了裴培尔（第 1 页）提的一个问题，于是我在这个问题后插入了这么一条脚注[本卷 343 页注释①、②]：“见诸位作者为本文集所拟若干初步问题和意见。”在第 5 页第 1 行[本卷 345 页第 30 行]，我在“问题”前加入“初步”一词，并删除了其后脚注里的第一句话[参看第 345 页注释 4 中的校勘记]。第 6 页上的脚注也作了些改动，在“问题”前加了“初步”一词；用“尤其”替代了“特别”；删除了括号中[本卷第 346 页注释①、②；参看第 346 页注释 3 校勘记]的那句话。在第 13 页[本卷第 351 页第 2 至 4 行]上，我对文章第四部分开头第一句话作了修改，修改后的文句读如：“专题文集编辑之初，我征集到若干问题和意见，其中的有些材料证明……。”我把第 14 页[本卷第 351 页注释①]上的脚注改成：“赖斯语，见初步问题和意见。”

1949 年 1 月杜威终于收到文章清样；他曾对博伊德·H·博德（Boyd H. Bode）说，写完这篇文章“已整整三年过去了”。勒普雷“其间一直在找出版社。上周拿到清样，于是赔偿金问题也就免谈了”。[2]

专题论文集 1949 年由哥伦比亚大学出版社出版后，整体反应良好。[3] 有两位书

---

① 勒普雷致专题论文集同仁，1948 年 2 月 16 日，杜威文献。

② 杜威致博德，1949 年 1 月 22 日，埃莉诺·博德·布朗私人所藏。

③《价值：合作研究》出版后，有关书评文章见载于 *Value: A Cooperative Inquiry* was reviewed in *Hibbert Journal* (London) 48 (July 1950): 396 (F. H. Heinemann); *Journal of Philosophy* 48 (25 October 1951): 705 - 6 (Charles A. Baylis); *Library Journal* 74 (15 December 1949): 1902 - 3; *Mind* 60 (July 1951): 430 - 33 (R. M. Hare); *Philosophical Review* 60 (1951): 99 - 101 (William K. Frankena); *Review of Metaphysics* 4 (September 1950): 96 - 104 (Iredell Jenkins); *Saturday Review of Literature* 33 (6 May 1950): 60 (Robert Bierstedt); *School and Society* 70 (17 December 1949): 416; *Times* (London) *Literary Supplement*, 23 June 1950, p. 393; *U. S. Quarterly Book List* 6 (March 1950): 31; and *Western Humanities Review* 5 (Spring 1951): 207 - 8 (James L. Jarrett).

评撰稿人建议，以后若出此类专题论文集，应把“批评意见和回应”一并收入书中。[1] 艾尔德尔·詹金斯(Iredell Jenkins)认为，该书中所收研究论文“全面探讨了”“价值-行为的复杂性”。[2] 546

威廉·K·弗兰肯纳(William K. Frankena)认为杜威的文章“有意思，但并无令人惊讶的东西，表述亦欠清晰”，而杜威的相关观点竟是“讨论的焦点”。[3]

关于杜威的影响，书评作者的意见并不一致：《泰晤士报文学增刊》(*Times Literatury Supplement*)认为，这本书虽然是众多作者相互切磋、“活跃”思想的文章结集，但其中不少作者“唯杜威马首是瞻，对杜氏实用主义和人文主义方法佩服得五体投地”。[4] 不过，查尔斯·A·柏里斯(Charles A. Baylis)认为许多文章作者对杜威所提出的问题“也只是表示表面上的尊敬”，其实文中都表述了各自“独到的论点”。[5] 弗兰肯纳、詹金斯以及詹姆斯·L·嘉瑞特则认为这部专题文集未能代表各家各派；R·M·海尔(R. M. Hare)则注意到文章作者都有“共通的预设”。[6]

柏里斯认为这种集体著作，精力有些“分散，”不如“少而精，宁可少收几篇，但所收篇目篇幅可适当长些，议论也可更完整些”；嘉瑞特却认为所收文章“议论缜密”，互为补充。[7]《美国季度书目》(*The United States Quarterly Book List*)认为“由于当今价值理论现状极为混乱”，因此该研究对一般读者来说“太过细致，争议也大”，当然，对专业学者来说却是个意外收获。[8]

此书出版后，哥伦比亚大学出版社把此书清样归还编者雷·勒普雷。1987 年 12 月，勒普雷的遗孀莫德·A·勒普雷将此清样惠赠杜威研究中心。这部清样目前藏于南伊利诺伊大学卡本代尔校区(莫里斯图书馆特藏室，杜威 VFM 87)。

一共 24 页的打印件虽非杜威本人所打，但直接用作出版社的清样，并作为这篇文章的范本。清样上的各种记号亦非杜威所为：勒普雷做记号用的是墨水笔，哥伦比 547

① 罗伯特·比尔斯戴特(Robert Bierstedt)：《星期六文学评论》，第 60 页；詹姆斯·L·嘉瑞特(James L. Jarrett)：《西方人文学科评论》(*Western Humanities Review*)，第 207 页。
② 艾尔德尔·詹金斯：《形而上学评论》(*Review of Metaphysics*)，第 99 页。
③ 弗兰肯纳：《哲学评论》，第 99 页。
④《泰晤士报文学增刊》，第 393 页。
⑤ 柏里斯：《哲学杂志》，第 705 页。
⑥ 弗兰肯纳：《哲学评论》，第 99 页；詹金斯：《形而上学评论》，第 96 页；嘉瑞特：《西方人文学科评论》，第 207 页；海尔：《思想》，第 403 页。
⑦ 柏里斯：《哲学杂志》，第 705 页；嘉瑞特：《西方人文学科评论》，第 208 页。
⑧《美国季度书目》，第 31 页。

亚大学出版社编辑做的记号用的是各色铅笔。

1949 年 1 月，杜威在写给博德的信中说他"上周拿到了清样"，因此他对勒普雷和哥伦比亚大学出版社在其文稿的清样中所作的改动是知道的。本版全集编委会认为，清样上所作的若干实词方面的改动具有权威性。

勒普雷所说的那些必要的改动到了清样中已经改过，是可信的。勒普雷作的其他实词方面的改动得到杜威同意的有：本卷第 351 页第 18—28 行中的那段引文，本卷第 357 页第 5—7 行（参看勒普雷就这些改动所作的版本注释）。勒普雷在编辑、语体等方面所作的改动，如他删除了标题，则未被采纳；打字稿中原有的"先生"、"博士"等称谓也已全部恢复。

哥伦比亚大学出版社在清样上所作的改动除了印刷说明（用各色铅笔做标记）外，还改动了一些实词，不涉及实词的一些附带性质的改动也有一些（用的红铅笔）。实词方面所作的改动，大多数是可信的（参看本卷第 354 页第 23 行和 355 页第 4—5 行的版本说明）。不过，一些附带性质的改动以及语体上的改动（哥伦比亚大学出版社编辑对其中的部分改动表示异议，于是在页边加了"是吗？"）则未被采纳，用的还是打字稿中比较特殊的拼法和标点法：如用"etc."而没用清样中改过的"and so on"，用双标点（如本卷第 343 页第 3 行"methodological"一词后用冒号，接着再用破折号），词语拼写形式也保留打字稿中的原样（如本卷第 353 页第 22—23 行中仍用"ground work"而不用清样所改的"groundwork"，本卷第 354 页第 26 行中仍用"class-membership"，不用清样所改的"class membership"）。打字稿里的小标题标记虽是个纯形式上的问题，但也一仍其旧（如本卷第 345 页第 17 行，仍用"(1)"而不用清样中的"1"，本卷第 352 页第 28 行，仍用"(i)"而不用清样中的"(a)"。

把打字稿原稿和清样拿来和后来正式出版的《价值：一种合作的探究》（雷·勒普雷编，纽约：哥伦比亚大学出版社，1949 年版）一书第 64 页至第 71 页（V）加以校对，我们可以发现，杜威拿到清样后又曾作过进一步修改。勒普雷无疑也读过杜威改过的清样，并作了进一步改动，如本卷 343 页注释①、②和第 351 页第 2—3 行所作的改动，因为原定的书名"价值专题论文集"改了。1949 年版中所作的实词方面的改动是权威的、可信的，在本版列作校勘记。1949 年版中发现有错误的，尽量恢复打字稿/清样中原有的一些实词（如本卷 352 页第 24 行恢复使用"become"而不用"became"）。而 1949 年版中一些不涉及实词的附带性质的改动（例如，勒普雷显然是为了全书单字拼法统一而把打字稿/清样中用的"esthetic"改成了"aesthetic"）不予采纳。

548

杜威这篇文章的校勘记把打字稿、清样及 1949 年版所用各种变体全都记录下来，以存历次校勘的原貌。

把1949年版与该书1951年重印本进行校对，未发现杜威此文有任何改动。

在南伊利诺伊大学卡本代尔校区莫里斯图书馆特藏部所藏约翰·杜威档案第58号盒6号文件夹中藏有一份用作清样的打字稿复本的最后两页。杜威用墨水笔改动了一句话，参看本卷第357页第5—7行。由于杜威读过并改过清样，因此1949年所出版本体现了他的意图，是可信的。

### 《哲学有未来吗？》

杜威所写的这篇文章，后来由悉尼·胡克于1948年8月11日至18日在阿姆斯特丹召开的第十届国际哲学大会上宣读。该年的6月9日，杜威写信给胡克说自己倒是很希望不久"就能把文章写好"，"可是有些内容必须重新写过"。[1] 6月初，杜威做了扁桃体切除手术，身体正在恢复中，他写信给胡克说："我希望能在8月1日之前把文章寄给你。"他想文章的题目可以叫"'哲学有前景吗？'或类似题目"。[2]

7月底，杜威从加拿大新斯科舍省的哈伯兹直接把写成的文章寄到阿姆斯特丹，他在给胡克的信中说：

> 阿姆斯特丹会议论文撰成的时间比预计的拖了几天。以我目前的思想状况，我觉得自己在文中所要表达的东西可能抱负太大，乃至有点自命不凡。一个直接的问题是，文章可能太长，发言时间究竟多少我也不清楚。我想，要是嫌长（其实有些本来想说而且也该说的内容已经去掉了）而且发言时间严格控制的话，你可以作必要的删节。要是文章早一个星期完成的话，本来是可以寄回纽约请打字员打一份清稿。但目前看来，你只能拿到这份还算能看得清楚的手稿了……
>
> 如你所看到的，文章尚未起名。我能想到的最好的题目大概就是"哲学有未来吗？"了。不过，你看了以后也许能想出一个更好的题目。按原来打算，挑战与机遇是贯穿全文的一个主题，但要是用到文章的题目里总觉得有点别扭。[3]

549

---

① 杜威致胡克，1948年6月9日，胡克/杜威档案。

② 杜威致胡克，1948年7月11日，同上。

③ 杜威致胡克，1948年7月29日，同上。

二战期间,哲学大会停办(第九届国际哲学大会于 1937 年在巴黎召开),随后的“冷战”又影响了第十届大会。[1] 本届大会的安排为:上午为全体会议,下午为分小组会议。联合国教科文组织资助了下午的三场讨论国际问题的分小组会议;8 月 14 日下午两点,胡克在第二场分小组会议“自由及其基础”上宣读了杜威的论文。联合国教科文组织资助的第一和第三场分小组会议分别于 8 月 13 日和 16 日举行,议题分别为“人文主义的哲学基础”和“民主的不同概念及其哲学基础”。

杜威的论文后来发表于 E·W·贝丝和 J·H·A·霍拉克编的《第十届国际哲学大会(阿姆斯特丹,1948 年 8 月 11 日至 18 日)论文集》(阿姆斯特丹:北荷兰出版公司,1949 年版),他的论文载于该书第 108—116 页,位列“联合国教科文组织资助论文”(第 99—150 页)之中,紧随开幕词和全体大会发言稿之后。

胡克在一次电话采访中回忆说,[2]宣读完论文后,他把论文给了一位大会工作人员。由于胡克未留任何复本,也找不到其他复本,因此,这篇论文只能以《会议论文集》中所收的为范本。该文早期零散的草稿现存南伊利诺伊大学卡本代尔校区莫里斯图书馆特藏室所藏约翰·杜威文献第 58 号盒 4 号文件夹中。

550

在上面提到的电话采访中,胡克回忆说,他直接将杜威论文全文发表,未按杜威所说加以“删节”。由于杜威的论文未出打字稿,也可能因为手稿难以辨认,加上校对不精(胡克回忆说他未读过清样),因此,对范本中存在的若干排版印刷错误进行校勘所花费的工夫相对多一些。

## 《哲学在我们这个科学时代的未来》

1949 年 1 月下旬,杜威从佛罗里达的基·维斯特写信给约瑟夫·拉特纳,谈到他刚完成的“一篇尚待修改的哲学论文”的写作缘起以及发表去向,他说文章“与前此的两篇论文内容相近——一篇是为阿姆斯特丹哲学大会所作”,另一篇是为《哲学的改造》而新写的导论。“写作此文时,拟投杂志是《评论》,因此,尽量少用专门术

① 关于本届大会的相关报道,包括东西方对峙的描述,参看悉尼·胡克:《步调不一致》(*Out of Step*)(纽约:哈珀-罗出版社,1987 年版),第 405—419 页;赫伯特·W·施耐德:《国际大会与国际哲学学会联盟》(International Congresses and the International Federation of Philosophical Societies),载《哲学杂志》第 45 卷(1948 年 11 月 4 日),第 636—643 页;以及莫里斯·维茨:《哲学家的盛会》(Congress of Philosophers),载《标准》第 35 卷(1948 年 12 月),第 102—108 页。

② 1987 年 11 月 19 日,与杜威研究中心西蒙(Simon)一起。

语。"[①]几天后，杜威写信给马克斯·C·奥托说，1948年为《哲学的改造》所写的导论近来在改写，"想写得较为通俗一些"；"我想主要以社会科学领域里的人为读者对象"。[②]

到1月底，杜威告诉拉特纳，说他将把文章寄给身在纽约的阿尔玛·福格提（Alma Fogarty）重新打印，并请她"寄一份复本给你。我的手稿可能较乱，因此她打字虽然很在行，但打出来的东西仍然会有些文字上的脱漏，不过我想不至于影响你的理解"。由于马上要离开基·维斯特，杜威请福格提打印好后把稿子寄往牙买加。[③]

551

杜威于2月10日从英国西印度群岛的牙买加蒙特哥湾写信给拉特纳，说"可能是由于邮递方面的问题"，他还没有收到福格提的"任何回信"。杜威说的下一句话，表明他的担心是有道理的："由于我未留复本，于是我心存侥幸，让她给你寄一份复本。"[④]

2月16日，拉特纳回信说他前一个星期已收到文章的复本，福格提在"随附的便条中说她已把完成的打字稿寄回给你，还说文章中的有些段落文字是根据你的打字稿'连猜带蒙'而打出来的。她的颖悟力一定很好，打出来的稿子语言上仅有不多的几处有点不够连贯"。[⑤]

到2月25日，杜威还没有收到福格提的回信，于是他写信给拉特纳，说："此地邮递业务令人不敢恭维。幸好你手头有一份复本。""令人欣慰的是，至少文稿不至于消失得无影无踪，同时我也担心，不敢让你用当地的航空邮递服务来寄送这份文稿。若如你所说打字员文稿打得很好，你可将稿子寄给《评论》编辑部，向他们简单地交代一下有关情况。"[⑥]写给拉特纳的这封信寄出去不过数小时，杜威马上又很快写了一封短信，告诉拉特纳说福格提打好的稿子"完好抵达"。[⑦]

3月初，杜威写信给拉特纳，感谢他"把副本寄来——福格提打字稿做得很好，但有些句子很拗口，因此，有些地方的文句得修改一下。初稿为急就章，现在读来，有些

---

① 杜威致拉特纳，1949年1月23日，拉特纳/杜威文献。关于阿姆斯特丹大会，参看前一篇论文；关于《哲学的改造》(波士顿：灯塔出版社，1948年版)再版本导论(第v—vli页)，参看《杜威中期著作》第12卷，第256—277页。

② 杜威致奥托，1949年1月26日，马克斯·奥托档案，麦迪逊：威斯康辛州历史学会。

③ 杜威致拉特纳，1949年1月31日，拉特纳/杜威档案。

④ 杜威致拉特纳，1949年2月10日，同上。

⑤ 拉特纳致杜威，1949年2月16日，同上。

⑥ 杜威致拉特纳，1949年2月25日(打字)，同上。

⑦ 杜威致拉特纳，1949年2月25日(手写)，同上。

问题看得较为清楚了些”。①

4月初，杜威告诉拉特纳，说他在打字稿上又作了些改动，又请另外几位打字员检查一过，“这份稿子在我和他们之间辗转传递，弄得面目全非”。4月7日，杜威已将稿子寄回给福格提，请“她给你制作一份副本，我会写信给你，到时候你再把它寄给我，另一份留待我回”纽约去取。②

《哲学在我们这个科学时代的未来》发表在《评论》第8卷(1949年10月)第388—394页，刊出栏目为“人的研究”。该栏目从1945年11月一直办到1963年7月。《评论》为月刊，每期登载一篇有关“人的研究”的文章，直到1959年为止。1959年后，改为不定期登载相关文章。曾经为该栏目撰稿的有：丹尼尔·贝尔、布鲁诺·贝托尔海默、纳坦·格拉泽、奥斯卡·翰德林和悉尼·胡克。此前杜威为该栏目写的文章发表于1947年10月号，题为《解放社会科学家》(《杜威晚期著作》第15卷，第224—238页)。

552

11月，罗宾·葛茨基(Rubin Gotesky)写信给杜威说：“《评论》寄来您近期所撰讨论‘哲学之未来前景’的文章，要我提点意见。待细心拜读大作之后，期望不久能生发出若干感想。届时先将鄙见呈请您指教，然后再寄给《评论》编辑。”③然而，葛茨基对杜威文章的意见从未在《评论》上刊出过。

南伊利诺伊大学卡本代尔校区莫里斯图书馆特藏室所藏约翰·杜威档案第58号盒4号文件夹中藏有几页文稿，页码编号为14—19页，这几页文稿可能是该文前期初稿的一部分。上述所引用的通信表明，杜威写文章不常留复本，加上他写作、修改此文期间，曾在好几个城市逗留，因此，福格提的打字稿现已不存。本卷所收此文只能以《评论》所发作为唯一底本。

## 《经验与存在：一个评论》

小约翰·赫尔曼·兰德尔的学生肖洛姆·J·卡恩在《哲学与现象学研究》第9期(1948年12月)上发表了《杜威自然主义形而上学中的经验与存在》，第316—321页。杜威很快起草了一份评论，让人重新用打字机打了至少一份复写纸的量，为发表作了修改，又将一份未修改的复写本寄给约瑟夫·拉特纳。6个月后，杜威的《经验

① 杜威致拉特纳，1949年3月3日，拉特纳/杜威档案。

② 杜威致拉特纳，1949年4月8日，同上。

③ 葛茨基致杜威，1949年11月3日，杜威文献。葛茨基是哲学家、教育家、作家，有政治学和哲学方面的著作。

与存在：一个评论》发表在了《哲学与现象学研究》第9期(1949年6月)，第709—713页。

1949年1月7日，杜威致信拉特纳："你可能记得12月《现象学研究》的文章——我写了一篇评论，让人打清楚了——我在寄给期刊的稿子上作了些字面修改，但在寄给你的复写本上没作修改。"[①]在这封信中，杜威把卡恩的文章称作纯粹是脚注中的参考文献和在"大学课堂中学到的文献"的杂烩。杜威提议拉特纳"可以给莱尔·艾迪(Lyle Eddy)留个名片……跟他说你有这篇文章，如果他想要的话"。 553

莱尔·K·艾迪和杜威在前一年的夏天见过面，那时艾迪正进入哥伦比亚大学攻读哲学博士。他们经常就对杜威观点的评论和误读进行讨论。杜威知道艾迪会对阅读他的评论感兴趣。艾迪——通过杜威认识了拉特纳——回忆道，一个星期后他收到了杜威的评论："我在收到后打了一个便条，记下1949年1月15日通过拉特纳收到该文。"[②]

艾迪几个星期后写信给拉特纳，说他"忘记归还"杜威的文章，并"把文章附在这封信中，谢谢"。[③] 这份9页的手稿——不是杜威打的——存于12号文件夹，46号盒子的约瑟夫·拉特纳/杜威文献中，被选作杜威的评论的范本。[④]

《哲学与现象学研究》发表的文章和打字稿的对比显示出了不止一次的修改。杜威(就如他向拉特纳解释的那样)在寄给《哲学与现象学研究》的稿子中"作了些字面的修改"；毫无疑问，许多《哲学与现象学研究》中的改动(比如在385.1"直接地"前增加了解释性的"或"，在388.26按要求把"是"(复数)替换成"是"(单数))代表了杜威的"修订"。除了这些修改，386.19到387.8关于评论家的那一长段(很可能是来源于杜威后来与艾迪或是拉特纳的讨论)在打字稿中并没有出现。由于是1月早期交稿，6月出版，因此杜威有足够的时间插入这一段。

除了一些例外(见383.13和384.1校勘的文本注解)，《哲学与现象学研究》中明显是作者作出的实质性修改已被本书作为校勘所接受。与实质修改无关和无实质意 554

---

① 杜威致拉特纳，1949年1月7日，拉特纳/杜威文献。

② 艾迪致西蒙，1987年9月27日，杜威研究中心。艾迪在信中解释他与杜威的关系起始于他给杜威寄去他在芝加哥大学的硕士论文《杜威哲学对于其评论者的挑战》(The Challenge of Dewey's Philosophy to Its Critics)之时。杜威"应时和积极的"回复(1948年8月2日，拉特纳/杜威文献中有复本)影响他，使他在哥伦比亚大学继续研究生学业。

③ 艾迪致拉特纳，1949年2月7日，拉特纳/杜威文献。

④ 由艾迪打字的另一打字稿现存南伊利诺伊大学卡本代尔校区莫里斯图书馆特藏部，约翰·L·恰尔兹文献24号文件夹中。

义的临时符也从打字稿中被保留。

卡恩的文章在本书附录 4;关于他的反驳,见《潜力的地位:对杜威教授的回答》(The Status of the Potential: A Reply to Professor Dewey),《哲学与现象学研究》第 9 期(1949 年 6 月),第 714—716 页。

## 《为"宗教与知识分子"专题论坛撰写的文章》

《党派评论》于 1950 年 2 月到 5 月发表了四期"宗教和知识分子:专题论坛"的连载。杜威的文章同詹姆斯・艾杰、汉娜・阿伦特、牛顿・阿尔文、W・H・奥登、罗伯特・格雷福斯、玛丽安娜・摩尔和 I・A・理查兹的一起登在 2 月刊上。3 月的撰稿者是 A・J・艾耶尔、R・P・布莱克莫、悉尼・胡克、阿尔弗雷德・卡赞、菲利普・拉夫、艾萨克・罗森菲尔德、艾伦・塔特和保罗・蒂利希。4 月的撰稿者是罗伯特・格汉姆・戴维斯、艾伦・多林、詹姆斯・T・法雷尔、雅克・马里丹、亨利・班福德・帕克斯和迈耶・沙皮洛。5 月的撰稿者是威廉・巴雷特、乔治・博厄斯、克莱蒙・格林伯格、欧文・豪、保罗・凯奇凯梅蒂、德怀特・麦克唐纳和威廉・菲利普斯。9 月《党派评论》将该论坛文章印成同名专著,作为"党派评论系列第三部",共 139 页。

《党派评论》给每期连载及专著都写了序言,还附了主编陈述,说明撰稿者所涉及的主题和问题。(见 390.1-2 的注释)

尽管杜威参与了撰稿,但他对论坛印象并不深。他在 4 月写信给博伊德・H・博德:"《党派评论》出版了关于回归宗教的知识分子的一个系列——我并不看好,有许多不同的作者——3 月刊里悉尼・胡克的那篇不错,另一篇由一个叫保罗[伊萨克]・罗森菲尔德(我不认识)的作者写的也很好。"①

1949 年 12 月 18 日,杜威给另一撰稿人悉尼・胡克寄去了他文章的三页草稿,附上的信中写道:"我附上《党派评论》中我的文章的复写本。也许你比很多编辑都更能理解和同情我。你会看到那个'阿姆斯特丹'注解。"②杜威在草稿上注道:"没有校正打字错误。我想你有《党派评论》的'问卷'的。"虽然这份手稿能显示出杜威思想的发展,但它与发表的版本吻合度不高,难以被当作范本。

555

杜威显然修改过他的草稿,让人重新打字,并给亚瑟・F・本特利寄了一份复写

---

① 杜威致博德,1950 年 4 月 1 日,埃莉诺・博德・布朗藏。

② 杜威致胡克,1949 年 12 月 18 日,附上的草稿,胡克/杜威档案,3 号盒子,14 号文件夹。"'阿姆斯特丹'注释"是指《哲学有未来吗?》这篇文章,1948 年 8 月 11 日—18 日在阿姆斯特丹召开的第十届国际哲学大会上,胡克替杜威宣读了它(本书,第 358—368 页)。

本;在印第安纳大学布鲁明顿校区里利图书馆手稿部本特利档案中有一份8页的杜威所撰稿件的打字稿(本特利手写了标题"信仰和科学")。这份清楚的版本不是杜威打字录入的,被作为该篇文章的范本。杜威个人的修改,见391.26文本注释。一份同样的无标题的8页复写本——没有改动——收藏在南伊利诺大学卡本代尔校区莫里斯图书馆特藏部46号盒子13号文件夹的约瑟夫·拉特纳/杜威文献中。

与他的习惯一致,杜威很可能进一步修改了他寄给《党派评论》的打字稿,并在校对时作了更正。作者的实质性修改于该打字稿在《党派评论》第17期(1950年2月)第129—133页发表时被接受。关于打字稿中的临时符,只有与实质性的修改有关的,才作了改动。该文在《宗教与知识分子》,《党派评论》系列3(纽约:党派评论,1950年)第53—57页的重印版本与期刊发表的版本是一样的。

### 《作为一个初始阶段和作为一种艺术发展的审美经验》

这一回复代表了杜威最后发表的关于他的审美理论的论述,他最完整的论述是《作为经验的艺术》。①

本尼迪特·克罗齐与杜威的交谈发表于1948年3月的《美学与艺术批评杂志》第6期,第203—209页(JAAC)[《杜威晚期著作》15卷,第97—100,438—444页]。帕特里克·罗曼内尔的《关于克罗齐和杜威美学的评论》发表在《美学与艺术批评杂志》第8期(1949年12月)第125—128页[本书,附录5],杜威的回复《作为一个初始阶段和作为一种艺术发展的审美经验》发表于《美学与艺术批评杂志》第9期(1950年12月)第56—58页。由于缺少关于此的其他文件,《美学与艺术批评杂志》上发表的文章被作为杜威回复的范本。 556

### 《为〈紧张世界中的民主〉撰写的文章》

理查德·麦基恩在1949年年末时,请杜威为联合国教科文组织(UNESCO)正在筹划的关于民主的论丛写序言。教科文组织成立于1945年,在1946年成为联合国的一个专门机构,总部设在巴黎。麦基恩是芝加哥大学的一位哲学教授,曾是杜威的学生,后在二三十年代间曾是杜威在哥伦比亚大学的同事。因为在教科文组织的活跃表现,麦基恩被选为论坛文集的主编。1949年12月,杜威告诉悉尼·胡克:"令我吃惊的是,麦基恩不仅让我为这本教科文组织在准备的关于民主的书册写序言,他还

---

①《杜威晚期著作》第10卷。关于杜威的其他美学著作,见该书,第375页注—376页注。

说他对社会道德方面的问题的兴趣使他的立场和我的更为接近了。”①

对于杜威的序言，麦基恩十分满意，他收到序言后立即回复杜威，在1950年1月底给杜威的信中说：“你指出西方民主世界——尤其是美国——在教科文这样的国际组织建立的框架内要承担的责任，这为我们的讨论作了非常有力的介绍。”②

然而，杜威序言的性质和当时的政治局势有冲突，麦基恩两个月后给杜威写信要求他作两点改动：变动他文章的位置，删除文中两句话。麦基恩解释道，教科文组织的官员担心使用杜威的文章为铁幕之外作者的一册书作序“会让苏联方面将此书界定为反共产主义，并因此而危及书中来自波兰、捷克斯洛伐克和匈牙利的作者的人身安全”。麦基恩暗示：“如果我们把你的文章作为文集中的一篇而非序言，那么难题就迎刃而解了。”

557

麦基恩还请他允许将第二部分[第401—402页]“开篇的一段”中的两句话略去，这两句“将使教科文组织工作承担的主要责任归为美国”：

> 因为铁幕使我们无法展开和共产主义国家的合作而不能完成任务，承担教科文组织接下来工作的责任就暂时落到了有民主政治传统的国家的人民手中。因为美国目前是所有这样的国家中最为强大的，最重的责任就要由这个国家的人来承担。③

杜威在3月24日大方地回应：“秘书长的反应在情理之中，也许我早该想到这些了，尤其我又相当清楚自己是站在一个西方和美国的角度写作；事实上，从某种程度来说，这是整篇文章存在的意义；你当然可以改动文章位置，并将冒犯人的内容删除。”④杜威的文章在第二年作为《紧张世界中的民主：联合国教科文组织专题论坛》中的第五章（芝加哥出版社，1951年，第62—68页）出版，删减了这两句，该书由理查德·麦基恩和斯坦恩·罗肯主编，该版是这篇文章的范本。

《紧张世界中的民主》包括了麦基恩对文集的源起以及组稿的过程（v—ix）的描述，“教科文组织关于民主的意识形态冲突的问卷调查”和基于此次问卷调查的应答而作的“关于意见一致和分歧的分析性调查”（第447—512页）。在选列的文章目录

---

① 杜威致胡克，1949年12月18日，胡克/杜威档案。

② 麦基恩致杜威，1950年1月23日，理查德·P·麦基恩夫人私人收藏，芝加哥，III。

③ 麦基恩致杜威，1950年3月20日，杜威文献。

④ 杜威致麦基恩，1950年3月24日，理查德·P·麦基恩夫人私人收藏。尽管这两句被删除了，杜威在文章末尾（406.1-11）用相似的措辞表达了同样的观点。

中，杜威的文章《公众及其问题》(*The Public and Its Problems*)以及《自由和文化》(*Freedom and Culture*)在其列。从问卷调查的反馈中精选而来的三十三篇文章不是用文章名字而是用罗马数字和作者名字标明；杜威被列在"西方和东方的民主对立"、"政治问题"、"关键区别"、"对异见的容忍"和"分歧的性质"这些主题索引词下。 558

对于《紧张世界中的民主》——第二届教科文组织专题论坛——评论褒贬不一。[①] 约瑟夫·S·卢切科(Joseph S. Roucek)认为这册书不过是"又一次无用的词语斗争"。路易·马汀·希尔斯(Martin Sears)认为这是"整个政治学领域最抽象冗长的文本之一"，并觉得"受够了"。[②] 而另一方面，马歇尔·卡耐本(Marshall Knappen)尽管承认这样一本书一定会有不可避免的重复与散乱，仍然为了书中"那些主张要讨论民主和其真意的人们"极力推荐该书；约翰·A·欧文(John A. Irving)认为论丛作者们"准确而客观地完成了一个艰巨的任务"；小S·G·李奇(S. G. Rich, Jr.)认为这本书振奋人心、引人思索，甚至时有幽默，认为这本文集终会证明它作为学院课程之外的补充阅读有相当的价值。[③] 评论提到杜威是撰稿者之一，但没有对其文章进行评价。

## 《现代哲学》

1947年，杜威的旧友马克斯·C·奥托从威斯康辛大学哲学系退休。5月6日在麦迪逊举办的奥托的退休晚宴上，杜威送来的贺词被宣读了："无论他在哪儿，他都将继续为自由和公正说话，基于对最有价值的事物的理解而建立的自由和公正。"[④]杜 559

---

① UNESCO's first inquiry, *Human Rights: Comments and Interpretations*, was published by Columbia University Press in 1949. *Democracy in a World of Tensions* was reviewed in *American Sociological Review* 16 (June 1951): 425 - 26 (Joseph S. Roucek); *Annals of the American Academy of Political and Social Science* 275 (May 1951): 164 - 65 (Louis Martin Sears); *Antioch Review* 11 (June 1951): 253 (Paul Bixler); *Canadian Forum* 31 (October 1951): 162 (Frank H. Underhill); *Christian Century* 68(7 March 1951): 305 - 6 (Marshall Knappen); *Current History* 20 (March 1951): 172; *Foreign Affairs* 29 (July 1951): 666; *New Leader* 34(15 October 1951): 20 - 21 (Sidney Hook); *Queen's Quarterly* (Kingston, Canada) 58 (Winter 1951 - 1952): 598 - 600 (John A. Irving); and *Western Humanities Review* 5 (Autumn 1951): 411 - 12 (S. G. Rich, Jr.).

② 卢切科：《美国社会学评论》(*American Sociological Review*)，第425页；希尔斯：《年鉴》(*Annals*)，第165、164页。

③ 卡耐本：《基督教世纪》(*Christian Century*)，第306页；欧文：《女王期刊》(*Queen's Quarterly*)，第599页；李奇：《西部人文评论》(*Western Humanities Review*)，第411，412页。

④ 马克斯·C·奥托纪念会：晚宴贺词(麦迪逊，威斯康辛：奥托纪念组委会，1947年)，第20页；在麦迪逊的威斯康辛州立历史学会的13号盒子，2号文件夹马克斯·奥托文献中有一份该册子。1947年3月27日杜威给贺拉斯·S·弗莱斯(Horace S. Fries)寄去了该贺词，说"如果主持人觉得好就读它"(贺拉斯·S·弗莱斯文献，麦迪逊，威斯康辛州立历史学会)。

威那年夏天给奥托写信:"从[贺拉斯·S]弗莱斯处得知晚宴气氛极其友好时,我很高兴但并不惊讶;很遗憾我无法出席。"①

宴会的前几个月,奥托的同事弗莱斯和弗雷德里克·H·伯克哈特(后者在宴会上做了演讲),以及前同事博伊德·H·博德已开始准备一册书纪念奥托。杜威讨论这事的信件——尤其是与弗莱斯的——清楚说明杜威不仅仅是撰稿者之一,还对该册书的成形有重大贡献。

1947年1月,弗莱斯写信给杜威向其请求对该书的"意见和帮助",他说计划者们"希望该书能起点作用,而不仅仅是'另一本文集'"。弗莱斯描述了"两个可以成为主题的想法",一个是"对科学人文主义的'定义性'陈述",另外一个更有吸引力的是博德提出的"充斥现代生活的具有弥漫性和破坏性的'二元论'"。弗莱斯问杜威:

> 1 你会写总引言吗?
>
> 2 如果可以,你能否事先给我们寄一份摘要,从而我们可以跟其他撰稿者说明主题?
>
> 如果你接受提议2,你可选择你感兴趣的任何有价值的话题,包括上述任一话题。②

一周后,杜威从佛罗里达的西岬回信说,他"对此非常感兴趣","很理解",并"很高兴做任何他能做的事"。杜威觉得他自己"比较倾向博德的提议","其优势在于可以定位问题和罪恶的根源,而这在其他话题的处理中也要被用到。它给出了一些值得深究的定义,从而避免了自由主义学者处理问题时粗糙笼统的习惯"。杜威认为博德可以比"我或我认识的任何人都能更好地写引言部分"。

560

杜威然后讨论了他自己的撰稿:"我最擅长的是关于科学发展路径的",以及那些发展"在废除传统二元论——比如人与自然、个体与社会等等——中所做的"。③

2月初,弗莱斯回信,感谢杜威的"好提议和合作"。他和伯克哈特建议博德"写

① 杜威致奥托,1947年7月14日,奥托文献。1947年7月8日,弗莱斯把宴会的成功告诉了杜威(弗莱斯文献)。

② 弗莱斯致杜威,1947年1月17日,同上。

③ 杜威致弗莱斯,1947年1月27日,同上。可能为了指明他认为这一章节的重要性,杜威写信给悉尼·胡克说,"他为了(退休的)奥托,事先就对该册书承担责任"[(1947)1月23日,胡克/杜威文献]。

关于二元论的引言章节”，杜威“写一到两章(如果你觉得它们能用得到)关于自然和社会科学的”。[①]

几天后，杜威给弗莱斯回复说他已与博德信件互动，博德“让我写引言；在收到你的信件后我又写信告知他为何我认为这该由他来写”。“非专业性的开头部分可以很好地”吸引观众：

> 这些纪念书册大多不会传到小范围读者圈之外。博德对于我们现状的分析再加上其他非哲学专业性文章，这册书也许会拥有更多的读者。我也希望朝这一方向努力——因为这一主题有广泛的人性化适用性，且如果本书具有“流行性”的话(即风格上人性化)，它应**该**有广大的读者。奥托比我们其他人更配得上享有它。[②]

3月初杜威写信给弗莱斯继续这一主题的讨论：“我知道博德和我都不想把我们的观点强加于你——但是，博德对于我们文化中的分裂和其在教育、哲学、宗教等方面的后果的深刻感受一直让我感慨。”杜威希望像博德一样“推荐这一主题，同时，最终决定仍取决于你”。在该信中，杜威讨论了各章节的主题和撰稿者。[③] 几周后杜威写信给弗莱斯说：“能提出解决方案而不是仅提供诊断的文章最为好。”[④]

*561*

4月，杜威致信悉尼·胡克，谈及关于他那一章节的想法和其中的一个问题：“提供给我的奥托纪念册的话题(如果能写成功的话)是社会和物理学探究的分裂。”在为《评论》撰写一篇文章时，杜威解释说，他“深深陷入普通哲学中”，必须重写这篇文章。不过，杜威认为他的第一稿“从哲学的角度看仍有一些好的地方”，他会把其中一些内容用在奥托纪念册的文章中。[⑤]

4月晚期，弗莱斯致信杜威：“如果你的章节或其概要能给其他撰稿者指点的话，当

---

① 弗莱斯致杜威，1947年2月9日，弗莱斯文献。

② 杜威致弗莱斯，1947年2月13日，同上。

③ 杜威致弗莱斯，1947年3月3日，同上。

④ 杜威致弗莱斯，1947年4月14日，同上。

⑤ 杜威致胡克，1947年4月1日，胡克/杜威文献。关于杜威在《评论》上的文章，见《解放社会科学家：关于对人的研究松绑的提议》，《评论》第4期(1947年10月)，第378—385页(《杜威晚期著作》第15卷，第224—238页)。杜威在1947年1月24日和3月3日给弗莱斯的信(弗莱斯文献)中提到该文，且在第一封信中把这一主题与他早先的《人类历史的危机：回归个人主义的危害》，《评论》第1期(1946年3月)，第1—9页(《杜威晚期著作》第15卷，第210—223页)联系起来。

你写好了我们就把它寄出去。"[1]5月,杜威向弗莱斯描述了他文章出现的意外转变:

> 我目前所写的不再是关于二元论的论文,而是一篇浓缩的、(因浓缩而)教条性的陈述,关于历史二元论为何成为及如何作为现在哲学的重点或重点的原因。并提一些关于如何走出这种状态并继续前进的建议。
>
> 换句话说,我似乎是把哲学作为本书探讨的主题之一。所以我想最好告诉你这事,以免影响其他的主题和撰稿者。

*562* 杜威写道,他可能会给弗莱斯寄一份"草稿的复写本",但是担心"目前的努力与博德的工作不相干"。[2]

7月初,杜威完成了他的那章并寄给弗莱斯。他评论道:"这篇文章比我预想的要花时间。它比我希望得更为沉重。"[3]弗莱斯三日后回复:"即使你的文章寄来得早,我们对于奥托纪念册也不一定能够做多少,但现在我相信我可以坐下来尝试着写一篇确定的大纲,给可能的撰稿者提供参考。"[4]

7月下旬,弗莱斯告知杜威"你的章节的复写本已打出来了",分别寄给了伯克哈特、博德、乔治·R·盖格(George R. Geiger)和爱德华·C·林德曼(Eduard C. Lindeman)。"再打印一次后,我会给你寄一份。"他们"希望秋季时写书工作彻底竣工"。[5] 9月,杜威告知弗莱斯"没必要寄打字稿了,因为我自己有一份"。[6]

10月,杜威给弗莱斯寄了一页,写道:"前不久我重新了我文章的最后一页,却忘记寄给你了。希望它字迹清楚。"[7]

尽管杜威按时完成了他的章节,这本书由于各种困难5年内都没有出版。12月,弗莱斯告知杜威他们对尝试性的大纲已达成一致,且"关于撰稿者和章节的决定

---

① 弗莱斯致杜威,1947年4月23日,弗莱斯文献。

② 杜威致弗莱斯,1947年5月20日,同上。

③ 杜威致弗莱斯,1947年7月5日,同上。

④ 弗莱斯致杜威,1947年7月8日,同上。

⑤ 弗莱斯致杜威,1947年7月20日,同上。弗莱斯拒绝了杜威要支付打印复写本的款项(杜威致弗莱斯,1947年4月16日;弗莱斯致杜威,1947年8月29日,同上)。

⑥ 杜威致弗莱斯,1947年9月8日,同上。

⑦ 杜威致弗莱斯,1947年10月11日,同上。

基本上是杜威、博德、盖格、伯克哈特和弗莱斯等人的共同意见”。[①] 伯克哈特在此期间离开威斯康辛去做福蒙特州贝宁顿学院的校长，他承担了主编工作，弗莱斯和盖格在需要时替换他。

现在出现了如何获得原创性文章的问题。1949 年 1 月，杜威致信博德：“你听说过关于奥托那书的事吗？我没有——如果文章都有了，仍是有找出版社的问题，现在出版社都不太愿意涉足与哲学有关的书。”[②]几周后，杜威在给博德信的附言上写道：“我没听说过麦克斯那书的进展——你呢？”[③]

563

文章筹集完后，伯克哈特找到了波士顿的灯塔出版社。1950 年 6 月，弗莱斯告知杜威，伯克哈特收到灯塔出版社的一封信，后者称“对奥托纪念书有兴趣，但会 6 个月后再作任何决定，如果那时出版社经营良好，就会出版它。与此同时，伯克哈特在打听哈泼斯需要多少钱才能出版”。[④]

自然地，杜威有些焦急。他赞赏弗莱斯“给麦克斯的书（但愿它能出版）的撰文”；他给博德写道：“我希望我们的书能够出版，它对现实很有必要。”[⑤]

10 月，弗莱斯给杜威写信：“我想灯塔出版社那边很快会有消息。”[⑥]1951 年 1 月，弗莱斯告知杜威，他已给灯塔出版社的马文·阿诺德写信：“后者拿到了奥托纪念书的文章手稿，但还没回复。”[⑦]3 月，弗莱斯致信杜威，陈述问题并感谢他“资金上的慷慨帮助”。弗莱斯已向撰稿者求助，但

> 回复让人很受打击，他们让我觉得继续这一项目不是如人所愿的，因为我相信如果我们不再继续而是放弃它，情感也就不会那么受到打击了。如果真如我所想，那么毫无疑问要放弃了。然而，我会试图让出版社把我们在本书上的利润出售转让，从而从那里再要一个机会。然后我会再接触撰稿者，试图达到意见一致。

---

① 弗莱斯致杜威，1947 年 12 月 7 日，弗莱斯文献。

② 杜威致博德，1949 年 1 月 22 日，埃莉诺·博德·布朗收藏。

③ 杜威致博德，1949 年 3 月 2 日，同上。

④ 弗莱斯致杜威，1950 年 6 月 27 日，杜威文献。弗莱斯后来告知杜威，现在“关于出版商还没有任何消息”，不过“伯克哈特和我（我相信还有其他人）都在尝试”（1950 年[9 月]，同上）。

⑤ 杜威致弗莱斯，1950 年 8 月 30 日，弗莱斯文献；杜威致博德，1950 年 9 月 16 日，埃莉诺·博德·布朗收藏。

⑥ 弗莱斯致杜威，1950 年 10 月 7 日，杜威文献和弗莱斯文献。

⑦ 弗莱斯致杜威，1951 年 1 月 6 日，弗莱斯文献。

弗莱斯想避免给任何人"'压力',但一些人是非常希望书出版的"。弗莱斯写道:

564 "伯克哈特和我可能应该在一出现资金问题时就建议放弃这项计划。那时我们对于后果都没有清楚考虑。"[①]

4月,弗莱斯致信杜威说,关于他的提议灯塔出版社"还没有回信",又加了附言,"收到了不确定的回复。以后再说。"[②]3周后弗莱斯告知杜威:"看来关于奥托一书的出版最终达成一致了。"[③]

1952年9月22日,在杜威于6月逝世之后,灯塔出版社出版了《我们文化的分裂:科学人文主义研究——向马克斯·奥托致敬》,由弗雷德里克·伯克哈特编辑。尽管弗莱斯提到过出18—20章,最后只出了12章;[④]除了杜威、博德、弗莱斯、盖格和林德曼之外,撰稿者还有贺拉斯·M·卡兰、阿诺德·德累斯顿、诺曼·卡梅隆、A·艾斯塔齐·海顿、哈罗德·泰勒、C·E·埃尔斯、G·C·塞勒里。

评论者们[⑤]称赞这些文章:凯斯·麦克嘉里(Keith McGary)称其为"精彩"的研究,"其目的新颖一致",是对奥托的"绝佳的致敬"。[⑥] G·瓦兹·卡宁汉姆(G·Watts Cunningham)认为文章"都写得很好";《美国季刊书评》赞赏了它们"持久的优越性"。[⑦]

杜威的章节被认为是"清晰和富于探索性的",也是"最好的之一"。[⑧] J·W·柯恩认为该书弥漫着杜威的哲学,它把"美国经验,其活泼的多元性和民主的实验性"提升到"一个可能的为着未来的世界哲学的地位"。[⑨]

然而,评论者们对书的内容也作了批判。柯恩认为,尽管该书"生动中肯",这些

565 文章并未抓牢"我们饱受创伤的时代主要的实际和理论的话题"。[⑩] 对弗吉尼亚·布

---

① 弗莱斯致杜威,1951年3月19日,弗莱斯文献。杜威垫了250美元。

② 弗莱斯致杜威,1951年4月6日,杜威文献(有附言)和弗莱斯文献。

③ 弗莱斯致杜威,1951年4月27日,弗莱斯文献。

④ 弗莱斯致杜威,1947年11月2日,同上。

⑤《我们文明中的分裂》在以下刊物中被评论:*Antioch Review* 13(September 1953):411 - 14(Keith McGary); *Booklist* 49(15 November 1952):97; *Ethics* 64(October 1953):65 - 67(G. Watts Cunningham); *Hibbert Journal* (London)53(October 1954):95 - 97(Virginia Black); *U.S. Quarterly Book Review* 9(March 1953):48; and *Western Humanities Review* 7(Spring 1953):170 - 73(J. W. Cohen).

⑥ 麦克嘉里:《安提欧克评论》(*Antioch Review*),第414、413页。

⑦ 卡宁汉姆:《伦理学》(*Ethics*),第66页;《美国季刊书评》,第48页。

⑧ 麦克嘉里:《安提欧克评论》,第412页;J·W·柯恩:《西部人文评论》,第170页。

⑨ 柯恩:《西部人文评论》,第170、171页。

⑩ 同上,第172页。

莱克而言,“科学人文主义的坚守者们推崇统一经验的哲学,这是在无意中为教条说话,尽管他们憎恨教条”。[1] 当卡宁汉姆写道,即使有批评,该书仍对“社会理论有重大贡献”时,这也许是对该书的最好回应;为了回应杜威所信的该书的“必要性”,以及主题“可以广泛适用于人类且应该更受重视”,卡宁汉姆接着写道:

> 对于所有关注现今世界不安局势的人来说,这本书是值得阅读和深思的。无论对于该书的体系基础有何可说,我认为它传递的主要信息在原则上是成熟的:对于我们在不同领域中的各种绝对论的反击,尤其是伦理学和宗教领域。如果这点在实践上被重视的话,这一信息可以把我们从愚蠢的谈话和悲剧性的行为中解放出来。[2]

1947年5月20日,杜威写信给弗莱斯说可以寄给后者一份他那一章的“草稿的复写本”;不管他是否这样做了,这一草稿现已佚失。

杜威让专人打了至少三份该草稿的复写本,可能作了些修改,之后于7月5日将原稿寄给了弗莱斯。9月5日,杜威告知弗莱斯“没必要寄稿子因为我自己有一份”。

杜威的章节现有三份打字稿:第一份是在南伊利诺伊大学卡本代尔校区莫里斯图书馆特藏部52号盒子,10号文件夹,杜威文献中(打字稿1);第二份是在南伊利诺伊大学卡本代尔校区莫里斯图书馆特藏部46号盒子,6号文件夹,约瑟夫·拉特纳/杜威文献中(打字稿1和打字稿2)。所有三份都是未命名的、21页的复写本。三份文件的前20页——干净、重打的打字稿,不是由杜威打的——完全一样。

不过,打字稿2的末页(也是复写本),与打字稿1的末页不符;它是由杜威打的,上面有他的改动。杜威于1947年10月11日致信弗莱斯说自己“一段时间前重写了最后一页,且忘记寄给你了”。重写的这一页是如何进入拉特纳/杜威文献中的不得而知。杜威可能是把它给了拉特纳,让他添加在当时其所着手的杜威传记的资料收集中。 566

由于打字稿2显然是杜威对于该文章重写的最终版本,且由于打字稿2在其他

① 布莱克:《希伯特杂志》(*Hibbert Journal*),第96页。
② 卡宁汉姆:《伦理学》,第67页。

方面与打字稿 1 相同，完整的打字稿 2 被作为本版的范本。①

杜威章节中的实质性改动在该文以“现代哲学”为题在《我们文化的分裂》的发表上可以看到，该书由弗雷德里克·伯克哈特编(波士顿：灯塔出版社，1952 年)，第 15—29 页，并在《校勘表》中以 CC 符号表示。杜威可能在寄给弗莱斯之前就完成了其中大部分修改。

对于杜威在打字稿 2 第 21 页的修改，见“手稿改动”部分。在把打字稿原件寄给弗莱斯以后，杜威可能在这页的复写本上用墨水作了修改。接下来的修改没有在发表版中出现，但在本卷中添加了：在 419.13“然而”处添加逗号，419.13 - 14 处加词组，419.15 处加“但是”。见最后两处的文本注释。

567

打字稿 2 的临时符虽不是杜威打印的，却比 CC 符号更有代表性，用于添加标点并使其准确。除非涉及实质性的改动或是拥有实质性意义，范本的临时符都被遵照了。

H. F. S

① 以下是不要的打字稿 1 的第 21 页，在 419.5 - 37 处被“活力……活力”所替换(杜威文献，52 号盒 10 号文件夹，拉特纳/杜威文献，46 号盒 6 号文件夹。)：

可能对“科学”的孤立是一种保护措施，它使得科学变得专业、脱离人类实践，由此使得人类事务由竞争性的工业和国家政治等机构作决定，这些机构不是由知性或有能力的认知决定，而是由与它们完全不同的方式作决定的。可能，如果科学没有放弃所有对于人类事务内存的意义，来自机构的对于科学进步的障碍可能是不可逾越的。但我们现在为这一现状的延续而付出昂贵的代价。它给了为着某个阶层或国家利益和权力的机构操纵以前所未有的优势，它目前的蜷缩状态压抑了自由，扭曲了我们共有的人性，有着毁灭一切的威胁，包括它自身的完整和安全。粗暴的指责会使我们对认知资源的使用更加偏离正轨；但它不会使科学前进的步伐停滞。另一种方式是对科学资源的系统运用，以尽量睿智和慷慨的方式。在这项工作中承担一部分即使是卑微的责任的哲学将饮用生命之泉，从中汲取活力。

# 校勘表

所有对于范本的修订,除下面会提到的形式方面的改动之外,不论是不是实质性的,都将在下面的列表中列出。每一个修订的条目所依据的范本和来源都会在该条目的批注里标明;在该条目的校勘列表中会用到这些材料的缩写。每个条目中最左边的页码和行数根据的是本版本;页头书名行不计入总行数。在方括号左边读到的内容来自本版本;方括号后面是该内容的简写。方括号后面的首字母缩写词按照这个条目从第一次到最后一次出现的时间先后排序。在原始出处的最后一个缩写之后,有一个分号。分号后面是不采用的内容,这些内容按照相反的时间顺序排列,最早的版本(通常是范本)出现在最后面。 *568*

W 代表著作(Works)——当前编辑的版本,并首次用作本卷校勘。WS(Works Source)用于表明杜威引用材料中的校勘,恢复拼写、大写以及他的原始资料中的一些必需的实质性改动(见《引文中的实质性改动》)。

因为校勘限于标点,弯曲的破折号～代表方括号之前相同的词;下方的脱字符号‸代表缺标点符号。缩写[*om.*]代表括号前的内容在编辑和印刷识别中被遗漏;[*not present*]用于不出现于被识别的原始资料中的重要材料。缩写[*rom.*]代表罗马字,用于标记省略的斜体;[*ital.*]代表斜体,用于标记省略的罗马字。保留(*stet*)与版本或印刷缩写一同使用,代表保留了一种版本或印刷中后来修订的实质性内容;拒绝做出的改动在分号之后。校勘页-行数前的星号代表这一内容在"文本注释"中进行了探讨。

全书做了许多形式上的或规范性的改动:

1.《认知与所知》每一章的文字序号(如"第一章")都被删去了,章标题前面放的是阿拉伯数字;《认知与所知》每一章的尾注在本卷中都改为脚注。

2.《认知与所知》脚注引文的形式方面在必要时会有所改动;从《逻辑:探究的理论》中摘引的文字,大写和标点符号保持一致。

3. 一篇文章或一章的脚注使用连续的数字。

4. 书名或期刊名用斜体;期刊名前面出现的"the"用小写罗马字体;文章标题或著作的章节标题用引号。

5. 句号和逗号放在引号里。

6. 除了《认知与所知》以外,凡不在引文中的单引号都改为双引号;不过在必要的并被说明的情况下使用了开引号和闭引号。开引号和闭引号用于被遗漏的内容。

下面的这些拼写已被改为方括号前面所列出的杜威为人熟知的写法。

cannot] can not 79.17,126.9,127.30,138.35,142.24,142.26,164.12,168.11,169.12,183.9,263.28,264.7
centre(s)] center 91.16,101n.29 - 30,107.20 - 21,118.14,122.27,371.15,414.10
cooperate (all forms)] co-operate 48.19,56.21,77.16 - 17,116n.8,257.4,400.24
coordination] co-ordination 116n.7 - 8
meagre] meager 404.23

## 《认知与所知》

《认知与所知》的范本(KK)是第一版(波士顿:灯塔出版社,1949 年)的版权送存本(A 36800)。除在本版中第一次作的修订之外,修订的依据在每章中都有所交代。

## 序言

570 修订依据了杜威本人的打字稿,这份打字稿附在 1947 年 9 月 3 日杜威写给亚瑟·F·本特利的信中,保存于布鲁明顿印第安纳大学里利图书馆手稿部本特利档案,共两页(TS);修订还依据了一份不是由杜威打的打字稿,这份打字稿标注的日期为 1947 年 9 月 15 日,保存于南伊利诺伊大学卡本代尔校区莫里斯图书馆特藏部约瑟夫·拉特纳/约翰·杜威文献 45 号盒 9 号文件夹,共 3 页($TS^1$)

4.6,21 cooperative] TS, $TS^1$; co-operative KK

## 第 1 章 逻辑学中的含混性

依据《论逻辑学中的一种含混性》一文修订,该文载于《哲学杂志》第 42 卷(1945 年 1 月 4 日和 18 日),第 6—27 页,第 39—51 页(JP)。

| | |
|---|---|
| 8n.6 | A Reply."] W; a Reply."KK, JP |
| 9.9 | Richards'] W; Richard's KK, JP |
| 10n.6 | Subject-Matter] WS; Subjectmatter KK; [*not present*] JP |
| 16n.4 | nineteen-twenties] JP; ~∧~ KK |
| 19n.5 | cooperative] W; co-operative KK; coöperative JP |
| 24n.12 | compare note] W; Compare Note KK; [*not present*] JP |
| 24n.26;32n.1 | *Formalization*] *stet* JP; *The Formalization* KK |
| 30.37 | *Formalization*] W; *The Formalization* KK; [*not present*] JP |
| 31.20 | distinction] JP; disinction KK |
| 33n.6 | Our] W; our KK, JP |
| 37.23 | cannot] W; can not KK, JP |
| 38.15 | "difficult] JP; ∧~ KK |
| 38.28 | common-sense] WS; ~∧~ KK, JP |
| 39.10 | worth while] WS; worth-while KK; worthwhile JP |
| 40n.5 | pp. xvii-xviii] W; p. xvii KK, JP |
| 41.21 | p.360,] W; p.361, KK, JP |
| 41n.2 | p.370, n.4)] W; p.370) KK, JP |

## 第2章　术语建构问题

依据《一种认知与所知的术语建构》一文修订,该文载于《哲学杂志》第42卷(1945年4月26日),第225—247页(JP)。

571

| | |
|---|---|
| 47n.1 | "loose,"] JP; ∧~," KK |
| *61.20-21 | *Knowing ... together.*] W; Knowing and the known, event and designation — the full knowledge — go forward together. KK; The full knowledge — knowing and the known — event and designation — go forward together. JP |
| 61n.3;68n.7 | subject-matter] JP; subjectmatter KK |
| 61n.5 | sentences] JP; sentence KK |
| 62.6 | explicitly] JP; explicity KK |

## 第3章　假设

依据《假设》一文修订,该文载于《哲学杂志》第42卷(1945年11月22日),第645—662页(JP)。

| | |
|---|---|
| 79n.8 | Wood] *stet* JP; Woods KK |
| 83n.18 | is,] WS; ~∧ KK, JP |
| 83n.19 | under "the] W; "~∧~ KK, JP |
| 85n.1 | Is] W; is KK, JP |
| 85n.1 | Be] W; be KK, JP |
| 86n.24 | space-time] JP; spacetime KK |

88n.8　380;] W; ～: KK; [*not present*] JP
88n.12　*Malade*] W; *malade* KK, JP
90.11　“stimulus,”] JP; “～∧” KK
92.16　behavioral] JP; behaviorial KK
92n.8　knowledge,] JP; knowlege, KK

## 第4章　相互作用与交互作用

依据《相互作用与交互作用》一文修订，该文载于《哲学杂志》第43卷(1946年9月12日)，第505—517页。

99.28　generalised] WS; generalized KK, JP
103n.13　#4.)] W; #4). KK; pp.239-240.) JP
106n.6　Insofar] JP; In so far KK
107.38　setup] WS; set-up KK, JP
107.39　cannot] WS; can not KK, JP
109n.4　Be] W; be KK, JP

## 第5章　作为被认知与被命名者的交互作用

572

依据《作为被认知与被命名的交互作用》一文修订，该文载于《哲学杂志》第43卷(1946年9月26日)，第533—551页，第560页(JP)。

117n.2　Uexküll,]W; Uexkull, KK, JP
117n.13　p.v,] W; p.xi, KK, JP
117n.16　VI] W; V KK; [*not present*] JP
119.7　neighbours] WS; neighbors KK, JP
119.13-14　pp.48-49] W; p.48 KK; p.56 JP
119.16,17　rose-comb] JP; ～∧～ KK
119.19-20　unanalysed] WS; unanalyzed KK, JP
119n.12　*Reviews*] JP; *Review* KK
121n.11　“Psychologists’] W; “Psychologists’s KK; [*not present*] JP
121n.13　pp.266-291.] W; pp.226-291. KK; [*not present*] JP
123n.1　Section IV, #4] W; Section #4 KK; [*not present*] JP
124.8　desiccated] W; dessicated KK, JP
124n.4,7　Müller] W; Mueller KK, JP
124n.5,9　Müller] WS; Mueller KK, JP
124n.5　to-day,] WS; today, KK, JP
125n.7-8　life space] WS; ～-～ KK, JP
128.23　Khan] W; Kahn KK, JP

## 第6章　详述

依据《详述》一文修订，该文载于《哲学杂志》第43卷(1946年11月21日)，第

645—663 页(JP)。

132n.9　　in] JP; ～－ KK
136.39-40　　important.]JP; ～, KK
139.5-6　　inadequate] JP; inaedequate KK
143n.1　　"term"] *stet* JP; "terms" KK
145n.3　　*Self*] W; ～, KK, JP
*152.13;153.2　　subjectmatter] W; subject-matter KK, JP

## 第7章　定义的情况

依据《定义》一文修订,该文载于《哲学杂志》第44卷(1947年5月22日),第281—306页(JP)。

*155.32-33　　Moreover, ... here] W; What is striking here, more-over, KK, JP
157n.12　　1944]).]W; ～]∧. KK; ～∧).JP
158n.1　　I,] W; I, i, KK, JP
159n.5　　essence,] JP; ～∧ KK
163n.3　　p.20,] W; pp.19-20, KK, JP
163n.4　　text-books] WS; textbooks KK, JP
163n.5　　recognised,] WS; recognized, KK, JP
165n.21　　p.345,] JP; 345, KK
166n.6　　"Analysis and the] W; "The KK, JP
166n.13　　p.478.] W; p.479. KK, JP
166n.14　　Part I,] W; Vol.I, KK, JP
166n.14　　pp.93-94.] W; p.93. KK, JP
166n.17　　Was] W; was KK, JP
167.13　　key term] WS; ～－～ KK, JP
167.18　　Its] W; its KK, JP
169.2　　Are] W; are KK, JP
170.7　　definition,] WS; Definition, KK, JP
174.16　　ascribe meanings] WS; ascribe meaning KK, JP
179.4　　"verification"] JP; ∧～" KK
180.24　　artificially] JP; artifically KK
181n.8　　Section 2.] W; Section 1. KK, JP
*183.1　　him.[51]] W; ～.[52] KK; ～.∧ JP
*183.12　　secured.[52]] W; ～.[51] KK, JP
*183n.1　　51. Cf.] W; [52]Cf. KK; [*not present*] JP
*183n.3　　52. We] W; [51]We KK, JP

## 第8章　科学时代的逻辑学

依据《逻辑学家们的隐藏的假设》一文修订,该文载于《科学哲学》第13卷(1946　　573

年1月),第3—19页(PS)。

| | |
|---|---|
| 186.13;197.33 | cannot] W; can not KK, PS |
| 186n.22 | 72] W; 70 KK, PS |
| 187.16 | *Studies in*] W; *Studies of* KK, PS |
| 187.16 | 1903, the] W; 1903. The KK, PS |
| 187n.8;188.12 | subject-matter] WS; subjectmatter KK; subject matter PS |
| 188.18 | autonomous; ...] W; ~; ∧∧∧ KK, PS |
| 190.30 | operations";] W; ~;" KK, PS |
| 190.31 | those] WS; these KK, PS |
| 191.1 | subject matter] WS; subjectmatter KK; subject-matter PS |
| 191.5 | coordinate] PS; co-ordinate KK |
| 191.8 | system building] PS; ~-~ KK |
| 574 192n.3-4 | to attempt to separate 'Nature'] WS; to separate 'nature' KK, PS |
| 192n.12 | 578-80.] W; ~).KK; ~.) PS |
| 193n.26 | *World-Order*] W; ~∧~ KK, PS |
| 193n.33 | p.472.)] W; ~.∧ KK, PS |
| 196n.28 | sense data] WS; ~-~ KK, PS |
| 199n.6 | 29] W; 28-29 KK; [*not present*] PS |
| 199n.7;199n.7-200n.1 | Nature] WS; nature KK; [*not present*] PS |
| 201n.10 | 'particulars.'" *The*] W; 'particulars∧'" *An* KK, PS |
| 203n.7 | *An*] W; an KK, PS |
| 204n.6 | follows.] PS; ~: KK |
| 204n.8 | Defence] W; Defense KK, PS |
| 204n.10 | My] W; my KK, PS |
| 204n.13 | pp.273-300.] W; pp.273-299. KK; pp.25-30. PS |
| 205.11 | Analysis.] W; ~." KK, PS |
| 205.14 | 664).] W; 666). KK, PS |
| 205.18 | employed).] W; ~.) KK, PS |
| 205n.1 | 'sense-datum']PS; "~' KK |
| 206.5 | CS,] WS; CS, p. KK, PS |
| 206.6 | compare] W; Compare KK, PS |
| 206.18 | relation] WS; relations KK, PS |
| 209n.6 | *Phenomenological*] W; *Phenomeological* KK, PS |

## 第9章　一种混乱的"符号学"

依据《新"符号学"》一文修订,该文载于《哲学与现象学研究》第8卷(1947年9月),第107—131页(FFR)。

| | |
|---|---|
| 210.14 | occur" (p.2).] W; occur," (p.2)∧ KK;[*not present*] PPR |

210n.5 “preparatory,”] W; “~∧” KK; [*not present*] PPR
213.37 signifies”] PPR; ~.” KK
214.13 significata”] PPR; ~.” KK
215.23 organization.[12]] W; ~.[13] KK; ~.∧ PPR
215n.13 12. The] W; 13. The KK; [*not present*] PPR
216.13 signifying”] W; ~.” KK; [*not present*] PPR
216.17 prescriptors”] W; ~.” KK; [*not present*] PPR
216.20 time.[13]] W; ~.∧ KK; ~.[11] PPR
216n.12 13. Elsewhere] W; [12]~ KK; [11]~ PPR
217.22 location] W; ~. KK; [*not present*] PPR
218n.1 “where,”] PPR; “~.” KK
218n.4 I,] W; I, i, KK, PPR
220n.1,13 preparatory-stimulus] WS; ~∧~KK, PPR 575
221n.13 on] W; [*not present*] KK, PPR
226.19 “The] W; “the KK, PPR
228.7 suspicion):] PPR; ~:) KK
228.7 The] W; the KK, PPR
229.22 subjectmatter] W; subject-matter KK; subject matter PPR
234.30 pp.] W; p. KK, PPR
238n.14 chapter,] PPR; ~∧KK
239n.17 subject-matter] WS; subjectmatter KK; subject matter PPR
239n.25 *Language*,] W; ~∧ KK; [*not present*] PPR

## 第10章 常识与科学

依据《常识与科学:它们各自的指称框架》一文修订,该文载于《哲学杂志》第45卷(1948年4月8日),第197—208页(JP);修订还依据了一份不是由杜威打的打字稿,这份打字稿保存于南伊利诺伊大学卡本代尔校区莫里斯图书馆特藏部约瑟夫·拉特纳/约翰·杜威文献44号盒2号文件夹,共22页(TS)

243.27 instance —,] TS; ~, — KK, JP
*244.29 as well ... application.] W; and of a field of significant application. KK, JP; and also of bearings or significant application. TS
244.32 judgement] WS; judgment KK, JP, TS
245.9 every-day] WS; everyday KK, JP, TS
246.19 cooperate] TS; co-operate KK; coöperate JP
246.27 Since] TS, JP; ~, KK
247.2 sense or] *stet* TS, JP; sense of KK
247.6 *à faire*] WS; *faire* KK, JP, TS
247.8 “what] WS; “that KK, JP; anything “that TS
247.8 do] WS; do with KK, JP, TS
247.8 with”;] W; ~;” KK, JP; ~,” TS

247.21　　cannot] TS; can not KK, JP
248.10　　life-behavior] W; ~-~ KK; ~∧~ JP, TS
251.14　　done, indeed] W; ~∧~, KK; [*not present*] JP, TS
*252.39　　from; and is *of*] W; from; which is *of* KK; from∧ and is *of* JP; from:— TS
254.31　　case] W; ~— KK; [*not present*] JP, TS
255.4　　then,] TS, JP; ~∧ KK

576

## 第11章　一组试验性的名称

依据《关于一个探究知识的术语表》一文修订,该文载于《哲学杂志》第44卷(1947年7月31日),第421—434页(JP)。

259.10　　"Exact"] JP; "~,"KK
266.9　　*Perception-Manipulation.*]W; *Perception-manipulation.* KK, JP
266.13　　characterizations.] W; ~." KK; [*not present*] JP
267.10　　subject-matter] JP; subjectmatter KK
272.15　　*Space-Time.*] W; *Space-time.* KK, JP
272.36　　*Vague:*] W; ~. KK; [*not present*] JP

## 第12章　对所取得的进展的总结

276n.1　　four]W; three KK
277n.1　　1891]W; 1894 KK

## 附录:杜威给阿尔伯特·G·A·鲍茨的回信

依据《哲学研究》对杜威的信的誊写本(JPTR)修订,该誊写本由赫伯特·W·施耐德于1949年5月4日寄给鲍茨(现藏夏洛茨威尔弗吉尼亚大学阿尔德曼图书馆手稿部鲍茨文献,共19页)。杜威的信发表于《哲学杂志》第46卷(1949年5月26日),第329—342页(JP)。

280.2　　Dewey's ... Balz] W; [*not present*] KK, JP, JPTR
280.6　　pp. 313 - 329.] W; pp. 329 - 342. KK; [*not present*] JP, JPTR
*280.12;284.9;287.20 - 21;288.10 - 11　　cannot] JPTR; can not KK, JP
*287.13　　dear A——,] W; Mr. A——, KK; Mr. Balz, JP, JPTR
287.21　　role] JPTR; rôle KK, JP
287.25　　ever-going] JPTR; evergoing KK; ever-/going JP

| | |
|---|---|
| 289.24 - 25 | organism] *stet* JPTR; organisms, KK, JP |
| 292.20 | psychological: note] JPTR; psychological! Note, KK, JP |



## 《何谓语言符号？ 何谓名称？》

本文的范本是杜威打的未刊誊抄稿，该稿保存于印第安纳大学布鲁明顿校区里利图书馆手稿部亚瑟·F·本特利档案，共18页，标注日期为1945年5月25日。第300页第6行和第305页第26行根据本特利在誊抄稿上的修改(B)进行校订。

| | |
|---|---|
| 297.15 | deputies,] W; ～∧ |
| 297.15 | a] W; A |
| 297n.4 | given] W; given in |
| 297n.6 | p.464.)] W; p.404.∧ |
| 298.8 | around.] W; ～∧ |
| 298.8 | and] W; [*not present*] |
| 298.17 | anything new,] W; ～, ～∧ |
| 298.17 | of] W; of of |
| 298.18 | function] W; function capacity |
| 298.19 - 20 | more ready] W; ready |
| 298.20 | enter] W; it enters |
| 298.22 | than] W; that |
| 298.32 | perversion.] W; ～∧ |
| 298.34 | prevent] W; prevents |
| 299.7 | vitreous,] WS; vitreuous, |
| 299.8 - 9 | an unluminous] WS; a unlumnous |
| 299.9 - 10 | [the material . . . tests],] W; ∧～∧, |
| 299.11 | "The] W; ∧～ |
| 299.21 | continually] W; conually |
| 299.24 | were] W; [*not present*] |
| 299.25 | say] W; [*not present*] |
| 299.30 | is to tell] W; to tell |
| 299n.3 | realm] W; [*not present*] |
| 299n.4 | effort] W; [*not present*] |
| 299n.5 | as characteristics] W; characteristics |
| 299n.6 | form,"] W; ～∧" |
| 299n.9 | original.)] W; ～). |
| 299n.9 | "represents,"] W; "～∧" |
| 300.1 | it is] W; it it |
| 300.6 | not know] B; now |
| 300.6 | the spoken] W; the the spoken |
| 300.7 | what the written] W; why the wrotten |
| 300.10 | instances] W; instance |

300.11 usage,] W; ~∧
300.12 say,] W; ~∧
578 300.21 signness] W; signess
300.26 to take] W; [*not present*]
300.35 Ogden-Richards's] W; Ogden-Richards
300.35 "epistemological"] W; "~∧
301.2 Thought."[5]] W; ~."∧
301.4 2.] WS; 2∧
301.4 referent] WS; Referent
301.6 Symbolism] WS; symbolism
301.6 *How*] WS; *how*
301.7 *Related?"*] WS; *related."*
301.7 passage] W; passage is
301.9 as] W; as as
301.10 problem"] W; ~∧
301.13 out] W; how
301.14 that it] W; the it
301.16 inquiring] W; inquiry
301.29 they proffer] W; he proffers
301.29,31,37 their] W; his
301.30 they are] W; he is
301.34 "thought"] W; "~∧
301.35 kind] W; [*not present*]
301.36 they call] W; he calls
301.37 "external contexts,"] W; ∧~∧"
301n.1 11.] W; 11∧
301n.2 p.] W; p∧
302.2 or repeated] W; repeated
302.4 and (eventually] W; (and eventually marks (and eventually
302.5 become] W; becomes
302.9 takes] W; taken
302.10 thoughts] W; ~)
302.10 authors)] W; ~∧
302.11 hear] W; hears
302.19 in an] W; in an an
302.26 the triangle] W; the the triangle
302.29 that] W; that that
302n.3 p.229 and p.230] W; p.228 and p.234
302n.3 Bentley] W; Bentlay
302n.4 Knowns,] W; *Knowns.*
302n.4 26,] W; 26.
303.3 be] W; [*not present*]
303.11 reader's] W; readers
303.13 presentation of] W; presentation

579

| | |
|---|---|
| 303.15 | one and] W; one and and |
| 303.17 | "referent"] W; "~$_\wedge$ |
| 303.17 | very] W; same very |
| 303.21 | "referent."] W; "~$_\wedge$" |
| 303.24 - 25 | distinction] W; about *Meaning* Signs are spoekn of as carrying meanings, — and words as sign-vehicles. distinction |
| 303n.3 | a commercial] W; a a commercial |
| 304.1 | us] W; [*not present*] |
| 304.7 | gross] W; grose |
| 304.14 | behaviors] W; behavior |
| 304.17 | utensils,] W; ~$_\wedge$ |
| 304.23 | casual] W; causal |
| 304n.4 | the existence] W; The existence |
| 305.4 | it] W; it it |
| 305.6 | à] W; a |
| 305.7 | customary] W; ~, |
| 305.14 | are transactions] W; are of transaction |
| 305.15 | is usually,] W; is is usually, |
| 305.16 | grass,] W; garsz, |
| 305.18 | say,] W; ~. |
| 305.26 | that] W; that that |
| 305.26 | more] B; [*not present*] |
| 305.29 | things in] W; the things in |
| 305.32 | be] W; [*not present*] |
| 305.33 | considerations] W; consideration |
| 305.33 - 34 | argument.] W; ~$_\wedge$ |
| 305n.2 | and] W; [*not present*] |
| 306.2 | previously] W; previous |
| 306.3 | times] W; times of |
| 306.4 | was, say,] W; ~$_\wedge$~$_\wedge$ |
| 306.8 | and,] W; ~$_\wedge$ |
| 306.9 | no longer in] W; in no longer |
| 306.10 | they have been no more] W; have they been any more |
| 306.11 | through] W; though |
| 306.22 | that] W; such as |
| 307.1 | emphasis,] W; ~. |
| 307.9 | direction,] W; ~$_\wedge$ |
| 307.11 | etc., etc.] W; $_\wedge$,~., |
| 307.13 | is,] W; ~$_\wedge$ |
| 307n.1 | repetition] W; repitition |
| 307n.5 | E.] W; E$_\wedge$ |
| 307n.6 | *Science*,] W; ~. |
| 307n.6 | 4,] W; 4.( |
| 307n.6 | entitled] W; ~, |

307n.7　　Realism?"] W; ~,∧
307n.8　　No.] W; ~∧
307n.9　　subjectmatter] W; subject matter
308.10　　aspects] W; aspect
308.13　　that is,] W; this
308.15　　the material] W; the the material
308.16　　as] W; [*not present*]
308.20　　separated] W; separted separated
308.20　　subjectmatter] W; subjectmatter and are subjectmatter
308.22-23　　"signi*fied*,"] W; "~,∧
308.24　　"philosophic")] W; "~"∧
308.25　　which imply] W; which openly asser to which imply
308.25　　"Objects"] W; ∧~"
308.26　　else —] W; ~,
308.26-27　　or speakers] W; ospeakers
308.27　　whatever —] W; ~∧
308.28　　(c)] W; (3)
308n.7　　Knowns."] W; *Knowns.* ∧
308n.9　　*Inquiry*.] W; ~∧
308n.13　　constitutes] W; constitute
308n.15　　is] W; [*not present*]
308n.16　　See, for example,] W; ~. ~.
309.3　　being] W; being is
309.5-6　　because] W; become
309.29　　in] W; in in
309.36　　to] W; to to
309.37　　ever] W; every

## 《价值、价值评估与社会事实》

这封回信的范本是杜威打的未刊誊抄稿，该稿保存于印第安纳大学布鲁明顿校区里利图书馆手稿部亚瑟·F·本特利档案，共9页，标注日期为1945年6月20日。

310.12　　repetition.] W; repitition.
310.13　　Benoit-Smullyan's] W; Benoit's-Smullyan's
310.17　　represented] W; represent
310.17-18　　Lévy-Bruhl] W; Levy-Bruhl
310.24-25　　occasions:] W; occassions:
310n.1　　XLII,] W; ~,,
311.15　　acts] W; facts

| | | |
|---|---|---|
| 311.33 | commonplace] W; common place | 581 |
| 312.8 | component. ...] W; ～∧... | |
| 312.19 | say,] W; ～∧ | |
| 312.34 | by] W; by by | |
| 313.9 | obligation," etc.] W; ～∧∧～." | |
| 313.38 | say, of] W; ～∧～, | |
| 313.39 | science, the] W; science, and the | |
| 313.40 | incredibility.] W; ～/ | |
| 314.3 | Benoit-Smullyan] W; benoit-smullyan | |
| 314.5 | prizings,] W; ～∧ | |
| 314.13 | kind.] W; ～∧ | |
| 314.16 | become] W; becomes | |
| 314.19 | consideration.[4]] W; ～.∧ | |
| 314.20 | difference] W; differences | |
| 314.21 | derived,] W; ～; | |
| 314.23 | specified,]W; ～∧ | |
| 314n.13 | "components"] W; "～∧ | |
| 314n.13 | that] W; that that | |
| 314n.13-14 | preventing] W; prevents | |
| 314n.15 | their] W; them | |
| 315.12 | dealing with] W; dealing with dealing with | |
| 315.12 | signifies] W; signified | |
| 315.22 | Benoit-Smullyan] W; Benoit-Smullan | |
| 315.29-30 | *scientist.*"[5]] W; ～".∧ | |
| 315.30 | "neutrality"] W; "～∧ | |
| 315.32 | deep-seated] WS; deepseated | |
| 315n.1 | cit.,] W; Cit., | |
| 316.1 | into] W; in to | |
| 316.2 | subjectmatter,] W; ～∧ | |
| 316.4 | article.] W; ～∧ | |
| 316.7 | "evaluations."] W; "～∧" | |
| 316.11 | overrides] W; overides | |
| 316.15 | valuings] W; valuinga | |
| 316.24 | a case] W; case | |
| 316.27 | 3.] W; (3) | |
| 316.28 | subjects] W; subject | |
| 316.36-37 | this and that] W; that and that | |
| 316.40 | may say,] W; may, | |
| 316.40 | be] W; be be | |
| 317.6 | There are] W; There | |

## 《重要性、意义与含义》 582

引论部分即从第318页第1行到第320页第14行的范本是杜威打的未刊手稿。

该稿保存于印第安纳大学布鲁明顿校区里利图书馆手稿部亚瑟·F·本特利档案，共3页，标注日期为1950年6月20日。该稿于1950年6月4日寄给本特利。

文章余下的部分的范本分别是：标注日期为1950年3月30日的一份不是由杜威打的打字复印本，该稿保存于南伊利诺伊大学卡本代尔校区莫里斯图书馆特藏部约翰·杜威文献58号盒9号文件夹，共23页（DTS）；标注日期为1950年3月31日的一份不是由杜威打的打字复印本，该稿保存于本特利档案，共23页（BTS）。修订依据了《约翰·杜威与亚瑟·F·本特利：哲学通信（1932—1951）》（PC）（西德尼·拉特纳和朱尔斯·奥尔特曼主编，新泽西，新布朗斯维克，拉特吉斯大学出版社，1964年）中该稿的版本，见第658—668页。修订也依据了杜威在这两份材料的残存的打字稿（58号盒16号文件夹杜威文献，共31页）上的校改。与DTS相对应的原始稿用TS¹来表示，与BTS相对应的原始稿用TS²来表示。至于全部校改，参见《杜威对〈重要性、意义与含义〉一文的修改》。

318.7 prepared] W; preparws
318.9 Bentley] W; bentley
318.10 1949);] W; ~∧;
318.11 *Behavior*,] W; Behavior.
318.11 *Fact*] W; fact
318.12 *Think*,] W; Think,
318.14 (1938).] W; (1939).
318.20 number] W; niumber
318n.1 (1949).] W; (1948).
319.5 contemporary] W; contempare
319.12-13 relationships] W; a relationships
319.15 the issues,] W; the the issues,
319.16 the chief] W; the the chief
319.21 they were] W; they they were
319.29 formation of] W; formation
319.31 directed] W; and direct
319.34 relationships] W; trelationship
319.34 age;] W; ~,,;
319.39 guidance of] W; guidance of of
*320.1 intended] W; is intended
583 320.3 undertaken] W; under taken
*320.6 which while] W; which which
320.11 as naming] W; as as naming
321.2-3 degrading a] TS¹; a degrading DTS, BTS
321.25 (from] TS²; ∧~ DTS, BTS
321.25 and *view*] TS²; *of view* DTS, BTS

321.26 article)] TS$^2$; ~$_\wedge$ DTS, BTS

322.19 inquiry,] DTS; ~$_\wedge$ BTS

322.19 *using*] BTS; [*rom.*] DTS

322.28 function or] PC; function of DTS, BTS

322.36 had] PC; has DTS, BTS

323.4 constituted by] TS$^1$; constituted not by DTS, BTS

323.12-13 he regards as unimportant] DTS; are not regarded as important BTS

323.15 for] DTS; of BTS

323.17 like] DTS; like some of BTS

324.21 the inquiry] DTS; inquiry BTS

325.20 proceeds,] TS$^2$; ~$_\wedge$ DTS, BTS

*325.25 are such as to provide] TS$^2$; are such as to means in a use that provides DTS, BTS

*325.32-33 We . . . life behavior] TS$^1$; (Page 9 missing in the ms.) DTS, BTS

325.35 phases] DTS; phrases BTS

325.39 whether dog or man,] TS$^2$; dog or man$_\wedge$ DTS, BTS

326.6 sensory] PC; asensory DTS, BTS

*326.12-13 wholly . . . lodged in] TS$^2$; extraneous entity been so lodged with DTS, BTS

326.19 unity] TS$^1$, TS$^2$; entity DTS, BTS

328.4 seems] PC; seem DTS, BTS

328.14 suffices] TS$^2$; suffice DTS, BTS

328.18 means-to-consequences] TS$^2$; means in consequences DTS, BTS

328.38 place,] PC; ~$_\wedge$ DTS, BTS

*329.16 by means of] W; [*not present*] DTS, BTS

329.25 put] PC; out DTS, BTS

330.34-35 with respect] DTS; in respect BTS

331.2 distinctively human activity] TS$^1$; human intelligently conducted activity DTS, BTS

331.9 meaning] TS$^2$; meanings DTS, BTS

331.10 with] TS$^1$, TS$^2$; [*not present*] DTS, BTS

331.23 and as such is] TS$^1$; as such it is DTS, BTS

331.25 into,] DTS; ~; BTS

332.14 a"domain"]PC;"domain" DTS, BTS *584*

332.19 "meaning"]W;"meanings"DTS, BTS

332.21 intend,]PC;~$_\wedge$ DTS, BTS

## 《社会探究中的"如何"、"什么"与"为何"》

本文的范本是一篇没有修改过的打字稿,时间是 1951 年 1 月,该稿不是由杜威打的,共 13 页,其中有杜威亲自标注的"pp. 14-18"字样(TS$^{1H}$)。修订依据了第二个打字稿,该稿是 1951 年 1 月到 2 月在火奴鲁鲁准备的,它不是由杜威打的,共 10 页。

两份文件都保存于南伊利诺伊大学卡本代尔分校莫里斯图书馆特藏部约翰·杜威文献 59 号盒 13 号文件夹。

334.2　and hence] TS$^{2}$; and hence and hence TS$^{1-H}$
334.2　as authoritative] *stet* TS$^{1-H}$; authoritative TS$^{2}$
334.3　entire] *stet* TS$^{1-H}$; whole TS$^{2}$
334.5　from] TS$^{2}$; from from TS$^{1-H}$
334.9　belong intrinsically in and to] *stet* TS$^{1-H}$; belong and to intrinsic TS$^{2}$
334.36　, nous).] W; ∧～.) TS$^{2}$; ∧～.). TS$^{1-H}$
334.40　*performed*] TS$^{1-H}$; [*rom.*] TS$^{2}$
334.40　*service*] TS$^{1-H}$; [*rom.*] TS$^{2}$
335.7　and/or] *stet* TS$^{1-H}$; and/of TS$^{2}$
336.3　"Common Sense and Science"] W; ∧Common-Sense and Scientific Knowing∧ TS$^{2}$, TS$^{1-H}$
336.8　observe,] TS$^{2}$; orbserve, TS$^{1-H}$
337.30　the moral] *stet* TS$^{1-H}$; moral TS$^{2}$
338.20　clear] W; unclear TS$^{2}$, TS$^{1-H}$
338.29　than] *stet* TS$^{1-H}$; that TS$^{2}$
339.15　not] W; nor TS$^{2}$, TS$^{1-H}$
339.21　*raison d'être*] W; *raison d'etre* TS$^{2}$, TS$^{1-H}$
340.2　"In Social Inquiry"] W; "In the Social Sciences" TS$^{2}$; "*In the Social Sciences*" TS$^{1-H}$
340.4　is] *stet* TS$^{1-H}$; it TS$^{2}$
340.5　*all*] TS$^{1-H}$; [*rom.*] TS$^{2}$
340.7　revolution] *stet* TS$^{1-H}$; revelation TS$^{2}$
340.8　astronomy and] *stet* TS$^{1-H}$; astronomy, TS$^{2}$
340.9　*how,*] TS$^{1-H}$; [*rom.*] TS$^{2}$
340.11　teleology.] TS$^{2}$; ～). TS$^{1-H}$
340.14　"*moral*")] W; "moral"∧ TS$^{2}$; "*moral*"∧ TS$^{1-H}$
585　340.17　hence as] *stet* TS$^{1-H}$; were TS$^{2}$
340.19　*seen*] TS$^{1-H}$; [*rom.*] TS$^{2}$
340.19　yet] *stet* TS$^{1-H}$; [*om.*] TS$^{2}$
340.21　however] *stet* TS$^{1-H}$; [*om.*] TS$^{2}$
340.23　at last] *stet* TS$^{1-H}$; [*om.*] TS$^{2}$
340.23　as far at least] *stet* TS$^{1-H}$; at least as far TS$^{2}$
*340.25　For.] W; *for*, [For. TS$^{1-H}$] and [*not present* TS$^{1-H}$] has broken down the status of space and time [Space and Time TS$^{1-H}$] as entities fixed in themselves and having independence [hence independent TS$^{1-H}$] of whatever is taken to occur within their confining boundaries. The supposed scientific basis for separating space and time [Space and Time TS$^{1-H}$] as major "*whats*" [*rom.* TS$^{1-H}$] from [from the TS$^{1-H}$] minor "*whats*" [∧whats∧ TS$^{1-H}$] which take place within them is abolished once and [*not present*

TS$^{1-H}$] for all. But the full significance of Relativity Theory for scientific inquiry will be TS$^{2}$, TS$^{1-H}$

*340.25 The victory will be] *stet* TS$^{1-H}$; [*om.*] TS$^{2}$

340.25 however] *stet* TS$^{1-H}$; [*om.*] TS$^{2}$

340.27 *how*] TS$^{1-H}$; [*rom.*] TS$^{2}$

340.27-28 subjectmatter] TS$^{2}$; subject/matter TS$^{1-H}$

## 《"价值"领域》

本文的底本是一份不是由杜威打的打字稿(TS),该稿是付印的稿本(南伊利诺伊大学卡本代尔分校莫里斯图书馆特藏部杜威 VFM87,共 24 页,承蒙莫德·A·勒普雷惠允使用)。修订依据杜威在付印稿上所作的实质性的修改(PC)和《价值:一种合作的探究》(莱伊·勒普雷主编,纽约,哥伦比亚大学出版社,1949 年)第 64—77 页(V)。下表记录了 TS、PC 和 V 之间的所有差异,可作为一份历史校勘。

343.3 methodological:—] TS; ~:∧ V, PC

*343.3-4,5-6,8;344.5;349.20-21; 356.27-28,33,36, n.4 subjectmatter(s)] W; subject matter V, PC, TS

343.10 up,] TS, PC; ~∧ V

343.14 Mr.] TS; [*om.*] V, PC

343.16 Subject?"[1]] PC, V; ~?"∧ TS

343.16 his] V; the PC, TS

343.24 or] V; nor PC, TS

*343n.1-2 1. Contained ... inquiry.] V; [1]Contained in the questions and comments preliminary to this symposium. PC; [*not present*] TS 586

344.4 *behavioral*] TS; ~, V, PC

344.20, 21 that] V; which PC, TS

344.25 qualifications] V; first qualifications PC, TS

344.25 added] V; noted PC, TS

344.29 going-concern.] TS; ~∧~. V, PC

344.29 all have] V; they have PC, TS

344.32 consequence:—] TS; ~∧— V, PC

344.32 is a] V; as a PC, TS

344.35 *behavioral*] V; [*rom.*] PC, TS

345.1 whenever] V; to whatever PC, TS

345.1 are used.] V; apply. PC, TS

345.5 themselves] V; may PC, TS

345.10 defense, and of] V; defense∧ and even PC, TS

345.19 that] V; which PC, TS

345.21 *any*] PC, V; [*rom.*] TS

345.21 mere] V; such PC, TS

345.22 inadmissable] TS; inadmissible V, PC

345.30;346n.1 preliminary] PC, V; [*not present*] TS

345.30 Dr.] TS; [*om.*] V, PC

345.33 given] PC, V; given in TS

345n.4 The] PC, V; See No. of the questions in the document submitted. The TS

345n.7 pursuits] TS, PC; ~, V

346.4-5 like, say, the words] V; like∧ the words, say, PC, TS

346.12 its] V; an PC, TS

346n.1 that] V; which PC, TS

346n.1 Mr.] TS; [*om.*] V, PC

346n.1-2 especially] PC, V; particularly TS

346n.2 searching:—] TS; ~∧— V, PC

346n.3 values.] PC, V; values. (See Nos. 7 and 22 of the list.) TS

347.8 etc.] TS; and so on. V, PC

347.21 sat-upon,] TS, PC; ~∧~, V

347.22 the eggs,] V; also the eggs, PC, TS

347.22 chicks,] V; ~∧ PC, TS

347.33 has to be] V; would be PC, TS

347.33-34 if at all,] V; if it were taken PC, TS

347.35 as in cases] V; in the cases PC, TS

347.39-40 use of it] V; its use PC, TS

348.1 *facts*] V; [*rom.*] PC, TS

587 348.6 etc.,] TS; and so on, V, PC

348.6 made:—] TS; ~:∧ V, PC

348.8 conditions] V; conditions which are PC, TS

348.9 understood in isolation from] V; understood without reference to many PC, TS

348.15 highly] V; very PC, TS

348.21 (viewed] V; (all viewed PC, TS

348.21 current] V; [*not present*] PC, TS

348.22 All] V; But they PC, TS

348.24 valuing] V; Valuing PC, TS

348.26 confused] V; present confused PC, TS

348.27 does] V; [*not present*] PC, TS

348.29 things),] TS, PC; ~)∧ V

348.29 singular, and] V; singular, while PC; singular; while TS

348.32 agreed upon] TS; ~-~ V, PC

348.34 displace] V; then displace PC, TS

348n.1 etc.,] TS; and so forth V, PC

348n.5 case is, of course,] PC, V; case, of course, is TS

349.11 an affirmation] V; affirmation PC, TS

*349.12 As ... discussion] PC, V; Discussion TS

349.13 state,] TS, PC; ~∧ V

| | |
|---|---|
| 349.14 | place only] V; place, PC; place TS |
| 349.17 | abstractions,] TS, PC;~∧ V |
| 349.25-26 | of dogs] V; that dogs PC, TS |
| 349.26 | being] V; are PC, TS |
| *350.2 | difference,] TS, V;~∧ PC |
| 350.6 | given] V; they give PC, TS |
| 350.10 | "ideal"] PC, V; as "ideal" TS |
| *350.10-11 | utopian, sentimental,] V; utopian or sentimental, PC; utopian or sentimental∧ TS |
| 350.14 | *also*] V; [*rom.*] PC, TS |
| 350.17 | value,] TS, PC;~∧ V |
| *350.20 | matter] *stet* TS; a matter V, PC |
| 350.23 | to measure] V; measure PC, TS |
| 350.24-25 | means for] V; means of PC, TS |
| 350.26 | outcome.] V; consequence. PC, TS |
| 350.27 | being] V; since it is PC, TS |
| 350.30 | only] PC, V; these only TS |
| 350.31 | logic,] PC, V;~∧ TS |
| 350.31 | practical,] PC, V;~∧ TS |
| 350.33 | inhuman,] TS;~∧ V, PC |
| 350.35 | consists] V; is found PC, TS |
| 350.39 | *per se*,] TS; [*rom.*] V, PC |
| 350.40 | they *are*] V; *they* are PC, TS *588* |
| 351.2-3 | questions... study] V; questions and comments preliminary to this symposium PC; documents submitted by Dr. Lepley TS |
| 351.4 | the meaning] V; the import of the meaning PC, TS |
| 351.4-5 | in the sense of] V; as involving PC, TS |
| 351.5 | which] V; that PC, TS |
| 351.5-6 | in existence ... cherished,] V; the things prized or cherished in existence, PC, TS |
| 351.7 | prizing] PC, V;~, TS |
| 351.10 | etc.,] TS; and so on, V, PC |
| 351.14-15 | circumstantially] V; circumstancially PC, TS |
| 351.18 | It] TS; [*no* ¶]~ V, PC |
| *351.18 | experiences] PC, V; cases experiences TS |
| *351.20 | independently] PC, V; independent TS |
| 351.21;352.15,17,21-22, 24,28,28-29,30,34,35,38, 39;353.7 | esthetic] TS, PC; aesthetic V |
| *351.24 | Each] PC, V; Either TS |
| *351.26 | So a] PC, V; A TS |
| *351.27 | attitudes,] PC, V; types, TS |

*351.27 its distinctive kind] PC, V; a distinct type TS
351.32 fuller] V; a fuller PC, TS
351.37 it] PC, V; [*not present*] TS
351.37 mine.] PC, V; mind. TS
351n.1 by Mr. Rice] W; by Rice V, PC; of Mr. Rice, TS
351n.1 in ... comments.] PC, V; No. 9. TS
352.3 is definitely] PC, V; definitely TS
352.11 value-field] V; the value-field PC, TS
352.24 become] *stet* TS, PC; became V
352.27 etc., etc.] TS; and so on and so on. V, PC
352.32-33 that ... esthetic;] W; that is momentary is aesthetic; V; is esthetic that is momentary; PC, TS
352.37 goes] PC, V; does TS
353.3,11-12 ground work] TS; groundwork V, PC
353.9 I believe (i)] W; I believe (1) PC, V; (i) I believe TS
353.14 any attempt] V; the attempt PC, TS
353.30 plus] TS, PC; ~, V
354.6 question] V; question as to PC, TS
354.6-7 prizings, etc.,] TS; prizings (and so on) V, PC
354.8 former),] V; ~)∧ PC, TS
354.11 foresight] W; ~, V, PC, TS
354.11 outcome,] V; ~∧ PC, TS
354.12 caring-for,] V; ~∧ PC, TS
589 354.12-13 the link] V; a link PC, TS
354.14 *into*] PC, V; [*rom.*] TS
354.15 may] V; [*not present*] PC, TS
354.17 outcome] TS, PC; ~, V
*354.23 sort of] PC, V; sort or TS
354.26,33 that] V; which PC, TS
354.26 class-membership,] TS; ~∧~, V, PC
354.27 dicta] V; dictas PC; dictates TS
354.28 etc., etc.,] TS; and the like, V, PC
354.35 *at first*] V; [*rom.*] PC, TS
355.3 ecclesiastical] PC, V; eccelesiastical TS
*355.3-4 as to provide] PC, V; that they provide TS
*355.4-5 whatever ... impossible.] PC, V; those who hold that rational valuations are impossible whatever color of plausibility their view possesses. TS
355.18 exclusively] V; merely PC, TS
355.23 theories that] V; theories, which PC, TS
355.28 *conditions* that] V; *conditions* which PC, TS
355.29 place,] TS, PC; ~; V
355.30 determined] PC, V; that are determined TS
355.33 class-interests,] TS; ~∧~, V, PC

| | |
|---|---|
| 355n.2 | valuing] V; one PC, TS |
| 355n.2 | valuation.] V; the other. PC, TS |
| 355n.4 | in] V; of PC, TS |
| 356.19 | esthetic] TS; aesthetic V, PC |
| 356.21 | occasion,[9]] V;～,∧ PC, TS |
| 356.23 | directing] TS;～,V, PC |
| 356.24 | behavior,] TS;～∧ V, PC |
| 356.28 | judgment.] V;～.[9] PC, TS |
| *356.29 | use or] PC, V; office of TS |
| 356n.1-2 | article, ... XLII] PC, V; article, in THE JOURNAL OF PHILOSOPHY, Vol.XLII, pp.TS |
| 356n.2-3 | 701-712.] TS, V; 701-12. PC |
| *356n.3 | "Persuasion"] V; The use PC; The office TS |
| 356n.4 | factual subjectmatter] W; factual subject matter, V, PC; subject matter TS |
| 357.2 | etc., etc.] TS; and so on. V, PC |
| *357.5-7 | The ... now] PC, V; So far as the function of persuasion, and of producing convictions which direct subsequent behavior, peculiar to judgments conventionally recognized to be in the value-field, that function is now TS |
| 357.7 | better] V; best PC, TS |
| 357.13 | or biological] PC, V; biological, etc., TS |
| 357.29 | everywhere.[10]] PC, V;～.∧TS |
| 357n.1 | 10. For ... see] PC, V; [*not present*] TS |
| 357n.1-2 | *Value* ... pp.312-318.] W; pp.312-318, below. V; pp.000-000, below. PC; [*not present*] TS |

*590*

## 《哲学有未来吗？》

本文的范本是《第十届国际哲学大会会议记录(阿姆斯特丹，1948年8月11—18日)》(E·W·贝斯、H·J·帕斯和J·H·A·霍拉克主编，阿姆斯特丹：北荷兰出版公司，1949年)中该文的版本，见该书第108—116页。

| | |
|---|---|
| *358.7 | subjectmatter] W; subject-matter |
| 359.32 | fact, however, implies] W;～∧～,～, |
| 359.33 | commonplace,] W;～∧ |
| 359.35 | existence] W; existance |
| 360.15 | life] W; live |
| *361.8; 365.23; 367.7 | subjectmatter(s)] W; subject matter |
| 361.19 | relationships] W; relationship |
| 361.21 | challenge] W; challange |
| *361.25-26; 364.6 | a philosophy] W; philosophy |

| | |
|---|---|
| 361.40 - 362.1 | whatever,] W; ～∧ |
| 362.10 | claims] W; clams |
| 362.12 | of movement] W; of movements |
| 362.33 | representatives] W; representative |
| 362.37 | Left] W; left |
| 363.31 | ongoing] W; on going |
| 364.12 | everyday] W; every day |
| 365.1 | doubtful,] W; ～∧ |
| *366.23 | which material, moreover,] W; ～, ～∧ ～∧ |
| 366.28 | intended] W; intented |
| 367.9 | with respect] W; with the respect |
| 367.19 | into] W; into to |
| *367.30 | a share] W; share |
| 368.15 | challenge,] W; ～∧ |
| 368.16 | successors] W; success |

## 《哲学在我们这个科学时代的未来》

本文的范本是《评论》第8卷(1949年10月)中该文的版本,见该刊第388—394页。

591

| | |
|---|---|
| *370.26; 371.34,35; 379n.5; 381.19,23 | subjectmatter] W; subject matter |
| 373n.1 | pp.142 - 43,] W; pp.141 - 42, |
| 373n.2 | 1946.] W; 1944. |
| 374.13 | divertible] WS; divertable |

## 《经验与存在:一个评论》

这封回信的范本是一份不是由杜威打的打字稿(TS),该稿保存于南伊利诺伊大学卡本代尔分校莫里斯图书馆特藏部约瑟夫·拉特纳/约翰·杜威文献46号盒12号文件夹,共9页。修订依据了《哲学与现象学研究》第9卷(1949年6月)第709—713页该文的版本(PPR)。

| | |
|---|---|
| 383.2 | asking:] PPR; asking two questions of me. The first one reads: |
| 383.3 | *beyond*] PPR; [*rom.*] |
| 383.10,13; 385.19 | that] PPR; which |
| *383.13 | me] *stet* TS; me by them PPR |
| 383n.3 | Metaphysics,"] PPR; *Metaphysics*∧ ∧ |
| 383n.3 | pp.316 - 321.] PPR; (～). |
| *384.1 | on my view] *stet* TS; in my view PPR |
| 384.19 | I have] PPR; [*not present*] |
| 384.27 | the use] PPR; a use |
| 385.1 | either] PPR; [*not present*] |

| | |
|---|---|
| 385.2 | as the ground] PPR; to serve as ground |
| 385.2 | his intimation] PPR; the suggestion |
| 385.3-4 | that conclusion] PPR; it |
| 385.4 | view] PPR; view that to me |
| 385.4-5 | (which ... me)] PPR; (as to him) |
| 385.5 | that experience] PPR; experience |
| 385.6 | view; nevertheless,] PPR; view, and yet, |
| 385.6 | he] PPR; [*not present*] |
| 385.8 | his] PPR; the |
| 385.33 | that] PPR; the |
| 385.34 | connected] PPR; [*not present*] |
| 386.13 | be] PPR; were |
| 386.19-387.8 | I ... throughout.] PPR; [*not present*] |
| 386.27 | names,] W; name, PPR; [*not present*] TS |
| *387.18 | view] W; view gets transformed PPR, TS |
| 387.19 | here] PPR; in this case |
| 387.21 | world.] PPR; existential world. |
| *387.21 | the view] PPR; [*not present*] *592* |
| 387.21 | terms] PPR; terms which are |
| 387.22 | not] PPR; [*not present*] |
| 387.22 | space-time] PPR; [*not present*] |
| 387n.2 | See ... p. 416.] PPR; *Experience and Nature*, from bottom of P.412 to top of P.415. |
| 388.4 | words] *stet* TS; worlds PPR |
| 388.6 | serving] PPR; [*not present*] |
| 388.7 | under-pinning.] PPR; ~.[6] |
| 388.20-21 | their identification.] PPR; identification of them. |
| 388.22 | that which is named] PPR; what they name |
| 388.22 | moreover] PPR; [*not present*] |
| 388.26 | are] PPR; is |
| 388.27 | values] PPR; them |
| 388.30 | criticism] PPR; cricitism |
| 388.33 | this specious] PPR; [*not present*] |
| 388.34 | reached] PPR; [*not present*] |
| 388.35 | general traits] PPR; them |
| 388.38 | ; criticism, that is,] PPR; [*not present*] |
| 388.38 | events.] PPR; events; that is to say, of warranted judgment. |
| 388.38-39 | For example,] PPR; [*not present*] |
| 388.39-40 | [general]] PPR; [*not present*] |
| 389.1 | its] PPR; [*not present*] |
| 389.2 | "fear] PPR; ‸~ |
| 389.4 | and point] PPR; [*not present*] |
| 389.5 | application in] PPR; application to and in |

| | |
|---|---|
| 389.5 | that is,] PPR; [*not present*] |

## 《为“宗教与知识分子”专题论坛撰写的文章》

这份讨论会的与会论文的范本是一份不是由杜威打的打字稿,该稿保存于布鲁明顿印第安纳大学里利图书馆手稿部亚瑟·F·本特利档案,共8页。修订依据了《党派评论》第17卷(1950年2月)第129—133页该文的版本(PR)。

| | |
|---|---|
| 390.3 | loss ... intellectuals,] PR; loss among intellectuals of faith in science‸ |
| 390.5 | which] PR; which hardly more than a generation ago were supposed by |
| 390.5 | class had abandoned,] PR; class to have been outlawed scientifically, |
| 390.5 | is] PR; is such |
| 390.6 | rendering] PR; as to render |
| 390.6 | editors of] PR; editors of the |
| 390.10 | latter] PR; latter point |
| 390.12 | seem] PR; seem to many |
| 390.12 | gross] PR; a gross |
| 390.14 | the following] PR; this particular |
| 390.15 | In ... is] PR; There is in any case |
| 390.16 | the attendant] PR; its attendant |
| 390.17 | , and ... affairs] PR; [*not present*] |
| 390.18 | shall] PR; shall proceed to |
| 390.23 | disorganization.] PR; disorganization, actual and threatened. |
| 390.25 | cultural.] PR; even cultural. |
| 391.6 | belief] PR; beliefs |
| 391.7 | be] PR; also be |
| 391.8 | which] PR; [*not present*] |
| 391.9 | These] PR; In addition, these |
| 391.10 | desirable] PR; desirable and widely desired |
| 391.11 | understanding ... follow] PR; understanding due to |
| 391.13 | For] PR; [*no* ¶] For |
| 391.16 | by accepting belief in] PR; by means of |
| 391.20 | process.] PR; method. |
| 391.22-23 | the statement] PR; it |
| 391.24 | the absence of] PR; introduction of all |
| 391.26 | has been] PR; was |
| 391.29 | downright] PR; a downright |
| 391.32 | confidence] PR; confidences |
| 391.33 | such] PR; [*not present*] |

593

| | |
|---|---|
| 391.34 | overturn] PR; overturn of this sort |
| 391.35 | shift] PR; upset |
| 391.35 | those involved in] PR; those who, taken severally, are components of |
| 391.36 | arrangements upset.] PR; arrangements, domestic and international, which are its gross and obvious features. |
| 391.36 | those] PR; those who are |
| 391.37 | and] PR; and are |
| 391.40 - 392.1 | position] PR; attitude |
| 392.1 | remained] PR; remain |
| 392.1 - 2 | old attitudes] PR; older intellectual and moral attitudes that are |
| 392.6 | return to] PR; return to acceptance of |
| 392.8 | support."] PR; support for themselves." |
| 392.8 | Just as I] PR; At the time I *594* |
| 392.8 | this] PR; the importance of this |
| 392.13 | about] PR; concerning |
| 392.21 | needing] PR; having |
| 392.28 | is] PR; will be |
| 392.29; 393.27 | which] PR; that |
| 392.38 | is] PR; [*not present*] |
| 392.39 | worlds. Between them] PR; worlds between which |
| 392.39 | the] PR; [*not present*] |
| 392.39 - 40 | communication that] PR; communication, which |
| 392.40 | agreement] PR; ~, |
| 393.1 | In view] PR; In such a state of affairs, particularly in view |
| 393.1 - 2 | propaganda] PR; propaganda to upset intellectual equilibrium, |
| 393.2 | vastly] PR; the vastly |
| 393.2 | in war,] PR; of war, |
| 393.2 | seems] PR; is rather |
| 393.3 | prior] PR; the prior |
| 393.4 | pessimism.] PR; a pessimism that marks the lowest ebb ever reached by anything bearing the name "science." |
| 393.5 | as] PR; [*not present*] |
| 393.7 - 8 | It stands for] PR; For it is |
| 393.8 - 9 | disposition in which] PR; disposition of a public substitution of |
| 393.10 - 11 | distrust, ... regard.] PR; distrust, which even if it continue to be but a Cold War chills to its marrow warm hopes and expectations which only a short time ago were ardently burning. |
| 393.14 | has] PR; have |

| | | |
|---|---|---|
| | 393.15 | the mass] PR; they |
| | 393.15 | shared that attitude.] PR; possessed it. |
| | 393.15 | The mass] PR; They most |
| | 393.23 | insecurity,] PR; insecurity, with fear of their return rife, |
| | 393.29 | We are] PR; The discussion is |
| | 393.35 | very] PR; [*not present*] |
| | 393.35-39 | The ... intellectual.] PR; What has been lacking, however, is a place for the scientific attitude in the management and conduct of all the significant concerns and attitudes of mankind, not a place in any "hierarchy" even if it be that of an intellectual class. For the latter attitude is inevitably contained and restrained. In view of what has already been said, I shall not expatiate upon a point that is fundamental to all that has been said. |
| *595* | 393.40 | Little] PR; [*no* ¶] Since, however, little |
| | 393.40 | in the foregoing] PR; [*not present*] |
| | 393.41 | are] PR; were |
| | 393.41-394.1 | consider.] PR; answer, |
| | 394.3 | account] PR; account, originating presumably in intellect |
| | 394.3-4 | an expression of] PR; in and from the movement of |
| | 394.4 | kinds] PR; varieties |
| | 394.5 | religion.] PR; what is named *religion*. |
| | 394.12 | conflict, and] PR; conflicts, |
| | 394.13 | in ... fact] PR; [*not present*] |
| | 394.13-14 | differences ... earth,] PR; differences with respect to what may be called the proper techniques of the operation of the supernatural are conspicuously divisive, |
| | 394.15 | values] PR; more values |
| | 394.15 | sustained —] PR; sustained, and will be more |
| | 394.16 | supported] PR; ~, |
| | 394.18 | Not] PR; [*no* ¶] Not |
| | 394.23 | an] PR; [*not present*] |
| | 394.24 | on the part] PR; [*not present*] |
| | 394.24-25 | preferred] PR; referred |
| | 394.25 | it is] PR; [*not present*] |
| | 394.25 | pluralisms] PR; pluralism |
| | 394.26 | provided] PR; provided always |
| | 394.26 | inter-communication.] PR; inter-communication and of trans-communication. |

## 《作为一个初始阶段和作为一个艺术发展的审美经验》

这份回信的范本是《美学与艺术批评》第 9 卷(1950 年 9 月)第 56—58 页该文的

版本。

| | |
|---|---|
| 395.10,11 | aesthetic] WS; esthetic |
| 395.20 | on the] W; on |
| 395n.1 | Vol. VIII] W; Vol. VII |
| 395n.1 | No. 2,] W; No. 21, |
| *396.6 | first and third chapters.] W; first two chapters. |
| 396.21 | in which] W; of which |
| *396.34, 36; 397.7, 20, 35-36 | subjectmatter(s)] W; subject matter |
| 397.38 | There] WS; [no ¶] ~ |

596

## 《为〈紧张世界中的民主〉撰写的文章》

本文的范本是《紧张世界中的民主:联合国教科文组织专题论坛》(理查德·麦基恩主编,芝加哥:芝加哥大学出版社,1951年)第62—68页该文的版本。本文没有修订。

## 《现代哲学》

本文的范本是一份未署标题的打字稿的第二个复本($TS^2$),保存于南伊利诺伊大学卡本代尔校区莫里斯图书馆特藏部约瑟夫·拉特纳/约翰·杜威文献46号盒12号文件夹,共21页。这份手稿只有最后一页是杜威打的。修订依据了《我们文化的分裂:科学人道主义研究——向马克斯·奥托致敬》(弗里德里克·柏克哈特主编,波士顿,灯塔出版社,1952年)第15—29页该文的版本(CC)

| | |
|---|---|
| 407.1 | Modern Philosophy] CC; [*not present*] |
| 407.6 | medieval] CC; Medieval |
| 407.11 | those of] CC; those |
| 407.13 | is a report] CC; are reports |
| 407.19 | (1)] CC; [*not present*] |
| 407.22 | that (2)] CC; that, in the second place, |
| 407.27 | The vision] CC; Vision |
| 407.27 | was] CC; has |
| 408.2 | respect to] CC; [*not present*] |
| 408.3 | the vision] CC; a vision |
| 408.9 | the deviation] CC; deviation |
| 408.13 | But because] CC; Because |
| *408.13 | shock to] W; shock of CC; shock given to $TS^2$ |
| 408.22 | wherever] CC; whatever |
| 408.23 | were] CC; remained those |
| 408.24 | that] CC; [*not present*] |

| | | |
|---|---|---|
| | 408.31 | conscience, by] CC; conscience; |
| | 408.32 | consciousness,] CC; ~; |
| | 408.32 | intuition-things] CC; intuition; they were |
| | 408.34 | an underlying] CC; a underlying |
| | 408.37 | great] CC; [*not present*] |
| | 408.39 | source] CC; opportunity and source |
| | 408.40 | put . . . was:] CC; its attitude put in words would be: |
| | 409.1 | worlds,] CC; ~∧ |
| *597* | 409.5-6 | The . . . Religion] CC; [*ital.*] |
| | 409.7 | better] CC; [*not present*] |
| | 409.8 | formulated] CC; formulated and wrestled with |
| | 409.18 | whose natural,] CC; the natural, |
| | 409.18 | culmination] CC; culmination of which |
| | 409.19 | Logos,] CC; *Logos* and |
| | 409.23 | the adoption] CC; adoption |
| | 409.26 | the true] CC; true |
| | 409.26 | "science," and] CC; "Science"; while |
| | 409.30 | science. It] CC; science; it |
| | 409.31 | that] CC; which |
| | 409.40 | "accidents," which] CC; "accidents∧" that |
| | 410.1 | but] CC; but that |
| | 410.2 | control] CC; the control |
| | 410.2-3 | Immutable. The] CC; immutable. In consequence, the |
| | 410.4 | by the] CC; by |
| | 410.6 | tending . . . to] CC; that by their own nature tended to |
| | 410.8 | necessary] CC; necessary and |
| | 410.12 | actually] CC; [*not present*] |
| | 410.16 | men,] CC; ~∧ |
| | 410.18 | far] CC; very far |
| | 410.19-20 | jurisdiction between] CC; jurisdictions between the |
| | 410.20-21 | fields. Conflict] CC; fields, which were supposed not to conflict |
| | 410.21 | was prevented] CC; [*not present*] |
| | 410.21-22 | the two "domains"] CC; they |
| | 410.29 | occurrence] CC; occurrent |
| | 410.29 | seem] CC; seem to be |
| | 410.31 | arising from] CC; that manifested |
| | 410.32 | were] CC; have been |
| | 410.34 | old.] CC; old at their core. |
| | 410.39 | Knowledge.] CC; knowing. |
| | *411.2, 12, 31; 413.32; 415.21; 416.35, 39; 417.3, 7-8, 27; 418.2 | subjectmatter(s)] W; subject matter CC, $TS^2$ |
| | 411.3 | that had been] CC; which were |

411.4 Baser] CC; “~

411.7 that] CC; which

411.25 Consideration] CC; One finds consideration

411.25 is] CC; [*not present*]

411.30 only; that is,] CC; only, that is$_{\wedge}$ those that are

411.30 *any*] CC; any substance or

411.31 philosophy’s] CC; philosophy

411.35 taking] CC; the tendency to take

411.36 formal] CC; merely formal *598*

411.37 issues] CC; [*not present*]

412.1 made by traditional philosophy] CC; that traditional philosophy has made

412.2 mark.] CC; marks.

412.2 problems] CC; issues and problems

412.4 range.] CC; the range.

412.4 local; they] CC; local, but

412.10 barriers] CC; barrier

412.12 organism’s] CC; organisms’

412.14 fellow men] CC; fellow man

412.16 many of] CC; man of many of

412.18 recently] CC; very recently

412.23–24 not openly accepting] CC; who do not openly accept

412.24 attributes] CC; usually attributes

412.28 that, ... are] CC; which are, to say the least,

412.31 quasi-mystical. Unconsciousness] CC; quasi-mystic. The Unconscious

412.38 line] CC; lines

412.39 made] CC; making

412.39–40 by means of] CC; through

413.3 that] CC; that in

413.3 modern] CC; the modern

413.4 such] CC; in such a state

413.9 has] CC; has now

*413.13 divisions] *stet* TS$^{2}$; division CC

413.15 that] CC; which

413.18 When] CC; Only when

413.19 life,] CC; life could

413.20 becomes] CC; become

413.23 to do more here] CC; here to do more

413.24 that change] CC; the change

413.25 inquiry] CC; inquiry that involves a width and depth of scope

413.25 which] CC; that

413.26 technical —]CC; ~,

413.26 which in fact] CC; that, in fact,

413.26 now] CC; [*not present*]

413.26 - 27 scientific conclusions] CC; it
413.27 and for philosophical] CC; carrying out the distinctive office of philosophical
413.30 in the knowing of] CC; in connection with
413.32 which] CC; that
599 413.33 - 34 immutables] CC; the immutables
413.36 - 37 external] CC; [*not present*]
413.38 *the*] CC; [*rom.*]
413.40 is made] CC; [*not present*]
413.40 the inclusion] CC; inclusion
413.40 - 41 his concerns] CC; of human concerns
413.41 continuous] CC; continuity of
414.1 brutes. It] CC; brutes
414.3 But it] CC; It
414.3 *denial*] CC; a denial
414.5 sort, while] CC; while while
414.5 doctrine] CC; concept
414.7 Employment] CC; In its earlier phase, employment
414.8 partial . . . phase.] CC; partial.
414.16 Space and time, instead] CC; Instead
414.17 are] CC; space and time are
414.21 the indefinitely] CC; an indefinitely
414.22 which is nature] CC; [*not present*]
414.23 save] CC; same
414.24 - 25 alike . . . inquiry,] CC; of physical and physiological inquiry alike‸
414.25 separations] CC; separation
414.26 make] CC; now makes
414.29 the latter] CC; it
414.31 perpetuating] CC; perpetuation of
414.32 only] CC; [*not present*]
414.32 *the* "Object"] CC; the object
414.37 upon] CC; upon the
415.1 the natural] CC; a different sort of natural
415.2 the] CC; [*not present*]
415.10 *human*] CC; [*rom.*]
415.10 affairs. In respect to] CC; affairs, not of
415.11 Reality] CC; Reality in general, where
415.11 futile] CC; [*not present*]
415.11 - 12 the service actually rendered] CC; this service
415.12 the assumption that] CC; taking it for granted that
415.14 - 16 dealt. The . . . relations.] CC; dealt, in spite of the over-whelming change in human affairs actually taking place.
415.18 Philosophy] CC; [¶] Natural science in its own growth toward maturiry has now done away with the grounds which were taken as

the foundation of those errancies. Philosophy

415.21 able] CC; avle

415.25 that of] CC; [*not present*]

415.34 and of] CC; [*not present*] *600*

415.37 - 416.1 of backwardness] CC; [*not present*]

416.4 so that] CC; and that

416.6 will] CC; would

416.8 feature] CC; one

416.8 represented in] CC; now represented by

416.10 and that] CC; so that

416.11 use in] CC; [*not present*]

416.14 practical)] CC; practical as the advance of physical theory has amply demonstrated)

416.17 of themselves] CC; [*not present*]

416.32 not] CC; now

417.1 constitute] CC; be

417.2 are] CC; [*not present*]

417.6 it] CC; but it

417.15 due to the] CC; in

417.15 subjectmatters.] W; subject matters. CC; subject matter. TS[2]

417.21 centuries] CC; century

417.22 physical inquiry ... imposed] CC; free from burdens of physical inquiry imposed

417.25 human] CC; [*not present*]

417.25 are to be] CC; may be

417.26 projected] CC; be projected

417.26 It] CC; In this connection, it

417.27 again] CC; [*not present*]

417.29 mark.] CC; mark. That the human situation is now worldwide in extent is obvious without argument. The source of both our resources and of barriers lies far back in the abyss of time. Now only pre-human animal life is involved in the structure and in the sufferings and doings of man today, but also conditions formed in geological ages.

417.30 so] CC; [*not present*]

417.31 wide that the] CC; wide. The

417.32 be exchanged] CC; now be profitably exchanged

417.32 transactions] CC; the transactions

417.37 or] CC; of

418.1 problems today is to show] CC; problems of philosophy

418.1 - 2 scope ... philosophy.] CC; range as the frame of reference in which problems are to be located is to indicate in some detail that such is the fact.

418.3 if] CC; [*not present*]

418.6 aspect] CC; manner

601 418.7 behavior; it is so] CC; behavior so

418.8 and shaped by] CC; [*not present*]

418.9 give-and-take] CC; Give-and-take

418.10 is] CC; is, for example,

418.10 students of] CC; those concerned with

418.10 historical] CC; historic

418.12 in religious rites] CC; called religious doctrine

418.13 dogmas, in] CC; dogma,

418.14 "synthesis," a] CC; "synthesis$_\wedge$" or

418.16 and of] CC; and

418.20 present] CC; [*not present*]

418.25 the modes] CC; modes

418.30 that] CC; the

418.31 which] CC; that

418.40 *in fact*] CC; [*rom.*]

419.6 liberal,] CC; liberal and

*419.13 systematic acceptance] *stet* TS[2]; acceptance CC

*419.14 aloofness] *stet* TS[2]; systematic aloofness CC

*419.15 but] *stet* TS[2]; [*not present*] CC

419.16 - 17 identified] CC; commonly identified

419.17 isolations] CC; isolation

419.18 in consequence] CC; as its consequence

419.18 conferred] CC; operated to confer

419.19 that] CC; that that

419.28 wellbeing] W; well-being CC; wellbing TS[2]

419.28 which] CC; all which

419.29 share.] CC; have a share.

419.29 so] CC; so so

419.33 resources] CC; resourced

419.35 humble] CC; a humable

# 《认知与所知》的实质性变更

本部分记录了《认知与所知》的范本（波士顿，灯塔出版社，1949 年）与两份此前的版本（《哲学杂志》的版本和杜威的打字稿）之间的主要差别。这里不包括亚瑟・F・本特利撰写的第 1、8、9 章。对于书籍出版来说必要的语词调整，如用“章”而不是“论文”，等等，在此没有列出。对脚注所作的修改和实质性的校订在这里列出，但形式上的引文变动，如增加出版社所在地等，在这里没有列出。 602

每一章的不同版本都被标明，并且在必要时给出这些材料的缩写。方括号前面的内容来自本版本；其他版本的内容放在方括号后面。波浪号～表示和方括号前面的词相同；插入符号∧表示缺了一个标点符号或脚注。正文前面的井号 # 是指文本被改动了，变动的内容出现在《校勘表》中。正文前面的星号 * 表示有一个关于变动情况的注解，这些注在下一部分，即“关于‘《认知与所知》的实质性变更’的注解”中会出现。

## 前言 （杜威与本特利）

下表所列是《认知与所知》范本（KK）第 v—vii 页（本卷第 3—5 页）和两个打字稿之间的主要变动。较早的打字稿（TS）是由杜威打的，该稿附在 1947 年 9 月 3 日杜威给亚瑟・F・本特利的信中（印第安纳大学布鲁明顿校区里利图书馆手稿部本特利档案，共 2 页）；修改的手稿（$TS^1$）不是杜威打的，其标注日期为 1947 年 9 月 15 日（保存于南伊利诺伊大学卡本代尔校区莫里斯图书馆特藏部约瑟夫・拉特纳/约翰・杜威文献 45 号盒 9 号文件夹，共 3 页）。

3.6-7　upon ... made] $TS^1$, KK; reported upon TS
3.7　conviction] $TS^1$, KK; belief TS
3.10　essential.] $TS^1$, KK; much needed. TS 603

| | |
|---|---|
| 3.10 | This conviction] TS$^{1}$, KK; The belief TS |
| 3.11 | We hold] TS$^{1}$, KK; It rests upon the belief TS |
| 3.13 - 14 | subjectmatters] TS$^{1}$, KK; the subjects that are TS |
| 3.14 | The scientific method] TS$^{1}$, KK; That method TS |
| 3.18 | imposition.] KK; imposition to wish to use them. TS$^{1}$, TS |
| 3.18 - 19 | research,] TS$^{1}$ KK; knowing, TS |
| 3.22 | with one another] TS$^{1}$, KK; [*not present*] TS |
| 3.22 | their] TS$^{1}$, KK; [*not present*] TS |
| 3.22 - 23 | join ... difficulties] TS$^{1}$, KK; pursue this method, differences TS |
| 3.23 | turn out] KK; turn out in the end TS$^{1}$, TS |
| 3.25 | one of] TS$^{1}$, KK; one in TS |
| 3.26 | method;] TS$^{1}$, KK; method of procedure; TS |
| 3.28 | this] TS$^{1}$, KK; that TS |
| 3.29 | Our] TS$^{1}$, KK; We find that TS |
| 3.29 | future] TS$^{1}$, KK; [*not present*] TS |
| 3.29 | knowledge about knowings] TS$^{1}$, KK; knowing of knowledge TS |
| 3.30 | requires] TS$^{1}$, KK; is integrally connected with advance in TS |
| 3.30 | is] TS$^{1}$, KK; to be TS |
| 3.30 | integrally] TS$^{1}$, KK; intimately TS |
| 3.31 | reference] TS, KK; reference which TS$^{1}$ |
| 3.31 - 32 | we employ] TS$^{1}$, KK; [*not present*] TS |
| 4.1 | proceeded.] TS$^{1}$, KK; developed. TS |
| 4.1 | development] TS$^{1}$, KK; studies TS |
| 4.2 | grasped most readily] KK; most readily grasped TS$^{1}$, TS |
| 4.2 | distinction of] TS$^{1}$, KK; differences between TS |
| 4.3 | from ... self-actional] TS$^{1}$, KK; and the self-active and the inter-actional TS |
| 4.3 | points of view] TS$^{1}$, KK; procedures TS |
| 4.3 | is] KK; are TS$^{1}$, TS |
| 4.4 | that] TS$^{1}$, KK; the TS |
| 4.7 | It] TS$^{1}$, KK; For it TS |
| 4.9 | It] TS$^{1}$, KK; This method TS |
| 4.9 | assertions] TS$^{1}$, KK; assertion TS |
| 4.10 | attempts] TS$^{1}$, KK; an attempt TS |
| 4.11 | them.] TS$^{1}$, KK; it. TS |
| 4.11 - 12 | It ... or] TS$^{1}$, KK; [*not present*] TS |
| 4.12 - 13 | beyond inquiry.] KK; beyond. TS$^{1}$; [*not present*] TS |
| 4.13 | the tests ... flexibility] TS$^{1}$, KK; this this test TS |
| 4.14 | our] TS$^{1}$, KK; our own TS |
| 4.14 | any attempts] TS$^{1}$, KK; the attempt TS |
| *604* 4.14 | would be] TS$^{1}$, KK; is TS |
| 4.15 | — a rupture —] TS$^{1}$, KK; [*not present*] TS |
| 4.15 | employ.] TS$^{1}$, KK; are employing. TS |
| 4.15 - 16 | Our ... nevertheless,] TS$^{1}$, KK; This statement TS |

4.16-17 mean ... reject] KK; mean that we disregard or reject TS[1]; even rule out TS

4.17 criticisms] TS[1], KK; criticisms made TS

4.18 however, require] TS[1], KK; require however TS

4.18 of such criticisms] TS[1], KK; [*not present*] TS

4.20 that] KK; which TS[1], TS

4.20 presented.] TS[1], KK; presented about knowledge. TS

4.21 trust] TS[1], KK; believe TS

4.22 the outcome] TS[1], KK; there TS

4.22 progress] TS[1], KK; advance TS

4.22 firmness] KK; that firmness TS[1], TS

4.24 progress ... fact.] TS[1], KK; advance. TS

4.25-37 The ... footnote.] KK; [*not present*] TS[1], TS

4.38-5.4 As ... generations.] TS[1], KK; [*not present*] TS

5.5-12 The ... 1948] KK; Of the eleven papers presented, that of Chapter IX was published in *Philosophy of Science*, and that of Chapter X in *Philosophy and Phenomenological Research*. The remainder have appeared in *The Journal of Philosophy*. TS[1]; [*not present*] TS

## 导言：探寻稳固的名称（杜威与本特利）

下表所列是《认知与所知》范本第 xi—xiii 页（本卷第 6—7 页）和《探寻稳固的名称》[载《哲学杂志》第 42 卷（1945 年 1 月 4 日），第 5—6 页]一文之间的主要变动。

6.10 to be] so that it could be

6.13 manner] manners

6.14 such agreement on] agreement such as this as to

6.19 are to be] will be

6.19 a series of] perhaps half a dozen

6.20 some over] and some over

6.20 names,[1]] ~, ∧

6.21 set up] [*not present*]

6.22 undertaken] have

6.22 consolidated] combined

6.29 opening chapter] paper now offered, the first of the group, 605

6n.1-5 1. Of... comment.] [*not present*]

7.2 they yielded] them to be yielding

7.6-7 that there is a need for] of the need of

7.8 it is done] [*not present*]

7.12 to cure it.] for its cure. The single signature attached, is, as was indicated above, little more than a mark of the division of labor.

7.13-21 One ... dominance.[2]] [*not present*]

| | |
|---|---|
| 7.23 - 24 | designed primarily for] primarily for the purpose of |
| 7.25 - 26 | great variety of the confusions that] confusions and inconsistencies which |
| 7.27 - 28 | that influence the writers'] which influence their |
| 7.29 | hope] hope that |
| 7.31 - 32 | concerned . . . personalities. [3]] directed solely to that end. ∧ |
| 7n.1 - 2 | 2. In . . . Specifications.] [*not present*] |
| 7n.3 - 7 | 3. As . . . 205.] [*not present*] |

## 第2章　术语建构问题（杜威与本特利）

下表所列是《认知与所知》范本第47—78页（本卷第46—73页）和《一个关于认知与所知的术语建构》[载《哲学杂志》第42卷（1945年4月26日），第225—246页]一文之间的主要变动。

| | |
|---|---|
| 46.10 | Theories of knowledge] [*ital.*] |
| 46.14 | have asserted] believe |
| 46.16 | hold] believe |
| 46.16 | undertaking should be placed] should be undertaken |
| 46.18 | a form of "factual" inquiry,] "factual inquiry," |
| 46.20 | on] upon |
| 46.28 | shall] we shall |
| 46.32 | assume] assume that |
| 47.2 | to which] which |
| 47.2 | attention] attention to |
| 47.2 | add] add to |
| 47.4 | has] has as yet |
| 47.4 | undertaken as yet,] undertaken |
| 47.13 - 14 | respect to] [*not present*] |
| 47.16 | that the sort of namings] which namings such as |
| 47.18 | such observations] observations such |
| 47.19 - 20 | excludes, as being] treats as |
| 47.23 | are] is |
| 47.26 | that] which |
| 47.28 | and naming] [*not present*] |
| 47n.6 | to be introduced later,] later to be introduced, |
| 48.1 - 2 | will advance and improve.] advances to similar use under similar aim. |
| 48.2 | that are] which are |
| 48.3 | that claim] which claim |
| 48.6 | test in work, where] test, in work in which |
| 48.7 | through] solely through |
| 48.8 | research solely,] research, and |

606

| | |
|---|---|
| 48.9 | *ipse dixit*.] *ipse dixit* assertion. |
| 48.12 | which,] [*not present*] |
| 48.13 | by us here and now] [*not present*] |
| 48.25 - 26 | that are now] which now are |
| 48.28 | that] which |
| *48.32 | knowings as themselves facts.] knowledge as itself fact. |
| 48.34 | exactly the same sense] the same sense exactly |
| 48.35 | that] which |
| 49.3 | we pointed out instances,] instances were pointed out |
| 49.3 - 4 | in the works of] among |
| 49.12 | likewise] likewise also |
| 49.16 | that] which |
| 49.21 | separation] separation which |
| 49.24 | the "spiritual"] a "spiritual" |
| 49.24 | essence] soul |
| 49.24 | from the] from a |
| 49.25 - 26 | , often ... activities] [*not present*] |
| 49.27 - 50 | Sometimes ... deployed.] [*not present*] |
| 49n.1 | vague word.] of our vague words. |
| 49n.1 | standing, however,] standing and useful |
| 49n.1 | where] where vague |
| 49n.2 | is intended] is all that is intended |
| 49n.2 - 6 | and it ... definiteness.] and where no stress of the types suggested by "object," "entity," or "phenomenon" enters. In such situations only should it be used. |
| 50.20 - 21 | To see language,] The seeing of language$_{\wedge}$ |
| 50.21 | all] all of |
| 50.25 | made] [*not present*] |
| 50.29 | being] [*not present*] |
| 50n.1 - 4 | 4. Alfred ... *et al*.] [*not present*] |
| 51.1 | far] [*not present*] |
| 51.5 | something] [*not present*] |
| 51.5 | *in*] *by* |
| 51.12 | it was] was |
| 51n.7 | Our] our |
| 51n.13 | 6.610;] 6.610, 2.661; |
| 51n.14 | For William James's] [6]For James's |
| 51n.16 | *The*] the |
| 51n.22 | reprinted] (all reprinted |
| 51n.26 - 27 | Is Mind to Be] is Mind to be |
| 52.14 | research.]~.[6] |
| 52.16 | earlier] previously |
| 52.17 | as to] about |
| 52.17 | influence of materials introduced] introduction of material |

*607*

52.17 - 18 inadequate sources.] an incompetent source.
52.26 basis] basis that
52.28 conclusions] the conclusions
52.29 - 30 *knowings* are] *knowing* is
52.30 inseparable from *the knowns* —] the inseparable correlate of *the known* —
52n.1 three] also three
52n.7 [1943],] (1942),
53.4 facts,] Facts,
53.7 - 8 *about* "in fact"] about
53.8 we apply ... Fact.] we use the word as something which is definitely identifiable in the range of observation and firm naming.
53.17 what is known.] that which is known.
53.24 position] position which
53n.2 - 3 in Chapter 1, Section IX.] in our preceding paper, pp. 48 - 49. Use of quotation marks to indicate that "a name" is under consideration rather than "the named" is common, and some logicians have attempted to make a pillar of construction out of it. We have exhibited the unreliability of this in the preceding articles. Solely as a matter of passing convenience we shall follow the custom at times, and also at times capitalize a word to indicate that "the named" and not the "name" is intended. The procedure is both vague and linguistic, and so may be classified along with the "vague words" one must ever keep a sharp eye upon.
54.8 - 37 In ... inquiry.] [*not present*]
55.8 that] which
55.9 differentiated] as differentiated
55.14 This, again,] And this‸ again‸
55.15 we shall inquire into] we have to do with
608 55.19 assert] assert that
55.21 that] which
55.22 - 23 An ... affirmative] The fact that attempted affirmative answers
55.23 results in regarding] result in construing
55.24 — and this] [*not present*]
55.25 Likewise,] And
55.26 considered] [*not present*]
55.27 - 28 is equally absurd] has comparable absurdity
55n.2 dominance] currency
56.16 name] names
56.16 - 17 clear also] also clear
56.26 to other names] to one another
56.27 one another.] each other.
56n.8 , we hope,] [*not present*]
56n.9 - 11 The ... recalled.] [*not present*]

| | |
|---|---|
| 57.14,15 | that] which |
| *57.20 | hope we shall] hope that we will |
| 57.26 | said] said that |
| 57.27-28 | Throughout . . . a] "Knowledge" will remain throughout our entire treatment a |
| 57.30 | Even] But even |
| 57.39 | means] means that |
| 58.1 | primarily] [*not present*] |
| 58.1-2 | specifically] in some other sense |
| 58.3 | except . . . other] [*not present*] |
| 58.5 | knowing, nor] knowing; neither |
| 58.6 | pretense of being a] pretenses as |
| 58.6 | thus] and thus |
| 58.7 | maintaining] maintain |
| 58.8 | part; but] part. But |
| 58.8 | the exhibits] what |
| 58.8 | secured] found |
| 58.8-9 | the preceding . . . the logics] the logics |
| 58.10 | should] would |
| *58.11 | offers] offered |
| 58.14 | action.] action. [¶] In general weg shall postpone discussion of many intricately inter-related problems that suggest themselves as we go along. To the more important of these we shall devote special short papers when opportunity offers. This seems the only course practicable if we are not to wander so widely at times that objectives will be lost to view. Above all we assert and continue to assert — and it might be well if we could repeat it on every page — that our procedure is solely by hypothesis. |
| 58.27-28 | establish] name |
| 58.28 | as] [*not present*] |
| 58.28 | and name it "fact"] [*not present*] |
| 58.28-29 | knowings and its knowns] aspects — all its knowings and all its knowns — |
| 58.33 | in] upon |
| 58.34-35 | *factual aspects*] [*rom.*] |
| 59.1-6 | Fact, . . . place.] [*not present*] |
| 59.6 | note] shall note |
| 59.7 | extensions,] extension, |
| 59.9 | Fact] Fact that |
| 59.13 | or] nor |
| 59.17 | by] through |
| 59.18 | used here] here used |
| 59.20-21 | are required] is required, |
| 59.30 | entire activity —] action, the activity, |

*609*

59.37 replacement] replacement is

60.1 adopt] now adopt

60.1-2 both . . . would] then, as the case stands at this stage, both words would

60.14 inserting gratuitously] gratuitous insertion of

60.15 we] what we

60.16 taking] taking is

60.17 one —] one, and

60.19 we are considering.] of our consideration.

60.20 In] To

60.21 to be] as

*60.23-24 in system] [*not present*]

60.24 proposed.] required.

60.26 *namings*,] [*rom.*]

60.27 on] and, on

60.38-39 events are designational.] designational, *are* Designations.

60.39-40 The . . . designation.] [*not present*]

61.2 difficult. 12] ~. ∧

61.7 that,] which,

61.11 research at] research, at the

61.11-12 rose . . . absolutes.] rose in the shelter of its glorified absolutes to credal strength.

610 61.13 Clerk Maxwell] ~—~,

61.15 thus gained] gained thus

61.18 change. Any] change; any

#61.20-21 Knowing . . . go] The full knowledge — knowing and the known — event and designation — go

61.22 not] and not

61n.1-2 12. This . . . follows:] [*not present*]

61n.2-20 "Similarly . . . up."] ∧ ~. ∧ [*text present in Journal of Philosophy at 62.14, after* 'Events.']

#61n.5 sentence] sentences

61n.6 within] within[13] . . . [13] A vague word, be it observed.

62.1 a sound] sound

62.13 circularity] circularity which

62.24 To] But

62.24 , though,] [*not present*]

62.24 about] as to

62.36 among] of

62.37 in terms of] with respect to

63.23 are to] have to

63.32 being] [*not present*]

63.32 not] and not as

63.32-33 unless] unless, indeed,

64.1 strictly] solely
64.1-2 technological] technical
64.13 to stress most strongly] most strongly to stress
64.17 *direct*] nevertheless direct
64.20 heredity,] heredity, let the genes prove all they may;
64.27 hope] hope that
64n.7-8 We ... however,] It rightfully belongs, however, we believe,
64n.10 for the] to supply the
64n.11 to the adoption of] for
64n.11 our] [*not present*]
64n.13 than] than are
65.1 , as currently used,] [*not present*]
65.2 exact] precise
65.4 that] which
65.7 secured.[16]] ~.∧
65.18 shall assign] assign
65.20-21 such ... naming] accuracy in naming such
65.27 However, the] The
65.28 probably] probably, however,
65n.1-7 16. The ... Chapter 11.] [*not present*]

611

66.8 definition"[17] involves] definition"∧ involved
66.11 logical program.] *Logic,* as inquiry.
66.11-12 defects ... were] defects we exhibited in the traditional logics [17] were
66.12 connected with] due to
66.13 the accurate] [*not present*]
66.13-14 of their own subjectmattersl [*not present*]
66.15 consistency] issues of consistency
66.15-18 in ... behavior] [*not present*]
66.21 that are] [*not present*]
66.22 not] and not
66.24 Selection] But selection
66.24-25 , however,] [*not present*]
66.27 follow] follow later
66.28 centralissue in] issue central to
66.36-37 took form] gained organization
66n. 1 17. See ... I.][17] "On a Certain Vagueness in Logic," this JOURNAL, Vol. XLII (1945), pp. 5-27; 39-51. The Peirce citation is used on p.8.
67.1 motion" — that] motion," namely, that
67.3 Before] But before
67.4-5 observation ... made] a different type of observation was made
67.5-6 in a manner essentially] that was basic to it, and that we may call
67.6 enters] may be seen
67.24 should be] [*not present*]

| | |
|---|---|
| 67.24 | provided.] provided for them. |
| 67.24 - 29 | procedure ... work. In] procedure, not as more real or more generally valid than any other, but as the one that at this stage is needed in the field in which we work, is the *transactional*, in which is asserted the right to see together, extensionally and durationally, much that conventionally is talked of as if composed of irreconcilable separates. In |
| 67n.4 | Bewegung"] Bewegungen," |
| 67n.8 | However, it] For the present, however, it is impracticable. It |
| 68.3 | not] and not |
| 68.7 | with] where commonly |
| 68.8 | named uncertainly] are uncertainly named |
| 68.8 | hand] side |
| 68.9 | with] [*not present*] |
| 612 68.9 | named] are named |
| 68.12(2) | what] that which |
| 68.13 | "a] [*rom.*] |
| 68.19 | should] [*not present*] |
| 68.19 | of] to |
| 68n.1 | "Field"] It |
| 68n.5 - 6 | See ... 17.] [*not present*] |
| 69.1 | that] which |
| 69.4 - 5 | Occurrence and] Occurrence, |
| 69.12 | of] as to |
| 69.16 | When we turn] Turning |
| 69.20 | among] as one among a series of |
| 69.23 | a behavioral] as behavioral |
| 69.41 | to be discussed fully] fully to be discussed |
| 70.2 | the] the "cognitive" or |
| 70.3 | processes] aspects |
| 70.9 | alone;] alone, but |
| 70.9 - 10 | , they name the] [*not present*] |
| 70.10 | occurs] occurs as |
| 70.23 | laid out,] sketched, |
| 70.27 | *Event*:[22]] ~:∧ |
| 70.31 - 32 | conformity with] conform to |
| 70n.1 - 2 | 22. The ... Chapter 11.] [*not present*] |
| 71.7 | *Definition:*[23]] ~:∧ |
| 71.9 - 10 | durational transition.] temporal change. |
| 71.17 | *Transaction*:[24]] ~:∧ |
| 71.22 | *Behavior-Agent:*] *Behavior-Agency*: |
| 71.23 | agent] agency |
| 71.32 | *Occurrence:*[25]] ~:∧ |
| 71n.1 - 2 | 23. The ... goes.] [*not present*] |

| | |
|---|---|
| 71n.3-6 | 24. For ... *event.*] [*not present*] |
| 71n.7-8 | 25. The ... Chapter 11.] [*not present*] |
| 72.6 | *Sign:*] *Signs*: |
| 72.9 | as process] [*not present*] |
| 72.9 | (not in] (and not as |
| 72.10 | specialization] specialty |
| 72.21-25 | The ... made.] [*not present*] |
| 72.27 | that] which |
| 72.37 | as *inquiry*] [*not present*] |
| *72.38 | science offers sound guidance.] it is our best knowledge. |
| 72.38 | Scientific specification] Specification |
| 72.39 | why, then, should not] why∧ should not then∧ |
| 72.40 | knowings] the knowings |
| 72.40 | known?] knowns themselves? |
| 73n.1 | one is at times] which at times one is |
| 77n.4 | even] and even |

*613*

## 第3章 假设(杜威与本特利)

下表所列是《认知与所知》范本第79—102页(本卷第74—95页)和《假设》[载《哲学杂志》第42卷(1945年11月22日),第645—662页]一文之间的主要变动。

| | |
|---|---|
| 74.4 | knowns,] knowns, upon which we have made preliminary reports in preceding papers, |
| 74.10 | fiat] [*ital.*] |
| 75.5 | that] which |
| 75.14 | say observation] say that observation |
| 75.19 | proclaim] boast |
| 75.19 | that] that since nature is known, |
| 75.21 | that which] what |
| 75.24 | being] [*not present*] |
| 75.24 | instead] [*not present*] |
| 75.25 | be secured.] come. |
| *75.26 | then] [*not present*] |
| 75.26 | the postulations] them |
| 75.26 | efficiency] the efficiency |
| 75.27 | never] but never |
| *75.27 | of circularity] [*not present*] |
| 75.29 | that] which |
| 75n.1-2 | Heretofore ... have.] We have avoided it heretofore, or hope we have, altogether. |
| 75n.5 | discussions] papers |
| 76.4 | type.[4]] ~.∧ |

76.10 that] the inquiry
76.11 they most emphatically] that most emphatically they
76.15 subjectmatter] subject-matters
76.17 It is very frequently] One frequently hears
76.18 himself] oneself
76.21 attitude] attitudes
76.25 by] for
76n.1-6 4. Max ... facts." [*not present*]
77.3-5 If ... others.] [*not present*]
77.9 need for] need of
77.15 interest] interest that
614 77.16 hope] hope that
77n.4 authors] joint authors
77n.4 volume] paper
77n.9 distinction] distinction which is
77n.13 hold] holds
78.4 programs for] programs of
78.11-12 expression. It] expression — it
78.12 is because of] being for
78.12 latter characteristic] reason
79.3-4 Physiologic-psychologic Straitjackets] A Physiologic-psy-chologic Straitjacket
79.17 that] which
79.18 observation] observation which
79.20 works hopefully] hopefully is working
79.20 that] which
79.25 descriptions] descriptions which
79n.1 'em; And] 'em ... and
79n.5 an identification] [*not present*]
79n.5 that] which
79n.6 view] view which
79n.11 issue ... between] issue between
79n.12 offer] tender
79n.13 examination.] examination could hardly be more neatly drawn.
80.2 this latter] that
80.23 vicious] so vicious is
80.24 this] the
80.26-27 the locus] locus
80.28-29 expansive ... in.] *obiter dicta* which scientists in their arm chairs so happily enjoy.
81.1-2 *except ... knowns.*] [*rom.*]
81.2-3 differs ... locus] is commonly taken with stress on the organism as the locus
81.4 proceeding] presumptively proceeding

| | | |
|---|---|---|
| 81.4 | detachment] a high degree of detachment | |
| 81.5 | as a phase of] with stress on | |
| 81.8 | here held to be] [*not present*] | |
| 81.8 | required] essential | |
| 81.9 | achieved.] obtained. | |
| 81.18 | as if we set] much as with | |
| 81.18 - 19 | left somewhat] left, or | |
| 81.21 | we find] which we find | |
| 81.24 | cannot ... more] can no more help it | |
| 81.27 | that] which | |
| 81.27 - 28 | sufficed, until that time,] sufficed thitherto | *615* |
| 81.30 | the components] complements | |
| 82.1 - 2 | ("event" ... "existence")] [*not present*] | |
| 82.2 | Similar] Frequent similar | |
| 82.2 | appear frequently;] appear — | |
| 82.20 - 21 | nor ... own] [*not present*] | |
| *82.22 | then and there] [*not present*] | |
| 82n.4 | for future workers.] in the future. | |
| 82n.7 | having] having for the particular case | |
| 82n.8 | value ... case.] value. | |
| 82n.13 | *Logic*,] Dewey's *Logic*, | |
| 82n.16,17 | in] as in | |
| 83.10 | whether] either | |
| 83.16 | behind or] [*not present*] | |
| 83.17 | the name.] it. | |
| 83n.4 | Although] These, although | |
| 83n.5 | these attitudes] [*not present*] | |
| 83n.6 | that] which | |
| 83n.12 | to work thoroughly] thoroughly to work | |
| 83n.14 | Dewey,] the citation being from Dewey, | |
| 83n.15 - 16 | the statement by] [*not present*] | |
| 83n.22 | One] A man | |
| *83n.22 | with] [*not present*] | |
| 83n.22 | or] nor | |
| 83n.23 | on.] upon. | |
| 83n.24 | this word] it | |
| 84.23 | been elsewhere] elsewhere been | |
| 84.24 | approach] approximation | |
| 84.25 | about knowledge] about knowledges, | |
| 84n.3 | even some that] and some even which | |
| 84n.8 | in] through | |
| 84n.13 | in] in exactly | |
| 84n.13 | are] [*not present*] | |
| 84n.13 | subjectmatters.] matters. | |

85.6 are to] must
85.12 backward] backwards
85.21 emphatic —] emphatic, as
85.21 - 22 denial everywhere prevalent —] everywhere prevalent denial,
85.25 needed.] that is needed.
85n.4 *knowings are*] *knowing is*
85n.5 inseparable from] the inseparable correlate of
85n.5 *knowns*] *known*
85n.9 approach] approach which
616 86.11,14 that] which
86n.2 as follows] [*not present*]
86n.5 - 6 to ... properly.] properly to represent our approach.
86n.7 In] Names, in
86n.7 postulation names] postulation,
86n.9 as being] as
86n.11 postulation] postulate
86n.13 plaint] plaints
86n.19 plans. They] plans, and
86n.27 dominate] dominance
86n.27 the ... apply.] their pertinence.
87.9 inquiry — for] inquiry. For
87.12 *transaction*] [*rom*.]
87n.1 of this] [*not present*]
87n.3 out] [*not present*]
87n.5 this] and this
87n.8 that] which
87n.10 Again,] Or again:
88.4 - 5 presumed ... beyond.] behind.
88.12 - 13 specifications] specification
88n.7 - 9 (A ... 170.)] [*not present*]
88n.14 Its words] The medical Latin readable by any high-school student, assuming that he reads at all,
*89.25 the more complete] a richer
89.25 frame] [*not present*]
89.25 for] with respect to
89.26 and in] and
90.2 developed elsewhere.] offered in due course.
90.8 protozoa] protozoa, through "the wisdom of the body,"
90.20 logic] a logic
92.17 *E* and] *E*,
92n.14 - 15 discussions] discussion
93.3 , if taken as] [*not present*]
93.10 Still ... development] What is still missing from the preceding development (although repeatedly mentioned)

93.10	until] until after
93.11	gained] given
93.11	knowledge] account
93.11 - 12	an efficientl the full
93.19	may be] is done
94.22	properly] most properly
94.25	even] even those
94.25	peculiarly) those] peculiarly those)

## 第4章 相互作用与交互作用(杜威与本特利)

下表所列是《认知与所知》范本第103—118页(本卷第96—109页)和《相互作用与交互作用》[载《哲学杂志》第43卷(1946年9月12日),第505—517页]一文之间的主要变动。 *617*

96.3	Our . . . a] In recent papers looking towards a
96.4	placed special stress] special stress was placed
96.20	interactions. The] interactions, but the
96.20 - 21	, however,] [*not present*]
96.24	which] that
97.21	is] was
*97.23	just] complete
*97.25	observed — and as it is] observed, and
97.32 - 33	these stages today,] stages in this form today‸
98.2	the animistic personifications] animistic personifying
98.3	personalizations of] personalizing statements about
98.12	By . . . trace] We may, by way of introduction, sketch
98.19	firmly established] established firmly
98n.2	his "metaphysics"] that
98n.5	had,] had managed to have,
99.8	which] that
99.16	that] which
99.29	their] the
100.1	for] of
100.15	Reaction on] Reaction of
100.31	however,] however, of course,
100.34	Transaction.] Transaction, using capitalization and hyphenization as a convenience of the moment when some form of stress upon the words is desired.
100.34;101.1	all] all of them
100n.1 - 2	The . . . us.] [*not present*]
101.2 - 9	We . . . used.[7]] They are as follows:
101.10	things] ～[8]

101n.1–9 7. Our ... eyesight.] [*not present*]
101n.9 The][8] We use the
101n.9–10 as ... is] [*not present*]
101n.10 deliberately chosen] deliberately,
101n.10 retains] has retained
101n.11 uses,] status∧
101n.11 almost wholly] comparatively
101n.11–12 the ... philosophers'] theorists'
*618* 101n.12–13 which ... "entity"] [*not present*]
101n.13 our future use,] [*not present*]
101n.13 where a] the
*101n.13 *outcome*] [*rom.*]
101n.13–14 inquiry ... involved,] linquiry, we employ
101n.14 will be employed] [*not present*]
101n.29 1924] 1923
101n.32 more] most
102n.8 described to him] reported on
102n.8–9 her office] the office
102n.9 devoted] gave her
102n.9 to her] [*not present*]
102n.10 1945] 1946
102n.10–11 it "was ... he] "it fails to do justice to the structural meaning of the parts." He
103.23 *ad lib.*:] *ad lib.*:[12] ... [12]A striking example of mixed inter-actional and self-actional procedures will be found in the recent work of Charles Morris, *Signs, Language and Behavior* (1946). Professor Morris introduces the sign as a form of stimulus "caused" by the "properties" of "objects," and does this without any preliminary inquiry into or exposition of the pertinence of either "property," "object," or "causation" for such a specialized development. He defines behavior as exclusively the "purposive action" of muscles and glands, but leaves uninvestigated the status of "purposiveness" in such a location. He then brings stimuli and behaviors together, so far as sign-process is concerned, through the insertion between them of "dispositions" which may be spoken of physiologically as habits if one wishes, but which are in effect uninvestigated surrogates for the an-cient "mental" states. Dispositions transform into interpretants; interpretants require interpreters. Superimposed upon them, whether separately or together, are the terms "denotata" and "significata" taken over from the older logics and epistemologies but nowhere factually investigated in connection with signs and behaviors. The result is a mechanical organization of vocabularies purporting to be a new science called Semiotic and providing a basis for the solution of the most troublesome modern

problems of logic and knowledge.

103n.5 that which] what

103n.15 that] which

104.25 which] that *619*

105.1 essential to] characteristic of

105.8-9 feature] feature of it

105.9 hatred] hatred for him

105.16 acceleration] the acceleration

105.28 development] development next

105.28 Moreover,] Nevertheless,

105.28 the new view] it

105.29 transactional] transactional within and

106.15-16 failure ... was] "unalterable" particle, with respect to its unalterability, was

107.8-9 with which] which

107.9 deal.] deal with.

107.24 more and more] ever more

108.5 clear] it plain

108.33 activity in scientific enterprise.] activity, *intellectually* described.

108.33 His position is] Thus he declares

109.1 appears to have] achieves

109.2 freer] more modernized

109.2-4 a world ... it.] the characteristics of these transformations within scientific construction.

109.4 In ... the] With reference to the

109.5 of] as to

109.5 wave] the wave

109.5-11 and his ... they] [*not present*]

109.11 held] had held

109.12-13 further] that

109.13-15 they ... or] [*not present*]

109.17 In reply] [*not present*]

109.28 men.] men. We have previously indicated the type of construction we shall use for this problem, and at a later time will give it extended treatment.

## 第5章 作为被认知与被命名者的交互作用（杜威与本特利）

下表所列是《认知与所知》范本第119—143页（本卷第110—130页）和《作为被认知与被命名的交互作用》[载《哲学杂志》第43卷（1946年9月26日），第533—551页、第560页]一文之间的主要变动。

110.3 the preceding chapter] a preceding paper *620*

| | |
|---|---|
| 110.6 | On] Upon |
| *110.12 | knowing] knowledge |
| 110.25 - 111.2 | In . . . application.] [*not present*] |
| 110n.4 - 5 | For . . . Chapter 11.] [*not present*] |
| 111.6 - 7 | form of . . . Specification,] form of event-specification, i.e., of the named Object, |
| 111.11 | knowing-known] knowings-known |
| 111.12 | chapter and] paper, |
| 111.13 | next.] paper next to follow, and then, at a still later time, the manner of organization we find existing between Definition,[5] Specification, and Transaction, will be examined. |
| 111.24 | confront] stand over against |
| 111.37; 112.1 | that] which |
| 111n.3 | dictators.] dictators./[5] "Definition," in our use, is based on Symbol, where "symbol" stands for a highly refined development of language, characteristic primarily of mathematics. Symbol in no case indicates Name or other form of sign except the symbolic in definition. |
| 112.21 | It was said] The preliminary characterization |
| 112.21 | that] was that |
| 112.21 | represents] represented |
| 112n.4 - 9 | The . . . implication."] [*not present*] |
| 113.5 | into] in |
| 113.9 | *Transaction*] *Trans-action*[8] . . .[8] We shall permit ourselves to continue the free use of capitalization and hyphenation for purposes of emphasis as the contexts may suggest. |
| 113.21,28,33,38;114.8,19 | *Transaction*] *Trans-action* |
| *113.29 | fact] "a fact" |
| 113.29 | other] the other |
| 115.3 | *Transactional*] *Trans-actional* |
| 115n.11 | such] all such |
| 115n.11 | those] [*not present*] |
| 116.3 | when it is] where |
| 116n.3 - 4 | usually taking place] taking place mostly |
| 117.17 | discoveries,] discoveries about it, |
| 117n.7 | Child,] Childs, |
| 117n.10 | it is a "mutual]"～～～∧～ |
| 117n.13 - 18 | To . . . environment.] [*not present*] |
| 118.32 | steadily gaining] gaining steadily |
| #119.7 | (p.48);](p.56); |
| 119.22 | a clear] clear |

119.24 nor] [*not present*]

119n.1 Such an entitative] Incidentally this *621*

119n.3 things-named)] ~∧

#119n.12 *Review,* ] *Reviews,*

119n.13 - 16 T .... environments."] [*not present*]

120.5 asexual] a sexual

121.8 still] nevertheless still

121.11 expect merely] merely expect

121.20 important.[17]] ~.∧

121n.7 - 13 17. For ... pp.226 - 291.] [*not present*]

122.1, 2 everything] all of the

122.2 in] among

122.7 skin, following] skin and then follow

122.7 further] [*not present*]

122.10 subjectmatter] subject-matters

122.11 involves] involve

123.9 technological] technical

123n. 4 the traditional exaggeration] traditional exaggeration; and it is

124.17 - 18 roused ... "soul."] made some sense because of the "immortal," not because of the "soul."

124.18 Its] But its

124.18 wholly] [*not present*]

124.20 - 21 double-talk; and] just double-talk. And

124.28 - 29 *behavioral*] [*rom.*]

124n.3 Edwin G.] [*not present*]

125.3 transactional] trans-actional

125.22 soon see] begin to see

125.28 an] [*not present*]

125n.12 a series] series

126.12 occurrence.] event.

126.20 process.] process. You can have a physical interpretation of sounds on the moon, but no linguistic interpretation there unless there is *language* to interpret. And language requires praticipants.

126.21 - 22 , assuming ... waves,] [*not present*]

126n.1 apply] apply as a group

126n.1 to the attitudes] to some

127.37 naming in such separation] naming, such

127.37 - 38 it can be used] we can use it

127.40 named] nameds

128.5 - 6 such envisionment is then] then such envisionment is

129.40 long. Would] long; would

130.18 which] that

622

## 第6章 详述(杜威与本特利)

下表所列是《认知与所知》范本第144—169页(本卷第131—153页)和《详述》[载《哲学杂志》第43卷(1946年11月21日),第645—663页]一文之间的主要变动。

| | |
|---|---|
| 131.1 | Specification] Specification[1] . . . [1]We wish to express thanks to Jules Altman for various examinations of materials he has made for us, and equally for his helpful comments. |
| 131.3 | Having] In two recent papers we have |
| 131.3 | at . . . those] [*not present*] |
| 131.4 | and named] [*not present*] |
| 131.4 | which we have styled] as |
| 131.4-5 | "transactions," we] ∧ transactions. ∧ We |
| 131.5 | proceed] wish |
| 131.5 | examine] consider |
| 131.5 | linguistic activity] process of linguistic determination freed from certain of the presumptions of symbolic definition, |
| 131.6 | through] by means of |
| 131.6 | Transaction] transaction |
| 131.6 | established:] identified: |
| 131.6 | namely, Specification.[1]] the process, namely, of Specification.[3] |
| 131.8 | Designation,] designation, |
| 131.8 | behavioral] [*not present*] |
| 131.9 | which comprises] (forming |
| 131.10 | activities, and] process) |
| 131.10 | , in . . . evolution,] [*not present*] |
| 131.11 | earlier] early |
| 131.11 | activities] processes |
| 131.12 | and more intricately] more highly |
| 131.12 | specialized] specialized and more intricately involved |
| *131.12 | activities] processes |
| 131.15 | the "that"] "that" |
| 131.16 | "fact"] "fact" was made |
| 131.16-17 | "knowledge," was made] "knowledge," |
| 131.23 | perhaps] about |
| 131.24 | having] which has |
| 131.26 | details.[2]] ~. ∧ |
| 131n.1 | 1. We][3]~ |
| 131n.4-5 | We . . . emphasis.] [*not present*] |
| 131n.6-7 | 2. For . . . 11.] [*not present*] |
| 132.10-13 | The . . . made.] [*not present*] |
| 132.18 | its most] the most |
| 132.18 | advanced stage.] the most advanced. |

623

132.22 reserved] reserved for another place and
132.23-27 In . . . Definition.] [*not present*]
132n.1-8 Of . . . inquiry.] [*not present*]
133.31-34 , with . . . them] [*not present*]
133n.2-5 Progress . . . literature.] [*not present*]
134.20 distinct] separate
134.26 older forms] an older form
134.26 much more] just as
134n.6-7 For . . . 11.] [*not present*]
135.4-6 If . . . other.] [*not present*]
135.7-8 spoken names are.] are spoken.
135.12-13 cultural —. . . existence."] cultural.
135.13-15 "Sea-serpents" . . . today.] It may be extinct as a name today.
135.15-16 Trilobites . . . history.] So are the trilobites, but they are none the less animal for that.
136.32 (including the purposive)] [*not present*]
136.35 Developing behaviors] Behaviors
136.35 indirections] a type of indirection
136.35 of action] in their process
136.35-36 of types] [*not present*]
136.36 are] is
137n.14 in his *Die*] (*Die*
138.3 directly.] directly. (When we come to the differentiation of Symbol from Name, and the establishment of Symbol as itself sign-process, further exposition will be needed, but this task is postponed for the present.)
138.25-26 environment, . . . processes,] environment$_{\wedge}$ and the intervening region$_{\wedge}$
138.29 can,] can readily,
139.22 Symbol] Symbol[9] . . . [9]Symbol as the third level of behavioral sign, and Definition as a symbolic process severed from the designatory process of specification, are not discussed in the present paper. They are non-naming procedures. Present discussion would take much space, and the added complication would increase the difficulties of presentation for our immediate purpose. We here merely call attention to the fact that place must be reserved for their consideration later.
139.28 Signal thus] Signal, this is to say, *624*
139.34 catches] catch
139.34 starts] start
139.36 for] to
140.3 here.[9]] ~.$_{\wedge}$
140.6 to those of] is found in
140.20 an isolate,] isolate$_{\wedge}$
140.27 develops from] differentiates upon

140.28 Signaling is] The signaling is
140n.1 - 8 9. Allowing ... arise."] [*not present*]
141.5 detachment] detachments
141.18 late] later,
141.23 metaphysical] [*not present*]
141.24 "things"] sorts of "things"
141.24 taken] supposed
142.5 designation-event] ~∧/~
142.23 necessary] necessary so
142.23 cases so] cases
142.39 preliminary] particular
143.11 - 12 comes into being there,] there comes into being,
143.13 among] as among
143.26 The illustrations] Illustrations
143.32 appear as] appear in
#143n.1 "terms"] "term"
143n.4 implication.] implication. Later attention to the word will be necessary.
144.18 - 19 *a ... situation*.] [*rom.*]
144.28 sketch] preliminary sketch
144.36 recent studies,] important recent studies∧
145.7 daily] everyday
145.8 evolving] loose
145.8 which answers well] most of the time well
145.9 - 10 is limited ... makes,] that is about all; and the more pretentiously it is used,
145.20 - 21 pronoun, which] pronoun (which
145.22 grammar.] grammar where the pronoun is said to be a substitute for the noun). The common noun comes to succeed the proper noun.
145.26 communicative] contextual
145.29 this] these
145.35 In] It is in
145.35 the view] that the view
146.17 operative] contextual
146.27 had provided] should provide
146.27 statement] the statement
*625* 146n.2 this statement.] the statement made in the text.
146n.3 examined] touched on by one of the writers of the present paper
147.8 far more] more
147.8 forth] forth by far
147.8 Take] Get
147.34 - 38 Our ... discarded.] [*not present*]
147n.1 William Beebe, editor,] [*not present*]

147n.1 1944),] 1945),
148.5 that] which
148n.8-10 For ... name.] [*not present*]
149.13 naming] naming generally,
150.6-24 The ... oscillate.] [*not present*]
150.34 characterizations] characteristics
151.4 John Dewey] One of the writers of the present paper
151.12 should] would
151.24 leans heavily towards] is heavily on
151.24 side,] side of the issue,
152.19 "hazes."]∧~.∧
*152.20 defect] defects
152.26 those] workers
152.27 qualifications,] qualification,
153.2 transaction] transmission
153.3-5 These ... followed.] To these subjects we shall return in a later paper.

## 第7章 定义的情况(杜威与本特利)

下表所列是《认知与所知》范本第170—204页(本卷第154—183页)和《定义》[载《哲学杂志》第44卷(1947年5月22日),第281—306页]一文之间的主要变动。

154.3-7 It ... mathematics] In our preceding papers the word "definition" was accepted for the procedures of mathematics
154.7-8 but by rejecting it] but was rejected
154.8 the procedures of] [*not present*]
154.17 discussion] paper
154.19 us] us, for the moment,
*154.21 we ourselves stood] ourselves
154.22 employment] endorsement
154.22 specialized] highly specialized
155.1 as a specification] as usable
155.2 now] now itself
626
155.2 be itself] be
155.3 characterization.] "characterization," i.e., to that of a crude and loose preliminary form of naming.
155.22 more] better
155.26 the presence of] [*not present*]
155.26 "actor"]∧~∧
155.26 implied)] understood)
155n.1 Chapter 6, Section IV.] *ibid.*, Vol. XLIII (1946), pp.645-663. The word "definition," i.e., today is pretense, not precision.

Instead of having distinctive superiority over "specification," its current rating is the inferiority of "characterization."

156.8 similar] similar that
156.14 *Webster* (revision 1947)] Webster's (1934 copyright)
156.17 such as "dictionary]"~~$_\wedge$~
157.20 should] would
157n.2 under ... formulations,] [*not present*]
157n.8 level. It] level; it
*157n.8 science;] knowledge,
*158.1-2 process of] tool for
*158.5 thus held] held thus
*158.5 which] that
158.14 an] and
159.3 the recognition of] recognizing
*159.5 as the] the
159.21 "things,"] "thing,"
159n.14 as if directly incorporated] [*not present*]
159n.15 at ... text] as a part of our text at this point
160.7 such treatments] this treatment
160.10 exhibits] echoings
*160.10 conventional] old artificial
*160.30 science] knowledge
160.30-36 Act ... action.] [*not present*]
161.11 things that] things which
161.25 further] other
161n.5 historical] historic
163.5 (1901),] (1911),
164.11 logistic] logical
*164.17 as are] as
*164.18 definitions,] definitions are,
165n.11 up on] upon
165n.13 p. 12,] p. 11,
627 165n.16 Carnap, R.,] [*not present*]
165n.24 *The*] [*not present*]
166.17 uncertain as to what] uncertain, beginning, middle, and end, what
167.23-26 Throwing ... sciences.] Apart from the "dictionary" kind, all definition is set down as "scientific definition," logic and mathematics being consolidated with "science" as branches of it.
168.7 inevitable]"~"
168.15 pertinent to logic] [*not present*]
170.2 deliberation] deliberations
170.4 On the list of questions] Among the questions
170.5 offered] set up

170.5 by ... Association] [*not present*]
170.6 especial] [*not present*]
170n.5 his old query] a query
170n.6 - 171n.1 other ... that] others followed him so strongly in its discussion that
171.1 firm] solid
171.6 tautology.] wholly unnecessary tautology.
171.30 - 31 published ... 1946,] all published in the past year, and all in this JOURNAL,
171.32 are] are papers
172.9 but] but in the present paper
173n.1 pp. 617 - 630.] pp. 607 - 630.
174.5 described] elsewhere described
175.12 Against] Over against
175.27 *his*] [*rom.*]
176.24 added] added to them
177.26 - 27 towards the obliteration] in obliteration
177.29 - 178.2 effectiveness ... tests] desirability of his organization of his procedure, as if it had to undergo a set of tests
177n.5 into] in to
177n.11 the word] [*not present*]
178.14 only equated] only
178.28 varied] variant .
178n.1 *Ibid.*, pp. 27 ff.] *Loc. cit.*, p. 31.
179.5 In] [*no* ¶] In
179.5 - 6 the report ... that] [*not present*]
179.15 by acute] in the writings of acute
179.16 engaged] engaged as a group
180.25 organize] recognize
181.25 absurdities] difficulties,
181n.8 *Op. cit.* Book I,] *A System of Logic*, I, 1, *628*
182.2 developed] pursued
182.3 using] presenting
182.4 instead of being undertaken] rather than
182.6 - 9 Ostensive ... organization.] [*not present*]
182.10 If ... may] We may, if we try,
182.21 which] that
182.22 the finger in] the finger-nail in
182.36 first] his first
#183.1 him.52] ~.‸
#183n.1 - 2 52. Cf ... pp. 125 - 127.] [*not present*]

## 第10章 常识与科学（杜威）

下表所列是《认知与所知》(KK)范本第270—286页(本卷第242-256页)和两个

前期文本，即《常识与科学：它们各自的指称框架》[载《哲学杂志》第 45 卷(1948 年 4 月 8 日)，第 197—208 页]一文和《常识与科学：它们各自的指称框架》打字稿(保存于南伊利诺伊大学卡本代尔校区莫里斯图书馆特藏部约瑟夫·拉特纳/约翰·杜威文献 44 号盒 2 号文件夹，共 22 页)之间的主要变动。

242.7 self-enclosed;]JP, KK; self-enclosed in itself; TS
242.8-9 these ways] KK; them JP, TS
242.10 way] KK; [*not present*] JP, TS
242.12 be knowable] KK; exist JP, TS
242.14 being] JP, KK; [*not present*] TS
242.14 which] JP, KK; that TS
242.15 a trade,] JP, KK; A trade, TS
242.16 This transaction] JP, KK; This transaction is one that TS
242.17 No one] JP, KK; Nothing and no one TS
242.19 each is] JP, KK; both are TS
242.21 things] JP, KK; such things TS
242.21 only are] JP, KK; are not TS
242.22 in] JP, KK; save in TS
242.24 change;] JP, KK; a change, TS
242.25 very] JP, KK; [*not present*] TS
242.25 of *locus*] JP, KK; in locus TS
242.26 previously] JP, KK; they previously TS
243.5 by means of] JP, KK; through TS
243.6 rules and] JP, KK; them as rules or TS
629
243.6 that proceed] JP, KK; proceeding TS
243.7 other transactions] JP, KK; the former TS
243.8-9 trade ... transaction] JP, KK; trade as a transaction is cited TS
243.9 in order] JP, KK; [*not present*] TS
243.9 found] JP, KK; looked for and found TS
243.12 together] JP, KK; along TS
243.13-15 milieu ... could] JP, KK; milieu: — with one another and without which (in the case of both human and non-human partakers) human beings could TS
243.15 stay alive,] JP, KK; exist$_{\wedge}$ TS
243.15 accomplishing] JP, KK; accomplishing or doing TS
243.16 *Party*, so that] JP, KK; *Party*; while TS
243.17 suffered] JP, KK; suffered by one TS
243.17 possibly] JP, KK; [*not present*] TS
243.18 it is] JP, KK; [*not present*] TS
243.20 which he modifies,] JP, KK; may modify, TS
243.20 in virtue of] JP, KK; through TS
243.23 upon] JP, KK; upon individuals TS

243.26 in which] JP, KK; along with TS
243.26 conditions partake —] JP, KK; conditions — TS
243.27 language] JP, KK; the case of language TS
243.29 (as in] JP, KK; (as TS
243.30 - 31 view that] JP, KK; [*not present*] TS
243.31 are] JP, KK; as being TS
243.31 entities),] JP, KK; beings), TS
243.32 what] JP, KK; everything which TS
243.32 that process] JP, KK; every process TS
243.33 gets] JP, KK; is TS
243.33 - 34 attention ... familiarity.] JP, KK; notice. TS
243.34 As] JP, KK; Just as TS
243.34 air] JP, KK; presence of the air TS
243n.3 individualism)] JP, KK; Individualism) TS
243n.4 that] JP, KK; that have TS
243n.4 "individuals"] JP, KK; ∧Individuals∧ TS
244.1 take part] JP, KK; are parties TS
244.2 and think,] JP, KK; think∧ TS
244.2 dreams.] JP, KK; dream: although the disorder commonly found in the latter is due to the absence of the control which is exerted when we are awake by the participation of *immediate* present factors. TS
244.7 *medium,* or] JP, KK; *medium*∧ the TS
244.8 execution or] TS, KK; execution of JP
244.8 of human] KK; all human JP; and *on* of every human TS *630*
244.9 activities, ... being] JP, KK; action; it is TS
244.11 impoverishment in] JP, KK; impoverishment of TS
244.13 in which the medium] JP, KK; of the cases where there is an enriching and refining of the medium TS
244.13 - 14 on ... enriched.] KK; on is one in which human life is enriched. JP; on. TS
244.17 theme] JP, KK; themes TS
244.18 Only] JP, KK; It is TS
244.18 active] JP, KK; and actual TS
244.19 does anyone become] KK; does any one become JP; that one becomes TS
244.20 which] JP, KK; that TS
244.20 world.] JP, KK; world. And it is *only* by such direct partakings that knowledge of the acquaintance kind comes about. TS
244.22 demarcates] JP, KK; delimits (and in that sense "defines") TS
244.23 by identifying it with] JP, KK; as that of TS
244.24 on as it is] JP, KK; on, and TS

| | | |
|---|---|---|
| | 244.24 | suffered.] JP, KK; suffered, by human beings. TS |
| | 244.24 | I] JP, KK; Bearing this fact in mind, I TS |
| | 244.24 | then] JP, KK; [*not present*] TS |
| | 244.27 | while] JP, KK; and TS |
| | 244.28 | apart from them] JP, KK; [*not present*] TS |
| | 244.28 | then] JP, KK; [*not present*] TS |
| | #244.29 | of a field of] JP, KK; also of bearings or TS |
| | 244.35 | "mankind," or] JP, KK; "mankind$_{\wedge}$" or even TS |
| | 244.36 | exigent] JP, KK; exigent in fact TS |
| | 245.1 | need] JP, KK; the need TS |
| | 245.1 | means] JP, KK; the means TS |
| | 245.3 | common customs and] JP, KK; certain customary TS |
| | 245.8 | the following:] JP, KK; a usage described as follows: TS |
| | 245.10 | that] JP, KK; which TS |
| | 245.12 | The] JP, KK; What but the TS |
| | 245.13 | only] JP, KK; what but TS |
| | 245.16 - 17 | "intelligence ... action."] JP, KK; [*ital.*] TS |
| | 245.17 | This] JP, KK; And while this TS |
| | 245.17 | of sense] JP, KK; [*not present*] TS |
| | 245.19 - 21 | psychology ... activity.] JP, KK; psychology, it seems to tell how they actually function as they occur in life, if not in books. TS |
| | 245.21 | may] JP, KK; may then TS |
| *631* | 245.24 | should] JP, KK; should we describe TS |
| | 245.25 | $H_2O$] JP, KK; $H_2O_4$ TS |
| | 245.25 | be described save] JP, KK; save TS |
| | 245.33 - 34 | are without place and] KK; have neither place nor JP, TS |
| | 245.34 | uses] JP, KK; a set of uses TS |
| | 245.35 - 246.1 | it is ... sense.] JP, KK; it is in terms of the latter that water or anything else that is a *thing* for common sense is known. TS |
| | 245n.2 | dates ... cited] JP, KK; dates, in the illustrative passage cited, from TS |
| | 245n.2 - 3 | earlier than] JP, KK; from TS |
| | 245n.3 | limited] JP, KK; limited and TS |
| | 246.2 | case] JP, KK; one TS |
| | 246.4 | things,—] JP, KK; things, namely — TS |
| | 246.6 - 7 | a particular "*so-and-so*"] JP, KK; the particular so-and-so TS |
| | 246.7 | "*that*," and a] JP, KK; "that$_{\wedge}$" and the TS |
| | 246.12 | repay] JP, KK; will repay TS |
| | 246.17 | most definitely] JP, KK; with utmost definiteness TS |
| | 246.22 | philosophers] JP, KK; philosophies TS |
| | 246.25 | "inner"] JP, KK; so-called "inner" TS |

246.25 - 26 component] JP, KK; member TS
246.29 - 30 "*object of consideration.*"] JP, KK; an "*object* of consideration." TS
246n.3 in living.] JP, KK; of life. TS
#247.1 - 2 sense of] KK; sense or JP, TS
247.4 and] JP, KK; [*not present*] TS
247.4 over] JP, KK; [*not present*] TS
247.8 into] JP, KK; into anything TS
247.9 has changed] JP, KK; passed TS
247.12 under*takings*] JP, KK; under*taking* TS
247.16 philosophy that is] JP, KK; philosophy, or TS
247.20 so] JP, KK; [*not present*] TS
247.20 activity that] JP, KK; activity, where TS
247.21 matters here] JP, KK; matters TS
247.21 I] JP, KK; Although I TS
247.21 refrain, however,] JP, KK; refrain TS
247.22 idiomatic] JP, KK; the idiomatic TS
247.25 emphasis on] JP, KK; [*not present*] TS
247.30 fuse] JP, KK; so fuse TS
247.32 moreover] KK; the JP, TS
247.33 named. Apart] JP, KK; named) that apart TS
247.34 and when a] JP, KK; when the TS *632*
247.34 - 35 it is always] JP, KK; there is only TS
247.35 - 36 supremacy of] JP, KK; primacy and supremacy of the TS
247.36 distinctions] JP, KK; the distinctions TS
247.36 - 37 usually] KK; [*not present*] JP, TS
247.37 denied] JP, KK; doubted TS
248.5 artificial] JP, KK; wholly artificial TS
248.6 needs to be] JP, KK; should be TS
248.7 - 8 occur ... served] JP, KK; are *distinguished* and about the function or use served TS
248.8 distinctions.] JP, KK; distinction. TS
248.12 lies in cases] JP, KK; is that TS
248.14 of the] JP, KK; or the TS
248.15 a cognitive] JP, KK; the cognitive or "intellectual" TS
248.17 (suspend) immediate activity] KK; (suspend) immediate activity, JP; (suspend immediate activity) TS
248.17 so that what] KK; and what JP; so that which TS
248.18 *overt*] TS, KK; [*rom.*] JP
248.18 an *examination*] KK; that *examination* JP; an activity of *examination* TS
248.20 organs ... etc.,] KK; a sense-organ, JP, TS
248.20 the factors] JP, KK; factors TS
248.21 obstacles] KK; blocking obstacles JP, TS

248.21 from] JP, KK; and TS

248.21 that] KK; which JP, TS

248.22 For when] JP, KK; As TS

248.23 the one] JP, KK; one TS

248.23 a factor] JP, KK; doer or factor TS

248.24 other hand, to] JP, KK; other, to the TS

248.26 *with respect to*] JP, KK; with respect *to this case and other* TS

248.26 *this*] JP, KK; the TS

248.26 finds a] JP, KK; takes its TS

248.27 "the state and course" of life-concerns.] JP, KK; $_{\wedge}$the state and course$_{\wedge}$ of the concerns of life. TS

248.27 Petrifaction] JP, KK; The petrifaction TS

248.28 kind, that are] KK; kind$_{\wedge}$ which are JP; kind, TS

248.30 the "vicious"] JP, KK; a "vicious" TS

248n.3 - 10 As . . . available.] KK; Under certain conditions it includes "problem, question," and such phrases as "in regard, reference, respect to." JP, TS

633

249.6 - 8 place . . . natural] JP, KK; place, since the scientific revolution of a few centuries ago, in philosophies which have assumed that this revolution made natural TS

249.8 - 9 itself necessarily set] JP, KK; itself; thereby setting TS

249.12 separations. Thereby,] JP, KK; separations, thereby rendering, TS

249.12 - 13 irony, it renders] JP, KK; irony, TS

249.19 of responsibility] JP, KK; responsibility TS

249.21 has to] JP, KK; can TS

249.22 in] JP, KK; only in TS

249.24 ultimate] JP, KK; only TS

249.26 matter] JP, KK; cause TS

249.28 of concern.] KK; of philosophic concern. JP; for philosophic concern. TS

249.28 The] JP, KK; For this reason the TS

249.29 accordingly] JP, KK; [*not present*] TS

249.31 life; that is,] JP, KK; life, and TS

249.36 the outcome] JP, KK; [*not present*] TS

249.38 which render its problems] JP, KK; that its problems are TS

250.1 are they] JP, KK; is their discussion TS

250.3 a chart] KK; chart JP; the chart TS

250.3 away.] JP, KK; away, while in addition the respect of the public is on the wane. TS

250.7 that of] KK; that of the framework of JP, TS

250.7 the questions] JP, KK; questions TS

250.8 difference.] JP, KK; difference: — Namely, that of the source and the consequence of the difference between two frames of reference. TS

250.8 stands,] JP, KK; stands otherwise, TS

250.9 *not*] JP, KK; [*rom.*] TS

250.12 care that] KK; care which JP, TS

250.12 marks off scientific activity] JP, KK; marks scientific activity off TS

250.17-18 , as already remarked,] JP, KK; [*not present*] TS

250.18 is often] JP, KK; has often been TS

250.19 central] JP, KK; very important TS

250.20 epistemology]JP, KK; theories of knowledge (epistemologies) TS

250.20 in setting the themes] JP, KK; as central themes TS

250.21 philosophy.] JP, KK; philosophic thought. TS

250.24 that] JP, KK; which TS

250.25 *work*] JP, KK; work, TS

250.26 constituting] JP, KK; who constitute TS

250.28 although its] JP. KK; its TS

250.28 is becoming] JP, KK; becoming in fact TS *634*

250.29 physicians] JP, KK; physicians (at one time the chief class practicing, as distinct from literary physicists and physiologists) TS

251.8 distinctive] JP, KK; especial TS

251.8-24 Just ... man.] KK; [*not present*] JP, TS

251.25 The] JP, KK; [*no* ¶] ~ TS

251.27 one] JP, KK; [*not present*] TS

251.34-35 work ... sense] JP, KK; work of the organs of sense TS

251.35-36 was refined and extended] JP, KK; were refined and indefinitely extended TS

251.36 by adoption] JP, KK; by means TS

252.2 distinctive] JP, KK; [*not present*] TS

252.3 a concern and occupation] JP, KK; an affair TS

252.3 those] JP, KK; the concerns TS

252.4 that grow] JP, KK; growing TS

252.4-5 In ... simple.] JP, KK; The answer is simple in principle. TS

252.5-36 Doing ... with.] KK; Knowing and doing are terms, in the sense of delimiting conditions, of both common-sense and scientific concerns. What differentiates them from each other is the relative *position* occupied by the two factors that are indispensable in both. In the affairs of common sense, knowing is for the sake of agenda, of things that have to be done and done in certain ways in the course of human life; in which both the *what* and the *how* of doings and ados is a matter to be studied and learned, directly and by transmission of whatever other human beings have found out and communicated. In science as a concern, doing is extensive and highly technological — *vide* any laboratory — but it is for the sake of advancing the system of knowings-knowns. The *position* of the terms of common-sense concern is reversed, though *as* doing and knowing they remain of the same order.

That science is *about* the subject matters of common-sense concern can only be illustrated here as it is exemplified in a single case:— that of $H_2O_4$ as *about* water. That this case is representative or typical is somewhat concealed from view by the fact that "science" now has attained an extensive body of subject matter as the result of prior scientific industry. But I believe slight reflection will show that unless this material when traced back be rooted in common-sense materials and hence indirectly, even if remotely, *about* them, there would be *nothing* for it to be about. TS

635

252.13 there is] KK; is there, JP

252.25 $H_2O$] KK; $H_2O_4$ JP

252.28 of] KK; [*ital.*] JP

252.28 sharply] KK; radically JP

252.35 common sense concerns] KK; common-sense concern JP

#252.39 from; which is *of*] KK; from$_{\wedge}$ and is *of* JP; from: — TS

252.39 in the sense] KK; [*not present*] JP, TS

252.39 in which ... from:—] KK, JP; [*not present*] TS

253.1 off] JP, KK; away TS

253.1-3 $H_2O$ ... water.] KK; $H_2O_4$ [, TS] where not one single property of use and enjoyment belonging to the former is to be found in the latter. JP, TS

253.4 that] KK; which JP, TS

253.5 activity is the] KK; activity is that JP; activity, is the TS

253.6 which] JP, KK; that TS

253.8-9 affairs; together with an] JP, KK; affairs, and the TS

253.9 judgment] JP, KK; the judgment TS

253.10 of the] JP, KK; the TS

253.10-11 preferences, ... beings.] JP, KK; preferences$_{\wedge}$ and aversions, of those engaged in the latter. TS

253.12 "practical,"] JP, KK; "radical;" TS

253.13 "theoretical."] JP, KK; $_{\wedge}$theoretical,$_{\wedge}$ in the sense of extension, promotion, of the methods of knowing and the conclusions known. TS

253.16 transformation] JP, KK; transformations TS

| | |
|---|---|
| 253.20 | any] JP, KK; every TS |
| 253.20 | that] JP, KK; which TS |
| 253.22 | which] KK; that JP, TS |
| 253.26 | since it demanded] JP, KK; since there was TS |
| 253.29 - 31 | exemption ... hypostatization.] JP, KK; this exemption from extraneous concerns is somehow inherent in the essence or "nature" of knowing is shee hypostization. TS |
| 253.31 - 38 | The exemption ... terminus.] KK; The ground for the effort (and it *is* a struggle) to keep science "pure" from subjection to other concerns than that of knowing is itself *practical* in that it is *moral* in the sense of being in the best interests of the concerns and care of *human living* in general, as well as of the scientific occupation in particular, that it be conducted in behalf of its own advancement. TS |
| 253.35 | "pure," that is free,] KK; "pure" JP *636* |
| 253.37 | the conduct] KK; conduct JP |
| 253.38 - 254.8 | This end ... customs.] KK; This end may be called the *ideal* of scientific knowing in the moral sense of the word "ideal." But like other ideals for proper direction of conduct it is not yet completely realized any more than its present degree of purity has been achieved without a hard struggle. Concerns due to war and to industry conducted for pecuniary profit have obviously acted to influence the problems selected (chosen) for investigation, even though they no longer determine the conclusions reached as extraneous interests — those of "religious" institutions, for example — once determined the picture of the cosmos that was accepted as "scientific." JP; And this is a regulative that is sometimes called an *ideal*, an end which is rarely completely realized. The needs of war and to some extent those of business conducted for pecuniary profit are not in control of the conduct of inquiry, but they certainly affect the selection of problems to be inquired into. The result is a certain one-sidedness in the conduct of inquiry due to its overweighting in a given direction. TS |
| 254.8 - 9 | harmful as well as stupid] JP, KK; foolish as well as harmful TS |
| 254.9 - 11 | "purity" ... noting that] KK; [*not present*] JP, TS |
| 254.14 | cares] JP, KK; care TS |
| 254.17 | the human] JP, KK; human TS |
| 254.17 | dominant] JP, KK; [*not present*] TS |
| 254.17 - 18 | concern ... the matters] JP, KK; concern, whatever they may be at a given time and place, which determine the matters TS |

254.19 - 255.3 The ... account.] KK; [*not present*] JP, TS
255.4 of high importance] KK; that is of philosophical concern JP; which may be regarded as philosophical TS
255.5 relation] JP, KK; connection TS
255.5 concerns] JP, KK; affairs TS
255.5 - 6 science ... other.] KK; common sense and of science with each other. JP; common sense and of science. TS
255.6 It] KK; But it JP, TS
255.8 While] JP, KK; And while TS
255.9 which] JP, KK; that TS
255.10 - 11 inquiry, contributes to clear vision] JP, KK; inquiry$_{\wedge}$ can contribute to a statement TS
637 255.12 itself] JP, KK; of itself TS
255.12 - 13 problem of concern] KK; problem as one of philosophical concern JP, TS
255.13 - 14 pointing out that a reference] JP, KK; saying the references that have been made TS
255.14 *return*] JP, KK; [*rom.*] TS
255.15 is] JP, KK; are TS
255.16 or] JP, KK; and TS
255.16 There] TS, KK; For there JP
255.18 now] JP, KK; [*not present*] TS
255.18 in] KK; in an JP, TS
255.20 *problem*,] JP, KK; [*rom.*] TS
255.20 - 21 concerns] JP, KK; is TS
255.22 evil] JP, KK; the evil TS
255.22 good] JP, KK; the good TS
255.23 to find ... is] JP, KK; that of how it is TS
255.25 that] JP, KK; one TS
255.26 *here*] JP,KK; *there* TS
255.27 And] JP, KK; And at all events TS
255.28 vital.] JP, KK; vital in importance. TS
255.28 concern] JP, KK; its concern TS
255.31 an attempt] JP, KK; the attempt TS
255.32 indicated.] KK; indicated. [¶] This issue is not one to be discussed at the tail-end of an article. I hope to return to some aspects of it in a later paper; [in one dealing with TS] especially the* aspect presented in [question of TS] the historical-cultural conditions that switched philosophy off from the human [*not present* TS] issues of the [relation between the TS] concerns and subject-matters [subject$_{\wedge}$ matters TS] of science and common sense into the question of how to reconcile them [regarded TS] as rival* knowings about [accounts of TS] ultimate reality [Reality TS].

| | |
|---|---|
| | JP, TS |
| 255.32 | is in] JP, KK; is fairly in TS |
| 255.34 - 36 | the isolations, . . . the concerns,] KK; the dualisms in which philosophy has been bogged down is to recur to [*not present* TS] the concerns, JP, TS |
| 255.37 | they are] JP, KK; they express and maintain TS |
| 255.37 - 38 | indissoluble active union] JP, KK; active and intimate participation TS |
| 255.38 | human] JP, KK; human beings TS |
| 255.38 | factors;] KK; factors, and JP; materials and processes; TS |
| 255.39 | traits . . . so] JP, KK; the *emotional* and *intellectual* so TS |
| 256.1 | independent . . . from] JP, KK; separated from TS |
| 256.1 | practical concerns,] JP, KK; [*not present*] TS |
| 256.2 | done,] JP, KK; done‸ and from *ados* that are forced upon us in the process of living that they are aspects of living as the affair most inclusively and intensively practical of all affairs. Were this course tried, it is possible that philosophers would contribute to the introduction of an "age of the *common* man." TS |
| 256.2 | *facta* and *facienda*,] KK; facts and facienda, JP; [*not present*] TS |
| 256.2 - 4 | that . . . body of] JP, KK; [*not present*] TS |
| 256.4 | transactions.[8]] KK; ~.‸ JP; [*not present*] TS |
| 256n.1 - 10 | 8. In . . . transaction.] KK; [*not present*] JP, TS |

638

## 第11章　一组试验性的名称

下表所列是《认知与所知》范本第287—306页(本卷第257—274页)和《关于一个探究知识的术语表》[载《哲学杂志》第44卷(1947年7月31日),第421—434页]一文之间的主要变动。

| | |
|---|---|
| 257.2 | Undertaking] Undertaking (45.5)[1]. . . [1] We shall refer to preceding papers in this JOURNAL by use of the figure 45 for Vol. XLII (1945), and by the figures 46 and 47 for the two succeeding volumes, in each case following the year number by the page number after a decimal point. The papers have appeared in Volume XLII (1945), pp. 5, 39, 225, and 645; Volume XLIII (1946), pp. 505, 533, and 645; Volume XLIV (1947), p. 281. See also "Logicians' Underlying Postulations" in *Philosophy of Science*, Vol. 12(1945), p. 3, and "The New 'Semiotic'" to appear in the September, 1947, issue of *Philosophy and Phenomenological Research*. |

257.7 procedure.[1]] procedure (46.645).
257.11 - 12 thus rejecting] rejecting thus
257.17 in itself] to itself
257.19 - 20 deliberate effort] effort deliberately
257.23 - 25 a sound ... postulation.] sound, and we postulate accordingly.
257n.1 See Chapter 3.] [*not present*]
258.6 decision] the decision
258.7 dicta taken to be] evidence taken as
258.21 study for all inquiry into] inquiry for the theory of
639 258n.5 (q.v.),] (which see),
259.6 preliminary assignment,] more general assignment,
259.8 characterization.] characterization (47.281).
259.18 that if] and that if
259.21 - 25 ; and ... applications] [*not present*]
259.27 adjectives are desirable] adjectives
259.28 separate ranges.] separate processes are desirable.
259.34 - 260.2 offering ... Trans-actor.] should never be used without the most careful specification under explicit postulation.
260.17 - 23 Transactionally ... human."] [*not present*]
260.24 level of biological inquiry] [*not present*]
260.26 physical or] [*not present*]
260.32 - 33 ; covers ... inquiry] [*not present*]
260.36 following;] following (46.657);
260.39 Its appearance is regarded] Regarded
260.40 epistemological inquiries that] procedures which
261.2 system.] system (45.238).
261.12 elsewhere.] anywhere else.
261.13 - 14 *Connection: ... Relation.*] [*moved from aft.* 'Circularity' *entry*]
261.31 Fact] fact
261.34 signal.] signal (46.657).
261.40 chaos.] chaos (47.281).
262.7 use.[4]] ∼.‸
262.8 fact.] fact (45.237;46.653).
262.9 - 10 (q.v.) as a naming] (as a naming) (q.v.)
262.13 Cues organizing characterizations;] [*not present*]
262.13 - 14 characterizations ... Not] Developed characterization building towards specification (46.659); accordingly, not
262.14 narrowed] unduly narrowed
262.14 brought] it is brought
262.16 - 18 A name ... naming.] [*not present*]
262.23 that,] which,
262.35 employed] employed (as 45.245)

| | |
|---|---|
| 262.35 | Existence.)] existence.) |
| 262n.1 | 4. Chapter ... Section I.] [*not present*] |
| 263.2 | behavioral] [*not present*] |
| 263.2-3 | (q.v.) ... use] in its own specific uses (q.v.) |
| 263.6-8 | Hence ... era.] [*not present*] |
| 263.10 | supporting] underlying |
| 263.27 | *Existence*] *existence* |
| 263.40-264.3 | Whether ... Section IV.] [*not present*] |
| 264.24-25 | in individualized phrasing] in terms of the individual *640* |
| 265.17 | *that, what,* and *how.*] *that* and he knows *what.* |
| 265.17 | should require] requires |
| 265.19-20 | accounts] account |
| 265.34 | namings-knowings] naming-knowings |
| 266.4 | word-meanings,] meanings, |
| 266.12-14 | In ... "cues."] [*not present*] |
| 266.15 | naming] linguistic |
| 266.19 | (Try] (Try substituting, |
| 266.20 | speaking in terms of] [*not present*] |
| 266.20 | or] or using |
| 266.31 | , at times,] [*not present*] |
| 266.37-38 | assumed ... free] considered free |
| 266.38 | conventional distortions.] probable hearers' distortions. |
| 267.24-25 | Always ... but] [*not present*] |
| 267.25 | never as] Never to be treated as |
| 267.25 | substantively stressed "act,"] an act at a spot, |
| 267.26-29 | Always ... knowing.] [*not present*] |
| 267.33-34 | The ... it.] [*not present*] |
| 267.39-268.2 | *Percept:* ... "existing."] [*not present*] |
| 268.16 | not through] not |
| 268.31 | logics.] logics.[5]... [5]For some illustrations see Bentley, "Logicians' Underlying Postulations," *Philosophy of Science*, Vol.13(1946), pp.3-19. |
| 269.1-2 | *Reaction:* ... (q.v.).] [*moved from aft.* 'Reality' *entry*] |
| 269.3 | not as] not |
| 269.18, n.1-2 | (q.v.).[6]... 6. See ... presentation.] (q.v.). See Dewey, *Logic: the Theory of Inquiry*, p. 55, for such a presentation. |
| 269.28 | Used] Used (46.509) |
| 269n.4-5 | , namely the "self,"] [*not present*] |
| 271.1-4 | The ... be.] [*not present*] |
| 271.18-21 | A non-naming ... *Symboling, Symbolization:*] [*not present*] |
| 271.37 | concept.] concept (45.15;45.24). |
| 272.1-5 | It ... object.] [*not present*] |

| | |
|---|---|
| 272.7 | generality . . . its] generality makes it a much safer word to use in epistemological discussion than its more |
| 272.7-8 | substitutes, Entity and Substance,] substitutes. See *Object, Entity, Substance.* |
| 272.8-14 | and more . . . Section II.] [*not present*] |
| 272.16 | , in older usage,] [*not present*] |
| 641 272.27 | *Transactor:* See *Actor*.] [*not present*] |
| 272.29 | in that] such that |
| 272.36-39 | *Vague:* . . . implied.] [*not present*] |
| 273.7-8 | words . . . representative] words, as we have said, are representatives |
| 273.8 | the postulation we have adopted.] our postulation, |
| 273.8-14 | The remainder . . . discussion.] while others are recommended more generally as aids to clarification. Contrasted with these are other words, shown to be confusedly used, among them some so debased that their ejection from all technical discourse is unqualifiedly urged. Such a variety of treatments is probably the best than can be expected in examining vocabularies as ambiguous as those that have been under attention. We are *seeking* the firm (q.v.), not trying to decree it. |
| 273.15 | With] Finally with |
| 273.15 | central] [*not present*] |
| 273.15-16 | knowings-knowns] knowing-knowns |
| 273.17-18 | namings, . . . existential] namings are basic existential |
| 273.18-19 | renew . . . caution.] repeat what has been said often enough before: |
| 273.19 | all aware] as well aware as any opponent can be |
| 273.19 | knowings, as behaviors,] naming-knowings |
| 273.20 | , or among,] [*not present*] |
| 273.20 | ranges of behaviors.] fields of behaviors variously — whether analogically or otherwise — styled knowings. |
| 273.20-274.5 | We . . . it.] The critical issue concerns existence-knowing (fact-knowing) taken as presumptively prior to or apart from naming-knowing. When so taken, what is the organization between, or the system of, the two ranges? Much more of an answer is needed than is given by cue-guidance or loose characterization. Specification becomes essential, and for this, in the complex case, explicit postulation is the need. |

## 附录：杜威给阿尔伯特·G·A·鲍茨的回信

下表所列是《认知与所知》范本(KK)第313—329页(本卷第280—294页)和两个前期文本，即《回复"一封致杜威先生的信"》[载《哲学杂志》第46卷(1949年5月

26 日)，第 329—342 页](JP)一文和《哲学杂志》(第 642 页)对杜威回信的誊写稿(JPTR)(该誊写本由赫伯特・W・施耐德于 1949 年 5 月 4 日寄给鲍茨，现藏夏洛茨威尔弗吉尼亚大学阿尔德曼图书馆手稿部鲍茨文献，共 19 页)之间的主要变动。

Dewey's letter (JPTR) sent by Herbert W. Schneider, editor of JP, to Balz on 4 May 1949 (Balz Papers, Manuscripts Department, Alderman Library, University of Virginia, Charlottesville, 19 pp.). *642*

| | |
|---|---|
| 280.9 - 10 | Discovery Bay, Jamaica] JP, KK; [*not present*] JPTR |
| 280.11 | A——:] KK; Albert Balz JP; Alfred Balz JPTR |
| 280.18 | On the] JP, KK; On JPTR |
| 281.10 | should] JP, KK; [*not present*] JPTR |
| 281.13 - 14 | a development] JP, KK; development JPTR |
| 281.28 | A——,] KK; Albert Balz, JP; Alfred Balz, JPTR |
| 281.29 | in coming to] JP, KK; coming at JPTR |
| 282.16 | blocks — in] JP, KK; blocks. In JPTR |
| 282.18 | that] JP, KK; [*not present*] JPTR |
| 282.38 - 39 | subjectmatters] KK; subject-matters JP; subject matter JPTR |
| 283.3 | the one] JP, KK; one JPTR |
| 283.6 | equally] JP, KK; usually JPTR |
| 283.14 | as names] JP, KK; [*not present*] JPTR |
| 283.14 | disparate] JP, KK; separate JPTR |
| 283.21 | full] JP, KK; its full JPTR |
| 283.27 | A——,] KK; Albert Balz, JP; Alfred Balz, JPTR |
| 283.29 - 30 | taken ... knowledge.] JP, KK; [*ital.*] JPTR |
| 283.36 | have] JP, KK; had JPTR |
| 284.1 - 3 | belonging ... context.] JP, KK; [*ital.*] JPTR |
| 285.16 | instigating] JP, KK; the instigating JPTR |
| 285.17 | the use ... further] JP, KK; their use JPTR |
| 285.27 | so far] JP, KK; as far JPTR |
| 285.29 | A——,] KK; Albert Balz, JP; Alfred Balz, JPTR |
| 285.32 | being made] JP, KK; making JPTR |
| 285.38 - 39 | *scientific*] JP, KK; the scientific JPTR |
| 285.40 | adhesions.] JP, KK; adhesion. JPTR |
| 286.2 | it] JP, KK; [*not present*] JPTR |
| 286.7 | a maximum] JP, KK; the maximum JPTR |
| 286.7 | uses.] JP, KK; use. JPTR |
| 286.14 | case] JP, KK; [*ital.*] JPTR |
| 286.21 | away] JP, KK; away from JPTR |
| 286.25 | rendered] JP, KK; [*not present*] JPTR |
| 286.25 - 26 | as ... inquiry.] JP, KK; [*ital.*] JPTR |
| 286.27 | its] JP, KK; [*not present*] JPTR |
| 286.28 | space and time] JP, KK; space-time JPTR |

286.29 themselves] JP, KK; themselves to JPTR
286.32 A——,] KK; Mr. Balz, JP, JPTR
643 286.40 its] JP, KK; [*not present*] JPTR
287.3 last] JP, KK; recent JPTR
287.9 geometry. While] JP, KK; geometry$_{\wedge}$ while JPTR
#287.13 Mr. A——,] KK; Mr. Balz, JP, JPTR
287.18 *as*] JP, KK; [*rom.*] JPTR
287.20 "essences."] JP, KK; "essence". JPTR
287.23 the *ontological*,] JP, KK; *ontological*, JPTR
288.1 of something] JP, KK; something JPTR
288.1-2 occurring, that is,] KK; occuring, that is, JP; [*not present*] JPTR
288.4 subjectmatters] KK; subject-matters JP; subject matter JPTR
288.7 other with] JP, KK; other. With JPTR
288.8 knowledge. Controversy] JP, KK; knowledge$_{\wedge}$ controversy JPTR
288.17-18 placing . . . inquiry] JP, KK; taking JPTR
288.19 controversy.] JP, KK; controversy in the context of Inquiry. JPTR
288.20-21 a mass] JP, KK; mass JPTR
288.25 setting into] JP, KK; setting, JPTR
288.28 from their own] JP, KK; *from their* JPTR
288.38 *between*] JP, KK; [*rom.*] JPTR
289.2 to say separation] JP, KK; [*ital.*] JPTR
289.15 "environment,"] JP, KK; $_{\wedge}$environments$_{\wedge\wedge}$ JPTR
289.18 (in] JP, KK; (all JPTR
#289.24-25 organisms,] JP, KK; organism$_{\wedge}$ JPTR
289.28 unified functionings.] JP, KK; certified functions. JPTR
289.29 distinctions] JP, KK; distinction JPTR
289.29 are] JP, KK; it is JPTR
289.31 *as*] JP, KK; [*rom.*] JPTR
289.38 by means of] KK; through JP, JPTR
290.1 to slough] JP, KK; been able to slough JPTR
290.6-7 the subjectmatter] KK; the subject-matter JP; subjectmatter JPTR
290.11 as an] JP, KK; as the JPTR
290.20 *Inquiry*, transfers] JP, KK; *Inquiry*. It transfers JPTR
290.26 pursued] JP, KK; used JPTR
290.32 life. To] JP, KK; life; while to JPTR
290.34 when used . . . affairs] JP, KK; [*not present*] JPTR
291.11 related] JP, KK; relative JPTR
291.15 which] JP, KK; [*not present*] JPTR
291.35 A——,] KK; Mr. Balz, JP, JPTR
644 292.1 *on . . . interpretation*] JP, KK; [*rom.*] JPTR
292.6 new] JP, KK; a JPTR
292.8 subjectmatters] KK; subject-matters JP; subjectmatter JPTR

| | |
|---|---|
| 292.16 | in which] JP, KK; where JPTR |
| 292.18 | *scientific*] JP, KK; [*rom.*] JPTR |
| 292.25 | matter] JP, KK; a matter JPTR |
| 293.1 | *under*] JP, KK; *under* the JPTR |
| 293.16 | was] JP, KK; as JPTR |
| 293.33 | has] JP, KK; had JPTR |
| 293.38 | restatement,] JP, KK; a restatement, JPTR |
| 294.9 | which] KK; that JP, JPTR |

# 关于《〈认知与所知〉的实质性变更》的注解

645 《认知与所知》和《哲学杂志》(JP)之间的一些主要变动来自杜威在该书清样上所作的记号和质疑("杜威修改过的清样",见印第安纳大学布鲁明顿校区里利图书馆手稿部本特利档案67号信封《认知与所知》材料)。杜威读了第一版清样后,将他修改的部分寄给了本特利。本特利接受或不接受这些建议,或者同意杜威进行修改的建议但却作了不同的修改。本部分记录了杜威在清样上的主要修改和本特利所作的记号。

方括号之前的内容来自本版本。方括号后面是对于杜威的修改或质疑的描述。正文前面的剑形符号是指没有对《认知与所知》进行修改,因而在"主要变动情况"中没有出现。

48.32 knowings as themselves facts.] JP and galley 16 read "knowledge as itself fact." On the galley Dewey bracketed "knowledge" and queried it in the margin, and Bentley wrote "knowing" in the margin.

†48.39 this] On galley 16 Dewey underscored "this" and wrote "that (?)" in the margin.

†57.17-18 misapprehensions] Dewey changed the plural to singular on galley 19.

57.20 hope we shall] Galley 19 read "hope we will" [changed from "hope that we will" in JP]. Dewey deleted "will" and wrote "shall" in the margin.

58.11 offers] Dewey changed "offered" to "offers" on galley 19.

60.23-24 in system] Dewey inserted these two words with a question mark on galley 20.

646 72.38 science offers sound guidance.] Galley 24 read "science [changed from "it" in JP] is our best knowledge." Dewey added quotation

marks to "knowledge" and wrote revealingly to Bentley about his change: "I do not see how any 'knowledge' could be better than the best" ([20 February 1948], Bentley Collection).

75.26 then] Dewey inserted "then" on galley 25.

75.27 of circularity] Dewey added these two words with a question mark on galley 25.

82.22 then and there] Dewey added these three words with a question mark on galley 27.

†82n.10 aspectual] On galley 27 Dewey underscored "aspectual" and wrote "contextual (?)" in the margin.

83n.22 with] Dewey added this word with a question mark on galley 28.

†84.24 to knowledge] On galley 28 Dewey deleted "knowledge" and wrote "knowings (?)" in the margin.

89.25 the more complete] JP and galley 29 read "a richer"; on the galley Dewey inserted a caret after "richer" and wrote "and freer (?)" in the margin.

97.23 just] JP and galley 31 read "complete"; on the galley Dewey circled the word and wrote in the margin, "'complete' (as it stands alone) may be misunderstood because of failure to see the force of concluding phrase." Bentley deleted "complete" and wrote "just" in the margin.

97.25 observed — and as it is affected] JP and galley 31 read "observed, and affected"; on the galley Dewey inserted the dash and wrote, "Insert 'as' between 'and' 'affected' (?)" in the margin. Bentley wrote "as it is" in the margin.

101n.13 *outcome*] On galley 33 Dewey underscored "outcome" and wrote "*ital* (?)" in the margin.

110.12 knowing] Dewey changed "knowledge" to "knowing" on galley 35.

†110.19 Event.] On galley 35 Dewey marked a caret below "Event." and drew a guideline to the margin, where he wrote " or Existence (?)."

647

†112.18 event] On galley 36 Dewey inserted a caret after "event" and wrote "s (?)" in the margin; Bentley deleted the query.

113.29 fact] On galley 36 Dewey deleted the "a" in "'a fact'" and queried the deletion in the margin.

†130.7 still] On galley 42 Dewey deleted "still" and wrote "even" in the margin.

131.12 activities] JP and galley 42 read "processes"; on the galley Dewey circled the word and wrote in the margin, "For some reason, I dont know just why, 'operations' seems more specific name here. An operation is process, but *process fitted* in system."

152.20 defect] JP and galley 49 read "defects"; on the galley Dewey deleted the "s" and wrote "or else vaguenesses (plural)" in the margin.

| | |
|---|---|
| †152.21 | this] On galley 49 Dewey deleted "this" and wrote "the" in the margin. |
| 154.21 | we ourselves stood] JP and galley 49 read "ourselves"; on the galley Dewey inserted a caret after "ourselves" and wrote "were" in the margin. |
| †156.24 | things other] On galley 50 Dewey inserted "as" between these two words and wrote to Bentley, "I suggest inserting 'as' because after all words are a kind of things themselves" ([21 February 1948], Bentley Collection). |
| †156.25 | along ... make.] On galley 50 Dewey marked the transposition "is easy to make along conventional lines." and wrote "tr" in the margin. |
| 157n.8 | science;] On galley 50 Dewey changed "knowledge" to "science" and wrote, "(In its own terms, it *was* 'Knowledge' — but Kn. of things which by their own 'nature' were only probable or contingent — *sometimes* so but not always)" in the margin. |
| 158.1 - 2 | *648* process of] JP and galley 50 read "the tool for"; on the galley Dewey circled "tool" and wrote "process" in the right margin, and "Proce[ss] means agency" in the left margin. Bentley then deleted "the tool" and wrote "process for" in the margin. |
| 158.5 | thus held] Dewey marked the transposition from "held thus" on galley 51, adding "tr" in the margin. |
| 158.5 | which] Dewey changed "that" to "which" on galley 51. |
| 159.5 | as the] Dewey inserted "as" on galley 51. |
| 160.10 | conventional] JP and galley 51 read "old artificial"; on the galley Dewey bracketed "old artificial isolations of form from content" and wrote to Bentley that the phrase "is a little ambiguous. ... It would be ok to change 'the old' to 'current' or 'habitual' or something of that kind" ([21 February 1948], Bentley Collection). |
| 160.30 | science] JP and galley 51 read "knowledge"; on the galley Dewey circled the word and wrote "science (?)" in the margin. |
| 164.17 - 18 | as are ... definitions,] JP and galley 53 read "as syntactical and semantical definitions are,"; Dewey marked the transposition on the galley and wrote "tr" in the margin. |

# 杜威对《重要性、意义与含义》一文的修改

649

下表所列是杜威在两个打字稿中对《重要性、意义与含义》一文的修改。本文的范本是由这两个稍有差异的打字稿整合而成的，其中一份保存在约翰·杜威文献，另一份保存在亚瑟·F·本特利档案中①。杜威的打字员准备了两套《重要性、意义与含义》的打字稿，将其中一套的复写本给了杜威，将另一套的复写本寄给了本特利。

杜威没有对他的那套复写本进行修改，不过后来对两份复写本的不同正本进行了修改②。这份剩下31页的稿本中的25页留下了杜威通过打字或手写的方式所作的修改。在下表中，与杜威文献中的复写本相对应的正本被标为记号$TS^1$；与本特利档案中的复写本相对应的正本被标为记号$TS^2$。杜威在$TS^1$和$TS^2$中都作出修改的地方，这两处修改都被列出。不过，如果杜威在同一份打字稿上对同一段话以多种方式进行过修改，这里只列出看上去是杜威最后作出的那个修改。

正本的46页中有31页保留下来。对第320页第30行和从第330页第37行到第331页第1行的修改，尚存的只有$TS^1$的文本，对第321页第18—19行、从第323页第39行至第325页第2行以及从第327页第39行至第329页第5行的修改，尚存的只有$TS^2$的文本。对从第320页第35行至第321页第16行、从第322页第29行至第323页第32行、第325页第4行至第327页第37行、第329页第5行—16行以及从第331页第2行至第332页第24行的修改，有$TS^1$和$TS^2$两个文本。变动出现于其中的文本在变动表中以方括号标出。

---

① 南伊利诺伊大学卡本代尔校区莫里斯图书馆特藏部杜威文献58号盒9号文件夹中打字稿和复写本，共23页；以及印第安纳大学布鲁明顿校区里利图书馆手稿部本特利档案，共23页。

② 杜威文献，58号盒16号文件夹，共31页。

由于这些修改比较模糊，编者必须尽量对它们进行解释，对究竟哪些修改明确体现了杜威的意图作出判断。比如，杜威经常对他想在哪里插入内容不加说明，这些内容只能被放在逻辑上看起来合适的地方，不管要插入的是一个词、一个句子还是一个段落。难以辨认的词用[*illeg. word(s)*]表示；揣摩的誊写用斜体的问号[*?*]表示。杜威的为数不多的打字错误被纠正。杜威在修改中遗漏的词用[*om.*]表示；他明显要删去但没有删的词在本表中不出现。被强调的词用[*ital.*]来表示。插入符号 ∧ 表示杜威删去或遗漏了一个标点符号。对于句子的修改来说必要但被丢掉的字母、词和标点符号在方括号里加以说明。

650

方括号之前的内容来自本版本；杜威的修改放在方括号后面。井号 # 表示文本已被改动，其内容出现在《校勘表》中。

| | |
|---|---|
| 320.30 | life-behavior] particular life-behavior previously TS$^1$ [*TS$^1$ only*] |
| [320.35 - 321.16 | *TS$^1$ and TS$^2$*] |
| 320.35 | specific way of] [*om.*] TS$^1$ |
| #321.2 - 3 | a degrading] degrading a TS$^1$ |
| 321.10 | as to] with respect to TS$^1$ |
| 321.11 | They ... danger;] In the presence of danger they are watchful, wary; TS$^2$ |
| 321.12 - 13 | themselves ... unawares.] themselves, and also in so conducting themselves as to catch their prey unawares. TS$^1$; themselves and in obtaining, perhaps agressively their prey unawares, in the ordinary course of events[.] TS$^2$ |
| 321.13 - 14 | Be it remembered that] [*om.*] TS$^2$ |
| 321.14 - 15 | what is ... some] What is in here said is taken as it is intended, namely as concerned with *observable behavior*, not with some TS$^2$ |
| 321.16 | and] [*om.*] TS$^2$ |
| [321.18 - 29 | *TS$^2$ only*] |
| 321.18 | present] visibly, practically [*illeg. word*] present TS$^2$ |
| 321.18 - 19 | case of wild] [*om.*] TS$^2$ |
| 321.19 | with ... familiar] [*om.*] TS$^2$ |
| 321.21 | them in] them and that the examination is concerned with TS$^2$ |
| 321.21 | do:] do: — TS$^2$ |
| 321.22 | *how*] upon *how* TS$^2$ |
| 321.22 | behavior.] behavior of a more directly or conclusive sort. TS$^2$ |
| 321.23 | made] put forth TS$^2$ |
| 321.24 | reader, but to] reader; they are meant to TS$^2$ |
| #321.25 | from] (from TS$^2$ |
| #321.25 | *of view*] and *view* TS$^2$ |
| #321.26 | article] article) TS$^2$ |

651

321.27 - 28 knowing . . . theories.] knowing treated as inquiry. TS$^2$

321.29 II] [*om.*] TS$^2$

[322.29 - 323.32 *TS$^1$ and TS$^2$*]

322.29 - 30 end-in-*view*, . . . entertained;] end-in-*view*; TS$^1$

322.30 a need to be] the need of being TS$^1$

322.30 - 31 its meeting . . . fulfill] meeting, or failing to fulfill, TS$^1$

322.32 in consequence,] [*om.*] TS$^1$

322.33 observation, namely, the] observation. For the TS$^1$

322.33 - 34 actually occurring] that actually occur later, TS$^1$

322.34 view.] view have to be themselves noted in order to test the validity of the observation of something *as sign*. TS$^1$

322.40 affect it] affect its use as *pattern* of inquiry TS$^1$

323.1 III] II [*in left margin of first paragraph is written* "rewrite"] TS$^2$

323.2 Before . . . said] Accordingly before concluding from the case cited TS$^1$; Accordingly before we conclude TS$^2$

323.3 human] all human TS$^2$

323.3 is that inquiry] are inquiries which, TS$^2$

323.3 - 4 an intermediate and] intermediate or TS$^2$

#323.4 way . . . not by] way of behavior is constituted by TS$^1$; ways of behavior, are concerned on one hand with TS$^2$

323.5 - 6 subjectmatters . . . consequences,] subjectmatters on one hand as *means to consequences*, TS$^1$; *subjectmatters* taken as means to consequences, TS$^2$

323.6 - 7 and . . . of means] and, on the other hand, of things as *consequences of means* TS$^1$; and on the other hand with determination of *consequences* of means TS$^2$

323.7 would] would plainly TS$^2$

323.7 if] should TS$^2$

323.7 - 8 constantly] [*ital.*] TS$^2$

323.8 look-out so as] look-out in order TS$^1$; look-out TS$^2$

323.8 results] [*ital.*] TS$^2$

323.9 direction),] direction as they bear on arriving at this [?] proposed goal), TS$^2$

323.9 instance] case TS$^2$

323.13 in signifying, telling] with respect to signifying, telling, TS$^1$; *signifying*, (i.e., serving as *signs* or evidence), TS$^2$

323.13 directive] [*om.*] TS$^2$

323.14 - 15 But . . . he] But as a matter of the *theory* of inquiry he TS$^1$; Yet in advance he TS$^2$

323.17 - 18 are heeded] would usually be heeded TS$^2$ *652*

323.18 his] his own TS$^1$

323.20 reaching . . . window] [*om.*] TS$^2$

323.20 has . . . case] has, in the given case, TS$^1$; has in the then &

| | |
|---|---|
| | there given case TS[2] |
| 323.21 | the way ... patient.] the way of treatment that is to be tried. TS[1]; what is to be done in respect to the patient. TS[2] |
| 323.22 | But what is] What is however TS[2] |
| 323.22 | this case] any case TS[2] |
| 323.22 | (1) that] (1) that (i) TS[2] |
| 323.22 | observations] observations are TS[2] |
| 323.23 | or] [*om.*] TS[2] |
| 323.24 | "hitch"] "hitch" or threatened one TS[2] |
| 323.24 | with] with, TS[1]; with, and (ii) that they TS[2] |
| 323.25 | varied and continuous] more varied, and temporally more interconnected TS[2] |
| 323.27 | study the board] continue [to] study the sign-board TS[2] |
| 323.27 - 32 | hours, ... had to come] hours, and had to use various instruments to make out just what the board said, or was a sign of, with respect to how to proceed; and at that, as if he had to call upon a store of facts previously learned and also to consult a store of facts *to be* learned by reading more books, periodicals, etc., to find out what the seen fact indicated or told as a sign, and also had to come TS[1]; a long time[,] coming TS[2] |
| [323.39 - 325.2 | *TS[2] only*] |
| 323.39 | not have] *not* need TS[2] |
| 323.39 | investigate] investigate with respect to TS[2] |
| 323.39 | that is settled] where to go has in his case been settled TS[2] |
| 323.39 - 324.1 | advance, and his] advance. His TS[2] |
| 324.1 - 2 | asserted] assumed TS[2] |
| 324.3 | his goal] that his goal TS[2] |
| 324.4 - 5 | the assumption] assumption TS[2] |
| 324.7 | every patient;] *every* patient. TS[2] |
| 324.7 | accordingly it provides] It provides accordingly TS[2] |
| 324.8 - 10 | As ... other,] [*om.*] TS[2] |
| 324.10 - 16 | it does ... case.] In its vague generality it is taken for granted. This fact is more important for the theory of inquiry (& hence of knowing than appears on the surface. It shows, quite conclusively that in & for inquiry, its specific *what* or subject is the *how* or way, method and the [*2 illeg. words*]. No word used in phil is more *ambivalent* — *End* as *both terminator* [*2 illeg. words*] that is, sheer limit when TS[2] |
| 653 | |
| 324.19 - 22 | *Practically* speaking ... find] *Practically* speaking when reached inquiry in it is over with. The end of inquiry as long as it exists is with a view to finding TS[2] |
| 324.22 - 23 | it ... inquiry] it so as to reach the end in the sense of the close of inquiry TS[2] |
| 324.24 | absurdity. It] absurdity; it TS[2] |

324.25 done.] done. Nevertheless it is often indulged in in the sense that the all [?] important dis [tinction] between the two is overlooked in the statement of them. TS$^2$

324.26 – 27 under given conditions,] [*om.*] TS$^2$

324.31 matter.] matter. For example, temporal spatial [?] condi-[tions?] are of primary importance in in[quiry?] [*illeg. word*] they are conditions of determination of what subjects are evidential — are signs to be heeded. TS$^2$

325.1 which is] [*om.*] TS$^2$

325.1 exceedingly] exceedingly difficult and TS$^2$

325.2 first . . . observations] involving making and continually revising observations made, TS$^2$

[325.4 – 327.37 *TS$^1$ and TS$^2$*]

325.4 ends-in-view] [*ital.*] TS$^1$

325.4 are also used as means] serve as necessary conjoint means TS$^1$; are means TS$^2$

325.5 Consequences] Foreseen consequences like most [?] ends-in view TS$^1$; Consequences as ends held *in view* TS$^2$

325.5 – 6 *in process* . . . changing] *in process* of development TS$^1$; *in process*, changing TS$^2$

325.6 continues, . . . as proper] continues, provided it has or gave[?] direction [?], change being as proper TS$^1$; continues: for change is as necessary TS$^2$

325.7 and settled] or settled TS$^2$

325.7 an end as a destination] end as destination TS$^1$; end as a destination TS$^2$

325.8 Observation] For observation TS$^2$

325.10 proceeds] proceeds, TS$^2$

325.11 function of] function, as TS$^1$; function, that of TS$^2$

325.11 This] ¶ This TS$^2$

325.12 will not] need not TS$^2$

325.13 upon . . . It] upon in that case. ¶ It TS$^1$; upon. It TS$^2$

325.13 – 15 acknowledged . . . bearing.] acknowledged as of fundamental importance with respect to the *theory of knowing* as inquiry as knowing [?]. TS$^1$; acknowledged to be involved as an indispen- *654* sable function of observed facts when we are concerned with the *theory* of knowing. TS$^2$

325.15 – 19 For . . . behavior.] For [*illeg. word*] determination through an [?] observation of existing conditions [*illeg. word*] manifestation [?] & office as means to [?] useful [?] consequences [*illeg. word*] corresp[onding?] determination [?] through reflection (or *reasoning*) of ends in view as consequences[?] of[?] means to [*illeg. word*] the life[?] & the [*illeg. word*] use [?] traditional language [?]. *The* category of knowing seen [?] as inquiry [*illeg. word*] that of means-consequence where the hyphen stands not for disjunction [?] but for nece[ssary?] con-junction. It remains to add that neither means nor consequences nor their connection with one another can *be understood* on *the* grounds [?] of *the* theory here set forth save in terms of life-behavior. TS[1]; For they prove that treating things as means to consequences and also treating proposed ends-in-view as means to a final consequence is the life-blood of intelligent behavior in general and of inquiry as a particular phase of intelligent behavior. TS[2]

#325.19 - 26 As ... operate.] In theory [?] even during observation and [*illeg. words*] of space time [?] conditions as means & reflective propositions [?] of consequences [?] as ends in view there is as matter of observable fact constant *imaginative* reference to the way of action, of doing-making, by which [?] they are believed [?] testable, and wherever *knowing* runs its full course the overt *behavior* that ensues is & *is treated as* the deepest experimental test. TS[1]; As a matter of record rather than as an additional matter, it is here noted that as long as inquiry proceeds, both the conditions observed as signs of the matter to be dealt with and ends-in-view that are entertained as means of directing activity are tentative, on trial; while the measure of the competence of inquiries engaged [in] is the degree in which observations made are such as to provide *improved* means with which to operate. TS[2]

#325.27 - 34 dogmas, ... as they] dogmas, with respect to *inquiry*, to knowing *in process*, they are fatal. To be *bound* in advance to a given conclusion is the exact contrary of being *required* to inquire so as to find out the means of reaching a conclusion as a decision that warrants resumption of decisive behavior. [¶] We
*655*
thus return to the thesis of knowing as intermediate & mediate in life behavior and, in the case of dog chasing rabbit, as they TS[1]; dogmas, may be converted into a positive resource[.] [¶] That it is intermediate between a trouble, a "hitch" and the resumption of straight away, and in such a way as to mediate, or furnish for the *means* of, resumption is the fact that is common to the motorist pausing in his journey to look so that he may the more securing resume his travelling to an intended destination; to the case of the physical who devotes time and energy to diagnosis of the case he is called upon to treat as the means of arriving at a suitable course of remedial treatment, and also in the case of an animal who by his organic constitution pauses to listen and to look as a conditioning factor in his subsequent activities. [¶] Consider, for example dog chasing a

rabbit and the behavior of the rabbit in being chased, as they TS[2]

325.35 air as successive] air, as successive but TS[2]

#325.35 phrases] aspects TS[2]

325.37 one of them] of them, TS[2]

325.39 so manifest] also manifest TS[2]

#325.39 dog or man] whether dog or man, TS[2]

325.40 – 326.1 behavior it is easier] behavior, it is easier in their case TS[2]

326.3 life-activity in their case.] life-activity. TS[2]

326.4 the latter] the case of prehuman animal behavior TS[2]

326.8 particular] [*om.*] TS[2]

326.9 operates.] functions. TS[2]

326.9 sensation,] "sensation," TS[2]

326.11 does not seem] hardly seems TS[2]

326.11 that they] they TS[2]

#326.12 – 13 extraneous entity been] wholly extraneous non-natural factor have got TS[2]

#326.13 lodged with] lodged in TS[2]

326.14 human activities and affairs] *human* activities TS[2]

326.14 blind vision.] blind vision to recognition of what takes place in other living creatures. TS[2]

326.18 – 19 the differences] differences arise and function TS[1]

#326.19 within the entity of] within the unity of TS[1], TS[2]

326.19 pattern arise and function.] pattern. TS[1]

326.20 – 21 is ... fortunate] is also at stake in a large variety of other highly complicated controversial issues. It is fortunate accordingly TS[2]

326.21 – 22 intention ... understanding] main intention of this paper is to obtain understanding TS[1]; intention of this paper is to obtain *understanding* TS[2] *656*

326.23 view ... acceptance.] view. TS[1]; view rather than to ensure its acceptance. TS[2]

326.23 The latter would] For understand[ing] is prerequisite[?] to intelligent denial of the point [?] while its acceptance would TS[1]

326.27 other side ... say] other side, resort to reduction, *via*, say, TS[2]

326.28 terms that] conditions which TS[2]

326n.1 – 2 To ... "spiritualistic"] "Spiritualistic" TS[2]

326n.3 explanations] explanations in philosophy TS[2]

327.17 artefacts.] artefacts than are say their skills in climbing and hanging. TS[2]

327.18 called] called (the existence of arts and artefacts) TS[2]

327.22 human] of human TS[2]

327.23 – 24 lies at the other pole.] is quite another matter. TS[2]

327.26 if . . . even] even if there were set forth TS$^2$

327.27 only] say only TS$^2$

327.29 readers . . . considering] to force readers into consideration of TS$^2$

327.29 cited] [*om.*] TS$^2$

327.36 both skills] skills TS$^2$

327.37 *environing* and organic] the *environing* and the organic TS$^2$

[327.39 - 329.5 *TS$^2$ only*]

327.39 natural] "natural" TS$^2$

327.41 and would] or would TS$^2$

328.1 instruments of action,] instrumentalities, TS$^2$

328.2 on paper by human beings] by human beings on paper TS$^2$

328.3 transformation] a transformation by means of which they are converted TS$^2$

328.3 which stand] to stand TS$^2$

328.4 two] two matters TS$^2$

328.5 intimately] and intimately TS$^2$

328.6 act] act, TS$^2$

328.6 - 7 attempt . . . imagination.] attempt even in imagination to view them in separation. TS$^2$

328.8 - 9 as themselves were] have themselves been TS$^2$

328.10 conditions . . . material] conditions, when material environmental TS$^2$

328.11 consequences.] consequences were lacking. TS$^2$

328.12 accumulating] an accumulation of TS$^2$

657 328.12 as evidence] in evidence TS$^2$

#328.14 suffice] suffices TS$^2$

328.16 how that is so,] *how*, TS$^2$

328.16 theory.] theory, such is the fact. TS$^2$

328.17 hoe] hoe, TS$^2$

328.17 - 18 rudest gardener who] gardener who however rude TS$^2$

#328.18 means in consequences] means-to-consequences TS$^2$

328.20 put, the end it serves,] put; of the purpose it serves; TS$^2$

328.21 - 22 means to consequent events,] means-to-consequent-events, TS$^2$

328.23 - 24 without . . . played] without any sense of the part they played TS$^2$

328.26 presents to view,] presents, TS$^2$

328.27 mere] a mere TS$^2$

328.28 human behavior has] *human* behavior has then TS$^2$

328.29 It] This event TS$^2$

328.30 indifferent . . . heeding,] indifferent, but that observation as heeding $_\wedge$ TS$^2$

328.31 *in-view*. Its being itself] *in-view*. Futurity ceases to be merely *de-facto*. Being TS$^2$

328.33 the latter] the future event TS$^2$

328.33 - 34 directive in subsequent proceedings.] present directive. TS$^2$

328.35 as *de facto*] when *de facto* TS$^2$

328.36 view.] present view. TS$^2$

328.37 still] [*om.* ?] TS$^2$

328.39 existence.] actual existence. TS$^2$

328.41 tells] says and tells TS$^2$

329.1 information;] information, or TS$^2$

329.1 - 2 advice; ... human] advice, and a warning, as if a human being TS$^2$

329.2 threatening] a threatening TS$^2$

329.3 makes possible a vast] creates a cultural environment in which takes place a vast TS$^2$

329.4 - 5 this extension, ... traditions] the *linguistic* extension, say in the customs & traditional cherished folklore TS$^2$

[329.5 - 28 *TS$^1$ and TS$^2$*]

329.5 - 16 of remote ... Wisdom] of a community in some early stage of culture could not have occurred had there not first taken place the physical use of a hoe as a means of attaining an end-*in-view* so that the latter becomes an end in factual existence. Nor could the enduring embodiment in cultural tradition by means of language have occurred unless when the intended consequence *658* had been existentially attained, the resulting existence be viewed as a consequence of something that happened in the past and hence no longer exposed to sensory perception.

Given these conditions of foresight and hindsight, there is present the possibility, no matter how slowly or in what roundabout ways, of planning far ahead and of reaching, by means of words as names, far back into the past for means by which to carry plans into execution: the farther the look-backwards the longer the scope of the forward look — and *vice versa*, *re*-organization of past events being the *end-in-view*. ¶ Wisdom TS$^2$

329.18 care for ... *store*] care for, while the present store thus becomes TS$^2$

329.19 present and future.] the future. TS$^2$

329.20 means] the storing from the past that constitutes means TS$^2$

329.23 - 24 terrifically powerful new] potent TS$^2$

329.24 new mechanical] mechanical TS$^2$

329.25 the events] events TS$^2$

329.27 *con*sequential;] *con*sequential. Hence they are TS$^2$

329.28 but ... them.] but cannot be said to use them. TS$^2$

330.37 - 331.1 to be ... distinguishing] to learn that the position taken holds that the distinguishing TS$^1$ [*TS$^1$ only*]

#331.2 human intelligently] distinctively human TS$^1$ [*TS$^1$ only*]

[331.2 – 332.24 *TS$^1$ and TS$^2$*]

#331.2 conducted activity] activity TS$^1$; conducted human activity, TS$^2$

331.3 – 8 varieties, ... incurred.] varieties ∧ with respect to its measure as *intelligent*, is consideration, weighing, passing upon, judging the *importance* of what ever is presented, or in any way entertained in the inquiries, the knowing, that take place when difficulties and obstacles are incurred. TS$^1$; varieties ∧ knowing included, is the demand made in it and upon it, with respect to its measure *as* intelligent, to weigh, estimate, judge or pass upon the *importance* of what is presented, or is in any way entertained. TS$^2$

#331.8 – 9 term; ... ways] term, while significance and meanings are names for the two specific ways TS$^1$; term, while significance and meaning are specific ways TS$^2$

#331.9 – 10 the issue ... dealt;] importance needs to be dealt with. TS$^1$; the issue of importance presents itself and has to be dealt with. TS$^2$

*659* 331.10 – 11 there being ... behavior] For since all behavior TS$^1$; Because all life behavior TS$^2$

331.11 – 12 transactional ... has] transactional involving both organic and environing conditions, importance has TS$^1$; *trans*actional importance has TS$^2$

331.12 – 14 to both ... behavior.] to each of the components of inquiry or knowing. TS$^1$

331.15 Both] Each TS$^1$

331.15 have] has TS$^1$

331.16 they *bear*] for each of them bears TS$^1$

331.16 – 17 activity ... subsequent.] way any given activity is performed and hence upon [what] results or follows as its outcome. TS$^1$

331.17 – 18 import the following activity;] import or bring the activity that follows or is subsequ[ent;] TS$^2$

331.23 consequence] *con*sequent TS$^1$

#331.23 reached, as such it] reached, and as such TS$^1$

332.24 important.] important. [*written on verso of p.* 22 *is* "last pp Imp"] TS$^2$

# 打字稿中的变更

下表所列为杜威在打字和手写中出现的变动。每一条目涉及的书写方式在该条目的批注中都有描述。除了为使字母更清楚而作的描涂、跟某个词无关却被打上去的字母、一个词的错误的开头、对一个可读的词进行的变动以及对难以辨认的词所作的改正之外,杜威在写作和修改中的所有调整都在这里体现出来。杜威对不论是打字造成的还是手写造成的书写错误的纠正,没有被当作调整记录下来,除非一个可能,即这可能是另一个词或另一个词的开头的错误,而不仅仅是一个书写错误。 *660*

方括号前面的内容指的是原始手稿。如果手稿被改动或拼写被调整,就用一个#表示本版本的内容在修订列表中体现出来,或者,对于《认知与所知》的前言来说,在《〈认知与所知〉的实质性变更》中体现出来。如果要指在本版本中的同一行中的两个或更多同样的词中的某一个,会加上一些前面或后面词或标点符号加以区分。

杜威的调整放在方括号的右边。对于这些内容,用缩写 *del.*(deleted)来表示用手写的方式划去的内容;*added* 也是指用手写的方式加上的内容。*Intrl.* 既可以表示用打字机打的(t)、也可以表示用手写的行间字迹;每一个批注里的描述都使这一点更加清楚。所有的插入符号都是手写的。对于用打字机删去的内容,用 *x'd-out* 表示。缩写 *alt. fr.*(altered form)指以不同方式被调整的词。缩写 *undrl.* 用于指以手写的方式强调的内容,*quots.* 表示引号。

至于位置,如果添加的只是行间内容,就使用 *intrl.* 或 *intrl. w. caret* 这一形式。如果一个删除的内容处于行间位置,就不适用 *intrl.*,而使用 *ab.*(above);这样表达形式就是:*ab. del.* '*xyz*', *w. caret ab. del.* '*xyz*',或 *ab. x'd-out* '*xyz*'。*Bel.*(Below)表

661 示在下面插入，除特别指出的情况外都没有插入符号。*Ov.* (over)表示写在原始字母上面，而不是写在行间。缩写 *bef.* (before)和 *aft.* (after)是指在同一行作出的改动，不论是在原始行上的改动还是行间的改动。缩写 *insrtd.* (inserted)是指增加的内容所处的位置不能被称为行间，但也具有同一性质。

如果一个调整包含前面的某处修改，则后者会在紧邻这个调整所涉及部分后面的方括号中描述出来，或者在方括号中的描述所针对的那部分的第一个词前面放一个星号 * 。

## 对"《认知与所知》序言"所作的变更

这份文件是一份打字稿正本，该稿附在 1947 年 9 月 3 日杜威致亚瑟·F·本特利的信中，保存于印第安纳大学布鲁明顿校区里利图书馆手稿部本特利档案中的本特利-杜威通信，共两页。除标注 *t* 的地方以外，调整之处都是用墨水写的。一个条目正文前面的 # 表示这里的内容出现在《〈认知与所知〉的实质性变更》中。

3.5　acute] *bef. del.* 'in that field'
3.5　controversy,] *comma added*
3.7　in] *t. intrl. w. caret*
3.8　degree of] *t. intrl. w. caret*
3.8-9　understanding,] *comma added*
3.9　advantage,] *comma added*
#3.13-14　subjects] *aft. x'd-out* 'devel'
3.14　developed.] *aft. x'd-out* 'advanced'
3.15　implies] *t. alt. fr.* 'impises'
3.18　methods] *aft. del.* 'those'
3.18　of imposition] *intrl. w. caret*
#3.18-19　knowing,] *comma added*
#3.22-23　this] *alt. fr.* 'the' *bef. del.* 'same'
#3.22-23　method,] *aft. x'd-out* 'th'
3.25　Accordingly] *aft. insrtd.* '¶'
3.26　it is placed] 'placed' *intrl. w. caret*
3.29　belief] *aft. del.* 'the'
#3.29　knowing] *aft. x'd-out* 'the'
3.30　dependability] *t. ab. x'd-out* 'in integrity'
#3.30　to be] *w. caret ab. del.* 'is'
#4.3　procedures] *intrl. w. caret*
662 4.3-4　systematically] *intrl. w. caret*
4.4　is] *intrl. w. caret*
4.4　fact] *bef. del.* 'is'
4.5　which] *t. ab. x'd-out* 'that adts'

| | |
|---|---|
| 4.6 | cooperative] *aft. x'd-out* 'a' |
| 4.6 | as such] *intrl. w. caret* |
| 4.8 | as] *t. ab. x'd-out* 'in terms of' |
| 4.8 | events] *bef. x'd-out* 'as' |
| 4.8 | terms] *aft. x'd-out* 'durational in time' |
| #4.10 | an] *ov.* 'the' |
| 4.10 | openness and] 'and' *intrl. w. caret* |
| #4.13 | this] *aft. x'd-out* 'tead' |
| #4.14 | the] *ov.* 'an' |
| 4.15 | very] *intrl. w. caret* |
| #4.15 | employing] *alt. fr.* 'employ' *aft. del.* 'trying to' |
| #4.16 - 17 | even] *bef. x'd-out* 'impose' |
| 4.17 | absolute] *aft. del.* 'an' |
| 4.17 | points] *alt. fr.* 'point' |
| 4.18 | however] *intrl. w. caret* |
| 4.18 | that] *bef. del.* 'that' |
| 4.19 | be] *intrl. w. caret* |
| 4.19 | itself] *bef. del.* 'be' |
| 4.21 | initiate] *ab. del.* '* serve to further' [*aft. x'd-out* 'accomplish'] |
| 4.22 | sort,] *comma added* |
| 4.22 | firmness] *aft. del.* 'mutual' |
| 4.23 | an] *aft. x'd-out* 'the' |

## 《何谓语言符号？ 何谓名称？》一文中的变更

这份文件是一份打字稿，保存于印第安纳大学布鲁明顿校区里利图书馆手稿部亚瑟·F·本特利档案，共18页，本特利将其日期标注为"5 - 25 - 45"。第4、12、13和14页是正本，其他都是副本。页码标在左上角；第9页标为"9 - 10"。除标上*penc.*或*ink*记号的地方之外，变更的内容都是用打字机打的。本列表中的"*Added*"表示用打字机增加的内容。第200页第36行、第301页第10行、第308页注释第10行中的打字错误在这个文本中被纠正。

| | |
|---|---|
| 297.1 | Linguistic] *aft. x'd-out* 'Sign?' |
| 297.5 | is appearing] *aft. x'd-out* 'has appeared' |
| 297.6 | not] *aft. x'd-out* 'be' |
| 297.7 | much] *aft. x'd-out* 'the' |
| 297.10 | a different] *aft. x'd-out* 'getting' |
| 297.11 | directly] *intrl.* |
| 297.12 | while ... case of] *intrl. w. ink caret* |
| 297.15 | representatives:—] *dash intrl.* |
| 297.18 | treated ... as] *ellipsis intrl.* |

663

297.20 defined,] *aft. x'd-out* 'described'
297.22 or] *ov.* 'of'
297.23 person-things,] 'person' *alt. fr.* 'personal'; *ab. x'd-out* 'mind'
297.24 all but] *intrl.*
297n.4 being] *aft. x'd-out* 'my [*ab. x'd-out* 'the'] text'
297n.6 Vol.] *aft. x'd-out* 's.v.,'
298.2 As] *aft. x'd-out and penc. del.* 'They are'
298.2 human] *aft. x'd-out* 'as'
298.4 range,] *aft. x'd-out* 'either'; *comma added*
298.4 particularity,] *aft. x'd-out* 'an' [*aft. x'd-out* 'or']
298.4-5 and flexibility] *intrl.*
298.7 Peirce's] *ab. x'd-out* 'the'
298.7 statement] *bef. x'd-out* 'of'
298.8 around] *bef. x'd-out comma*
298.8-9 being able to employ] *ab. x'd-out* 'and employing'
298.9 the] *alt. fr.* 'their'
298.9-10 or representatives] *ab. x'd-out* 'as'
298.11 specified] *intrl.*
298.14 the indefinitely] *intrl.*
298.18 function] *intrl.*
298.22 application of] *intrl.*
298.29 these] *aft. x'd-out* 'they are'
298.30 significance of] 'of' *bef. x'd-out* 'having'
298.36 passage] *aft. x'd-out* 'original'
298.37 and] *aft. x'd-out opening paren.*
298.37 sign] *bef. x'd-out* 'as a case of'
298.37 (linguistic)] *intrl.*
298.38 case,] *comma aft. x'd-out closing paren.*
298.38 strictly] *intrl.*
298.39 only] *ab. x'd-out* 'cont'
298.39 a behavioral] *ab. x'd-out* 'this'
298.40 as] *aft. x'd-out* 'that'
299.2 passage] *aft. x'd-out* 'whole'
299.3 viz.] 'v' *ov.* 'V'
299.4 in fact,] *intrl.*
299.6 after] *aft. x'd-out* 'he says'
*664* 299.7 grey] *aft. x'd-out* 'white or'
299.8 which] *aft. x'd-out* 'that is'
#299.8-9 unlumnous] 'un' *intrl.*
299.9 flame] *bef. x'd-out comma*
299.12 a] *alt. fr.* 'any'
299.15 It] *aft. del.* 'Aside from persiste'
299.17 perversion] *aft. x'd-out* 'the'
299.19 reading] *aft. x'd-out* 'the'

299.22 Discussion] *aft. x'd-out* 'The matter of the T'

299.23 they] *bef. x'd-out* 'were the'

299.24 words] *bef. x'd-out comma*

299.30 entirely] *aft. x'd-out* 'not to'

299.31 at] *aft. x'd-out* 'is'

299n.1 current] *aft. x'd-out* 'many of the'

299n.2 the discussion ... misty] *ab. x'd-out* 'into a fictitious realm'

299n.3 just] *aft. x'd-out* 'exactly this'

299n.3 this] *intrl.*

299n.4 view] *ab. x'd-out* 'make certain'

299n.4-5 fundamental] *intrl.*

299n.5 things] *aft. x'd-out* 'certain things'

299n.6 "pure] *intrl.*

299n.6 form"] *aft. x'd-out opening quots.*

300.2-3 (socially)] *aft. x'd-out* 'and well'

300.8 for.] *period ov. comma*

#300.10-11 instance ... understood] *ab. x'd-out* 'established cases of social usage'

300.11 still] *intrl.*

300.16 iron,] *aft. x'd-out* 'dog'

300.21 reference,] *bef. x'd-out* 'of the'

300.22 (i)] *ab. x'd-out* 'is the'

300.24 serves] *alt. fr.* 'serve'

300.24 *direction*] *alt. fr.* '*directions*'

300.31 previously] *aft. x'd-out* 'reference'

300.32 the charge] *aft. x'd-out* 'cha'

300.33 largely.] *bef. x'd-out superscript* '5'

300.33 It] *aft. x'd-out superscript* '5'

300.33 still] *intrl.*

300.34 because ... influence,] *intrl.*

300.36 explcitly] *intrl.*

300.37 quoting,] *aft. x'd-out* 'Word'

301.5 sentence] *aft. x'd-out* 'passage'

301.6 *theoretical problem*] *undrl.*

301.7 *three*] *intrl.*

*665*

301.8 consituents] *ab. x'd-out* 'terms'

301.9 as if] *aft. x'd-out* 'alre'

301.10 so] *aft. x'd-out* 'while the'

301.10 rheoretical] *aft. x'd-out* 'remaining'

301.11 then] *intrl.*

301.12 the issue] 'the' *intrl.*; 'issue' *alt. fr.* 'issues'

301.15 controversies] *aft. x'd-out* 'endless'

301.15 possibly] *aft. x'd-out* 'be'

301.16 thing] *alt. fr.* 'things'

301.17 social] *aft. x'd-out* 'it'

| | |
|---|---|
| 301.18 | how] *aft. x'd-out* 'who' |
| 301.25 | to] *aft. x'd-out* 'or' |
| 301.27 | especially] *alt. fr.* 'specially' |
| 301.29 | the] *ab. x'd-out* 'his' |
| 301.29 | of] *bef. x'd-out* 'his own p' |
| 301.30 | what] *aft. x'd-out* 'he is' |
| 301.31 | common] *intrl.* |
| 301.32 | three things, namely] *intrl.* |
| 301.33 | a sign] 'a' *intrl.* |
| 302.2 | repeated] *aft. x'd-out* 'or [*ab. x'd-out* ', and'] continued repitition,' |
| 302.6 | that] *aft. x'd-out* 'That the "solution given takes for granted the exi' |
| 302.13–14 | "mental processes"] *quots. added* |
| 302.14 | their] *aft. x'd-out* 'the medium of' |
| 302.19 | as an ... in an] *ab. x'd-out* 'as why one sound stands for a given thing, * say bread, [*intrl.*] in Enlish and another sound for the same' |
| 302.20 | a certain] *aft. x'd-out* 'and another sound' |
| 302.20 | for,] *comma added* |
| 302.23 | apparatus] *bef. x'd-out* 'by which it is reached.' |
| 302.32 | or the] *ab. x'd-out comma* |
| 302.32 | who *uses* signs,] *ab. x'd-out* ', user of signs —' |
| 303.1 | authors] *aft. x'd-out* 'writers' [*aft. x'd-out* 'the writers'] |
| 303.2 | this] *aft. x'd-out* 'it' |
| 303.5 | general] *intrl.* |
| 303.6 | controversies] *aft. x'd-out* 'dis' |
| 303.11 | I] *aft. x'd-out* 'I turn now to some' |
| 303.12–13 | to pass ... said] *intrl.* |
| 303.13 | and turn to presentation] *ab. x'd-out* 'to present some' |
| 303.14–15 | or underlying postulate] *ab. x'd-out* 'consideration' |
| 303.15 | behavioral] *aft. x'd-out* 'operations' |
| 666 303.17 | is] *intrl.* |
| 303.18 | sign and] 'sign' *bef. x'd-out comma* |
| 303.20 | establish the] 'the' *ab. x'd-out* 'a' |
| 303.20 | specifically] *alt. fr.* 'specified' |
| 303.20–21 | named or designated] *ab. x'd-out* 'or named thing' |
| 303.21 | which] *aft. x'd-out* 'as its "referent."' |
| 303.22 | especially] *ab. x'd-out* 'particurly' |
| 303.23 | unless] *aft. x'd-out* 'without being' |
| #303.24–25 | Signs are] *ov.* 'and meanings,' |
| 303.26 | names] *aft. x'd-out* 'scientific' |
| 303.27 | reference] *aft. x'd-out* 'sign-' |
| 303.28 | those] *aft. x'd-out* 'scientific' |

303.30 scientific] *aft. x'd-out* 'in'
303.31 on . . . level,] *intrl.*
303.31 in the] *aft. x'd-out* 'in the early,'
303.32 distinctive] *ab. x'd-out* 'different'
303n.2 one undivided and] *intrl.*
303n.2 *Referent*] *alt. fr.* '*Reference*'
303n.2 its inseparable] *ab. x'd-out* 'its'
303n.3 constituents of a] *ab. x'd-out* 'me constitu factors in'
303n.4 of] *ov.* 'or'
304.1 in] *intrl.*
304.1 concerns] *aft. x'd-out* 'no'
304.5 type] *ab. x'd-out* 'kind'
304.6 relatively] *aft. x'd-out* 'a tib' [*ab. x'd-out* 'releavtive']
304.7 nature] *aft. x'd-out* 'and'
304.7 are] *aft. x'd-out* 'they'
304.9 course of] *bef. x'd-out* 'life'
304.12 linguistic] *aft. x'd-out* 'use'
304.13 viewed] *aft. x'd-out* 'treated'
304.14 habits,] *comma ov. x'd-out* 'of'
304.14 customs,] *bef. x'd-out* 'of action'
304.14 which] *in penc. ab. penc. del.* 'that'
304.14-15 physiologically,] *alt. fr.* 'physiological,'
304.15 ear;] *semicolon alt. in ink fr. comma*
304.15 and] *bef. x'd-out comma*
304.16 materials] *aft. x'd-out* 'both'
304.18 the] *ab. x'd-out* 'a'
304.24 first,] *comma added*
304.24 specifiable] *intrl.*
304.25 operations,] *aft. x'd-out* 'acti'
304.25-26 which . . . beings,] *ab. x'd-out* ', to escape any technical or and quasi-mystical association'; 'involve' *alt. fr.* 'involving'; 'human' *aft. x'd-out* 'persons'
304.27 secondly,] *comma added* *667*
304.29 subjectmatter] *aft. x'd-out* 'which'
304.30 "referent"] *opening quots. added*
304.31 conjointly,] *aft. x'd-out* 'in strict'
304.34 any] *intrl.*
304.34 drawn] *intrl.*
304n.2 knowings] *alt. fr.* 'knowing'
304n.2 knowns] *alt. fr.* 'known'
304n.3 claim] *aft. x'd-out* 'mer'
304n.3 "Science."] *aft. x'd-out* 'scienti'
305.1 or reflective] *ab. x'd-out* 'reflective'
305.4 postulates] *aft. x'd-out* 'instead'

| | |
|---|---|
| 305.4 | and explicitly] *intrl.* |
| 305.5 | hence] *aft. x'd-out* 'ca' |
| 305.5 | related] *aft. x'd-out* 'connected' |
| 305.7 | the customary,] 'the' *intrl.* |
| 305.9 – 10 | gesturing] *aft. x'd-out* 'speech' |
| 305.10 | enter as] *in penc. ab. penc. del.* 'are' |
| 305.12 | "signs"] *aft. x'd-out* 'signs and' |
| 305.12 | referents."] *aft. x'd-out opening quots.* |
| 305.13 | and are] 'are' *intrl.* |
| 305.14 | using] *alt. fr.* 'use' |
| 305.19 | determined] *aft. x'd-out* 'evoke' |
| 305.24 | in conjunction] *intrl.* |
| 305.26 | that] *bef. penc. del.* 'are' |
| 305.28 | are] *aft. x'd-out* 'surro' |
| 305.28 | occasion] *alt. fr.* 'occasions' |
| 305.31 | discussion,] *aft. x'd-out* 'kn' |
| 305.32 | dealt] *aft. x'd-out* 'be briefly' |
| 305.32 | briefly.] *intrl.* |
| 305.32 | The] *aft. x'd-out* 'Any [*aft. x'd-out* 'The re'] scientific [*intrl.*] account of names [*ab. x'd-out* 'them'] in their differences from' |
| 305.33 | extensive] *aft. x'd-out* 'much' |
| 305.34 | (1)] *intrl.* |
| 305.34 | departure] *aft. x'd-out* 'starting point' |
| 305.34 | are] *aft. x'd-out* 'is' |
| 305.34 | the] *intrl.* |
| 305.35 | names] *aft. x'd-out* 'the' |
| 305.35 | popular] *aft. x'd-out* 'or' [*intrl.*] |
| 305.35 | usage:] *colon ov. period* |
| 305.37 | Scientific] *aft. x'd-out* 'Th' |
| 305n.1 | later] *aft. x'd-out* 'this' [*ab. x'd-out* 'the distinctive'] |
| 305n.1 | as] *ab. x'd-out* 'is' |
| *668* 305n.1 | total] *aft. x'd-out* 'subsequent' [*aft. x'd-out* 'later'] |
| 305n.2 | which ... involved in] *ab.* '* is of course involved in' [*ov.* 'taking place subsequently'] |
| 305n.2 – 3 | the position] *aft. x'd-out* 'this poisiton' |
| 306.1 | things,] *aft. x'd-out* 'new' |
| 306.2 | and cases] *intrl.* |
| 306.3 | event] *ab. x'd-out* 'change' [*aft. x'd-out* 'thing'] |
| 306.3 | times] *bef. x'd-out* 'reagrded as * of the pre-scientific —,' [*intrl.*] |
| #306.4 | say the production] *intrl.* |
| 306.5 | is] *bef. x'd-out* 'that' |
| 306.5 | fact] *aft. x'd-out* 'processes' |

| | |
|---|---|
| 306.6 | physical] *intrl.* |
| 306.6 | by] *ab. x'd-out* 'in' |
| 306.7 | were] *aft. x'd-out* 'by' |
| 306.8 | and] *bef. x'd-out* 'have remained ever s' |
| 306.14 | refinement,] *bef. x'd-out* 'and' |
| 306.15 | elaboration] *bef. x'd-out* 'of' |
| 306.16 | sort.] *bef. x'd-out superscript* '12' |
| 306.17 | In] *aft. x'd-out superscript* '12' |
| 306.18 | such] *aft. x'd-out* 'th' |
| 306.24 | physicist] *bef. x'd-out* 'or chemist' |
| 306.25 | the] *aft. x'd-out* 'my' |
| 306.26 | primarily] *intrl.* |
| 306.27 | range] *aft. x'd-out* 'of' |
| 306.29 | popular] *aft. x'd-out* 'its *popular* sense' |
| 306.29 | *what*] *aft. x'd-out* '*H*' |
| 306.30 | thing] *intrl.* |
| 306.30 - 31 | connections.] *bef. x'd-out superscript* '12' |
| 306.31 | This] *aft. x'd-out superscript* '12' |
| 306.31 | however,] *intrl.* |
| 306.32 | its own or] *intrl.* |
| 306.34 | &] *ab. x'd-out comma* |
| 306.35 | bodily organs of] *in ink ab. ink del.* 'eyes, tongue, throat and temperature organs' |
| 306.36 - 37 | one who is *a*-scientific,] *ab. x'd-out* 'a-scientific person' |
| 306.37 | the procedural] 'the' *ab. x'd-out* 'its'; 'procedural' *aft. x'd-out* 'method' |
| 306.38 | or] *aft. x'd-out* 'by' |
| 306.39 | immediate] *aft. x'd-out* 'its' |
| 306.40 | one] *aft. x'd-out* 'the one with' |
| 307.2 | indefinitely] *alt. fr.* 'indefinite' |
| 307.4 | running through] *ab. x'd-out* 'involved in' |
| 307.5 - 6 | operations[12]] *superscript* '12' *added* |
| 307.6 - 7 | "practical"] *aft. x'd-out* 'the' |
| 307.8 | psychology] *aft. x'd-out* 'one sided' |
| 307.10 | a] *intrl.* |
| 307.10 | operation-product] *intrl.* |
| 307.12 | what] *ab. x'd-out* 'that which' |
| 307.13 | the name] 'the' *ab. x'd-out* 'the' |
| 307.16 | spatial-range] *aft. x'd-out* 'space' |
| 307.18 | On] *alt. in penc. fr.* 'One' |
| 307.19 | Accomplishment] *alt. fr.* 'Accomplished' [*alt. fr.* 'Accomplishing'] |
| 307.19 | of] *intrl.* |
| 307.19 | knowings-knowns] *alt. fr.* 'knowing-knowns' |

*669*

307.20 that] *alt. fr.* 'the'
307.21 performance] *aft. x'd-out* 'accomplished' [*aft. x'd-out* 'perfi']
307.22 belongs.] *bef. x'd-out superscript* '12'
307n.3 its] *aft. x'd-out* 'the'
307n.3 because of] *insrtd. w. guideline in penc. for penc. del.* 'by'
307n.4 attention to] *in penc. aft. penc. del.* 'proper emphasis upon what'
307n.4 of —] *dash aft. x'd-out comma*
307n.4 as simply] 'as' *ab. x'd-out* 'just'
307n.5 call] *aft. x'd-out* 'would'
307n.5 the] *ab. x'd-out* 'two'
307n.5 article] *alt. fr.* 'articles'
307n.5 of] *bef. x'd-out* 'by'
307n.6 *Philosophy*] *aft. x'd-out* 'the'
307n.11 manipulative] *aft. x'd-out* 'the'
307n.13 presence] *bef. x'd-out* 'of'
307n.15 the latter.] 'the' *alt. fr.* 'them'
308.1 To] *aft. x'd-out* 'The'
308.2 the] *aft. x'd-out* 'a'
308.2 capacity] *aft. x'd-out* 'or'
308.2 of reference] *ab. x'd-out* 'to refer'
308.6 which] *aft. x'd-out* 'to'
308.9 taken,] *aft. x'd-out* 'capable'
308.9-10 distinguish] *aft. x'd-out* 'select'
308.11 The] *aft. x'd-out* 'The three in'
308.12 things] *intrl.*
308.12 as] *intrl.*
308.13 — apart,] *aft. x'd-out* '. and from'
308.14 many] *intrl.*
308.17 is] *ab. x'd-out* 'becomes'
308.17 becomes] *aft. x'd-out* 'is'
670 308.18 those] *aft. x'd-out* 'that'
308.18 volumes,] *aft. x'd-out* 'chapte'
308.19 logistics] *bef. x'd-out* 'or semantics'
308.19 *logical* considerations] *ab. x'd-out* 'form "syntax"'
308.19 are treated as] *ab. x'd-out* 'is treated as'
308.19-20 inherently separated] *ab. x'd-out* 'completed'
308.20 from] *bef. x'd-out* 'sense.'
308.20 subjectmatter] *aft. x'd-out* 'from those of'; *bef. x'd-out* 'or sense'
308.20 conclusions] *ov.* 'sense.'
308.22 It] *aft. x'd-out* 'The'
#308.25 Objects"] *aft. x'd-out* 'objects'

#308.26 something else,] *bef. x'd-out* 'whether'; *ab. x'd-out* 'signs and other and'
308.26 Processes] *aft. x'd-out* 'The'
308n.1 adjective] *ab. x'd-out* 'word'
308n.1 in italics,] *ab. x'd-out* 'with emphasis'
308n.2 They] 'T' *ov.* 't' *aft. x'd-out* 'On the contrary'
308n.3 signs of a] *intrl.*
308n.3 to] *intrl.*
308n.6 symbols] *aft. x'd-out* 'the'
308n.8 the word] *intrl.*
308n.8 suggested] *ab. x'd-out* 'a name' [*aft. x'd-out* 'emp']
308n.8 name] *aft. x'd-out* 'apply'
308n.8 the inclusive] 'the' *ab. x'd-out* 'this particular'
308n.9 *The Theory of Inquiry*] *intrl.*
308n.10 indiacted] *intrl.*
308n.10 is] *aft. x'd-out* ', however,'
308n.11 and] *aft. x'd-out* 'th'
308n.12 enact] *ab. x'd-out* 'devlop'
308n.13 referr*ing*] *alt. fr.* 'referring'
308n.13 in ... function] *intrl.*
#308n.13 constitute] *alt. fr.* 'constitutes'
308n.14 in another] *aft. x'd-out* 'the subjectmatter of the refer*ent*'
308n.14 of ... referent.] *intrl.*
308n.15 I] *aft. x'd-out* 'is'
308n.15 "object"] *alt. fr.* "objects"
308n.16 name.] *aft. x'd-out* 'a'
309.1-2 as legitimate outcome] *ab. x'd-out* 'a certain'; 'legitimate' *aft. x'd-out* 'the'
309.3 being] *aft. x'd-out* 'of which'
309.5 and often] *ab. x'd-out* 'but usually'
309.5 called *ontological*] *intrl.*
309.6 supreme] *aft. x'd-out* 'higher and surpeme'
309.6 nature] *bef. x'd-out* 'called ontological' *671*
309.7 Being] 'B' *ov.* 'b'
309.7 (always in Capitals)] *intrl.*
309.8 capable] *aft. x'd-out* 'not,'
309.8 actuality] *ab. x'd-out* 'existence'
309.8 "Realm"] 'R' *ov.* 'r'
309.9 favored] *alt. fr.* 'favorite'
309.9 revelling] *alt. fr.* 'reveling'
309.10 Scientific] *aft. x'd-out* 'The'
309.11-13 narrowly ... subjectmatter, of] *ab. x'd-out* '"tpe" of [*intrl.*] reference or application and to be are enacted by operations whose controlling puporse is the advancement of that kind of

| | |
|---|---|
| | knowings-known which'; 'tending' *aft. x'd-out* 'by' |
| 309.14 | duration] *aft. x'd-out* 'range and' |
| 309.15 | given] *aft. x'd-out* 'scientific' |
| 309.17 | developments] *aft. x'd-out* 'the' |
| 309.18 | centuries] *bef. x'd-out* '(refinfocred by useful technological developments) this quality is' |
| 309.19 | scientific] *aft. x'd-out* 'it' |
| 309.20 | this] *ab. x'd-out* 'the' |
| 309.21 | often] *intrl.* |
| 309.22-23 | , expressed ... attitudes,] *intrl.* |
| 309.26 | isolationism,] *alt. fr.* 'isolation' |
| 309.26 | into] *aft. x'd-out* 'con' |
| 309.28 | great] *bef. x'd-out* 'change' |
| 309.29 | in] *bef. x'd-out* 'the' |
| 309.33 | physiological] *alt. fr.* 'physical' |
| 309.33 | marks] *aft. x'd-out* 'makes' |
| 309.36 | instead of being one of] *ab. x'd-out* 'is not one' |
| 309.37 | "lower"] *aft. x'd-out* 'narrow terms' |
| 309.39 | transactions] *aft. x'd-out* 'inter' |
| 309.39 | which] *aft. x'd-out* 'that' |
| 309.40 | working] *aft. x'd-out* 'a' |

## 《价值、价值评估和社会事实》一文中的变更

这份文件是印第安纳大学布鲁明顿校区里利图书馆手稿部亚瑟·F·本特利档案中的一份有签名的打字稿正本，共9页，由本特利标注日期为"6-20-45"。页码打在左上角。除了标有t.或penc.的地方之外，变更之处都是用墨水写的。

672

本特利在两个不同的短语（第312页第1—2行的"Respice Finem"和第312页第19—20行的"par excellence"）下面划线。采用这些记号是因为杜威在其他地方用斜体表示这两个短语："Respice Finem"出现在这封回信的一份较早的手稿中（南伊利诺伊大学卡本代尔校区莫里斯图书馆特藏部约翰·杜威文献55号盒1号文件夹）；"par excellence"出现在第316页第13行。

| | |
|---|---|
| 310.1 | Valuations,] *comma added* |
| 310.2 | paper,] *comma added bef. del.* 'on' |
| 310.3 | Mr. Benoit-Smullyan] *t. intrl. w. caret* |
| 310.4 | conclusions] *bef. del.* 'may' |
| 310.4 | now seems] 'seems' *w. caret ab. del.* 'are' |
| 310.6 | that sciences] 'that' *t. w. caret ab. x'd-out* 'of a' |
| 310.6 | may] *t. ab. x'd-out* 'will' |
| 310.7 | dealing] *aft. del.* 'future' |

310.7 future] *intrl. w. caret*

310.9 be] *aft. del.* 'my'

310.9 discarded.] *period added bef. del.* 'as threshed out straw.'

310.11 cases] *bef. del.* 'of cases'

310.12 that] *ov.* 'such'.

310.12 sort of] *intrl. w. caret*

310.12 to be] *w. caret ab. del.* 'of the nature of'

310.14 upon] *aft. x'd-out* 'for'

310.14 this] *alt. fr.* 'that'

310.15 article] *bef. x'd-out* 'leads me'

310.15 results] *aft. del.* 'ca'

310.16-17 strictures] *t. alt. fr.* 'structures'

310.18 by the] 'by' *intrl. w. caret*

310.18 "purists"] *closing quots. added*

310.18 side;] *semicolon alt. fr. comma*

310.22 defective.] *period added bef. del.* 'for reasons which I shall now attempt to state.' [*aft. x'd-out* 'speak']

310.24 said] *aft. del. illeg. word*

311.1 speech,] *comma added*

311.1 name] *bef. del.* 'both'

311.1 both] *intrl. w. caret*

311.4 order] *w. caret ab. x'd-out* 'nature'

311.4 judgments.] *period ov. comma*

311.4 For] *ab. del.* 'that is,'

311.4 they] *ov.* 'which'

311.6-7 the course of] *intrl. w. caret*

311.10 Valuations,] *comma added*

311.11 failure] *bef. x'd-out* 'to'

311.13 consequence,] *alt. fr.* 'consequences'; *comma added*

311.13-14 transferred] *aft. x'd-out* 'atti'

673

311.14-15 as appraisals and estimations] *t. intrl. w. caret and guideline aft. x'd-out* '*— or estimating' [*t. intrl.*]

#311.15 facts] *aft. x'd-out* 'acts in which'

311.16 habits] *aft. del.* 'agains'

311.16 so as] *w. caret ab. del.* 'to try'

311.17 respective] *intrl. w. caret*

311.17 claims,] *aft. del.* 'relative'; *comma t. ov. period; bef. del. superscript* '2'

311.18 given] *aft. x'd-out* 'a'

311.18 valuing.] *aft. x'd-out* 'vauion.'

311.19 confused] *aft. x'd-out* 'the confusion in'

311.20 prefix] *aft. del.* 'shall'

311.23 on to,] *t. alt. fr.* 'ont'; *comma added*

311.23-24 anything] *aft. del.* 'practically'

311.24 prized.] *period added*
311.24 - 25 Because] 'B' *ov.* 'b' *aft. del.* 'and'
311.25 it becomes] 'it' *intrl. w. caret*; 'becomes' *alt. fr.* 'become'
311.25 "value."] *quots. added*
311.25 values] *bef. del.* 'but persons and things'
311.26 then] *intrl. w. caret*
311.26 "valued."] *period added bef. del.* 'in this case.'
311.26 judgment] *bef. intrl. and del.* 'h'
311.27 however] *intrl. w. caret*
311.27 a] *intrl.*
311.27 value —] *dash added aft. x'd-out* 'which is subje'
311.28 its] *ov.* 'the'
311.30 Does] *t. ab. x'd-out* 'is' [*aft. x'd-out* 'I']
311.31 The ... commonplace] 'T' *ov.* 't'; *moved w. caret and guideline fr. aft.* 'discussion.' [*period ov. comma*]
311.32 outside] 'o' *ov.* 'O'
311.33 also] *intrl.*
311.34 admonition] *alt. fr.* 'admonitions'
311n.1 made] *aft. x'd-out* 'in ques'
311n.1 above] *moved w. caret and guideline fr. aft.* 'text'
311n.2 aspect in] 'aspect' *ab. del.* 'element'
311n.3 prizing] *intrl. w. caret*
311n.3 behavior] *bef. del.* 'of the prizing sort'
311n.3 But] *w. caret ab. del.* 'What i said is that'
311n.3 aspect is] 'aspect' *ab. del.* 'element'
311n.3 concerned with investigation of] *w. carets ab. del.* 'directed at' [*aft. x'd-out and del.* 'to']
311n.4 "judgment,"] *alt. fr.* '"judgments,'; *closing quots. added*
674 311n.4 depends] *aft. del.* 'definitely'
311n.4 - 5 specifically] *intrl. w. caret*
311n.5 instance,] *comma added*
311n.5 or] *alt. fr.* 'of'
311n.5 some class] 'some' *intrl. w. caret*
311n.5 instances,] *comma added*
311n.6 become] *aft. x'd-out* 'come under questio'
311n.6 is felt it] *intrl. w. caret*
311n.6 in] *bef. del.* 'for the'
311n.7 until] *aft. x'd-out* 'without'
311n.7 inquiry.] *aft. del.* 'careful'
312.1 "reason."] *period ov. comma*
312.1 It is expressed in] *ab. del.* 'and in general of'
312.1 - 2 *Respice Finem*] *undrl. by Bentley*
312.2 consequences] *aft. x'd-out* 'the'
312.2 before acting] *added*

312.4 After] 'A' *ov.* 'a' *aft. del.* 'I come'
312.4 prefatory] *aft. x'd-out* 'these' [*t. alt. fr.* 'this']
312.4 I come] *intrl. w. caret*
312.13 such] *aft. x'd-out* 'a way'
312.15 dwell] *bef. del.* 'at any length'
312.15 likeness] *aft. del.* 'close'
312.15-16 imputed] *aft. x'd-out* 'su'
312.16 judgment] *bef. del.* ', in the case of judgment of values,'
312.16 and] *bef. x'd-out and del.* 'wha'
312.18 can] *aft. del.* 'one'
312.18-19 be found.] *ab. del.* 'find;'
312.19 It] 'I' *ov.* 'i'
312.19-20 *par excellence,] undrl. by Bentley*
312.20 awareness] *aft. del.* 'the'
312.20 the] *aft. del.* 'or'
312.22 that are] *w. caret ab. del.* 'and of'
312.22 to] *aft. del.* 'in'
312.22 specifiable] *intrl. w. caret*
312.23 action.] *bef. x'd-out* 'to be taken.'
312.25 judgments.] *period ov. comma*
312.25 In] 'I' *ov.* 'i' *aft. del.* 'and'
312.26 consequence,] *comma added*
312.26 it] *intrl.*
312.26 automatically,] *comma added*
312.26 difference] *aft. x'd-out* 'fii'
312.28 subjectmatters] *alt. fr.* 'subject matters' *aft. del.* 'scientific'
312.28 of science.] *added*
312.31 aspects and constituents of] *t. ab. x'd-out* 'in all' *675*
312.31 over] *aft. x'd-out* 'and'
312.33 appears] *ab. del.* 'seems'
312.33 There] 'T' *ov.* 't' *aft. del.* 'It is mediated,'
312.34 that it is mediated by] *intrl. w. caret*
312.34 some change] *ab. del.* 'transfer' [*aft. x'd-out* 'a [*t. alt. fr.* 'an'] intermei']
312.35 because of judgment] *intrl. w. caret*
312.35-36 talking] *aft. del.* 'actually'
312.36 behavioral-prizings] *aft. x'd-out* 'prizing-'
313.1 proper,] *aft. del.* 'but'
313.2 (and "values")] *parens. ov. dashes*
313.2 results] *alt. fr.* 'result' *aft. del.* 'may'
313.2 as] *aft. del.* 'from'
313.2 having] *bef. x'd-out comma*
313.3 an attitude] *aft. x'd-out* 'a more intelligent'

| | |
|---|---|
| 313.3-4 | understanding] *bef. x'd-out* 'towat' |
| 313.6 | overt] *t. intrl.* |
| 313.6 | shift] *aft. x'd-out* 'fact' |
| 313.14 | well] *aft. x'd-out* 'be' |
| 313.14 | be] *aft. x'd-out* 'to' |
| 313.23-24 | something] *aft. x'd-out* 'existential' |
| 313.26 | save] *t. w. penc. guideline ab. x'd-out* 'else than' |
| 313.28 | fail to] *t. w. penc. guidelines ab. x'd-out* 'do not' |
| 313.28 | which] *aft. x'd-out* 'in' |
| 313.28 | have to be met] *t. intrl. w. penc. guideline*; 'have to be' *insrtd. for x'd-out* 'are' |
| 313.29 | scientific] *bef. x'd-out* 'inquiries [*t. alt. fr.* 'inquiry'] are met by cases of judgment.' |
| 313.30 | course] *aft. penc. del.* 'the' |
| 313.30 | logical] *t. intrl.* |
| 313.31 | denial,] *aft. x'd-out* 'the'; *bef. x'd-out* 'that' |
| 313.32 | are] *aft. x'd-out* 'and' |
| 313.37 | just] *aft. x'd-out* 'the' |
| 314.3 | other] *alt. fr.* 'others' |
| 314.3-4 | writers] *intrl. w. caret* |
| 314.4 | *judgment*,] *alt. fr.* 'judgments'; *undrl.*; *comma added* |
| 314.4 | the distinction] *aft. del.* '*as* jsudgments' |
| 314.5-6 | relatively indirect] *aft. del.* 'the' |
| 314.6 | these prizings] *w. caret ab. del.* 'they' |
| 314.7 | inspection.] *period ov. comma bef. del.* 'and see how matter stand when the substitution is made. In this case' |
| 314.7 | We] 'W' *ov.* 'w' |
| 676 314.7 | start] *aft. del.* 'should' |
| 314.8 | fact:—] *dash added* |
| 314.9 | engaged] *aft. x'd-out* 'coninually' |
| 314.10 | preferences,] *comma added* |
| 314.10 | also] *intrl. w. caret* |
| 314.11 | them.] *period added bef. del.* 'For [*intrl.*] every discussion of a policy to be adopted or rejected *is such a valuation, although many discussions fail to satisfy the conditions of a scientific conclusion.' [*ab. del.* 'being of that nature, even though they vary immensely with respect to success in satisfying the logical conditions that enable the conclusion of a discussed to the name of judgment.'] |
| 314.11 | All] 'A' *ov.* 'a' *aft. del.* 'that' |
| 314.11 | all] *intrl.* |
| 314.11-12 | widespread] *aft. del.* 'any degree of' |
| 314.12 | concern are] *aft. del.* 'interest or'; *bef. del.* 'in some measure' |

314.12 expressions] *aft. x'd-out* 'both'
314.12-13 direct] *intrl. w. caret*
314.13 Evaluations] 'E' *ov.* 'e' *aft. del.* 'just mentioned and that'
314.13 defend,] *comma added*
314.13-14 to support and buttress,] *t. intrl. w. caret*
314.14 question.] *period ov. comma bef. del.* 'would seem also [*aft. x'd-out* 'to be'] to be undeniable facts'
314.15 pressure] *aft. del.* 'the'
314.16 the] *alt. fr.* 'these'
314.17 group-values] *hyphen added*
314.18 subjected] *alt. fr.* 'subject'
314.22 specifically,] *aft. x'd-out* 'more,'
314.22 valuings] *aft. x'd-out* 'valuings in the sense alrready specified and'
314.23 phase] *bef. x'd-out period*
314.27 in] *bef. x'd-out* 'the'
314.27 the more] *aft. del.* 'cash of'
314n.1 not] *t. intrl.*
314n.4 discussions] *aft. x'd-out* 'the'
314n.5 procedures] *aft. x'd-out* 'that which is sta'
314n.5 which are] 'which' *aft. x'd-out* 'in the case of'
314n.7 intensification] *aft. x'd-out* 'strengthening'
314n.12 "emotional-volitional"] *aft. x'd-out* 'things excluded'
314n.13 are] *aft. x'd-out* 'we'
314n.13 their] *t. alt. fr.* 'they'
314n.14 the effort] 'the' *t. alt. fr.* 'their'
315.1 cases.] *period ov. comma*
315.1 But the] 'B' *ov.* 'b'; 'the' *ov.* 'its' *677*
315.1 *subjectmatter*] *undrl.*
315.1 of investigation] *intrl. w. caret*
315.3 concerned] *aft. del.* 'still'
315.5 nature of] *intrl. w. caret*
315.6 now] *alt. fr.* 'no'
315.6 out,] *comma added*
315.6 learning,] *comma added*
315.8 logical or theoretical] *t. intrl. w. caret*
315.10 cases of] *t. intrl.*
315.10 valuing] *t. alt. fr.* 'valuings'
315.10 differentiated] *aft. del.* 'intelligently'
315.11 any] *aft. x'd-out* 'other'
315.13 as] *aft. x'd-out* 'denial'
315.15 try] *aft. x'd-out* 'reduce'
315.15 prizings] *aft. x'd-out* 'the'
315.16 molecular] *alt. fr.* 'molecules as'

315.21 conclusion] *t. alt. fr.* 'conclusions' *bef. x'd-out* 'drawn'
315.23 our] *aft. x'd-out* 'Mr'
315.28 sciences,"] *comma t. alt. fr. period*
315.29 - 30 *scientist*] *t. alt. fr.* '*scientists*'
315n.2 of the] *bef. x'd-out* 'fact'
316.1 inquiries] *aft. x'd-out* 'social the'
316.9 than] *t. alt. fr.* 'that'
316.10 geographical] *t. intrl. w. caret*
316.15 - 16 behavior] *aft. x'd-out* 'the [*ab. x'd-out* 'a'] temporal'
316.21 events] *bef. x'd-out* 'have their'
316.21 - 22 characteristic] *bef. x'd-out* 'feat'
316.30 events of an] *t. intrl.*; 'an' *aft. x'd-out* 'the'
316.30 sort] *t. intrl.*
316.31 - 32 intimately & still] *t. ab. x'd-out* 'even'
316.32 preferences,] *t. intrl.*
316.34 which] *aft. x'd-out* 'that'
316.35 impartial] *aft. x'd-out* ', or"'
316.35 now] *t. intrl.*
316.36 astronomy] *aft. x'd-out* 'physica'
316.37 scientific] *t. alt. fr.* 'scientist'
316.38 had earlier] *t. intrl.*
317.1 investigation] *aft. x'd-out* 'the socio'
317.4 finding] *aft. x'd-out* 'taking'
317.7 problems] *aft. del.* 'are'
317.7 are all] 'are' *intrl. in penc.*; 'all' *bef. penc. del.* 'gather about'
317.7 aspects of] *intrl. in penc. w. caret*
678 317.7 associated] *moved w. penc. guideline fr. bef.* 'problems aplenty.'
317.8 behavioral] *t. intrl. w. caret*
317.8 called] *aft. x'd-out* 'a'

## 《重要性、意义与含义》一文中的变更

本文引论部分,即从第318页第1行至第320页第14行,是打字稿正本,保存于印第安纳大学布鲁明顿校区里利图书馆手稿部亚瑟·F·本特利档案,共3页。该稿于1950年6月4日寄给本特利。除标有*ink*的地方之外,变更之处都是用打字机打出来的。

318.2 essay] *ab. x'd-out* 'article'
318.3 reasonably] *ab. x'd-out* 'fairly'
318.4 it] *ov.* 'is'
318.4 form] *alt. fr.* 'forms' *aft. x'd-out* 'has'
318.5 a] *ab. x'd-out* 'the'

318.5 articles] *ab. x'd-out* 'papers'
318.6 The] *aft.* 'no ¶' *insrtd. and circled in ink; marked in ink to run on*
318.8 periodical] *aft. x'd-out* 'reference to'
318.12 *How . . .* by] *intrl.*
318.16 independent] *alt. fr.* 'independently' *aft. x'd-out* 'maturing'
318.17 which] *aft. x'd-out* 'that'
318.17-18 not . . . the] *ab. x'd-out* 'neither the outcome of'
318.19 critical] *intrl.*
318.21 in conclusions] *ab. x'd-out* 'of conclusions'
318.22 inquiries] *aft. x'd-out* 'studies'
318.22 having] *ab. x'd-out* 'have'
318.23 is] *ab. x'd-out* 'was'
318.23 valid] *ab. x'd-out* 'valid source of'
318.24 community] *intrl.*
318.24 as] *aft. x'd-out* 'in'
319.1 (since . . . one] *ab. x'd-out* '(by one'; 'but' *aft. x'd-out* 'one of'
319.2 authors] *aft. x'd-out* 'two'
319.3 interest] *alt. fr.* 'interests'
319.5 side] *aft. x'd-out* 'science of'
319.6 bear] *in ink ab. ink del.* 'bore'
319.7 scientific] *ab. x'd-out* ', that is scientific,'
319.7-8 and effective] *intrl. in ink*
319.8 method of] *bef. x'd-out* 'dealing with' *679*
319.8 inquiry] *aft. ink del.* 'effective'
319.9 work] *ab. x'd-out* 'study'
319.9 involves] *alt. in ink fr.* 'involved'
319.9 study] *ab. x'd-out* 'revision'
319.10 theories] *alt. fr.* 'theory'
319.11 intellectual] *aft. x'd-out* 'the'
319.11 that] *aft. x'd-out* '* for the inquiries' [*aft. x'd-out* 'of the']
319.11-12 are competent] *aft. x'd-out* '* will be able' [*aft. x'd-out* 'would provide a dependable']
319.12 initiate] *aft. x'd-out* 'deal with scientifically with'
319.12 the] *intrl.*
319.12 human] *bef. x'd-out* 'contacts'
319.13 that] *aft. x'd-out* 'as they'
319.13 or] *ab. x'd-out* 'and'
319.14 The] *aft. x'd-out* 'Dewey's'
319.16 reaching] *aft. x'd-out* 'lead'
319.18 direction] *aft. x'd-out* 'any'
319.18 a time] *aft. x'd-out* 'an a'
319.18-19 scientific,] *aft. x'd-out* 'physica'

| | |
|---|---|
| 319.19 | and political] *aft. x'd-out* 'revolutions' |
| 319.19 | have] *ab. x'd-out* 'has' |
| 319.23 | philosophical] *aft. x'd-out* 'systems' |
| 319.23 | inefficacy] *ab. x'd-out* 'irrelevance' |
| 319.23-24 | life-activities] *aft. x'd-out* 'existing' [*ab. x'd-out* 'present'] |
| 319.24 | centre] *alt. fr.* 'centred' |
| 319.25 | method] *alt. fr.* 'methods' |
| 319.25 | of] *intrl.* |
| 319.25 | knowing] *bef. x'd-out* 'that' |
| 319.26 | in] *bef. x'd-out* 'a' |
| 319.27 | in a] *intrl.* |
| 319.27 | fruitful] *alt. fr.* 'fruitfully' *aft. x'd-out* 'invetig' |
| 319.29 | the] *ab. x'd-out* 'a' |
| 319.29 | formation] *aft. x'd-out* 'intelliget' |
| 319.29-30 | intelligent] *aft. x'd-out* 'and use of' |
| 319.31-32 | on ... number)] *intrl.* |
| 319.34 | present] *bef. x'd-out* 'and the coming' |
| 319.36-37 | faithful ... of wisdom] *ab. x'd-out* 'with his conviction that it is love of wisdom' |
| 319.38 | policies] *aft. x'd-out* 'the' |
| 319.39 | the] *intrl.* |
| 319.39 | of our common] *intrl.* |
| *680* 319.40 | The] *aft. x'd-out* 'I hope this' |
| 319.41 | otherwise] *bel. x'd-out* 'essay is' |
| 320.1 | while] *bef. x'd-out* 'it' |
| 320.2 | with ... method] *intrl.* |
| 320.4 | historical] *bef. x'd-out* 'philosophical' [*alt. fr.* 'philosophies' [*alt. fr.* 'philosophy']] |
| 320.5 | main] *aft. x'd-out* 'po' |
| 320.5 | *Knowing*] *aft. x'd-out* 'book' |
| 320.5 | *the*] 't' *ov.* 'T' |
| 320.6 | which] *bef. x'd-out* 'while' |
| #320.6-7 | which with respect to language employed are] *intrl.* |
| 320.9 | issues.] *aft. x'd-out* 'subjec' |
| 320.10 | towards] *aft. x'd-out* 'after' |
| 320.11 | as] *bef. x'd-out* 'the' |

## 《社会探究中的“如何”、“什么”与“为何”》一文的变更

这里所涉及的两份文件，都保存在南伊利诺伊大学卡本代尔校区莫里斯图书馆特藏部约翰·杜威文献59号盒13号文件夹。从第333页第1行至第340页第3行的变更是在打字稿正本上作的，该本准备于1951年1月，不是由杜威打的，共13页；

变更出现在第1、2、3、5、13页。杜威在第一页右上角用蓝墨水写上“Page One”，在第2至13页的右上角删去了“M&C”[Means and Consequences]字样。他用黑墨水将第7至12页的页码改为第5至10页。

杜威用蓝墨水加了两个段落；他用手写的方式加入的内容从第13页的末尾(第340页第1—3行，“So ... recal”)开始，在一张酒店用纸上结束(第340页第3—30行，“before ... situation”)。因此，从第340页第4行开始，变更的内容写在6张7英寸长6英寸宽的印有“Halekulani/Honolulu 15, Hawaii”字样的便笺上，编码为14—18页，其中有两个第17页。杜威在右上角编上页码，在第16—18页加上标题“如何、什么与为何”，并在第18页签名。

除了注明“black ink”、“green ink”、“penc.”的内容之外，所有的变更都是以蓝墨水手写的。

| | |
|---|---|
| 333.1-2 | *How,* ... Inquiry] *bel. penc. del.* 'MEANS AND CONSEQUENCES —'; 'In Social [*ov.* 'the'] Inquiry' *added in penc.* |
| 333.3 | I] *added in penc. and blue ink* |
| 333.14 | The] *aft. blue ink del.* '1' [*added in penc.*] |
| 333.14-15 | instead of "postulate"] *moved w. caret and guideline fr. aft.* '"postulation"' |
| 333.15 | emphasize] *w. caret ab. del.* 'make it as evident as possible' |
| 333.19 | some] *in penc. w. caret ab. del.* 'a certain degree of' |
| 334.1 | basic] *ab. del.* 'autonomous' |
| 334.1-2 | instead of] *ab. del.* 'and' [*intrl.*] |
| 334.2 | derived] *intrl.* |
| 334.2 | and hence as] *intrl. w. caret*; 'hence' *further intrl.* |
| 334.2 | as authoritative] 'as' *intrl.* |
| 334.3 | entire scope] *ab. del.* 'whole matter' |
| 334.3 | which,] *comma added bef. del.* 'in' |
| 334.3-4 | *intelligent,*] *comma added* |
| 334.4-5 | the properties that render it] *w. caret ab. del.* 'it being'; 'the' *ov.* 'as' |
| 334.5 | are] *w. caret ab. del.* 'is' |
| 334.5 | from] *intrl. w. caret bef. del.* 'without, of' |
| 334.5 | a] *ov.* 'some' |
| 334.6 | this outside factor is] *intrl.*; 'factor' *aft. del.* 'source' |
| 334.7 | *brain*] *bel. del.* 'it' [*intrl. w. caret*] |
| 334.7 | difference.] *period ov. comma* |
| 334.7-8 | It ... since] *ab. del.* 'in as far as' |
| 334.9 | that belong] *intrl. w. caret*; 'belong' *ov.* 'wil' |
| 334.9 | intrinsically] *alt. fr.* 'intrinsic' |

681

334.9 & to] *intrl.*
334.9-10 as far as the latter] *ab. del.* 'which'
334.15 *knowns*] *undrl. in penc. bef. del. comma*
334.16 termed] *in penc. w. caret ab. del.* 'named'
334.39 function] *in penc. w. caret ab. del.* 'service'; *bef. del.* 'performed'
334.40 performed (the *service*] *intrl. in penc. w. caret; paren. ov. comma*
334.40 rendered)] *paren. added in penc.*
336.2-3 a previous] *ab. del.* 'my'
336.3 of mine] *w. caret ab. del.* 'in this Journal'
340.1-2 So ... phrase] *added*
#340.2 "*In the Social Sciences*"] *added; quots. added in penc. and blue ink*
340.2-3 as ... recal] *added*
340.4 that is] *intrl. w. caret*
340.5 physical] *ab. del.* 'natural'
340.10 the] *ov.* 'a'
340.15 transition] *aft. del.* 'change'
340.15 In] *aft. del.* 'Eve'
340.16 still] *intrl. w. caret*
682 340.17 & hence] *added*
340.17 as separate] 'as' *intrl. w. caret*
340.18 also] *intrl. w. caret*
340.18 their] *alt. fr.* 'them'
340.18 fixed] *aft. del.* 'as a'
340.19 *seen*] *w. caret ab. del.* '*felt*'
340.19 yet] *added in black ink*
340.19 the] *ov.* 'an'
340.21 completes] *alt. fr.* 'completed'
340.22 moreover] *intrl. w. caret*
340.23 as far] *aft. black ink del.* 'wins,'
340.23 at least] *intrl. in black ink w. caret*
340.24 has won] *intrl. in black ink w. caret*
#340.25 & hence] *intrl. w. caret*
#340.25 is] *in black ink ov.* 'was'
#340.25 occur] *in black ink ab. undel.* 'exist'
#340.25 the minor] *intrl.*
#340.25 whats] *alt. fr.* 'what'
#340.25 which] *intrl. w. caret*
#340.25 take] *alt. fr.* 'takes'
#340.25 is] *aft. del.* 'as their framework'
#340.25 for] *aft. del.* 'and' [*insrtd.*]
340.25 The victory will be] *insrtd. in black ink w. guideline*

| | |
|---|---|
| 340.25 | however] *intrl. in black ink w. caret* |
| 340.27 | subordinate] *alt. in black ink fr.* 'subordinated' |
| 340.27 | factor] *in black ink ab. del.* 'measure' |
| 340.28 | proceeds;] *semicolon in black ink ov. comma* |
| 340.28 | thereby] *aft. del.* 'and is' |
| 340.28 | attaining] *alt. fr.* 'attains' |
| 340.28 - 30 | That ... problematic] *added in black ink* |
| 340.30 | indeterminate situation.] *added in green ink* |

## 《现代哲学》一文中的变更

这份文件是保存于南伊利诺伊大学卡本代尔校区莫里斯图书馆特藏部约瑟夫·拉特纳/约翰·杜威文献 46 号盒 6 号文件夹的没有加标题的打字稿的第二个稿本的最后一页,即第 21 页的副本,共 21 页。这是唯一由杜威打的一页。除了标有 *t.* 的内容之外,变更都是用蓝墨水写的。

| | |
|---|---|
| 419.6 | generous,] *comma added* |
| 419.7 - 8 | organized] *t. intrl. w. caret* |
| 419.8 | pursuits,] *comma added* |
| 419.8 | occupations,] *comma added* |
| 419.9 | if] *alt. fr.* 'it' |
| 419.11 | institutional] *alt. fr.* 'institutions' |
| 419.13 | less,] *comma added* |
| 419.13 - 14 | acceptance ... its] *t. intrl. w. caret; aft. x'd-out* 'it's' |
| 419.15 | but] *intrl. w. caret* |
| 419.18 | have] *t. alt. fr.* 'has' |
| 419.19 | operations] *aft. x'd-out* 'human' |
| 419.19 | have tended] *t. ab. x'd-out illeg. word* |
| 419.19 | enhance] *aft. x'd-out* 'the power' |
| 419.20 - 21 | at the expense] *t. intrl.* |
| 419.22 | A] *aft. x'd-out* 'There' |
| 419.24 | the evils] *aft. x'd-out* 'the conditions of' |
| 419.25 | by] *bef. x'd-out* 'petulant' |
| 419.25 | continuing petulant and futile] *t. intrl.* |
| 419.25 | directed] *aft. x'd-out* 'of [*aft. x'd-out* 'of'] the' |
| 419.26 | physical,] *t. intrl.* |
| 419.26 | intellectual] *bef. x'd-out comma* |
| 419.27 - 28 | promote] *aft. x'd-out* 'further' |
| 419.28 | conditions] *aft. x'd-out* 'the' |
| 419.28 | all] *t. intrl.* |
| 419.29 | reaches ... wide] *t. ab. x'd-out* 'tends'; 'reaches' *t. alt. fr.* 'reached' |
| 419.30 | of philosophy] *aft. x'd-out* 'is but one' |

*683*

| | |
|---|---|
| 419.31 | But] *bef. del.* 'neverthless' |
| 419.31 | for] *t. w. caret ab. x'd-out* 'of' |
| 419.31 | its] *aft. x'd-out* 'itself' |
| 419.31 | now] *t. w. caret ab. x'd-out* 'has' |
| 419.32 | opportunity] *bel. x'd-out* 'of' [*t. intrl.*] |
| 419.32 | challenge] *aft. x'd-out* 'the' |
| 419.32 | to] *aft. x'd-out* 'of' |
| 419.32 - 33 | systematic] *aft. del.* 'the' |
| 419.35 | responsible] *t. alt. fr.* 'responsibility' |
| 419.36 | from] *aft. x'd-out* 'that' |

# 行末连字符列表

## I. 范本表

以下是编辑给出的一些在范本的行末使用连字符的、可能出现的复合词： *684*

| | |
|---|---|
| 3.25 – 26 | cooperative |
| 4.3 | inter-actional |
| 19.7 | metalanguage |
| 58.20 | sporlight |
| 59.12 | three-fold |
| 77n.13 | subjectmatter |
| 85.1 | today |
| 88n.10 – 11 | non-observable |
| 88n.29 | transdermal |
| 94.10 | checkerboard |
| 103.2 | sub-classification |
| 109.12 | counterpart |
| 111.6 | Transaction |
| 113.19 | reorganization |
| 114.14 | self-action |
| 116n.5 | non-simultaneous |
| 120.18 – 19 | interactional |
| 121.1 | interactional |
| 121.2 | self-actional |
| 122.10 | subjectmatter |
| 125.19 | sub-naming |
| 125n.1 | transactional |
| 125n.13 | pseudo-logical |
| 144.23 | self-actional |
| 146.18 | transaction |
| 150.13 – 14 | Non-symbolically |
| 156.18 | snapshot |
| 159.5 | so-called |
| 162.25 | non-verbal |
| 166.7 | counter-instances |
| 170.16 | so-called |
| 175.39 | Old-timers |
| 186n.19 | non-natural |
| 191.8 | presupposed |
| 191.11 | interbehave |
| 197.33 | non-natural |
| 198.10 | presupposed |
| 198.19 | ongoing |
| 214.21 | pseudophysical |
| 216n.5 | nontechnical |
| 232.6 | low-life |
| 238.18 | penthouse |
| 242.7 | self-enclosed |
| 243.35 | transaction |
| 247.19 | transactions |
| 251.4 | *labor*-atories |

685

| | | | |
|---|---|---|---|
| 129.7 | commonplace | 256n.10 | transaction |
| 138.12 | transactionally | 258.8 | subjectmatters |
| 139.33–34 | transactional | 258.26 | touchstones |
| 140.14 | subjectmatter | 260.30 | subjectmatter |
| 143.11 | sub-human | 263.11 | subjectmatters |
| 263.33 | lifetime | 325.35 | ongoing |
| 264.2 | non-naming | 327.12 | pre-humans |
| 264.8 | transactional | 332.8 | pre-established |
| 268.34 | self-oriented | 337.16–17 | subjectmatters |
| 270.5 | Coterminous | 348.2 | interconnection |
| 273.2 | air-waves | 357.20 | socio-psychological |
| 277.2–3 | subjectmatters | 360.20 | widespread |
| 282.30 | subjectmatters | 365.27 | *re*-turn |
| 284.37–38 | subjectmatter | 370.9 | Today |
| 285.13 | day-dreaming | 371.4 | corner-stones |
| 290.38 | subjectmatters | 396.39 | self-constituted |
| 291.2 | subjectmatter | 397.12 | story-telling |
| 303.25–26 | pre-scientific | 402.6 | world-wide |
| 305.25 | socio-cultural | 415.29 | so-called |
| 308.15 | safeguarded | 418.15–16 | intercommunication |
| 321.20 | ongoing | | |

## II. 校勘文本表

在本版的复本中,被模棱两可地断开的、可能的复合词中的行末连字符均未保留,但以下的除外:

| | | | |
|---|---|---|---|
| 6.8 | well-founded | 125.9 | by-passes |
| 58.4 | non-corporeal | 132.7 | Inter-actions |
| 59.2 | proto-linguistic | 135.14 | "Sea-serpents" |
| 66.5 | "spectrum-like" | 135.21 | self-actional |
| 76.10 | re-examination | 150.13 | Non-symbolically |
| 81.19 | "double-fronted" | 171n.3 | time-wasting |
| 88n.10 | non-observable | 173n.4 | subject-matter |
| 89.2 | mind-matter | 201.11 | self-subsistent |
| 93.23 | non-extensionals | 255.1 | pre-determination |
| 103.7 | inter-actional | 263.14 | extra-behavioral |
| 103.26 | pseudo-interactional | 301.19 | de-signated |
| 108.31 | self-actional | 303n.2 | co-partners |
| 112.24 | inter-acting | 303.25 | pre-scientific |
| 114.26 | inter-actional | 309.23 | life-blood |
| 115.22 | self-actional | 314n.2 | psycho-analytic |

118.17 self-actional
119.8 co-operating
121.9 "non-natural"
122.27 one-sided
352.28 non-esthetic
367.13 double-faced
373.20 one-sided
390.23 world-wide
326.36 foot-gears
327.30 pre-commitments
330.25 pre-occupation
337.18 "self-evident"
397.7 non-experiential *686*
403.18 *Pre-political*
412.28 *extra*-scientific
418.31 ever-increasing

# 引文中实质用词的变化

687 杜威在引号中对实质用词的改变被认为非常重要，足以需要这一特殊列表。杜威以各种方法再现了资料来源，从记忆性的复述到逐字逐句的引证都有；有些地方完整地引用资料，有些地方只提到了作者的姓名，还有些地方完全省略了文献资料。引号中所有的资料已经查到，已被明显强调或者重申的资料除外。杜威的引文已经过核对，必要时作了校勘。

除了校勘表中注明的必要更正之外，所有引文均按它们在范本中的原状一一保留。假如有排印方面的错误，恢复原文的实质用词或偶发拼读上的变化被作为著作(W)校勘标注出来。杜威像那个时期的许多学者那样，不关心形式方面的精确性，引文中的许多变化很可能出现在印刷过程中。比如，将杜威的引文与原文进行对比，可以显示有些编辑和排字人员将所印材料和杜威本人的材料作了印刷方面的个性化处理。因此，在本版中，原文的拼写和大写一律从旧。

杜威常常改动或省去所引材料的标点符号，当这种改动或省略有实质性的含义时，我们便恢复原文的标点。在校勘表中，我们已标明了那些变化。杜威常常并不表明他已省略他所引用的材料。被省略的短语出现在本表中。省略一行以上，便用中括号注明。原始材料中的斜体字被作为实质用词对待。杜威省略或补充的斜体字，在这里已经注明。杜威的引文与包含这些引文的上下文的出处之间的差异，如数字或时态的变化，此处没有注明。

688 这一部分使用的形式旨在帮助读者确定杜威究竟是直接引用了原始资料还是仅凭记忆引用这些资料。本部分的标注方法遵循以下格式：本版行-页数后面是词条，然后是括号。括号后面是原文形式，然后是作者姓名、取自杜威的参考文献目录的简化原文标题,以及原始文献的页-行参考,全都加上了括号。

## 《认知与所知》

| | |
|---|---|
| 50.7 | abstract,] abstracts, (Quine, *Mathematical Logic*, 152.19) |
| 51n.2 | say] say, therefore, (Peirce, *Collected Papers*, 5:151.25) |
| 88n.7 | position like] position, just like (James, *Pluralistic Universe*, 380.26; *Essays in Radical Empiricism*, 170.37) |
| 100.8 | If] If, as in Article 2, (Maxwell, *Matter and Motion*, 26.27) |
| 106.10 | particles.] objects. (Einstein and Infeld, *Physics*, 58.2) |
| 106n.6 | Insofar] Insofar, however, (Swann, "Relation of Theory," 193.1.8 - 9) |
| 107.32 | 'The path] 'path (Frank, *Physics*, 39.2.2) |
| 107.39 | describe] e.g., describe (Frank, *Physics*, 53.1.39) |
| 108.1 | The law] this law (Frank, *Physics*, 53.2.36) |
| 108.25 | electromagnetic] [*ital.*] (Einstein and Infeld, *Physics*, 151.14) |
| 109.7 | one] *we* (Einstein et al., "Quantum-Mechanical Description," 777.2.37) |
| 109.8 | certainty] *certainty (i. e., with probability equal to unity)* (Einstein et al., "Quantum-Mechanical Description," 777.2.37 - 38) |
| 109.18 - 19 | criteria of physical] criterion of (Bohr, "Quantum-Mechanical Description," 696.1.30) |
| 109.21 | a modification] the fundamental modification (Bohr, "Quantum-Mechanical Description," 702.2.6 - 7) |
| 116n.9 | directing power of heredity] [*ital.*] (Osborn, *Origin*, 16.25 - 26) |
| 119.9 | the gene] a gene (Huxley, *Evolution*, 65.17) |
| 119n.15 - 16 | organism] organisms (Dobzhansky and Montagu, "Natural Selection," 588.1.24) |
| 120n.6 | concepts] qualities (Mayr, *Systematics*, 113.31) |
| 122n.4 | as simply] merely as the (Firth, *Tongues of Men*, 19.26) |
| 122n.5 | just live] live just (Firth, *Tongues of Men*, 19.26 - 27) |
| 122n.5 | space which] what (Firth, *Tongues of Men*, 19.27) |
| 122n.7 | never] never really (Firth, *Tongues of Men*, 20.3) |
| 122n.10 | outer] outward (Firth, *Tongues of Men*, 19.22) |
| 125n.6 | ecological psychology] psychological ecology (Lewin, "Defining," 309.10) |
| 140n.7 | stimulus] stimuli (Bartley and Chute, *Fatigue*, 343.39) |
| 150.10 | application or specification] *application* or *specification* (Quine, *Mathematical Logic*, 171.35) |
| 156.19 | kinds] kind (*Webster's*, 688.2.32) |
| 156.22 | equivalences] equivalence (*Webster's*, 688.2.35) |
| 163.15 | indefinables.] indefinable. (Adamson, "Definition," 1:259.1.56 - |

689

57)

165.15 thing:] thing (taking "thing" [...] mental states, &c.): (Davidson, *Definition*, 32.4-6)

168.18-19 cannot] cannot however (Dubs, "Definition," 573.13)

169.15 mental] psychological (Reid, "Definitions," 171.12)

169n.3-4 an ... operation] a definitional operation (Reid, "Definitions," 170.24)

169n.4 These distinctions] the distinctions which I marked symbolically by such terms as definitional *relation, operation* and *rule* (Reid, "Definitions," 171.30-31)

172.3 specification of meaning] [*ital.*] (Kaplan, "Definition," 281.4)

173.27 generic meaning] [*ital.*] (Nagel, "Some Reflections," 624.39)

181.20 been] usually been (Mill, *Logic*, 92.11)

244.31 feeling,] feeling, or (*Oxford*, s.v. "common sense," 3.)

245.9 every-day affairs.] the every-day affairs of life. (*Oxford*, s.v. "common sense," 2.b.)

245.16-17 intelligence in its] intelligence, esp. as (*Oxford*, s.v. "sense," 11.)

246.5 *that*] [*rom.*] (*Oxford*, s.v. "thing," I.3.)

246.6 occupied, engaged, concerned, busied,] concerned (in action, speech, or thought) (*Oxford*, s.v. "thing," I.3.)

246.15 the Latin] L. (*Oxford*, s.v. "matter," IV.)

246.16 used] employed (*Oxford*, s.v. "matter," IV.)

246.19 circumstance,] circumstance, fact, question, (*Oxford*, s.v. "matter," IV.19.)

246.20 things] things, etc. (*Oxford*, s.v. "matter," IV.19.)

246.20 is the object] may be an object (*Oxford*, s.v. "matter," IV.19.)

246.20-21 or of practical] or practical (*Oxford*, s.v. "matter," IV.19.)

246.29-30 *object of consideration*] matter of thought, consideration (*Oxford*, s.v. "subject," III.13.)

247.10-11 that is forced on] forced upon (*Oxford*, s.v. "ado," 4.)

247.11 a difficulty, trouble.] labour, trouble, difficulty. (*Oxford*, s.v. "ado," 4.)

258n.5 (q.v.),] (which see), (Runes, *Dictionary*, 161.1.15)

281.3-4 disagreements with one another] disagreements (Dewey, "Beliefs and Existences," 196.18) [*Middle Works* 3:99.34]

*690* 281.4 in comparison] compared (Dewey, "Beliefs and Existences," 196.19) [*Middle Works* 3:99.35]

281.4-5 disagreements] disagreement (Dewey, "Beliefs and Existences," 196.19-20) [*Middle Works* 3:99.35]

281.7 as to conclusions] in solutions (Dewey, "Beliefs and Existences," 196.23) [*Middle Works* 3:99.38]

## 《何谓语言符号？ 何谓名称？》

| | |
|---|---|
| 297.17 | relation] a relation (Peirce, *Collected Papers*, 2:155.13) |
| 299.10 | that material] the material of *that* (Peirce, *Collected Papers*, 2:189.14-15) |
| 299.11 | *rather of this precept*,] rather this precept (Peirce, *Collected Papers*, 2:189.16) |
| 299.11-12 | more useful] that is more serviceable (Peirce, *Collected Papers*, 2:189.16) |
| 299.13 | *are to*] [*rom.*] (Peirce, *Collected Papers*, 2:189.18) |
| 299.13 | get] gain (Peirce, *Collected Papers*, 2:189.18) |
| 299.14 | that word.] the word. (Peirce, *Collected Papers*, 2:189.19) |
| 301.4 | 3. The] 3. A (Ogden and Richards, *Meaning*, 243.21) |
| 301.6 | *problem*] [*rom.*] (Ogden and Richards, *Meaning*, 243.22) |

## 《价值、价值评估与社会事实》

| | |
|---|---|
| 312.10 | a choice,] choice, (Benoit-Smullyan, "Value Judgments," 202.31) |
| 315.27 | upon] on (Benoit-Smullyan, "Value Judgments," 204.33) |
| 315.27 | value judgments] all judgments with valuational components (Benoit-Smullyan, "Value Judgments," 204.37-38) |
| 315.28 | and must] and that they must (Benoit-Smullyan, "Value Judgments," 204.38) |
| 315.30 | contempt] a contempt (Benoit-Smullyan, "Value Judgments," 204.40) |

## 《"价值"领域》

| | |
|---|---|
| 347.19 | never-too-much-to-be-sat-upon] never-to-be-too-much-sat-upon (James *Psychology*, 2:387.21) |
| 357.27 | whole] [*ital.*] (Stevenson, *Ethics*, 336.4) |

## 《哲学在我们这个科学时代的未来》

*691*

| | |
|---|---|
| 372.18 | the men] these men (Weber, *Essays*, 142.4) |
| 372.20 | passage] the path (Weber, *Essays*, 142.6) |
| 372.25 | thereby] therewith (Weber, *Essays*, 142.14) |
| 372.30-31 | big children found] certain big children who are indeed found (Weber, *Essays*, 142.28) |
| 372.32 | would teach] could teach (Weber, *Essays*, 142.30) |
| 372.35 | clearest answer] simplest answer (Weber, *Essays*, 143.21) |
| 373.1 | *our*] [*rom.*] (Weber, *Essays*, 143.22) |

374.12 alliance. There] alliance [...] there (Fosdick, "Telescope," 1.3.24 - 28)
374.12 telling] foretelling (Fosdick, "Telescope," 1.3.29)
374.13 destruction;] destructive ends. There is (Fosdick, "Telescope," 1.3.30 - 31)
374.13 no classifying of] no method of classifying (Fosdick, "Telescope," 1.3.31 - 32)
374.14 knowledge is] knowledge has become dangerous. Indeed, knowledge has always been dangerous, for knowledge means (Fosdick, "Telescope," 1.3.34 - 37)
374.14 power; there] power, [...] There (Fosdick, "Telescope," 1.3.37, 15.1.3 - 35)
374.15 knowledge that] knowledge [...] which (Fosdick, "Telescope," 15.1.36 - 39)
374.16 elect] deliberately elect (Fosdick, "Telescope," 15.1.42)
377.35 science to morals] our knowledge to moral foundations (Fosdick, "Telescope," 15.1.119 - 20)

## 《经验与存在：一个评论》

384.24 true] true that (Kahn, "Experience and Existence," 317.24) [*Later Works* 16:458.2]

## 《为"宗教与知识分子"专题论坛撰写的文章》

392.18 the present trend] this new trend ("Editorial Statement," 104.36)

692

## 《作为一个初始阶段和作为一种艺术发展的审美经验》

395.11 experience] life-experience (Romanell, "Comment," 125.33) [*Later Works* 16:464.10]
396.33 - 34 incompatible] opposite (Romanell, "Comment," 125.35) [*Later Works* 16:464.13]
398.1 *addition*] [*rom.*] (Dewey, *Experience and Nature*, 389.13) [*Later Works* 1:291.8 - 9]
398.1 dwelling] dwelling exclusively (Dewey, *Experience and Nature*, 389.14) [*Later Works* 1:291.9]
398.2 given to] given (Dewey, *Experience and Nature*, 389.15) [*Later Works* 1:291.10]
398.3 *enhanced* perception] enhanced perception or esthetic appreciation (Dewey, *Experience and Nature*, 389.16) [*Later Works* 1:291.11 - 12]
398.7 - 8 they ... spontaneously] which they spontaneously (Dewey,

*Experience and Nature*, 389.21) [*Later Works* 1:291.15-16]

## 《现代哲学》

411.18-19 are the ... winds.] The condition of a ship in which, either from calms, or from baffling winds, she makes no head-way; (*Oxford*, s.v. "doldrum," 2.b.)

# 杜威的参考书目

693　本部分所列为杜威和亚瑟・F・本特利所引述的每一本著作的完整出版信息。杜威个人图书馆中的书(南伊利诺伊大学卡本代尔校区莫里斯图书馆特藏部约翰・杜威文献)尽可能都在此处列出并用程度号°标出。当参考文献的页码被给出时,也会通过引文指出该书的版本;对于其他参考文献,这里所列出的版本是根据出版地点或时间、在那个时期是否通常可以见到,或来自通信和其他材料的证据等推断最有可能的版本。

Adamson, Robert. *A Short History of Logic*. Edinburgh and London: William Blackwood and Sons, 1911.

——. "Definition." In *Dictionary of Philosophy and Psychology*, edited by James Mark Baldwin, 1:259 - 60. New York: Macmillan Co., 1901.

Aldrich, Virgil C. Review of *Signs, Language, and Behavior*, by Charles W. Morris. *Journal of Philosophy* 44 (5 June 1947):324 - 29.

Ayer, Alfred J. *Language, Truth and Logic*. New York: Oxford University Press, 1936.

Baldwin, James Mark, ed. *Dictionary of Philosophy and Psychology*. New York: Macmillan Co., 1901.

Bartley, Samuel Howard, and Eloise Chute. *Fatigue and Impairment in Man*. New York: McGraw-Hill Book Co., 1947.

Baylis, Charles A. "Critical Comments on the 'Symposium of Meaning and Truth.'" *Philosophy and Phenomenological Research* 5 (September 1944):80 - 93.

Beebe, William, ed. *The Book of Naturalists*. New York: Alfred A. Knopf, 1944, 1945.

Benoit-Smullyan, Emile. "Value Judgments and the Social Sciences." *Journal of Philosophy* 42(13 April 1945):197 - 210.

°Bentley, Arthur F. *Behavior, Knowledge, Fact*. Bloomington, Ind.: Principia

Press, 1935.
°——. *Linguistic Analysis of Mathematics*. Bloomington, Ind.: Principia Press, 1932. 694

°——. *The Process of Government: A Study of Social Pressures*. Chicago: University of Chicago Press, 1908; 2d ed., Bloomington, Ind.: Principia Press, 1935; 3d ed., Principia Press, 1949.

°——. *Relativity in Man and Society*. New York: G.P. Putnam's Sons, 1926.

——. "The Behavioral Superfice." *Psychological Review* 48 (January 1941):39-59.

——. "The Factual Space and Time of Behavior." *Journal of Philosophy* 38 (28 August 1941):477-85.

——. "The Human Skin: Philosophy's Last Line of Defense." *Philosophy of Science* 8 (January 1941):1-19.

——. "The Jamesian Datum." *Journal of Psychology* 16 (1943):35-79.

——. "Observable Behaviors." *Psychological Review* 47 (May 1940):230-53.

——. "On a Certain Vagueness in Logic." *Journal of Philosophy* 42 (4 and 18 January 1945): 6-27, 39-51. Revised as "Vagueness in Logic," chap. 1 in *Knowing and the Known*. Boston: Beacon Press, 1949. [*The Later Works of John Dewey, 1925-1953*, edited by Jo Ann Boydston, 16:8-45. Carbondale and Edwardsville: Southern Illinois University Press, 1989.]

——. "Postulation for Behavioral Inquiry." *Journal of Philosophy* 36 (20 July 1939):405-13.

——. "Sights-Seen as Materials of Knowledge." *Journal of Philosophy* 36 (30 March 1939):169-81.

——. "Situational Treatments of Behavior." *Journal of Philosophy* 36 (8 June 1939):309-23.

——. "Some Logical Considerations concerning Professor Lewis's 'Mind.'" *Journal of Philosophy* 38(6 November 1941):634-35.

Bentley, Arthur F., and John Dewey. *Knowing and the Known*. Boston: Beacon Press, 1949. [*Later Works* 16:1-294.]

——. "A Terminology for Knowings and Knowns." *Journal of Philosophy* 42(26 April 1945):225-47. Revised as "The Terminological Problem," chap. 2 in *Knowing and the Known*. Boston: Beacon Press, 1949. [*Later Works* 16:46-73.]

"A Biophysics Symposium." *Scientific Monthly* 64 (March 1947): 213-31.

Black, Max. "The Limitations of a Behavioristic Semiotic." *Philosophical Review* 56 (May 1947):258-72.

——. "A New Method of Presentation of the Theory of the Syllogism." *Journal of Philosophy* 42 (16 August 1945):449-55.

Bohr, Nils. "Can Quantum-Mechanical Description of Physical Reality Be Considered Complete?" *Physical Review* 48 (15 October 1935):696-702. 695

Boring, Edwin G. *A History of Experimental Psychology*. New York: Century Co., 1929.

——. "The Use of Operational Definitions in Science." *Psychological Review* 52 (September 1945):243-45.

°Bridgman, P.W. *The Logic of Modern Physics*. New York: Macmillan Co., 1927.

——. "Some General Principles of Operational Analysis." *Psychological Review* 52 (September 1945):246 - 49.

Bronstein, Daniel J. Review of *Signs, Language, and Behavior*, by Charles W. Morris. *Philosophy and Phenomenological Research* 7 (June 1947):643 - 49.

Brunswik, Egon. "Organismic Achievement and Environmental Probability." *Psychological Review* 50 (May 1943):255 - 72.

Brunswik, Egon, and Edward C. Tolman. "The Organism and the Causal Texture of the Environment." *Psychological Review* 42 (January 1935):43 - 77.

°Buchler, Justus. Review of *An Introduction to Peirce's Philosophy*, by James Feibleman. *Journal of Philosophy* 44 (8 May 1947):306 - 8.

Bühler, Karl. *Die Krise der Psychologie*. Jena: Gustav Fischer, 1927.

Burks, Arthur W. "Empiricism and Vagueness." *Journal of Philosophy* 43 (29 August 1946):477 - 86.

Burr, H. S. "Field Theory in Biology." *Scientific Monthly* 64 (March 1947): 217 - 25.

Carnap, Rudolf. *Formalization of Logic*. Cambridge: Harvard University Press, 1943.

°——. *Foundations of Logic and Mathematics. International Encyclopedia of Unified Science*, edited by Otto Neurath, vol. 1, no. 3. Chicago: University of Chicago Press, May 1939.

——. *Introduction to Semantics*. Cambridge: Harvard University Press, 1942.

°——. "Logical Foundations of the Unity of Science." In *International Encyclopedia of Unified Science*, edited by Otto Neurath, vol. 1, no. 1, pp. 42 - 62. Chicago: University of Chicago Press, July 1938.

——. "Testability and Meaning." *Philosophy of Science* 3 (October 1936):419 - 71; ibid. 4 (January 1937):1 - 40.

*The Century Dictionary and Cyclopedia*. New York: Century Co., 1897. [s. vv. "definition"; "sign."]

Church, Alonzo. *Introduction to Mathematical Logic*. Part 1. Princeton, N. J.: Princeton University Press, 1944.

696 ——. "Definition." In *The Dictionary of Philosophy*, edited by Dagobert D. Runes, pp. 74 - 75. New York: Philosophical Library, 1942.

——. Review of "A Search for Firm Names," "A Terminology for Knowings and Knowns," and "Postulations," by John Dewey and Arthur F. Bentley; and "On a Certain Vagueness in Logic," by Bentley. *Journal of Symbolic Logic* 10 (December 1945):132 - 33.

Churchman, C. West, and T. A. Cowan. "A Challenge." *Philosophy of Science* 12 (July 1945):219 - 20.

——. "A Discussion of Dewey and Bentley's 'Postulations.'" *Journal of Philosophy* 43 (11 April 1946):217 - 19.

Chute, Eloise, and Samuel Howard Bartley. *Fatigue and Impairment in Man*. New York: McGraw-Hill Book Co., 1947.

Cohen, Morris R. *A Preface to Logic*. New York: Henry Holt and Co., 1944.

——. "The Faith of a Logician." In *Contemporary American Philosophy*, vol. 1,

pp. 227 – 47. New York: Macmillan Co., 1930.
Cohen, Morris R., and Ernest Nagel. *An Introduction to Logic and Scientific Method.* New York: Harcourt, Brace and Co., 1934; 4th printing, 1937.
Commons, John R. *Legal Foundations of Capitalism.* New York: Macmillan Co., 1924.
Copilowish, Irving M., and Abraham Kaplan. "Must There Be Propositions?" *Mind* 48 (October 1939): 478 – 84.
Cowan, T. A., and C. West Churchman. "A Challenge." *Philosophy of Science* 12 (July 1945): 219 – 20.
——. "A Discussion of Dewey and Bentley's 'Postulations.'" *Journal of Philosophy* 43 (11 April 1946): 217 – 19.
Davidson, William L. *The Logic of Definition.* London: Longmans, Green, and Co., 1885.
Descartes, René. *La Dioptrique.* In *Oeuvres de Descartes*, edited by Charles Adam and Paul Tannery, 6: 79 – 228. Paris: L. Cerf, 1897 – 1910.
Dewey, John. *Art as Experience.* New York: Minton, Balch and Co., 1934. [*Later Works* 10.]
——. *Context and Thought.* University of California Publications in Philosophy, vol. 12, no. 3, pp. 203 – 24. Berkeley: University of California Press, 1931. [*Later Works* 6: 3 – 21.]
——. *Essays in Experimental Logic.* Chicago: University of Chicago Press, 1916.
°——. *Experience and Nature.* Chicago: Open Court Publishing Co., 1925. [*Later Works* 1.]
°——. *How We Think.* Boston: D. C. Heath and Co., 1910. [*The Middle Works of John Dewey, 1899 – 1924*, edited by Jo Ann Boydston, 6: 177 – 356. Carbondale and Edwardsville: Southern Illinois University Press, 1978.]
*697*
——. *How We Think: A Restatement of the Relation of Reflective Thinking to the Educative Process.* Boston: D. C. Heath and Co., 1933. [*Later Works* 8: 105 – 352.]
°——. *Logic: The Theory of Inquiry.* New York: Henry Holt and Co., 1938. [*Later Works* 12.]
——. "Beliefs and Existences." In his *The Influence of Darwin on Philosophy and Other Essays in Contemporary Thought*, pp. 169 – 97. New York: Henry Holt and Co., 1910. [*Middle Works* 3: 83 – 100.]
°——. "By Nature and by Art." *Journal of Philosophy* 41 (25 May 1944): 281 – 92. [*Later Works* 15: 84 – 96.]
°——. "Common Sense and Science: Their Respective Frames of Reference." *Journal of Philosophy* 45 (8 April 1948): 197 – 208. Revised as "Common Sense and Science," chap. 10 in *Knowing and the Known.* Boston: Beacon Press, 1949. [*Later Works* 16: 242 – 56.]
——. "Conduct and Experience." In *Psychologies of 1930*, edited by Carl Murchison, pp. 409 – 22. Worcester, Mass.: Clark University Press, 1930. Republished in *Philosophy and Civilization*, pp. 249 – 70. New York: Minton, Balch and Co., 1931. [*Later Works* 5: 218 – 35.]

°——. "Ethical Subject-Matter and Language." *Journal of Philosophy* 42 (20 December 1945): 701 - 12. [*Later Works* 15: 127 - 40.]

°——. "How Is Mind to Be Known?" *Journal of Philosophy* 39 (15 January 1942): 29 - 35. [*Later Works* 15: 27 - 33.]

——. "The Naturalistic Theory of Perception by the Senses." *Journal of Philosophy* 22 (22 October 1925): 596 - 605. Republished in *Philosophy and Civilization*, pp. 188 - 201, with the title "A Naturalistic Theory of Sense Perception." New York: Minton, Balch and Co., 1931. [*Later Works* 2: 44 - 54.]

°——. "Peirce's Theory of Linguistic Signs, Thought, and Meaning." *Journal of Philosophy* 43 (14 February 1946): 85 - 95. [*Later Works* 15: 141 - 52.]

°——. "The Reflex Arc Concept in Psychology." *Psychological Review* 3 (July 1896): 357 - 70. Republished in *Philosophy and Civilization*, pp. 233 - 48, with the title "The Unit of Behavior." New York: Minton, Balch and Co., 1931. [*The Early Works of John Dewey, 1882 - 1898*, edited by Jo Ann Boydston, 5: 96 - 109. Carbondale and Edwardsville: Southern Illinois University Press, 1972.]

——. Rejoinder to Charles W. Morris. *Journal of Philosophy* 43 (9 May 1946): 280. [*Later Works* 15: 331 - 32.]

698 °——. "Some Questions about Value." *Journal of Philosophy* 41 (17 August 1944): 449 - 55. [*Later Works* 15: 101 - 8.]

Dewey, John, and Arthur F. Bentley. *Knowing and the Known*. Boston: Beacon Press, 1949. [*Later Works* 16: 1 - 294.]

——. "A Terminology for Knowings and Knowns." *Journal of Philosophy* 42 (26 April 1945): 225 - 47. Revised as "The Terminological Problem," chap. 2 in *Knowing and the Known*. Boston: Beacon Press, 1949. [*Later Works* 16: 46 - 73.]

Dewey, John, et al. *Studies in Logical Theory*. University of Chicago Decennial Publications, 2d ser., vol. 11. Chicago: University of Chicago Press, 1903. [*Middle Works* 2: 293 - 375.]

*The Dictionary of Philosophy*. Edited by Dagobert D. Runes. New York: Philosophical Library, 1942. [s. vv. "definition"; "fact"; "knowledge."]

*Dictionary of Philosophy and Psychology*. Edited by James Mark Baldwin. New York: Macmillan Co., 1901. [s. vv. "definition"; "fact"; "represent."]

Dobzhansky, Th., and M. F. Ashley Montagu. "Natural Selection and the Mental Capacities of Mankind." *Science* 105 (6 June 1947): 587 - 90.

Dubislav, Walter. *Die Definition*. 3d ed. Leipzig: F. Meiner, 1931.

Dubs, Homer H. "Definition and Its Problems." *Philosophical Review* 52 (November 1943): 566 - 77.

Ducasse, C. J. "Is a Fact a True Proposition? — A Reply." *Journal of Philosophy* 39 (26 February 1942): 132 - 36.

——. "Propositions, Truth, and the Ultimate Criterion of Truth." *Philosophy and Phenomenological Research* 4 (March 1944): 317 - 40.

"Editorial Statement." In "Religion and the Intellectuals: A Symposium," *Partisan Review* 17 (February 1950): 103 - 5.

Einstein, Albert, and Leopold Infeld. *The Evolution of Physics*. New York: Simon and Schuster, 1938.

Einstein, Albert, B. Podolsky, and N. Rosen. "Can Quantum-Mechanical Description of Physical Reality Be Considered Complete?" *Physical Review* 47 (15 May 1935):777 – 80.

Eisler, Rudolf, ed. *Wörterbuch der Philosophischen Begriffe*. 4th ed. 3 vols. Berlin: E.S. Mittler and Son, 1927 – 30.

Feigl, Herbert. "Operationism and Scientific Method." *Psychological Review* 52 (September 1945):250 – 59.

Firth, John Rupert. *The Tongues of Men*. London: Watts and Co., 1937.

Fosdick, Raymond B. Speech quoted in "Largest Telescope Dedicated to Man's Service at Palomar," by William L. Laurence, *New York Times*, 4 June 1948, pp. 1,15.

Frank, Philipp. *Between Physics and Philosophy*. Cambridge: Harvard University Press, 1941. *699*

——. *Foundations of Physics. International Encyclopedia of Unified Science*, edited by Otto Neurath, vol. 1, no. 7. Chicago: University of Chicago Press, 1946.

Gentry, George V. Review of *Signs, Language, and Behavior*, by Charles W. Morris. *Journal of Philosophy* 44 (5 June 1947):318 – 24.

——. "Some Comments on Morris's 'Class' Conception of the Designatum." *Journal of Philosophy* 41 (6 July 1944):376 – 84.

°Gödel, Kurt. "Russell's Mathematical Logic." In *The Philosophy of Bertrand Russell*, edited by Paul Arthur Schilpp, pp. 125 – 53. Evanston and Chicago: Northwestern University, 1944.

Goldschmidt, Richard. *Physiological Genetics*. New York: McGraw-Hill Book Co., 1938.

Goudge, Thomas A. "The Conflict of Naturalism and Transcendentalism in Peirce." *Journal of Philosophy* 44 (3 July 1947):365 – 75.

Griffith, Coleman R. *Principles of Systematic Psychology*. Urbana: University of Illinois Press, 1943.

Hartshorne, Charles. "Ideal Knowledge Defines Reality: What Was True in 'Idealism.'" *Journal of Philosophy* 43 (10 October 1946):573 – 82.

Hartung, Frank E. "Operationalism: Idealism or Realism?" *Philosophy of Science* 9 (October 1942):350 – 55.

——. "Operationism as a Cultural Survival." *Philosophy of Science* 11 (October 1944):227 – 32.

Henderson, Lawrence J. *The Fitness of the Environment*. New York: Macmillan Co., 1913.

Hull, Clark L. *Principles of Behavior*. New York: Appleton-Century-Crofts, 1943.

——. "The Problem of Intervening Variables in Molar Behavior Theory." *Psychological Review* 50 (May 1943):273 – 91.

Huxley, Julian Sorell. *Evolution, the Modern Synthesis*. New York and London: Harper and Brothers, 1943.

——, ed. *The New Systematics*. Oxford: At the Clarendon Press, 1940.

Infeld, Leopold, and Albert Einstein. *The Evolution of Physics*. New York: Simon and Schuster, 1938.

*International Encyclopedia of Unifed Science*. Edited by Otto Neurath, Rudolf Carnap, and Charles W. Morris. Vol. 1, nos. 1, 2, 3, 7; vol. 2, no. 1. Chicago: University of Chicago Press, 1938 - 46.

°James, William. *Essays in Radical Empiricism*. New York: Longmans, Green and Co., 1912.

°——. *A Pluralistic Universe*. New York: Longmans, Green, and Co., 1909.

700 °——. *The Principles of Psychology*. 2 vols. New York: Henry Holt and Co., 1893.

——. "Epilogue." In *Psychology*, American Science Series, Briefer Course, pp. 461 - 68. New York: Henry Holt and Co., 1893.

Jennings, H. S. *Behavior of the Lower Organisms*. New York: Columbia University Press, 1906.

° Johnson, William Ernest. *Logic*. Part 1. Cambridge: At the University Press, 1921.

°Joseph, Horace William Brindley. *An Introduction to Logic*. 2d ed., rev. Oxford: At the Clarendon Press, 1916.

Kahn, Sholom J. "Experience and Existence in Dewey's Naturalistic Metaphysics." *Philosophy and Phenomenological Research* 9 (December 1948): 316 - 21. [*Later Works* 16: 456 - 62.]

Kantor, J. R. *Psychology and Logic*. Vol. 1. Bloomington, Ind.: Principia Press, 1945.

——. "The Aim and Progress of Psychology." *American Scientist* 34 (April 1946): 251 - 63.

——. "An Interbehavioral Analysis of Propositions." *Psychological Record* 5 (December 1943): 309 - 39.

——. "The Operational Principle in the Physical and Psychological Sciences." *Psychological Record* 2 (January 1938): 3 - 32.

Kaplan, Abraham. "Definition and Specification of Meaning." *Journal of Philosophy* 43 (23 May 1946): 281 - 88.

Kaplan, Abraham, and Irving M. Copilowish. "Must There Be Propositions?" *Mind* 48 (October 1939): 478 - 84.

Kaufmann, Felix. *Methodology of the Social Sciences*. New York: Oxford University Press, 1944.

——. "Discussion of Mr. Nagel's Rejoinder." *Philosophy and Phenomenological Research* 5 (March 1945): 350 - 53.

——. "Scientific Procedure and Probability." *Philosophy and Phenomenological Research* 6 (September 1945): 47 - 66.

Keyser, Cassius Jackson. "A Glance at Some of the Ideas of Charles Sanders Peirce." *Scripta Mathematica* 3 (January 1935): 11 - 37.

Korzybski, Alfred. *Science and Sanity: An Introduction to Non-Aristotelian Systems and General Semantics*. New York: International Non-Aristotelian Library Publishing Co., 1933.

Lalande, André, ed. *Vocabulaire Technique et Critique de la Philosophie*. Paris: Librairie Félix Alcan, 1928.

Langford, Cooper Harold, and Clarence Irving Lewis. *Symbolic Logic*. New York: Century Co., 1932.

Lewin, Kurt. "Defining the 'Field at a Given Time.'" *Psychological Review* 50 (May 1943): 292 - 310.

°Lewis, Clarence Irving. *Mind and the World-Order: Outline of a Theory of Knowledge*. New York: Charles Scribner's Sons, 1929.

——. *The Pragmatic Element in Knowledge*. Universiry of California Publications in Philosophy, vol. 6, no. 3, pp. 205 - 27. Berkeley: University of California Press, 1926.

701

——. *A Survey of Symbolic Logic*. Berkeley: University of California Press, 1918.

——. "In Reply to Mr. Baylis." *Philosophy and Phenomenological Research* 5 (September 1944): 94 - 96.

——. "The Modes of Meaning." *Philosophy and Phenomenological Research* 4 (December 1943): 236 - 49.

Lewis, Clarence Irving, and Cooper Harold Langford. *Symbolic Logic*. New York: Century Co., 1932.

London, Ivan D. "Psychologists' Misuse of the Auxiliary Concepts of Physics and Mathematics." *Psychological Review* 51 (September 1944): 266 - 91.

McGill, V. J. "Subjective and Objective Methods in Philosophy." *Journal of Philosophy* 41(3 August 1944): 421 - 38.

Margenau, Henry. "On the Frequency Theory of Probability." *Philosophy and Phenomenological Research* 6 (September 1945): 11 - 25.

——. "Particle and Field Concepts in Biology." *Scientific Monthly* 64 (March 1947): 225 - 31.

Maxwell, James Clerk. *Matter and Motion*. Edited by Sir Joseph Larmor. London: Society for Promoting Christian Knowledge, 1891, 1920.

Mayr, Ernst. *Systematics and the Origin of Species*. New York: Columbia University Press, 1942.

°Mead, George Herbert. *Mind, Self and Society from the Standpoint of a Social Behaviorist*. Edited by Charles W. Morris. Chicago: University of Chicago Press, 1934.

Menger, Karl. "The New Logic." *Philosophy of Science* 4 (July 1937): 299 - 336.

Mill, John Stuart. *A System of Logic, Ratiocinative and Inductive*. 8th ed. New York: Harper and Brothers, 1874.

Montagu, M. F. Ashley, and Th. Dobzhansky. "Natural Selection and the Mental Capacities of Mankind." *Science* 105 (6 June 1947): 587 - 90.

°Moore, G. E. *The Philosophy of G. E. Moore*, edited by Paul Arthur Schilpp. Library of Living Philosophers, vol. 4. Evanston and Chicago: Northwestern University, 1942. [ "An Autobiography," pp. 3 - 39; "A Reply to My Critics," pp. 535 - 677.]

——. Contribution to "Symposium: The Nature of Sensible Appearances." *Proceedings of the Aristotelian Society*, sup. vol. 6(1926): 179 - 89.

702 ——. "A Defence of Common Sense." In *Contemporary British Philosophy*, 2d ser., pp. 193 – 223. London: George Allen and Unwin; New York: Macmillan Co., 1925.

——. "Proof of an External World." *Proceedings of the British Academy* 25 (1939):273 – 300.

°Morris, Charles W. *Foundations of the Theory of Signs. International Encyclopedia of Unified Science,* edited by Otto Neurath, vol. 1, no. 2. Chicago: University of Chicago Press, July 1938.

——. *Signs, Language, and Behavior.* New York: Prentice-Hall, 1946.

——. Comments on Abraham Kaplan's "Content Analysis and the Theory of Signs." *Philosophy of Science* 10 (October 1943):247 – 49.

——. Rejoinder to Dewey. *Journal of Philosophy* 43 (20 June 1946):363 – 64.

——. Reply to Dewey. *Journal of Philosophy* 43(28 March 1946): 196. [*Later Works* 15:473.]

°——. "Scientific Empiricism." In *International Encyclopedia of Unified Science*, edited by Otto Neurath, vol. 1, no. 1, pp. 63 – 75. Chicago: University of Chicago Press, July 1938.

Nagel, Ernest. "Can Logic Be Divorced from Ontology?" *Journal of Philosophy* 26 (19 December 1929):705 – 12.

°——. "Logic without Ontology." In *Naturalism and the Human Spirit,* edited by Yervant H. Krikorian, pp. 210 – 41. New York: Columbia University Press, 1944.

——. "Mr. Russell on Meaning and Truth." *Journal of Philosophy* 38(8 May 1941):253 – 70.

——. Review of *Introduction to Semantics,* by Rudolf Carnap. *Journal of Philosophy* 39(13 August 1942):468 – 73.

——. Review of *The Philosophy of G. E. Moore*, edited by Paul Arthur Schilpp. *Mind* 53 (January 1944):60 – 75.

——. Review of *Psychology and Logic*, vol. 1, by J. R. Kantor. *Journal of Philosophy* 42(11 October 1945):578 – 80.

°——. "Russell's Philosophy of Science." In *The Philosophy of Bertrand Russell*, edited by Paul Arthur Schilpp, pp. 319 – 49. Evanston and Chicago: Northwestern University, 1944.

——. "Some Reflections on the Use of Language in the Natural Sciences." *Journal of Philosophy* 42(8 November 1945):617 – 30.

——. "Truth and Knowledge of the Truth." *Philosophy and Phenomenological Research* 5 (September 1944):50 – 68.

Nagel, Ernest, and Morris R. Cohen. *An Introduction to Logic and Scientific Method.* New York: Harcourt, Brace and Co., 1934; 4th printing, 1937.

°Neurath, Otto. *Foundations of the Social Sciences. International Encyclopedia of Unified Science*, vol. 2, no. 1. Chicago: University of Chicago Press, October 1944.

703 *The New Systematics.* Edited by Julian Sorell Huxley. Oxford: At the Clarendon Press, 1940.

*New York Times.* "Largest Telescope Dedicated to Man's Service at Palomar," 4

June 1948, pp. 1, 15.

*Notes and Queries* (London) 4 (20 September 1851): 203 - 4. [ "Hyphenism, Hyphenic, Hyphenization."]

°Ogden, C. K., and I. A. Richards. *The Meaning of Meaning: A Study of the Influence of Language upon Thought and of the Science of Symbolism.* London: Kegan Paul, Trench, Trübner, 1923; New York: Harcourt, Brace and Co., 1923, 1938.

Osborn, Henry Fairfield. *The Origin and Evolution of Life.* London: G. Bell and Sons, 1917, 1918.

*Oxford English Dictionary.* Oxford: At the Clarendon Press, 1897, 1933. [s. vv. "ado"; "affair"; "common sense"; "definition"; "doldrum"; "inter"; "interaction"; "matter"; "organism"; "sense"; "sign"; "subject"; "thing"; "transaction."]

°Peirce, Charles S. *Collected Papers of Charles Sanders Peirce.* Edited by Charles Hartshorne and Paul Weiss. Vols. 1, 2, 3, 5, 6. Cambridge: Harvard University Press, 1931 - 35. ["Questions Concerning Certain Faculties Claimed for Man," 5: 135 - 55; "How to Make Our Ideas Clear," 5: 248 - 71.]

——. *A Syllabus of Certain Topics of Logic.* Boston: Alfred Mudge and Son, 1903.

Pepper, Stephen C. *The Basis of Criticism in the Arts.* Cambridge: Harvard University Press, 1945.

——. "The Descriptive Definition." *Journal of Philosophy* 43 (17 January 1946): 29 - 36.

——. "Reply to Professor Hoekstra." *Journal of Philosophy* 42 (15 February 1945): 101 - 8.

Quine, Willard Van Orman. *Mathematical Logic.* 2d printing. Cambridge: Harvard University Press, 1947.

——. "On Universals." *Journal of Symbolic Logic* 12 (September 1947): 74 - 84.

Reid, John R. "What Are Definitions?" *Philosophy of Science* 13 (April 1946): 170 - 75.

Richards, I. A., and C. K. Ogden. *The Meaning of Meaning: A Study of the Influence of Language upon Thought and of the Science of Symbolism.* London: Kegan Paul, Trench, Trübner, 1923; New York: Harcourt, Brace and Co., 1923, 1938.

Romanell, Patrick. "A Comment on Croce's and Dewey's Aesthetics." *Journal of Aesthetics and Art Criticism* 8 (December 1949): 125 - 28. [*Later Works* 16: 463 - 67.]

Runes, Dagobert D., ed. *The Dictionary of Philosophy.* New York: Philosophical Library, 1942.

Russell, Bertrand. *The Analysis of Mind.* New York: Macmillan Co., 1921. 704

°——. *A History of Western Philosophy.* New York: Simon and Schuster, 1945.

°——. *An Inquiry into Meaning and Truth.* New York: W. W. Norton and Co., 1940.

——. *Introduction to Mathematical Philosophy.* New York: Macmillan Co., 1919.

——. *Mysticism and Logic.* New York: Longmans, Green and Co., 1918.

——. *Principles of Mathematics.* Cambridge: At the University Press, 1903.

——. *The Problems of Philosophy.* New York: Henry Holt and Co., 1912.
——. *Sceptical Essays.* New York: W.W. Norton and Co., 1928.
——. "Knowledge by Acquaintance and Knowledge by Description." *Proceedings of the Aristotelian Society,* n.s. 11(1910 - 11):108 - 28.
——. "Logical Atomism." In *Contemporary British Philosophy,* 1st ser., pp.359 - 83. London: George Allen and Unwin; New York: Macmillan Co., 1924.
——. "On the Nature of Acquaintance." *Monist* 24 (January, April, July 1914):1 - 16,161 - 87,435 - 53.
——. "The Philosophy of Logical Atomism." *Monist* 28 (October 1918):495 - 527; ibid. 29 (January, April, July 1919):32 - 63,190 - 222,345 - 80.
°——. "Reply to Criticisms." In *The Philosophy of Bertrand Russell,* edited by Paul Arthur Schilpp, pp. 681 - 741. Library of Living Philosophers, vol. 5. Evanston and Chicago: Northwestern University, 1944.
Ryle, G. Contribution to "Symposium: Negation." *Proceedings of the Aristotelian Society,* sup. vol. 9 (1929):80 - 96.
Sellars, Roy Wood. "Does Naturalism Need Ontology?" *Journal of Philosophy* 41(7 December 1944):686 - 94.
——. "The Meaning of True and False." *Philosophy and Phenomenological Research* 5 (September 1944):98 - 103.
Simmel, Georg. *Soziologie: Untersuchungen über die Formen der Vergesellschaftung.* 2d ed. Leipzig: Duncker and Humblot, 1922;3d ed., 1923.
Skinner, B.F. "The Operational Analysis of Psychological Terms." *Psychological Review* 52 (September 1945):270 - 77.
Smullyan, Arthur Francis. Review of *Signs, Language, and Behavior,* by Charles W. Morris. *Journal of Symbolic Logic* 12 (June 1947): 49 - 51.
705 ——. Review of "'Definition,'" by Dewey and Arthur F. Bentley. *Journal of Symbolic Logic* 12 (September 1947):99.
*A Standard Dictionary of the English Language.* New York: Funk and Wagnalls Co., 1893. [s.v. "definition."]
Stevens, S.S. "On the Theory of Scales of Measurement." *Science* 103(7 June 1946):677 - 80.
Stevenson, Charles L. *Ethics and Language.* New Haven: Yale University Press, 1945.
*Studies in the Nature of Facts.* University of California Publications in Philosophy, vol.14. Berkeley: University of California Press, 1932.
Swann, W.F.G. "The Relation of Theory to Experiment in Physics." *Reviews of Modern Physics* 13 (July 1941):190 - 96.
"Symposium on Operationism." *Psychological Review* 52 (September 1945):241 - 94.
Tarski, Alfred. *Introduction to Logic and to the Methodology of Deductive Sciences.* New York: Oxford University Press, 1941.
——. "The Semantic Conception of Truth and the Foundations of Semantics." *Philosophy and Phenomenological Research* 4 (March 1944):341 - 76.
Tolman, Edward C., and Egon Brunswik. "The Organism and the Causal Texture of the Environment." *Psychological Review* 42 (January 1935):43 - 77.

Tolman, Richard C. "Physical Science and Philosophy." *Scientific Monthly* 57 (August 1943): 166 - 74.

Ushenko, Andrew Paul. *The Problems of Logic.* Princeton, N. J.: Princeton University Press, 1941.

*Vocabulaire Technique et Critique de la Philosophie.* Edited by André Lalande. Paris: Librairie Félix Alcan, 1928. [s. vv. "définition"; "fact."]

°Watson, John B. *Behaviorism.* New York: W. W. Norton and Co., 1925.

Weber, Max. *From Max Weber: Essays in Sociology.* Translated and edited by H. H. Gerth and C. Wright Mills. New York: Oxford University Press, 1946. ["Science as a Vocation," pp. 129 - 56.]

*Webster's New International Dictionary of the English Language.* 2d ed. Springfield, Mass.: G. and C. Merriam Co., 1947. [s. v. "definition."]

° Weitz, Morris. "Analysis and the Unity of Russell's Philosophy." In *The Philosophy of Bertrand Russell,* edited by Paul Arthur Schilpp, pp. 57 - 121. Evanston and Chicago: Northwestern University, 1944.

Wertheimer, Max. *Productive Thinking.* New York: Harper and Brothers, 1945.

——. "Experimentelle Studien über das Sehen von Bewegung." *Zeitschrift für Psychologie* 61 (1912): 161 - 265.

——. "On Truth." *Social Research* 1 (May 1934): 135 - 46.

Weyl, Hermann. "Mathematics and Logic." *American Mathematical Monthly* 53 (January 1946): 2 - 13. *706*

°Whitehead, Alfred North. *Process and Reality: An Essay in Cosmology.* New York: Macmillan Co., 1929.

Wilson, Edmund B. *The Cell in Development and Heredity.* 3d ed. New York: Macmillan Co., 1928, 1937.

Woodger, J. H. *The Axiomatic Method in Biology.* Cambridge: At the University Press, 1937.

——. *Biological Principles: A Critical Study.* London: K. Paul, Trench, Trubner and Co., 1929.

*Wörterbuch der Philosophischen Begriffe.* 4th ed. 3 vols. Edited by Rudolf Eisler. Berlin: E. S. Mittler and Son, 1927 - 30. [s. vv. "definition"; "tatsache."]

Wright, Sewall. "The Physiology of the Gene." *Physiological Reviews* 21 (July 1941): 487 - 527.

Zirkle, Raymond E. "The Particle Physics Approach to Biology." *Scientific Monthly* 64 (March 1947): 213 - 17.

# 索　　引[①]

本索引包含了朱尔斯·奥尔特曼为《认知与所知》(波士顿:灯塔出版社,1949年)所作的索引


Absolutes:绝对
in normative theory, 338,453,规范理论中的;of physics, 61,346,物理学中的;in politics, 362,政治学中的;restrict inquiry, 339,355,455,限制探究
Absolutistic theory, 348-349,绝对主义理论
Abstract:抽象的
as terminology, 93*n*,作为术语
Abstraction:抽象化
form of, 361,的形式;knowledge involves, 14*n*,知识涉及;in mathematics, 276,431,数学中的;of phenomena, 103*n*,现象的;of Quine, 49-50,蒯因的;role of, 285-286,292,446,的作用;in science, 252-253,在科学中的
Accuracy:准确性
in language, 446,语言中的
Accurate:准确
as name, 259,作为名称
Act:行为
inseparable from product, 155-157,160,与结果不可分的;involved in valuing, 345,352,涉及评价的
Action:行动
Bentley on, xxiii,本特利关于;function of, 92,245,336,的功能;Maxwell on, 100,麦克斯韦关于;as name, 71,259,作为名称;nature of, xxviii, 66-68,98,140,328,332,的本质;Osborn on, 116*n*,奥斯本关于;relation to actor, 130,231,232,与行动者的关系;views of, 101,112-114,的观点
Activity:活动
as name, 115*n*,259,381,439,作为名称
Actor:行动者
hypostatization of, 156,157,的实在化;mind as, 124,理智作为;as name, 104,114*n*,146,259-260,作为名称;rejected view of, 105,122,130,的被摒弃的观点;relation to action, 155,231,232,与行动的关系;role of, 101*n*,108,185,213,240,的作用
Actuality:现实性
vs. potentiality, 426,与潜在性相对;relation to experience, 461,与经验的关系
Actualization:现实化
vs. potentiality, 434,435,与潜在性相对
Adamson, Robert:罗伯特·亚当森


① 本索引中每个条目后所附的页码为英文原书页码,即本书边码。——译者

restricts inquiry, 339, 455, 限制探究; source of, 353,362,369,373,392,400, 的来源; standards provide, 338,453,标准给予

Axiom: 公理

Einstein on, 76*n*, 爱因斯坦关于; as foundation, 165*n*, 作为基础; vs. observation, 48,相对观察

Ayer, Alfred J.: 阿尔弗雷德·J·艾耶尔

on definition, 166 and *n*,关于定义

Baldwin, James Mark, 20*n*,43,163,297*n*,詹姆斯·马克·鲍德温

Balz, Albert G. A.: 阿尔伯特·G·A·鲍茨

Dewey's reply to, xxxii*n*,5,280-294,杜威给其的回复;on doctrine of possibility, 423-442,关于可能性理论

Bartley, Samuel Howard, 140*n* 塞缪尔·霍华德·巴特利

Baylis, Charles A., 38*n*,查尔斯·A·贝里斯

Beebe, William, 147,威廉·比伯

Behavior: 行为

Bentley on, xxiii, 本特利关于; characteristics of, 135-139, 182-183, 的特征; conditions for intelligent, 325,328,333-336,448,450-451,知性行为的条件; Dewey on, 116*n*,杜威关于; directing of, 356,的导向; emotional-volitional, 312-313,314*n*,情感-意志的; in inquiry, 282, 320-326,338-339,探究中的; inquiry into, 47,73,78,80-82,101,110,127-130,193*n*,443,474,对其的探究; involved in valuing, 310,316,344,345,351-352, 355,涉及评价; kinds of, 90,133-135, 139-141,273,347,472,的种类; Morris on, 223-225,莫里斯关于; as name, 64*n*, 260,447,作为名称; namings for, 264, 266,268,270,271,的命名; in semiotic, 211-213,215,217,221,231,235-237,符号学中的; theory of, 94,443,的理论; transactional, 275,276,331,473,交互作用的

Behavior-agent: 行为-动因

as name, 68,71,259 作为名称

Behavioral activities, 298, 299*n*, 300, 303-309,行为活动

Behavioral attitudes, 314,行为态度

Behavioral event, 69,84-87,行为事件

Behavioral sciences, 64 and *n*,70,122-126, 行为科学

Behaviorism, xv-xvi, xx, 79*n*,行为主义

Behavior-object, 68,71,259,行为-对象

*Behavior of the Lower Organisms* (Jennings), 137n,《低等有机体的行为》(詹宁斯)

Being, 371,存在; conception of, 334-335, 358-359,384,397,449-450,的概念; in mathematics, 387,数学中的; in physics, 104,物理学中的

Beliefs: 信仰:

assignment of, 371, 的分派; attitude toward, 390,对于其的态度; of Moore, 203,摩尔的; of pre-scientific age, 366, 前科学时代的

"Beliefs and Existences," 470 ,《信仰与存在》

Benoit-Smullyan, Emile: 艾米尔·贝努瓦-斯穆尔扬

Dewey's reply to, xxxii*n*,310-317,杜威给其的回复

Bentley, Arthur F., 302*n*,亚瑟·F·本特利; articles reviewed, 276,被评论的文章; collaboration with Dewey, ix-xxxviii, 6*n*, 318-319,443-447,458,与杜威合作; criticizes logics, 8-45,184-209,297*n*,对逻辑学的批判; development of, 51*n*-52*n*, 的发展; misunderstood, 275-276,被误解的; on Morris, 210-241,关于莫里斯; positions of, 47*n*, 52, 90*n*, 101*n*, 270*n*,

299n,308n,的立场
Bentley, Charles F., xiin,查尔斯·F·本特利
Bergson, Henri: 亨利·柏格森
organismal theory of, 117n,的有机体理论
Berkeley, George: 乔治·贝克莱
as idealist, 458,作为观念论者; vs. Newton, 292,相对牛顿
Bernard, Claude, 88n,克劳德·贝尔纳
Bernays, Paul, 18,38,保尔·贝纳斯
*Between Physics and Philosophy* (Frank), 149n,《在物理学和哲学之间》(弗兰克)
Bill of Civil Rights, 402,权利法案
Biological: 生物学的
as name, 260,作为名称,
*Biological Principles* (Woodger), 117n,《生物学原理》(伍杰)
Biological sciences: 生物科学
as division, 63 - 65,作为分支; relation to semiotic, 211 - 213,与符号学的关系; use of transaction in, 115 - 121,其中交互作用的使用
Biology: 生物学
nature of, 148,149,357,372,443,的本质; rise of, 339,355,393,455,兴起; study of behavior in, 135 - 139,在其中的行为研究
"Biophysics Symposium, A," 121n,"生物物理学研讨会"
Black, Max, 186n,210n,麦克斯·布莱克
Body: 身体
vs. mind, 417,相对心灵; vs. soul, 124n,相对灵魂
Bohr, Niels Henrik David, 108 - 109,尼尔斯·亨里克·大卫·玻尔
Bolshevism: 布尔什维克主义
claims of, 375,的声称; control by, 379,的控制; on history, 363,关于历史
Bolzano, Bernard, 18,贝尔纳·博查诺
Boole, George, 185,乔治·布尔
Boring, Edwin G., 124n,埃德温·G·博灵;
on definition, 170,关于定义
Bosanquet, Bernard: 伯纳德·鲍桑奎
Carnap on, 20n,24n,卡尔纳普关于
Bradley, Francis Herbert: 弗朗西斯·赫伯特·布拉德雷
objective idealism of, 115n,的客观观念论
Bridgman, Percy W.: 珀西·布里奇曼
on definition, 170 - 171,170n - 171n,关于定义; "hazes" of, 152,的"迷雾"; on nature, 192n W.,关于自然
Broglie, Louis Victor de, 107,路易·维克多·德伯格利
Bronstein, Daniel J., 210n,达尼尔·J·布隆斯坦
Brunswik, Egon, 125n,144,232n,艾贡·布恩斯维克
Buchler, Justus, 10n,贾斯特斯·巴什勒
Bühler, Karl, 21n,137n,232n,468,卡特·布勒
Burks, Arthur W.: 亚瑟·伯克思
on definition, 166,168,181n W.,关于定义
Burr, H. S., 121n,H·S·博尔
Burrow, Trigant, 117n,特里根特·巴罗

Caird, Edward: 爱德华·凯德
objective idealism of, 115n,的客观理念论
"Can Logic Be Divorced from Ontology?" (Nagel), 16n,《逻辑学能从本体论分离吗?》(内格尔)
Capacities: 能力
in psychology, 136,心理学中的
Care, 247,关怀
Carings-for, 346 - 347, 351, 353 - 354,对……的关怀
Carnap, Rudolf, 10n,鲁道夫·卡尔纳普; on definition, 132n,165,166n,关于定义; logic of, xxx and n, xxxii and n, xxxiiin,8,9,33 -35,38,40,116n,193n,的逻辑学; on propositions, 12,17 - 32,45,关于命题

Cassirer, Ernst, 115*n*,恩斯特·卡西尔
Catholic: 天主教
as political Right, 375,作为政治权利
Causation: 因果关系
Frank on, 149*n*,弗兰克关于; of Kant, 115*n*,康德的; in science, 410,科学中的
Cause: 原因
terminological derivation of, 104,的术语推演
*Cell in Development and Heredity, The* (Wilson), 117*n*,《细胞的发展和遗传》(威尔逊)
Cell theory, 116 - 118,细胞理论
*Century Dictionary and Cyclopedia, The*, 137*n*,155 - 156,《世纪词典和百科全书》
Change, 242,325,变化; replaces immutability, 363,365,代替不变性; role in science, 370,在科学中的作用
Characterization: 刻画
as name, 7*n*,65,71,260,作为名称; nature of, 6,133*n*,145 - 146,149,152,155,的本质; as stage of Designation, 132,139,142,作为指称的步骤,
Chemistry: 化学
conclusions in, 357,的结论; rise of, 339,393,455,的兴起; terminology of, 65,的术语
Chicago, University of: 芝加哥大学
Dewey and Bentley at, xiv,杜威和本特利在
Child, Charles Manning, 117*n*,查尔斯·曼宁·恰尔德
Choice: 选择
value judgments involve, 312,313,价值判断涉及
Christianity: 基督教
relation to science, 409,与科学关系; role of, 363,的作用
Church: 教会
authority of, 362,363,369,的权威
Church, Alonzo: 阿隆佐·邱奇,
on Carnap, 23*n* - 24*n*,关于卡尔纳普; on definition, 163 - 164,164*n* - 165*n*,关于定义; reviews Dewey-Bentley articles, xxxi, 276,443 - 447,评论杜威-本特利的文章
Churchman, C. West, 193*n*,470,C·韦斯特·丘吉曼
Chute, Eloise, 140*n*,爱洛伊斯·舒特
Circularity, xxi and *n*,78,97*n*,循环性; as name, 62,260 - 261,作为名称; as procedural characteristic, 64,69,70,75,81,作为步骤特征
Civilization: 文明
threat to, 399 - 400,对其的威胁; tradition of, 394,的传统
Civil rights: 民权
importance of, 402 - 403,的重要性
Clarification, 157 and *n*,澄清
Class, 372,419,阶级
Classic philosophy: 传统哲学
decline of, 369,的衰落; terminology of, 388,的术语
Classification: 分类
definition as, 166,定义作为; of Dubs, 175,达布斯的; Kaufmann on, 196*n*,考夫曼关于; of Ogden nd Richards, 218*n*,奥格登和理查兹的
Coghill, George Ellett, 177*n*,乔治·艾莱特·考各希尔,
Cohen, Morris R.: 莫里斯·R·柯恩
epistemology of, 8,9,10,的认知论; as logician, 17,25,39,40,184*n*,209,作为逻辑学家; logic of, xxx, xxxi, 187,193 - 195,的逻辑学; on propositions, 12 - 17,35,45,208,关于命题
Coherence: 连贯性
as name, 261,作为名称
Cold War, 391,399,冷战
*Commentary*:《评论》
on Dewey essay, 470 - 471,关于杜威的文章

Commerce：商业
disturbance in，360，中的纷扰；mechanisms of，370，的机制
*Common Faith，A*：《共同信仰》
on religious experience，465－466，关于宗教经验
Commons，John R.：约翰·R·康芒斯
use of transaction，101*n*，使用交互作用
Common sense：常识
method and subjectmatter of，246－250，的方法和主题；in Moore's logic，203－207，在摩尔的逻辑中；nature of，242－243，386，的本质；relation to science，xxxvii，244－245，252－253，255－256，292，304*n*，306，451，与科学的关系
"Common Sense and Science，"xxvi，336，450，《常识和科学》
Communication：交流
Carnap on，26，卡尔纳普关于；Cold War affects，392，冷战影响；deficiency in，277，的不利；dependability of，3，4，的可依赖性；freedom of，403，404，406，的自由；inquiry into，126，对其的探究；result of，309，的结果
Communism：共产主义
attacks democracy，401，402，404，405，攻击民主
Community，244－245，377，团体
Complexes：复合物
of Russell，200，罗素的
Comte，Auguste：奥古斯特·孔德
on knowledge，97－98，关于知识；laws of，98*n*，的定律
Concept：概念
artificiality of，158，160，180，192，的人为性；Carnap on，17－22，27－29，卡尔纳普关于；Dewey on，55*n*，杜威关于；Dubislav on，161*n*，杜比斯拉夫关于；Kaplan on，172，卡普兰关于；Kaufmann on，198，考夫曼关于；Moore on，205，207，摩尔关于；as name，93*n*，165－168，261，作为名称；Tarski on，42 and *n*，塔斯基关于
Conceptualists，158，概念论者
Concern，246，关注
Conclusion：结论
agreement on，281，的一致；scientific，355，357，373，科学的；vs. termination，285，相对于终止；unattained by philosophy，294，无法被哲学获得
"Conduct and Experience，"101*n*，《行为和经验》；use of transaction in，71*n*，在其中的交互作用
Conflict：冲突
cause of，419，的原因；human，412，人类的；international，399－406，国际的
Connection：联系
involved in valuing，351，涉及评价的；as name，261，作为名称；search for，349，寻找
Consciousness：意识
as entity，326，412，作为实体；involved in valuing，351，涉及评价；as name，261，作为名称；nature of，384，457，的本质
Consequences，355，393，结果；determination of，330－332，的决定；as directive，335－339，374，450－451，作为指向；in inquiry，322－325，328，探究中的；relation to means，333，350，448，与手段的关系
Consistency：一致性
as name，261，作为名称；use of symbols for，90，93，为之使用符号
Constitution（U.S.）：宪法（美国）
on suffrage，403，关于选举权
"Constitution as an Institution，The"（Llewellyn），xii，《作为制度的宪法》（莱维伦林）
Context：背景
as name，261，作为名称
*Contest and Thought*，83*n*，《语境与思想》

Contextual, 166 and n,语境的
Continuity: 连续性
importance of, 413 - 414,457,的重要性; postulate of, 187n,的假设
Contradiction, principle of, 197 ,矛盾的原则
Copernicus, Nicholas, 340,454,尼古拉·哥白尼
Copilowish, Irving M. , 209n,欧文·M·考皮洛为施
Cosmology: 宇宙学
science as, 409,科学作为
Cosmos: 宇宙
Bentley on, xxi - xxii, 本特利关于; as name, 261,作为名称; nature of, 82, 84n,92,263,的本质; in postulations, 80,假设中的
Cowan, T. A. , 193n,470,T·A·考恩
Creator, 104,创世者
Crisis, 360,危机
Criticism: 批评
of Dewey, 4,386,对杜威的; of philosophers, 377,对哲学家的
Croce, Benedetto: 贝内戴多·克罗齐
vs. Dewey, 463 - 464,相对杜威
Cue: 提示
analogues of, 147,的类比; function of, 149,的功能; as name, 7n,143 - 145, 261,作为名称; Russell on, 201n,罗素关于; as stage of Designation, 132,139, 142 - 143,作为指称的步骤
Culture: 文化
effects of, 380,387,417,418,的作用; magic in, 328,的魔力; philosophy reflects, 359,404,407 - 409,哲学反映; terminological status of, 85n,的术语地位

**D**ance, 397,舞蹈
Darwin, Charles Robert, 74n, 117n, 查尔斯·罗伯特·达尔文; developments of, xxxvii, 104n,120,130,的发展; influences Bentley, xvi, xxviii, xxix,影响了本特利; marks new era, 184 - 185,187n,192, 197n,238,标志着新时代; on naming, 158, 159,关于命名
Davidson, William L. , 165,威廉·L·戴维森
Decision, 185,决定
Deduction, 186n,演绎; Kaufmann on, 195 - 198,考夫曼关于
Defeatism, 367 - 368,失败主义
"Defence of Common Sense, A" (Moore), 204 - 207,《对常识的维护》(摩尔)
"'Definition'" (Dewey and Bentley), 443n, 447,《"定义"》(杜威和本特利)
Definition: 定义
accounts of, 6,161 - 171,179 - 183,的解释; Carnap on, 29 - 30,卡尔纳普关于; as Designation, 152,作为指称; Kaplan and Nagel on, 172 - 173,卡普兰和内格尔关于; as name, 65 - 66,71,72,132, 132n - 133n,154 - 160,259,261 - 262, 447,作为名称; Ogden and Richards on, 218n,奥格登和理查兹关于; Peirce on, 299,皮尔士关于; Pepper on, 174 - 179, 佩珀关于; vs. Specification, 63,96,对照详述; Tarski on, 41n - 42n,42,塔斯基关于
"Definition and Specification of Meaning" (Kaplan),172 - 173,《意义的定义与详述》(卡普兰)
Democracy: 民主
attitude toward, 391,对其的态度; responsibility of, 400 - 404,的责任; revolt against, 360,反对
Demonstratives: 指示词
Dewey on, 181n,183n,杜威关于
Denotata: 所指物
Lewis on, 38,刘易斯关于; Morris on, 228 - 229,莫里斯关于; in semiotic, 217n,237, 符号学中的; and significata, 235,和所意

69,90,132,168,191,325,414,456,的本质;Ogden and Richards on, 302,奥格登和理查兹关于;Pepper on, 177,佩珀关于;in postulations, 81 - 82,假设行为中的;reporting of, 66,113,的报告;Russell on, 201*n*,罗素关于
Evil: 邪恶
relation to science, 364 - 365,373,374,377,与科学的关系;source of, 416,的来源
Evolution: 进化
characteristics of, 114*n*, 129, 132, 391, 413,的特征;Huxley on, 119,赫胥黎关于;Osborn on, 116,奥斯本关于
*Evolution* (Huxley),119,《进化论》(赫胥黎)
*Evolution of Physics, The* (Einstein and Infeld),98*n* - 99*n*,《物理学的进化》(爱因斯坦和茵菲尔德)
Exact, 445 - 446,确切;as name, 259,262,作为名称
Excitation: 激动
as name, 262 - 263,作为名称
Excluded middle:排中
principle of, 197,排中原则
Existence: 存在
as name, 151 - 152,257,258,259,263,作为名称;nature of, 6,60,190,的本质;relation to Designation, 93,141,与指称的关系;relation to event, 70*n*,82,110*n*,111,131 - 132,与事件的关系;relation to experience, 383 - 389,456 - 462,与经验的关系
Existential, 424,428,432,存在的
Experience: 经验
Dewey's philosophy of, xxxii*n*,杜威关于其的哲学;esthetic phase of, 395 - 398,464,467,的审美阶段;as name, xxxvi,73*n*,248*n*,260,263,作为名称;nature of, 6,43,284,351 - 352,的本质;relation to existence, 383 - 389,456 - 462,与存在的关系
"Experience and Existence in Dewey's Naturalistic Metaphysics" (Kahn), 383,《杜威自然主义形而上学中的经验与存在》(卡恩)
*Experience and Nature*:《经验与自然》
on art, 397 - 398,关于艺术;on experience, 386,458,关于经验;use of "metaphysical" in, 383,385,387 - 388,456,在其中用到"形而上学"的,
Expression: 表达
Carnap on, 18,20 - 23,23*n* - 24*n*,26 - 27,卡尔纳普关于;Lewis on, 37,刘易斯关于;Tarski on, 40,塔斯基关于
Extrinsic, 349,外在的

Fact, xxii, 12,81,113,事实;aspects of, 53 - 55,110,151,244,261,的方面;Carnap on, 17,25,31,卡尔纳普关于;Cohen and Nagel on, 13 - 16,柯恩和内格尔关于;Ducasse on, 36*n*,杜卡斯关于;in inquiry, 285,288,325 - 327,探究中的;inquiry into, 6,66,126,的探究;Kaplan on, 173,卡普兰关于;of Morris, 240 - 241,莫里斯的;as name, 58 - 61,70,72,93*n*,258,263 - 264,作为名称;Pepper on, 177,佩珀关于;Russell on, 200,201,罗素关于;status of, 42 - 44,的地位;system of, 63,80*n*,298,的体系;in theory of knowledge, 131 - 132,283 - 284,知识理论中的;in valuing, 344 - 345,348,357,评价中的
"Factual Space and Time of Behavior, The" (Bentley),270*n*,《行为的现实空间和时间》(本特利)
Faculties, 93*n*,111,136,能力
"Faith of a Logician, The" (Cohen),194*n*,《逻辑学家的信仰》(科恩)
Fallacy, 349,谬误
Family: 家庭
change in, 360,371,的变化

Hostility：敌对
toward science，373，对于科学的
"How to Make Our Ideas Clear"（Peirce），33*n*，《如何使我们的观念清晰》（皮尔士）
*How We Think*（1910），318，《我们如何思维》（1910）
"*How*，*What* and *What For* in Social Inquiry，" xxvi，xxxvii，《社会探究中的如何、什么和为何》
Hull，Clark L.，125*n*，克拉克·L·赫尔
Human，11，人；knowledge about，319，377，关于其的知识；logical and psychological as，445，逻辑和心灵的作为属人的；relation to philosophy，359－368，379－381，412－419，与哲学的关系；transactions，243－248，交互作用
Humanistic，367，人道主义的
*Human Rights*（UNESCO），471，《人权》（联合国教科文组织）
Human rights，400，人权
Hume，David：大卫·休谟
on associations，305，关于联系
Huxley，Julian：朱利安·赫胥黎
on evolution，119，121*n*，关于进化
Huygens，Christian，106，克里斯蒂安·惠根斯
Hypostatization，112，128，339，实在化
Hypothesis，415，417，460，假定；in interaction and transaction，115，在相互和交互作用中；Maxwell on，277－278，麦克斯维尔关于；for naming as knowing，134－135，对于作为认知的命名；vs. postulation，76*n*，相对假设行为；role of，292－293，的角色；for value-field，344－348，351，352，355，356，对于价值-场

Idea：观念
abstraction in，285，的抽象；Balz on，435－436，438－441，鲍茨关于；function of，169，283－284，434，的功能；Moore on，205，207，摩尔关于；as name，264，作为名称；relation to symbol，429－430，432，与符号的关系
Ideal：理念
as name，264，350，作为名称
Idealism，335，理念论；Dewey's，xiv－xv，杜威的；on problem of knowledge，288，关于知识的问题；vs. Realism，411，相对实在论
Identifior，215－216，定值号
Imagination：想象
need for，363，381，的需要
Immediacy：直接性
Pepper on，178，佩珀关于；relation to experience，384，385，457－458，与经验的关系
Immutability：不变性
conception of，359，414，的概念；in Greek-medieval ontology，334－335，449－450，在希腊-中世纪本体论中；replacement of，363，365，410，的替换；restrict inquiry，337*n*－338*n*，452，限制探究；in science，364，370，413，科学中的
Importance，320，321－322，重要性
"Importance，Significance，and Meaning，" xxxvii，《重要性、意义和含义》
Inclusiveness：包容性
of philosophical subjectmatter，358－361，381，411－412，418，哲学主题的
Indefinables：无法定义的
as counterfeit，181－182，作为伪装；relation to Definition，163 and *n*，166，168，179－180，与定义的关系
Indiana University，Bloomington，xii*n*，印第安纳大学布鲁明顿校区
Indifference，379，无差别
Individual：个人
conceptions of，118，123*n*，260，的概念；as name，85*n*，93*n*，264，作为名称
Individualism，243*n*，个人主义

128,130,作为探究的步骤;vs. transaction,4,63,96,112n,113 - 115,144,相对交互作用;uses of,98,105 - 106,116 - 121,124,的使用
Interest:利益
involved in valuing,347,348,评价中涉及的
International conflict:国际冲突
need for intelligence in,399 - 406,中需要智慧
*International Encyclopedia of Unified Science* (Neurath),187n,《统一科学国际百科全书》(诺伊拉特)
Interpretant:解释倾向
Morris on,9,34 - 35,45,222,莫里斯关于;relation to interpreter,231,与解释者的关系;in semiotic,234 - 235,237 - 239,符号学中的
Interpretation:解释
Carnap on,31,卡尔纳普关于;Russell on,160,罗素关于
Interpretater:被解释倾向
Morris on,9,34 - 35,222,莫里斯关于;relation to interpretant,231,与解释倾向的关系;in semiotic,232,234,符号学中的
Intervenors. *See* Thirds,介入者,见三位
Intrinsic theory:内在理论
applied to valuing,346,348 - 350,用于评价
*Introduction to Logic* (Tarski),40n,41n - 42n,《逻辑学导论》(塔斯基)
*Introduction to Semantics* (Carnap),17 - 32,《语义学导论》(卡尔纳普)
Introspection,345,内省
Intuition,186n,直觉;Kaufmann on,195,198,考夫曼;in mathematics,33n,数学中的;outdated,192,过时的
"Is a Fact a True Proposition? — A Reply" (Ducasse),35 - 36,《事实是真命题吗? ——一回复》(杜卡斯)
Isolation:分离
of logic,444,逻辑的;replacement of,413,的替代;of subjectmatter,417,418,419,主题的
Israel,Harold E.,170n,哈罗德·E·伊斯雷尔
Italy,390,意大利

James,William:威廉·詹姆斯
on behavior,347,关于行为;development of,51n,468,的发展;double-barrelled concept of,53,83n,的双重目的的概念;influences Bentley,xxviii,影响本特利;on observation,52,关于观察;pragmatic of,183n,的实用主义;psychology of,190,的心理学;on semiotic,239,关于符号学;on subject,88n,关于主体
"Jamesian Datum,The" (Bentley),xxviiin - xxixn,《詹姆斯的材料》(本特利)
Jennings,Herbert Spencer,137 and n,赫伯特·斯宾赛·詹宁斯
Jessup,Bertram E.,346n,贝特拉姆·E·约塞普
Johns Hopkins University:约翰霍普金斯大学
Bentley at,xiii,本特利在
Johnson,William Ernest:威廉·恩内斯特·约翰逊
on definition,166,168,181n,关于定义
Joseph,Horace William Brindley,165,贺拉斯·威廉·宾德利·约瑟夫
Joule,James Prescott,65,99,詹姆士·普雷斯科特·焦耳
*Journal of Aesthetics and Art Criticism*,395,463,《美学和艺术批评杂志》
*Journal of Philosophy*,xxxi,279,《哲学杂志》
*Journal of Symbolic Logic*,xxxi,276,443n,《符号逻辑杂志》
Judgments:判断
scientific,317,科学的;traits of,311 - 315,的特征;as valuations,353 - 356,作

377,人性的;inquiry as,283 - 284,探究作为;inquiry into,88*n*,126,188,的探究;Lewis on,193*n*,刘易斯关于;as name,46 - 47,73*n*,84,131,258 and *n*,265,作为名称;problems of,3 - 4,的问题;procedures of,96 - 97,111,346,的步骤;relationships of,44,55,61,的关系;Russell on,200,202,罗素关于;scientific,152,307,338,410,453,科学的;source of,372,的来源;as subjectmatter,127,作为主题;systems of,277 - 278,的体系;uses of,378 - 381,389,的使用

Knowns,265,288,290,334,449,所知

Korzybski,Alfred,203,阿尔弗雷德·科日布斯基

Kress,Paul,xxii*n* - xxiii*n*,xxvi,鲍尔·克莱斯

Kuhn,Thomas,xxiii,托马斯·库恩

Levy-Bruhl,Lucien:吕西安·列维-布留尔

Benoit-Smullyan on,310,贝努瓦-斯穆尔扬关于

Lalande,André,20*n*,43,163,安德烈·拉朗德

Langfeld,Herbert S.,170*n*,赫伯特·S·朗菲尔德

Langford,Cooper Harold,193*n*,209*n*,库伯·哈罗德·朗福德

Langlois,Charles Victor,43,夏尔·维克多·朗格卢瓦

Language:语言

Carnap on,25 - 26,32,卡尔纳普关于;defects in,56*n*,145 - 146,275,的缺陷;field of,303,的领域;form of,143 - 144,的形式;function of,44 - 45,139 - 140,148*n*,182 - 183,的功能;Kantor on,191,192,坎特关于;Kaufmann on,196*n*,考夫曼关于;as life-process,134*n*,327,作为生命过程;of logicians,207 - 209,逻辑学家的;Morris on,33 - 35,210 - 241,莫里斯关于;as name,266,作为名称;nature of,134,298,309,344,445 - 446,的本质;necessary to inquiry,xxxvi - xxxvii,49 - 50,55,189,对探究来说必要;Peirce on,10,皮尔士关于;in psychology,132*n*,心理学中的;of Russell,199 - 203,罗素的;scientific,152,科学的;treatment of,xxxiii,xxxiv,4,11,的处理

Larmor,Joseph,99,约瑟夫·拉莫

Lashley,Karl Spencer,117*n*,卡尔·斯宾塞·拉什利

Laws:法则

Cohen on,194*n*,科恩关于;nature of,158,366,379,的本质;in science,98*n*,99*n*,105,106,108,418,科学中的

Lee,Harold N.,345,470,哈罗德·N·李

Left (political):左派(政治的)

control by,362 - 363,375,376,受其控制

*Legal Foundations of Capitalism* (Commons),101*n*,《资本主义的法学基础》(康芒斯)

Leibnitz,Gottfried Wilhelm:葛特弗里德·魏莱姆·莱布尼茨

*vis viva* of,107,的动力

*Le Malade imaginaire* (Molière),88*n*,《奇想病夫》(莫里哀)

Leonardo da Vinci:利奥纳多·达·芬奇

Weber on,372,韦伯关于

Lewin,Kurt,125*n*,库尔特·勒温

Lewis,Clarence Irving,32,209*n*,克莱伦斯·欧文·刘易斯;Bentley on,xxx,xxxi,本特利关于;epistemology of,8,9,10,的知识论;logic of,193*n*,的逻辑学;meanings of,36 - 38,45,的意义;replies to Baylis,38*n*,回复贝里斯

Liberalism:自由主义

failure of,375,379,的失败;optimism of,391,的乐观主义

Liberties:自由

7,8 - 45,193n,被批评的;on Definition,175,177,关于定义
"Logicians' Underlying Postulations" (Bentley),447,《逻辑学家的基本假定》(本特利)
*Logic of Modern Physics, The* (Bridgman),192n,《现代物理学逻辑》(布里奇曼)
"Logic without Ontology" (Nagel),16n,《没有本体论的逻辑学》(内格尔)
Logistics, 299n,300,308,符号逻辑
London, Ivan D., 121n,伊凡・D・伦敦
Lorentz, Hendrik Antoon, 99,亨德里克・安图・洛伦兹

McDermott, John J.: 约翰・J・麦克德谟特
on Dewey-Bentley collaboration, xxvi, xxviin,关于杜威-本特利合作
McGill, Vivian J., 233n,维维安・J・麦克吉尔
Mack, Robert D., 457,罗伯特・D・麦克
Magic, 78 and n,104,328,魔术
Man: 人
in natural world, 74,366,自然世界中的;in postulations, 80,假设行为中的;Russell on, 199n - 200n,罗素关于;as subjectmatter for philosophy, 364 - 368,412 - 415,作为哲学的主题
Manipulation: 操纵
as terminology, 90n,268,作为术语
Margenau, Henry, 121n,165 - 166,亨利・马杰诺
Margolis, Joseph, xxxviii, 约瑟夫・马格里斯
Marxism, xxxviii, 254,马克思主义
Mass, 107,大量
Masses: 大众
attitude toward science, 393,408,410,对科学的态度
Material: 物质
assignment of, 371,410,411,419,的分配;vs. spiritual, 366 - 367,相对精神
Materialism, 326n,唯物主义;politics based on, 362,基于此的政治;of science, 372,375,科学的
Materialistic-mechanistic philosophy, 335,唯物论-机械论哲学
Mathematics: 数学
abstraction in, 276,431,中的抽象;Bentley on, xviii - xix, xxiv, xxv, 本特利关于;characteristics of, 63 and n,98n,109,165n,180,236,的特质;on doctrine of possibility, 432 - 435,关于可能性的原则;intuitionists in, 33n,的直觉论者;as knowledge, 258,作为知识;of Maxwell,99,278,麦克斯韦的;as name, 266,作为名称;operational account of, 440,的操作描述;relation to logic, 12,185 and n,189,与逻辑的关系;Russell's role in,38,167,199,201n,罗素在其中的角色;subjectmatter of, 284,286 - 287,387,460 - 461,的主题;Tarski on, 40n,塔斯基关于;terminology of, 143n,的术语;transactional approach in, 275,的交互作用视角;use of definition in, 65,154,167,168,中定义的使用;use of symbols in, 5,69 - 70,90,110n,148n,159,173,309n,中符号的使用
Matter: 物质
conception of, 246,358 - 359,370,414,的概念;Maxwell on, 100,麦克斯韦关于;as name, 266,作为名称
*Matter and Motion* (Maxwell),99 - 100,277 - 278,468,《物质与运动》(麦克斯韦)
Maxwell, James Clerk, 61,詹姆士・克拉克・麦克斯韦;Dewey praises, 468,杜威称赞;theory of, 108,277 - 278,的理论;on transaction, 98 - 100,关于交互作用
Mayr, Ernst, 120n - 121n,恩内斯特・迈尔
Mead, George Herbert: 乔治・赫伯特・米德
at University of Chicago, xiv, 在芝加哥大学的;influences Bentley, xxviii, 影响本特利;

on signal, 145*n*,关于指号;"situational" of, 101*n*,的"情境"; transactional inquiries of, 269*n*,的交互作用探究

Meaning: 含义

Carnap on, 22,23*n*,30 - 31,卡尔纳普关于;Cohen and Nagel on, 16,科恩和内格尔关于;Dubislav on, 161*n*,杜比斯拉夫关于; function of, 301, 331, 的功能; Kaplan on, 172 - 173, 卡普兰关于; Kaufmann on, 197, 198, 考夫曼关于; Lewis on, 36 - 38, 45, 刘易斯关于; Moore on, 207,摩尔关于;Morris on, 33, 莫里斯关于;as name, 235,266,332,作为名称;nature of, xxxiii, 32,134,192,305, 的本质; Pepper on, 174, 佩普关于; relation to logic, 162,320,与逻辑的关系; Russell on, 200 and *n*,202,罗素关于; Tarski on, 42 and *n*,塔斯基关于

*Meaning of Meaning, The* (Ogden and Richards),9,218,300 - 302,470,《意义之意义》(奥格登和理查兹)

Means: 手段

in inquiry, 322 - 325,327,328,336,337,探究中的;nature of, 349 - 350,361,366 - 367,411,的本质

Means-consequence function, 333,338,448, 452 - 453,手段-结果功能

*Meditations* (Descartes),423,《沉思录》(笛卡尔)

Medium: 中介

environment as, 244,环境作为

Meinong, Alexius, 18,阿雷克西斯・迈农

Menger, Karl, 32*n* - 33*n*,卡尔・蒙格

*Meno* (Plato),157*n*,《美诺》(柏拉图)

Mental: 心智的

as name, 266

Metaphysics, 277,形而上学;Balz on, 433 - 435,437 - 438,440 - 441,鲍茨关于;of Comte, 98 and *n*,孔德的;of Dewey, 385, 387 - 389,456 - 462,杜威的;nature of, 76,104,149,292,383,的本质;rejection of, xxxiii and *n*,摒弃;of Russell, 199 and *n*, 罗素的

Method, 336,419,458,方法;of inquiry, 338 - 339,379 and *n*,探究的;of science and common sense, 250,373,科学和常识的;for study of value, 343 - 357,价值研究的

*Methodology of the Social Sciences* (Kaufmann), 157*n*,195 - 198,《社会科学方法论》(考夫曼)

Meyer, Adolf, 117*n*,阿道夫・迈耶尔

Michelson, Albert, xiv, 阿尔伯特・米歇尔森

Milieu: 环境

of Bernard, 88*n*,贝尔纳的

Military: 军事

dictation by, 255,独裁

Mill, John Stuart: 约翰・斯图亚特・密尔

compared with Morris, 218*n*,与莫里斯比较; on definition, 181, 关于定义; procedures of, 158 and *n*,的步骤

Mind: 心灵

as actor, 124,作为行动者;as entity, 326, 334,449,作为实体;nature of, 358 - 359,384,393,的本质;objective idealism on, 115*n*,的客观观念论;in postulates, 78 - 79,假设中;in psychology, 136,心理学中的;rejected conception of, 55, 80*n*,91*n*,94,122,146,160,被摒弃的概念;relationships of, 9 - 11,121,417, 424,464,的关系;relation to logic, 162, 185,197,与逻辑的关系;role of, 288, 348,351,的角色;Wertheimer on, 105*n*, 维特默关于

*Mind, Self and Society* (Mead),145*n*,《心灵、自我与社会》(米德)

"Modes of Meaning, The" (Lewis),36 - 38, 《含义的模式》(刘易斯)

Molière, Jean Baptiste Poquelin, 88*n*,让・巴布斯迪德・波勒甘・莫里哀

Montagu, M. F. Ashley, 119*n*,M・F・艾什利・蒙塔古

inquiry into, 162,的探究; as knowings, 57 - 58,77,96 - 97,110,127,131 - 132, 257 - 258,273,作为认知;Lewis on, 37, 刘易斯关于; Mill on, 158,密尔关于; Nagel on, 173n,内格尔关于;as name, 7 and n,266,作为名称;nature of, xxxvi, 92n,93,104n,的本质;postulations for, 82n,86 - 89,的假设行为;relation to description, 146 - 147,与描述的关系; scientific and practical, 46,111n,159,307, 309,科学的和实用的;types of, 143,148, 的种类;use of definition in, 154 - 155, 其中定义的使用

Nations:国家
conflict between, 400,间的冲突

Natural:自然的
knowings treated as, 84 - 85,91 - 92,96 - 97,认知作为;vs. moral, 372,相对道德

Naturalism:自然主义
Santayana on, 384,457,桑塔亚那关于;on specification, 152,关于指明

Natural logics, 185,186 - 187,192,自然逻辑

Natural rights, 403,自然权利

Nature:自然
Bridgman on, 192n,布里奇曼关于;Cohen and Kaufmann on, 195,科恩和考夫曼关于;as name, 266 - 267,447,作为名称; vs. "natural," 74n,97,相对"自然的"; quality of, 75,254,379,398,412,的性质; relation to experience, 384,385,456 - 457, 与经验的关系;relation to man, 110,121, 366,414,417,与人的关系;relation to science, 372,409,与科学的关系;Russell on, 199n - 200n,罗素关于;theory of, xxxvii, 82,330,358 - 359,363,的理论

Nazism, xxxii, 纳粹主义;defeated, 391,失败的;vs. democracy, 401,相对民主

*Necessity of Pragmatism, The* (Sleeper), xxxiin,《实用主义的必然性》(斯里珀)

Need:需要
in semiotic, 232,239 - 240,符号学中的

Neurath, Otto, 10n,187n,469,奥托·诺伊拉特

"New Logic, The" (Menger),33n,《新逻辑》(门格)

"New Method of Presentation of the Theory of the Syllogism" (Black),186n,《表述三段论理论的新方法》(布莱克)

*New Systematics, The* (Huxley),121n,《新分类学》(赫胥黎)

Newton, Isaac, 130,292,伊萨克·牛顿

Newtonian physics, 124, 363, 牛顿物理学; departure from, 148, 270, 278, 414, 远离; entities in, 340,454,中的实体;interactionalism of, xxxiv, 66 - 67,103,240,中的相互作用主义;limitations of, 89,94,的局限;nature of, 61,74,108,286,的本质;role of motion in, 106,370,运动在其中的作用;vs. transaction, 98 - 100,相对交互作用

Nominal definition, 163,164,168,170,174, 175,180,唯名定义

Nominalists, 158,唯名论者

Non-existential:非存在
relation to idea, 429,430,与观念的关系

Normative theory, 338,339,453,455,规范化理论

*Note and Queries*,112n,《备忘和查询》

Noun, 346,349n,名词

**O**bjective:客观的
as name, 267,作为名称

Objective idealism, 115n,客观观念论

Objects:对象
Carnap on, 22,30,31,卡尔纳普关于; Cohen on, 194,科恩关于;determination of, 304 - 305,的确定;as form of Event, 62,68 - 69,132,作为事件的形式; function and nature of, 45,49n,54,55, 96,144,147,225 - 226,231,288,308, 348, 的功能和本质; in Greek

philosophy, 159,希腊哲学中的;Kantor on, 191,192,坎特关于;Moore on, 209,摩尔关于;Morris on, 35,莫里斯关于;as name, xxxvi, 72,84*n*,101*n*,111,160,259,267,作为名称;in Peirce, 11,皮尔士的;Russell on, 200,202,203,罗素关于;in semiotic, 214,232,符号学中的;study of, 6,83,149 - 151,190,的研究;Tarski on, 40,42,塔斯基关于;in triangular scheme, 9 - 11,300 - 302,三角图式中的;*See also* Thing, 又见事物

Observation: 观察

as criteria for naming. 47 - 48,77,86,88,作为命名的标准;as essential condition of inquiry, 53,82 - 83,322 - 328,作为探究的本质条件;influences Carnap, 32,影响卡尔纳普;as name, 52,267,作为名称;as operation, 55 - 56,作为操作;relation to postulation, 74 - 75,79,94,与假设行为的关系;for studying knowings-knowns, 84*n*,85,91 - 92,为研究认知-所知的;superficial, 129 - 130,表面的;transactional, 67,90,97,113 - 115,127 - 128,352,交互作用的;use of, 49 - 51,105,111*n*,的使用;in valuing, 349,355,评价中的

Occurrence: 发生

as name, 62,68 - 69,71 and *n*,72,132,259,作为名称

Occurrent values, 346*n*,353,发生的价值

Office. *See* Function, 职能,见功能

Ogden, Charles Kay: 查尔斯·凯·奥格登

theory of, xxxii, 218*n*, 305,的理论;triangular scheme of, 9,300 - 302,的三角图式

"On a Certain Vagueness in Logic" (Bentley), 297*n*,《逻辑中的一种含混性》(本特利)

"On Some Hegelisms" (James),468,《关于某些黑格尔主义》(詹姆斯)

"On Some Omissions of Introspective Psychology" (James),468,《论反省心理学的某些遗漏》(詹姆斯)

"On the Function of Cognition" (James),468《论认识的功能》(詹姆斯)

Ontology: 本体论

Balz on, 432,433,438,鲍茨关于;vs. inquiry, 281,287 - 293,309,相对探究;relation to science, 287,337*n* - 338*n*,452,与科学的关系;role of immutable in, 334 - 335,449 - 450,不变者在其中的角色

Openness, 4,开放性

Operability, 427,可操作性

Operation: 操作

logic involves, 190 - 191,逻辑涉及;relation to ideas, 436,与观念的关系;vs. use, 329 - 330,相对于使用

Operational: 操作的

as name, 267,作为名称

Operationalism, 307*n*,操作主义

Operational logic, 460,操作逻辑;Balz on, 435,438,440 - 441,鲍茨关于

"Operational Principle in the Physical and Psychological Sciences, The" (Kantor), 192*n*,《在物理和心理科学中的操作性原则》(坎特)

Opinion: 观点

in Greek philosophy, 157*n*,希腊哲学中的,

Oppression, 362,402 - 403,压迫

Optimism, 391,393,乐观

Organic-environmental process, 97,260,270,417,462,有机-环境的过程;designation as, 140 - 142,指称作为

Organism: 有机体

Balz on, 425 - 427,鲍茨关于;behavior and nature of, 112,129 - 130,133,136,141 - 142,275,331 - 332,348,的行为和本质;conceptions of, 80,87 - 88,94,127 - 128,的概念;evolution of, 114*n*,184,的演化;in inquiry, 288 - 289,326 - 328,探

究中的；in interaction and transaction，103，114，412，在相互和交互作用中；Kantor and Dewey on，191－192，坎特和杜威关于；Morris on，212，221－222，224，莫里斯关于；as name，256*n*，259，267，作为名称；relation to experience，384，456－457，与经验的关系；in semiotic，138－140，144，213－214，228，231－233，236－237，符号学中的；study of，116－126，149，190，445，的研究；in triangular scheme，302，三角图式中的
"Organismic Achievement and Environmental Probability"（Brunswik），144*n*，《机体的成就与环境可能性》（布伦斯威克）
Organization：组织
vs. system，271，相对系统
Original sin，412，414，416，原罪
*Origin and Evolution of Life，The*（Osborn），116*n*，《生命的起源和进化》（奥斯本）
*Origin of Species，The*（Darwin），120，《物种起源》（达尔文）
Osborn，Henry Fairfield，116 and *n*，亨利·费尔菲德·奥斯本
Ostensive definition，175－179，181－183，实指定义
*Oxford English Dictionary*，137*n*，155－156，209*n*，246－247，256*n*，265*n*，474，《牛津英文词典》

Paintings，397，绘画
Participants：参与者
in transaction，242－243，交互作用中的
Particulars：个别物
of Russell，199－203，罗素的
*Partisan Review*，390，471，《党派评论》
Pascal，Blaise，161*n*，布莱斯·帕斯卡
Past：过去
relation to philosophy，361－362，382，与哲学的关系
Pavlov，Ivan Petrovich：伊凡·佩特洛维奇·巴普洛夫
on signal，69，139－140，144，关于指号
Peace，365，372，391，400，和平
Peirce，Charles S.：查尔斯·S·皮尔士
on definition，174*n*，关于定义；development of，10*n*，51*n*，的发展；epistemology of，8－11，的知识论；as forerunner，xxviii，xxix，193－194，238－239，299*n*，作为先驱；on interpretant，34*n*，关于解释倾向；on logic，187 and *n*，关于逻辑；on observation，88*n*，关于观察；pragmatic of，33 and *n*，183*n*，的实用主义；on precept，66，关于先例；on signs，51 and *n*，297，298，299，关于记号；on truth，459，关于真理
"Peirce's Theory of Linguistic Signs，Thought，and Meaning，" 239*n*，《皮尔士论语言记号、思想与含义》
Pepper，Stephen C.：史提芬·C·佩珀
on definition，171，174－179，181*n*，关于定义；on Morris，239*n*，关于莫里斯；on truth，83*n*，关于真理；on value，343，关于价值
Percept：感知对象
as name，93*n*，267－268，作为名称
Perception：感知
characteristic of cue，143－144，线索的特征；esthetic，352，398，审美；in inquiry，322－325，328，探究中的；nature of，232*n*，307*n*，331，的本质；Wertheimer on，106*n*，维特默关于
Perceptional，140，感知活动的
Perception-manipulation：感知-操纵
as name，90，258，268，作为名称
Perceptual，11，感知的
Permanence：永恒
essential to Aristotle，157，对亚里士多德是关键的；related to knowings-knowns，85 and *n*，160，与认知-所知相关
Persuasion：诱导

role of, 356 and *n*,357,380,的角色
Pessimism：悲观主义
toward science, 365,373,393,对于科学的
Phase：阶段
as name, 5*n*,59,73*n*,259,268,作为名称
Phenomenon：现象
abstraction of, 103*n*,的抽象；Einstein on, 108,爱因斯坦关于；Morris on, 212*n*,莫里斯关于；as name, 268,作为名称
Philosophers：哲学家们
positions of, 137,163 - 164,281,402,的立场；situation of, 250,286,294,368,378,的处境
Philosophy：哲学
career and destiny of, xxxvii - xxxviii, 358 - 369,375 - 377,380 - 382,407 - 415,417 - 419,的事业和命运；Dewey's role in, 187, 319 - 320,杜威在其中的角色；dualisms in, 246 - 249,339,其中的二元论；of experience, 397, 398, 经验的；vs. metaphysics, 292,383,385,387 - 388,相对形而上学；positions of, 42,250,269, 330,的地位；problem in, 255,289 - 290, 294,中的问题；quality of, 243*n*,244,345, 381,455,458,464,的性质；relation to art, 464,与艺术的关系；relation to science, 149*n*,340,371,425,与科学的关系；terminology of, 266,332,334,449 - 450,的术语
*Philosophy and Phenomenological Research*, 279 ,《哲学和现象学研究》
*Philosophy of Bertrand Russell, The* (Schilpp),202*n*,《伯特兰·罗素的哲学》(席尔普)
"Philosophy of Logical Atomism, The" (Russell),200 - 202,《逻辑原子主义的哲学》(罗素)
*Philosophy of Science*,279,《科学哲学》
Physical, 344,352,物理的；as name, 268,作为名称
Physical science：自然科学
as region, 63 - 64,70,作为领域
"Physical Science and Philosophy" (Tolman), 103*n*,《自然科学和哲学》(托尔曼)
Physics：物理学
Bentley on, xviii,本特利关于；Cohen on, 194,科恩关于；as discipline, 63,116*n*, 126,作为学科；field theory in, 121*n*,264, 中的场理论；impact of, 408,409,410,的影响；principles of, 165*n*,316,363,414,的原理；rise of, 65 - 67,289,338,339,340, 355,369,453,455,的兴起；techniques of, 125,148 - 149,366,372,的技术；uses transaction, xxxiv, 96 - 100,104 - 109, 121,139,使用交互作用
Physiological：生理的
vs. behavioral, 136,137,270,相对行为的；as name, 268,作为名称
Physiological activities, 288,304,生理活动
Physiological science：生理科学
as region, 64,70,作为领域
Physiology：生理学
as discipline, 122 - 123,221*n*,344,412,作为学科；method in, 63,126,127,326, 356 -357,366,367,378,379,的方法；rise of, 289,292,338,340,368,369,375,376, 414,453,的兴起；study of behavior in, 135 -139,中的行为研究；subjectmatter of, 88 and *n*, 271, 309, 的主题；uses transaction and interaction, 110,116 - 118, 138,使用相互和交互作用
Planck, Max, 99,马克斯·普朗克
Planning：筹划
in inquiry, 329 - 330,336,探究中的
Plato：柏拉图
on artisans, 471,关于工匠
Pluralism：多元主义
in religion, 394,宗教中的
Podolsky, B., 109,B·波多尔斯基
Political science：政治学

subjectmatter, 315, 316, 作为主题; in valuing, 347 - 352, 评价中的; valuing as, 311, 312, 评价作为
Problem: 问题
agreement on, 281, 达成一致; in inquiry, 282 - 283, 325, 探究中的; in philosophy, 255, 290, 294, 407, 哲学中的; subjectmatters of, 285, 288, 301, 的主题; treatment of, 291, 的处理
Problematic: 有问题的
for Dewey, 281 - 282, 对杜威来说
Process: 过程
as name, 268, 作为名称
*Process of Government, The* (Bentley), xii, xix and *n*, 101*n*, 318, 《治理的过程》(本特利); pragmatism in, xxviii, 中的实用主义; reception of, xv - xvi, 的反响
Produce, 230, 产生
Product, 190, 产品; Kantor on, 191, 192, 坎特关于; relation to act, 155 - 157, 160, 与行为的关系
*Productive Thinking* (Wertheimer), 7*n*, 76*n*, 102*n*, 105, 109*n*, 《生产性思维》(韦特海默)
Proof: 证据
in logics, 187, 逻辑学中的
Propaganda: 宣传
science used in, 393, 中使用的科学
Properties: 属性
Cohen on, 194 - 195, 科恩关于; Kaufmann on, 198, 考夫曼关于; logics on, 162, 164, 逻辑学关于; Morris on, 217, 莫里斯关于; nature of, 278, 346, 356, 的本质; produce stimuli, 255 - 226, 产生刺激; in semiotic, 219, 238, 符号学中的
Propositions: 命题
Carnap on, 17 - 32, 卡尔纳普关于; Cohen and Nagel on, 13 - 17, 科恩和内格尔关于; Dewey on, 188 - 189, 杜威关于; Ducasse on, 35 - 36, 杜卡斯关于; Kaufmann on, 196 - 198, 考夫曼关于; Lewis on, 193*n*, 刘易斯关于; logics on, 45, 162, 逻辑学关于; Moore on, 203 - 207, 摩尔关于; as name, 268, 作为名称; nature of, xxxiii, 11 - 12, 192, 353, 446, 的本质; Russell on, 38, 200 - 202, 罗素关于; status of, 180, 的地位; Tarski on, 40, 塔斯基关于; treatment of, 32, 208, 的处理
"Propositions, Truth, and the Ultimate Criterion of Truth" (Ducasse), 36*n*, 《命题、真理和真理的最终标准》(杜卡斯)
Protestant revolt, 408, 新教的反抗
Psyche, 122, 124, 灵魂
Psychiatry, 412, 精神病学
Psychological ecology, 125*n*, 心理生态学
Psychologists: 心理学家
on sign, 137*n*, 212, 关于记号
Psychology, 4, 心理学; Bentley on, xx, xxv, 本特利关于; defects in, 88*n*, 149, 247, 249, 366, 的缺陷; of Kantor, 190 - 191, 坎特的; methods of, 67, 78, 82*n*, 122 - 126, 269, 275, 的方法; positions held by, 83*n*, 111, 115, 243*n*, 所持立场; relation to logic, xxxii*n*, 167, 193*n*, 276, 443 - 445, 与逻辑的关系; subjectmatter of, 63, 67*n*, 136, 的主题; terminology of, 93*n*, 132*n*, 266, 270, 307, 347, 的术语
*Psychology and Logic* (Kantor), 190 - 192, 《心理学和逻辑》坎特)
Public: 公共
Bridgman on, 170*n*, 布里奇曼关于
Pure Reason, 386, 纯粹理性
Purists: 纯化论者
Benoit-Smullyan on, 310, 贝努瓦-斯穆尔扬关于
Purpose. *See* End, 意图, 见目的
Purposiveness: 有意性
as animal characteristic, 136, 作为动物的特征

significance of, 340,414,454,的意义
Religion: 宗教
attitude toward, 390 - 394,对其的态度; freedom of, 402,的自由;impact of, 243 and *n*,254,255,407,的影响;nature of, 396,397,417,471,的本质;relation to science, 371,408 - 409,418,与科学的关系;vs. religious experience, 465 - 466,相对宗教经验
Renaissance, 408,文艺复兴
"Reply to Criticisms" (Russell),200 - 202,《对批评的回复》(罗素)
"Reply to My Critics, A" (Moore),204 - 207,《对我的批评者的回复》(摩尔)
Representations: 表征
behavioral, 473 - 474,行为的; determination of, 301,的决定
Representatives: 代表
words as, 297 - 299,词作为
Response: 反应
Morris on, 213,220 - 223,莫里斯关于;as name, 90,269,作为名称; in semiotic, 239 - 240,符号学中的
Response-disposition, 231 - 235,反应-倾向
Result, 344,结果
Revolutions, 370,390,革命;effects of, 319, 401,408,410,的效果
Rice, Philip Blair, 351*n*,470,菲利普・布莱尔・赖斯
Richards, Ivor Armstrong: 伊弗・阿姆斯特朗・理查德
on linguistics, xxxii, 218*n*,305,关于语言学;triangular scheme of, 9,300 - 302,的三角图式
Right (political),376,右派(政治的)
Rights, 400,权利
Ritter, William Emerson, 117*n*,威廉・埃莫森・里特尔
Roentgen, Wilhelm Conrad, 99,魏莱姆・康拉德・伦琴
Romanell, Patrick: 帕特里克・罗曼内尔
Dewey replies to, 395 - 398,杜威回复他; on esthetics, 463 - 467,关于美学
Romanticism: 浪漫主义
Dewey charged with, 384 - 385,457 - 458,杜威被指责为;Weber reflects, 373,韦伯体现
Rosen, N., 109 ,N・罗森
Rules: 规则
Kaufmann on, 196 and *n*,198,考夫曼关于
Rumford, Benjamin Thompson, 65,99,本杰明・汤普森・拉姆福德
Runes, Dagobert D., 42*n*,163 - 164,258*n*,达葛贝特・D・鲁内斯
Russell, Bertrand, 469,伯特兰・罗素;on Dewey, xxxii*n*,关于杜威; influences Carnap, 18,影响卡尔纳普;"logical atomism" of, 104*n*,159,的"逻辑原子主义"; logic of, 90*n*, 147, 187, 193, 199 - 204,的逻辑学; positions of, xviii, 167, 186*n*,189*n*, 208,的立场; procedure of, 165*n*,185 and *n*,209,的步骤;terminology of, 38,的术语
Ryle, Gilbert, 209*n*,吉尔伯特・赖尔

**S**acred: 神圣
secular invades, 408,世俗侵犯
Santayana, George: 乔治・桑塔亚那
criticizes Dewey, 456 - 458,批评杜威;on essence, 146*n*,关于本质;on experience, 384,385,关于经验
Satisfaction: 满足
vs. definition, 165,相对定义;Tarski on, 42,塔斯基关于
Schilpp, Paul A., 204*n*,保罗・A・席尔普
Schleiden, Matthias Jakob, 117,马提亚斯・雅克布・施莱登
Schmoller, Gustav, xiii,古斯塔夫・施莫勒
Schneider, Herbert W.: 赫伯特・W・施耐德
on Dewey-Bentley collaboration, xxxvi*n*,关于杜威-本特利合作

Moore on, 207,摩尔关于; Morris on, 216,莫里斯关于; as name, 270,作为名称; nature of, 4,51-52,83*n*,128,138-139,148,281,359,387,的本质; relation to knowings-knowns, 47,85,335,与认知-所知的关系; in science, 98*n*, 106, 286,363,370,414,科学中的
Speakers, 25-26,说话人
Species, 413,种类
Specification: 详述
accuracy in, 257,263,264,中的准确性; as form of Designation, 69,111,131-132, 139,作为指称的形式; Kaplan on, 172-173,卡普兰关于; as method of inquiry, 146-153,作为探究的方法; as name, xxxv and *n*,62,71,181,270,作为名称; as naming procedure, 7*n*,65-66,142, 154,作为命名步骤; naming for, 259, 261,271,的命名; nature of, 6,72,96-97,171,269,273,278,的本质; relation to Definition, 133*n*,174,180,与定义的关系
Speculation, 423,思辨
Speech: 言语
colloquial, 249,口头的; function of, 329, 的功能; transformation of, 328,的变化
Spirit: 精神
authority of, 362,的权威; in doctrine, 326 and *n*,335,教条中的; nature of, 124*n*, 358-359,的本质
Spiritual: 心灵主义的
assignment of, 371,的分配; vs. materialistic, 366-367,相对物质主义的
Sport, 366,运动
*Sprachtheorie* (Bühler),468,《言语理论》(布勒)
*Standard Dictionary of the English Language*, A,155-156,《英语语言标准词典》
Standards: 标准
as authoritative, 338-339,453,作为权威
States, 400,国家
Stevens, Stanley S., 220*n*,斯坦利·S·史蒂文斯
Stevenson, Charles L., 357,470,查尔斯·L·史蒂文森
Stimulus: 刺激
Bartley and Chute on, 140*n*,巴特利和丘特关于; Morris on, 212,213,215,莫里斯关于; as name, 90,270-271,作为名称; relation to object, 231,与对象的关系; in semiotic, 236-237,239-240,符号学中的; as sign, 214,219-221,225,作为记号; status of, 235,的地位; stimulus-object, 213,219,232,刺激-对象
Story-telling, 397,讲故事
Structure, 105*n*,结构
*Studies in Logical Theory*,187,444,《逻辑理论研究》
Stuhr Museum of the Prairie Pioneer, Grand Island, Neb., xii*n*,纪念平原开拓者的斯图尔博物馆,内布拉斯加岛
Subject: 主体
as name, xxxvi, 271,作为名称; relation to object, 111,290,297,334-335,449-450,与客体的关系; role and nature of, 288,348,384,的角色和本质
Subjective: 主观的
as name, 271,作为名称
Subjectivistic psychology, 347,主观主义心理学
Subjectmatter: 主题
behavioral, 122, 344-345,行为的; Dewey's vs. Bentley's, 318,319,杜威的相对于本特利的; division of, 259,277, 371,396-397,的分类; Kantor on, 191, 坎特关于; of logic, 188,320,逻辑的; of mathematics, 284,286-287,数学的; as name, 271,作为名称; naming for, 46, 258,的命名; nature of, 48-49,82-84, 92-93,115,127,144,180,285,308,323, 324,458,的本质; of philosophy, 358-

Bentley on, xxx, 本特利关于; positions of, 8, 45, 132*n*, 165, 193*n*, 的立场; terminology of, 39 - 42,的术语
Taxonomy, 120,分类法
Technical: 技术的
knowledge for, 知识 378; science as, 367, 368,科学作为
Technology: 技术
advances in, 393, 进步; permanence of, 405,的永恒
Tension, 360 - 361,张力
Term: 词项
Carnap on, 19,21,27 - 29,卡尔纳普关于; Kaplan on, 172,卡普兰关于; Lewis on, 37,刘易斯关于; logics on, 162,189,的逻辑; Morris on, 217,218,240 - 241,莫里斯关于; as name, 143 and *n*,180,271 - 272, 作为名称; vs. reals, 159, 相对实体; relation to definition, 168,171,与定义的关系; Tarski on, 39,42,塔斯基关于
Terminology: 术语
for knowings-knowns, 6 - 7,46 - 73,96 - 97, 274,认知-所知的; of semiotic, 236 - 240, 符号学的; of Tarski, 39 - 42,塔斯基的; uses of, 129,332,386,447,的使用
"Terminology for Knowing and Knowns, A" (Dewey and Bentley),302*n*,308*n*,《有关认知和所知的术语种种》(杜威和本特利)
Test: 试验
uses of, 4,48,292,322,355,的使用
*Theaetetus* (Plato),157*n*,471,《泰阿泰德》(柏拉图)
Theology: 神学
nature of, 410,412,的本质; vs. science, 372,373,409,相对科学
Theory: 理论
abstraction in, 285,286,的抽象; fallacy in, 349 - 350,的谬误; as hypothesis, 292 - 293,作为假设; in inquiry, 323 - 324, 328,探究中的; role of facts in, 325, 327,事实在其中的作用; terminology for, 46 - 73,的术语
Thing: 事物
conceptions of, 113 - 114,162,182,298, 331,337,的概念; function of, 66 - 67, 102*n*,133 - 134,的功能; as means and ends, 323,325,349 - 350,作为目的和手段; as name, 49*n*,73*n*,155,158,272, 345*n*,346,作为名称; Pepper on, 175,佩珀关于; signs for, 304 - 305,328,的记号; in transaction, 243,244,247,交互作用中的; *See also* Objects, 又见客体
Thirds, 49,133,234*n*,三位; in postulates, 78 - 79,在假设中
Thomas, William I., xiv, 威廉一世·托马斯
Thought: 思想
vs. language, 134 and *n*,相对语言; severance of, 308,的分裂; in signs, 51 and *n*,在记号中; in triangular scheme, 301,302,在三角图式中
Time. *See* Space-time, 时间,见空间-时间
Tolman, Edward C., 144*n*,238 - 240,爱德华·C·托尔曼
Tolman, Richard C., 103*n*,理查德·C·托尔曼
Tolstoy, Leo: 托尔斯泰,利奥
on science, 372,关于科学
*Tongues of Men, The* (Firth),122*n*,468, 《人类的语言》(费斯)
Tool: 工具
inquiry, 126,326 - 327,探究中的
significance of, 133 - 134,304,305,329,的意义
Totalitarianism: 集权主义
in Italy and Germany, 390,意大利和德国的
Trade: 交易
as transaction, 242 - 243,作为交互作用的
Tradition, 380,传统; operation in context of, 329 - 330,在其背景中的操作

Trans：跨越
as name，258，272，作为名称
Transaction：交互作用
aspects of，132，242－244，303n，305 and n，308，472－473，的方面；designation as，140－142，指称作为；establishment of，77，131，153，的建立；importance of，6，66－68，96－97，111，275，278，的重要性；important to Dewey，xxviii，192，对杜威的重要性；vs. interaction，63，112－115，相对相互作用；as level of inquiry，100－104，146，作为探究的水平；in life，246－248，255－256，生活中的；as name，xxxiii－xxxiv，71 and n，265n，272，作为名称；necessary for behavioral inquiries，122－126，对行为的探究所需要的；role of naming in，86－89，127－130，135，260，261，264，270，在其中命名的作用；sign and signal as，138－140，记号和指号作为；used in biological sciences，115－121，在生物学中的作用；used in physics，98－100，106－109，在物理学中的作用；uses of，110，144，149，160，309，的使用
Transactional，94，348，交互的
Transactional behavior，326－328，331，335，352，交互行为
Transactional point of view，3－4，交互视角
Transactional valuing，355，交互评价
"transactions as Known and Named"（Dewey and Bentley），459，《作为被认知与被命名者的交互作用》（杜威和本特利）
Triadic relation，9－11，34－35，39，49，58，157－158，160，300－302，三项关系
Truth：真理
Carnap on，31，卡尔纳普关于；concept of，48，78，112，314n，的概念；Ducasse on，36 and n，杜卡斯关于；Moore on，203，206，摩尔关于；as name，272，作为名称；Peirce on，459，皮尔士关于；relationship to fact，13－16，43，44，与事实的关系；Tarski on，40－42，45，塔斯基关于
"Truth and Knowledge of the Truth"（Nagel），17n，《真与关于真的知识》（内格尔）
Tucker，Abraham，256n，亚伯拉罕・塔克
Tufts，James Hayden：詹姆斯・海登・塔夫茨
at University of Chicago，xiv，芝加哥大学的

Uexküll，Jakob von，117n，雅各布・冯・克斯屈尔
Ultimates，168，179，181－182，终极
Uncertainty：不确定性
cause of，375，的原因；as outcome，360－361，367，370，381，作为结果
Unconsciousness：无意识
as entity，412，作为实体
Understanding，376，399，理解
Unemployment：失业
cause of，393，的原因
Union of Soviet Socialist Republics：苏维埃社会主义共和国
alliances of，392，的盟友；attacks democracy，401，抨击民主；effect of victory，391，胜利的影响
United Nation，360，联合国；inquiries of UNESCO，471，联合国教科文组织的探究；role of UNESCO，399－402，404，405，第399－402，404，405 页
United States：美国
democracy in，401，的民主；international role of，402，405－406，的国际角色
Unity：联合
conception of，169，175，281，363，的概念
Universality. *See* Inclusiveness，普遍性，见包容性
Use：使用
vs. absolute，338，453，相对于绝对；significance of，329－330，380，的意义
Use-enjoyment，307，使用-享受

奇·威尔逊
Wisdom：智慧
needed，319，所需的；philosophy as search for，365，376，378，388 - 389，作为寻找智慧的哲学
Wittgenstein，Ludwig：路德维希·维特根斯坦
Carnap refers to，18，卡尔纳普引用
*Wörterbuch der Philosophischen Begriffe* (Eisler)，43，163，《哲学词典》（艾斯勒）
Woodger，J. H.，117*n*，J·H·伍德格尔；on definition，165，166*n*，关于定义
Word：词
definition of，155 - 157，166，168，的定义；Moore on，209，摩尔关于；as name，273，327，332，作为名称；nature of，44 - 45，69，162，180，346，的本质；Pepper on，175，177，佩珀关于；rejected view of，102，112，134，被放弃的观点；Russell on，202，203，罗素关于；as sign，298 - 300，作为记号；Tarski on，42，塔斯基关于；in triangular scheme，49，58，157 - 158，160，300，三角图式中的；vague，47 and *n*，49*n*，56*n*，68*n*，73*n*，75*n*，84，259，265，含糊的
Works of art，396，艺术品
World，128，360，世界
World War Ⅰ：一战
affects beliefs，390，392，影响信仰；as victory for democracy，401，作为民主的胜利
World War Ⅱ：二战
affects beliefs，390，392，影响信仰
Wright，Sewall，119*n*，西维尔·赖特

**Z**irkle，Raymond E.，121*n*，雷蒙·E·齐尔克

# 《认知与所知》第一版页码表

下表对1949年灯塔出版社出版的《认知与所知》第一版与本版本的页码进行了对照。冒号前面的是1949年版的页码；冒号后面是本版本的相应文本的页码。1949年版的尾注形式被改为本版本的脚注形式。

v：3
vi：3－4
vii：4－5
viii－x：——
xi：6
xii：6－7
xiii [endnotes]
3：8－9
4：9－10
5：10－11
6：11－12
7：12－13
8：13－14
9：14－15
10：15－16
11：16－17
12：17－18
13：18－19
14：19－20
15：20－21
16：21－22
17：22－24
18：24－25
19：25－26
20：26－27
21：27－28
22：28－29
23：29－30
24：30－31
25：31－32
26：32－33
27：33－34
28：34－35
29：35－36
30：36－37
31：37－38
32：38－39
33：39－40
34：40－41
35：41－43
36：43
37：43－44
38：44－45
39：45
40－46 [endnotes]
47：46
48：46－47
49：47－48
50：48－49
51：49－50
52：50－52

158:144 - 45
159:145 - 46
160:146 - 47
161:147
162:147 - 48
163:148 - 49
164:149 - 50
165:150 - 51
166:151 - 52
167:152 - 53
168 - 69 [endnotes]
170:154
171:154 - 55
172:155 - 56
173:156 - 57
174:157 - 58
175:158 - 60
176:160
177:161 - 62
178:162
179:162 - 63
180:163 - 65
181:165 - 66
182:166 - 67
183:167 - 681
184:168 - 69
185:169 - 70
186:170 - 71
187:171 - 72
188:172 - 73
189:173 - 74
190:174 - 75
191:175 - 76
192:176 - 77
193:177 - 78
194:178 - 79
195:179 - 80
196:180 - 81
197:181 - 82
198:182 - 83
199:183
200 - 204 [endnotes]
205:184 - 85
206:185
207:185 - 87
208:187 - 88
209:188 - 89
210:189 - 90
211:190 - 91
212:191 - 92
213:192 - 94
214:194 - 95
215:195 - 97
216:197 - 98
217:198 - 99
218:199 - 201
219:201 - 3
220:203 - 4
221:204 - 6
222:206 - 7
223:207 - 8
224:208 - 9
225 - 32 [endnotes]
233:210 - 11
234:211 - 12
235:212 - 13
236:213
237:213 - 14
238:214 - 16
239:216 - 17
240:217 - 18
241:218 - 19
242:219 - 20
243:220 - 21
244:221 - 22
245:222 - 23
246:223 - 25
247:225 - 26
248:226 - 28
249:228 - 29
250:229
251:229 - 31
252:231
253:231 - 32
254:232 - 33
255:233 - 34
256:234 - 36
257:236 - 37
258:237 - 38
259:238 - 39

# 译后记

《杜威晚期著作》第16卷的主要内容是发表于1949年、由杜威和本特利合著的《认知与所知》，以及杜威写作或发表于1945年至1950年间的四篇打字稿和七篇文章。除此之外，本卷还收录了与这些作品有关的五篇文章作为附录。

《认知与所知》在《杜威全集》中的地位比较特殊。该著的十二章中，只有一篇是杜威独立署名的作品，其他的都是本特利独立署名（三章）或二人联合署名（八章）的作品。本特利是一位颇有传奇色彩的学者，他拿的是社会学博士学位，以政治学家名世，却有着哲学家的关切；他一生中大部分时间都隐居在乡间，远离学术中心，却有机会与最具声望的美国哲学家合作著述。《认知与所知》的各章最初是发表于各个哲学刊物的文章，写作这些文章的目标是为杜威的《逻辑：探究的理论》一书进行辩护，对当时影响力日益增强的逻辑实证主义进行批判，并为实用主义奠定一种语言理论基础。尽管本卷编者拉文认为上述目标最终都未能实现，但不可否认的是，本书在实用主义发展历程中占据着重要地位。首先，该著是在逻辑实证主义兴起的大背景下，来自实用主义阵营的回应，这不仅在当时有着重要的时代意义，而且对于澄清和夯实实用主义本身的理论基础，有着重要的意义。其次，在该著的写作过程中，杜威和本特利对实用主义、特别是杜威实用主义哲学的基本概念和基本立场进行了辨析和澄清，并由此使实用主义理论本身以一种特别的方式获得了深化。最后，虽然该著试图为实用主义奠定语言理论基础的目标从某种意义上看未能实现，但这一努力无疑为实用主义运动的发展开启了一个重要方向，在某种意义上可视为实用主义与分析哲学互动的先声。

收录于本卷的几篇打字稿和文章则体现了杜威晚年思考的基本主题和基本思路，对于研究杜威晚期哲学思想有着重要的价值。从这些文字中可以看出，已至耄耋之年的杜威仍积极介入学术界的重要争论，仍为捍卫和完善自己的实用主义哲学而不懈努力，仍在以哲学家身份反思人类世界所面临的危机并对人类的未来充满希望，这份挚诚令人感动。

在本卷的翻译过程中，我们经历了《杜威全集》中文版两位副主编汪堂家教授和俞吾金教授在半年之内先后辞世。泰山崩兮，此痛无极！两位先生为《杜威全集》中文版面世所付出的巨大辛劳以及为当代中国学术发展所作的重要贡献，当为吾辈永志不忘。我们愿将自己这份虽囿于水平远非完美、然勉力为之的工作献给两位先生。

本卷分工如下：

“导言”、《认知与所知》第一、二章由吴猛翻译。

《认知与所知》第三、四章、八至十二章以及附录《杜威给阿尔伯特·G·A·鲍茨的回信》由马荣翻译。

《认知与所知》第五、六、七章由谢静翻译。

《何谓语言符号？何谓名称?》、《价值、价值评估与社会事实》、《“价值”领域》、《哲学有未来吗?》、《哲学在我们这个科学时代的未来：其作用之重要前所未有》由汪洪章翻译。

《重要性、意义与含义》、《社会探究中的“如何”、“什么”与“为何”》、《经验与存在：一个评论》、《为“宗教与知识分子”专题论坛撰写的文章》、《作为一个初始阶段和作为一种艺术发展的审美经验》、《为〈紧张世界中的民主〉撰写的文章》，以及本卷的五个附录《就约翰·杜威的可能性学说致杜威先生的信》、《为批评家解惑》、《社会探究中的“如何”、“什么”与“为何”》、《杜威自然主义形而上学中的经验和存在》、《关于克罗齐和杜威美学的评论》由任远翻译。

“注释”和“文本研究资料”部分由汪洪章、吴猛、任远、马荣、谢静共同翻译。

全书由李宏昀校对。

本卷译者期待着学界同仁的批评和指正。

译者<br>2015 年 4 月

**图书在版编目(CIP)数据**

杜威全集.晚期著作:1925~1953.第16卷:1949~1952/(美)杜威著;汪洪章等译.—上海:华东师范大学出版社,2015.4
ISBN 978-7-5675-3381-3

Ⅰ.①杜… Ⅱ.①杜…②汪… Ⅲ.①杜威,J.(1859~1952)-全集 Ⅳ.①B712.51-53

中国版本图书馆 CIP 数据核字(2015)第 075952 号

国家社科基金重大项目资助(项目批准号:12&ZD123)

**杜威全集·晚期著作(1925—1953)**
第十六卷(1949—1952)

著　　者　[美]约翰·杜威
译　　者　汪洪章　吴　猛　任　远　马　荣　谢　静
策划编辑　朱杰人
项目编辑　王　焰　曹利群
审读编辑　朱华华
责任校对　林文君
装帧设计　高　山

出版发行　华东师范大学出版社
社　　址　上海市中山北路 3663 号　邮编 200062
网　　址　www.ecnupress.com.cn
电　　话　021-60821666　行政传真 021-62572105
客服电话　021-62865537　门市(邮购)电话 021-62869887
地　　址　上海市中山北路 3663 号华东师范大学校内先锋路口
网　　店　http://hdsdcbs.tmall.com

印 刷 者　上海中华商务联合印刷有限公司
开　　本　787×1092　16 开
印　　张　43
字　　数　753 千字
版　　次　2015 年 4 月第 1 版
印　　次　2015 年 4 月第 1 次
书　　号　ISBN 978-7-5675-3381-3/B·931
定　　价　128.00 元

出 版 人　王　焰

(如发现本版图书有印订质量问题,请寄回本社客服中心调换或电话 021-62865537 联系)